本书依托国家自然科学基金青年项目"基于团队簇的众创团队协同创新机制研究(71603106)"和云南省应用基础研究计划青年项目"多维不确定效率关系的整合评价理论与方法研究(2017FD099)",并受云南省"万人计划"青年拔尖人才专项培养经费资助。

众创团队簇的
协同创新机制研究

许成磊 著

中国书籍出版社
China Book Press

光明日报出版社

图书在版编目（CIP）数据

众创团队簇的协同创新机制研究/许成磊著.—北京：中国书籍出版社：光明日报出版社，2020.8
ISBN 978-7-5068-7940-8

Ⅰ.①众… Ⅱ.①许… Ⅲ.①组织管理学—研究 Ⅳ.①C936

中国版本图书馆 CIP 数据核字（2020）第 148934 号

众创团队簇的协同创新机制研究

许成磊 著

责任编辑	毕 磊
责任印制	孙马飞 马 芝
封面设计	中联华文
出版发行	中国书籍出版社 光明日报出版社
地 址	北京市丰台区三路居路 97 号（邮编：100073）
电 话	（010）52257143（总编室） （010）52257140（发行部）
电子邮箱	eo@ chinabp. com. cn
经 销	全国新华书店
印 刷	三河市华东印刷有限公司
开 本	710 毫米×1000 毫米 1/16
字 数	502 千字
印 张	27.25
版 次	2020 年 8 月第 1 版 2020 年 8 月第 1 次印刷
书 号	ISBN 978-7-5068-7940-8
定 价	99.00 元

版权所有 翻印必究

序

为探索众创团队协同创新机制的中微观治理问题,本书主要针对其网络化信任效应、异构流体团队效应和去中心结构效应等特征,基于众创组织管理、多团队(团队簇)管理、协同创新管理等思维架构提炼众创团队协同创新的基本理论。在此基础上,本书利用和谐管理、复杂系统决策、前景理论等理论方法以及案例研究方法,从情景化管理、系统协同、非线性涌现与全过程协调等视角挖掘众创团队簇协同创新的复杂机理,主要解析完善其初创期协作信任机制、发展期创新关系耦合机制、转型期合作范式转换机制,并对云南省及其他多个地区的众创空间建设开展多案例比较应用研究,提出了区域化的协同创新机制完善对策。

首先,本书从第二章到第四章,归纳、梳理并提炼了众创团队簇的协同管理研究要点、众创团队簇协同创新机制的运行机理、网络协同视角下的众创团队簇的协同效应等众创团队簇协同创新的基础理论与内容。本书在第二章,基于CiteSpace对主要关键词进行文献共被引分析,发现团队簇的多边界协作、群体导向介入、网络影响特性及新的合作效应与容量等问题正在成为主要研究方向与热点,据此凝练给出团队簇管理的概念与特征,对应研究热点归纳了团队簇管理在多元创新情景响应、考虑分散协作的社群决策技术创新、考虑动态有效性的协同演化机制、考虑知识生产的创新效能扩散机理等方面的解析评价要点与关联影响效应。本书在第三章概括提出了众创团队簇的网络化协同要点,提炼给出其协同创新策略的概念内涵及呈现的导向性、规范性和效能性三层面实践属性,从共生共赢、动态适应、系统全局三个层面提出了众创团队簇界面协同有效性的涌现机理,并基于改进DEMATEL方法针对某一混合所有制创新型企业开展了复杂情景下多重决策导向判定需求的关键影响界面识别,基于改进ANP方法开展了复杂合作情景下众创团队簇协同创新机制运行机理的解析评价应用。在本书第四章进一步采用文献综述的方法梳理提炼了众创组织初创期、发展期与转型期所对应的三类网络协同效应,其中网络化信任效应主要面向开放式创新群体,反映群体内部及群体间的复杂信任影响;异构流体团队效应主要面向低聚度动态合作创新策略，反映协作策略间的复杂交互影响，去中心结构效应主要面向去中心创新环境，反映创新氛围的去中心化影响。

其次，本书在第五章，从众创团队簇协作信任解析要点、互信机制构建、信任共识解析复杂性以及协作能力互信整合优化等方面构建了众创团队簇协同创新的协作能力互信机制。其一，基于众创团队簇多阶段信任关联中存在的主体地位差异性、信任情景不确定等问题，以网络信任惯例为切入点，系统提出了团队簇协作能力互信机制的分析框架。其二，针对众创团队簇合作主体在合作决策中存在的信任基础薄弱、冲突调节能力不足、有效沟通反馈效率低下等问题，解析了低聚度主体信任元的主客观内涵，通过对非连续信任的归集与权重的转化，刻画了主体间信任水平与合作位势的演化特征，在群体研讨共识方法基础上构建了众创团队簇合作主体的信任元协同获取模型。其三，以创业型领导异质性、嵌入授权（结构、心理与认知授权）以及能力互信氛围作为团队层次变量，将个体绩效作为个体层次变量，实证检验和分析了嵌入授权在创业型领导异质性与团队簇个体绩效之间的跨层次中介作用以及能力互信氛围的调节作用。其四，针对团队参与个体之间存在快速信任—认知信任—情感信任等三种由深至浅信任演变类型的背景，考察多团队协作关系发展的过程属性与信任主导类型的匹配状态，基于 ANP 方法构建了多团队参与个体间协作互信水平的评价方法并开展了案例应用研究。

再次，本书在第六章通过众创团队簇隶属关系分析、非正式众创网络的界面耦合属性评价以及跨职能协同界面分析和效率评价等方面，系统构建和验证了团队簇的创新关系耦合机制。其一，关注团队簇共同创业行为展现的治理策略、有效性传递与绩效控制等核心议题，提炼"内部比较优势"与"外部战略价值"两种创业型领导核心导向，解析并实证检验了控制、平等、弱、无关联三类团队间隶属层次对不同领导范式下团队簇绩效的中介作用。其二，借助界面管理思想从资源、前景、路径、效益四个层面系统界定、梳理了多创业团队的非正式众创网络界面体系，归纳了不同界面子系统之间实现耦合有效性的涌现机理及耦合质效评价的关键内容，借助 ANP 方法构建了用于解析及评价复杂系统内多子系统间运行状态耦合程度的可行方案，并开展了案例应用研究。其三，在团队簇跨职能界面结构化辨识与协同机理分析的基础上，提出一套能够依据"职能融合协同度"序参量和前景理论进行内因聚合效率、策略嵌入效率和行为延续效率三类跨职能协同效率整合评价的策略效率改进评价方案，并面向部分转型企业开展了实例应用研究。其四，以外智引联型创新团队的流程优化机制研究为切入点，整合应用前述解析理论与方法，针对西部地区人才基础薄弱、研发设施落后、合作渠道少、资源投入短缺等实际情况，较为系统地梳理并评价了外智引联型创新团队流程优化机制的管理质效，并对应提出了该类型创新团队的流程优化机制。

最后，本书在第七章通过分析创业政策、动态演化创业网络对组织间创业绩效的影响路径，总结了异质性协同创新的策略结构和效率涌现的关系，形成了一套面向团队簇合作范式转换的非径向超预期管理效率评价方法，以此构建了众创团队簇协同创新的合作范式转换机制。其一，借鉴社会适应行为理论梳理了政策适应的内涵及分析维度，通过引入微观创新扩散与创业网络情景导向，运用一个整合的理论分析框架与实证分析既验证了创业政策在个体及团队层面的已有结论，又对其实现了补充和拓展。其二，针对异质性主体协同创新具有的投入产出周期性、部门间协作关系差异性、效率评价导向不可比性三个问题，结合复杂适应系统理论归纳提出多主体合作中的投入产出周期匹配、竞合关系协同优化、效率评价导向融合策略及效应，据此提炼给出维持、前景、变革三个层次的效率涌现结构内涵、特征和方法研究趋势。其三，为适应管理效率评价中超预期产出的"策略可处置""多维效率扩展"与"评价导向交融"特征，引入合作博弈思想构建了可以统筹决策单元隐藏效率的 CSG–DEA 模型，并针对云南省部分创新团队开展了案例应用。其四，从偏好表征有效性、决策过程可控性及专家交互有序效性三个维度形成了偏好交互与融合策略的整体思考，提出了复杂动态合作情景下多方案 DEMATEL 的整体判断偏好一致性检验方法和多轮次非一致性决策信息调整方案。

通过以上研究，本书围绕众创团队在创新出发点、侧重点与统筹路径上呈现的创业创新交互特质和多团队（团队簇）内外协调特质，从协作能力互信、创新关系耦合、合作范式转换三个层面提出了一套适用于解析完善众创团队簇协同创新机制的理论和方法，并应用于指导区域化众创组织、创新团队的管理实践，能够为团队间的协同创新机制建设与管理提供一定理论参考。

目 录

第一章 绪论 / 1
    第一节 研究背景 / 1
    第二节 研究目的及意义 / 3
    第三节 国内外研究现状 / 8
    第四节 主要研究内容 / 20
    第五节 创新点 / 24

第二章 众创团队簇的协同管理研究要点 / 26
    本章内容提要 / 26
    第一节 问题的提出 / 27
    第二节 团队簇及其管理的国外研究进展 / 30
    第三节 团队簇管理的内涵与解析评价维度 / 37
    第四节 团队簇多主体间创业协同的网络特征 / 45
    第五节 团队簇多主体间创业协同的关系结构解析 / 48
    第六节 团队簇多主体间创业协同关系的交互效应 / 53
    第七节 本章小结 / 57

第三章 众创团队簇协同创新机制的运行机理 / 60
    本章内容提要 / 60
    第一节 问题的提出 / 61

第二节　众创团队簇的协同要点与策略属性 / 67

第三节　众创团队簇的协同创新策略的解析 / 72

第四节　众创团队簇协同创新的复杂性刻画 / 79

第五节　众创团队簇的协同创新的关键影响界面识别 / 86

第六节　创业团队簇的合作策略协同内涵及评价 / 92

第七节　本章小结 / 101

第四章　网络协同视角下的众创团队簇的协同效应 / 104

本章内容提要 / 104

第一节　问题的提出 / 104

第二节　众创组织及协同效应的概念及内涵 / 106

第三节　众创组织网络协同效应的要点与影响 / 110

第四节　众创组织网络协同效应间的关联与作用 / 118

第五节　本章小结 / 120

第五章　众创团队簇协同创新的协作能力互信机制 / 123

本章内容提要 / 123

第一节　问题的提出 / 124

第二节　基于网络信任惯例的众创团队簇协作信任解析要点 / 132

第三节　众创团队簇协作能力互信机制的构建 / 138

第四节　众创团队簇协同创新的信任共识解析复杂性 / 146

第五节　众创团队簇协同创新的协作能力互信的整合优化 / 151

第六节　异质型创业领导、嵌入授权对团队簇个体绩效的跨层次影响研究 / 168

第七节　多团队创新中的参与个体间协作能力互信机制研究 / 187

第八节　本章小结 / 198

第六章　众创团队簇协同创新的创新关系耦合机制 / 203

本章内容提要 / 203

第一节　问题的提出 / 204

第二节　团队间隶属层次在创业型领导与创新绩效间的中介作用 / 210

第三节　团队簇非正式众创网络的界面耦合属性 / 225

第四节　团队簇非正式众创网络的界面耦合有效性评价 / 231
　　第五节　面向转型企业团队簇的跨职能协同界面分析 / 237
　　第六节　基于前景理论的跨职能界面协同效率评价 / 244
　　第七节　针对外智引联团队的流程优化机制 / 251
　　第八节　本章小结 / 285

第七章　众创团队簇协同创新的合作范式转换机制 / 288
　　本章内容提要 / 288
　　第一节　问题的提出 / 290
　　第二节　动态演化创业网络在团队簇创业绩效传递中的调节作用 / 299
　　第三节　异质性协同创新的策略结构与效率涌现层次 / 318
　　第四节　异质性协同创新的效率涌现内涵与特征 / 327
　　第五节　团队簇的非径向超预期管理效率评价属性 / 330
　　第六节　基于可处置性的团队簇非径向超预期管理效率评价方法 / 334
　　第七节　基于 DEMATEL 的合作偏好交互与融合研究 / 347
　　第八节　本章小结 / 357

第八章　结论与展望 / 361
　　第一节　研究结论 / 361
　　第二节　研究展望 / 365

附录 / 368

英文参考文献 / 380

中文参考文献 / 409

致谢 / 419

后记 / 420

第一章

绪 论

第一节 研究背景

无论在宏观经济导向层面，还是在微观社会治理层面，创业与创新都关系到国计民生的方方面面，小到求职就业环境改善，大到国家竞争优势培育，二者相关的系列问题已经得到了学界和产业界的持续关注与广泛研究。现有成果表明，在以生产为主的传统社会经济范畴内，创业与创新管理存在出发点、侧重点与统筹路径上的显著差异。这种差异体现为创业主要关注当期机遇，强调策略性互惠，重在"交换"范式下的利益关系协调，关系到国家创新体制的系统重构与优化；创新主要关注远期愿景，强调战略性布局，重在"内生"范式下的创新资源整合，关系到国家产业竞争优势的集聚路径选择与转换。在传统产业转型升级、网络经济蓬勃发展的崭新情景下，创业与创新的上述对立统一关系日趋复杂，特别是在当今承载创业创新重要功能的众创组织中，二者的交互特质和创新团队簇内外协调特质相互作用，共同激增了其协同创新的不确定性。纵观目前众创组织的相关研究进展，虽然其协同创新机制的研究已开始从宏观政策层面逐渐过渡到中微观治理层面，但针对上述相互作用特征的系统研究尚未见报道。

社会化的创业与创新面临共同的经济环境、相互渗透的参与群体与交错重叠的治理诉求，特别是在网络信息技术高速发展的背景下，创业与创新的关联愈加复杂和紧密，直接表现为大众消费向个性化消费分解和转变，间接表现为长尾理论视域下的大规模生产优势逐渐消逝，这种消费方式与制造方式的深度调整导致大众创业氛围下的万众创新现象已然浮出水面。2014年12月12日，习近平总书记在中央经济工作会议上也指出："过去模仿型排浪式消费阶段基本结束，个性化、多样化消费渐成主流"。[①] 鉴于此，在整体创业成功率偏低的情况下（2015年"前程无忧"

---

① 共产党员网.2014年中央经济工作会议［EB/OL］.（2014 – 12 – 8）. http://www.12371.cn/special/2014zyjjgzhy/.

的"全国大学生创业调查"显示成功率仅为2%~3%），在创新内涵呈现产业化调整的诉求下，如何加快创新路径转换步伐，实现从"精英创新"到"大众创新"的创新体制转变，打造中国经济转型和保持增长的"双引擎"，已经成为我国实施创新驱动发展战略、构建经济发展新常态面临的重要时代课题。

正是在这种创新背景下，从2014年的达沃斯论坛、中央经济工作会议及多次国务院常务会议开始，到2015年的"两会"，我国政府不断释放出鼓励"大众创业、万众创新"的信号。特别是在国务院及各部委一系列"众创"政策的指引下，创新工场、车库咖啡、氪空间、天使汇、柴火空间等新型孵化器一时风生水起，推动"众创"形成燎原之势，并成为经济发展新常态的"时代关键词"。科技部公布的前两批国家级众创空间显示，截至2016年2月，广东、北京、山东分别以74、57、56个国家级众创空间雄踞三甲，且从东部沿海地区到中部及西部地区，众创空间都在如火如荼地发展。例如，云南省出台一系列政策措施，积极构建充满活力的创新创业生态系统，目前已认定国家级众创空间10家、省级众创空间36家。其中，2015年12月，依托于昆明理工大学的"云科昆理工众创空间"被云南省科技厅认定为首批云南省众创空间，并被国家工业和信息化部认定为首批国家小型微型企业创业创新示范基地。该空间目前已列入第二批科技部认定的国家级众创空间名录，入驻企业团队32家，开展八期众创沙龙活动，正在打造由昆明理工大学科技园有限公司与媒体、投资机构、银行合作成立的云南省创新创业服务联盟。

随着全球分享经济的快速增长，"众创"热潮让各类众创空间、孵化空间遍地开花，但是在各类"众创空间"备受热捧的同时，也面临创业定位模糊、服务基础薄弱、创新生态恶劣等诸多机制建设问题，在一定程度上未能摆脱目前创新成果偏少、创新层次不高、创业成功率低的创新创业困境。实际上，众创作为一种市场化、开放式、低聚度的新型创新创业模式，其本质上是创业团队合作网络边界扩张、多团队协同策略结构性变革、部分创新要素外部效应突破性涌现的直接产物。申请者前期对创新团队和谐管理机制的研究也表明[1][2][3][4][5]，对近似

---

[1] 许成磊，段万春，孙永河，等. 创新团队和谐管理机制的主题辨析优化[J]. 管理学报，2014，11（3）：390-395.

[2] 许成磊，段万春. 有层次类型创新团队的关键客体界面识别[J]. 研究与发展管理，2015，27（2）：121-128.

[3] 段万春，许成磊，魏忠. 创新团队管理和谐度及其关键客体界面识别[J]. 科技进步与对策，2014，31（12）：1-6.

[4] 许成磊，段万春. 基于和谐主题漂移的团队社会资本整合优化[J]. 科研管理，2015，36（10）：153-160.

[5] 许成磊，段万春，谢晖，等. 基于界面管理的创新团队和谐管理实现机制研究[J]. 科技进步与对策，2013，30（17）：25-28.

众创组织的管理更多强调的是一种创业文化、团队氛围、协作环境和社区意识（网络虚拟社区或实体创新社区）的综合概念，注重依托于综合服务基础的协同创新能力培养。而目前无论是政策导向层面还是理论研究层面仍仅关注了"众创"的相关基础服务保障问题，未见与众创团队簇协同创新机制研究相关的报道（详见后文国内外研究现状分析）。

本研究认为，从创新主体构成来看，高校毕业生、连续创业者、科研工作者、留学归国人员等组成了众创"新四军"，多样化合作个体、主体（团队簇）共同所具有的灵活成员关系及显著流动性，造成众创组织存在基于知识位势、合作关系、沟通渠道等多种途径的信任关系（网络化信任效应）；从创新资源整合维度来看，知识社会的开放特性、流体特质与新民主理念已然引爆产业化创新活动的边界融合进程，使得合作伙伴、业务往来、间接创业支持等多种社会关联的影响相对于"标准化创新服务"支持更为重要，对依托于流动性伙伴关系的创业热情、创新能力、协作优势等管理资源的整合，已成为推动众创过程中技术与社会协同演化的重要途径（异构流体团队效应）；从技术演进的历史经验来看，产业链和功能升级往往与特定的突破性技术创新和生产模式转型紧密相关，因为众创组织脱胎于山寨文化的草根式技术学习与制造网络具有极强的管理能动性，所以多样化的管理架构导致众创组织往往具有灵活多变的管理重心（去中心结构效应）。由此可见，在众创团队簇协同创新的过程中，只有充分考虑上述网络化信任效应、异构流体团队效应和去中心结构效应等众创协同效应才能科学地梳理众创团队簇的协同创新机制。鉴于此，本书关注众创团队内部及多团队间的协同创新问题，结合众创团队的创业创新交互特质和多团队协调属性，拟基于多团队（团队簇）管理的相关探索思路系统开展众创团队的协同创新机制研究，并将其应用于区域化的众创空间建设及管理实践中，能够为众创组织提升创新能力、挖掘创业潜力提供理论与方法支撑，兼具理论创新和实践创新双重研究意义。

第二节 研究目的及意义

一、研究目的

为保证众创团队簇的协同创新质效，提升众创团队创新能力，挖掘众创团队创业潜力，助力国家创新体制优化与产业竞争优势转换，本书结合众创团队建设过程中涌现的网络化信任效应、异构流体团队效应和去中心结构效应等众创协同效应，基于创业团队管理、多团队（团队簇）管理、协同创新管理、复杂系统决策、协同学及和谐管理等理论，研究其协同创新机制的中微观治理问题。在此基础上，本书拟从众创团队簇的管理质效、众创团队簇协同创新机制的运行机理和网络协同协同视角下的众创团队簇协同效应角度来解析众创团队簇的内涵、特征以及面临的问题，在此基础上从协作能力互信机制（初创期）、创新关系耦合机制（成长期）、合作范式转换机制（转型期）三个层面提出一套适用于解析完善众创团队簇协同创新机制的理论和方法，本书要解决的具体问题如下。

关键问题1　创新创业交互下的众创团队簇概念特征的解析问题

纵观众创组织发展的全过程，团队簇所共同形成的创新导向与创业导向往往是对立统一的，具体表现为，创业主要关注当期机遇，强调策略性互惠，重在"交换"范式下的利益关系协调，关系到国家创新体制的系统重构与优化；创新主要关注远期愿景，强调战略性布局，重在"内生"范式下的创新资源整合，关系到国家产业竞争优势的集聚路径选择与转换，强调了团队簇内外管控秩序动态调整的重要性与必要性。有别于常规创业型团队管理，众创团队簇展现出复杂的强流动性伙伴关系、多渠道协作资源整合结构、泛社会化支持关联的复杂关系涌现效应。因此，如何界定创新创业交互导向下的众创团队簇的概念特征，解析双创背景下的团队簇协同管理质效是本书研究的重要基础。

关键问题2　众创团队簇的网络化协同效应和创新运行机理探析问题

在复杂创新视域下，创业团队往往由在校大学生、毕业生、科研人员、企业及科研机构等多方创新人员组成。由于这些不同的创业群体在创新概念、创业目标、社会经验、经济基础等方面存在巨大差异，因此创业创新过程中除借助逐渐完善的创业环境不断构建团队创业基础之外，如何培育具有团队独特竞争优势的协同创新策略并形成适合自身的团队创业文化就显得尤为重要。现有实践和研究仅关注了个别创业团队协同管理需求相对于部分创新职能所应具有的协作属性，而忽略了团队簇协同创业创新过程中对宏观、中观、微观不同层次关联界面之间交互影响的辨识与管理。同时，社会化创业与创新过程中，众创团队簇集中反映了由外及内网络协同效应带来的崭新治理诉求，不断涌现的开放式、低聚度、去中心等创新理念已相对传统内控、授权、集中创新，为提升其多层次创新主体的网络协同效应带来的新的挑战。因此，探寻网络化背景下的众创团队簇协同效应和创新运行机理对于整个团队簇创新创业的研究尤为重要。

关键问题3　众创团队簇协同创新机制的构建问题

基于创新创业的交互性以及团队簇创业合作的多层次效应，探析协同创新机制的复杂性体现为两方面一方面，在团队簇管理的多数量、多种类、多关联等宏观情景属性层面，有别于常规创业型团队管理，众创团队展现出复杂的协同创新关系涌现效应；另一方面，在协同创新管理的阶段化创新要素整合层面，有别于常规全要素协同与持续创新，众创团队展现出情景化创新协同关系的转换需求。鉴于此，如何从协作能力互信、创新关系耦合、合作范式转换三个层面解析认识协同创新机制的运行机理是拟解决的关键科学问题。

众创团队的协同创新机制具有系统复杂性，其内部包括协作能力互信机制、创新关系耦合机制、合作范式转换机制三个子系统，并且每个子系统中均存在着影响协同创新的诸多要素、要素之间存在着错综复杂的关联影响。按照协同学对系统稳态及演变趋势认知的基本观点，在诸多要素中找到既决定系统演化方向、又决定系统演化结果的序参量，有利于抓住决定众创协同秩序的情景化管理主题，进而为整合关键过程管理信息，实现协同创新机理的设计提供可能。

关键问题 4　众创团队簇协同创新的协作能力互信机制构建问题

由于众创团队簇网络协作中具有显著的团队异质性、互依性以及流动性特征，在有效提高多团队合作创新效率和成功率的同时，也存在创新主体间关系难以定义、协调、稳定的难题。而信任作为团队间协作关系紧密程度的晴雨表，有助于多团队合作主体的知识传递和信息交换。因而众创团队簇协同创新协作能力互信机制构建的问题的复杂性表现在：第一，如何将信任关联常态化、氛围化，成为保障团队簇网络协作创新关系的稳定机制。第二，如何在创新创业要求的交互导向、差异性协作互信关系以及互信机制对创新绩效的复杂影响下建立与团队簇网络相适应的组织方式、合作形式以及治理机制等方面的协作互信机制。第三，如何在团队簇网络主体存在知识背景差异、个体关联松散、合作形式非正式化以及决策过程复杂性等特征下，构建适应性的动态协作能力互信机制。第四，如何基于团队簇的创新和创业交互属性与其领导的差异化嵌入授权行为关联，且以参与个体对彼此的能力互信进行有效合作为前提，关注能力互信氛围在团队绩效中的作用机理与外部情景，考察嵌入授权的跨层次中介以及能力互信氛围的调节作用。第五，如何基于协作关系动态发展不同阶段信任类型演变，从多团队成员间的快速信任、认知信任和情感信任角度出发，探讨并解析在不同阶段领导授权方式的不同侧重作用下协作互信要素间的复杂关联效应。

关键问题 5　众创团队簇协同创新的创新关系耦合机制构建问题

在目前众创空间和众创团队发展面临创新模式同质化、合作情景复杂化以及决策偏好差异化的问题，如何深层次解析众创团队创新关系的决策偏好、决策情景，科学全面解构、分析和评价众创团队簇创新关系耦合机制，为众创团队簇创新创业运行机制提供前期和转型期的理论方法和决策偏好耦合机制是本书关注的重点之一，其复杂性主要表现在：第一，在正式、泛关联与结构绩效的特征和多元创新情景，异质松散的社群决策、动态有效的协同演化、共识获取的偏好融合的特征下，如何剖析众创团队簇的管理需求与属性。第二，在复杂的强流动性伙伴关系、多渠道协作资源整合结构、泛社会化支持关联的复杂关系涌现效应下，如何探析众创团队簇创新关系耦合效应。第三，为了解决创新关系个体异质性突出，创新关系耦合效率低的问题，如何提高众创团队簇创新关系的耦合效率。第四，外智引联团队作为一类重要的多团队合作形式，能否借助上述成果系统、全面地评价外智引联型创新团队流程优化机制的管理质效。

关键问题6 众创团队簇协同创新的合作范式转换机制构建问题

众创团队簇式创新下的去中心结构导致的分散化、低聚度管理，促使发现并解构社会化创新问题成为众创团队的一种宝贵自组织资源，并已经成为决定众创组织能否渡过发展平台期的关键转型因素。本研究的目的主要有：第一，面对团队簇协同创新具有的"投入产出周期性""部门间协作关系差异性""效率评价导向不可比性"三个问题，为了探析基于多主体协同创新的合作范式转换的复杂性，适应团队簇协同创新效率评价的"策略可处置""多维效率扩展"与"评价导向交融"特征等问题，如何深层次解析创新关系的合作范式转换内涵、协作情景、效率评价特征，科学全面解构、分析和评价协作策略结构，为团队簇协同创新合作范式转换机制的构建提供理论基础和方法模型。第二，针对合作范式转换过程中呈现的多主体合作偏好涌现复杂性，如何响应实际决策情景中涌现的个体选择偏好、流程导向偏好与交互学习偏好三者交互与融合问题，提出适用于动态情景下的多团队合作偏好融合与关键管理要素识别方法。

二、研究意义

为了有效解决研究目的确立之初面临的难点问题，本部分的研究意义主要表现为以下几方面。

第一，关注众创团队簇创新创业的新形式以及团队簇的协同管理质效，通过解构现有众创团队簇的组建和发展特质的研究，发现众创团队簇管理是面向多个创新创业团队开展的职能协调、资源配置与整体决策优化活动，而团队簇网络在团队簇管理的基础上引入了网络的特征，丰富了以往业务、技术、效益信息在创新节点、协同关联以及网络治理方面的解读维度。同时，引用现有协同学研究的相关概念和特征，通过分析众创组织多团队创新合作的相关研究，提出多团队如何建立协调合作、优势互补的协作机制,可能是应对创业主体合作沟通不畅、创新资源整合利用效率低下、创新活动管理重心灵活多变等管理需求的理论探索焦点。此外,关注团队簇创新协同关系下的创业生态与创新网络嵌入管理难题,在探讨其创新创业交互属性并评述现有成果的基础上,凝练给出团队簇协同创新管理的要点与需求。这有利于现有创新创业研究范围的拓宽,为进一步探索团队簇网络协同关系和协作创业奠定了基础。

第二,关注众创团队间多主体、多阶段、动态性的协同创新发展现状、运行特征和协作情景,分析总结众创团队簇协同创新机制的运行机理和网络化协同效应具有重要意义。针对创新过程中众创团队簇协同难题,从群体、环境、机会和能力等四个维度梳理了实现创业团队簇协同的界面结构,众创团队簇协同创新机制的提出可能对打破众创主体间和众创网络的协作壁垒具有重要意义,对于构成创业型创新团队的差异化学科层次、知识结构、决策偏好、合作策略的多个子团队创新效率的挖掘具有重要作用。同时,总结出众创组织初创期、发展期与转型期所对应的三类网络协同效应,有利于提升团队簇的协作水平与管理有效性,可能对推动创业团队提升创新能力及管理业绩具有积极的影响,对改善科层管理的低效局面、顺应现代组织变革趋势可能具有积极的理论与实践研究意义。

第三,关注协作能力互信机制对团队簇创新绩效的影响,借助团队簇网络主体的隶属关联特征来分析构建众创团队间的协作互信机制,深入挖掘创新创业交互导向下不同隶属关联的团队主体对团队簇网络协作能力互信作用机制的影响方式,对于梳理众创团队簇网络差异性协作信任、多阶段创新需求与多层次从属关联间的有机联系具有一定的作用。此外,基于团队间的合作地位和协作关系以及网络化创新团队间知识位势转化的研究,关注团队簇网络主体交互过程中主客观信任空间相对性下的动态信任融合过程,探索团队簇主体关系转换和网络信任演进的运行机制以及网络整体层面主体间的位势转换对信任元的获取过程。研究结论有利于众创团队簇网络合作决策中建立信任基础、减少分歧冲突、提高交互沟通的有效性,对于认识众创网络的多主体信任呈递与演进机制、综合构建团队簇网络协同关系的协作能力互信机制可能具有重要的研究意义。

第四,关注合伙关系耦合在众创团队簇中的作用,引用现有协同创新研究的相关概念和特征,基于团队簇创新创业的特征和协作情景,构建团队簇合伙关系能力结构、角色结构、位势结构的概念模型。通过分析众创组织多团队创新合作的相关研究,区别于常规创业管理和多团队系统所关注的能力体系化特征、团队角色属性和团队知识位势存续特征，出色沟通治理能力、个体间团队间及个体—团队间角色重叠、知识位势自主偏好等是众创团队簇组织内（主要指团队内部的知识分享机制）和组织间（指跨团队边界的外部合作）创业合作伙伴的主要特征。由于构成众创团队簇的多个子团队往往具有差异化的能力结构、角色结构、位势结构，因此提升团队簇的合伙关系耦合水平和管理有效性对推动创业团队提升创新能力及管理业绩具有积极的实践指导意义。

第五，关注合作范式转换机制在众创团队簇持续性合作发展中的作用。合作范式转换是在创新创业项目发展平台期、转型期对众创团队各类合作主体间业已形成稳定协同创新路径、策略、模式等进行持续调整，有利于实现团队利益格局、决策方式、组织氛围、协同秩序等合作范式的适应性变革。本书依据社会适应行为理论从"适应当前政策效能"与"把握未来政策趋势"两个维度解析政策适应对团队簇创业绩效二元影响的主效应，融合创新扩散理论中的结构扩散、关系扩散与认知扩散三条路径解析其对主效应的中介作用，并提炼动态演化创业网络的"内部主导"与"外部主导"两类差异性互动导向，探讨其对主效应与中介效应的调节作用。研究结论丰富了协同创新的研究视角，提出了其管理效率涌现的策略分析框架，提炼了多层次效率结构、特征等解析要点，为解决合作目标、导向、周期不匹配等管理效率不可比难题提供了新的解析思路，具有一定的理论参考和实践指导意义。

综上所述，本书研究的意义在于围绕众创团队在创新出发点、侧重点与统筹路径上呈现的创业创新交互特质和多团队（团队簇）内外协调特质，通过思考创新政策导向、创新生态治理及网络集成创新需求扩散三个层次情景的交互作用，解析众创团队建设过程中涌现的网络化信任效应、异构流体团队效应和去中心结构效应等众创协同效应，研究其协同创新机制的中微观治理问题。基于众创团队簇形成发展转变的初创、成长、转型等不同阶段的差异化管理情景，本书旨在从协作能力互信、创新关系耦合、合作范式转换三个层面提出一套适用于解析完善众创团队簇协同创新机制的理论和方法，并应用于指导区域化众创组织、创新团队的管理实践，能够为创业或创新团队之间的协同创新机制建设与管理问题提供一定的理论参考和实践指导。

第三节　国内外研究现状

为全面了解与选题研究领域密切相关的国内外研究成果，本书分别从众创及其协同效应、多团队（团队簇）管理、协同创新管理三个方面进行国内外研究现状及发展动态分析。

一、众创及其协同效应的研究现状和趋势

文献检索表明，目前未见有关"众创协同效应"的直接报道，依托"创客""众包""极客"等研究范畴，对创新民主化时代大众参与网络化创新的研究主要体现为众创组织、协作、治理等方面。下面从众创概念及内涵、众创网络化组织属性、众创网络化协作属性与众创网络化治理属性四个方面对众创及其协同效应进行分析评述。

（一）有关众创概念及内涵方面的研究

众创概念最早来自"车库文化"及"黑客文化"兴起过程中的创客运动，进入互联网时代以来，留有创客烙印的社会化创新内涵呈现出从组织范围、时空范围到认知范围的本质转变。面向这些创新特征，Goldbard[①]初步研究了创新社群运作范围、创新资源交互规则与创新生态形成方式，发现不同于创客概念，众创主要包括万众创新、大众创业两层含义，强调创新网络合作边界扩大、现代互联网思维养成与创业范畴扩展。依据这种网络化创新特征，Dahlander & Gann[②]将众创界定为"在现代互联网背景下，热爱创新的大众基于由企业搭建的或者自发形成的互联网平台，实施创新活动并且通过互联网实现创新价值交互的一种新型创新模式"；刘志迎等[③]进一步解析"众创（Crowd Innovation）"概念，认为众创是热爱创新的大众基于由企业搭建的或者自发形成的互联网平台实施创新活动，并通过互联网进行创新成果的搜寻、展示、出售及获取的一种新型创新模式。众创概念及内涵的相关研究成果表明，大众创新主体的社会个体创新意识正在逐渐觉醒，创新行为的养成模式、创新个体的自觉聚合过程以及合作分享的动机都在发生深刻变化。然而，遗憾的是，目前尚未见针对众创主体参与动机、协作机会与创新能力等方面特殊属性的概念内涵解析成果，更未见体现创业内涵、与众创团队直接相关的研究报道。鉴于此，本书拟在现有研究成果的基础上，基

---

① Goldbard A. New Creative community: The art of cultural development [J]. Community Art, 2006, (4): 4 - 5.

② Dahlander L., Gann D. M. How open is innovation? [J]. Research Policy, 2010, 39 (6): 699 - 709.

③ 刘志迎, 陈青祥, 徐毅. 众创的概念模型及其理论解析 [J]. 科学学与科学技术管理, 2015, 36 (2): 52 - 61.

于动机—机会—能力理论的社会化分析视角,进一步探讨众创团队(Public Creation Team)的概念及内涵。

(二) 有关众创网络化组织属性方面的研究

现有成果主要从众创组织的构成主体、互惠角色和交互网络三个方面研究了众创的网络化组织属性。组织构成主体方面,Strungǎ & Florea[1]发现,与传统创业团队中基于亲缘、地缘或业缘等联系开展合作的情况不同,众创群体常因共同的兴趣爱好、创业观点、从业领域相聚相识;针对这种特殊的成员属性,Bashouri & Duncan[2]指出,由于成员个人能力、价值观念和生活准则等差异显著,因此众创组织的成员关系更为多元、松散和不确定。组织互惠角色方面,Thompson[3]对创客合作关系的相关研究表明,不同于常规组织中因利益格局演变的合作关系,物质回报通常不是众创这类松散型合作群体的主要协作诉求;Given[4]也指出,众创协作群体更加注重社区角色培养,强调了其合作的非交易物品属性。组织交互网络方面,针对交互内涵转变问题,Bauwens & Mendoza[5]发现众创组织的网络化交互功能更加关注价值实现、关注用户参与,并促使创新进入第四个长波;针对交互层次转变问题,Kleemann[6]提出了一种替代线形模式的动态非线性交互创新模式,描述了众创的多层次交互属性。众创网络化组织属性的相关研究成果表明,众创主体之间往往是弱信任关系,呈现出显著的网络化信任效应(参与个体多样、合作主体多元、信任途径多重)。鉴于此,本书将紧密结合众创主客体间及要素间的多环节交互层次,梳理完善众创团队个体、主体、整体三个层次的信任交互机制。

(三) 有关众创网络化协作属性方面的研究

围绕众创组织弱信任关系形成的特殊主体关联,部分学者从合伙关系、协作

---

[1] Strungǎ A., Florea C. A. The integration of creativity management models into universities' virtual learning communities [J]. Network Intelligence Studies, 2014, 2 (4): 287-293.

[2] Bashouri J., Duncan G. W. Communities of practice: Linking knowledge management and strategy in creative firms [J]. Journal of Business Strategy, 2014, 35 (6): 49-57.

[3] Thompson B. Makers [J]. New Humanist, 2009, 9 (4): 1434-1436.

[4] Given J. The wealth of networks: How social production transforms markets and freedom [J]. Information Economics & Policy, 2007, 19 (8): 278-282.

[5] Bauwens M., Mendoza N., Iacomella F. A synthetic overview of the collaborative economy [M]. Orange Labs and P2P Foundation, 2012.

[6] Kleemann F., Voß G. G., Rieder K. Un (Der) Paid innovators: The commercial utilization of consumer work through crowdsourcing [J]. Science, Technology & Innovation Studies, 2008, 4 (2): 5-26.

关系和支持关系三个层面，探讨了众创的强流动性伙伴关系、多渠道协作资源整合结构、泛社会化支持关联等内容。在合伙关系方面，基于学习共同体特征，Mazzocchi[1]梳理了创客群体的互动交流型、学习分享型、任务支援型伙伴关联；蔡敦浩等[2]针对群体认同形成及演变的过程特征、众创组织的社会化学习特征，进一步探索提出了实践社群概念、创意社群概念。协作关系方面，Wekner[3]的创新扩散理论为众创组织的协作关系整合提供了导向性认知框架，强调创新扩散（近似于协作关系扩展）受创新本身特性、传播渠道和社会系统的共同影响；创新扩散带来的积极影响固然深远，但Choi等[4]也指出当外部条件（对协作关系的认知程度等）突破一定极限后，扩散视角解读创新内涵的局限性突出。支持关系方面，从创新活动边界消融的实际情况出发，宋刚等[5]认为相较于信息通信技术的融合作用，知识社会的流体特性显著推动了创新民主化；Niedbalska等[6]对Fab Lab及TechShop组织形式与创新模式的研究进一步表明，众创驱动力是一系列潜在创新支持关系不断耦合的产物。众创网络化协作属性的相关研究成果表明，众创的流体团队特质有助于打破传统组织知识壁垒，融合形成多样化的创新协作关系。鉴于此，本书将针对众创合作主体、范围、方式扩大的现象，关注急剧增加的个体创新过程及群体创新资源整合诉求，探讨众创组织成长过程中的创新协作关系耦合机制。

（四）有关众创网络化治理属性方面的研究

伴随网络信息特性及社会特性的共同涌现过程，众创组织去中心化的开放网络特征逐步被部分学者发现和证实。徐思彦和李正风[7]发现，有别于孵化器的常

---

[1] Mazzocchi S. Open innovation: The new imperative for creating and profiting from technology by Henry Chesbrough [J]. Open Innovation the New Imperative for Creating & Profiting from Technology, 2003, 21 (3): 86 – 88.

[2] 蔡敦浩，林韶怡，利尚仁. 行动导向的创业历程：以复杂适应系统观点再现创业经验 [J]. 管理学报，2010, 27: 57 – 73.

[3] Wekner B. Integrating models of diffusion of innovations: A conceptual framework [J]. Annual Review of Sociology, 2002, 28 (1): 297 – 326.

[4] Choi H., Kim S. H., Lee J. Role of network structure and network effects in diffusion of innovations [J]. Industrial Marketing Management, 2010, 39 (1): 170 – 177.

[5] 宋刚，万鹏飞，朱慧. 从政务维基到维基政府：创新2.0视野下的合作民主 [J]. 中国行政管理，2014, (10): 60 – 63.

[6] Niedbalska, Grayna. Eric von Hippel's "democratizing innovation": A new approach to intellectual property and sources of innovation [J]. Economic Studies, 2011, (2): 207 – 220.

[7] 徐思彦，李正风. 公众参与创新的社会网络：创客运动与创客空间 [J]. 科学学研究，2015, 32 (12): 1789 – 1796.

态化运营模式，众创空间并没有固定的管理主题，运营模式与具体功能也各不相同。针对山寨文化与创客精神形成的认知默契（创客尊崇开源共享协议），Lindtner 等[1]认为众创方式能打造机制活、成本低、类型多、周期短的竞争优势。从创新过程及模式的持续演进视角，吴晓波等[2]发现在 Rothwell 创新过程的五个经典阶段，创新组织的决策方式及特征均出现适应性变化，且关注了以大众为主体非正式创新网络的自组织特性。针对这种自组织属性，Panahi 等[3]指出众创模式的主要优势即依托互联网载体拓展形成异构、去中心化的实体与虚拟创新功能。此外，伴随传统创新流程的自组织化再造，与创新情景化、个性化、平等化、民主化等紧密相关的一系列组织氛围新动向也逐渐得到 Hartmann[4]、Hippel[5] 等学者的关注。众创网络化治理属性的相关研究成果表明，众创空间普遍使用社区自治运行方式，且常以工作流程而不是以职能部门为中心实现组织架构。由这种创新组织结构上的去中心效应所衍生出的特殊合作动机与竞争动机已被 Ryan 等[6]学者所关注，但他们仍未能超越传统交易成本理论指明个人在参与众创行为选择中的可行范式。鉴于此，本书将基于去中心结构效应解析不同协作动机下的合作范式转换机制。

二、多团队（团队簇）的研究现状和趋势

迄今，除 Kahn[7] 在研究职能整合绩效时开创性地提出团队簇多维度职能整合的概念以外，尚未见团队簇管理的直接研究，团队簇的研究进展主要体现为多团队管理的相关成果。创业型团队管理的成果同样相对鲜见，且对创新属性及创业与创新的关联关注偏少，尚未见二者交互情况下的多团队管理研究成果。实际上，从众创的创新与创业双重内涵来看，在众创三个效应属性的"策动"下，

---

[1] Lindtner S., Li D. Created in China: The makings of China's hackerspace community [J]. In Interactions, 2012 (6): 18 – 20.

[2] 吴晓波，陈小玲，李璟琰. 战略导向、创新模式对企业绩效的影响机制研究 [J]. 科学学研究，2015, 33 (1): 118 – 127.

[3] Panahi S., Watson J., Partridge H. Towards tacit knowledge sharing over social web tools [J]. Journal of Knowledge Management, 2013, 17 (3): 379 – 397.

[4] Hartmann – Sonntag I., Scharnhorst A., Ebeling W. Sensitive networks-modelling self – organization and innovation processes in networks [M]. Innovation Networks. Springer Berlin Heidelberg, 2010.

[5] Hippel E. V. Democratizing innovation [J]. Mit Press Books, 2005, 40 (1): 161 – 181.

[6] Ryan R. M., Deci E. L. Self – determination theory and the facilitation of intrinsic motivation, social development, and well – being [J]. American Psychologist, 2000, 55 (1): 68 – 78.

[7] Kahn K. B. Interdepartmental integration: A definition with implications for product development performance [J]. Journal of Product Innovation Management, 1996, 13 (2): 137 – 151.

团队内部成员间及多团队之间共同催生创新思想的聚集过程，代表了新一代制造技术突破性发展下生产组织方式的革命性变化，凸显出众创团队的创业型团队特质与团队簇管理需求。鉴于此，本书在此界定团队簇管理为面向多个创新团队开展的职能协调、资源配置与整体决策优化活动。下面从团队簇创业内涵、团队簇网络构成、团队簇网络关系、团队簇网络协调等四个方面，评述创新团队簇的相关研究成果。

（一）有关团队簇创业内涵方面的研究

在实际管理情景中，多团队管理问题与创业背景下的多主体协调问题紧密相关，共同强调了众创的创业属性与创新属性。从创业属性来看，早期创业研究一直处于经济学领域，伴随"开创"（Entrepreneuring）概念的提出，创业已经演变为一种持续的与社会不断互动的群体行为[1]，研究视角逐渐转向个体及组织；针对创业主体的属性差异，杨俊等[2]梳理了团队多方主体的创业机会、外部创业氛围、内部管理水平等个体特征；针对创业组织的属性差异，朱仁宏等[3]认为团队类型的多样性、团队特征的多元性、团队周期的交叉性和团队创业的不确定性为应对创业团队管理的"好聚（组建）、好处（成长）、好散（解散）"问题增加了诸多阻碍。从创新属性来看，基于现代创新活动的复合型创新特征，Deligonul 等[4]强调，作为连接社会化创新资源的纽带，团队化创业是创业团队与创业机会的有机结合，涉及一系列创业、创新资源的整合优化；进一步解析该整合过程，Mote[5]认为各方主体不断积累"创业资本"的过程中，互动沟通、信息共享、职能交互、目标协调等多层次因素都将对其整体协同管理水平产生重要影响。多团队创业内涵的相关研究成果表明，创业团队管理与团队簇管理在内涵及管理导向上存在重叠和差异。考虑到现有研究忽略了对创新、创业导向交互关联的辨识与管理，目前为止尚未见有关"创业团队簇"的直接报道，因此本书基于现有成果重新梳理"创业团队簇"内涵，将有助于体系化界定"众创

---

[1] 张凤林. 理解制度变迁：当代转轨经济学若干争论评析 [J]. 经济学动态, 2015 (5): 108-119.

[2] 杨俊, 韩炜, 张玉利. 工作经验隶属性、市场化程度与创业行为速度 [J]. 管理科学学报, 2014, 17 (8): 10-22.

[3] 朱仁宏, 曾楚宏, 代吉林. 创业团队研究述评与展望 [J]. 外国经济与管理, 2012, (11): 11-18.

[4] Deligonul Z. S., Hult G. T. M., Cavusgil S T. Entrepreneuring as a puzzle: An attempt to its explanation with truncation of subjective probability distribution of prospects [J]. Strategic Entrepreneurship Journal, 2008, 2 (2): 155-167.

[5] Mote J. Conceptualizing entrepreneurship as entrepreneuring entrepreneurial imagination: Time, timing, Space and place in business action [J]. Science & Public Policy, 2012, 39 (3): 238-404.

团队"概念。

（二）有关团队簇网络构成方面的研究

现有研究主要从多团队能力及角色网络构成两个方面梳理了团队簇的管理要素。多团队能力网络构成方面，Müller & Jugdev[1] 分析了成员创造力识别、情景互动、思维联结和氛围催化等关键职能对提升团队创造力的突出作用；Lin & Worthley[2] 指出各种情感、情绪、意志等所反映的团队整体稳定人格属性是团队职能的重要补充；许成磊等[3] 则针对不同情境下的团队和谐管理机制管理主题涌现特质，探讨给出主题辨析认知优化的两层次策略及主题辨析优化模型。多团队角色网络构成方面，Harper[4] 按照知识协调程度与认知是否一致这两个标准将多主体创业团队分为节约型团队、单成员团队、混合团队和嵌套团队四种类型；Aritzeta[5] 据此提出经典团队角色模型，认为协调者、塑造者、创新者等 9 种角色普遍存在，而某些关键角色的重叠、交叉和更迭对团队 R&D 效果的影响深远；Von Hipple[6] 则进一步探究了创客的参与及协作模式，指出组织外部的"非专家"群体在创新过程中扮演着越来越重要的角色，对形成相互鼓励的松散角色关系至关重要。多团队网络构成的相关研究成果表明，团队簇管理面临着复杂的创新环境和创业团队特质，虽然现有成果针对一系列合作研发管理活动开展了局部理论探索，但面向不同维度的整体定量研究仍鲜有报道。鉴于此，本书将重点关注众创情景下多主体能力、角色及其关联问题的整体解析，并致力于提出一套团队簇网络属性识别、测度或整合模型，支撑众创团队信任交互机制建设完善的相关研究。

---

[1] Müller R., Jugdev K. Critical success factors in projects: Pinto, Slevin, and Prescott-the elucidation of project success [J]. International Journal of Managing Projects in Business, 2008, 5 (4): 757 – 775.

[2] Lin I. Y., Worthley R. Servicescape moderation on personality traits, emotions, satisfaction, and behaviors [J]. International Journal of Hospitality Management, 2012, 31 (1): 31 – 42.

[3] 许成磊，段万春，孙永河，等. 创新团队和谐管理机制的主题辨析优化 [J]. 管理学报，2014，11 (3): 390 – 395.

[4] Harper M. E., Jentsch F G, Berry D, et al. TPL – KATS – card sort: A tool for assessing structural knowledge. [J]. Behavior Research Methods Instruments & Computers, 2003, 35 (4): 577 – 584.

[5] Aritzeta A., Swailes S., Senior B. Belbin's team role model: Development, validity and applications for team building [J]. Journal of Management Studies, 2007, 44 (1): 96 – 118.

[6] Von Hippel E. The dominant role of the user in semiconductor and electronic subassembly process innovation [J]. Engineering Management, 2009, 24 (2): 60 – 71.

(三) 有关团队簇网络关系方面的研究

现有研究主要从多团队的角色关系、权力关联与整体状态三个方面探讨了创新团队簇的复杂网络关系。角色关系方面,井润田等[1]三位学者从创新、风险、守则等七个维度,探讨了多类创业团队的岗位配置与角色互补关系;Randel & Jaussi[2]分析了组织学习过程中团队角色职能与任务职能的状态依赖和搜寻边际特征。权力关联方面,Zhang 等[3]证实团队决策权力和监督权力在组织中具有不对称配置影响;许成磊和段万春[4]重点关注了强作用关联在具有隶属层次创新团队中的作用特征,并提炼出权威领导、社会资本关系及互惠互利因素的影响内容及途径。整体状态方面,针对交互网络转变问题,Cebon[5]着眼于创新网络本身的功能更迭进程,区分了"小众创新"与"大众创新"的网络价值,提出协作创新网络(Collaborative Innovation Networks,CIN)概念;周立新[6]通过解析家族或泛家族关系,指出多团队往往具有关系网络特征(关系网络泛家族化)、认知特征(领导风格个性化)和决策特征(战略视野集聚化)。多团队网络关系的相关研究成果表明,团队簇内的多个子团队间往往具有差异化的学科层次、知识结构、决策偏好、合作策略。考虑到目前成果仅间接关注了部分网络关联,除许成磊和段万春的研究[7]以外未见与整体职能系统协同机理相关的直接报道,因此本书将进一步探索流体团队特质下众创团队的复杂协作关系,梳理众创团队簇协同创新质效的涌现机理。

(四) 有关团队簇网络协调方面的研究

协调维度方面,基于对创业团队决策动因及方法的归纳,周劲波和古翠凤[8]

---

[1] 井润田,胡思瑶. 角色采择和领导——成员关系对团队绩效的影响 [J]. 科研管理,2014,35 (2):62-69.

[2] Randel A. E., Jaussi K. S. Functional background identity, diversity, and individual performance in cross-functional teams [J]. Academy of Management Journal, 2003, 46 (6): 763-774.

[3] Zhang L., Zhang X. SVM-Based techniques for predicting cross-functional team performance: Using team trust as a predictor [J]. Engineering Management, 2015, 62 (1): 1-8.

[4] 许成磊,段万春. 有层次类型创新团队的关键客体界面识别 [J]. 研究与发展管理,2015,27 (2):121-128.

[5] Cebon P. Swarm creativity: Competitive advantage through collaborative innovation networks [J]. Innovation Management Policy & Practice, 2006, 24 (4): 407-408.

[6] 周立新. 家族权力、组织认同与家族企业网络模式选择 [J]. 管理工程学报,2013,27 (1):1-7.

[7] 许成磊,段万春. 有层次类型创新团队的关键客体界面识别 [J]. 研究与发展管理,2015,27 (2):121-128.

[8] 周劲波,古翠凤. 创业团队决策模式研究 [J]. 研究与发展管理,2008,20 (1):64-71.

从内部、界面、制度以及非正式互动四个维度分析了创业团队的协调内容。协调视角方面，魏钧等[①]分别从内部知识转移、合作沟通、领导与愿景管理等不同视角探讨了影响创业团队达成决策的微观机理；段万春和许成磊[②]借鉴协同学思想给出表征团队客体管理要素间整体作用关联的三种类型和谐度参序量；基于知识交互过程通常具有的不确定情境（context）诉求，王智生等[③]学者从信任地位视角探讨了由知识位势转换导致的组织信任程度调整问题。协调方法方面，Kahn[④]开创性提出了团队簇多维度职能整合的概念，并评价了其整合的互动过程和协作过程；许成磊和段万春[⑤]针对多团队协作面临的核心问题，基于和谐主题漂移思想构建能够整合团队管理主体间复杂界面关联的"累积前景—网络层次分析"方法。多团队网络协调的相关研究成果表明，网络集成创新视域下的多团队协同创新管理面临十分复杂的协同诉求，而这与众创网络化治理属性展现的社区自治情景具有相似特征。考虑到现有成果已经开展大量前期探索，本书将整合现有研究的维度、视角和方法，探索不同竞合协作动机下的合作范式转换机制。

三、协同创新管理的研究现状和趋势

迄今，众多学者围绕企业主体或企业、政府、科研机构形成的三元主体，广泛开展了针对协同创新概念及内涵、协同创新要素与过程、协同创新模式与机制等方面的研究。虽然现有成果在研究内涵、视角和系统性方面展现出极强的借鉴意义，但仍然未能嵌入团队簇及创业团队管理的系列特征，对众创团队簇协同创新的多主体协同问题、非全要素创新问题、初创期及平台期的协同创新机制凝聚与转型问题缺乏关注。下面从协同学相关理论基础与研究范式、协同创新概念及内涵、协同创新要素与过程、协同创新模式与机制等四个方面，评述协同创新管理的相关研究成果。

---

① 魏钧，李淼淼. 团队知识转移：多样性与网络传递性的作用 [J]. 科研管理，2014，35（5）：70–76.
② 段万春，许成磊，魏忠. 创新团队管理和谐度及其关键客体界面识别 [J]. 科技进步与对策，2014，31（12）：1–6.
③ 王智生，胡珑瑛，李慧颖. 合作创新网络中信任与知识分享的协同演化模型 [J]. 哈尔滨工程大学学报，2012，33（9）：1175–1179.
④ Kahn K. B. Interdepartmental integration: A definition with implications for product development performance [J]. Journal of Product Innovation Management, 1996, 13 (2): 137–151.
⑤ 许成磊，段万春. 基于和谐主题漂移的团队社会资本整合优化 [J]. 科研管理，2015，36（10）：153–160.

（一）有关协同学相关理论基础与研究范式方面的研究

协同学创立人 Haken 教授指出协同即是指远离平衡状态下的开放系统，通过与外界进行物质和能量交换的协同作用，自发出现时间、空间和功能上有序结构的过程。这种协同学概念最早被潘开灵和白列湖两位学者引入国内管理研究领域，并被定义为"变革或临界状态下，通过序参量实现系统内部各子系统或要素按照协同方式进行整合，最终达成自组织下新序状态的系统管理方法"。据此，针对管理变革中的组织协同属性管理问题，张晓军、张新国和席酉民[1]三位学者准确定位"过程"在系统"相变"中呈现出的最大信息量特征，提出了能够有效应对组织整体性、应变性和复杂性管理需求的"过程"序参量，强调了系统协同效应中"阶段化"涌现属性对定位组织核心管理议题的重要性。同时，针对管理变革中的整体组织协同属性管理问题，Coring[2]教授提出了协同机制的概念，将其定义为一种"以实现一致性、互补性为目标，促进组织从无序向有序状态演化，促使内部各子系统按照协同方式整合"的关系科学，在进行多聚类协同属性交互关系整合的情景下，凸显出"阶段化"协同效应涌现过程中系统整体关系战略性、策略性、结构性整合的重要性。协同学的研究表明，明确系统协同属性及特定管理阶段下的情景化管理需求，是定位组织核心管理议题及其序参量、深刻认识组织协同效应实现机理的精髓所在，而这也是本书拟开展的一个研究重点。

（二）有关协同创新概念、内涵方面的研究

针对早期协同创新理念停留于局部创新的问题，Herry Etzkowitz[3]进一步将异质性组织的协同合作提升到系统层面，提出了著名的产学研协同"三重螺旋"（Triple Helix）理论。在此基础上，Frambach[4]、范群林[5]、陈劲[6]等多位学者分

---

[1] 张晓军，张新国，席酉民，等. 管理变革中的流程主导性及其协同管理研究 [J]. 外国经济与管理，2008, 30 (11): 43–50.

[2] Corning P. A. The synergism hypothesis: A theory of progressive evolution [M]. New York: McGraw-Hill, 1983.

[3] Etzkowitz H., Leydesdorff L. The dynamics of innovation: From national systems and "Mode 2" to a triple helix of university-industry-government relations [J]. Research Policy, 2000, 29 (2): 109–123.

[4] Frambach R., T. F. R., Frambach R T, et al. Organizational innovation adoption: A multi-level framework of determinants and opportunities for future research [J]. Journal of Business Research, 2002, (55): 163–176.

[5] 范群林，邵云飞，尹守军. 企业内外部协同创新网络形成机制——基于中国东方汽轮机有限公司的案例研究 [J]. 科学学研究，2014, 32 (10): 1569–1579.

[6] 陈劲，阳银娟. 协同创新的理论基础与内涵 [J]. 科学学研究，2012, 30 (2): 161–164.

别基于组织能力形成演变视角、协同系统的创新效应涌现视角、创新系统的动态优化视角,从不同层面的系统观探讨了协同创新的概念和内涵。协同创新概念及内涵的研究成果表明,协同创新的内涵遵循从点状结构到网络系统的动态演进规律,可以为挖掘协同创新内涵的动态管理要点提供借鉴。然而不能忽视的是,现有研究尚未认识到众创团队簇所具有的多主体协同创新管理需求。鉴于此,本书需要在此基础上借助协同学的多维系统观与团队簇管理的多主体协调观,围绕众创团队簇的管理特质,进一步解析诸如组织信任、沟通有效性、团队氛围等方面的多元微观管理内涵。

(三) 有关协同创新要素与过程方面的研究

Nerkar & Paruchuri[1] 指出协同创新项目具有组织阶段性、目标多元性和过程复杂性特质。针对协同创新的组织阶段性特质,郑刚等[2]将协同创新划分为沟通、竞争、合作、整合、协同五个阶段,并构建了全面协同的过程模型。针对协同创新的目标多元性特质,Duin 等[3]基于创新网络耦合视角,从创新主体、资源要素、发展目标和政策导向等多个方面提出了识别小企业协同创新核心管理议题的分析框架。针对协同创新的过程复杂性特质,吴航和陈劲[4]基于战略、市场、文化、组织、制度等方面互动与协同的复杂性,探讨了创新的全要素协同内涵与机理。协同创新要素与过程的研究成果表明,虽然现有成果已经从微观到中观、从静态到动态对实现协同创新的要素和过程开展了大量有益探索,但尚未关注到众创团队簇协同创新过程中由个性化创新能力集聚导致的非全要素创新问题。鉴于此,结合众创团队的三元协同效应,本书将进一步拓展众创团队簇管理的微观内涵,挖掘其非全要素创新的差异化表现形式与特殊管理诉求。

---

[1] Nerkar A., Paruchuri S. Evolution of R&D capabilities: The role of knowledge networks within a firm [J]. Management Science, 2005, 51 (5): 771 – 785.

[2] 郑刚,朱凌,金珺. 全面协同创新:一个五阶段全面协同过程模型——基于海尔集团的案例研究 [J]. 管理工程学报, 2008, 22 (2): 24 – 30.

[3] Duin H., Jaskov J., Hesmer A., et al. Towards a framework for collaborative innovation [M]. Computer – Aided Innovation (CAI). Springer US, 2008.

[4] 吴航,陈劲. 新兴经济国家企业国际化模式影响创新绩效机制——动态能力理论视角 [J]. 科学学研究, 2014, 32 (8): 1262 – 1270.

（四）有关协同创新模式与机制方面的研究。

陈力田和许庆瑞[1]通过聚类分析自主创新能力，探索了知识搜寻跨边界协同对不同结构类型自主创新能力的选择机理；吴航和陈劲[2]提出了技术与制度协同演化的协同创新模式；叶伟巍[3]将协同机制划分为文化相融机制、技术互补机制以及成本利益分配机制；解学梅等[4]运用多元回归探讨了协同机制与协同环境在企业协同创新模式与协同创新效应关系中的调节作用；李斐等[5]针对客户协同产品创新系统的稳定性测量问题，提出一种基于无向加权图的复合分析方法。许成磊等[6][7]引入并融合界面管理及和谐管理，给出创新团队和谐管理的概念界定，从五个方面提出创新团队和谐管理机制的构建思路，并进一步针对决策导向多元化特征，提出了一种应对复杂创新情景的多属性群决策改进方法。协同创新模式与机制的研究成果表明，目前成果关注于组织成长期协同创新情境下系统整体及子系统内部的协同，但尚未关注到众创团队簇初创期及平台期的协同创新机制凝聚与转型问题，且组织复杂属性梳理基础上的协同内涵、维度与演化路径等定量研究方面的成果相对鲜见，而这也是本书拟定的一个重要创新方向。

四、国内外研究的现状和趋势分析

众创是开放式创新理论发展和成熟的结果，是创新合作边界扩张、创新关系复杂性耦合、网络创新内外部条件突破性变化的直接产物。身处众创掀起的这场面向每个人的创造力革命，如何在创新合作内涵、途径、机制等多元层面重新定义创新文化和制造概念，已经得到了众多学者的积极响应与研究。现有相关成果

---

[1] 陈力田，许庆瑞. 知识搜寻跨边界协同对自主创新能力结构类型影响的实证研究 [J]. 科学学与科学技术管理，2014，(10)：13-25.

[2] 吴航，陈劲. 新兴经济国家企业国际化模式影响创新绩效机制—动态能力理论视角 [J]. 科学学研究，2014，32 (8)：1262-1270.

[3] 叶伟巍，梅亮，李文，等. 协同创新的动态机制与激励政策——基于复杂系统理论视角 [J]. 管理世界，2014，(6)：79-91.

[4] 解学梅，左蕾蕾，刘丝雨. 中小企业协同创新模式对协同创新效应的影响——协同机制和协同环境的双调节效应模型 [J]. 科学学与科学技术管理，2014，(05)：72-81.

[5] 李斐，杨育，于鲲鹏，等. 基于 UWG 的客户协同产品创新系统稳定性研究 [J]. 科学学研究，2014，32 (3)：464-472.

[6] 许成磊，段万春，谢晖，等. 基于界面管理的创新团队和谐管理实现机制研究 [J]. 科技进步与对策，2013，30 (17)：25-28.

[7] 许成磊，段万春. 混合非结构 MAGDM 的决策导向一致性检验方法 [J]. 计算机工程与应用，2015，51 (23)：17-22+37.

表明，在复杂性创新的全局视野下，众创空间仅是众多成长型创新网络平台的一种形式，广义上众创团队的创新创业过程呈现为一种面向问题、乐于分享、交互信任、融汇角色、富于流动性的社会创造（Public Creation）范畴，具有网络化信任效应、异构流体团队效应和去中心结构效应三个突出属性，更加强调非技术创新（制度创新）与创新中非技术要素管理对消除创新要素及过程隔阂的突出作用。具体而言，借助创业团队与团队簇的研究成果，解析众创团队效应、认知并完善协同创新机制的复杂性体现为两方面：一方面，虽然创业团队具有松散型的泛家族网络关系特征和面向不同发展历程的核心管理议题，但目前成果仅关注了团队簇的初建阶段，对创业团队组织效能（创业的创新导向）的持续开发缺乏关注；另一方面，虽然团队簇的相关成果对拓宽创业团队管理内涵及方法具有借鉴意义，但仍然对转型期的非合作情景（众创去中心化问题）缺乏关注，团队簇管理尚未形成体系化的理论与方法体系。据此，考虑到多层次构成主体情况下，协调差异化创业诉求、整合多样化创新资源、打造整体竞争优势已经成为决定创业成功与否的三个"决胜因素"，所以协同创新管理对梳理众创团队协同框架具有极强的借鉴意义。

遗憾的是，相对于众创的特殊管理需求，目前协同创新理论仍存在许多局限，对多主体/多作用层次的组织结构、非全要素/过程耦合的创新交互情景、非规模化/非正式组织的管理秩序仍然缺乏关注。这种情景下，众创团队簇的协同创新机制研究已成为一个极具挑战的理论与实践问题，需要融合创业团队管理、多团队管理与协同创新管理的相关成果，综合运用社会科学领域以及复杂性科学的相关理论，解构、梳理并优化众创协同机制，促成双螺旋驱动下的创新创业涌现。鉴于此，申请者认为引入协同管理的整体性和相关性分析框架研究众创团队簇，既能够有效重塑众创团队管理的多层次内涵，又能够有效梳理其协同创新的情景特征差异，并且能够通过关键序参量定位与其内外交互机理建构，还原其协同效应涌现的微观网络结构，明确协同创新机制的解析及优化要点，科学评价不同合作主体、环节及阶段的协同创新质效，是未来研究的重要趋势。

第四节 主要研究内容

本书拟从众创团队界定及协同创新机制运行机理、众创团队簇协同创新的协作能力互信机制、众创团队簇协同创新的创新关系耦合机制、众创团队簇协同创新的合作范式转换机制共四个方面设计研究内容。

一、众创团队界定及协同创新机制运行机理

众创团队是为了提升协同创新能力、提高联合创业水平、打造综合型创新管理优势，以创新创业项目或众创空间为依托，由合伙人才（简称内部团队人才）和外部协作人才（简称外围团队人才）凝聚而成的团队簇型创新创业群体。因为内部团队人才更了解核心业务领域的市场、资源与政策情况，而外围团队人才具有更高的关联业务解决方案配套能力，所以团队簇协作共同开展创新创业项目将有利于提高创新效率，保障创业效果。文献梳理表明，该类创新团队具有网络化信任效应（参与个体多样、合作主体多元、信任途径多重）、异构流体团队效应（伙伴关系流动性强、创新资源整合渠道多、社会关联影响复杂）、去中心结构效应（管理架构多样、管理重心调整灵活、决策能动性突出）等众创协同效应，这决定了由该类团队开展创新研究和创业探索，具有合作过程及合作成效的不确定性。

鉴于此，为了提高创新效率、保障创业成效，在充分考虑该类创新团队中存在的网络化信任效应、异构流体团队效应和去中心结构效应等众创协同效应的基础上，结合众创团队簇推进创新创业的发展历程特征，解析完善协同创新的保障机制尤为重要。

基于以上考虑，本部分的主要研究内容如下：①众创团队的定义与特征；②众创团队簇的协同管理需求及协同质效（质量和效率）内涵；③众创团队簇协同创新质效与创新机制的关系梳理；④众创团队簇协同创新机制的系统性分析（拟针对团队簇管理初创期、成长期、转型期三个递进阶段的管理特征，对照考虑三个众创协同效应的差异化影响层次，从协作能力互信机制、创新关系耦合机制、合作范式转换机制三个层面分析）；⑤众创团队簇协同创新机制的运行机理（拟在提炼出该协同创新系统中序参量的基础上梳理提出机理）。

二、众创团队簇协同创新的协作能力互信机制

基于资源优势、合作前景、沟通有效性等形成的群体内部及群体间协作信任，是众创团队内外部达成整体创新创业意向的先决条件。在众创趋势下，创新主体逐渐由精英小众向泛社区大众转变，高校毕业生、连续创业者、科研工作者、留学归国人员等组成了众创"新四军"。这些多样化团队内个体和多元化团队间合作主体共同所具有的灵活成员关系，造成众创组织具有显著的网络化信任效应，存在基于知识位势、合作关系、沟通渠道等多种途径的光晕信任、临时信

任与关联信任,对多方合作主体有效达成协作关系具有重要影响,凸显了众创合作初期解析完善协作能力互信机制的重要性。

鉴于此,协作能力互信机制是在创新创业项目启动之前和初期对众创团队内外部成员的多途径信任关系进行预控优化,其目的在于实现团队内部参与个体间协作能力互信、团队簇合作主体间协作能力互信、网络化协同关系的整体协作能力互信。为了实现上述目的,申报项目拟在充分考虑众创团队存在网络化信任效应的基础上,从团队内部参与个体间协作能力互信机制、团队簇合作主体间协作能力互信机制、网络化协同关系整体协作能力互信机制三个方面解析众创团队协同创新的协作能力互信机制。

基于以上考虑,本部分的主要研究内容如下:①协作能力互信机制的界定与分类;②众创团队内部参与个体间的协作能力互信机制;③众创团队簇合作主体间的协作能力互信机制;④解析团队簇网络主体的信任元的主客观内涵,展现了基于主体交互过程中主客观信任空间相对性下的动态信任融合过程,构建基于信任元协同获取和位势演化的众创团队簇网络协作能力互信动态机制;⑤关注异质性创业领导所具有的嵌入授权领导行为,从结构授权、心理授权和认知授权这三个维度,分别解析异质型创业领导差异化授权所具有的中介作用,并且在能力互信氛围的影响下分析团队簇个体绩效之于创业领导异质性的层次变化效应;⑥剖析个体间的信任随协作关系以及伴随的领导授权的转变而演化的过程,并据此构建动态的创业多团队参与个体间协作互信发展过程模型。

三、众创团队簇协同创新的创新关系耦合机制

众创的过程不仅是汇聚技术、资本、灵感等各种创新创业资源的过程,而且是网罗同事、同学、朋友、亲戚、"同道中人"等各种创新"知道分子"和创业积极分子,实现复杂创新关系持续耦合的过程。在信息技术与通信技术深度融合的情景下,知识社会的形成与演变正加速推动传统创新创业资源的汇聚过程,而在此过程中知识社会的开放特性、流体特质与新民主理念已然引爆产业化创新活动的边界融合进程,导致创新关系耦合过程呈现出更加复杂的协同学特质。具体而言,这种协同特质表现为,对除硬软环境专业化、管理服务体系化之外的创业热情、创新能力、协作优势等管理资源的整合,已经成为推动技术与社会协同演化的重要途径,促使众创组织具有显著的异构流体团队效应。不同团队簇管理主体间存在基于合作伙伴、业务往来、间接创业支持等多种社会关联的合伙关系、协作关系、支持关系,参与众创的预期目标、能力基础、参与方式与决策风格差

异显著且创新关系流动性突出，凸显出众创成长期解析完善创新关系耦合机制的重要性。

鉴于此，创新关系耦合机制是在创新创业项目推进期、成长期对众创团队各类合作主体间形成的协同关系进行集束管理与整合优化，其目的在于实现团队内部与团队间的合伙关系耦合、协作关系耦合与支持关系耦合。为了实现上述目的，本书拟在充分考虑众创团队存在异构流体团队效应的基础上，从合伙关系耦合机制、协作关系耦合机制与支持关系耦合机制三个方面解析众创团队协同创新的创新关系耦合机制。

基于以上考虑，本部分的主要研究内容如下：①创新关系耦合机制的界定与分类，以及众创团队簇协同创新中的合伙关系、协作关系与支持关系等的耦合机制；②团队间隶属层次对不同领导范式下团队簇绩效的中介作用；③界定、梳理多创业团队的非正式众创网络界面体系，构建不同界面子系统之间实现耦合有效性质效评价的方法；④在团队簇跨职能界面结构化辨识与协同机理分析的基础上，构建跨职能协同效率整合评价的策略效率改进评价方案；⑤以某一具体类型团队为例开展案例应用研究。

四、众创团队簇协同创新的合作范式转换机制

时代在变迁，机遇在更迭，观念在转变，而创新不变的是精益求精的偏执性，创业不变的是以快打慢的颠覆性。从技术演进的历史经验来看，产业链的功能和地位升级往往与特定突破性技术创新或生产模式转型紧密相关，而这也是众创组织协同创新、共同创业过程本身所具有的重要优势之一。这种优势表现为，脱胎于山寨文化的草根式技术学习与制造网络具有极强的市场策略与管理模式调整能动性，使得依赖于塔状、散点状、矩阵状等创新架构与扁平化、网络化管理架构的众创组织往往具有灵活多变的管理重心，造成众创团队具有显著的去中心结构效应。这种去中心结构导致的分散化、低聚度管理，促使发现并解构社会化创新问题成为众创团队的一种宝贵自组织资源，并已经成为决定众创组织能否渡过发展平台期的关键转型因素。特别是当面对开放式创业生态系统形成的大众创新文化时，众创团队更加偏好互惠、参与、包容的个性化企业家精神、养成与组织内外协同创新秩序重构，凸显出众创转型期解析完善合作范式转换机制的重要性。

鉴于此，合作范式转换机制是在创新创业项目发展平台期、转型期对众创团队各类合作主体间业已形成的稳定协同创新路径、策略、模式等进行持续调整，

其目的在于实现团队利益格局、决策方式、组织氛围、协同秩序等合作范式的适应性变革。为实现上述目的，本书拟在充分考虑众创团队存在去中心结构效应的基础上，从利益格局、决策方式、组织氛围、协同秩序四个方面解析众创团队协同创新的合作范式转换机制。

基于以上考虑，本部分的主要研究内容如下：①拓展创业者个体及单一企业或团队层面政策支持差异化作用的解释内涵，解析动态演化创业网络在团队簇创业绩效传递中的作用机理，提出整合微观创新扩散理论与创业网络情景导向的分析框架；②分析动态合作情景下，异质性协同创新的策略结构与效率涌现层次、内涵与特征，提炼表征对应策略效应的异质性主体协同创新效率涌现结构、特征等解析要点；③针对可能衍生的"超预期"属性，反映非径向测度下评估各策略维度中的投入产出非同比例或非线性变化，构造团队簇多维度合作策略的管理效率评价方法；④针对动态合作过程中的多方案决策情景，提出多主体偏好交互与融合的改进策略，构建整体判断策略下有效集结绝对比较偏差的决策方案。

第五节　创　新　点

一、选题创新性

本书把握"大众创业、万众创新"这一重要时代课题，面向我国整体创业成功率偏低、创新内涵呈现产业化调整、创新路径转换步伐加快的新常态经济社会发展背景，旨在应对国内众创空间建设面临的创业定位模糊、服务基础薄弱、创新生态恶劣等诸多机制建设问题。由文献述评可知，目前未见与众创团队协同创新机制研究的相关报道，现有成果虽然对开展创业团队管理及协同创新管理研究具有重要的借鉴价值，但对多团队共同形成的创业特质考察不足，且对团队簇成长期及转型期的管理关注不够，更未结合网络化信任效应、异构流体团队效应、去中心结构效应等特征研究该类创新团队的协同创新机制解析问题。因此，与现有相关研究成果相比，本书定位众创团队簇的协同创新机制研究问题，具有一定的选题创新性。

二、理论创新性

本书为克服当前众创组织管理过程中所呈现的"重宏观政策导向研究，轻中微观治理机制研究"这一实际问题，将借鉴创业团队管理、多团队（团队簇）

管理、协同创新管理、协同学中的基本理论，创新凝练提出众创团队簇运行发展过程中在不同层次上形成的网络化信任效应、异构流体团队效应和去中心结构效应。以此为基础，本书不仅要分析众创团队的概念、特征，而且要从协作能力互信机制、创新关系耦合机制、合作范式转换机制三个层面，对个体间协作能力互信机制、主体间协作能力互信机制、合伙关系耦合机制、协作关系耦合机制、利益格局转换机制、决策方式转换机制、协同秩序转换机制等诸多子机制进行分类构建，有利于补充现有研究在众创团队及团队簇管理方面的理论不足，因此本书具有一定的理论创新性。

三、模型方法创新性

本书为解决当前众创组织管理过程中所呈现的"多定性经验化研究，少定量系统化研究"这一实际问题，将围绕三类众创协同效应间的复杂关联拓展研究视角、融合研究边界、转换经验认知，基于复杂系统决策、和谐管理、前景理论、协同学等理论，提出协同创新机制的运行机理解析方法、众创团队簇协同创新机制的分类构建方法、协作能力互信机制中的整合优化模型、创新关系耦合机制中的整合优化模型、合作范式转换机制中的整合优化模型，能有效应对目前研究在层次化问题情境识别、网络化协调效应表征、去中心化创新效能测度等方面存在的局限，有利于弥补现有成果在定量研究方面的不足，具有一定的模型方法创新性。

四、实践应用创新性

本书将遵循螺旋反馈式研究方法，围绕业界动态、实践导向与研究难点，基于所提出的理论、模型、方法，对国内不同地区的部分典型国家级众创空间建设项目及团队进行实证分析和案例应用研究。通过规范化的案例研究，不仅能够检验理论、模型、方法的科学有效性及应用可行性，而且能够针对众创空间建设项目中的创新团队管理实况，修订、完善并推动多领域理论融合再创新，为多样化管理情景下的众创团队管理实践提供更具针对性的科学管理对策及建议，为区域化、多层次的众创空间建设提供测度、评价、改革等决策参考和政策制定依据，因此本书具有一定的实践应用创新性。

第二章

众创团队簇的协同管理研究要点

本章内容提要

在多团队管理的多样化、多种类、多关联的复杂情景层面，众创团队展现出复杂的协同关系涌现效应，这种协同关系伴随着个体、团队和整体而呈现出差异性情景特征，左右着团队簇协同创新的趋势，亟待分析梳理。因此，本章致力于分析研究团队簇概念特征和管理需求，通过分析团队簇多主体创业协同的网络特征、关系结构以及交互效应，总结众创团队簇协同管理的研究要点。首先，基于 CiteSpace 的文献共被引分析表明，虽然国外针对团队簇及其管理的研究尚未形成统一的理论框架，但团队簇的多边界协作、群体导向介入、网络影响特性及新的合作效应与容量等问题正在成为主要研究方向与热点。据此，关注团队簇层面松散协作关系下的创业生态与创新网络嵌入管理难题，在探讨其创新创业交互属性并评述现有成果的基础上，凝练出团队簇管理的概念与特征，对应研究热点归纳团队簇管理在多元创新情景响应、考虑分散协作的社群决策技术创新、考虑动态有效性的协同演化机制、考虑知识生产的创新效能扩散机理等方面的解析评价要点。现有进展能够为创业导向下的初创企业及创业化组织变革、创业协同管理实践提供理论参考，进一步探索热点问题的解析评价方法与整体研究框架有助于丰富扩展团队管理、创新管理与组织变革等的理论基础。其次，在多团队创业协同所构成的开放式创新关系中，团队间依托社会网络所衍生的松散、去中心与非系统合作问题普遍存在，关注该协同关系的结构与效应能够为探究少数占据结构洞优势团队的关联结构、能力延展及策略均衡问题提供崭新视角。通过解析少数占优团队在创业过程中的资源边界拓展、学习型改造与竞合优势转换等问题，面向社会网络在节点、节点间、节点关系聚合层面所形成的协同能力、角色与位势三个解析维度，归纳剖析团队间创业协同能力、角色与知识位势的网络构成，梳理提炼其呈现的合作网络边界扩张、协同策略结构性变革及部分要素外部效用突破性涌现效应。与快速协作响应、持续冲突协调及共同绩效相关的结论能够为认识

"开创事业"导向下松散合作关系中的知识、角色、能力差序作用格局提供分析框架,对评价与优化非全要素创新或非全过程创业中优势主体间的交互治理问题具有参考价值。

第一节 问题的提出

广义上,团队簇可视为两个或两个以上的团队借助单一团队所不具备的优势而实现一系列创新目标所构成的一个开放系统[1]。对中国跨职能项目团队的研究表明,在人员、经费、业务有限而创意明确的情景下,初创部门多采用跨部门或组织协作的方式实现基于团队簇的突破式产品、功能或能力[2],而这种分散合作方式常由部分核心团队自发聚集形成个性鲜明的多主体协作渠道,体现显著的开放式、簇状商业模式创新。这种出于改变现状创业愿景的创设初衷,使得团队簇管理形式自呈现之初即与创业管理、多团队系统、协同创新等概念交织纠缠,对有效解析并认识创业生态与创新网络的嵌入性管理[3]问题造成了诸多阻碍,如少数团队或群体间的偏好交融、知识吸收转化与角色重叠迁移等多层级衍生现象一直未能得以有效描述。狭义上,面向"独角兽"型初创组织[4]集聚协同竞争优势的现实需要,本研究认为团队簇可视为少数占据结构洞优势的团队由于自发的结构延展与能力均衡所形成的开放式协同关系。自 Mathieu 等[5]开创性关注多团队组织形式以来,现有研究对近似团队簇的微观创业与宏观创新交互属性的理解趋于二元化,虽然多团队系统理论准确定位了团队间管理活动的复杂系统属性[6],但对子系统在创新与创业导向交互时的多边界特征以及子系统功能的差序呈递特质仍然缺乏解读。特别是在面向"独角兽"式创业个案(前途大好的初创企业)

---

[1] Marks M. A., Dechurch L A, Mathieu J E, et al. Teamwork in multiteam systems [J]. Journal of Applied Psychology, 2005, 90 (5): 964–971.

[2] Han J. J., Zhou G. H., Yan-Lai L I, et al. Multi-participates project team cooperation behavior based on altruism preference [J]. Systems Engineering – Theory & Practice, 2013, 33 (11): 2776–2786.

[3] Todeva E., Ketikidis P., Bratianu C., et al. Regional entrepreneurship and innovation management: Actors, helices and consensus space [J]. Management Dynamics in the Knowledge Economy Journal, 2017, 5 (1): 57–76.

[4] Canuto O. Competition and endogenous technological change: An evolutionary model [J]. Revista Brasileira De Economia, 2015, 49 (49): 21–34.

[5] Mathieu J. E., Heffner T. S., Goodwin G. F., et al. The influence of shared mental models on team process and performance [J]. Journal of Applied Psychology, 2000, 85 (2): 273–279.

[6] Thom Vries D., Hollenbeck J. R., Davison R. B., et al. Managing coordination in multiteam systems [J]. Academy of Management Journal, 2016, 59 (5): 1823–1844.

的深度剖析时，团队簇相关的资源边界拓展[1]、学习型改造[2]与竞合优势转换等问题正得到持续关注，然而现有理论尚未响应动态复杂竞争环境中创业活动的知识、角色、能力差序作用格局问题[3]，以及创新活动的非全要素、非全过程问题[4]。这些相互掣肘的治理难题表明团队簇管理在理论层面仍存在一定真空地带，具有重要的理论与实践研究意义。与此同时，在社会化创业与创新活动的交融过程中，跨组织、跨学科、跨领域乃至跨地区的合作关系整合成为推进创造力涌现的主导流程，呈现出复杂创新活动所具备的复杂巨系统特征。作为创新管理的重要研究范畴，开放式创新已形成响应关系情景嵌入的管理框架，特别是在Chesbrough[5]教授对开放式创新的权威界定中，已将跨组织的协同创新范式视为探索创新模式变革的突破点。在此基础上，协同创新的动因、影响因素以及协同创新模式等问题成为焦点，面向竞争者、用户、替代者、供应商等多层次的组织间协同，以及技术、信息、组织、知识、管理等要素的非线性系统特征，相关研究重点研究了组织间协同关系的主体资源配置效率、要素资源可获得性、技术知识共享与创新可持续性等方面的热点问题。同时，解学梅[6]教授对国外协同创新的研究评述也表明，迄今成果尚未关注组织间协同带来的去中心治理影响及其引致的组织迭代属性，面向创业型团队的子系统间协同关系研究仍相对鲜见。部分研究表明，团队间多主体协作对以往组织协同关系的结构与效应均带来了颠覆性影响，这不仅回应了地理临近性导致的集体学习与恶性竞争相容性矛盾（Tomlinson，2010），而且回应了信任效用分布依赖于供应链企业间演化均衡的博弈悖论（Fawcett & Waller，2013），为本研究重新解析微观创新主体的"沟通——协调——合作——协同"过程提供了新的研究方向。

实际上，团队簇管理所面向的社会化创业与创新行为具有内在的对立统一特

---

[1] Berry H., Sakakibara M. Resource accumulation and overseas expansion by japanese multinationals [J]. Journal of Economic Behavior & Organization, 2008, 65 (2): 277 – 302.

[2] Kontoghiorghes C., Awbre S. M., Feurig P. L. Examining the relationship between learning organization characteristics and change adaptation, innovation, and organizational performance [J]. Human Resource Development Quarterly, 2010, 16 (2): 185 – 212.

[3] Turner T., Iii W. W. P. Organizational networks and the process of corporate entrepreneurship: How the motivation, opportunity, and ability to act affect firm knowledge, learning, and innovation [J]. Small Business Economics, 2015, 45 (2): 1 – 17.

[4] Allen D., Karanasios S. Critical factors and patterns in the innovation process [J]. Policing, 2011, 5 (1): 87 – 97

[5] Chesbrough H., Crowther A. K. Beyond high tech: Early adopters of open innovation in other industries [J]. R. & D. Management, 2006, 36 (3): 229 – 236.

[6] 解学梅，方良秀. 国外协同创新研究述评与展望 [J]. 研究与发展管理，2015，27 (4): 16 – 24.

性，特别是在我国目前正在推进的"双创"浪潮中，创业与创新在功能、定位与策略的差异性显著。在我国创业基础、人才、环境等相对落后的情景下，该差异性表现为创业主要关注当期机遇，强调策略性互惠，重在"交换"范式下的利益关系协调，关系到国家创新体制的系统重构与优化；创新主要关注远期愿景，强调战略性布局，重在"内生"范式下的创新资源整合，关系到国家产业竞争优势的集聚路径选择与转换。在人员、经费、业务有限而创意明确的情景下，初创组织多采用跨部门的方式实现基于团队间协同关系的突破式产品、功能或能力。自Mathieu等[1]开创性关注多团队合作形式以来，相关进展围绕多团队微观创业与宏观创新交互属性的理解趋于双元化，对单一团队内部及多团队系统整体的协作关系均形成了系统研究基础，但仍然对创新与创业导向交互时团队间的多边界特征以及子系统功能的差序呈递特质的解读。特别是在个性化、多样化消费与生产方式渐成主流，精益创业理念盛行的情景下，由于兼具创业精神与创新责任的多团队形式也呈现出愈加复杂的社会网络系统属性，因此更加关注个体—团队、紧密—松散与精熟—表现等[2]对立统一关联属性在团队间的跨层次作用。在社会网络的无标度、多极、去中心影响下，这种分散合作方式常由部分核心团队自发聚集形成个性鲜明的多主体协作渠道，使得团队间创业协同关系成为影响其跨组织绩效的主要内容。然而，由于社会网络不确定影响的特殊性与复杂性，少数团队或群体间的偏好交融、知识吸收转化与角色重叠迁移等多层级衍生现象一直未能得以有效描述，难以响应动态复杂竞争环境中创业活动的知识、角色、能力差序作用格局问题[3]以及创新活动的非全要素/非全过程问题[4]。此外，由于团队间形成的开放系统属性也导致诸多非系统特征，因此仅关注个体、各团队内部以及名义上多团队系统整体的管理有效性，并不能有效认识主体多角色、过程多动态、合作多边界、策略多变革及效应多涌现等动态多边界复杂网络特征

---

[1] Mathieu J E, Heffner T S, Goodwin G F, et al. The influence of shared mental models on team process and performance [J]. Journal of Applied Psychology, 2000, 85 (2): 273 – 279.

[2] Li H, Zubielqui G C D, O'Connor A. Entrepreneurial networking capacity of cluster firms: A social network perspective on how shared resources enhance firm performance [J]. Small Business Economics, 2015, 45 (3): 523 – 541.

[3] Turner T, Iii W W P. Organizational networks and the process of corporate entrepreneurship: How the motivation, opportunity, and ability to act affect firm knowledge, learning, and innovation [J]. Small Business Economics, 2015, 45 (2): 1 – 17.

[4] Allen D, Karanasios S. Critical factors and patterns in the innovation process [J]. Policing, 2011, 5 (1):87 – 97.

的局部涌现方式①。

基于以上思考，本书将基于 Web of Science 数据库的外文研究成果，在提炼给出团队簇管理概念及特征的基础上，通过归纳团队簇创业与创新交互行为呈现的团队间协同层次和交互影响，梳理团队簇管理的主要解析评价维度与要点内容，将结合社会网络在节点、节点间、节点关系聚合层面所衍生的松散、去中心与非系统合作问题，通过梳理多团队能力、角色、知识位势等维度的创业协同关系构成特征，从多团队合作的社会网络边界扩张、协同策略结构性变革及创新要素外部效用突破性涌现等三个方面提炼其协同关系影响效应。本章的研究能够为描述和解读创业导向下的初创企业及创业化组织变革、创业协同管理实践提供理论参考，能够为丰富扩展团队管理、创新管理与组织变革等的理论基础提供一定借鉴，也能够为认识开创事业导向下松散合作框架中的知识、角色、能力差序作用格局提供分析框架，对评价与优化非全要素创新或非全过程创业中优势主体间的交互治理问题具有借鉴价值。

第二节　团队簇及其管理的国外研究进展

一、总体研究进展

本书的样本书献来源于 Web of Science 数据库，以 "team cluster（团队簇）" OR "multi-team（多团队）" OR "team collaboration（团队协同）" OR "multi-team system（多团队系统）" AND "entrepreneurial orientation（创业导向）" AND "innovation efficiency（创新效能）" 为主题，搜索 2000 年以来发表的期刊文章（数据采集时间为 2018 年 3 月 26 日）。每条查询文献涵盖以下内容：作者（authors）、标题（title）、关键词（key words）、内容摘要（abstract）和引文情况（descriptor and identifiers）。采用 CiteSpace 软件处理检索得到的引文数据（具体操作过程不在此赘述），以每年为一个数据分区并设置被引频次最高的前 50 个节点为分析对象，在引文网络布局得到稳定分析结果后，通过自动进行的聚类分析得到图 2-1 所示的基于文献共被引的团队簇、多团队、团队管理、创业导向与创新效能研究的知识图谱。在图 2-1 中，节点表示引文的位势，分支紧密程度

---

① Goodale J C, Kuratko D F, Hornsby J S, et al. Operations management and corporate entrepreneurship: The moderating effect of operations control on the antecedents of corporate entrepreneurial activity in relation to innovation performance [J]. Journal of Operations Management, 2011, 29 (1-2): 116-127.

越大说明该文献被引用频率越高，连线越粗意味着文献间的引用次数越高，节点颜色及厚度反映研究年代及被引次数。分析图2-1可知，多团队、团队管理与创业导向三个主题之间有着紧密的联系，每个节点中2008年之后的颜色厚度增加，表明被引次数逐渐增多，即2008年以后有关多团队、团队管理与创业导向的研究呈上升趋势。需要指出的是，碍于引用周期所限，部分最新成果基于被引频次统计的结论并不显著，但总体上近五年以来紧密相关的成果也较多（部分关键成果列述于第2部分），且呈现出多学科关联研究的发散影响趋势。

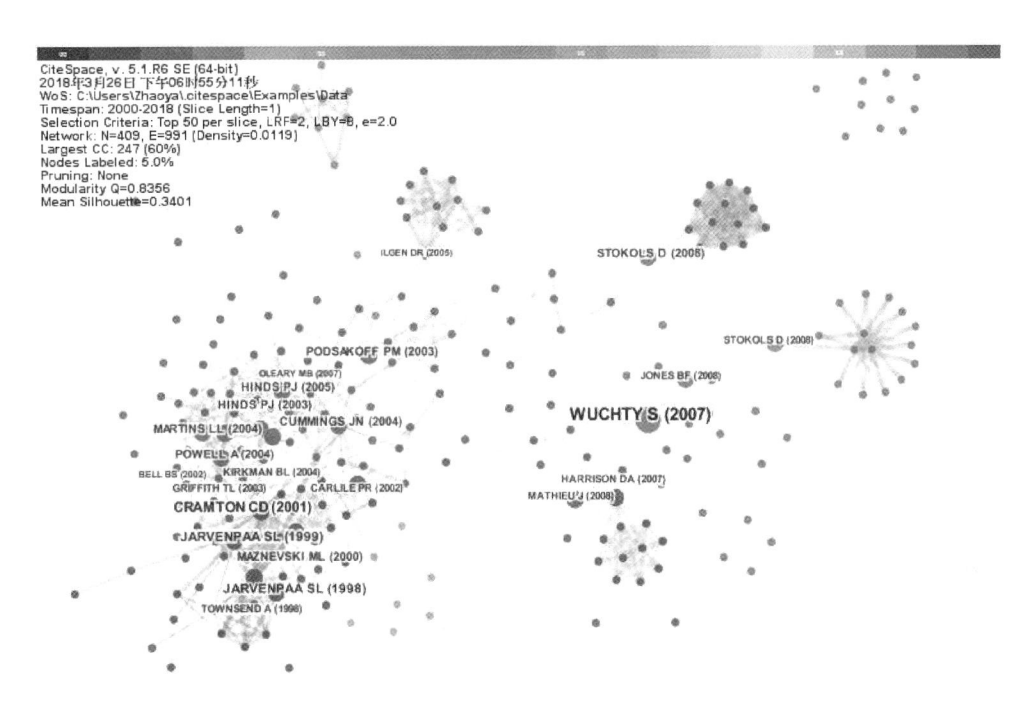

图2-1 基于文献共被引树状结构的团队簇相关研究知识图谱

二、主要研究方向与热点

与团队簇相关的多团队及跨团队管理研究的主要方向和热点如图2-2所示。分析图2-2可知，最突出的节点中首先是Jarvenpaa等[①]在1998年发表的 *Communication and trust in global virtual teams*，该文研究表明全球化虚拟团队的成员特征超越了时间、空间和文化的局部限制，表明团队簇相关的跨层次、多团队沟通

---

① S. L., Leidner D. E. Communication and trust in global virtual teams [J]. Journal of Computer-mediated Communication, 1998, 3 (4): 791–815.

31

问题是关注的一个重点内容。其次,是 Maznevski 等[1]在 2000 年发表的 *Bridging space over time：Global virtual team dynamics and effectiveness*,该文提出了一种基于工作模式与任务匹配机制以提高团队效能和有效性的方法,表明在动态协同的过程中提高参与团队的创新效能是实现团队簇有效管理的重要途径。同时,Cramton[2]在 2001 年发表的 *The mutual knowledge problem and its consequences for dispersed collaboration* 也具有代表性,该文指出了五种构成相互认知失败的团队内外部知识共享问题,强调多层次团队边界影响下的认知失败对团队绩效影响突出,表明与知识生产特性相关的一系列隐性问题是解读团队簇创新绩效扩散微观机理的重要内容。此外,有关团队创业与多团队协同最具代表性的是 Wuchty 等[3]在 2007 年发表的 *The increasing dominance of teams in production of knowledge* 和 Mathieu 等[4]在 2008 年发表的 *Team effectiveness 1997—2007：A review of recent advancements and a glimpse into the future*,二者共同表明团队创业在知识生产中的地位日益提高,而不同类型团队间存在着实质性差异,说明创业导向是现代团队组织设计复杂性特征体现的基本来源,由此产生的簇状松散合作关系管理问题是团队管理的重要趋势。

自此,对多团队以及团队管理的研究文献逐渐增多并开始聚焦于多边界协作、群体导向介入、网络影响特性及新的合作效应与容量问题。如 Steger 等[5] 2018 年发表的成果关注了跨学科多团队合作中生态服务的多样化边界管理功能(强调管理情景响应);Trischler 等[6] 2017 年发表的成果关注了消费者群体介入服务设计团队过程的多导向共同设计影响(强调社群决策技术创新);Wang[7]在 2016 年发表的成果关注了松散协作状态下利己者合作网络的关系强度、结构与

---

[1] Maznevski M. L., Chudoba K M. Bridging space over time: Global virtual team dynamics and effectiveness [J]. Organization Science, 2000, 11 (5): 473 – 492.

[2] Cramton C. D. The mutual knowledge problem and its consequences for dispersed collaboration [J]. Organization Science, 2001, 12 (3): 346 – 371.

[3] Wuchty S., Jones B. F., Uzzi B. The increasing dominance of teams in production of knowledge [J]. Science, 2007, 316 (5827): 1036 – 1039.

[4] Mathieu J., Maynard M. T., Rapp T., et al. Team effectiveness 1997 – 2007: A review of recent advancements and a glimpse into the future [J]. Journal of Management, 2008, 34 (3): 410 – 476.

[5] Steger C., Hirsch S., Evers C., et al. Ecosystem services as boundary objects for transdisciplinary collaboration [J]. Ecological Economics, 2018, 143: 153 – 160.

[6] Trischler J., Pervan S. J., Kelly S. J., et al. The value of codesign: The effect of customer involvement in service design teams [J]. Journal of Service Research, 2017, Online First (4): 1 – 26.

[7] Wang J. Knowledge creation in collaboration networks: Effects of tie configuration [J]. Research Policy, 2016, 45 (1): 68 – 80.

个体层面知识创造的关系（强调合作的动态有效性与协同演化）；Li 等[①]在 2015 年发表的成果关注了簇状合作中共享资源对提升市场表现的杠杆效应及其创业网络企业容量测度问题（强调多中心或去中心的创新效能扩散机理）。综上，国外多团队及团队管理研究的文献演化脉络显示，有关团队簇的多元创新情景响应、考虑分散协作的社群决策技术创新、考虑动态有效性的协同演化机制、考虑知识生产的创新效能扩散机理等问题成为目前学术界研究的焦点，本书即关注这些新趋势，梳理团队簇及其管理的概念、内涵、特征及其主要解析评价维度。

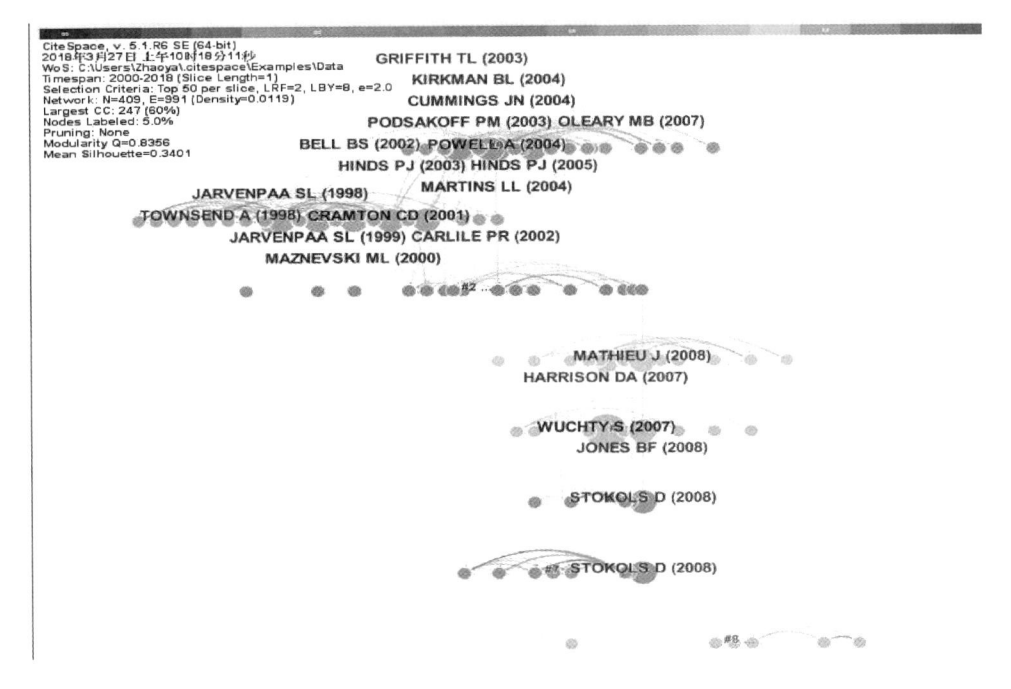

图 2-2 基于共被引时间区域的多团队以及团队管理研究的知识图谱

三、团队簇的创业内涵与创新创业交互特征

创业是对已有资源或可获得资源进行优化整合从而创造更多经济或社会价值

---

① Li H., Zubielqui G. C. D., O'Connor A. Entrepreneurial networking capacity of cluster firms: A social network perspective on how shared resources enhance firm performance [J]. Small Business Economics, 2015, 45 (3): 523–541.

的过程,反映出动用社会化资源而谋求变革的管理探索需求①。特别是在近似于我国的社会化创业环境下,创业行为的开创事业诉求与复杂组织行为特征充分反映了团队簇的情景化管理主题,表现为以下创业内涵和特征。

(一) 团队簇的创业导向内涵

1. 多主体创业偏好交融

团队簇创业行为需要考虑显著的主体优势偏好差异,偏好融合过程即初创企业能力定位过程。一方面具有从业背景或职业能力优势的直接创业主体更具生态嵌入性②,能够在可行技术与执行路径上以更低的制度成本和更高的迭代试错效率切入目标市场;另一方面具有用户经验及创意灵感的间接创业主体更具"局外人"优势,能够摆脱既有资源导向而面向需求重置能力定位③。因此,识别生态嵌入性与"局外人"两类优势偏好的情景式交互主题,对明确团队簇能力禀赋与治理架构至关重要。

2. 多学习过程协调与多学习边界渗透

团队簇内多主体凝聚创业能力的过程即跨边界学习型改造,主体创业偏好的差异导致学习过程与边界显著分化④。一方面,学习过程体现了创业者的知己知彼心理能力,多偏好主体学习的初衷和目标不再是能力本位导向⑤,而是面向整合分散创业流程的多面手需求形成习惯性自我否定导向;另一方面,学习边界因过程导向归集而愈加重叠,构成初步创业基础的商机感知、发现与挖掘⑥已经成为二次创业的核心,深刻塑造了组织学习的跨层次与价值嵌入特征。因此,在主动暴露问题并获取优势的过程中,创业偏好交互已导致团队簇学习态度与方式发生了深刻转变。

---

① Alvarez S. A., Busenitz L W. The entrepreneurship of resource-based theory [J]. Journal of Management, 2007, 27 (6): 755-775.

② Mcevily B., Marcus A. Embedded ties and the acquisition of competitive capabilities [J]. Strategic Management Journal, 2005, 26 (11): 1033-1055.

③ Ucbasaran D., Westhead P, Wright M. The extent and nature of opportunity identification by experienced entrepreneurs [J]. Journal of Business Venturing, 2009, 24 (2): 99-115.

④ Saab N., Joolingen W. V., Hout-Wolters B V. Support of the collaborative inquiry learning process: Influence of support on task and team regulation [J]. Metacognition & Learning, 2012, 7 (1): 7-23.

⑤ Burke A. E., Fitzroy F R, Nolan M A. Self-employment wealth and job creation: The roles of gender, non-pecuniary motivation and entrepreneurial ability [J]. Small Business Economics, 2002, 19 (3): 255-270.

⑥ Corbett A. C. Learning asymmetries and the discovery of entrepreneurial opportunities [J]. Journal of Business Venturing, 2007, 22 (1): 97-118.

3. 多角色策略变革与多效用涌现

团队簇多主体学习态度与学习方式的更迭反映分散创业效能的认同与分配路径，动荡竞合关系中的角色"错配"机制代替残缺的领导架构成为新治理秩序。一方面，创业人格与理想层面的惺惺相惜造就了独特的角色认同格局，导致控制关系淡化而支持关系强化成为团队簇的治理氛围[1]；另一方面，基于量本利分析的精熟或表现绩效导向在团队簇中的效用空间逐渐收缩[2]，视创业为生活状态与精神诉求观点的盛行，营造出群体自我实现氛围与集体性格偏好。因此，团队簇治理与效用呈现的复杂性包含但不限于常规的绩效导向，更应关注其自主高动态创新活动中的合作互依性与层级性。

（二）团队簇的创新与创业行为交互特征

Stokols，Hall & Taylor 等[3]发表于 2008 年的 *The science of team science: Overview of the field and introduction to the supplement* 一文重点关注了大型合作研究中的团队管理问题，指出公共和私人投资部门以及独立研究机构的多主体合作具有面向问题特性的独特边界与实质导向差异，而该领域研究的一个重要挑战即形成描述此类型团队管理方法并转换问题的分析视角。后续进展表明，该视角主要反映为多团队松散协作的创业导向，即创业与创新面临共同的经济环境、相互渗透的参与群体与交错重叠的治理诉求。这种交互特征体现为团队簇创业内涵在创新出发点、侧重点与统筹路径上的交互影响。

1. 团队簇在创业与创新出发点层面存在显著差异

多主体角色的创业—创新内涵是异质、互生发展的。自熊彼特最早提及创新来源于创业这一观点以来，创新作为评判创业的标准正逐渐呈现在两者发展的交集中[4]。异质性体现为创业常作为部分角色识别风险和开发机会的工具或手段，是新财富形式与载体的创造过程，而旨在创设新事物的创新则体现为部分角色对

---

[1] Pearsall M. J., Ellis A. P., Bell B. S. Building the infrastructure: The effects of role identification behaviors on team cognition development and performance [J]. Journal of Applied Psychology, 2010, 95 (1): 192 – 200.

[2] Zeng S X, Xie X. M., Tam C. M. Relationship between cooperation networks and innovation performance of SMEs [J]. Technovation, 2010, 30 (3): 181 – 194.

[3] Stokols D., Hall K. L., Taylor B. K, et al. The science of team science: Overview of the field and introduction to the supplement [J]. American Journal of Preventive Medicine, 2008, 35 (2): 77 – 89.

[4] Chatterji A., Glaeser E., Kerr W. Clusters of entrepreneurship and innovation [J]. Innovation Policy & the Economy, 2014, 14 (1): 129 – 166.

新技术研发与新模式导入的创造结果[1]。互生性体现为创新能力培育以及创业策略优化是团队簇多主体偏好融合的核心,精诚合作的创业精神是克服角色认知偏差、提升团队创新能力的重要保障,而严谨的创新理念是转换临时信任、打通团队化创业通道的重要先导[2],二者的融合对于促进初创组织资源的整合至关重要。

2. 团队簇在创业与创新侧重点层面存在显著差异

两种内涵在非正式合作关系与泛社会网络情景下,处于不同绩效导向的策略掣肘地位。面向多过程的学习途径与绩效导向,进入发展期的初创组织处于常态化的治理策略更迭状态,多侧重点逐步具化为阶段化的管理主题[3]。其中,创业取向反映精熟绩效导向,强调相对稳定竞争环境中内在目标与自我贡献对短期价值的合作策略偏好,团队簇非正式合作关系的确立与转换常与角色嵌入、价值分享、冲突内化和创造力转换等因素密切相关;创新取向反映表现绩效导向,强调相对动荡竞争环境中外目标与互补贡献对中长期价值的合作策略偏好,团队簇泛社会网络的健全及维护常与社会资本开拓、自我更新、先动和风险承担等因素密切相关。

3. 团队簇在创业与创新统筹路径层面存在显著差异

多阶段管理主题在资源与知识的长期交互中主要聚焦了不确定合作关系的资源边界拓展、学习型改造与绩效结构优化三个核心议题。其中,对北京和新加坡高新技术型创业企业的调查表明,知识共享与内生价值补充了资源观视角下的资源独占优势,使得多主体创业过程中的策略偏好并不具备严格排他优势[4],扩充了创业资源的社会化配置范畴;资源认知与交换的现实需要则带来了学习与创造方式变革,不为己所有、但为己所用的理念得到普遍接受,并伴随创业活动的开放性与流动性丰富了创新效能的习得与改造框架;面向分散创业行为的多元策略整合与绩效结构优化需要,资源与知识的获取、转换及传递构成了团队簇调整动

---

[1] Sundström P., Zika-Viktorsson A. Organizing for innovation in a product development project: Combining innovative and result oriented ways of working-a case study [J]. International Journal of Project Management, 2009, 27 (8): 745-753.

[2] Sunday S., Babalola, Omobowale A O. The role of trust, innovation and knowledge management in entrepreneurial survival strategies: A study of selected cybercafé micro-entrepreneurs in Ibadan, Nigeria [J]. Inkanyiso Journal of Humanities & Social Sciences, 2013, 4 (2): 128-136.

[3] Hughes M., Morgan R. E. Deconstructing the relationship between entrepreneurial orientation and business performance at the embryonic stage of firm growth [J]. Industrial Marketing Management, 2007, 36 (5): 651-661.

[4] Zhang J., Soh P. H., Wong P. Entrepreneurial resource acquisition through indirect ties: Compensatory effects of prior knowledge [J]. Journal of Management, 2012, 36 (2): 511-536.

态竞合优势与整体绩效的主线①，在切入多元个体角色、多维创业能力和松散创新关系的作用情景时，增加了判定团队簇运行质效与绩效关联的复杂性。

第三节 团队簇管理的内涵与解析评价维度

一、团队簇管理的概念与特征

（一）团队簇管理的概念

本质上，团队簇由多团队发展而来。自 Woodman 等②界定任务团队独立属性、Staniforth 等③强调团队共担权责以来，响应信息与互联网技术对学习沟通方式的影响，任务依存与环境依存的多团队相互依存系统被 Mathieu 等学者提出。由于小群体协作的显著开放性、流动性与不确定性，多团队系统理论偏向正式组织的管理框架仍难以有效解读实践中的多团队协作、多边界渗透与多资源整合优化等问题。例如，在多目标互依层面，多团队为实现共同目标而应对内外环境中突发状况的情景已经变化，关联目标逐渐取代了共同目标的合作判定标准④；多团队沟通层面，各团队在负责各自任务的同时不断与其他团队相互沟通而完成整体创新任务的预判也发生改变，高竞争态势、自组织能力与策略均衡正在改变常规沟通路径⑤；多团队能力与绩效层面，复杂情境下的多团队绩效结构虽然被证实对协同有效性的影响显著，但在思考组织学习与团队能力跨层次（个体—团队）传递的同时⑥，聚焦协作主体层次差异与群体间治理秩序的组织身份认同、氛围嵌入与外溢绩效等难点的成果仍相对鲜见。

---

① Gimmon E., Yitshaki R., Benjamin E, et al. Divergent views of venture capitalists and entrepreneurs on strategic change in new ventures [J]. Strategic Change, 2011, 20 (3-4): 85-99.

② Woodman R. W., Sherwood J. J. The role of team development in organizational effectiveness: A critical review [J]. Psychological Bulletin, 1980, 88 (1): 166-186.

③ Staniforth D., West M. Leading and managing teams [J]. Team Performance Management, 1995, 1 (2): 28-33.

④ Yu K. Y. T., Cable D, M. Unpacking cooperation in diverse teams: Incorporating long-term orientation and civic virtue in the study of informational diversity [J]. Team Performance Management, 2011, 17 (1/2): 63-82.

⑤ Garnett J., Kouzmin A. Strategic change in organizational communication: Emerging trends for wealth formation in the new millennium [J]. Strategic Change, 2015, 9 (1): 55-65.

⑥ Richter A. W., Hirst G., Van Knippenberg D., et al. Creative self-efficacy and individual creativity in team contexts: Cross-level interactions with team informational resources [J]. Journal of Applied Psychology, 2012, 97 (6): 1282-1290.

自 Kahn[①] 在研究职能整合绩效时开创性地提出团队簇多维度职能整合概念以来，针对团队簇多主体、多策略变革、多过程协调属性的直接研究仍相对罕见，尚未关注到团队簇创新内涵与创新创业交互特质。实际上，Mathieu 和 John 于 2008 年发表的文献即关注了十年时间内不同类型团队存在的由输入—过程—结果框架产生的实质性差异，并形成了一种输入—中介—结果—时间敏感的分析方法。转换该分析方法形成的创业导向，与前文的共被引文献分析结果相符，为理解现代团队的组织设计复杂性提供了可行视角。据此，团队簇的多元创新情景响应、考虑分散协作的社群决策技术创新、考虑动态有效性的协同演化机制、考虑知识生产的创新效能扩散机理等问题，可聚焦为团队簇合作网络边界扩张、多团队协同策略结构性变革、部分创新要素外部效应突破性涌现三个内涵维度。

基于以上思考，综述相关进展并结合团队簇所显现的创新创业交互特质，在此将团队簇管理定义为：少数具有创业心理的个体或团队为了实现创新结构与能力的延展及均衡，基于自身的多主体构成、多过程协调与多策略变革等创业特质，通过明确社会化创业与开放式创新环境中的创业创新异质互生内涵、协调多绩效导向策略并统筹竞合优势涌现路径，而组织实施的多团队间非正式创业地位协调、泛关联创新风险控制与绩效结构优化活动。

(二) 团队簇管理的特征

简析上文给出的团队簇管理概念可知，团队簇管理相对于单团队管理、多团队系统管理呈现出五大特征：①具有创业心理，团队簇的参与主体均在一定程度上倾向于实现区别于现状的知识、性格、能力、角色或价值观等的改变，呈现出满足个体意义创立事业心理需要的集体性格；②以局部发展和突破为初衷，团队簇参与主体的协作是弱一致或弱相关关系，分散聚集的泛关联状态常源自部分未经深思熟虑和商业论证的另类洞见与小众设想，导致面向尝试诉求的协作冲突、质疑与包容充斥于协作过程中；③秉承创业特质，团队簇参与主体自合作之初即意识到创业维艰将贯串于合作历程，而各种流程、角色、个性和环境的反复、曲折与变故都已纳入新常态，这种情景下的缺钱、缺人、缺能力等问题相对于创业精神与创业领导而言已并非难点；④聚焦创业与创新交互属性，虽然团队簇参与主体重视创业精神与创业情怀，但无数惨痛案例也表明创业仅凭激情是不够的，需要面向载体、技术、模式和理念等的创新需

---

① Kahn K. B. Interdepartmental integration: A definition with implications for product development performance [J]. Journal of Product Innovation Management, 2010, 13 (2): 137 – 151.

求,持续打造响应市场考验的体系、制度、团队和盈利模式;⑤以营造多主体差序良性竞争格局为目标,团队簇运行质效并非系统观所认定的局部至整体最优状态,而是中观社会网络视域下的能力——机遇——价值差序配置状态,导致网络关系秩序评价较之于单纯个体或整体"量本利"测算更具解读意义。

以上特征表明,团队簇管理的非正式、泛关联与结构绩效特质使其治理活动具有显著的社会网络与创新网络属性,而理解这些属性对创业与创新进程带来的交互影响,对于梳理我国双创进程、项目与团队成长的有效路径意义显著。由于团队簇构成主体间常通过非契约的合作关系在某一共同战略目标基础上与外部机构建立各种业务往来,因此社会网络与创业协同理论的交叉对于理解团队簇进行资源整合配置、知识转化吸收、主体多角色协调以及过程协作都具有重要作用。鉴于此,结合社会网络在描述合作结构、功能与绩效方面的先导作用,思考团队簇管理的创新创业交互属性,在后文将分别综述提炼多元创新情景响应、考虑分散协作的社群决策技术创新、考虑动态有效性的协同演化机制、考虑知识生产的创新效能扩散机理等团队簇管理解析维度及要点。据此梳理团队簇及其管理的内涵、概念与解析维度如图2-3所示。

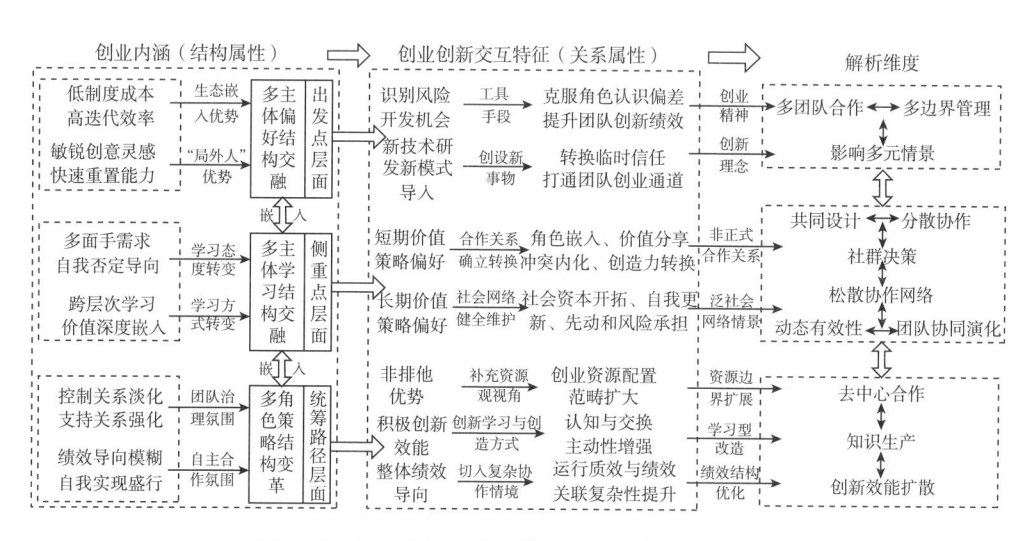

图2-3 团队簇及其管理的内涵、概念与解析框架

二、团队簇管理的解析评价维度

梳理创业导向下国外团队簇及其管理的主要进展与最新趋势整理如图2-4所示的团队簇管理解析评价维度与要点,各维度涉及的具体研究要点与文献简要述

评详见后文。

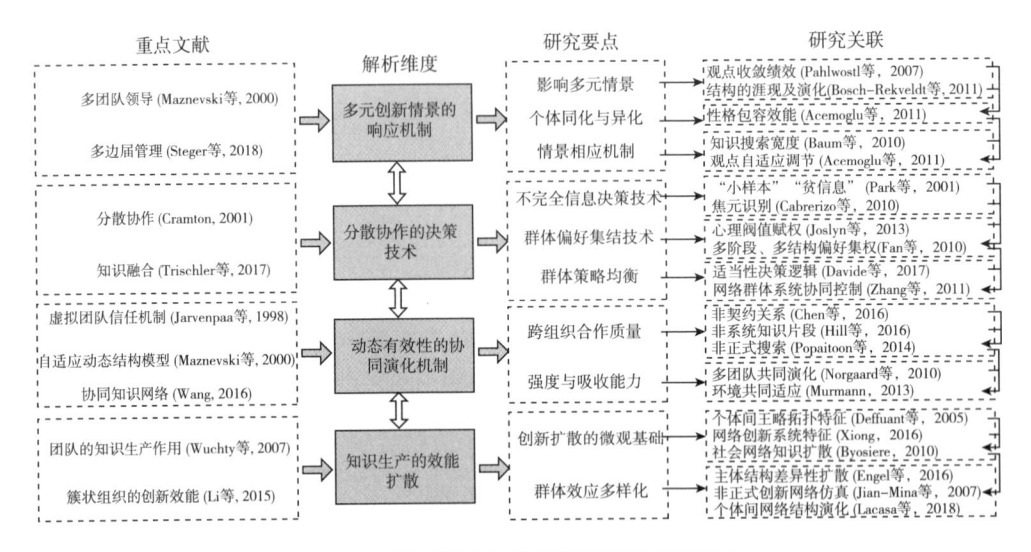

图 2-4 团队簇管理的解析评价维度与要点

（一）面向多元创新情景的团队簇响应机理研究方面

Maznevski 等分析了全球富有成效领导者的知识和技能管理过程，最早指出多元化管理背景下的映射、桥接和集成是该过程中跨国组织最大化团队绩效与领导力的主要方式。Steger 等则关注了边界目标在整合多样化跨组织结构知识方面的最新进展，指出解释的弹性以及语料结构将对多种生态服务种类产生"周期性"的边界目标变化影响，这种边界目标的功能变化对于理解多元情景下的学科视角与社会特征至关重要。实际上，全球化与随之带来的多边界管理问题正反映了网络化视角下规模各异、观点各异的小社团响应需求，而关注个体间同化作用和异化作用的同时存在特质，已经成为响应该管理情景的主要途径。例如：Pahl-wostl 等[1]在水处理问题中讨论了舆论影响强度和民主广度对群体观点收敛绩效的影响，界定了多元外界网络舆论影响下的群体观点一致性、极化与分裂状态；Bosch - Rekveldt 等[2]关注社会系统主体的适应性、结构的涌现性及演化路径的多

---

[1] Pahlwostl C., Sendzimir J., Jeffrey P., et al. Managing change toward adaptive water management through social learning [J]. Ecology & Society, 2007, 12 (2): 375–386.

[2] Bosch - Rekveldt M., Jongkind Y., Mooi H, et al. Grasping project complexity in large engineering projects: The TOE (Technical, Organizational and Environmental) framework [J]. International Journal of Project Management, 2011, 29 (6): 728–739.

样性，探讨了响应社会系统情景的实际—概念—结构化多元情景分析框架。面向同化与异化作用的自适应机理研究，也成为群体学习领域的重点内容，社会学习与动态群体决策的交叉研究，为揭示多团队跨边界的观点演化微观动力提供崭新视角。例如，Acemoglu 等[1]分析了决策群体内部观点交互学习、决策群体外部社会舆情作用、决策成员社会惰性，探索了社会学习背景下动态群体决策观点交互、知识学习、观点自适应调节的模式；Baum 等[2]发现非正式的知识搜索行为在创新群体中盛行，且网络嵌入性和吸收能力在知识搜索宽度与企业创新绩效的作用中起调节作用。此外，Acemoglu 等[3]在归因理论与认知负荷概念的研究中也指出，在情景、语境和分散合作的约束下，未被认识到的差异构成了"隐藏的档案"，它可以增加性格包容的可能性，从而基于分散和配置协作产生凝聚力和学习的效能。

（二）面向分散协作的团队簇社群决策技术研究方面

Cramton 最早指出保持互知是地理上分散协作的核心问题，指出没有沟通和保持上下文信息、不均衡分布的信息、难以沟通和理解信息的显著性、信息获取速度的差异以及难以解释沉默的含义，是五种构成相互认知失败的主要问题。Trischler 等针对潜在用户的消费者洞察力与内部专业人士可行创意之间的知识融合问题，关注了高凝聚力共同研发团队在获取用户优势及创新性方面的最新进展。两位学者所关注的与知识缺口管理相关的跨边界分散协作问题，为团队簇集聚比较管理优势提供了共识（consensus）决策的影响因素识别基础。目前，舆论动力学（opinion dynamics）为研究分散协作的群体共识问题提供了基础理论和方法，为解读不完全信息决策、群体偏好集结、群体策略均衡等群体共识现象提供了丰富的方法体系。不完全信息决策技术方面，Park 等[4]关注"小样本""贫信息"的不确定性系统决策问题，通过界定知识集合来构造近似知识库的方法，可

---

[1] Acemoglu D., Dahleh M. A., Lobel I, et al. Bayesian learning in social networks [J]. Review of Economic Studies, 2011, 78 (4): 1201–1236.

[2] Baum J. R., Wally S. Strategic decision speed and firm performance [J]. Strategic Management Journal, 2010, 24 (11): 1107–1129.

[3] Acemoglu D., Ozdaglar A. Opinion dynamics and learning in social networks [J]. Dynamic Games & Applications, 2011, 1 (1): 3–49.

[4] Park K. S., Lee K. S., Yun S. E., et al. Extended methods for identifying dominance and potential optimality in multi-criteria analysis with imprecise information [J]. European Journal of Operational Research, 2001, 134 (3): 557–563.

实现对该系统运行演化规律的有效解读；Cabrerizo 等[1]基于证据理论改进了焦元识别及焦元语言评价信息的量化方法，构造了语言评价信息不完全的多属性群决策方法。群体偏好集结技术方面，Joslyn 等[2]关注决策者在决策指标上存在的心理阈值问题，依据效益型、成本型、中间型指标属性调整决策目标，提出了反映决策者心理阈值的属性赋权算法；Fan 等[3]基于决策先验信息建立了多决策阶段、多结构形式的决策者判断偏好集结与多阶段偏差赋权模型。群体策略均衡方面，Davide 等[4]运用决策心理学中的双过程理论和适当性决策逻辑理论，探讨了复杂交互环境下个体异质性、个体偏好以及情绪特征等主体特性对其策略选择以及群体动态演化的影响，明确了个体学习速度、过度自信水平以及惯性水平对策略选择的影响以及群体动态均衡的演化规律；Zhang 等[5]面向网络群体的非线性协同控制稳定性求解需求，基于二层邻居信息提出了跨层次合作的网络群体系统协同控制方法。

（三）面向动态有效性的团队簇协同演化机制研究方面

Jarvenpaa 等在关注全球化虚拟团队创建和维护信任的问题时，从工作团队、信息网络介入、跨文化交流、人际关系和组织信任等方面最早给出了解析团队动态协作有效性的时间、空间与文化维度，强调快速信任虽然脆弱和短暂，但在异步和同步的通信媒介中构成了全球虚拟团队的基本沟通与信任行为。Maznevski 等进一步关注了全球虚拟团队的动态和有效性管理问题，采用自适应结构理论作为定性和定量数据的组织和解释模板，基于案例方式描述了其通信模式与任务相匹配的动态机理。Wang 则关注了协同网络知识创造中关系配置结构影响效应的最新进展，指出该知识网络平均关系强度与引用关联之间呈现一种倒 U 形关系，表明影响多边界合作动态有效性的因素与协同知识创造及其发散的均衡状态显著

---

[1] Cabrerizo F. J., Pérez I. J., Herrera – Viedma E. Managing the consensus in group decision making in an unbalanced fuzzy linguistic context with incomplete information [J]. Knowledge – Based Systems, 2010, 23 (2): 169–181.

[2] Joslyn S., Leclerc J. Decisions with uncertainty: The glass half full [J]. Current Directions in Psychological Science, 2013, 22 (4): 308–315.

[3] Fan Z. P., Liu Y. A method for group decision – making based on multi – granularity uncertain linguistic information [J]. Expert Systems with Applications, 2010, 37 (5): 4000–4008.

[4] Davide M., Ilaria C., Federico M, et al. Decision making as a complex psychological process [J]. Bildung Und Erziehung, 2017, 70 (1): 17–31.

[5] Zhang H., Venturino L., Prasad N., et al. Weighted sum – rate maximization in multi – cell networks via coordinated scheduling and discrete power control [J]. IEEE Journal on Selected Areas in Communications, 2011, 29 (6): 1214–1224.

相关。迄今，面向跨组织合作关系质量、强度与吸收能力等的研究都为多团队合作的动态有效性与共同演化问题提供了可行参考。例如，Cheng 等[1]在针对中国与荷兰混合团队融合的信任发展问题研究中指出，关系质量高对企业间的信任、信息共享和包容性的合作行为至关重要，特别是非契约关系更能提升企业间隐性知识的新旧知识重新整合；Hill 等[2]的研究表明丰富的结构洞能够为部分关键企业提供非冗余信息支持，通过提升知识获取企业与知识源企业双方的互惠性，促进非正式搜索获得的非系统的知识或信息片段实现再整合；Popaitoon 等[3]的实证分析表明非正式搜索更多依赖私人关系，这导致个体层面的吸收能力异质性对正式和非正式知识搜索宽度和创新绩效关系的调节作用存在差异，需要特别关注其对非正式知识搜索宽度的影响。此外，协同演化（Co-evolution）的概念自生态学家 Ehrlich & Rave 首次提出以来，已经被 Norgaard 教授[4]最先引入到社会文化、生态经济领域，为探讨多团队间的动态合作有效性与共同演化问题提供了一个新的视角。例如，Murmann 教授[5]指出创新主体的协同演化要求各参与主体拥有改变对方适应性特征的能力，这种双向因果关系所延伸成的并行发展规则即"多主体的环境同时适应"。该观点已应用于企业种群、组织与环境、技术与制度等社会经济系统的协同演化现象分析中。

（四）面向知识生产的团队簇效能扩散机理研究方面

Wuchty 等最早关注了团队在知识生产中的重要作用，通过对50年间1990万篇论文和210万项专利的分析表明团队在知识生产中越来越多地主导着单独本书，该结果广泛涉及了自然科学和工程、社会科学、艺术和人文等多个学科，表明知识创造的过程已经从根本上改变了。Li 等学者在共享资源提升组织绩效的研究中关注了创业网络的簇状企业容量问题，表明来自创业网络的区域化资源共享

---

[1] Cheng X., Yin G., Azadegan A., et al. Trust evolvement in hybrid team collaboration: A longitudinal case study [J]. Group Decision & Negotiation, 2016, 25 (2): 267 – 288.

[2] Hill N. S., Bartol K. M. Empowering leadership and effective collaboration in geographically dispersed teams [J]. Personnel Psychology, 2016, 69 (1): 159 – 198

[3] Popaitoon S., Siengthai S. The moderating effect of human resource management practices on the relationship between knowledge absorptive capacity and project performance in project – oriented companies [J]. International Journal of Project Management, 2014, 32 (6): 908 – 920.

[4] Gual M. A., Norgaard R. B. Bridging ecological and social systems coevolution: A review and proposal [J]. Ecological Economics, 2010, 69 (4): 707 – 717.

[5] Murmann J. P. The Coevolution of Industries and Important Features of Their Environments [J]. Organization Science, 2013, 24 (1): 58 – 78.

效果将受限于组织间的整体市场表现,强调了不同的簇状组织类型对提升创新效能的独特作用。在此基础上,多团队知识生产决策所具有的个体间的社会互动机制和有限理性特征得到广泛关注,且由于个体间网络的结构性差异会显著影响网络层面的创新扩散结果,因此众多学者面向社会网络的扩散特征以及扩散动力学与网络结构的共同影响,探讨了创新扩散的微观基础和群体效应。例如:Deffuant 等[1]关注个体间相对优势的扩散过程,提出了基于邻居效应的个体间收益反协调方法;Xiong[2]关注网络创新系统运行特征及其群体影响,基于对我国武汉及其周边乡镇的调查实证,从创新资源配置、活动组织、成果扩散和行为主体组织协调等方面,梳理了网络创新系统的多层次社会创新行为运行机理;Byosiere[3]整理社会网络理论与组织创新扩散之间的关联,表明弱关联在知识来源多样化的情景下对外显知识传递的影响更显著,而强关联对知识来源单一情景下的隐性知识影响更显著。此外,非正式创新网络的相关研究也为理解团队簇知识创造的快速扩散机理提供了新视角,现有研究围绕弱关系力量假设、社会资源理论等,形成了非正式创新网络扩散效应、仿真技术、共同演化等方面的丰富研究框架。例如,Engel 等[4]关注了非正式网络主体结构差异性影响的扩散效应,解析了伴随产生的关系、知识、交互三类创新效能扩散动力;Brunetto 等[5]针对非正式创新网络的主体社会属性、主体异质性、关系强度区别等,形成了初步的结构分析与仿真研究基础;Lacasa 等[6]针对中国光伏产业的共同演化专利网络,整合提出了创新在个体间网络结构的共同演化模型,初步形成了基于复杂社会网络的创新扩散问题分析框架。

---

[1] Deffuant G., Huet S., Amblard F. An individual-based model of innovation diffusion mixing social value and individual benefit [J]. American Journal of Sociology, 2005, 110 (4): 1041–1069.

[2] Xiong H., Payne D., Kinsella S. Peer effects in the diffusion of innovations: Theory and simulation [J]. Journal of Behavioral & Experimental Economics, 2016, 63: 1–13.

[3] Byosiere P. Diffusion of organisational innovation: Knowledge transfer through social networks [J]. International Journal of Technology Management, 2010, 49 (4): 401–420.

[4] Engel R., Krathu W., Zapletal M., et al. Analyzing inter-organizational business processes [J]. Information Systems and e-Business Management, 2016, 14 (3): 577–612.

[5] Brunetto Y., Xerri M. J., Nelson S., et al. The role of informal and formal networks: how professionals can be innovative in a constrained fiscal environment [J]. International Journal of Innovation Management, 2016, 20 (03): 1–27.

[6] Lacasa I. D., Shubbak M. H. Drifting towards innovation: The co-evolution of patent networks, policy, and institutions in China's solar photovoltaics industry [J]. Energy Research & Social Science, 2018, 38: 87–101.

第四节 团队簇多主体间创业协同的网络特征

Aken & Weggeman[①]将超过契约限制或基于松散契约安排的协同关系称为非正式创新网络，其网络关联不仅能够存在于组织内部，也可能跨越组织边界，更可能存在于正式组织之外。本书的前期研究也表明[②]，多团队系统管理的非正式、泛关联与结构绩效特质使其治理活动具有显著的社会网络与创新网络交融属性。这种背景下，鉴于社会网络概念对于团队间进行创业资源整合配置、创业知识转化吸收、创业主体多角色协调以及过程协作都具有重要作用，因此团队间创业协同兼具非正式创新网络与社会网络的部分属性。在此，从网络节点不确定（协作能力胜于目标关联）、节点间关联具有内隐性（协作角色胜于关系强度）、非正式规则影响突出（协作位势胜于规则限制）三个层面，归纳提炼多团队创业的社会网络解析维度。

一、基于社会网络节点的协同能力维度

社会网络具有节点不确定及共同目标缺失的基本特征，这不仅导致参与团队常基于某种非正式关系而建立合作往来（可随时随意选择加入或中断网络联系），而且它们不受共同创新目标的限制，承担网络节点的团队之间不再基于互惠共赢的收益关系而建立关联，部分团队并未直接参与创新活动（如仅作为信息源存在）。同时，社会网络中创新参与个体的行为决策不仅受到外部舆论环境的影响，还受到社会关系网络中其他个体行为决策的影响[③]，个体的社会人际网络形式、记忆遗忘率与记忆容量对行为决策的影响已被证实，涉及复杂创新环境中公众信息传播以及个体偏好的交互影响。这种情景下，区别于单一团队与多团队系统的紧密的正式组织管理，社会网络是多团队间分散主体获取协作要素的重要来源，因此团队间的网络化协作具有更多的社会资本关系交互影响。Schuler[④]指

---

① Aken J. E. V., Weggeman M. P. Managing learning in informal innovation networks: Overcoming the Daphne-dilemma [J]. R & D Management, 2000, 30 (2): 139-150.
② 许成磊，程思路，李美. 多团队非正式众创网络界面耦合有效性研究 [J]. 科技进步与对策，2018, 35 (2): 10-16.
③ Han J. J., Zhou G. H., Yan-Lai L. I., et al. Multi-participates project team cooperation behavior based on altruism preference [J]. Systems Engineering-Theory & Practice, 2013, 33 (11).
④ Schuler R. S. Fostering and facilitating entrepreneurship in organizations: Implications for organization structure and human resource management practices [J]. Human Resource Management, 2010, 25 (4): 607-629.

出,团队式运作的协同关系崇尚个性化、自由创作的异构形式与常规创业管理中正式组织架构下的合作结构差异显著。在 Schuler 学者的研究基础上,由于团队间合作主体异质性突出、流动性强、资源基础整合方式复杂,创业创新活动的实施本质即体现为直接利益关系(伙伴型)、社会化服务关系(业务型)与决策支持关系(信息型)这三类关系边界的交互、重叠与扩张过程。鉴于此,团队间成员的创业性格与尝试意愿对现有学习沟通、信任与协作等网络能力内涵均产生了深远影响,而区别于常规创业管理和多团队系统所关注的能力体系化特征,出色沟通治理能力、快速信任能力与多边界协作能力对凝聚多团队间创业热情、克服创业艰险和积累创新信任至关重要。

二、基于节点间作用关系的协同角色维度

社会网络具有节点间联系呈现隐性关联的基本特征,这导致显性化的网络节点间作用关系可能是业已存在的长久确定关系(如血缘关系、地缘关系、同学关系等),也可能是临时确立的业务网络关系或社交关系(如朋友关系、姻亲关系、业缘关系等)。这种情景下,社会网络节点关联的内隐性常导致团队间协同的角色属性较之于关系强度更有助于认识创业协同边界与功能。区别于单一团队与多团队系统的确定型角色交互行为,多团队成员身份——"员工在同一时间内以正式身份参加多个团队,同时付出精力及时间的工作状态及模式"[1] 是团队间网络化角色的主要构成特征。这种网络角色特性使得团队间合作具备社群化决策的群体内及跨群体两个层面的过程影响机理,其群体动态决策中存在的内隐学习及其迁移效应[2],通过影响员工的知识分享意愿、沟通频率及共享心智模型等途径成为间接改变知识传递效果的中介变量。这种社会网络角色日益取代关系强度的解读方式,表明团队间的合作策略与角色关系调整具有内在一致性,合作内容、标准与基础的独特性不仅提供了比较合作收益获取的可能性,而且转化为经济机制中的参与角色替代性。关注上述协同角色概念,区别于常规创业管理和多团队系统的团队角色属性,团队间角色关联在个体间、团队间、个体—团队间处于重叠、错位与迁移状态,考虑到社会网络下的关系冲突会造成不同行为动机主体的认知混乱与关注目标不一致,因此有必要将面向开放不确定协作需要的角色设定、重叠、错位与迁移等内涵引入团队间社会关系网络结构的研究中,以进一

---

[1] 段光,庞长伟,金辉. 多团队成员身份研究述评 [J]. 管理学报,2015,12 (12).
[2] 蒋多,何贵兵. 心理距离视角下的行为决策 [J]. 心理科学进展,2017,25 (11).

步明晰角色参与度、知识异质性、认知对象复杂度、群体结构等特征对达成群体共识与调整合作策略的间接影响。

三、基于作用关系聚合路径的协同位势维度

社会网络具有受正式规则制约少的基本特征，约束各行为主体的主要是一些非正式制度，如惯例、习俗、相互之间的信任和承诺等，导致团队间决策过程中共识的达成受到非正式途径的位势影响显著。与物理学中因势差产生物质和能量的扩散相类似，社会网络中的能力形成与角色更迭都伴随知识、信任、利益位势在深度与广度层面的扩散，导致协同位势在团队间获取、流动与积累的不同环节具有区别于单一团队与多团队系统的差异影响[1]，呈现出知识协同的一般特征。Inkpen 教授[2]将知识协同定义为一种可以动态集合内外部系统、商业伙伴的战略组织方法，特别是进入知识链协同的研究层面（王琳，2017）以来，知识流动而形成的链式结构导致"知识"策略位势进一步扩大了协同位势的研究内涵，由此形成了多元化的"势差"范畴。这种情景下，市场竞争格局与创新导向的不同均衡状态，导致多团队协同过程常面临不同位势的情景化配置需求，其协同策略具有竞争合作性、共生互赢性、动态适应性以及系统全局性等特征[3]，使得多团队创业领导认识和利用创业机会的能力也因此呈现出较为显著的决策层次依赖性，促使团队间经常通过转换位势策略来识别创新产业化导向、创业商业化导向和内部就业导向的协同机会、关键业务技能与绩效空间。综上，区别于常规创业管理和多团队系统的团队知识位势存续特征，团队间知识位势的差异性主要来源于创业初期主体间的存量知识差别、自主选择偏好与商业价值导向，由于生活习惯、思维方式与道德约束等文化范畴的隐性影响均能反映在知识传递的各个阶段，因此调控知识权益在多通道网络主体之间的扩散关系对塑造多团队的位势共享优势至关重要。

---

[1] Braunerhjelm P., Acs Z. J., Audretsch D. B., et al. The missing link: Knowledge diffusion and entrepreneurship in endogenous growth [J]. Small Business Economics, 2010, 34 (2): 105 - 125.

[2] Inkpen A. C. Creating knowledge through collaboration [J]. California Management Review, 1996, 39 (1): 123 - 140.

[3] Gimmon E., Yitshaki R., Benjamin E., et al. Divergent views of venture capitalists and entrepreneurs on strategic change in new ventures [J]. Strategic Change, 2011, 20 (3 - 4): 85 - 99.

第五节 团队簇多主体间创业协同的关系结构解析

对应社会网络节点的协同能力维度、节点间作用关系的协同角色维度、作用关系聚合路径的协同位势维度这三个维度，解析社会网络在团队间创业协同的能力、角色与位势方面的结构特征。

一、团队间社会网络的能力结构

过程论视角下，开放式创新的三阶段特性为理解团队间的社会网络能力结构提供了研究导向，由外到内（开放创新过程给外部知识源）、由内到外（提供自有知识技术给外部使用）、聚合（整合由内到外和由外到内的创新驱动力）这三个能力延展过程均在不同程度上呈现出多团队创业协同过程对学习沟通能力（价值识别）、信任能力（价值获取）与协作能力（价值创造）的考察。Lichtenthaler[1]和吴航[2]等学者的后续研究继续关注了开放式创新的市场连接能力（关注开放式沟通）、吸收整合能力（关注社会化信任）、消化创新能力（关注协作化再造）。基于以上思考，从网络化学习沟通能力、信任能力、协作能力三个方面阐述创业协同过程中团队间社会网络的能力结构，其构成要点与逻辑如图2-5所示。

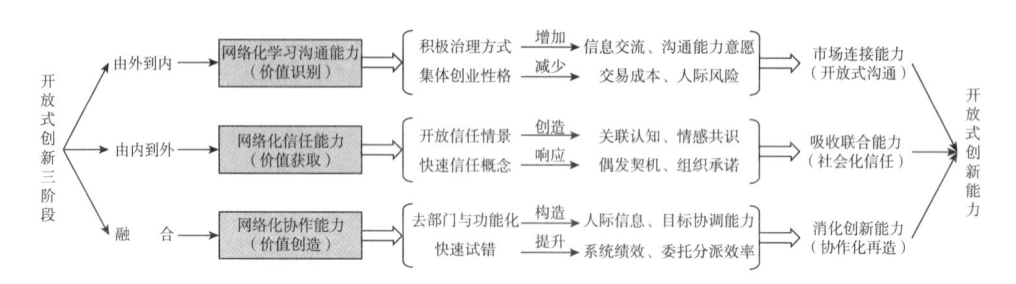

图2-5 团队间社会网络能力结构的构成要点与逻辑

（一）网络化学习沟通能力方面

多团队网络中个体间、团队间、个体—团队间的学习沟通行为并非仅是常规创

---

[1] Lichtenthaler U., Lichtenthaler E. A capability-based framework for open innovation: Complementing absorptive capacity [J]. Journal of Management Studies, 2009, 46 (8).

[2] 吴航，陈劲. 国际搜索与本地搜索的抉择——企业外部知识搜索双元的创新效应研究 [J]. 科学学与科学技术管理，2016，37 (9): 102-113.

业管理中的一类沟通行为,更可视为一种积极的治理方式,集体创业性格所折射的积极学习能力是团队进行的反思、行动以及实现创新的必要能力,对不确定环境下降低交易成本、增强信息交流以及减少人际风险等具有积极作用[1],而初始、搜寻、理解和巩固四个阶段中的沟通能力及意愿[2]均通过新想法、新产品和新程序的创新需求对团队忠诚度、团队效能和团队凝聚力具有重要影响。

(二) 网络化信任能力方面

伴随创新主体逐渐由精英小众向泛社区大众转变,信任在开放情景中的资源属性得以凸显[3],这使得常规创业管理中的完整或长效信任理念转变,促使快速信任概念成为理顺多样化团队内个体和多元化团队间灵活信任关系的主要媒介[4],它作为反映关联认知与情感共识的一种特殊集体认识,有助于响应偶发合作契机、建立组织承诺、提升创新满意度。

(三) 网络化协作能力方面

作为保障创业组织知识边际效益并弥补角色缺失的重要途径,区别于常规创业管理中结果绩效导向关联的协作功能化与部门本位化,协作能力是团队间多层次复杂业务关联中打造快速试错与反复迭代方式的关键所在,主要强调组织和人际关系的协调能力、团队成员间信息交流的协调能力、团队整体与团队成员目标的协调能力、团队成员能力差异的协调能力等四种能力[5],对提升多团队协同有效性、增强多团队系统绩效、优化委托分派效率影响显著。

二、团队间社会网络的角色结构

团队网络化角色的研究经历着从聚焦团队内部关系到注重团队间合作关系的转变,使得突破式创新和开放式创新的合作范式正在成为团队角色研究的重要趋

---

[1] Cook S. D. N., Yanow D. Culture and organizational learning [J]. Journal of Management Inquiry, 2011, 2 (4): 373-390.

[2] Garnett J., Kouzmin A. Strategic change in organizational communication: Emerging trends for wealth formation in the new millennium [J]. Strategic Change, 2015, 9 (1): 55-65.

[3] Leitch C. M., Hill F. M., Harrison R. T. The philosophy and practice of interpretivist research in entrepreneurship: Quality, validation, and trust [J]. Organizational Research Methods, 2010, 13 (1): 67-84.

[4] Perks H., Halliday S. V. Sources, signs and signalling for fast trust creation in organisational relationships [J]. European Management Journal, 2003, 21 (3): 338-350.

[5] Dietrich P., Kujala J., Artto K. Inter-team coordination patterns and outcomes in multi-team projects [J]. Project Management Journal, 2013, 44 (6): 6-19.

势。以开放式创新所关注的外向合作角色为契机[①]，情景化创新将内外部角色融合作为核心[②]，导致社会网络视域下的结构嵌入、关系嵌入和权变决策特性为组织创新行为的协同影响关系带来了新的解读框架。突破式创新的研究也表明，技术的独特性、不确定性与跳跃性等特质，要求企业面向多种知识背景的社会网络嵌入来增加关系资本[③]，但现有研究缺乏对社会网络主体间合作角色与路径的考察。对此，Zukin & Dimaggio[④]最早提出了认知、文化、社会结构和政治制度等网络情景嵌入维度，Hagedoorn[⑤]提出了环境、组织间和双边等网络情景嵌入维度。基于以上思考，从个体间、团队间、"个体—团队"间的网络化角色三个方面阐述创业协同过程中团队间社会网络的角色结构，其构成要点与逻辑如图2-6所示。

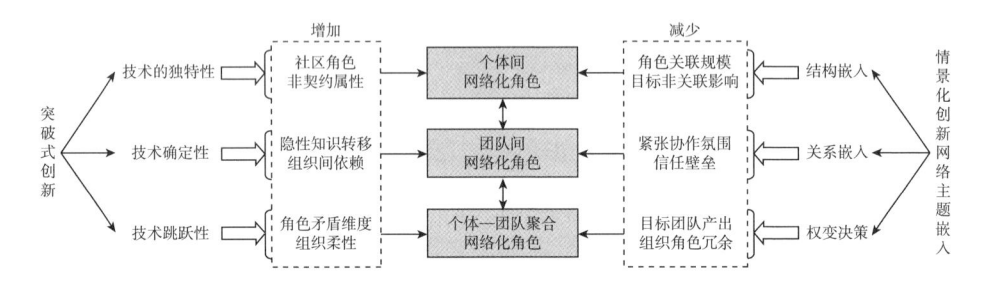

图2-6 团队间社会网络角色结构的构成要点与逻辑

（一）个体间网络化角色方面

Hsee & Weber[⑥]基于行为主体视角最早将结构嵌入界定为行为主体在网络中的位置、网络整体特质属性。考虑到网络节点间存在信息、资源与地位方面的获得性差异，Burt（1992）教授提出的结构洞理论为认识社会网络角色间的非冗余联结属性提供了有效框架。然而，结构洞存在因占有主体比例高而弱化多样化角

---

① 蒋军锋，李孝兵，殷婷婷，等. 突破性技术创新的形成：述评与未来研究[J]. 研究与发展管理，2017，29（6）：109-120.

② Acha V., Gann D. M, Salter A J. Episodic innovation: R&D strategies for project-based environments [J]. Industry & Innovation, 2005, 12（2）: 255-281.

③ Mote J. Conceptualizing entrepreneurship as entrepreneuring entrepreneurial imagination: Time, timing, Space and place in business action [J]. Science & Public Policy, 2012, 39（3）: 238-404.

④ Zukin S., Dimaggio P. Structures of capital: The social organization of the economy [M]. Cambridge: Cambridge University Press, 1990.

⑤ Hagedoorn J., Kranenburg H. V. Growth patterns in R&D partnerships: An exploratory statistical study [J]. International Journal of Industrial Organization, 2003, 21（4）: 517-531.

⑥ Hsee C., Weber E. U. Cross-national differences in risk preference and lay predictions [J]. Journal of Behavioral Decision Making, 1999, 12（2）: 165-179.

色资源分享意愿的悖论情景，也要求关注社会网络中的角色关联规模削减等现实需要。特别是在社会网络的节点不确定与目标非关联的影响下，多团队协作中个体互惠互利呈现出非物质特性，基于松散任务关系形成的角色边界导致协作主体更加注重互助、尊重与认同等情感基础的社区角色培养，强调其合作的非交易物品与非契约属性。

（二）团队间网络化角色方面

早期研究中关系嵌入中的关系强度概念成为区别网络合作关系联结层次的主要依据，然而社会网络角色间联系的亲密程度、互惠性程度在划分为强关系和弱关系两个层面的同时，同样出现了关系强度悖论，对组织间信任、沟通意愿、信息冗余、隐性知识转移等均产生了情景化的差异影响。创业协同活动中，社会网络中角色的隐形关联成为常态主要特征，导致团队间的互惠角色具有匹配于组织间依赖关系的对立统一特质，既有协同网络的结构与功能是成本与风险导向下多团队角色关系的构造基础[1]，而跨领域合作者以及开放环境的潜在合作者在缺少前期互惠关系认识的同时[2]，往往也具备了缓和紧张协作气氛、打破信任壁垒的潜在绩效伙伴关系优势。

（三）个体—团队聚合的网络化角色方面

迄今，蒋军锋等众多学者探讨了角色网络层次变化的连续性与边界模糊特征、企业双元创新的组织间信任与资源冗余作用途径。特别是在社会交换与比较理论的最新进展中，邓传军等学者探讨了雇佣身份多样性和内部人地位认知在组织支持与员工创新行为间的作用，表明社会网络的松散角色关联与多维度角色矛盾有助于理解"更多组织支持未能驱动更多员工创新行为"这一现实问题。研究趋势表明，多团队成员身份复杂带来的内部认知混乱、心理边界模糊和协调困难一方面制约了目标团队产出[3]，另一方面借助身份过载带来的心理压力、角色转换消除了组织角色冗余并提高了组织柔性，且随着产业内的垂直市场跨越与组织边界融合促进了个体创造力涌现与集体创意效能提升。

---

[1] Rajdeep Grewal, Patriya Tansuhaj. Building organizational capabilities for managing economic crisis: The role of market orientation and strategic flexibility [J]. Journal of Marketing, 2013, 65 (2): 67-80.

[2] 邓传军，刘智强，王凤娟，等. 非正式地位、错误管理文化与员工创新行为选择 [J]. 管理评论, 2017, 29 (4): 154-162.

[3] Thom Vries D., Hollenbeck J. R., Davison R. B., et al. Managing coordination in multiteam systems [J]. Academy of Management Journal, 2016, 59 (5): 1823-1844.

三、团队间社会网络的位势结构

Chiang（2013）等指出创新绩效并非仅关注组织以往的市场和商业成功价值或地位，更体现组织的创新性，要求创新组织积极利用外部知识并转换合作位势以融合内部创新过程。该绩效导向使得多团队创业的协同过程面临一系列合作位势转换，特别是在社会网络节点聚合关系愈加复杂的情况下，服务于创新绩效的市场价值、技术价值与领导价值新理念，使得多团队协同位势的内外部交互与控制成为开放式创新绩效研究的重要内容。基于以上思考，从网络位势获取与产生、流动与传播、积累与质变三个方面阐述创业协同过程中团队间社会网络的位势结构，其构成要点与逻辑如图2-7所示。

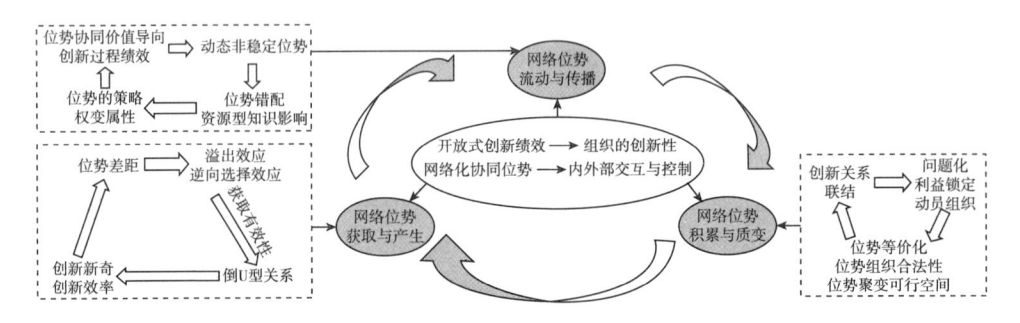

图2-7 团队间社会网络位势结构的构成要点与逻辑

（一）网络位势获取与产生方面

岳鹄等[1]在测度开放式创新绩效时将企业的市场创新能力和水准作为重要维度，而Laursen等学者[2]则进一步将这种"水准"界定为创新新奇（innovation novelty）和创新效率，更加关注新产品和服务中的聚合程度、市场价值以及降低创新风险的程度。这表明开放式创新中团队间多维协作主体面临的多样化背景、能力与资源造成知识深度与广度的先天差距，使得主体间的位势获取有效性与位势差距呈倒U形作用关系[3]，知识、偏好、领导等多种位势差距既能够显著强化

---

[1] 岳鹄，张宗益，朱怀念. 创新主体差异性、双元组织学习与开放式创新绩效 [J]. 管理学报，2018，15（1）：48-56.

[2] Laursen K., Salter A. Open for innovation: The role of openness in explaining innovation performance among U. K. manufacturing firms [J]. Strategic Management Journal, 2006, 27（2）: 131-150.

[3] Morone P., Taylor R. Knowledge diffusion dynamics and network properties of face-to-face interactions [J]. Journal of Evolutionary Economics, 2004, 14（3）: 327-351.

相应溢出效应（即多样性带来可能性），也能够显著强化其附加的逆向选择机制（即多样性的自我强化）。

（二）网络位势流动与传播方面

面向开放式创新过程中的多主体位势协同价值导向，罗颖等（2017）学者提出了创新过程绩效概念，强调创新价值本身在企业绩效中的引领功能，与一系列创新效能扩散相关的指标得到关注。这表明，团队间社会网络内部多传导路径的位势是动态与非稳定的[①]，其内部不同权益主体的"错配"位势是合作场域中位势流动和扩散的主要动因，与从业经验、决策偏好和专业敏锐度等相关的资源型知识影响组织学习的过程有效性[②]，导致不同位势主体间的信任关系在位势转换中具有策略权变属性。

（三）网络位势积累与质变方面

贺一堂等（2017）学者在研究复杂合作创新关系的联结机制时发现，技术创新过程中的问题化、利益锁定、组织动员过程伴随着众多与合作位势调整相关的动态复制可行阈识别问题，表明网络位势的连续变化具有创业协同的畸变特征。由于存量知识本身并不具有相对的位势差异且分散结构有助于扩大位势交融空间，因此不同于常规创业管理中知识位势的等价化、资源化属性，个性化显著的团队间领导风格、绩效导向与集体价值等差异对既定创业导向的位势聚集结构将形成"组织合法性"选择偏好，导致处于创新共识认知劣势的主体难以实现从"0"到"1"的知识共享跨越，限制功利导向合法诉求所界定的位势聚变可行空间。

第六节 团队簇多主体间创业协同关系的交互效应

现有研究表明，团队间社会网络能力、角色、位势的边界模糊与扩张过程主要表现为合作网络的边界扩张；[③] 创新过程中合作行为、过程与结果的不确定性

[①] Tortoriello M., Reagans R., Mcevily B. Bridging the knowledge gap: The influence of strong ties, network cohesion, and network range on the transfer of knowledge between organizational units [J]. Organization Science, 2012, 23 (23): 1024 – 1039.

[②] 刘景东, 党兴华, 谢永平. 不同知识位势下知识获取方式与技术创新的关系研究——基于行业差异性的实证分析 [J]. 科学学与科学技术管理, 2015, 36 (1): 44 – 52.

[③] Kauppila O P. Knowledge sharing through virtual teams across borders and boundaries [J]. Management Learning the Journal for Critical Reflexive Scholarship on Organization & Learning, 2011, 42 (2): 395 – 418.

表现为创新网络中策略协同度的共生演变；随着创新控制的兴起，现有研究形成了协同要素外部效用涌现结构。[①] 鉴于此，基于社会网络节点、节点间、节点作用关系聚合三个维度，在分析团队间社会网络能力、角色、位势关系结构的基础上，从合作网络边界扩张、多团队协同策略结构性变革、部分创新要素外部效用突破性涌现三个维度解析团队间创业协同关系的交互效应，各部分内部与三部分效应之间的关联如图 2-8 所示。

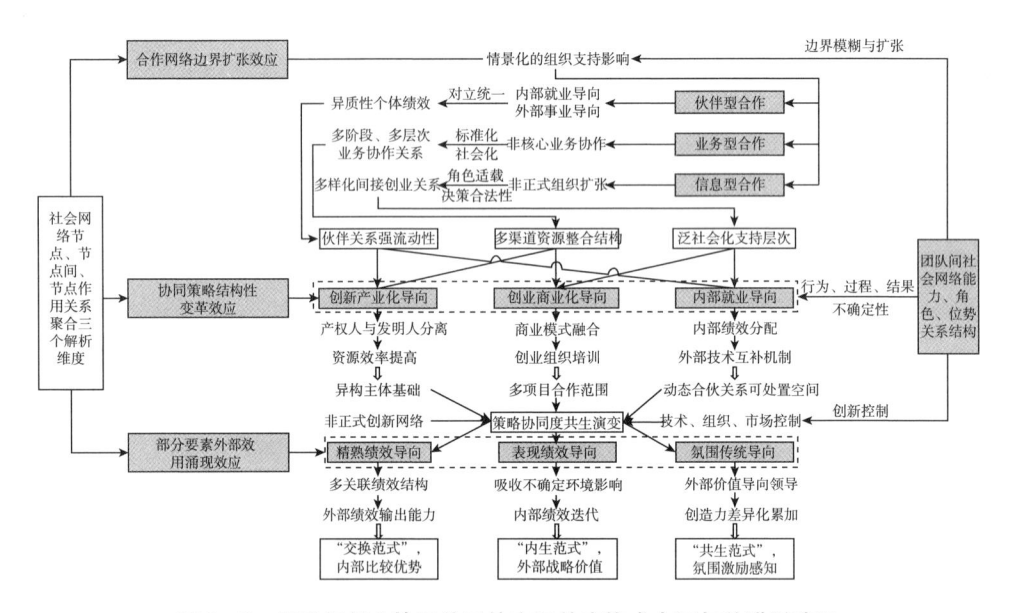

图 2-8　团队间创业协同关系的交互效应构成内涵与关联影响图

一、合作网络边界扩张效应

根据社会交换理论，员工为了经济和社会性报酬而工作，他们与组织间的关系遵循互惠原则，更多的组织支持将换来员工更多的组织承诺和交换行为。但刘志强等（2015）基于社会比较理论的实证研究则提出相左观点，表现为一些组织支持并不能收获来自员工方面的"对等回报"，甚至少一些组织支持的"被边缘化"管理反而"意外"带来更多积极的自我管理成效，导致合作深度、方式、范围产生的变化已经借助社会网络加速了能力、角色与位势的边界模糊与扩张过程。

[①] 黄同飞，彭灿. 非正式网络对研发团队创造力的影响研究——以共享心智模型为中介变量 [J]. 科学学与科学技术管理，2015, 36 (7): 57-69.

基于Schuler学者的研究进展及以上思考，团队间创业协同的合作网络边界扩张效应可界定为伙伴型、业务型与信息型三种类型合作网络中的团队间创业协同能力、角色与位势的边界模糊与影响扩张。该效应的内涵与特征主要体现为以下三个方面：①伙伴型合作网络边界扩张层面，面向个体投身创业行为的异质性个体绩效与二元利益诉求，多团队中的合作伙伴关系是协作成员的基本来源，其中内部就业导向主要满足创业个体富足生活的短期物质精神需要，而外部事业导向主要满足个体开创事业的长期自我实现需要，两类绩效导向在创业动态中呈现的对立统一关联导致合作伙伴关系常伴随较强的流动属性；②业务型合作网络边界扩张层面，针对细分市场快速迭代过程中的非核心业务协作需要，以解决短期技术装备问题、中短期功能业务问题和中长期策略转型问题等为目标的多阶段、多层次的业务协作关系，已经成为多团队借助标准化或社会化业务构筑个性化协作架构的主要模式；③信息型合作网络边界扩张层面，由于缺乏正式组织架构的严谨决策秩序，团队间"盛行"的非正式组织扩张为介入间接创业关系提供了管理缺口，有助于整合团队外部创业导师的技术、商业模式与创业观念等资源，进而有效克服内部角色在涉入战略决策时的角色过载与决策合法性不足问题。综上，伙伴关系、业务关系与信息关系的出现有效增强了团队间的胜任力与自我纠错能力，考虑到因各种现实困境选择"冒险谋生"而聚集成的分散团队往往面临各种创业阻力与传统观念限制，因此伙伴关系的强流动性、多渠道协作资源的整合结构和泛社会化支持的作用层次等内容是团队间合作网络边界扩张的关注要点。

二、协同策略结构性变革效应

Herrgard等学者（2000）指出，企业知识交流与扩散过程中的明晰化导向与模糊化导向塑造了技术创新过程中合作行为、过程与结果的不确定性，表现为技术创新网络中策略协同度的共生演变。Lawson等学者的研究[①]进一步表明，多层次创业主体在借助知识独特性提供比较收益的获取的可行性时，也作为不同行为主体间的知识交流与扩散媒介，为社会网络中多主体间的技术与制度共生演变提供了微观策略的描述载体。考虑到组织层面激励相容的约束是衡量合作剩余的主要依据，因此行为主体知识之间的异质性或者说互补性特征可以成为理解创业协

---

① Lawson B., Petersen K. J., Cousins P. D., et al. Knowledge sharing in interorganizational product development teams: The effect of formal and informal socialization mechanisms [J]. Journal of Product Innovation Management, 2009, 26 (2): 156 – 172.

同过程中团队间策略变革结构的主要依据。

基于前文的综述分析及以上思考,团队间创业协同的策略结构性变革效应可界定为创新产业化、创业商业化、内部就业三种导向下团队间创业协同呈现的行为、过程与结果的交互策略差异性与共生演变趋势。该效应的内涵与特征主要体现为以下三个方面:①创新产业化导向层面,以协同创新中心建设与产业化孵化项目为载体,团队间协同关注多层次主体在产学研三螺旋框架中促进创新成果转化的灵活角色关系,通过在增加科技产出流动性的前提下克服产权人与发明人分离难题,不仅能够直接提高创新网络的资源效率,而且能够促进体制内专业技术人员的在岗创业与产业化创新方式变革。②创业商业化导向层面,创新活动管理边界的消融以及创业活动带来的新民主化构成了创业管理的软环境特征,使得多团队协同更加强调竞争性市场中商业模式融合创新带来的内生优势,激发了商业化创业辅导对创业绩效的显著推动效应,2017年8月创业板上市的"创业黑马集团"则开启了中小创业组织培训的新篇章。③内部就业导向层面,团队间协同具有应对试图改变现状、再发展与二次创业等问题的现实需要,存在分散创业风险的常态化规避行为,导致个体差异与任务依存是调节成员合作关系的两类重要因素,也使得内部绩效再分配可以实现对外部技术互补机制的跨层次调节作用。综上,多团队差异化策略导向下伙伴关系流动性的作用范围和机理存在明显差别,关注其多维度策略结构建立的异构主体基础、不同创新创业项目的合作范围与动态合伙关系的可处置空间,对提升团队间的共同绩效意义重大。

三、部分要素外部效用涌现效应

随着资本、人力等创新要素投入的日趋饱和以及网络创新模式的兴起,面向组织间协同的内外部环境响应需求与绩效传递空间,现有研究形成了针对精熟绩效导向、表现绩效导向与氛围绩效导向的协同要素外部效用涌现结构。黄同飞等的实证研究表明,团队内部非正式网络与两类共享心智模型(任务式共享心智模型和协作式共享心智模型)均显著正相关,团队外部非正式网络通过协作式共享心智模型的中介作用影响团队创造力,非正式网络、共享心智模型与研发团队创造力呈现倒U形函数关系。Sosa[①]针对复杂产品系统创新控制力的研究也表明,协同与管理要素的协同影响效应在核心技术控制力、组织控制力和市场控制力等

---

① Sosa M. E., Eppinger S. D., Rowles C. M. A Network Approach to Define Modularity of Components in Complex Products [J]. Journal of Mechanical Design, 2007, 129 (11): 1118–1129.

结构维度存在外部效应层面的显著差异。

基于以上思考,团队间创业协同的要素外部效应涌现效应可界定为精熟绩效、表现绩效、氛围绩效三种合作绩效导向下团队间创业协同关键要素影响呈现的差异化外部影响与绩效传递特征。该效应的内涵与特征主要体现为以下三个方面:①精熟绩效产生的要素外部效应层面,由于利用式创新相对于探索式创新更有利于在高竞争环境下增强目标客户黏性,因此多团队协同的非全要素创新使得创业者倾向于尝试改变现有知识、技能和工作流程以维系生存能力,而伴随渐进式创新理念为更多市场跟随者所接受,团队间所形成的灵活参与机制与多关联绩效结构也增强了其内部治理秩序维持与调节过程中的外部绩效输出能力;②表现绩效产生的要素外部效应层面,多团队协同过程更强调通过变革能力来响应广义创新精神,面对团队间经常集聚的压力、焦虑和不安全感,他们惯用远景概念化能力和模式认知能力来吸收不确定性,并在角色重构与迁移的基础上开创内部绩效迭代涌现的新可持续局面;③氛围绩效产生的要素外部效应层面,团队间个体人格、动机、情绪等特征显著关联于目标导向、员工组织关系以及领导策略差异等外部价值导向的领导行为,使得团队与个人的创造力在组织不同层面展现出差异化的累加效应,同时得益于团队间分散协作而形成的外部战略合作框架,部分关联团队的绩效能够反映出区域化、行业化与阶段化创业与创新活动中团队间氛围关联绩效的共生增长特性。综上,内部比较优势、外部战略价值与氛围激励感知已经成为团队间三种创业型领导的非全要素绩效内涵,其中精熟绩效重在交换范式下的多创业主体利益关系协调,表现绩效重在内生范式下的多创业主体创新资源整合,而氛围绩效重在共生范式下传递局部、区域创业生态与创新系统的积极氛围影响。

第七节 本章小结

基于社会化创新创业交互导向的影响,多团队协同创新面临错综复杂的管理情景和协同效应,因此分析众创团队簇的内涵特征以及协同创新的关系效应是构建团队簇协同创新机制的基础。本章通过综述团队簇及其管理的国内外研究进展,分析了团队簇管理的内涵与评价维度,在此基础上对团队簇多主体创业协同的网络特征、关系结构和交互效应进行了分析研究,确定了众创团队簇的协同管理研究要点。

一方面,社会化创业导向下,我国的创业与创新面临共同的经济环境、相互渗透的参与群体和交错重叠的治理诉求。由于该情景使得创业与创新的关联愈加复杂和不确定，因此本研究关注国外团队簇层面的协作问题对解析国内众创实践过程中松散协作关系下的创业生态与创新网络嵌入管理难题具有重要的理论与实践参考价值。应用 CiteSpace 软件对 2000 年以来相关成果的文献共被引分析表明，虽然国外针对团队簇及其管理的研究尚未形成统一的理论框架，但团队簇作为一种源于并区别于创业团队、多团队系统的新概念，由于其更加关注多团队合作所形成的簇状开放式、松散不确定协同关系，因此团队簇多边界协作、群体导向介入、网络影响特性及合作效应等内容正在成为新的研究趋势与热点。鉴于此，考虑到相关研究中针对少数占优团队的资源边界拓展、学习型改造与竞合优势转换等问题仍有待系统解析和描述，本研究关注团队簇层面松散协作关系下的创业生态与创新网络嵌入管理难题，通过综述国外高被引文献及最新成果，凝练给出了团队簇管理的概念与特征，归纳了团队簇管理在多元创新情景响应、考虑分散协作的社群决策技术创新、考虑动态有效性的协同演化机制、考虑知识生产的创新效能扩散机理等方面的解析评价要点。

另一方面，社会化的创业与创新面临共同的经济环境、相互渗透的参与群体与交错重叠的治理诉求，该情景使得创业与创新的关联愈加复杂和不确定。以此为研究背景，本研究从网络节点不确定、节点间关联具有内隐性、网络聚合的非正式规则影响突出三个层面，提出了针对协作能力胜于目标关联、协作角色胜于关系强度、协作位势胜于规则限制三类社会网络特性的多团队创业协同网络解析维度。在此基础上，从网络化学习沟通能力、信任能力、协作能力三个方面归纳了创业协同过程中团队间社会网络的能力结构，从个体间、团队间、个体—团队间的网络化角色三个方面归纳了创业协同过程中团队间社会网络的角色结构，从网络位势获取与产生、流动与传播、积累与质变三个方面归纳了创业协同过程中团队间社会网络的位势结构。面向这三类团队间创业协同形成的关系结构，从合作网络边界扩张、多团队协同策略结构性变革、部分创新要素外部效用突破性涌现三个维度解析了团队间创业协同交互效应的内涵与特征。以上研究的主要结论是：①团队创业协同互动强调快速的协作响应与定位，伙伴关系的强流动性、多渠道协作资源的整合结构和泛社会化支持的作用层次等内容是团队间合作网络边界扩张的关注要点，而出色的沟通能力、快速的信任能力与多边界的协作能力对点状创新与介入创业过程中积累创新信任至关重要；②团队间协同创业活动关注关系冲突与协调，面向开放不确定协作需要的角色设定、重叠、错位与迁移等特征是导致团队间行为主体认知混乱与关注目标不一致的主要原因，因而调控多层次知识权益的多通道知识流量关系,对塑造团队社会网络知识共享优势至关重要;③团队间创业协同侧重共同绩效策略融合,由于差异化策略导向下伙伴关系流动性的作用范围和机理易于引发明显的绩效偏差,因此内部比较优势、外部战略价值与氛围激励感知这三种团队间协同的核心绩效内涵可以为协调团队间治理秩序提供可行导向。

上述研究观点不仅能够为我国创业导向下的初创企业及创业化组织变革、创业协同管理实践提供理论参考,也能够通过探索与众创载体、环境和机制相关的热点问题,形成适用于当前社会化创业导向的国内团队簇解析评价方法与整体研究框架,进一步丰富扩展团队管理、创新管理与组织变革等的理论基础。后续研究中,继续关注团队簇这一创新组织形式,结合我国广泛推进的双创导向,探讨其特殊的多元情景响应、分散协作技术需求、动态有效性协同演化及微观知识生产效能扩散问题,不仅能够为当前团队管理面临的知识、角色、能力差序作用格局问题以及非全要素/非全过程等问题提供更为广阔的解释空间,而且能够为具体情境下促进少数占据结构洞优势团队实现网络边界扩张、协同策略变革与效应突破涌现提供崭新的分析视角与决策技术支持,有利于丰富完善多团队管理的非正式协作理论体系,也能够为理清创业管理、多团队系统、协同创新等研究的理论关联提供参考。

综上所述,本章综述总结了众创团队簇及其管理内涵特征和评价维度,解析了众创团队簇多主体创业协同的关系效应,厘清了团队簇协同管理的研究要点,为后文协同创新机制的机理解析和机制构建奠定了理论机制。下一章在此基础上进行众创团队簇协同创新机制的运行机理研究。

第三章

众创团队簇协同创新机制的运行机理

本章内容提要

为应对复杂情景下多团队创业过程中展现的界面协同涌现性分析及管理需求，思考创业型团队的创业创新交互特征，响应众创团队簇协同创业与创新交互过程中呈现的多层次协同关系管理需求，本部分从五个方面梳理给出了众创团队簇的协同创新机制的运行机理。第一，众创团队簇的协同要点与策略属性，整理主体与行为、过程与要素、空间与机制的三维协同研究进展，概括提出了众创团队簇的网络化协同要点，据此提炼给出其协同创新策略的概念内涵及呈现的导向性、规范性和效能性三层面实践属性。第二，众创团队簇的协同创新策略解析，提出聚合视角、要素及效应的导向型、规范与交互型、效能型协同策略分析三维度分析框架，并从群体、环境、机会、能力及整合五个协同层次，给出众创团队簇协同创新策略的基本构成与对应管理内涵。第三，众创团队簇协同创新的复杂性描述，从群体、环境、机会和能力等四个维度梳理了实现创业团队簇协同的界面结构，同时解读动态创新环境下多主体共同创业衍生的协同有效性非线性涌现属性及内涵，从共生共赢、动态适应、系统全局三个层面提出众创团队簇界面协同有效性的涌现机理。第四，众创团队簇的协同创新关键影响界面识别，基于其复杂性，改进常规 DEMATEL 构建方法，响应复杂情景下多重决策导向判定需求的关键影响界面识别方法，并面向某一混合所有制创新型企业开展案例应用。第五，众创团队簇的合作策略协同内涵及评价，结合创新创业交互过程中的多主体合作目标、过程与绩效协调需求，借助协同学对系统相关关系与状态的分析视角，提出创业团队簇策略协同的评价理论及方法。从群体、环境、机会、能力四个维度结构化梳理给出创业团队簇协同策略的要素构成，在探讨创业团队簇目标、资本、效能三类协同效应的基础上，提炼能够表征要素系统协同有效性的"策略协同度"概念。围绕子系统间成对要素关联判定的多层次参照问题，引入界面局部协调理念，改进常规 ANP 方法中的直接判断矩阵构造步骤，形成创业团队簇策略协同的评价方法。案例应用结果表明，本部分所提出的理论框架和分析方法有效、可行，对复杂合作情景下的众创团队簇协同创新机制运行机理的解析评价具有一定借鉴意义，为进一步探析团队簇协同创新机制的具体内容奠定了基础。

第一节 问题的提出

团队创业是创业群体、创业机会与创新能力转换的有机结合，团队类型的多样性、团队特征的多元性、团队周期的交叉性和创新过程的不确定性为应对创业型团队簇管理的"好聚、好处、好散"问题增加了诸多阻碍。正如 Maritz & Donovan[①]所言，将创业与创新相联系才能在多团队协同情景下解析创业过程的管理难点，特别是在现代复合型创新的情景下，如何提取并协调团队簇内外的创新创业交互特质已经成为理解熊彼特提出"创业者总是尝试着通过创造与发明等手段实现产品革新，利用新技术生产出新产品，或对旧产品引用新的生产方式"这一观点的重要途径。在复杂创新视域下，创业团队往往由在校大学生、毕业生、科研人员、企业及科研机构等多方创新人员组成。由于这些不同的创业群体在创新概念、创业目标、社会经验、经济基础等方面存在巨大差异，因此创业创新过程中除借助逐渐完善的创业环境不断构建团队创业基础之外，如何培育具有团队独特竞争优势的协同创新策略并形成适合自身的团队创业文化就显得尤为重要。

协同（synergy）概念由 Ansoff 在 1967 年首次提出，系统提出协同理论的是 Haken，为后续该理论的研究奠定了基石，而协同创新是伴随着协同和创新引申演变而来。迄今，众多学者从不同层面对协同创新进行了研究，而本研究前期也已从协同创新机制方面对协同创新进行了系统的研究，但对于协同创新策略则未深入触及。聚焦不同层次的创业现象，现有成果围绕创业策略研究开展了大量有益尝试：①围绕创新生态系统建设的多层次需要，Valdez & James[②] 主要关注了政策导向、配套功能（金融、辅导、市场等）、文化氛围等宏观制度创业策略维度，虽然这种社会网络场域下的资源配置、流通与转换视角有助于深入理解创业

[①] Maritz A., Donovan J. Entrepreneurship and innovation [J]. Education & Training, 2015, 57 (1): 74–87.

[②] Valdez M. E., James R. Institutional determinants of macro-level entrepreneurship [J]. Entrepreneurship Theory & Practice, 2013, 37 (5): 1149–1175.

外部环境对各类创业主体的作用机理,但难以应对中微观创业主体内部及主体间合作行为的策略选择复杂性;②契合人才培养方式改革的实践诉求,张京、杜娜、杜鹤丽[1]主要关注了创业能力、合作意愿、共生资源等微观主体行为因素的可能交互影响,虽然针对冒险倾向、创新意愿、成就需要和内控特质等个人特质初步提出了面向创业效能感的局部(个人或小群体)创业行为策略模型,但尚未对多主体(特别是多团队)合作创业过程中的协同创新问题引起足够重视,且在一定程度上忽视了宏观创业生态及中观合作范式对创业效能的复杂影响;③针对创业生态群落中的"产学研政"协作复杂性,张玲斌、董正英[2]等学者运用结构方程、演化博弈和多案例对比分析等多方法,探讨分析了企业、高校、科研院所、政府及相关合作机构等协同创新主体的"种间"协同效应,虽然初步明确了中观层次下创业策略对组织绩效的积极作用,并面向企业内部创业、并购式创业和联盟创业等多元创业情景形成了解读资源共享、风险管控和绩效稳定等协同关联的可行分析策略,但对社区化(网络与实体)不确定情景下"种内"微观行为主体的协同稳定性、扩散性与规范性缺乏关注。

本书前期研究表明[3],创新团队管理主体间从属关系会对客体要素结构及功能涌现产生主导影响。在创新团队所承担课题的复杂性不断提高、规模不断扩大、学科交叉不断加深的情况下,为有效应对现有研究存在的切入维度单一、目标可持续性差、多边界属性认识不足、多主体复杂交互影响缺乏系统界定等问题,需要针对多层次、跨学科等特性的团队簇管理进行探析。团队簇管理是面向多个团队开展的职能协调、资源配置与整体决策优化活动,对打破科层管理的低效局面,顺应现代组织变革趋势,具有积极的理论与实践研究意义。由于构成创业型创新团队的多个子团队往往具有差异化的学科层次、知识结构、决策偏好、合作策略,因此提升该团队簇的协作水平与管理有效性对推动创业团队提升创新能力及管理业绩具有积极意义。目前,创业型团队管理的实际情况也表明,"好聚、好处、好散"正成为多层次构成主体情况下影响团队创业成功与否的难点问题。

---

① 张京,杜娜,杜鹤丽. 科技企业创业主体及其创业意愿影响因素分析 [J]. 科技进步与对策,2016,33 (2):137 – 141.

② 张玲斌,董正英. 创业生态系统内的种间协同效应研究 [J]. 生态经济,2014,30 (5):103 – 105.

③ 段万春,许成磊,魏忠. 创新团队管理和谐度及其关键客体界面识别 [J]. 科技进步与对策,2014,31 (12):1 – 6.

第三章 众创团队簇协同创新机制的运行机理

对于团队簇协同创新的复杂性研究，现有成果主要集中于协同创新领域（Swink[①]；Alguezaui，Filieri & Alguezaui[②]；吴建祖[③]；蔡俊亚[④]；陈劲[⑤]；周锋[⑥]等），部分成果初步探索了创业团队管理面临的复杂创新环境和创业团队特质，虽然针对一系列合作研发管理活动开展了局部探索，但缺乏对具体情景下多团队创新合作问题复杂性的有效解读，且鲜有能够反映创新创业交互需求的定量决策优化成果。Lee 等[⑦]认为："创业团队由多主体构成，他们为追求共同的目标和企业成功而相互依存地工作，对团队和企业负责，在创业早期阶段（包括创办与启动前）被视为负有行政责任的高管，并且自己同时又被别人看作一种社会团队。"朱仁宏、曾楚宏和代吉林[⑧]认为大多数新创企业都是由多个团队创办的，如何好聚（创业团队组建）、好处（创业团队发展）与好散（创业团队解体）仍然是目前团队创业或创业团队管理亟待解决的理论与实践难题。针对创业团队成员通常天生具有的家族或泛家族关系这一普遍特征，江诗松、龚丽敏和魏江[⑨]认为创业团队的内生驱动更加强烈，具有创业团队的关系网络特征（关系网络泛家族化）、认知特征（领导风格个性化）和决策特征（战略视野集聚化）；Naudé & Zaefarian（2014）、Gui – Lan（2014）等分别从内部知识转移、合作沟通、领导与愿景管理等不同视角探讨了影响创业团队决策的微观机理；程钧谟和王琪琪等[⑩]则探讨了协同增效价值和倍增效应价值两种共享收益制式对创业行为决策中

---

① Swink M. Building collaborative innovation capability [J]. Research Technology Management, 2015, 49 (2): 37 – 47.

② Alguezaui S., Filieri R., Alguezaui S. A knowledge – based view of the extending enterprise for enhancing a collaborative innovation advantage [J]. International Journal of Agile Systems & Management, 2014, 7 (2): 116 – 131.

③ 吴建祖，曾宪聚，赵迎. 高层管理团队注意力与企业创新战略——两职合一和组织冗余的调节作用 [J]. 科学学与科学技术管理，2016, 37 (5): 170 – 178.

④ 蔡俊亚，党兴华. 创业导向与创新绩效：高管团队特征和市场动态性的影响 [J]. 管理科学，2015, 28 (5): 42 – 53.

⑤ 陈劲，阳银娟. 协同创新的理论基础与内涵 [J]. 科学学研究，2012, 30 (2): 161 – 164.

⑥ 周锋，孙卫，张颖超，等. 创业团队自省性对创业绩效的影响——创业环境动态性的中介作用 [J]. 科技进步与对策，2014, 31 (8): 152 – 155.

⑦ Lee K C, Lee N, Lee H. Multi – agent knowledge integration mechanism using particle swarm optimization [J]. Technological Forecasting & Social Change, 2012, 79 (3): 469 – 484.

⑧ 朱仁宏，曾楚宏，代吉林. 创业团队研究述评与展望 [J]. 外国经济与管理，2012, 34 (11): 11 – 18.

⑨ 江诗松，龚丽敏，魏江. 后发企业能力追赶研究探析与展望 [J]. 外国经济与管理，2012, 34 (3): 57 – 64.

⑩ 程钧谟，王琪琪，宋美玲，等. 基于成本收益的供应链企业间知识共享重复博弈分析 [J]. 统计与决策，2016, 1 (1): 182 – 185.

收益大于成本原则的差异化影响。基于上述创业团队特质，Gao & Zhang（2012）按照知识协调程度与认知是否一致这两个标准将创业团队分为罗宾逊或节约型团队、单成员团队、混合团队和嵌套团队四种类型。

对于多团队合作策略的研究，Stephan[①]指出，作为连接社会化创新资源的纽带，创业创新活动涉及创业人员培训、创业服务支持、创业政策保障和创业氛围营造等一系列创业、创新资源的整合优化。该整合过程不仅涉及创业培训、金融、技术服务等相关创业硬件保障，而且涉及培育足以应对瞬息万变创业环境的团队化决策能力的软件支持。在此创新创业管理情景下，以有效的凝聚团队创业智慧为初衷，筛选顺应创业环境需求的协同创新策略，打造内生性的核心创业优势，已经成为关系创业成败的直接因素，具有重要的理论研究意义和实践指导价值。Owen，Goldwasser & Choate 等[②]的研究也表明，执行创新活动的不同组织职能的多个团队共同构成了团队簇，在该团队簇内各方主体分别依据利益共享、风险共担、共同成长原则不断积累创业资本的过程中，由于各方必然面临上述创业机会属性、外部创业氛围、内部管理水平、成员素质等方面的差异，因此团队簇能否在动态创业过程中形成良好的协同策略，将最终关系到成员团队的生死成败。

以上成果表明，现有研究主要存在以下问题。第一，仅关注了个别创业团队协同管理需求相对于部分创新职能所应具有的协作属性，而忽略了团队簇协同创业创新过程中对宏观、中观、微观不同层次关联界面之间交互影响的辨识与管理。目前，颜士梅和王重鸣[③]等学者同样关注到上述问题，且在并购式创业的人力资源整合风险控制策略、多主体协同创新剩余的形成机理和博弈双方的资源协同效应系数等个别维度开展了大量有益探索，但针对上述问题开展的直接系统研究尚未见报道。在普遍探索扁平化、矩阵化、网络化组织架构革新的整体情景下，执行创新活动不同组织职能的多个团队共同构成了团队簇，为当前众创空间建设中不断推进创业型研发团队创新能力提升提供了有力支撑。但缺少进行实证检验的客观条件限定，比如团队类型的多样、团队不同发展阶段和团队间信任等的差异，导致了实证模型检验的复杂化。第二，虽然国内外学者广泛关注了多团

[①] Stephan A. Introduction: Entrepreneurship, innovation and growth [J]. Industry & Innovation, 2004, 11（3）: 161 - 165.

[②] Owen L., Goldwasser C., Choate K., et al. Collaborative innovation throughout the extended enterprise [J]. Strategy & Leadership, 2008, 36（1）: 39 - 45.

[③] 颜士梅，王重鸣. 并购式内创业中人力资源整合风险的控制策略: 案例研究 [J]. 管理世界，2006（6）: 119 - 129.

队整体协同管理机制分析中的部分相关问题,但对团队簇整体职能实现系统协同的复杂作用机理与有效性涌现机理仍然认知有限,且仍处于创新要素间局部协同作用关系的探讨阶段。在当前企业日益复杂的运营环境下,团队簇内具有不同职能的团队往往具有差异化的业务属性、工作方式与合作状态,考虑到界面管理对与这些团队关联的跨边界管理问题具有独特的解析适用性,因此进行创业型团队簇协同创新的界面结构化辨识将有助于提升团队簇的整体协同水平和运行绩效。本书的前期研究表明[1][2][3],类似于系统论对边界效应的界定,创新团队管理主体间及各主体内的人才、技术和资金等诸多具有边界属性的问题都可理解为管理界面。界面管理是设计并保持一定的良好界面环境,使得跨界面的交流、协调、合作能够有效进行,以实现既定的组织目标。第三,虽然国内外学者广泛关注了团队簇整体协同管理机制分析中的部分问题[4][5][6],但对其整体职能实现系统协同的复杂机理与有效性呈现内涵仍然认知有限,且未见针对创业团队簇协同策略评价的相关报道。除 Kahn[7] 在研究职能整合绩效时开创性提出团队簇多维度职能整合的概念以外,尚未见团队簇管理的直接研究,团队簇的研究进展主要体现为多团队管理的相关成果。现有团队管理的相关研究只是初步探究了多主体创新活动面临的复杂经济环境和创业团队特质[8][9][10],针对部分合作研发管理活动开展了初步探索,但缺乏对具体研发情景下多维合作职能关系的深度辨识与整合。

鉴于此,如何协调差异化的创业诉求、整合多样化的创业资源、打造具有整

---

[1] 许成磊,段万春. 混合非结构 MAGDM 的决策导向一致性检验方法 [J]. 计算机工程与应用, 2015, 51 (23): 17 – 22.

[2] 段万春,许成磊,魏忠. 创新团队管理和谐度及其关键客体界面识别 [J]. 科技进步与对策, 2014, 31 (12): 1 – 6.

[3] 许成磊,段万春,孙永河,等. 创新团队和谐管理机制的主题辨析优化 [J]. 管理学报, 2014, 11 (3): 390 – 395.

[4] Kappel G., Rausch – Schott S., Retschitzegger W. Coordination in workflow management systems-A rule-based approach [M]. Coordination Technology for Collaborative Applications. Springer Berlin Heidelberg, 2006.

[5] 吴杨,苏竣. 科研团队知识创新系统的复杂特性及其协同机制作用机理研究 [J]. 科学学与科学技术管理, 2012, 33 (01): 156 – 165.

[6] 朱传宝. 中小企业产业集群的协同管理研究 [J]. 科技进步与对策, 2010, 27 (8): 63 – 66.

[7] Kahn K. B. Interdepartmental integration: A definition with implications for product development performance [J]. Journal of Product Innovation Management, 1996, 13 (2): 137 – 151.

[8] 陈军华,李心. 创新型人才主体特质及培养环境设计 [J]. 科学管理研究, 2013, 31 (4): 101 – 104.

[9] 游达明,杨晓辉,朱桂菊. 多主体参与下企业技术创新模式动态选择研究 [J]. 中国管理科学, 2015, 23 (03): 151 – 158.

[10] 叶竹馨,买忆媛. 创业团队的认知结构与创新注意力:基于 TMS 视角的多案例研究 [J]. 管理评论, 2016, 28 (4): 225 – 240.

体竞争优势的创新合作策略,是目前不断完善众创空间硬件设施条件下所应重点考虑的软件系统维护问题,对提升各方创业主体创新参与程度、营造良好创新文化、打造核心创业优势具有重要实践意义。同时,借助界面管理对多边界属性管理问题相关关系与状态分析的独特适用性,系统界定、梳理其团队簇的协同创新管理的界面体系,提炼推演该系统的协同有效性涌现机理并进行关键界面识别,不仅有利于提升创业型团队簇的整体管理策略有效性,而且有利于引领团队簇协同创新管理研究的未来探索方向,具有重要的理论和实际应用价值。同时,鉴于团队簇管理主要反映多团队协作的解析诉求,在此界定团队簇管理为面向多个创新团队开展的职能协调、资源配置与整体决策优化活动。创业团队簇的协同策略可以理解为复杂创业环境中具有差异化属性合作团队,通过权衡潜在创业机会、培养针对性创业能力,在协同推进合作进程的基础上,所达成的反映多主体目标、资本、效应、效能协同需求的动态、整体合作方案。此外,可将众多具有合作及沟通属性的团队簇管理要点界定为一系列协同要素,策略协同效应的传递与涌现秩序可以表征为各个要素的相互作用关系。基于该分析视角,团队簇的策略协同可以成为组织分享流程价值、构建相互承诺并实现交互合作的一种创新行为,协同创新过程中涉及的互动沟通、信息共享、职能交互、目标协调等多层次因素都将对其整体协同水平产生重要影响。鉴于此,提炼推演该系统的协同有效性涌现方式并进行整体协同策略评价,不仅有利于提升创业型团队簇的整体管理策略有效性,而且有利于引领团队簇协同管理研究的未来探索方向。基于以上思考,在借鉴创业创新管理、创新团队管理、协同学等相关理论的基础上,本研究通过梳理团队簇创业的协同创新策略构成,明确其策略相互关联及其内控框架,可以为构建创业团队簇的协同创新策略提供科学依据,弥补现有相关研究支撑不足问题。为有效评价创业团队簇的协同策略,本研究在前期研究成果的基础上[①],从创业团队簇策略协同的群体、环境、机会和能力四个维度出发,解析要素间的复杂关联效应,提出策略协同度的内涵,进而应用局部优化的 ANP 方法对创业团队簇策略协同进行评价并开展案例应用研究,兼具理论创新和实践创新双重研究意义。因此,本部分研究为后续实证研究提供了切入点,具有重要的理论研究意义与实践探索价值。

---

① 许成磊,王玉华,孙永河. 创业团队簇协同创新策略构建研究 [J]. 科技进步与对策,2016,(24): 9 – 16.

第二节 众创团队簇的协同要点与策略属性

一、创业团队簇的网络化协同要点

目前,协同创业或协同创新的相关研究成果主要集中于企业主体层面或企业、政府、科研机构形成的三元主体层面,为理清具体情景下团队簇协同创新系统的复杂属性提供了有力支撑。在簇状创业团队网络构成、网络关联及协调策略的复杂管理需求下,其协同创业并不单纯指某个具体创业项目的合作,而是一项有计划、有组织、有保障的系统工程,包含技术、社会、经济等方面的综合因素。这种多主体间的协同创业行为是其在技术、市场、管理的统筹过程中,为了加速技术的研发进程与商业化进程,采用目标、资源、措施等各方面协调一致、相互合作的行为。

整合提炼有关创业团队簇网络化协同的成果,可得到如图3-1所示的三维度协同要点:①主体协同与行为协同,注重与具有簇状网络关联团队异质性知识节点的主体协同,基于开放式创业理论,重点关注挤压、驱动、学习和治理4种行为的适应性协同,培育区域内及区域间协同创业生态系统;②过程协同与要素协同,尤其关注从所镶嵌的外部创业网络摄取信息、知识、研发等关键创业要素,放大要素立体空间;③空间协同与机制协同,将创业团队的协同创业行为置于区域创业的空间背景下思维,完善不同层次创业行为的协同推进机理。

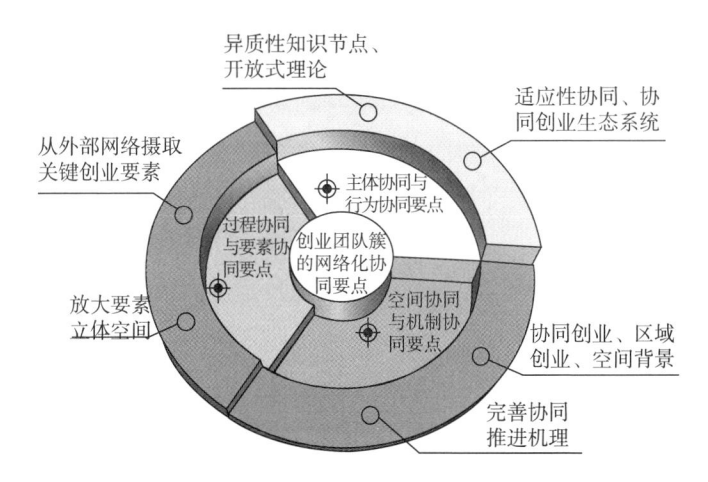

图3-1 创业团队簇的网络化协同要点

（一）主体协同与行为协同要点

Yang, Tang & Yu[①] 认为，植根于集群化创业情景，小微企业与骨干企业、供应企业、大学、中介机构等主体形成复杂创业网络，正向影响着创业团队的协同创业行为。韩姣杰、周国华和李延来（2013）进一步指出，多主体构成的行为整体，在内在机理上可以解释为一个放大的学习空间。这种空间将依托异质性与同质性主体多样化的知识节点，在保障显性知识传递效率的同时，有效拓展隐性知识的传递可能性。Hao, Jiang & Yu[②] 则认为在近似的行为空间内，创业团队的集体创业行为在理论上并非孤立的节点，而是需要匹配其他节点行为的动态适应性行为集合。这种集合中的行为体系，易明（2010）、李文博（2014）等学者给出的由集群挤压、网络驱动、创业学习和协同治理等典型行为嵌套、交织形成的复杂行为系统。卢珊和赵黎明（2011）据此探索了该行为体系具有的复杂系统属性，主要体现为创业团队的创业行为之间存在竞争、协同、适应、成长等长期合作博弈关联。王君华（2006）、丁铭华（2008）等学者则给出了应用技术储备、结构柔性、审慎学习、调适惯例等因素表征创业团队行为协同程度的概念模型。

（二）过程协同与要素协同要点

为规范化探索创新活动的组织范式，Nerkar & Paruchuri[③] 梳理给出了协同创新项目的组织阶段性、目的多元性和过程复杂性特质。许庆瑞、郑刚和陈劲[④] 进一步从沟通、竞争、合作、整合、协同五个阶段构建了创新项目全面协同的过程模型。据此，针对创业型组织协同过程的可能构成方式，Duin, Jaskov & Hesme[⑤] 基于创新网络耦合视角，从创新主体、创新氛围、资源要素、发展目标和政府政

[①] Yang J., Tang L., Yu X. Entrepreneurial network, entrepreneurial learning and new venture's growth [J]. Management Review, 2013, 25 (1): 24–33.

[②] Hao J., Jiang W., Yu C. An empirical study on paths to develop dynamic capabilities: From the perspectives of entrepreneurial orientation and organizational learning [J]. Frontiers of Business Research in China, 2010, 4 (1): 47–72.

[③] Nerkar A., Paruchuri S. Evolution of R&D capabilities: The role of knowledge networks within a firm [J]. Management Science, 2005, 51 (5): 771–785.

[④] 许庆瑞，郑刚，陈劲. 全面创新管理：创新管理新范式初探——理论溯源与框架 [J]. 管理学报，2006, 3 (2): 135–142.

[⑤] Duin H., Jaskov J., Hesmer A., et al. Towards a framework for collaborative innovation [M]. Computer-Aided Innovation (CAI). Springer US, 2008.

策等方面提出了小企业协同创新的关键管理内容。在此基础上,结合创新过程的结构化组织方式,许庆瑞(2014)、陈劲(2014)等学者基于战略、市场、文化、组织、制度等方面的互动与协同,探讨了创新流程中呈现的全要素协同问题,对解决创业过程协调问题具有突出借鉴意义。借助该全要素创新视角,陆园园和郑刚(2009)认为创业活动中要素协同效应的实现,需要将人才、资金、原料、设备、信息等架构要素和信息平台、职能体系等功能要素做结构性与策略性配置,形成整体大于分散个体之和的协同效果。同时,陈夙、项丽瑶、俞荣建(2015)认为促进架构要素之间、功能要素之间、架构要素与功能要素之间的策略性耦合,也是形成充满要素活性创业生态系统的重要途径。

(三) 空间协同与机制协同要点

刘丽君和唐水源(2004)指出,创业团队作为区域创业经济的微观表现形态,其多主体协同现象的一个自然延伸状态即是不同层次创业群体在时间和空间上的有机演进。结合 Macpherson, Herbane & Jones[①] 在合作空间、合作形式等方面的研究成果,创业团队簇的空间协同形式主要体现为团队内部协同→关联团队协同→团队集群协同→区域内协同→跨区域协同。其中,团队内部协同是指创业团队内部松散合作关系的协同;关联团队协同是指具有合作关系的多个团队之间的外部协同;团队集群协同是指创业园等近似区域内特定创业团队间的空间内协同;区域内协同是指区域内(多指行政区域)多个相关产业集群的多空间协同;跨区域协同是指多个地理临近区域之间的创业集群协同。围绕上述多创业团队的合作状态演进规律,众多学者开展了有关协同创新模式与机制的研究工作。例如,解学梅(2013)基于对协同创新概念和特征的解析,阐释了协同创新效应的内涵和运行机制,构建了协同创新效应模型并剖析了协同创新效应的内在机理;范太胜(2008)深入研究了创新网络中协同创新机制的结构与功能,阐释了协同创新的作用机理;黄中伟(2007)在此基础上指出协同创新机制和环境会带来无法复制的竞争优势和绩效;郑刚和梁欣如(2006)在研究全面协同创新时提出了全面协同的 C3IS 模式;吴航和陈劲[②]提出了技术与制度协同演化的协同创新模

[①] Macpherson A., Herbane B., Jones O. Developing dynamic capabilities through resource accretion: Expanding the entrepreneurial solution space [J]. Entrepreneurship & Regional Development, 2015, 27 (5-6): 259-291.

[②] 陈劲,吴航,刘文澜. 中关村:未来全球第一的创新集群 [J]. 科学学研究,2014,32 (1): 5-13.

式；叶伟巍、梅亮和李文等[①]将协同机制划分为文化相融机制、技术互补机制以及成本利益分配机制；Dong，FU（2004）运用多Agent方法建立了校企协同创新系统的动态机制模型；Jin，Chen & Hu（2011）建立一个灰色对称进化链模型来探讨产学研协同创新过程中的稳定平衡性。

二、创业团队簇协同创新策略的概念与实践属性

（一）创业团队簇协同创新策略的概念

伴随创业概念的拓展，创业已经从专指初始创业，扩展到"新建"和各类价值创造过程，其中不乏标榜为二次创业、内部创业和公司创业的崭新创业形式。虽然创业概念在内涵上不断丰富和延展，但创业实践已逐渐被接受为一种通过创新来提升组织胜任力的机会识别与决策行为，与之对应的创业策略在主体行为特征方面仍然展现出相对一致的适应性资源组合属性。在这种在更广阔的竞争环境内创造和探索机会的创业理念被日益推崇之际，许多知名企业已将新资源组合作为主要创新策略（如3M公司）或战略调整中的重要部分（如GE公司）来获取竞争优势。这样的一种创业策略包含了更为主动地去寻找新的机会，以及进行中针对创新过程的管理。

在现有成果中，创业策略常指公司通过创新来持续寻找竞争优势的公司战略的一部分。实际上，广义范畴下的创业活动都可以被视作一种间断性的或持续性的策略与机会交互选择行为。这种创业策略即前文所阐释的多主体协同创业需求与要点，常与个体或群体创业者的协作意图、方法和效用相关联。在此，整合现有相关研究成果，从协同策略的导向性、规范性与效能性三个维度，解析团队簇协同创业策略的概念内涵，提出以下策略概念。

创业团队簇的协同创新策略是在多层次环境保障、导向、风险及收益状态的创业情景中，具有差异化角色、意向、资源及行为属性的创业群体（包括创业个体及部门），通过权衡在创业组织、流程、市场与技术等方面存在的潜在创业机会，并选择、培养和转换能够反映创新及创业活动需求的多维度能力范式、结构、决策与绩效等，在协同推进多团队整体创业与创新进程的基础上，所达成的有助于实现创业个体、部门、空间比较竞争优势，反映多主体目标、资本、效应、效能协同需求的动态、整体合作方案。

[①] 叶伟巍，梅亮，李文，等. 协同创新的动态机制与激励政策——基于复杂系统理论视角［J］. 管理世界，2014（06）：79-91.

（二）创业团队簇协同创新策略的实践属性

以上创业行为策略的概念表明，具有不同特质的个体将通过识别、获取、利用与积累创业机会以及创业资源逐渐形成的差异化的创业行为选择方案，反映出如图 3－2 所示的团队簇协同创新策略概念特征及实践属性。

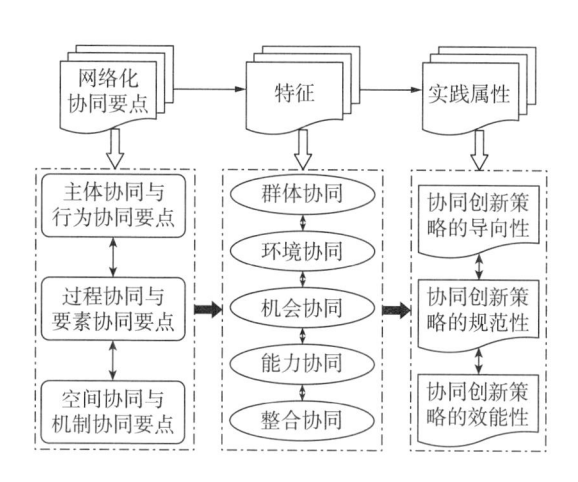

图 3－2 创业团队簇协同创新概念的特征及实践属性

1. 协同创新策略的导向性

协同创新策略首先服务于创业机遇的识别与把握，在这个过程中组织内外部协作环境以及创新过程本身的不确定性都对策略方案的设计具有复杂影响。Zaltman，Dunean & Holbek（1973）认为创新过程的高度不确定性，导致受内外合作情景影响的策略方案具有动态属性，创业个体间的合作收益不可连续、短期预测。Mintzberg（1996）甚至认为基于创新的策略通常在试错的无序过程中产生，与策略初衷关系紧密的具体的策略将仅出现在执行过程的末端。正是由于创业环境与创新过程本身所具有的这种不确定性，现实中由多主体合作形成的创业策略往往并非一种理性、深思熟虑的体系化执行方案。考虑到协同创新策略实现计划和控制的这种难度，创业策略应该是过程导向的，通过关注能够促进创新驱动力及创业合作意愿产生的情景需求，创造有益于创新实现与创业合作达成的策略结构。

2. 协同创新策略的规范性

除通过创业的导向性策略实现策略结构的动态优势以外，与职能优化、体系健全、执行力培育和自我变革等相关的策略规范性对协同创业策略的过程控制也具有重要意义。Oison & Bookor（1995）指出，由于创业策略的制定过程相对复杂，而创业过程的常态化管理与之交错推进，所以策略导向与策略过程、策略内容的匹配性对创业绩效提升和创业精神培育具有重要影响。同时，考虑到策略内容与决策类型具有直接关联，梁强、张书军和李新春（2011）也结合创业过程与决策的制定方式，探讨了基于机遇和基于计划的两类创业策略制定差异，并指出虽然机遇式决策强调市场反应能力、计划式决策强调有序创新管理，但在成熟的、规模化公司中二者已日趋合并为一种"有意识"的创业行为，形成了相对规范化的运营模式。Ulrika Levander[1]针对制度创业的研究也表明，话语策略、理论化策略、社会网络策略与文化策略等制度创业策略的实施过程，正在推动创业活动制度化。

3. 协同创新策略的效能性

创业的机会属性常导致创业策略具有短期行为属性，这一点将它与创新战略区别开来。鉴于此，为了满足不同主体、创新环节、创业职能的实际效能需求，创业策略也应该在执行有效性考察的不同维度体现比较优势。Yang, Chen & Xi 等（2012）指出，创业行为常伴随新组织的建立而出现，对创造性合作模式及独特市场利基的要求较高，且基于此的创业行为在被组织和环境激活时具有显著的非协调特征，二者执行矛盾的协调与应对即一种策略效能。基于这种协调思想，创业策略除服务于创新活动执行过程，还常被选择用于更新、转变和推动组织发展，是组织建立或者重新建立环境适应能力的一系列效能实现手段，即 Muryr（1984）所指出的体现为与一系列角色、技能、任务、资源等相关的常规决策优化。但 Hitt, Ireland, Camp & Sexton[2]则认为，创业策略所包含的一揽子行动计划与维持系统的策略和渐进适应性策略有明显区别，特别集中于创业导向下的基本变革范畴，通过策略的和结构的变化来引导组织"重生"。

第三节　众创团队簇的协同创新策略的解析

一、创业团队簇协同创新策略的解析维度

协同是指系统在开放的条件下，内部各子系统间以及系统与环境间产生的协调、默契、共生互长的非线性作用，是系统本身固有的组织能力；协同机制是指创新系统中所有的协同活动及其遵循的规则、机理和程序；要把握创业团队簇的协

---

[1] Ulrika Levander. Social enterprise: implications of emerging institutionalized constructions [J]. Journal of Social Entrepreneurship, 2010, 1 (2): 213-230.

[2] Hitt M. A., Ireland R. D., Camp S. M., et al. Strategic entrepreneurship: entrepreneurial strategies for wealth creation [J]. Strategic Management Journal, 2001, 22 (6-7): 47-491.

同创新内在机理,需要形成协同创新机制,创业团队簇的协同创新机制是指创业团队簇在系统内外部因素的共同作用下,团队簇内不同创新合作主体、创新合作要素及其交互作用下的各个环节间建立的内在有机组织,通过有机组织内部间的联结互动及其与系统外部环境间的耦合作用,驱使协同系统形成、发展和演变的内在机能、控制方式和内在规定性,而协同创新策略与协同创新机制具有相似的属性,即协同行为策略的关键特征常与协同环境和协同主体特征紧密相关,因此协同策略的解析特别依赖于合作者研究的目标,也依赖于相对系统属性下的主客观决策偏好。例如:对创业的职能领域,包括销售、生产、投资、管理等在动态、过程化和统计性原则基础上的衡量;对创业环节的深思熟虑,包括准备、政策性、战略性、战术性、操作细则、调查以及干预等。结合现有成果中有关创业型组织创业策略的解析视角,笔者在此给出如图3-3所示的解析创业团队簇协同创业策略的主要维度。

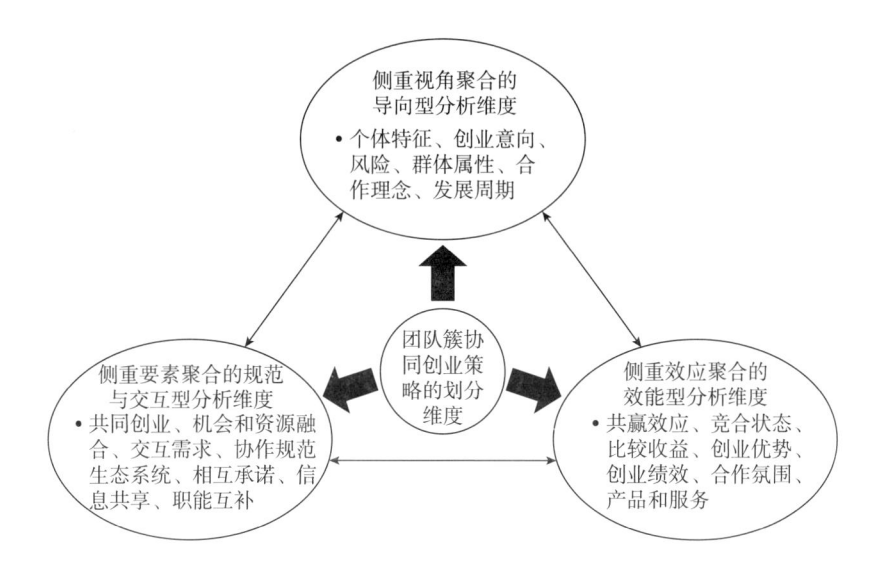

图3-3 团队簇协同创业策略的划分维度

(一)侧重视角聚合的导向型分析维度

针对由创业群体构成、属性及相关表现特征的差异,众多学者形成了多样化的创业策略、创业导向分析视角。在个人创业范畴中,始于初创期短期行为的盛行,针对个体创业个体特征差异的研究居多。如徐小洲和叶映华(2010)指出创业意向会产生相应的创业策略,借此形成的创业行为策略对分析创业行为的可行性具有较强的预测力;颜士梅和王重鸣(2006)以混合安排的相关理论为基础,构建了并购式内创业中人力资源整合风险控制策略的理论框架；谭莉（2010）从基于规范、基于期望（基于公正期望、基于高绩效期望）和基于契约三个维度，提出了人力资源整合风险的控制策略。

分析现有成果可知，创业群体属性差异将导致行为选择策略呈现多样化特征。在创业实践中，高校毕业生、离职创业者、科研院所研究人员、海归创业者等多层次的创业人群构成了内涵复杂的创业群体。在该创业群体内，创业者个体以差异化的组合方式聚合为面向不同领域、呈现不同个性的创业团队，团队间的合作理念及氛围由此千差万别。基于上述思考，在此提出侧重视角聚合的导向型分析维度，在构建团队簇协同创新策略时，将首先关注由群体类型、特征、发展周期、成员素质、合作意愿等共同关联的创业群体协同基础解析，其分析结论有益于深刻理解既定创业情景下的多主体合作导向与行为特质，能够借此形成创业团队簇协同创新的群体协同策略。

（二）侧重要素聚合的规范与交互型分析维度

针对创业过程中面临的与创业项目管理、创业团队领导与创业机构协作等多重创业过程行为，现有研究形成了与创业要素交互及过程规范化管控相关的一系列成果。王涛、黄苏萍和陈金亮（2015）考察个人及组织的共同创业属性，将社会化创业过程视为经济机会和资源的融合过程，Baron[①]据此提出创业过程的主要构成要素为创业者、创业机会和创业资源。进而，王朝云和梅强（2011）重点探究了创业者的个人资源要素，即能够识别、获取和配置创业机会所需各种有形、无形资源，包括创业者作为决策主体所具有的相应管理能力。张玉利、杨俊和任兵（2008）指出创业机会首先受制于创业基础、氛围与市场等宏观因素影响，同时内在实为创业者或组织内外创业资源的交互、规范过程。秦志华和刘传友[②]也进一步强调，创业资源统筹的过程在一定程度上反映出创业的交互需求与协作规范要求。

分析现有成果可知，基于创业机会识别、把握及转换的内在需求以及创业环境的外在要求，创业者与创业资源之间的互动方式与结果构成了创业过程的主要内容。这种观点也被 Freeman & Capper[③] 认可，指出创业者、机会和资源三者之

[①] Baron R. A. The role of affect in the entrepreneurial process [J]. Academy of Management Review, 2008, 33 (2): 328–340.

[②] 秦志华，刘传友. 基于异质性资源整合的创业资源获取 [J]. 中国人民大学学报，2011，25 (6): 143–150.

[③] Freeman M. A., Capper J. M. Obstacles and opportunities for technological innovation in business teaching and learning [J]. International Journal of Management Education, 2000, 1 (1): 37–47.

间天然地存在概念与内涵上的重叠。鉴于创业者的创业动机往往起始于一定的资源禀赋，或者在已经发现创业机会的基础上通过获取所需的创业资源来执行创业行为，本研究在此提出侧重要素聚合的规范与交互型分析维度。基于该维度，本研究将从创业基础（软硬件）、氛围、政策、服务、生态系统等方面梳理团队簇协同创业的环境协同策略；将从流程价值、相互承诺、互动角色、信息共享、职能互补、目标协调等方面构造创业团队簇协同创新的机会协同策略。

（三）侧重效应聚合的效能型分析维度

为满足与合作效果评价、合作决策选择相关的研究需要，众多学者针对合作创业的共赢效应、竞合状态与可能比较收益等内容开展了大量有益探索。为明确创业策略选择的可比依据，Alvarez[①]将由经济处理和资产偿付利益组成的协同状态，即由执行该策略方案得到的胜任偿付利益，作为判定协同创业策略选择的基本准则。Priem，Li & Carr[②]以创业资源分类为基础，使用组织行动的经济性导向（基于技术和营销）和社会性导向（基于领导和人脉）将创业行为分解为两个维度，用以表征不同维度组合下的合作策略选择可能性。王朝云和梅强（2011）指出，创业机会和创业资源的获取方式，即更倾向于从哪种途径获取主要创业优势，在很大程度上可以体现为其对资源效能的理解。如创业者倾向于利用有形资源识别创业机会或依据创业机会获取有形资源来获取直接价值，则创业的功能性合作属性较为突出，可能存在更多的短期合作行为。

分析现有成果可知，呈现为创业绩效、合作氛围与直接产品或服务的创业成果是创业效应的直接表现，而其作为评判或选择创业合作策略的重要依据，在目前仍面临系统化与动态化解析的客观需求。如果从创业的动态过程来看，协同创业效应将呈现为内部管理水平不断提升、共生资源存量与增量有序转换、多主体合作范式日趋成熟、合作绩效逐步提高的长期协同状态。由于创业过程与创新过程往往交互推进，而创新不确定性为达成合作共识造成了不可避免的阻碍，因此本研究在此提出侧重效应聚合的效能型分析维度，将依据协同创业效应与创新能力培育的测度及持续管理需求，给出创业团队簇协同创业的能力协同策略。

---

① Priem R. L., Li S., Carr J. C. Insights and new directions from demand–Side approaches to technology innovation, entrepreneurship, and strategic management research [J]. Journal of Management, 2012, 38 (1): 346-374.

② Roest A. A., Kroft L. J., De Roos A. The mediating role of market orientation on entrepreneurial orientation, absorptive capacity and technological innovation capabilities [J]. Asian Social Science, 2015, 11 (5): 172-182.

二、创业团队簇协同创新策略的构成

创业合作主体是协同创新行为的执行者，也是创业资源的使用者和拥有者，创业环境要素和功能要素（能力、机会、协同）主要通过创业主体要素发挥作用，创业环境要素为创业合作主体间的协同机制开展提供良好的环境，创业功能要素为创业合作主体间的有序协同提供功能保障，因此创业团队簇内各协同要素间链接互动构成了一个动态复杂协同网络，由于创业活动与创新活动各有特质，且在共同受到外部环境影响的基础上存在交互关联，因此多团队主体共同构成的创业策略网络的协同效应并非呈现为简单显性静态叠加过程，而是复杂动态非线性涌现过程，协同创业的有效性将取决于多方主体的策略行为结构运行状态及其对创业创新资源的整合能力。例如：通过资源、市场和管理的相互支持，并不能基于此实现合作后各方的"1 + 1 + 1 > 3"协同效应，由于三者在资源位势、统筹地位与协作导向方面存在的差异，局部合作也可能导致整体协同紊乱，这时协同的效应将为负面的。鉴于此，为了识别和挖掘由协同效应带来的经济、技术、市场竞争优势，参与合作的多方主体之间应该持有客观的合作态度，笔者在前文研究的基础上提出如图3－4所示的创业团队簇协同创新策略，力求通过明确各自既相互区别又相互联系的业务关联，来达成可行的协作方案。

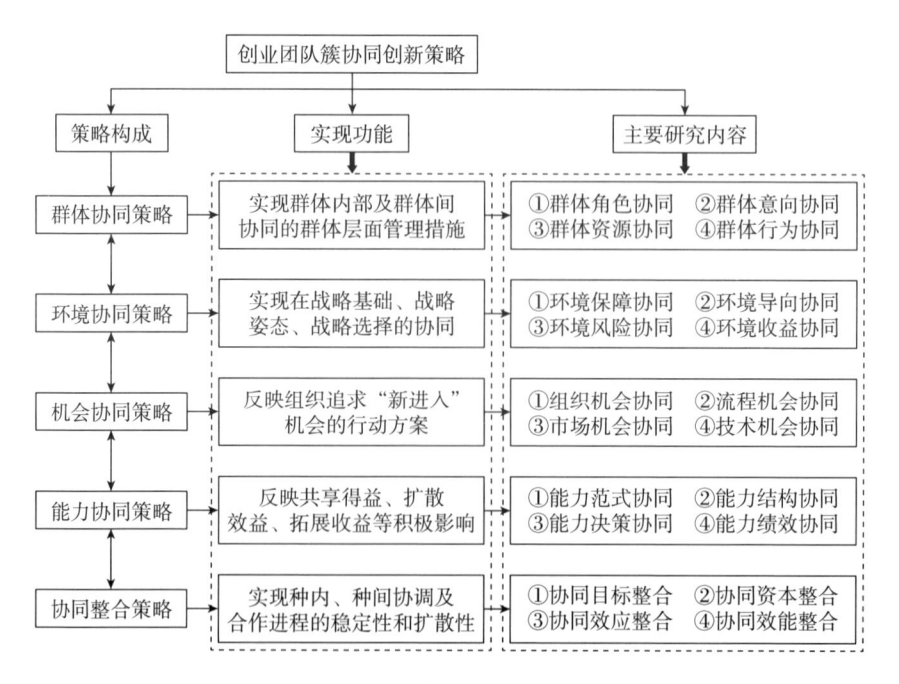

图3－4 创业团队簇协同创新策略的构成图

（一）群体协同策略

创业团队簇的群体协同策略是实现多主体创业团队协同创新的重要前提，是指面向多元创业主体形成的群体内部及群体间协同关系而采取的群体层面管理措施，主要包含创业者或团队的素质、类型、特征、周期、意愿、资源等方面。①群体角色协同，关注个人内在属性、外在属性与情景属性三个维度，是通过个体至群体的逻辑呈递关系影响创业倾向的主要协同内容；②群体意向协同，主要包括对未来可能行动路径方式、状态、调试的反映，以及反映行动诉求的超前个人承诺；③群体资源协同，主要体现为广义资源的融合过程，是群体资源协同的主要内容，且与个性、技能、职业身份等个体资源紧密相关；④群体行为协同，指由群体角色、意向与资源的共同影响而引发的群体行为，是整合不同管理角色的创业行为。

（二）环境协同策略

近似于企业战略管理领域对外部经营环境的评判，环境协同体现为创业组织间在战略基础、战略姿态、战略选择方面的协同，可以理解为在一定环境中的创业者或组织愿意采取何种与业务有关的风险组合措施来获取竞争优势。①环境保障协同，主要由政策保障、技术保障、资金保障、信息保障、服务保障五方面构成，其中政策保障是前提，技术保障是基础，资金保障是渠道，信息保障是平台，服务保障是支撑；②环境导向协同，是包含创新、风险和战略变革等内容的"环境新进入"过程，可以是新组织的创建（组织更新），也可以是现有组织新业务的产生（战略更新）；③环境风险协同，反映创业主体对未知风险业务的资源投入意愿，包括风险偏好、风险前瞻性、风险竞争性、风险自治性；④环境收益协同，是对应于环境保障、导向、风险的比较收益协调与匹配过程，呈现出技术收益、市场收益、运营收益、理念收益等方面的差异。

（三）机会协同策略

多团队创业的机会协同策略反映了组织追求新进入机会的行动方案，包括从事和支持新技术、新产品、新服务或新方法的一系列实验、创造及管理活动，承担流程价值创造、群体承诺、互动沟通、信息共享、职能交互与目标协调等多种创业活动管理基础功能。①组织机会协同，指由制度创业者通过建构网络达成共赢的联盟形式，以追逐主导地位并说服拥有正式权力的行动主体加入合作进而连接场域主导者等；②流程机会协同，指在重新定义场域成员身份的基础上，通过明确各自角色、场域位置以及成员关系，加速新行为、新制度扩散并不断审视与完善制度变革计划的创业协同管控过程；③市场机会协同，是缔结合作关系的主体间为了降低创业风险、提高变革成功的可能性，而诱导合作、聚集资源、抢占网络核心位置的行为选择；④技术机会协同，是通过讨价还价、谈判、妥协等方式加强联盟成员的内部技术合作，推动现实以创业、创新需求互补为导向的主体间技术互构过程。

（四）能力协同策略

多团队创业的能力协同策略，反映资源或业务的共享得益、市场营销与研究开发的扩散效益、相似性知识技能的拓展收益、企业形象地位强化的积极影响等，主要包括多主体合作范式革新、共生资源开发、内部管理水平改善、创新不确定性管控、组织绩效提升等方面。①能力范式协同，是响应创业任务属性与推进需求的能力范式协调，包含机会识别能力范式、关系拓展能力范式、管理能力革新能力范式、风险容忍能力范式等；②能力结构协同，主要由风险管理、产品创新、人际网络、机会识别、资源获取、创新环境六个维度构成，对创业动机和实际创业准备具有显著正向影响；③能力决策协同，指不同创业决策主体在创业探索、业务拓展、管理完善、转型发展等不同创业阶段的能力范畴、能力结构比较选择，是确立核心能力、克服创业挑战和困难并积累创业自信的重要考验；④能力绩效协同，体现为创业者间协作的自信与信念，是合作创业各方能够担当的角色强度协调业绩，能够帮助合作方决定创业行为的方向、密度和持续度。

（五）协同整合策略

管理协同本身要求协同行为追求动态适应性，协同过程达到系统全局性。在动态不确定的创业情景中，伴随创新创业过程的交互，创业群体、环境、机会与能力共同作用，对创业目标、资本、效应与效能等协同属性产生复杂影响，关系到创业群体的种内、种间协调以及创业合作进程的稳定性、扩散性和规范性。①协同目标整合，是在充满风险和不确定的情景下，不同群体基于创业机会协同与能力协同的差异化诉求而形成的反映共同合作目标的协同过程及状态；②协同资本整合，是组织资源观视角下对一切有利于创业组织发展的内外部潜在资源的协同过程及状态，使得以资源识别、利用、积累、转化及把控为主要手段及目的的合作行为成为协同创业的主要内容；③协同效应整合，指合作创业与共同创新能够带来一系列与合作主体、内容、方式相关的协同效应，它们包含由规模效应及倍增效应产生的额外协同成果;④协同效能整合,是反映并测度协同创业过程与关键维度的重要标的,除包含能够直接量化表示的绩效内涵以外,还包含与创业自信、信任程度、地位影响、荣誉形象等关联的众多间接隐性效能内涵。

第四节 众创团队簇协同创新的复杂性描述

一、创业团队簇的协同界面结构

结合策略效能的对比分析诉求,田晓明、蒋丽和蒋勤峰[1]提出中国背景下企业创业策略包括竞争策略、创新策略、社区策略、服务策略、组织策略、政府策略以及发展策略7个维度,这些策略反映了创业组织不同效能维度的差异化创新需求。在此基础上,思考创业型团队面临的复杂创业环境特征与多元创业需求,依据创业型团队簇的创业情景特征、管理特征和四方面协同内涵,开展创业型团队簇协同创新界面结构的多维度分层次探讨。针对创业团队内外部主体间的合作行为复杂性,现有研究主要从创业意向与行为、创业联盟、共生策略、策略执行属性等方面开展了大量前期探索。本研究从群体协同、环境协同、机会协同、能力协同四个方面梳理创业团队协同问题的可能界面,可得到如图3-5所示的四维度界面结构。

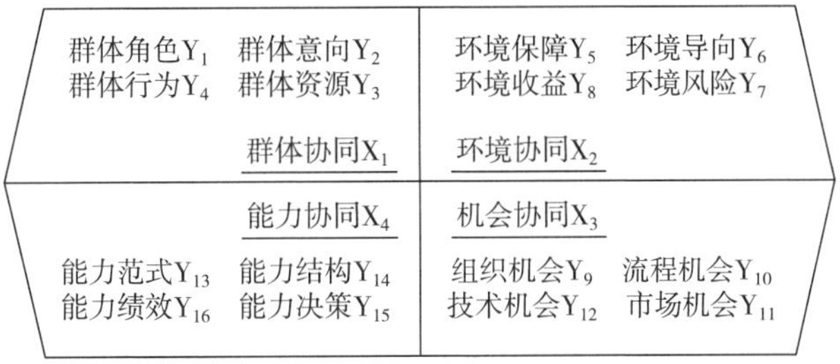

群体角色Y_1 群体意向Y_2	环境保障Y_5 环境导向Y_6
群体行为Y_4 群体资源Y_3	环境收益Y_8 环境风险Y_7
群体协同X_1	环境协同X_2
能力协同X_4	机会协同X_3
能力范式Y_{13} 能力结构Y_{14}	组织机会Y_9 流程机会Y_{10}
能力绩效Y_{16} 能力决策Y_{15}	技术机会Y_{12} 市场机会Y_{11}

图3-5 创业团队簇的协同界面结构

(一) 群体协同界面

创业意愿的达成需要团队簇主体间的妥协与协作,创业愿景的实现需要团队簇主体间的资源与优势互补,这种群体在心理和行为层面相互依存及制约关系成

---

[1] 田晓明,蒋丽,蒋勤峰.创业策略对组织绩效的影响:中介作用的分析[J].科研管理,2013,34(8):98-105.

为团队簇协同的实施基础。归纳提炼现有研究成果，群体协同界面主要包含群体角色、群体意向、群体资源和群体行为四种界面。①群体角色界面，是由创业参与主体在协作属性认知基础之上形成的相互角色判定组合。组织间协同创新的研究多以企业为协同核心，主导搭建高校和科研院校、公共服务及中介机构、政府为辅助的协同创新模式。近似于广义上的群体合作模式，殷辉、陈劲和杨学春（2016）发现在新兴技术行业关键性资源合作关系内，不经过知识转移和资源传递路径进行流动，组织内外的角色管理活动异常重要，具有职能、地位、属性等创业管理属性。②群体意向界面，是由创业主体合作预期、偏好和导向等形成的反映协同倾向的群体意向组合。针对合作主体间的整体协作属性，史容、傅利平和殷红春[1]关注了创业行为主体间的联盟协同策略，认为创业者群体意向的形成主要受策略联盟、伙伴关系、市场周期等的影响。③群体资源界面，是由影响群体角色、意向选择的各种显性、隐性创业资源所组成的从个体到整体的协同资源组合。张波、谢阳群和何刚[2]认为价值性、稀缺性、组合性资源及资源管理利用能力对企业创新有积极的影响，要求创业协同主体通过构建一定的组织管理机制和契约机制，以充分发挥协同创新的优势。④群体行为界面，是由多主体协同创业行为判定与选择状态所组成的界面组合。时运涛、徐挺和张聪群[3]认为，特定任务的效能感、知识转移和资源共享会降低采取投机行为的意图，不同特质的个人通过识别创业机会以及创业资源，逐渐形成差异化创业行为选择方案。

（二）环境协同界面

协同创业并不单纯指某个创业项目合作本身，作为一项有计划、有组织、有保障的系统工程，还包含技术、市场、社会、经济等方面协同环境的综合影响。归纳提炼现有研究成果，环境协同界面主要包含环境保障、环境氛围、环境风险、环境收益四种界面。①环境保障界面，是由具有技术、市场及政策服务功能的创业保障方式、内容所形成的创业保障界面组合。刘旭（2015）指出，多主体间的协同创业行为实质上是其技术、市场与管理的开放式统筹过程，创业主体在具有区域化、一体化、差异化的创业环境中协同加速技术研发进程与商业化进

---

[1] 史容，傅利平，殷红春. 创业效能感对创业意向的多重效应——不同创业动机中介作用的比较[J]. 天津大学学报：社会科学版，2016，18（3）：231-235.

[2] 张波，谢阳群，何刚. 跨边界信息资源共享及其在企业创业过程中的作用分析[J]. 情报杂志，2014，33（11）：181-187.

[3] 时运涛，徐挺，张聪群. 资源可获得性认知、创业自我效能感与创业意图的关系研究[J]. 科技与经济，2014，27（6）：71-75.

程，依据场域位置、网络位置及个人特征与能力等因素，获取信息、资本与政治性支持，并影响其他行动主体的行为。②环境导向界面，是由具有结构性、周期性或适应性创业环境要求所形成的创业导向界面组合。余绍忠[1]指出，创业机会和创业资源的获取方式，即主体更倾向于从哪种途径获取主要创业优势，是环境导向的显性资源效能特征，依托或反映有形资源创业的形式具有更多的功能性合作导向且行为短期属性显著，而关注无形资源及间接价值获取的方式具有更多的内涵型合作导向且行为长期属性显著。③环境风险界面，是由广义制度与市场惩罚所形成的创业风险界面组合。Huang & Wang[2]认为，在创业的不同阶段，能否依赖能动性导向及社会位置去利用、积累或者集聚社会创业资源，并推动形成合法化新制度，是识别和响应创业环境风险的主要内容，且 Phillips & Lawrence[3]认为场域主导者的声誉与影响力对建构创业话语与变革可信度具有深远影响。④环境收益界面，是由具有或能够形成环境协同剩余要素所形成的创业潜在收益界面组合。阳银娟和陈劲[4]指出创业环境创造的潜在收益能够形成协同创新的由外及内渗透结构，是科技、市场和文化等开放环境要素推动内部技术创新和外部产品推广均衡的驱动本质；潘郁[5]基于信息生态学视角证明创业主体间资源禀赋实现有效辨识及互补性组合是形成协同剩余的基础，而协同创新环境是协同剩余形成的重要辅助因素。

（三）机会协同界面

创业是创业主体与环境作用下的创业机会与行为交互过程。该过程是团队内部、团队间、团队与外部环境间，在技术、财务、智力、人力、社会等多层面广义资本的资源机会交互，因此从机会与环境的维度解析创业过程的规范与交互行为具有重要意义。归纳提炼现有研究成果，机会协同界面主要包含组织、流程、

---

[1] 余绍忠. 创业资源对创业绩效的影响机制研究——基于环境动态性的调节作用 [J]. 科学学与科学技术管理, 2013, 34 (6): 131-139.

[2] Huang K. P., Wang K. Y. The moderating effect of social capital and environmental dynamism on the link between entrepreneurial orientation and resource acquisition [J]. Quality & Quantity, 2013, 47 (3): 1617-1628.

[3] Phillips N., Lawrence T. B. From the guest editors: Educating social entrepreneurs and social innovators [J]. Academy of Management Learning & Education, 2012, 11 (3): 319-323.

[4] 阳银娟, 陈劲. 开放式创新中市场导向对创新绩效的影响研究 [J]. 科研管理, 2015, 36 (3): 103-110.

[5] 潘郁, 陆书星, 潘芳. 大数据环境下产学研协同创新网络生态系统架构 [J]. 科技进步与对策, 2014, 31 (8): 1-4.

市场、技术四种机会界面。①组织机会界面，是由反映组织形式、途径及动向的治理属性要素所形成的机会界面组合。贺新闻、侯光明和王艳（2013）认为通过人事管理体系健全、重复职能整合与部门关系协调，可将组织协同带来的革新契机转换为规模经济收益，是由管理层优势融合带来"经理协同"而产生的知识与经验拓展，且指出该协同是运营风险的主要来源。②流程机会界面，是由研发、生产、营销等运营层面协同要素所形成的机会界面组合。高家辉（2015）在并购活动中对协同策略的研究表明，不论是财务或非财务的协同，都可以通过研发、生产、市场、分销、行政管理等方式调整经济生产规模、增加购买力或控制产品线低效率。③市场机会界面，是由多层次竞争合作关系及关联的市场要素配置情况所形成的机会界面组合。Porter[①]将价值链上不同业务单元间的连接方式分为有形关联、无形关联与竞争性关联三类，市场机会即三种关联的建立、调整与转换，解学梅（2013）对协同成本分析的研究也表明当多主体协同的"搭便车"效应边际成本极低时，市场机会所衍生的互补性资产将发挥最大价值。④技术机会界面，是由知识、经验、产品的交流共享与渠道互补所形成的机会界面组合。梁靓（2014）指出，除在直接人才招聘培养过程中产生以外，技术机会是通过技术、产品及渠道的共享、交流与互补迅速降低合作双方学习曲线的互动方式。

（四）能力协同界面

多团队的创业协同将带来直接或间接的能力提升，体现在创业活动的具体功能中，这种能力层次的协同包括但不限于销售、运营、投资、管理等层次的直接能力协同，还包括有助于经营收入增加、运营成本降低以及投资需求压缩等层次的间接能力协同。归纳提炼现有研究成果，能力协同界面主要包含范式、决策、结构、绩效四种能力界面。①能力范式界面，是由创业协同能力形成、获取及调整所具备形式、范围与结构所形成的能力界面组合。霍亚楼[②]基于对纵向R&D合作中跨组织成本管理（IOCM）动因及方法的归纳，表明跨组织合作的协同能力呈现出自协调、界面协调、制度化协调以及非正式协调四种范式，樊传浩和王济干[③]则从团队效能的视角进一步探讨了特定任务能力、创业信念、创业纠偏行为

---

① Porter M. E. Competitive advantage: Creating and sustaining superior performance [M]. Canada: Free Press, 1998.
② 霍亚楼. 联合研发中的跨组织成本管理及协调 [J]. 企业经济, 2008, 1 (10): 65-67.
③ 王济干, 樊传浩. 工作价值观异质性作用与高科技创业团队效能内部关系研究——基于社会认同视角 [J]. 科学学与科学技术管理, 2012, 33 (9): 151-159.

对能力范式形成的交互影响。②能力决策界面，是由影响协同决策关注导向的成本、收益、机会、风险等要素所形成的能力界面组合。Peltola（2013）认为创业策略方案的遴选是推动组织发展与实现竞争优势的主要途径，而协同决策的考察内涵主要关注协同效应带来的"协同增量"、组织过程重叠与管理机制革新等新局面。③能力结构界面，是由能够反映协同能力建构动态需求的框架要素所形成的能力界面组合。周正[1]认为产学研协同的创新能力框架主要包括利益驱动、战略协同引导、内部激励推动和创新能力保障等；张钦朋[2]则指出利益实现、政策协调、风险控制、创新激励和绩效评估是产学研协同创新的制度能力结构。④能力绩效界面，是由表征和测度创业协同能力产出规模、效率或有效性要素所形成的能力界面组合。曹姣星（2015）研究发现，协同绩效是与主体角色相匹配的协调产出，呈现出在技术获取方式、区域关联度、研发活动密集度、合作聚集路径等方面的差异。

二、界面协同有效性涌现机理

复杂性是客观世界的本质，是开放的复杂系统的基本特征，创业协同系统的复杂性源于系统各元素（行为主体）之间的非线性关系。由前文的分析可知，数量众多、种类多样、作用关联复杂的协同创新界面共同组成了创业型团队簇的协同创新界面系统，创业团队簇的协同复杂性体现为创新主体多元、创新环境复杂、创新过程（广义上的机会）非独立和创新资源（广义上的能力）部分独占等方面，其中主体多元和环境复杂分别反映了创业系统的两类输入型主体特征，创新过程（机会）和资源（能力）分别反映了创业系统的两类输出型客体特征。

在动态创新创业环境中，各行为主体的利益诉求不同，主体之间的联系与互动存在着大量的非线性正负反馈作用，多团队主体共同构成的创业策略并非呈现为简单的显性静态叠加过程，而是复杂的动态非线性涌现过程，协同创业的有效性将取决于多方主体的策略行为结构运行状态。例如：通过资源、市场和管理的相互支持，并不能基于此实现合作后各方的"1+1+1>3"协同效应，由于三者在资源位势、统筹地位与协作导向方面存在的差异，局部合作也可能导致整体协同紊乱，这时协同的效应将为负面的。李宏贵（2007）从竞争合作性、共生共赢性、动态适应性、系统全局性四个维度解析企业系统战略，Porter对企业价值链上不同业务单元间关联的研究也支持了这种论断，指出无形关联、有形关联与竞

---

[1] 周正，尹玲娜，蔡兵. 我国产学研协同创新动力机制研究［J］. 软科学，2013，27（7）：52-56.
[2] 张钦朋. 产学研协同创新政府引导机制研究——基于"2011计划"实施背景［J］. 科技进步与对策，2014，31（5）：96-99.

争性关联三种关联存在形式分别对应了不同层次的协同机理涌现方式。其中有形关联建立在协同的市场、渠道、生产、技术等方面的共享,无形关联建立在品牌、荣誉、管理等方面的共享,竞争关联经常与有形关联、无形关联同时存在,三种关联虽不相同,但也并不互相排斥。鉴于此,本研究提出如图3-6所示的创业团队簇的界面协同有效性涌现机理。

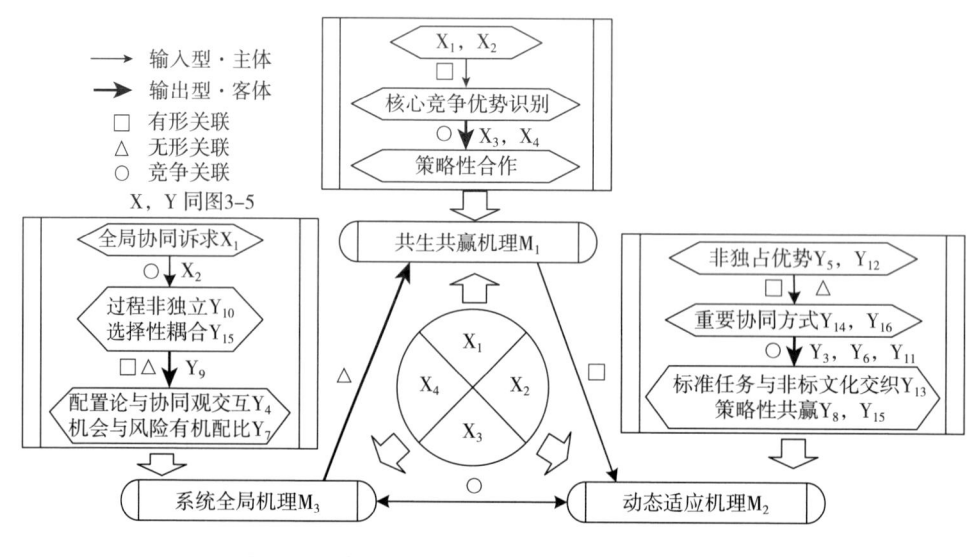

图 3-6 创业团队簇的界面协同有效性涌现机理

(一)共生共赢机理 M_1

创业团队簇界面协同的共生共赢需求源自创新主体构成的多元性。从创新组织方式中参与主体构成方式的演变过程来看,从个体创业到群体创业、从资源创业到市场创业、从运营创业到创新创业,参与协同过程的主体内涵、职能和作用范畴愈加庞杂。创新技术、产品或理念的创造者、采用者、竞争者等共同作用形成的创业环境中,多元创新活动的参与者形成了创新集群的不同节点,各个主体之间的相互作用构成了纵横交错的关系,创新活动在整体上构成了复杂的网络。在这种趋势下,协同策略寻求共生共赢的发展模式,强调通过合作和知识共享寻求发展机遇。一方面,在多团队协同创业的过程中,有形关联与竞争性关联具有显性知识共享的规范化、公开化与低成本特征,并因此成为能力协同策略(X_3)的常规内容和重点内容,与其成本分析与控制(X_4)相关的丰富成果也表明策略性合作带来的内生作用零和竞争更具吸引力。另一方面,从社会化创新创业格局调整的进程来看,协同能够发挥资源的最大效能,既创造创业个体的竞争优势,又开创更大的群体生存和发展的空间(X_2),而这就要求在实现协同发展的过程中,共赢的基础在于参与协同的主体必须具备相应核心竞争能力(X_1),否则无法参与协作阵营之中。

(二) 动态适应机理 M_2

团队簇的协同策略不是一成不变的,而是根据外部环境、自身条件以及企业目标的综合平衡而时刻保持动态变化适应优势。由于创新具有长周期、不确定和资源分散特性(包含部分独占),因此体现创新组织方式演进过程中的资源状态及其获取方式,已经成为反映动态协同需求的基本特征。不同于经济学中关联创业的资源观视角,除土地、资本、物质要素以外,更多无形资产、治理资源在创业行为形成和转换过程中发挥越来越重要的作用,并由此带来了崭新的动态协同适应诉求——挖掘隐性创新资源在创业活动中的资源非独占性优势(Y_5,Y_{12})。其中,隐性资源即团队合作形成的无形关联(包含创新活动中无形资产、知识、经验、理念的交流共享),它是创造流程价值、推动职能交互和实现目标协调的机会协同关键所在;对立于自然资源的稀缺性、独占性和排他性特征,它所形成的资源非独占优势是体现知识溢出效应、边际效益递增(Y_{16})与知识内生机理(Y_{14})的重要协同方式。在动态创新创业情景中(Y_6),创新资源上述属性的变化,不仅导致创业集群能在更广泛的尺度内整合创新资源(Y_3),而且增加了多主体共生共赢的非线性联系(Y_{11}),团队间无形关联所具有的短暂、影响不确定和维持成本高特征,使得多变环境中具有标准属性的任务关联与具有非标属性的文化关联相互交织(Y_{13}),这种动态适应要求"因时因地"制宜地实现共生共赢(Y_8),更加强调协同的策略属性(Y_{15})。

(三) 系统全局机理 M_3

按照传统经济学视角,在低级(主要满足需大于供的多样化规模需求)创新模式中,市场、技术、资本等创新要素具有独立性且依据线性模式在不同社会部门中实现配置关系之上的合作,在很大程度上忽视了一系列全局化协同效应带来的非线性作用。在当前的社会化创新格局中,创新与创业共同要求实现的系统全局协同效应不仅存在于面向多部门协作的宏观治理层面,而且面向多样化创新实践形成了迥异的全局协同诉求(X_1)。在从协同效益转换为协同效应的过程中,相对于显性资产,组织隐性资产主要激发协同效应,创新过程的非独立性展现为多属性群体与多层次合作环境所带来的竞争合作关系,是群体协同策略(X_1)与环境协同策略(X_2)的主要内容(针对系统全局性),二者本身也存在交互影响。同时,在共生共赢机理与动态适应机理的共同作用下,多团队实现协同创新的过程本身并非独立存在的(Y_{10}),而是体现为资本、技术、市场、人才等要素或界面组合在局部或整体的耦合过程(Y_{15})。该全局协调过程,不仅反映了传统"配置"观的资源集聚内涵(Y_9),而且强调了协同创新范畴对非全要素合作行为(Y_4)的思考,即产生协同效应的创业合作整体并非形式上的完整合作,而是反映机会与风险可能系数的有机配比(Y_7)。

第五节 众创团队簇的协同创新的关键影响界面识别

一、关键影响界面识别方法

(一)评价需求

本书的前期研究[①]提出,目前面向多主体集成创新和团队簇协同的崭新管理需求,考虑多评价对象、多评价目标、多评价要素集合的多方案 DEMATEL 方法,理论及应用研究已开始得到学者重视与研究,并从理论与实践方面提出了 DATEMAL 方法表明多方案 DEMATEL 决策情景中的个体选择偏好、流程导向偏好与交互学习偏好三者共同对决策结论具有复杂影响。姚艳虹和夏敦[②]指出达到创新协同剩余最大化的关键是提升创新协同度,在本研究关注的创业团队簇协同情景中,这种协同度具有多主体合作带来的融合内涵。由共生共赢机理和动态适应机理的分析可知,为促成多团队协同效应、能力和策略的融合,多合作主体往往需要在具体协同内涵尚未明确的前提下进行意向撮合,在不断妥协并明确彼此策略倾向与协作要点的基础上,确定共同关注的有利于提高整体协同有效性的主要协同内容即关键协同界面。这种评价需求与能够实现交互影响关系相对判断的决策实验室方法(Decision Making Trial and Evaluation Laboratory,简称 DEMATEL)相适应,可据此实现对协同创新界面网络中具有创新策略协同度重要影响的关键界面予以识别,形成系统提取协同创新界面复杂交互影响的可行模型。

---

① 许成磊,朱跃云,段万春,等. 多方案 DEMATEL 的偏好交互与融合方法研究 [J]. 计算机工程与应用,2016,52(22):75-80.

② 姚艳虹,夏敦. 协同创新动因——协同剩余:形成机理与促进策略 [J]. 科技进步与对策,2013,30(20):1-5.

需要指出的是，常规 DEMATEL 方法仅适用于单策略情景下的子系统内外比较优势集结，但难以应对具有多主体结构和多阶段属性的复杂决策情景。团队簇内众多协同创新界面间存在的多层次复杂作用关联可以视为一个复杂系统，创业型团队簇的协同创新涉及对一系列多元化、层次化、动态化协同创新界面的管理，而这些协同创新界面所具有的复杂系统属性显著提高了探究界面多层次作用关联进而识别关键界面的难度。鉴于此，针对以上特殊评价需求，如何在简单一次决策中面向差异化协同倾向有效聚合协同信息，是抓住决定系统演化方向及演化结果核心系统参量的关键所在，也是后文在常规方案基础上实现改进的主要出发点。

（二）常规方案

DEMATEL 方法是 1971 年 Bottelle 研究所为解决复杂决策问题而提出的一种"简化系统结构，筛选复杂系统主要影响因素"的分析方法。该方法能够协助专家充分挖掘经验和知识，运用图论与矩阵工具分析系统中各要素之间的逻辑关联与直接影响关系，从而判断要素之间关系的有无及其强弱。主要决策步骤有四个：步骤 1，邀请相关领域专家辨析各系统结构的界面维度，构建客体界面集合 $I = \{I_{ij} | i = 1,2,3; j = 1,2,3\cdots,N\}$，其中 I_{ij} 表示团队簇在第 i 层次的第 j 个界面；步骤 2，结合团队簇界面系统的协同特征与涌现机理，参与决策的专家共同商讨绘制界面作用关系有向图，判别界面间的作用影响关联（大小和方向，一般采用 3、2、1 三级标度标识）；步骤 3，构建反映界面系统初始作用关系判定的直接影响矩阵 $X = [a_{nn'}]_{N \times N}$，按照文献[①]所示方法解得综合影响矩阵 T 后，可进一步计算得到界面间的影响度 f_n 和被影响度 e_n；步骤 4，求解中心度 $m_n = f_n + e_n (\forall n)$ 即为界面 i_n（第 n 个界面）在所有界面中的作用大小测度数值，求解原因度 $r_n = f_n - e_n (\forall n)$ 即为界面 i_n 的内部作用程度，结合二者的数值分布情况和特定管理情景，可探讨确定影响团队簇协同的关键界面。

（三）方法改进

由评价需求的分析可知，多主体参与协同的出发点与利基点存在差异，因此一次选择中关注的协同要点也差异显著，且这种差异并不能简单地通过分阶段决策解决（集中体现为现有方法的步骤 2 中，不同阶段的关键界面缺乏融合基础）。

[①] 谢晖，段万春，孙永河. 基于和谐管理理论的创新团队管理——界面系统关键要素辨识 [J]. 华东经济管理，2014，28（7）：142–146.

本书前期研究表明，DEMATEL方法存在决策导向多元、方案属性异构和决策信息多样三个崭新情景特征[①]，并针对可能存在的决策前期专家个体决策信息提取及融合问题进行了方法创新。本研究的决策需求与个体偏好融合问题具有相似之处，但由于一次决策中的多主体协同问题并不限于给定判断导向的信息融合范畴（多主体关注的协同要点存在依存、替代和独立等关联），因此在步骤2中体现决策者对复杂协同关联的融合判定需求，是本研究所构建关键界面识别方案的主要创新点，具有重要的理论及实践应用价值。

针对常规方法中步骤2的改进措施：①参照已有文献[②]，由专家群体议定可行的界面关联整体判定导向，即界面协同有效性的涌现秩序（局部与整体）与作用方式；②专家群体商讨给出界面协同有效性秩序层次间的配比关系与相对重要性判定数值；③专家组判定各秩序层次内关联界面的相对影响；④将各层次判断得到的初步直接矩阵按照配比关系逐层叠加（矩阵相加），得到可用步骤3和4求解的最终直接影响矩阵。这种改进的意义在于实现预见性的整体关键界面识别，能够体现不同策略导向下的相对重要性判别倾向与信息集结需求，是构建协同策略备选方案的前期重要环节。如果专家群体分析得到较为分散的界面中心度分布，则可进一步由界面分布结构梳理得到多种协同策略配置。

二、案例应用

（一）案例背景

以西部地区某一混合所有制资源创新型企业为例，分析其多主体创业创新管理过程中的界面可能存在的状况并识别有助于实现协同创新行为的关键界面。该企业主要从事耐磨材料的技术开发与生产服务，由省属国有龙头企业、老牌同领域民营企业和技术关联高等院校研究机构三方团队组成，自成立以来克服了宏观经济周期与行业环境带来的不利影响，实现了持续高位盈利与技术、管理创新，成为行业内首家新三板上市企业。考虑到挖掘该企业有效合作中的关键管理内涵对提炼和推广混合所有制改革的经验具有积极意义，现由该省发改委统筹省内研究机构并联合该企业三方合作主体（形成7人专家组）开展了本次案例调查与关

---

① 段万春，许成磊，魏忠. 创新团队管理和谐度及其关键客体界面识别 [J]. 科技进步与对策，2014，31（12）：1-6.

② 许成磊，段万春. 混合非结构MAGDM的决策导向一致性检验方法 [J]. 计算机工程与应用，2015，51（23）：17-22.

键界面识别活动。经调查、座谈及文献资料整理，该案例企业的团队簇协同创业创新情况简要如下。

协同群体层面：大股东为省属企业（占50%股份），二股东为民营企业（占40%股份），三股东为高校材料研究所（占10%股份，技术入股）。大股东与二股东、三股东分别具有长期优良合作基础，二股东与三股东为首次合作。

协同环境层面：近年来受经济周期下行的影响突出，行业整合步伐加快，以高技术产品研发为导向的服务承包模式逐渐盛行，小散乱的行业现状与低技术、低投入门槛正在遭受严酷考验，在供给侧改革的推动下大股东和二股东都面临行业及市场层面的改革需求，三股东则存在技术成果转化的突出需求。

机会协同层面：大股东拥有稳定庞大的内部市场和资源配套优势，但管理效率低下、技术积累与创新不足；二股东拥有多年的外部市场耕耘经验，管理水平较高，但碍于经营环境持续恶化，可控市场空间逐渐萎缩，技术创新动力不足；三股东为行业技术研发先导，具有多项高产值技术攻关成果，人才队伍扎实，但产业化瓶颈明显，且碍于目前的合作渠道，无法形成研发领域的突出优势。

协同能力层面：大股东选派财务及生产副总，二股东出任营销副总，三股东出任总工程师，三者按照相关上市企业管理规定实施权责对等前提下的共赢合作，目前已实现年销售额30%的递增速度，形成了多项具有独特优势的技改成果。

（二）分析过程

为了明确案例企业三方团队协同界面的具体存在状况及影响关系，本章邀请专家组在思考案例背景信息的基础上，以问题研讨的形式共同给出相关决策信息。研讨问题为：①在该企业的多主体协同创新创业管理过程中存在哪些协同界面（$Y_1 \sim Y_{16}$）；②上述界面具有何种匹配于共生共赢机理、动态适应机理和系统全局机理所列协同有效性涌现机理的影响关系，各界面集合间或界面关联集结形成的作用路径间存在何种整体作用关系判定导向，并给出相应关联强度的判定数值（采用德尔菲法，具体过程不在此赘述）；③剩余关联界面间存在的影响强度属于"强""中""弱"的哪一级别。通过研讨这三个问题，可得到表3-1所示的反映界面协同秩序涌现层次的界面关联判定导向，界面系统存在状况及涌现秩序关联有向图。参照常规求解方法，通过构建初始影响矩阵、计算相应界面间的影响度与被影响度，得到表3-2所示的界面间相互影响中心度和相应原因度分布。例如根据图3-6、图3-7与表3-1，对于X_1对X_2的匹配于M_1，X_1对于其他界面的涌现秩序为$M_1 \rightarrow M_2$，作用阈值为M_1（1）；M_2（1），同理最终得出界面关联判定导向与协同秩序涌现层次的涌现秩序为 $S_B \rightarrow S_A \rightarrow S_D \rightarrow S_C$，作用阈值 $S_B \rightarrow S_A$（2）；$S_A \rightarrow S_D$（1）；$S_D \rightarrow S_C$（2）。由图 3-7 可以看出，在 S_A 集合 X_1 界面中，Y_2 对 Y_1 有较强影响，Y_2 对 Y_3 有中等影响，Y_1 对 Y_3 有较弱影响；X_2 界面中，Y_5 对 Y_6 有较强影响，Y_6 对 Y_7 有中等影响，Y_6 对 Y_8 有较弱影响；在 X_4 界面，Y_{14} 对 Y_{13} 有较强影响，Y_{16} 对 Y_{13} 有中等影响，Y_{15} 对 Y_{14} 有中等影响，Y_{16} 对 Y_{15} 有较弱影响，同理可以得出其他集合中关联界面间所存在的影响强度等级。

表 3-1　界面关联判定导向与协同秩序涌现层次

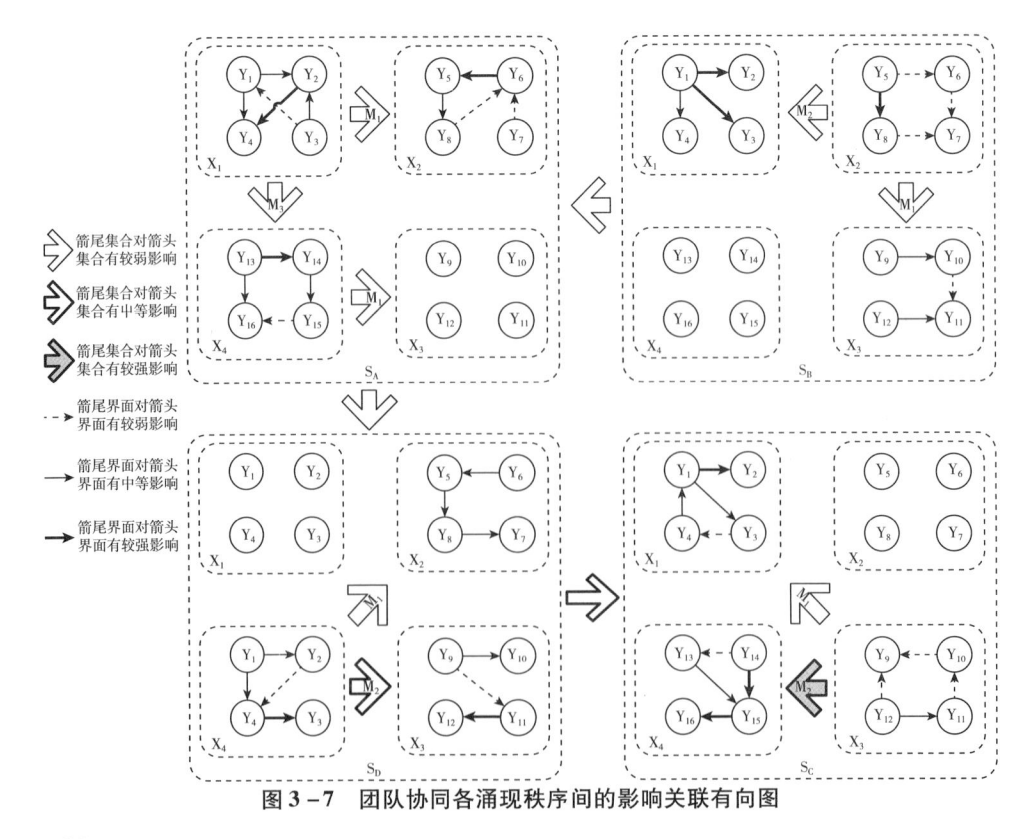

	X_1	X_2	X_3	X_4	涌现秩序	作用阈值
X_1		M_1		M_2	$S_A:M_1 \rightarrow M_2$	M_1（1）；M_2（1）
X_2	M_2		M_3		$S_B:M_2 \rightarrow M_3$	M_2（1）；M_3（2）
X_3	M_1			M_2	$S_C:M_2 \rightarrow M_1$	M_2（3）；M_1（1）
X_4		M_1	M_3		$S_D:M_3 \rightarrow M_1$	M_3（2）；M_1（1）
					$S_B \rightarrow S_A \rightarrow S_D \rightarrow S_C$	$S_B \rightarrow S_A$（2）；$S_A \rightarrow S_D$（1）；$S_D \rightarrow S_C$（2）

注：表中内容代表"行"指标对"列"指标的影响。

图 3-7　团队协同各涌现秩序间的影响关联有向图

表 3-2 界面间相互影响中心度和相应原因度分布

排序	影响度	被影响度	中心度	原因度	中心度排序	排序	影响度	被影响度	中心度	原因度	中心度排序
Y_5	1.99	0.65	2.64	1.34	1	Y_7	1.23	0.73	1.95	0.50	9
Y_8	1.48	0.88	2.36	0.59	2	Y_2	0.82	1.11	1.93	-0.29	10
Y_6	1.69	0.62	2.31	1.08	3	Y_{15}	0.78	1.03	1.80	-0.25	11
Y_{11}	0.59	1.72	2.31	-1.14	4	Y_{13}	1.12	0.66	1.78	0.46	12
Y_1	1.62	0.63	2.26	0.99	5	Y_3	0.70	1.07	1.77	-0.38	13
Y_{10}	0.54	1.60	2.14	-1.06	6	Y_{14}	0.90	0.87	1.77	0.04	14
Y_{12}	0.69	1.41	2.10	-0.72	7	Y_{16}	0.80	0.97	1.77	-0.17	15
Y_9	0.72	1.28	2.01	-0.56	8	Y_4	0.57	1.00	1.57	-0.43	16

（三）结果简析

分析表 3-2 可知：①界定位于中心度排序前 5 位（前 30%）的界面为关键界面，即环境协同界面 X_2 中的环境保障界面 Y_5、环境收益界面 Y_8、环境导向界面 Y_6，机会协同界面 X_3 中的市场机会界面 Y_{11}，群体协同 X_1 中的群体角色界面 Y_1，为该企业团队簇中影响协同有效性的关键界面；②由于 Y_{11} 的原因度小于 0，除 Y_{11} 以外的四个关键界面原因度均大于 0，所以要关注由这些界面衍生的政策风险、市场风险，在协调好合作角色、用好创新创业政策保障的前提下形成有效的市场导向型决策机制，而不是仅依赖大股东内部市场的既定优势，以满足企业中长期发展的战略转型需要，做好由生产研发型企业向研发服务型企业转变的准备；③由于混合所有制企业目前探索的市场空间相对狭窄，因此本案例企业反映出的决策观点具有一定的参考价值，反映出相对于逐利需求调整与创业创新能力培养而言，当前市场环境下的多团队协同过程中更加关注由主体合作契机与市场契机共同催生的未来市场机遇，强调了创新驱动对该领域混合所有制发展与行业变革的长远推动需求。由此可见，依据本研究对创业团队簇协同界面系统结构及有效性涌现特征的梳理分析，能够在所构建改进 DEMATEL 方法的基础上，对创业团队簇的复杂系统关系管理进行积极指导。

第六节 创业团队簇的合作策略协同内涵及评价

一、创业团队簇策略协同的要素关联效应

创业行为常响应建立新组织的需要而出现,它必须以创造性的模式建立而且在既定的环境中生存发展。在该过程中,创业行为必须被组织和环境的非协调因素激活,其中相对于组织与环境不适合性的知觉会导致组织更为主动地去适应环境的变化。正是这种响应动态需求的变化,导致创业策略被选择用于更新、转变和更好的发展组织,主要包括自我变革策略、创新策略、行动领先策略、风险策略、基于计划的创业策略、基于机遇的创业策略等类型,且研究表明这些不同属性的创业策略对创业绩效有直接影响。

(一) 创业团队簇的策略协同要素辨识

根据本书前期研究成果[1],创业团队簇的协同策略(体现创新创业交互行为的策略管理要点)主要包括四个维度:其一是聚焦于群体角色协同[2]、群体意向协同[3]、群体资源协同[4]、群体行为协同等的群体协同策略要素(X_1);其二是聚焦于环境保障协同[5]、环境导向协同[6]、环境风险协同[7]、环境收益协同[8]等的环境协同策略要素(X_2);其三是聚焦于组织

---

[1] 程钧谟,王琪琪,宋美玲,等. 基于成本收益的供应链企业间知识共享重复博弈分析[J]. 统计与决策,2016,1(1):182-185.

[2] 田晓明,蒋丽,蒋勤峰. 创业策略对组织绩效的影响:中介作用的分析[J]. 科研管理,2013,34(8):98-105.

[3] 史容,傅利平,殷红春. 创业效能感对创业意向的多重效应——不同创业动机中介作用的比较[J]. 天津大学学报:社会科学版,2016,18(3):231-235.

[4] 张波,谢阳群,何刚. 跨边界信息资源共享及其在企业创业过程中的作用分析[J]. 情报杂志,2014,33(11):181-187.

[5] 时运涛,徐挺,张聪群. 资源可获得性认知、创业自我效能感与创业意图的关系研究[J]. 科技与经济,2014,27(6):71-75.

[6] 余绍忠. 创业资源对创业绩效的影响机制研究——基于环境动态性的调节作用[J]. 科学学与科学技术管理,2013,34(6):131-139.

[7] Huang K P, Wang K Y. The moderating effect of social capital and environmental dynamism on the link between entrepreneurial orientation and resource acquisition [J]. Quality & Quantity, 2013, 47 (3): 1617-1628.

[8] Phillips N, Lawrence T B. From the guest editors: Educating social entrepreneurs and social innovators [J]. Academy of Management Learning & Education, 2012, 11 (3): 319-323.

机会协同①、流程机会协同②、市场机会协同③、技术机会协同④等的机会协同策略要素(X_3);其四是聚焦于能力范式协同、能力结构协同、能力决策协同⑤、能力绩效协同⑥等的能力协同策略要素(X_4)。因此,创业团队簇协同策略的要素可以划分成目标层、准则层、网络层三个层次,其中表3-3仅对该层次要素的可能形式、内涵及要素关联进行了列举描述。

表3-3 创业团队簇协同策略的要素构成

群体协同策略 X_1		环境协同策略 X_2		机会协同策略 X_3		能力协同策略 X_4	
群体角色 Y_1	群体意向 Y_2	环境保障 Y_5	环境导向 Y_6	组织机会 Y_9	流程机会 Y_{10}	能力范式 Y_{13}	能力结构 Y_{14}
群体资源 Y_3	群体行为 Y_4	环境风险 Y_7	环境收益 Y_8	市场机会 Y_{11}	技术机会 Y_{12}	能力决策 Y_{15}	能力绩效 Y_{16}

(二)创业团队簇协同策略的要素关联效应

管理协同本身要求协同行为追求动态适应性,协同过程达到系统全局性。其中:动态适应性,指根据外部环境、自身条件以及创业目标的综合平衡而时刻保持动态变化适应;系统全局性,指协同策略应该包括整个创业系统的协同,既包括创业主体与竞争者的协同,也包括与合作者的协同,更包括创业群体与环境的协同。在动态不确定的创业情景中,伴随创新创业过程的交互,创业群体、创业环境、创业机会与创业能力共同作用,对创业目标、创业资本、创业效应与创业效能等协同属性可能产生(理论层面上,实际情况可能有所差异)如图3-8所示的复杂影响,关系到创业群体的种内、种间协调以及创业合作进程的稳定性、扩散性和规范性。图3-8中,$X_1 \sim X_4$为四维协同策略要素,$E_1 \sim E_3$为三种要素协同效应,表示箭尾要素对虚线包含的箭头要素集合具有直接作用,为简洁起

---

① 阳银娟,陈劲.开放式创新中市场导向对创新绩效的影响研究[J].科研管理,2015,36(3):103-110.
② 潘郁,陆书星,潘芳.大数据环境下产学研协同创新网络生态系统架构[J].科技进步与对策,2014,31(8):1-4.
③ Porter M. E. Competitive advantage: Creating and sustaining superior performance [M]. New York: Free Press, 1998.
④ 霍亚楼.联合研发中的跨组织成本管理及协调[J].企业经济,2008,1(10):65-67.
⑤ 王济干,樊传浩.工作价值观异质性作用与高科技创业团队效能内部关系研究——基于社会认同视角[J].科学学与科学技术管理,2012,33(9):151-159.
⑥ 周正,尹玲娜,蔡兵.我国产学研协同创新动力机制研究[J].软科学,2013,27(7):52-56.

见，Y 层要素的关联详述如下。

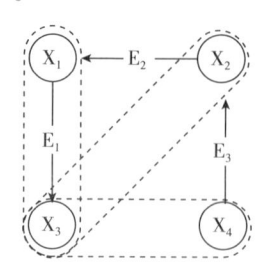

图 3-8　理论意义上协同策略的要素关联效应

在上述管理协同内涵与创新创业交互行为特征的共同作用下，在理论层面上，创业团队簇策略协同的要素系统将呈现出目标协同（E_1）、资本协同（E_2）、效能协同（E_3）三维度协同效应。①目标协同效应（E_1），是在充满风险和不确定情景下，不同群体（X_1）基于创业机会协同（X_3）与能力协同（X_4）的差异化诉求而形成的反映共同合作目标的协同过程及状态，这种协同目标既反映为创业合作群体间对角色偏好（Y_1）、意向撮合（Y_2）、个体资源交换（Y_3）、行为导向（Y_4）等内容的妥协与转换，也反映为开放环境中对创业机会（Y_{11}）构成方式与创业能力培育路径（Y_{14}）的选择倾向；②资本协同效应（E_2），是组织资源观视角下创业群体（X_1）对一切有利于创业组织发展的内外部（X_2）潜在资源的协同过程及状态，近似于制度经济学所给定的资源决定制度变迁观点（关联创业机会 X_3），合作内涵、方式、过程的资源化（Y_3）特性，使得在创业组织发展的不同阶段中以资源识别（Y_5）、利用（Y_6）、积累、转化（Y_8）及把控（Y_7）为主要手段及目的的合作行为成为协同创业的主要内容，进而形成了具备资本属性的制度合作方式（Y_9），对协同场域地位转换、联盟基础搭建、奖惩机制完善、沟通学习体系建设等重要合作行为（Y_{10}）具有重要影响；③效能协同效应（E_3），是反映协同创业过程（X_3）的显性结果与测度协同创业利基（X_2）的重要指标，除包含能够直接量化表示的绩效（Y_{16}）内涵以外，还包含与创业自信、信任程度、地位影响、荣誉形象等关联的众多间接隐性效能内涵（Y_{13}），在此基础上对效能感知敏感性与倾向性的差异常导致研发（Y_{12}）、生产、市场（Y_{11}）、分销、财务等具体管理内容呈现预测偏差与反馈偏差（Y_{15}）。

二、创业团队簇策略协同有效性的内涵界定

上述创业团队簇协同要素关联效应的研究表明，影响多团队协同合作的要素

数量众多、种类多样、关联复杂且作用不确定性显著。在众创空间不断完善的情景下，由于创业型团队簇各子团队具有关系网络泛家族化、领导风格个性化、战略视野集聚化的基本特征，因此团队簇内的协同要素网络系统将呈现出一定程度的复杂自组织属性。为明确界定该策略协同的有效水平，结合多团队协同创业的管理内涵，在此将创业团队簇协同策略的要素间作用关系表征为策略协同度这一概念。

策略协同度，是指基于合作创业与共同创新所带来的一系列与合作主体、内容、方式相关的协同效应，由多方创业主体共同推动创业资源支配与收益方式的转变、制度成本与得益支付方式的转变，通过调整多层次策略主体的成员、业务、资源与观念，在实现社会网络视角下关系、层次与功能新动向的前提下，能够由规模效应及倍增效应产生额外协同效能的团队簇协同创业策略之间的相互匹配程度。不同于以往单纯强调创业产出和成果影响的终端合作效果感知与评价，创业团队簇的策略协同度是对多主体合作创业理想管理状态的现实映射，它所强调的参与方式、合作路径与获益渠道的形成与转变，不仅基于单一合作主体的自身特性，也反映动态环境推动下的多主体合作契机对接。

三、考虑ANP局部协调的策略评价方法构建

创业团队簇策略协同的要素体系具有复杂系统的一般特性，要素数量多、种类多样、作用关联复杂，要素网络中由部分核心（具有主导地位）要素构成的各子系统内部或各系统间存在着复杂的交互关联和影响。考虑到复杂关系网络中某一要素所具有的策略协同度相对重要性等价于该要素连接其他要素而具有的策略协同度作用显著性，因此可以借助ANP（Analytic Network Process，简称ANP）方法表征及确定协同要素网络关联在不同层次策略协同度中对系统协同有效性的贡献。同时，除在各协同要素子系统内部存在要素相互作用以外，要素关联效应的分析结论也表明，由于子系统间呈现为一系列策略协同度的相互协调（目标关联）、同步（资本关联）与依赖（效能关联）关系，因此要素系统的整体协同水平并不能依据常规ANP方法的全局逐步分析得到。结合该局部协调策略对决策方法的优化需求，应用现有ANP方法实现决策过程局部协调优化的主要步骤如下，其中方法完善的主要环节为初始判断矩阵的构造改进部分。

（一）策略评价情景简析

策略评价组织方联合团队管理人员和相关领域专家形成评价专家组。在充分

考虑评价专家组前期考察意见的基础上，提取群体、环境、机会、能力等要素协同相关的策略协同度评价信息，供专家组决策参考。依据该评价情景信息，专家组参照策略协同度的评价内涵，在结合各参评团队簇管理实情的基础上，从 4 个 X 级要素和 16 个 Y 级要素中提取可能存在的评价要素，得到针对待评价团队簇的 i 个方案的 j 个待评价要素的评价赋值矩阵 $A = [a_{ij}]$。

（二）策略要素关联结构梳理

专家组梳理团队簇协同策略评价要素间的作用关系，构造用于 ANP 分析的网络结构。设要素系统整体协同水平的评价目标为 G，不同准则层的要素评价维度为 $X_A(A = 1,2,3,4)$，网络层中的具体评价要素集合为 $Y = \{Y_j\}(j = 1,2,3,\cdots,16)$。结合要素关联分析得到的判定观点，通过专家组对所评价问题的多轮次讨论分析，将该情景下的要素协同度评价这个复杂系统分解为几个简单子系统。据此，通过问卷调查、专家咨询、会议讨论等方式，专家组以目标层为衡量基准考察准则层间、网络层间的相互作用方向与强度（标度为 0~10）。

（三）初始判断矩阵的构造改进

在（二）的基础上，依据 Satty 教授（2005）提出的常规 ANP 判断矩阵构造方法，专家组将遵循序惯式全局判定思路，将具有相互作用关联的准则层要素、网络层要素进行相对于上一层评价需求的两两相对重要性比较，形成要素间协同度的判断矩阵。由于本研究中针对协同在不同策略维度的内涵和作用都是建立在要素相互协调、同步与依赖关系的基础之上的，因此在成对要素相对影响比较过程中，无差别的常规比较方法显然不能满足此处分析需求。例如，在判断过程中，针对两两比较的参照对象，除需参照上层评价目标以外，还需考虑相应协同效应的额外影响，造成比较的参照内涵复杂，难以明晰比较侧重点。鉴于此，优化完善成对比较的参照体系，关系到团队簇协同要素整体协同有效性评价的科学性与合理性，并决定了评价模型构建的整体思路。

该过程存在的缺陷主要为两点：①在常规 ANP 方法中，由于实现准则层或网络层要素之间交互关联比较的参照对象并未明确相对内涵，因此要素子系统间横向比较的作用导向模糊，在专家存在有限理性及偏好特征显著的情景下，难以给出满足评价导向内涵特征的可信判定信息；②在常规 ANP 方法中，由于并未给出要素子系统间的两两比较规则，因此在一定程度上忽视了作用导向间存在的潜在层级差异，难以在权衡成对比较导向关联的基础上给出满足全局评价需求的可信判定信息。针对常规 ANP 方法存在的上述缺陷，引入界面管理中的局部（子系统）协调思想[①]，在现有要素结构中将具有目标关联、资本关联与效能关联三种协同效应的要素进行影响分类判断。本研究的主要改进之处为：①将目标协同、资本协同和效能协同三类要素关联效应作为要素子系统间成对要素的评价参照对象（即评价导向），评价内涵简化为"两要素在改善某种协同状态时的相对重要程度如何"；②决策专家组先行讨论评价导向在该情景中的相对地位，应用德尔菲法确定评价导向间的整体判定策略，给出"三类协同效应具有的影响程度比较层级"。

（四）策略方案相对权重求解

在（三）的基础上，将准则层 X_A 及三类要素协同效应分别作为子评判标准可得到 4 个判断矩阵 S_x。在求解矩阵并经归一化处理后可得到相应准则层对其他各准则层的影响权重列向量 ω_{xj} 及其加权矩阵 M，同理继续构建准则层和网络层内部要素影响矩阵（依据常规 ANP 方法）可得到反映所有要素相对权重的初始超矩阵 W。W 与 M 分块相乘之后可得到列归一化的加权超矩阵 $\overline{W}$，其收敛的极限列值，即第 j 列为各要素及方案相对于目标层的综合权重 ω_i。各策略对应的权重数值即为评价得到的结果。

四、案例应用

（一）案例背景

以依托于某一工科高校众创空间的 3D 打印技术及产品开发公司为例（下文简称为"公司"），研究其多合作主体间拟定策略协同的评价优选问题。合作主体构成方面，该公司为创业型企业，由自然创业合伙人（高校毕业生、离职创业者等 5 人，简称主体甲，共占 50%股份，其中技术入股 30%）、依托院校的高性能材料研究所（简称主体乙，占 10%股份，技术入股）、创投机构（简称主体丙，占 40%股份）三方构成；合作基础方面，大股东为初次创业且集体拥有多项关键技术产权及研发要素，前两者间部分存在师徒关系，后两者间具有历史合作经验；合作支持方面，该众创空间是区域内首批省级众创空

[①] 李刚，程国平. 基于界面管理的虚拟企业协调机制研究［J］. 科技进步与对策，2006，23（7）：141–143.

间,并被认定为首批国家小型微型企业创业创新示范基地,目前已列入第二批国家级众创空间名录,有入驻企业团队30余家,配套基础设施完善、管理体系健全、优惠政策落实到位。

经初步调研了解,该公司处于发展初期,其主要创业合作契机,即3D打印技术和产品主要面向复杂关键金属构件研发,主要依托于乙方和丙方的当前合作项目及未来业务预期,甲方为名义上的大股东。在当前创新体制下,为转换这种合作需求形成有效、深度合作,甲方以高度业务关联的方式加入合作中,并且在具体业务攻关中承担主要职能,而与乙方形成深度合作,丙方则提供资金与协作保障(关联的运营、市场支撑)。公司初创期的市场前景良好,丙方短期合作路径较为明晰,但受到宏观经济周期影响,当前发展阶段由丙方提供的订单式内部市场需求不足。针对这种合作情况,甲方已提出探索外部市场的动议,经过协商三方共同形成了三方协作策略调整方案。

上述创业合作情景表明,该公司为高科技创业企业,具有本研究关注的多创业团队协同属性与策略评价诉求。由于该公司具有一定的产学研协作背景,且建立公司的三方主体具有不对称的合作渊源,因此在动荡的外部市场环境下,如何评价三方合作策略将关系到企业的成败,也是本案例研究的主要工作。鉴于此,为全面了解各团队的管理风格、任务特性与创新组织特征及相关管理难点问题,形成要素辨识与关联分析评价的系统探析基础,本章首先邀请熟悉团队内部管理实情的3位管理人员、3位团队管理专家及1位评价负责人(众创空间管理人员)组成专家组,并依据(一)策略评价情景简析的方法进行公司备选策略信息梳理,方案信息如表3-4所示。

表3-4 备选策略方案的基本信息

	群体协同策略 X_1		环境协同策略 X_2		机会协同策略 X_3		能力协同策略 X_4	
	Y_1	Y_3	Y_5	Y_8	Y_9	Y_{11}	Y_{13}	Y_{16}
S_1	经济回报	智力能力	信息共享	产品线延伸	联盟参与度	市场协作	机会识别	发展空间
S_2	经济回报	创业角色	信息共享	团队建设	经营理念	诱导合作	机会识别	内部绩效
S_3	环境优势	创业偏好	扶持资金	团队建设	组织规模	集聚资源	关系拓展	内部绩效

续表

	群体协同策略 X₁		环境协同策略 X₂		机会协同策略 X₃		能力协同策略 X₄	
	Y₁	Y₃	Y₅	Y₈	Y₉	Y₁₁	Y₁₃	Y₁₆
可能配置	创业经历,效能感,经济回报,环境优势	资金,智力能力,创业角色,创业偏好	经济政策,扶持资金,信息共享,公共服务	技术联合,产品线延伸,规模效益,团队建设	组织规模,联盟参与度,经营理念,行业感召力	诱导合作,集聚资源,市场地位,市场协作	机会识别,关系拓展,管理能力革新,风险容忍	内部绩效,分布密度,发展空间,可持续性

表 3-4 中：X_1、X_2、X_3、X_4 为四类准则层协同要素集合；Y_1、Y_3、Y_5、Y_8、Y_9、Y_{11}、Y_{13}、Y_{16} 为适用于本案例的相应网络层要素；S_1、S_2、S_3 为待评价的方案层要素集合。

（二）分析过程

依据前文策略要素关联结构梳理和初始判断矩阵的构造改进的分析方法，邀请 7 位专家参照如下研讨思路，梳理该公司协同策略评价要素间的作用关系。研讨问题如下：①协同要素子系统（准则层）之间的相互影响关系如何；②协同要素子系统（准则层）内的要素相互影响关系如何；③子系统（准则层）以及网络层要素间的相对重要性如何。此处应注意，研讨问题③是基于①和②的结果而展开的，其中，由问题①与②得到的如图 3-9 所示的协同要素系统网络关系结构，包括准则层、网络层、方案层（即方案 S_1、S_2、S_3 对应管理要素的系统分析结构）；继而，在采用德尔菲法的基础上（具体过程不在此赘述），由问题③得到如表 3-5 所示的协同要素子系统比较规则，用以指导初始判断矩阵构造。在此基础上，按照前文③中的成对要素比较判断模式与矩阵求解方法，可得到如表 3-5 所示的协同要素系统加权超矩阵和表 3-6 所示的协同要素系统极限超矩阵。

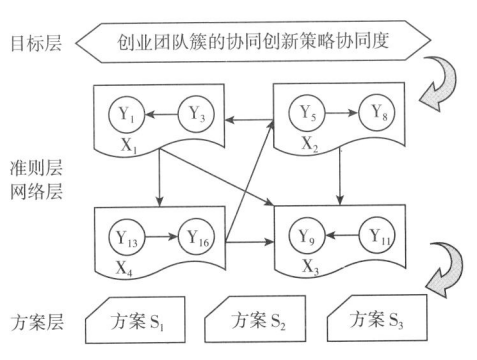

图 3-9 协同要素系统的网络关系结构图

表3-5 协同要素子系统的比较规则

	E_1	E_2	E_3	作用对象
群体协同策略 X_1	[8,10]			X_3, X_4
环境协同策略 X_2		[3,5]		X_1, X_3
机会协同策略 X_3				—
能力协同策略 X_4			[6,8]	X_2, X_3

表3-5中：X_1、X_2、X_3、X_4为四类准则层协同要素集合；E_1、E_2、E_3为目标协同、资本协同、效能协同的三维度协同效应，表中数值指代某类协同策略对其作用对象的影响区间，"—"表示不具备影响关系。

表3-6 策略协同要素系统的加权超矩阵

	方案层				X_1		X_2		X_3		X_4		目标层
	$\overline{W}$	S_1	S_2	S_3	Y_1	Y_3	Y_5	Y_8	Y_9	Y_{11}	Y_{13}	Y_{16}	协同度
方案层	S_1	0.000	0.000	0.000	0.208	0.060	0.062	0.127	0.333	0.134	0.048	0.083	0.000
	S_2	0.000	0.000	0.000	0.229	0.190	0.147	0.218	0.570	0.307	0.038	0.156	0.000
	S_3	0.000	0.000	0.000	0.063	0.038	0.019	0.037	0.097	0.059	0.015	0.029	0.000
X_1	Y_1	0.000	0.000	0.000	0.000	0.427	0.046	0.095	0.000	0.000	0.000	0.000	0.100
	Y_3	0.000	0.000	0.000	0.000	0.000	0.182	0.285	0.000	0.000	0.000	0.000	0.399
X_2	Y_5	0.000	0.000	0.000	0.000	0.000	0.000	0.000	0.000	0.000	0.087	0.240	0.103
	Y_8	0.000	0.000	0.000	0.000	0.000	0.402	0.000	0.000	0.000	0.022	0.048	0.017
X_3	Y_9	0.000	0.000	0.000	0.049	0.049	0.036	0.034	0.000	0.500	0.024	0.089	0.014
	Y_{11}	0.000	0.000	0.000	0.293	0.147	0.107	0.203	0.000	0.144	0.355	0.054	
X_4	Y_{13}	0.000	0.000	0.000	0.131	0.077	0.000	0.000	0.000	0.000	0.000	0.000	0.261
	Y_{16}	0.000	0.000	0.000	0.026	0.013	0.000	0.000	0.000	0.000	0.622	0.000	0.052
目标层	协同度	0.000	0.000	0.000	0.000	0.000	0.000	0.000	0.000	0.000	0.000	0.000	0.000

表3-7 策略协同要素系统的极限超矩阵

		方案层			X_1		X_2		X_3		X_4		目标层
	$\overline{\overline{W}}$	S_1	S_2	S_3	Y_1	Y_3	Y_5	Y_8	Y_9	Y_{11}	Y_{13}	Y_{16}	协同度
方案层	S_1	0.000	0.000	0.000	0.191	0.191	0.191	0.191	0.000	0.000	0.191	0.191	0.191
	S_2	0.000	0.000	0.000	0.340	0.340	0.340	0.340	0.000	0.000	0.340	0.340	0.340
	S_3	0.000	0.000	0.000	0.063	0.063	0.063	0.063	0.000	0.000	0.063	0.063	0.063
X_1	Y_1	0.000	0.000	0.000	0.041	0.041	0.041	0.041	0.000	0.000	0.041	0.041	0.041
	Y_3	0.000	0.000	0.000	0.030	0.030	0.030	0.030	0.000	0.000	0.030	0.030	0.030
X_2	Y_5	0.000	0.000	0.000	0.023	0.023	0.023	0.023	0.000	0.000	0.023	0.023	0.023
	Y_8	0.000	0.000	0.000	0.028	0.028	0.028	0.028	0.000	0.000	0.028	0.028	0.028
X_3	Y_9	0.000	0.000	0.000	0.138	0.138	0.138	0.138	0.000	0.000	0.138	0.138	0.138
	Y_{11}	0.000	0.000	0.000	0.095	0.095	0.095	0.095	0.000	0.000	0.095	0.095	0.095
X_4	Y_{13}	0.000	0.000	0.000	0.019	0.019	0.019	0.019	0.000	0.000	0.019	0.019	0.019
	Y_{16}	0.000	0.000	0.000	0.032	0.032	0.032	0.032	0.000	0.000	0.032	0.032	0.032
目标层	协同度	0.000	0.000	0.000	0.000	0.000	0.000	0.000	0.000	0.000	0.000	0.000	0.000

（三）结果简述

基于表3-7中极限超矩阵的计算结果，与方案对应的综合权重数值即为各方案策略协同度的综合评价值。由于方案S_1、S_2、S_3的综合评价值分别为0.191、0.340、0.063，即方案间的优劣排序为$S_2 > S_1 > S_3$，因此方案S_2是最具策略协同度的适应性策略选择，可据此详细部署相应的合作对策。参与评价的专家表示，上述分析结论对指导创新创业实践中的多团队协作策略评价及管理具有积极的推动作用。因此，本研究提出的创业团队簇协同策略解析与评价理论和方法具有应用可行性。

第七节 本章小结

基于众创团队协同的创业创新交互特征，响应众创团队簇协同创业与创新交互过程中呈现的多主体、多层次协同关系管理需求，本部分从众创团队簇协同创新的要点与策略属性、策略解析、复杂性描述、关键界面识别以及合作策略五个方面梳理给出了众创团队簇的协同创新创新机制的运行机理。

第一，针对现有成果存在的主体间合作策略关联复杂性关注不足、创新创业交互特质认识不清与策略缺乏整体性、动态性优势三方面问题，本部分响应多团队创业与创新交互过程中呈现的多层次协作关联影响辨识与管理需求，系统梳理给出了创业团队簇的协同创新策略框架。首先，从主体协同与行为协同、过程协同与要素协同、空间协同与机制协同三个方面概括提出了创业团队簇的网络化协同要点；其次，反映创新创业交互管理与多团队协同策略的系统研究需求，提炼给出创业团队簇协同创新策略的概念，并从导向性、规范性和效能性三个层面讨论了该概念的实践属性；再次，结合创业、创新行为特征与协同策略的理论分析需求，提出聚合视角的导向型分析维度、聚合要素的规范与交互型分析维度、聚合效应的效能型分析维度，归纳提出了创业团队簇协同创业策略的三维度解析框架；最后，从群体协同、环境协同、机会协同、能力协同和协同整合五个方面，给出创业团队簇协同创新策略的基本框架，并阐释了各策略的管理目的与内容。

第二，借助界面管理对多边界属性管理问题相关关系与状态分析的独特适用性，系统界定、梳理其团队簇的协同创新管理的界面体系，提炼推演该系统的协同有效性涌现机理并进行关键界面识别，不仅有利于提升创业型团队簇的整体管理策略有效性，而且有利于引领团队簇协同创新管理研究的未来探索方向。首先，思考创业型团队面临的复杂创业环境特征与多元创业需求，依据创业型团队簇的创业情景特征、管理特征和四方面协同内涵，从群体、环境、机会和能力等四个协同维度，结构性梳理了创业团队簇的界面结构；其次，思考创新主体多元、创新环境复杂、创新过程非独立和创新资源部分独占等方面带来的关联影响，解读协同复杂性在创新管理与创业实践需求中的复杂内涵，从共生共赢、动态适应、系统全局三个层面，提出了创业团队簇界面协同有效性的涌现机理；再次，针对多团队协同呈现的多元、多层次、动态化决策需求，引入多主体协同所关注的协同要点依存、替代和独立等关联属性，改进形成具备整合多重判定导向的 DEMATEL 新方法；最后，以某一混合所有制创新型企业为例开展案例应用，得到了具备解释优势的分析结果，检验了所提出理论与方法的有效性及可行性。

第三，在借鉴创业创新管理、创新团队管理、协同学等相关理论的基础上，本研究通过梳理团队簇创业的协同内涵，明确其要素协同有效性的概念及其评价框架，提出了一套科学评价创业团队簇协同策略的理论和方法，案例分析结果表明上述理论与方法能够有效解析、评价该公司的后期合作策略，对近似创业型组织的协同策略评价管理具有一定借鉴意义。

由于团队簇内具有不同职能的团队往往具有差异化的业务属性、工作方式与合作状态，对众创团队簇协同创新机制的机理研究，开展创业团队簇协同的要素辨识与关系管理，将有助于提升团队簇的整体协同水平和运行绩效，具有重要的研究价值。本章基于创业创新管理、创新团队管理、协同学等理论，为把握创新创业交互管理需求和推动多团队创业行为的科学管理提供了一个机制设计的整体思路、概念模型和理论架构，为后续实证探讨和理论研究构建了逻辑体系。同时，本研究提出的理论框架和分析方法，对复杂合作情景下的多主体协同策略评价与筛选具有一定借鉴意义，能够进一步借助相应复杂系统决策方法实现创业团队簇协同创新策略的评价优选，为创业团队簇协同策略的评价优选奠定了基础。

同时，本章的研究内容也不可避免地存在一些限制和不足。因缺少进行实证检验的客观条件，本章针对合作主体差异、合作周期差异与具体合作职能差异研究的实际需要，参考社会资本关系、组织公民行为与资源观等群体合作相关理论，并融合创新相关复杂系统决策方法，可以为评价及管理创业团队簇的协同创新策略提供切入视角、基本理论框架和实践参考价值。同时，本章关注了团队簇的协同创新管理的界面体系，提炼推演该系统的协同有效性涌现机理并进行关键界面识别。在团队簇的协同有效性涌现机理实现过程中，不同协同情境下、不同协同阶段的协同效应涌现过程同样各有差异，但限于时间、篇幅以及研究角度不同等原因，本研究并未对其进行深入的探究，也并未提出在此情境下对此问题的解决方案，下一步将针对该问题进行深入细致的探究，并提出相应的解决方案。此外，受限于策略动态关联的一系列不确定因素的干扰，后续研究仍有必要面向严格策略情景开展深入探讨。一方面是反映团队簇内部主体结构协同带来的策略重叠效应，在合作成本收益基础之上给出潜在合作内涵的判定路径；另一方面是响应转型合作阶段的策略导向调整问题，在效应界定与测度过程中反映更多的策略重构内涵，为策略协同度赋予更多的前景价值，而这将对现有的评价方法进行多阶段整合与改进。

综上所述，本章从通过策略结构的角度研究了众创团队簇的协同创新机制运行机理，下一章则在此基础上，分析网络协同视角下的团队簇协同效应。

第四章

网络协同视角下的众创团队簇的协同效应

本章内容提要

社会化创业与创新过程中,众创团队簇集中反映了由外及内网络协同效应带来的崭新治理诉求,不断涌现的开放式、低聚度、去中心等创新理念相对于传统"内控、授权、集中"创新,为提升其多层次创新主体的网络协同效应带来新的挑战。本章采用文献综述的方法,给出众创组织初创期、发展期与转型期所对应的三类网络协同效应。其中,网络化信任效应主要面向开放式创新群体,反映群体内部及群体间的复杂信任影响;异构流体团队效应主要面向低聚度动态合作创新策略,反映协作策略间的复杂交互影响;去中心结构效应主要面向去中心创新环境,反映创新氛围去的中心化影响。相关结论能够为众创组织管理问题提供更具场景契合优势的治理导向,关注多主体/多层次组织结构、非规模化/非正式协作秩序、非全要素/非全过程创新交互情景,能够进一步丰富团队管理、创新管理与协同管理的理论内涵及方法体系。

第一节 问题的提出

社会化的创业与创新面临共同的经济环境、相互渗透的参与群体与交错重叠的治理诉求,使得创业与创新的关联愈加复杂和紧密,个性化、多样化消费与生产方式逐渐成为创新创业的核心内涵。本书前期研究表明[1],众创作为一种市场化、开放式、低聚度的新型创新创业模式,其本质上是创业团队合作网络边界扩张、多团队协同策略结构性变革、部分创新要素外部效应突破性涌现的直接产物。在这种背景下,"众创"热潮催生了大量具有个性化创业者优势的组织形

---

[1] 许成磊,王鼎,段万春. 创业团队簇协同复杂性及关键界面识别 [J]. 科技进步与对策,2017,34 (5):148-155.

式，虽然部分专业组织的策略灵活性显著提升，但多数众创组织在实践中仍存在复杂的创新创业交互治理问题。这些问题表现为，首先，创业个体的多样化与异质性对众创组织的内部网络节点属性带来直接影响，自我效能感、机会感知以及知识吸收能力扩大了创新活动中交互式心理行为对协作有效性的不确定干扰；其次，网络边界变化的动态性与延展性对众创组织外部网络的扩张路径与模式产生直接影响，静态的组织间协同状态与关联层次对提升多组织整体的创新效率具有积极作用；最后，去中心的网络协同秩序导致规模化、以资源控制为重心的传统组织缺乏创新生态的嵌入能力，而高频率精益创业导向下的多中心赋能为提升网络整体创新能力带来更多的积极影响。

在社会化、低聚度、双创定位交互的大众创业背景下，众创组织内外部网络的协同过程呈现出成员多元性、结构异质性以及边界开放性的内涵特征，其多层次的网络化协同效应已经得到部分学者的关注和响应。鉴于此，本研究的主要内容即针对创新与创业的交互属性以及协同有效性呈递的复杂特征，基于团队管理、创新管理、创业管理与组织行为等相关理论的最新研究进展，梳理众创组织网络协同效应的内涵框架与解析特征，为解读众创组织多层次创新绩效涌现过程中的复杂效应提供更加系统的理论框架。通过综述相关层次化、阶段化、情景化解析网络化创新效应的前期可行结论，本研究将在第二章归纳众创组织多样化个体、多维度功能与多路径治理相关的议题，提炼众创组织及其网络的概念与特征，给出网络化信任效应（对应合作初期的多主体共识达成与传递问题）、异构流体团队效应（对应合作发展期的协作功能化及其差异化问题）和去中心结构效应（对应合作转型期的策略均衡与优势转换问题）所形成的三维度网络协同效应。在第三章和第四章中，本研究将通过结构化梳理众创组织创新网络关系扩展、网络思维转换与创业范畴拓宽等特征，分别探讨三类子效应与整体协同效应的关联、三类子效应之间的影响关系，并梳理三种协同效应匹配不同团队主体、过程与导向的解析内涵特征、理论框架与研究趋势。

本研究的创新之处在于：①拓展了众创组织的网络化关联影响研究范围，相对于解学梅和刘丝雨[1]以及 Ikediashi 等[2]的观点，本研究整合了创业主体特征在

---

[1] 解学梅，刘丝雨. 协同创新模式对协同效应与创新绩效的影响机理 [J]. 管理科学，2015，28 (2)：27–39.

[2] Ikediashi D. I., Ogunlana S. O., Oladokun M. G., et al. Assessing the level of commitment and barriers to sustainable facilities management practice: A case of Nigeria [J]. International Journal of Sustainable Built Environment, 2012, 1 (2): 167–176.

个人—团队层面的组织内外部网络影响,体现了创业功能对组织人格的延展作用;②给出了更具结构化解读意义的协同效应概念,在 Das & Teng 研究[1]的基础上,本研究从网络化信任效应、异构流体团队效应、去中心结构效应三个维度梳理和界定了创业组织网络协同效应的状态属性与层次关联;③系统提炼了各协同效应的理论框架,丰富了 Dhanaraj & Parkhe[2] 和其他学者对创业网络节点、规模、关系所承载的主体间协作功能。鉴于此,认识众创组织在多层次网络创新涌现过程中的复合效应,解析复杂结构网络下的众创组织创新运行机制以及治理方法,对在创新合作内涵、途径、机制等多元层面重新定义创新文化和制造概念,具有重要的理论研究价值和实践指导意义。

第二节 众创组织及协同效应的概念及内涵

一、众创组织的概念与网络化内涵

众创概念最早来自车库文化及黑客文化兴起过程中的创客运动,主要关注了创业经营能力与合作契约精神相关的创业功能属性。进入互联网时代以来,留有创客烙印的社会化创新内涵实现了从组织范围、合作时空到创业价值认知的本质转变,并集中呈现为社群化运作的组织范式、平台化资源交互范式与互利共享生态范式这三类行为聚集方式[3],使得众创组织更具网络化运作特质,丰富了其在创新网络节点、网络关联以及网络治理方面的解读维度[4]。基于这种认识,融合社会网络和传统创新网络的理论架构对理解众创组织及其网络特征具有借鉴意义。整合相关内容,众创组织及其网络特征的研究可以概括为表 4 - 1 所示的网络构成主体、网络内外部关联、动态性网络内涵三个主要方向。

---

[1] Das T. K., Teng B. S. A resource - based theory of strategic alliances [J]. Journal of Management, 2000, 26 (1): 31 - 61

[2] Dhanaraj C., Parkhe A. Orchestrating innovation networks [J]. Academy of Management Review, 2006, 31 (3): 659 - 669.

[3] Goldbard A. New Creative community: The art of cultural development [J]. Community Art, 2006, (4): 4 - 5.

[4] Etzkowitz H., Leydesdorff L. The dynamics of innovation: From national systems and "Mode 2" to a triple helix of university-industry-government relations [J]. Research Policy, 2000, 29 (2): 109 - 123.

表4-1 众创组织以及网络特征的研究进展

研究方向	学者	内容	作用	内涵要点
网络构成主体	Larson & Starr[1], Freeman[2]	创新网络的规模、范围、异质性等维度对界定众创组织的网络状态依然适用	融合社会网络对个体间多样化开放式关系的判断，丰富创新主体的内涵结构	创新网络合作关系拓展
网络内外部关联	Aldrich & Martinez[3]	创新网络是使内外部资源有序流通的有机系统	延伸对网络低聚度、互动性内涵的理解	多团队协同策略结构性变革
	Wheeler[4]	创新网络所形成的间架（混合）结构能够在更大范围上融合内外部网络边界		
动态性网络内涵	Thompson & Fox-Kean[5]	与创新网络侧重当前治理的技术效率或稳定性的目标导向不同，众创组织及网络更加偏好对战略创业、创业生态的响应	面向动态性的网络优势转换能力已经成为表征众创网络可持续性的重要维度。	部分创新要素外部效应突破性涌现

表4-1中对创新组织的网络化内涵的不同方向的研究，表明众创组织更加关注创新网络合作关系扩展、多团队协同策略结构性变革方向与部分创新要素外部效应突破性涌现的内涵要点。其中，①网络构成主体下的创新网络合作关系拓展方面，区别于以往主要按照资金所有权达成的合作关系，众创组织更加尊重个体差异禀赋之上的社群化创业要素富集关系，在多样性与差异性的个体特质已经成为创新网络"新常态"的同时，注重打造广义的线上线下社区交互的信任共享与创造力学习关系；②网络内外部关联下的多团队协同策略结构性变革方向方面，适应于依托爱好或热情自发形成的松散关系，功能性服务共享化的平台经济为转换契约精神内涵提供了新的载体，不仅创业合作的领域更广，而且合作断点

---

[1] Larson A., Starr J. A. A network model of organization formation[J]. Entrepreneurship theory and practice, 1993, 17(2): 5-15.

[2] Freeman C. Innovation systems: city-state, national, continental and sub-national[J]. Nota Técnica, 1997, 2: 98.

[3] Aldrich H. E., Martinez M. A. Many are called, but few are chosen: An evolutionary perspective for the study of entrepreneurship[J]. Entrepreneurship Theory and Practice, 2001, 25(4): 41-56.

[4] Wheeler B. C. NEBIC: A dynamic capabilities theory for assessing net-enablement[J]. Information Systems Research, 2002, 13(2): 125-146.

[5] Thompson P., Fox-Kean M. Patent citations and the geography of knowledge spillovers: A reassessment[J]. American Economic Review, 2005, 95(1): 450-460.

兼容性与可替代性的大幅提升也带来了更具机动性的协作模式,而这也在一定程度上加剧了获取创新与创业活动在路径、载体层面的多重协调灵活性,对解读众创组织创新绩效的可持续性提出了新的挑战;③在动态性网络内涵下的部分创新要素的外部效应的突破性涌现方面,在关注不同网络主体、创新网络与运行状态对局部创新绩效影响的同时,众创网络的治理关注行业化、区域化的绩效涌现问题,它同时包含了多层次众创网络的作用辨识、网络结构的协同关联以及动态网络的治理机制,使得网络整体与优势个体的绩效同等重要。

综述创新网络合作关系扩展、互联网思维转换与创业范畴拓宽等方面相关研究进展,本研究将众创组织定义为:具有相关目标及愿景的社会化创业主体(个人或团队、机构),依托松散的网络化合作关系与去中心协作模式,所形成的多团队局部或整体创造力动态协同关联系统。

二、众创网络协同效应的特征与解析维度

众创组织的概念反映了网络化协作关系中创业与创新行为在多层次主体与多维度合作路径上的绩效交互,在多元构成主体、多关联协作动机、多策略协作功能与多聚态绩效呈递方式等方面存在多维网络协同效应。总结相关研究进展如表4-2所示,众创网络协同效应的研究方向包括创新主体协同、创新网络协同和创新整合协同三个方面,为创新主体协作相关性、创新系统协同有序性、创新要素耦合性以及协同效应开放性等层面为协同效应解析框架提供了理论诉求,明确了众创组织网络协同效应的研究方向。

表4-2 众创网络协同效应的研究进展

研究方向	学者	研究内容	研究作用	研究趋势
主体协同	Serrano & Fischer[1], 解学梅[2]	协同主体的研究从整合维度与互动强度两个角度分析其协同作用	创新协同可以视为创新要素耦合以及单独要素无法实现的整体非线性协同过程,包括主体、资源、能力和方式的协同	创新主体要素耦合

---

[1] Serrano V., Fischer T. Collaborative innovation in ubiquitous systems[J]. Journal of Intelligent Manufacturing, 2007, 18(5): 599–615.

[2] 解学梅. 协同创新效应运行机理研究:一个都市圈视角[J]. 科学学研究, 2013, 31(12): 1907–1920.

续表

研究方向	学者	研究内容	研究作用	研究趋势
网络协同	Mason 等[1]	不同于传统组织中的"锦上添花",创新活动中的协同作用可以有效拓展组织的创造性空间	网络协同作为重要的内生增长因素是整体创新能力发展的必要条件	网络协同内生性整合
整合协同	郑刚等[2],钱雨等[3]	对多种创新协同结构效应进行了系统化研究	整合协同、互动协同、空间协同、系统协同等协同框架对区分协同情景至关重要	协同创新动态性发展

表 4-2 呈现的众创网络协同效应研究内容表明,创新与创业的交互属性导致其协同效应的解读不应仅局限于连续的、单纯的组织绩效层面,还应该考虑相关合作意愿的个性化创业诉求与灵活退出机制所涉及的效益呈递。这种交互属性的研究趋势主要表现为创新主体要素耦合、网络协同内生性整合、协同创新动态性发展三个方面,具体而言,①关注众创组织网络主体要素耦合特征,Watson 等[4]探究了多样化合作个体、主体共同所具有的灵活成员关系及显著流动性,Powell & Giannella[5]进一步指出这将导致创新组织易于存在基于知识位势、合作关系、沟通渠道等多种途径的信任关系(即网络化信任效应);②关注众创网络资源整合问题,Gassmann[6]指出创新资源整合维度下,知识社会的开放特性、流体特质激发了创新活动的边界"融合"进程,陈刚等[7]也认为合作伙伴、业务协作、间接创业支持等多种社会关联的影响相对于"标准化创新服务"支持更为

---

[1] Mason W. A., Jones A., Goldstone R L. Propagation of innovations in networked groups[J]. Journal of Experimental Psychology: General, 2008, 137(3): 422-433.

[2] 郑刚,朱凌,金珺. 全面协同创新:一个五阶段全面协同过程模型——基于海尔集团的案例研究[J]. 管理工程学报, 2008, 22(2): 24-30.

[3] 钱雨,吴冠霖,孙新波,等. 产学研协同创新成员协同行为构成要素及关系研究[J]. 科技进步与对策, 2015(16): 15-21.

[4] Watson J. G., Rao Korukonda A. The TQM jungle: a dialectical analysis [J]. International journal of quality & reliability management, 1995, 12 (9): 100-109.

[5] Powell W. W., Giannella E. Collective invention and inventor networks [J]. Handbook of the Economics of Innovation, 2010, 1: 575-605.

[6] Gassmann O. Opening up the innovation process: towards an agenda [J]. R&D Management, 2006, 36 (3): 223-228.

[7] 陈刚,谢科范,郭伟. 创业团队结构对决策行为和决策质量的影响 [J]. 软科学, 2010, 24 (11): 84-88.

重要，王涛和邱国栋[①]据此强调了依托流动性伙伴关系的创业热情、创新能力、协作优势等管理实现资源整合的可行性，表明识别并嵌入合作的流动性范式能够成为推动众创过程中技术与社会协同演化的重要途径（即异构流体团队效应）；③关注众创网络跨阶段发展的变革问题，Hagedorn & Duysters[②]认为技术演进背景下的产业链和功能升级往往与特定的突破性技术创新和生产模式转型紧密相关，Uzzi & Spiro[③]也指出众创组织下的技术学习与制造网络具有极强的管理能动性，表明流程、秩序、氛围等层面多样化管理架构可能导致的灵活多变管理重心（即去中心结构效应）。众创组织网络化协同效应内涵解析框架如图4-1所示。

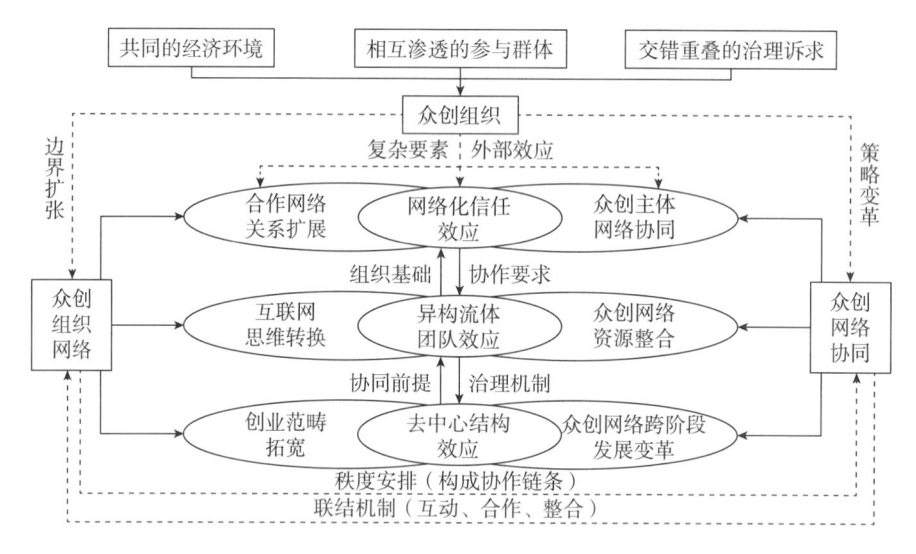

图4-1 众创组织网络化协同内涵解析框架

第三节 众创组织网络协同效应的要点与影响

总结众创组织网络化内涵和整体协同效应的研究内容和研究趋势，众创组织网络协同效应主要包括网络化信任效应、异构流体团队效应、去中心结构效应内

---

① 王涛，邱国栋. 创新驱动战略的"双向驱动"效用研究 [J]. 技术经济与管理研究，2014 (6)：33-38.

② Hagedoorn J., Duysters G. External sources of innovative capabilities: The preferences for strategic alliances or mergers and acquisitions [J]. Journal of Management Studies, 2002, 39 (2): 167-188.

③ Uzzi B., Spiro J. Collaboration and creativity: The small world problem [J]. American Journal of Sociology, 2005, 111 (2): 447-504.

部各自存在多层次的网络协同效应内涵特征及作用形式,各效应的要点与关联如图 4-2～图 4-4 所示。

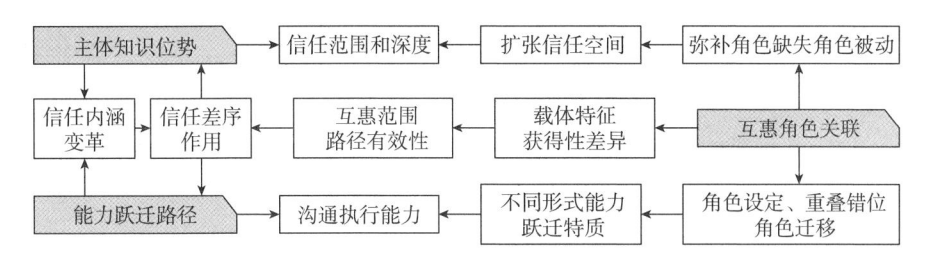

图 4-2 网络化信任效应的要点与关联

一、网络化信任效应的要点与关联

(一) 多维协作主体知识位势下的网络化信任效应

差异化的创业经历、资本、行业以及个体学历、学科、年龄、性别等因素,共同导致创业活动中的知识主体之间具有知识广度和资源深度层面的固有差异[1]。一方面,横向知识位势差异影响网络化信任效应的作用范围,存量知识的聚集程度、结构将与专业技能一起影响团队领导风格、绩效导向与集体价值凝练等对内治理偏好。另一方面,纵向知识位势差异影响网络化信任效应的作用深度,不同知识位势主体间的信任关系更具交互策略的权变属性[2],动荡竞合关系中功利导向的信任需求界定了知识共享与流通的可行空间,导致处于信任认知劣势的一方难以对网络联系的刺激和约束做出及时回馈[3]。相关进展表明,识别合作初期主体间知识位势在知识广度与资源深度的差别,对理解信任关系在不对等创业环境中的差序作用至关重要,而借助主体间的角色互惠需求能够有效描述信任表达习惯在合作初期的传递渠道,有利于改善低信任层次主体的被动知识地位。

(二) 多维角色互惠关联下的网络化信任效应

关注互惠意义上角色的交互状态与利益诉求,有助于理解众创个体间、团队

---

[1] 刘景东,党兴华,谢永平. 不同知识位势下知识获取方式与技术创新的关系研究——基于行业差异性的实证分析 [J]. 科学学与科学技术管理, 2015, 36 (1): 44-52.

[2] Rottman J. W. Successful knowledge transfer within offshore supplier networks: A case study exploring social capital in strategic alliances [J]. Journal of Information Technology, 2008, 23 (1): 31-43.

[3] Dhanaraj C., Parkhe A. Orchestrating innovation networks [J]. Academy of Management Review, 2006, 31 (3): 659-669.

间及个体—团队间不同层次信任关联的载体特征与获得性差异①，进而实现信任资源在众创网络中的再配置。首先，众创个体间的互惠角色呈现出协作目的非物质性特征，它们更加注重互助、尊重与认同等情感基础的社区角色培养，强调其合作的非交易物品属性与非契约性的合作信任关系②；其次，众创团队间的互惠角色具有组织间依赖关系的对立统一特质，跨领域合作者以及松散开放环境的潜在合作者在缺失前期互惠关系认知的同时③，也具备了缓和紧张协作气氛、打破信任壁垒的潜在优势④；最后，众创个体与团队间的互惠角色集中体现为创业个体与创业组织的绩效预期与导向关联，随着组织边界在产业内的融合与在垂直市场层次的跨越⑤，尊重个体创造力涌现与集体创意效能的交融创业理念让信任空间得以扩张。相关进展表明，由于愈加多元的创业主体与完善的创新生态正在激发众创参与个体、团队以及个体—团队等不同层面的角色互惠范围、路径与有效性，因此有必要将面向开放不确定协作需要的角色设定、重叠、错位与迁移等概念特征引入众创组织多样化信任关联的研究中。

（三）多维能力跃迁路径下的网络化信任效应

社会网络视域下，出色的沟通能力、坚定的执行能力和具有号召力与感染力的概念能力，对凝聚创业热情、克服创业艰险和积累合作信任具有至关重要的实践意义。其一，沟通能力可以转化知识存量优势并塑造网络信任边界，知识存量作为社会对能力的一种认同形式⑥，使得匹配丰富角色内涵的情景化沟通能力⑦对塑造创业者"多面手"角色与赢得信任至关重要；其二，执行能力可以保障创业组织知识的边际效益并弥补网络角色缺失，众创组织的执行能力具有区别于

---

① 王姝，陈劲，梁靓. 网络众包模式的协同自组织创新效应分析 [J]. 科研管理，2014，35（4）：26-33.

② Given J. The wealth of networks: How social production transforms markets and freedom [J]. Information Economics & Policy, 2007, 19 (8): 278-282.

③ Larson A., Starr J. A. A network model of organization formation [J]. Entrepreneurship theory and practice, 1993, 17 (2): 5-15.

④ Granovetter M. The impact of social structure on economic outcomes [J]. The Journal of economic perspectives, 2005, 19 (1): 33-50.

⑤ Cross R., Cummings J. N. Tie and network correlates of individual performance in knowledge-intensive work [J]. Academy of Management Journal, 2004, 47 (6): 928-937.

⑥ Dyer J. H., Nobeoka K. Creating and managing a high-performance knowledge-sharing network: the Toyota case [J]. Strategic Management Journal, 2000, 21 (3): 345-367.

⑦ 赵文红，孙万清，王文琼，等. 创业失败学习研究综述 [J]. 研究与发展管理，2014，26（5）：95-105.

正式组织创新绩效导向的策略性创业诉求①，快速试错的反复迭代方式②已经成为获得成员信任的不二法门；其三，概念能力能够增强创业组织容错能力与自我纠错能力，虽然各种创业阻力与传统观念常导致创业群体面临"冒险谋生"的决策情景③，但创立概念和博取认同行为对消除顾虑、转移矛盾和凝聚方向也产生了积极影响④，能够促进成员角色转变与信任跃迁。相关进展表明，众创组织具有的沟通能力、执行能力与概念能力三个维度跃迁路径对广义上的创业信任关系具有区别于"正式创业"的深远影响，据此思考不同方式、途径与导向的能力跃迁特质，对理解众创网络的信任内涵变革特征具有重要意义。

二、异构流体团队效应的要点与关联

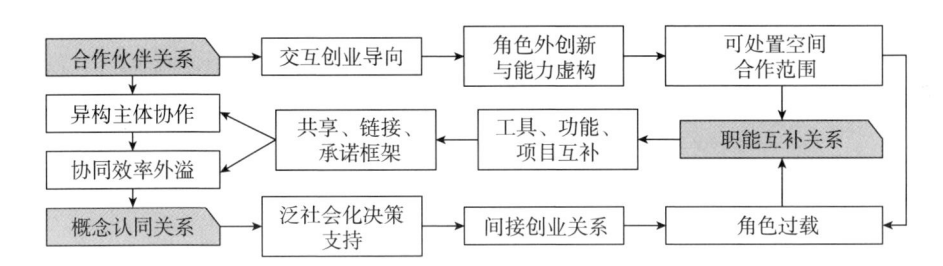

图4-3 异构流体团队效应的要点与关联

（一）共同绩效合作伙伴关系下的异构流体团队效应

面向个体投身创业行为的二元利益诉求，内部就业导向与外部事业导向在创业动态中具有对立统一的内在关联。其中，内部就业导向伙伴关系的强流动性主要表现为成本收益导向的创业风险规避与试图改变现状的行为，不仅个体差异性与任务依存是控制成员合作关系变动的主要因素⑤，而且内部成本利益的再分配

---

① Vilà J., Canales J. I. Can strategic planning make strategy more relevant and build commitment over time? The case of RACC [J]. Long Range Planning, 2008, 41 (3): 273 - 290.
② 罗仲伟, 任国良, 焦豪, 等. 动态能力、技术范式转变与创新战略——基于腾讯微信"整合"与"迭代"微创新的纵向案例分析 [J]. 管理世界, 2014, (8): 152 - 168.
③ 尹苗苗, 刘玉国. 新企业战略倾向对创业学习的影响研究 [J]. 科学学研究, 2016, 34 (08): 1223 - 1231.
④ Danneels E. The dynamics of product innovation and firm competences [J]. Strategic Management Journal, 2002, 23 (12): 1095 - 1121.
⑤ Mazzocchi S. Open innovation: The new imperative for creating and profiting from technology by Henry Chesbrough [J]. Open Innovation the New Imperative for Creating & Profiting from Technology, 2003, 21 (3): 86 - 88.

可实现对外部技术互补机制的跨层次调节[①]；外部事业导向伙伴关系的强流动性主要表现为自我效能导向的调控，虽然创业者采用的多主线项目管理方式容易引发合作隔阂与绩效矛盾[②]，但业内人员流动性的提升对隐性知识流动的扩散效应和放大效应具有直接作用，流动性的布局、协调与控制将成为跨越随意、反复和徘徊竞争响应机制的主要内容。相关进展表明，内部就业与外部事业对伙伴关系流动性的作用范围和机理存在明显差别，任胜钢等[③]发现的个体面向创业活动所展现的角色外创新行为与脱离实际的能力虚构行为也表明关注合伙关系建立的异构主体基础、不同创新创业项目的合作范围与动态合伙关系的可处置空间对提升众创组织共同绩效意义突出。

（二）职能互补业务协作关系下的异构流体团队效应

以解决短期技术装备问题、中短期功能业务问题和中长期策略转型问题等为目标的多阶段、多层次业务协作关系，已经成为众创组织构筑个性化协作架构的主要模式。其中，创业工具互补导向的多渠道整合表现为技术与装备在多主体间的共享框架，分散、精悍与灵活的能力配置在构成独立组织创业优势的同时，也推动集群化创业过程中通用内容的标准化、模块化与平台化[④]，并建立动态交流的技术协作关系[⑤]；创业功能互补导向的多渠道整合表现为知识与偏好在多主体间的链接框架，由于承载创新业务的产业层价值链外部效应显著，因此以标准输出为主要形式的协作过程易于成为众创组织间共享心智、优化决策和维护关系的重要载体[⑥]；创业项目互补导向的多渠道整合表现为市场与模式在多主体间的承诺框架，不仅少数团队出于回避技术纠纷、增大异构合作成本控制能力的思考常

---

① 解学梅，刘丝雨. 协同创新模式对协同效应与创新绩效的影响机理 [J]. 管理科学，2015，28 (2)：27-39.
② Argyris C., Schön D. A. Participatory action research and action science compared: A commentary [J]. American Behavioral Scientist，1989，32 (5)：612-623.
③ 任胜钢，舒睿. 创业者网络能力与创业机会：网络位置和网络跨度的作用机制 [J]. 南开管理评论，2014，17 (1)：123-133.
④ 刘凤朝，邬德林，马荣康. 专利技术许可对企业创新产出的影响研究——三种邻近性的调节作用 [J]. 科研管理，2015，36 (04)：91-100.
⑤ Meijers E. From central place to network model: theory and evidence of a paradigm change [J]. Tijdschrift Voor Economische en Sociale Geografie，2007，98 (2)：245-259.
⑥ 陈刚，谢科范，郭伟. 创业团队结构对决策行为和决策质量的影响 [J]. 软科学，2010，24 (11)：84-88.

缔结战略合作承诺机制①，而且该机制在占据优势的市场中可转化为一种创业合法性而被广泛接受，有助于产生网络协同效应外溢效率。相关进展表明，众创组织间的多阶段、多层次协作呈现出不同主体间的协作结构区别，合作中具有差异合作基础的创新主体有必要通过技术装备共享、业务功能链接和承诺缔结来对协作关系进行适应性选择和维护。

（三）概念认同决策支持关系下的异构流体团队效应

众创组织中间接创业关系的介入有助于整合团队外部创业导师的技术、商业模式与创业观念资源②，进而有效克服内部角色在涉入战略决策时的角色过载问题。创新技术导向的决策支持方面，众创组织具有打通外部研发机构与内部创新机构决策关联的中介作用③，能够克服产权人与发明人的价值权分离难题④，促进体制内专业技术人员的在岗创业与产业化创新方式变革；商业模式导向的决策支持方面，由于成功个案的可复制性较低且创意价值包装过程的溢价较高，因此利益关系薄弱的创业导师模式已经逐渐被商业化的创业辅导所取代，2017年8月份创业板上市的"创业黑马集团"也开启了中小创业组织培训的新浪潮；创业情怀导向的决策支持方面，具有差异性背景的流动性间接创业人员能够为初创个体把脉创业痛点提供情怀交流⑤，众多网络意见领袖与明星创业导师加盟互动的一系列创业选秀个案，也对营造良性创业氛围和鼓励创业个性提供了精神支持。相关进展表明，创业技术导向、商业模式导向与创业情怀导向的间接决策支持，为创业活动拓展过程中的异构流体团队提供了概念认同的泛社会化决策支持，而关注决策相关者的利益关联与分配机制，将对构筑完整的社会化创业服务支持体系产生深远的积极影响。

---

① 王姝，陈劲，梁靓. 网络众包模式的协同自组织创新效应分析 [J]. 科研管理，2014，35（4）：26-33.

② 李华晶. 间接型学术创业与大学创业教育的契合研究——以美国百森商学院为例 [J]. 科学学与科学技术管理，2016，37（01）：108-114.

③ 赵剑波. 管理意象引领战略变革：海尔"人单合一"双赢模式案例研究 [J]. 南京大学学报（哲学·人文科学·社会科学），2014，51（4）：78-86.

④ 郭伟锋. 校企合作共建实验室的运行机制研究 [J]. 实验室科学，2013，16（3）：108-111.

⑤ Niedbalsk A., Gra yna. Eric Von Hippel's "democratizing innovation": A new approach to intellectual property and sources of innovation [J]. Economic Studies，2011（2）：207-220.

三、去中心结构效应的要点与关联

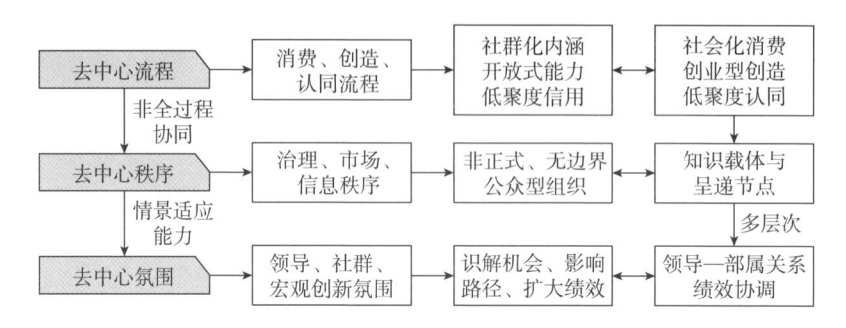

图 4-4 去中心结构效应的要点与关联

（一）流程层面学习型改造下的去中心结构效应

众创组织的学习方式与创造流程正在由"集中—逐层"范式向"分散—无差异"范式转变，"认知—表达"平等性在社会学习整体拓扑框架[1]中的介入效应，导致众创组织面临着消费、创造与认同三维度的适应性学习改造流程。其中：消费流程方面，参与、定制、互助、分享与共享正在成为补充"产品—服务"消费内涵的主要特征，导致广义上知识消费与创造的内涵得以向社群化市场分散、渗透和深化，也为众创组织嵌入该知识消费流程的去中心效应提供了广阔的协作主体、能力与创意保障；创造流程方面，能力吸收理论视角下的开放式创新极大丰富了"知识产品"的"捕获—分发—创造"过程[2]，加速了知识在跨外部边界搜寻和本地搜寻时对协同主体创造力流程的调整效率[3]，加速了多核心众创组织合作关系与协同策略的迭代过程；认同流程方面，得益于知识流程与创造流程的可嵌入性急剧提升，一系列平台化、标准化的服务形式不仅分散了团队创业的决策风险，也使得开放式创业行为中低聚度信任的背书能力有效增强。相关进展表明，由于多主体和多层次的组织结构匹配了定义和表达更多知识载体与呈递节点的创造力，因此众创组织开创了包容传统工业生产理念的社会化、低聚度

---

[1] Uzzi B., Spiro J. Collaboration and creativity: The small world problem [J]. American Journal of Sociology, 2005, 111 (2): 447-504.

[2] Zahra S. A., George G. Absorptive capacity: A review, reconceptualization, and extension [J]. Academy of Management Review, 2002, 27 (2): 185-203.

[3] 陈力田，许庆瑞. 知识搜寻跨边界协同对自主创新能力结构类型影响的实证研究 [J]. 科学学与科学技术管理，2014 (10): 13-25.

的创新与创业融合理念，而这也导致后续研究需要响应随之而来的消费、创造与认同方式更迭特征，形成三类流程的动态协整机制。

（二）秩序层面多核心协同下的去中心结构效应

消费与创造流程的社会化造就了多团队合作的管理主题不固定、自组织性、个性平等民主等特征，这种非规模化及非正式的多核心协同关系常演变为以工作流程为中心进行面向治理秩序、市场秩序和信息秩序的去中心协同。例如：从创新过程及模式的持续演进视角，吴晓波等[1]发现在 Rothwell 创新过程的五个经典阶段，创新组织的决策方式及治理策略均出现适应性变化，表明非正式创新网络具有自组织特性（治理秩序）；Panahi[2] 等的实证研究表明众创模式的主要优势即依托开放市场的低聚度多层次需求拓展形成异构、去中心化的实体与虚拟创新功能（市场秩序）；此外，伴随传统创新流程的自组织化再造，与创新情景化、个性化、平等化、民主化等紧密相关的一系列组织内外部信息呈递效应也逐渐得到 Garcia[3]、Lakhani & Von[4] 等学者的关注（信息秩序）。Ryan & Deci[5] 等学者已经关注了由治理、市场和信息三维度秩序去中心效应所衍生出的"非全过程"协同特殊合作动机与竞争动机，然而他们仍未能超越传统交易成本理论指明个人在参与众创行为选择中的可行范式。相关进展表明，如何理顺非规模化和非正式协同治理所造成的去中心与多中心管理主题交融关系，仍然是众创网络特性及社会特性共同涌现过程中提高众创组织情景适应能力的难点所在。

（三）氛围层面开放式绩效下的去中心结构效应

绩效关联与协调是解析对内领导行为、对外社群行为与宏观社会创新行为的关键，也是认识差异化协作动机下众创组织去中心化合作范式转换机制的重要内

---

[1] 吴晓波，陈小玲，李璟琰. 战略导向、创新模式对企业绩效的影响机制研究 [J]. 科学学研究，2015，33（1）：118–127.

[2] Panahi S., Watson J., Partridge H. Towards tacit knowledge sharing over social web tools [J]. Journal of Knowledge Management, 2013, 17 (3): 379–397.

[3] Garcia R. Uses of agent-based modeling in innovation/new product development research [J]. Journal of Product Innovation Management, 2005, 22 (5): 380–398.

[4] Lakhani K. R., Von Hippel E. How open source software works "free" user-to-user assistance [J]. Research Policy, 2003, 32 (6): 923–943.

[5] Ryan R. M., Deci E. L. Self-determination theory and the facilitation of intrinsic motivation, social development, and well-being [J]. American Psychologist, 2000, 55 (1): 68–78.

容。例如：对内领导氛围层面，Ensley & Pearson[①]发现决策效率与内聚力这两个此消彼长的维度在团队绩效预测时具有重要影响，表明创业领导中认识和利用创业机会的能力具有较为显著的决策层次依赖性和领导风格匹配性；对外社群氛围层面，在中国高权力距离[②]、高集体主义和高关系导向[③]的文化范畴下，与"积极"影响效应边界和缔结路径相关的研究正在兴起；宏观创新氛围层面，部属借助工作职责外溢的角色能力所形成的互惠平衡，已从一对一的社会交换转变为集体社会交换[④]，团队绩效的环境诉求也需要建立在特定的合作基础与绩效空间中[⑤]，这与叶伟巍等[⑥]将协同机制划分为文化相融机制、技术互补机制以及成本利益分配机制的观点相类似。相关进展表明，去中心化、非全要素创新行为尚未在初创期与平台期的多层次领导—部属行为中得到重视，后续研究应面向扩大领导、社群与创新导向三种氛围的交互融合问题解读协同创新机制凝聚与转型的情景需要。

第四节　众创组织网络协同效应间的关联与作用

关注创新与创业的差异化、交互外部诉求，整合创新网络与创新协同的内部研究视角，结合对众创团队成员异质性、特征多元性、合作复杂性以及治理机制不确定性的综合分析，梳理网络化信任效应、异构流体团队效应以及去中心结构效应的与众创组织网络化整体效应间的解析框架，如图4-5所示。

[①] Ensley M. D., Pearson A. W., Amason A. C. Understanding the dynamics of new venture top management teams: Cohesion, conflict, and new venture performance [J]. Journal of Business Venturing, 2002, 17 (4): 365-386.

[②] Farh J. L., Hackett R. D., Liang J. Individual-level cultural values as moderators of perceived organizational support-employee outcome relationships in China: Comparing the effects of power distance and traditionality [J]. Academy of Management Journal, 2007, 50 (3): 715-729.

[③] Wong C. S., Peng K. Z., Shi J, ET AL. Differences between odd number and even number response formats: Evidence from mainland Chinese respondents [J]. Asia Pacific Journal of Management, 2011, 28 (2): 379-399.

[④] Gong Y., Chang S., Cheung S. Y. High performance work system and collective OCB: A collective social exchange perspective [J]. Human Resource Management Journal, 2010, 20 (2): 119-137.

[⑤] Shalley C. E., Zhou J, Oldham G R. The effects of personal and contextual characteristics on creativity: Where should we go from here [J]. Journal of Management, 2004, 30 (6): 933-958.

[⑥] 叶伟巍, 梅亮, 李文, 等. 协同创新的动态机制与激励政策——基于复杂系统理论视角 [J]. 管理世界, 2014, (06): 79-91.

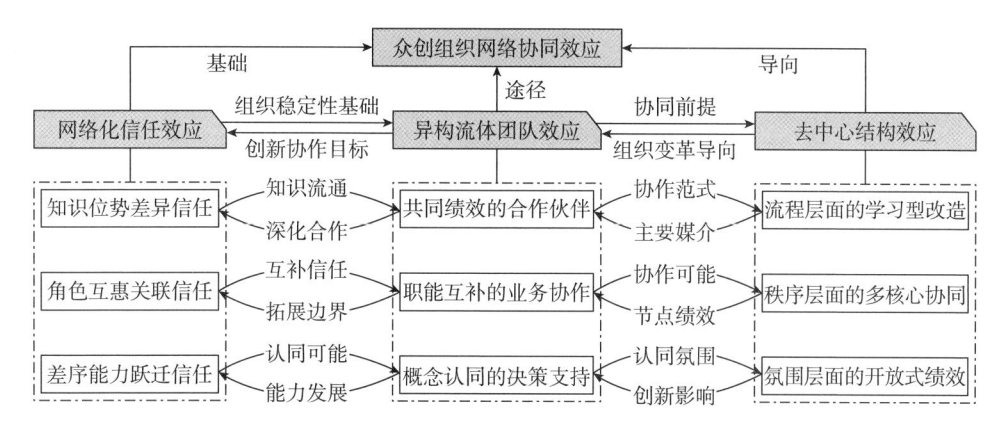

图 4-5 众创组织网络协同效应间的关联与作用解析框架

一、三类效应与整体效应的关联

网络化信任效应指基于差异性的知识背景、角色关联和能力提升路径下的动态协作互信效应，是众创组织创设初期集聚多元创新能力的重要基础。众创组织通过多样化团队内个体和多元化团队间合作主体的灵活关系与知识背景，推动建立资源观视角下知识信任基础，由此形成的互助协作职能结构有助于创新绩效的稳定发挥，最终形成的能力表达、传递与固化的差序格局，有助于多维度网络信任呈递机制的效用涌现。

异构流体团队效应指基于多层次的合作伙伴、职能协作以及决策支持关系下的流动性主体创新协同效应，是众创组织拓展合作阶段整合动态协同策略的主要途径。众创组织整合差异性、流动性的创新主体有利于构建共同绩效导向的协同进化系统，该系统中创业者在共同的目标下，通过职能互补下的业务关联与核心活动编配[1]，有助于吸收网络内外信息资源而发挥众创组织主体的流动性创造活力，进而形成开放式的协同创新策略。

去中心结构效应指基于学习型改造、多核心运作以及开放式创新等多种治理形式的多路径绩效呈递效应，是众创组织平台期或转型期理顺开放式协同变革主题的基本导向。众创组织整合灵活多变的管理重心，有利于多核心网络秩序下的资源信息迅捷流通，创新学习改造流程的不断丰富也促进群体创造力的螺旋涌

---

[1] 毕可佳，胡海青，张道宏. 孵化器编配能力对孵化网络创新绩效影响研究——网络协同效应的中介作用 [J]. 管理评论，2017，29（4）：36-46.

现，开放式创新氛围的营造也将消融创新探索的组织边界。

二、三类效应间的作用特征

网络化信任效应为异构流体团队效应奠定了组织稳定性基础。随着创新创业合作的持续发展，单一的信任效应无法应对逐渐多样的网络化创新主体、逐步加快的信息交换速度以及日渐复杂的创新资源整合形式。基于知识位势差异的网络信任效应，为共同绩效下的合作伙伴关系提供了知识资源流通的可能性；互惠关联主体信任为职能互补导向下业务协作关系的建立提供了信任保障，而能力跃迁导向下的信任则为异构流体效应下的决策支持提供了创新概念能力认同的可能性。

异构流体团队效应是初创期网络化信任效应功能发展的创新协作目标，同时也成为众创组织转型期去中心结构效应的协同前提。随着创新创业发展面临环境动荡不确定的转型期，创新网络多元流动性主体间的协作不能满足这一时期高度灵活、动态的创新性要求。这种情景下，共同绩效的合作伙伴关系一方面深化了知识位势差异信任下的创新主体合作内涵，另一方面为转型期基于学习改造的去中心效应提供了知识资源和协作范式。同时，职能互补导向下的业务协作关系拓展了角色互惠关联下的网络化信任边界，丰富了网络协同创新主体、形式、资源的多样性，为多核心协同的去中心化效应提供了可能性；概念认同下的决策支持也成为网络化信任能力跃迁发展路径的直接结果，为开放式创新绩效的产出和保持营造了积极认同氛围。

去中心结构效应存在于众创组织发展的平台期，在创新绩效持续涌现的导向下为网络化信任效应与异构流体团队效应的发挥提供了多路径的组织变革导向。学习型改造去中心效应是创新网络协同下知识位势网络信任与流动主体合作伙伴效应互动发展的重要媒介，是众创组织创新活动的基本特征和学习型组织变革路径。多核心协同去中心效应的发挥以前期角色互惠信任和职能互补协作效应构建的适配性、交互性、动态性创新业务协同网络为组织基础，有利于发挥网络多节点的创新效能与潜力。基于能力跃迁信任效应与决策支持异构流体效应形成的创新能力拓展情景，使得开放式绩效去中心效应拓展了社会化创新氛围的组织间影响。

第五节 本章小结

综述现有成果，众创组织的网络化协同创新创业过程呈现为一种面向问题、乐于分享、交互信任、融汇角色、富于流动性的社会创造（Public Creation）范畴，具有网络化信任效应、异构流体团队效应和去中心结构效应三个突出属性，更强调非技术创新（制度创新）与创新中非技术要素管理对消除创新要素及过程隔阂的突出作用。具体而言，众创组织网络协同效应包括以下结论：①网络化信任协同效应集中体现在众创组织初创期基于知识位势、互惠关联、跃迁路径所呈现的网络化协同，能够为众创组织协作创新系统的形成奠定制度基础；②异构流体团队协同效应集中体现在众创组织拓展合作期基于共同绩效、职能角色、概念决策等策略导向，面向开放动态合作关联所形成的多层次动态策略协同，能够为众创组织协作创新系统的功能延伸提供演化导向；③去中心结构协同效应集中体现在众创组织转型期创新学习改造、多核心协同以及创新绩效开放管理，能够为众创组织协作创新系统开创去中心创新的由外及内的网络能力转换范式，是创新型组织协同绩效的持续性涌现动力与方向。

本章研究结论不仅拓展了众创组织的网络化关联影响研究范围，给出了更具结构化解读意义的协同效应概念，而且系统提炼了各协同效应的理论框架，对于认识复杂结构网络下的众创组织创新运行机制，具有重要的理论和实践研究意义。首先，对众创组织的研究符合网络去中心趋势下的创新型组织变革导向，提出的理论框架有助于解读创新活动在组织主体、网络结构和整体策略均衡等方面存在的作用路径的复杂性；其次，研究深化了对众创组织在多层次网络创新涌现过程中复合效应的认识，有助于针对多关联协作动机、多策略协作功能与多聚态绩效呈递等问题，提出解析复杂结构网络下的众创组织创新运行机制以及治理方法；最后，研究厘清了众创网络协同效应的作用特征，有助于认识多主体/多层次组织结构、非规模化/非正式协作秩序、非全要素/非全过程创新交互情景，能够为进一步丰富团队管理、创新管理与协同管理的理论内涵及方法体系提供参考。

本章通过提炼众创组织及其网络概念内涵、构架众创组织协同效应框架发现，未来对于众创组织创新创业研究可以着眼于以下几方面：①众创背景下，创业与创新管理存在出发点、侧重点与统筹路径上的显著差异，即创业主要关注当期机遇，强调策略性互惠，重在交换范式下的利益关系协调，而创新主要关注远期愿景，强调战略性布局，重在内生范式下的创新资源整合，而现有研究尚未关注内涵差别下众创活动的双创策略交互特征，未来研究应面向不同发展历程的核心管理议题，关注创业团队组织效能（创业的创新导向）的可持续开发；②松散型的泛家族网络关系特征和差异性的核心管理议题共同表明，团队簇管理亟待形成体系化的理论与方法，未来研究应重点关注众创组织在多层次治理情景下的创新与创业行为交互属性，关注开放式、低聚度、去中心的创新交互情景特征；③众创组织的相关成果对拓宽创业团队管理内涵及方法具有借鉴意义，但仍然对转型期的非合作情景缺乏响应，因此未来研究可在协同管理的整体性和相关性分析原理的基础上，借助三种协同效应的解析框架形成判定多协作主体与宏观核心管理议题复杂关联的系统方法，以解读众创组织初创期及平台期的协同创新机制凝聚与转型问题。

综上所述，本章主要从网络协同视角综述分析了众创团队簇的协同效应，结合第二章的众创团队簇协同管理研究要点以及第三章的协同创新机制运行机理的主要内容，下一章将具体研究众创团队簇协同创新机制中的协作能力互信机制。

第五章

众创团队簇协同创新的协作能力互信机制

本章内容提要

在创新与创业交互导向背景下，众创团队簇式创新呈现出知识协作跨边界性、策略协同互动整合、创新突破去中心化等特征，在现有决策主体均质化的假设的研究趋势下，形如团队簇这类主体特殊性下的决策问题常被忽视。基于上述难题，本章从众创团队簇协作信任解析要点、互信机制构建、信任共识解析复杂性以及协作能力互信整合优化等方面构建了众创团队簇协同创新的协作能力互信机制。

首先，基于众创团队簇多阶段信任关联中存在的主体地位差异性、信任情景不确定等问题，以网络信任惯例为切入点，系统提出了团队簇协作能力互信机制的分析框架。以网络信任惯例研究的复杂节点信任行为、循环交互信任模式和拓展演化信任路径为分析维度，从多团队协作互信存在的多主体、多阶段、动态性的信任情景出发，总结了协作能力互信机制的概念，并梳理出现有机制研究关注的多元信任对象、动态信任基础以及信任机制的长效稳定性导向。借助和谐主题辨析的 EOL 模型，归纳出多团队协作创新在初创期、发展期和转型期面临的知识位势、角色互惠以及能力跃迁要求下的协作能力互信主题，构建了面向初创期的认知信任、发展期的结构信任以及转型期的情感信任在内的互信机制，拓展了网络惯例内涵的应用范围，解构了团队簇协作能力互信的概念特征和问题导向，基于和谐主题辨析的方法丰富了协作信任效应的研究思路，对建立完善复杂动态竞争环境中的多团队间的创新信任协作机制具有一定参考价值。

其次，面对现有群体决策共识算法的研究普遍以主体均质化的假设为前提，忽略了低聚度决策信任共识获取的复杂性。针对众创团队簇合作主体在合作决策中存在的信任基础薄弱、冲突调节能力不足、有效沟通反馈效率低下等问题，本章解析了低聚度主体信任元的主客观内涵，展现了基于主体交互过程中主客观信任空间相对性下的动态信任融合过程，通过对非连续信任的归集与权重的转化，描述了主体间信任水平与合作位势的演化特征，在群体研讨共识方法基础上构建了众创团队簇合作主体的信任元协同获取模型。对比结果表明：改进后模型的信任基础获取速度和共识水平均高于常规群体研讨方法，克服了原模型研究对象特征的模糊化、研讨内容系统性分析缺乏、研讨过程信息反馈不足等问题，有利于在低聚度主体合作决策中建立信任基础、减少分歧冲突、提高交互沟通的有效性，拓展了现有群体决策的一般性前提和研究范围，剖析了决策信任的主客观信任元内涵和伴生转化演化规律，为复杂松散不确定条件下信任共识的动态获取提供了新的解析模式，具有一定的理论和实践意义。

再次，基于团队簇的创新和创业交互属性与其领导的差异化嵌入授权行为关联紧密，且参与个体间对彼此的能力互信是进行有效合作的前提，关注能力互信氛围在团队绩效中的作用机理与外部情境，以便有效解析异质型创业领导对团队簇个体绩效作用的相机变化效应。本章以创业型领导异质性、嵌入授权（结构、心理与认知授权）以及能力互信氛围作为团队层次变量，将个体绩效作为个体层次变量，考察嵌入授权的跨层次中介以及能力互信氛围的调节作用。实证表明：内部比较优势导向异质性未直接影响成员个体绩效，而外部战略价值导向异质性则促进个体绩效；嵌入授权在异质性与个体绩效之间起中介作用；能力互信氛围在嵌入授权与个体绩效之间起跨层次调节作用。此外，根据研究结果提出了相关管理启示。

最后，多团队参与个体之间的信任有着伴随多团队协作关系发展的不同阶段的由低到高的程度变化和快速信任——认知信任——情感信任等三种由深至浅的信任演变类型。在大量查阅相关文献之后，笔者发现探讨多团队创新创业中协作关系发展不同阶段的信任主导类型问题对有效提高多团队参与个体间的协作效率，最终实现项目任务目标的高效完成具有重要的现实意义。

综上，本章从多团队成员间的快速信任、认知信任和情感信任角度出发，研究基于协作关系动态发展不同阶段信任类型演变，探讨并解析在不同阶段领导授权方式的不同侧重作用下协作互信要素间的复杂关联效应，进而应用 ANP 方法对创业多团队参与个体间动态发展的协作互信水平进行评价并展开案例应用研究。

第一节 问题的提出

众创团队簇的研究最初来源于创客运动的兴起，是指多个团队基于共同的兴趣和目标集聚开展创新创业协作的开放系统，拥有单一团队不具备的创新协同优势[1]，强

---

[1] 许成磊，王鼎，段万春. 创业团队簇协同复杂性及关键界面识别 [J]. 科技进步与对策，2017，34 (5)：148-155.

调拥有共同目标、互补技能和高品质结果要求的创新创业团队间的协作互助效应，具有显著的团队异质性、互依性以及流动性特征，在有效提高多团队合作创新效率和成功率的同时，也存在创新主体间关系难以定义、协调、稳定的难题。针对上述困境，不少研究指出（李自杰等，2010；李航，2008），信任作为团队间协作关系紧密程度的"晴雨表"，有助于多团队合作主体进行知识传递和信息交换，因而如何将信任关联常态化、氛围化，成为保障多主体创新关系的稳定机制是现有研究实践关注的焦点。网络惯例是一种通过不断重复而习惯化的组织网络行为氛围，是不需要组织成员进行有意识的思考而行动的过程，具有习惯性和无意识性（Stene，1940）。作为众创信任网络动态平稳运行的制度机制和治理保障，网络信任惯例可以定义为在创新网络中，基于主体间相互信任基础而形成的一种高效有序的拓扑结构、交互作用的行为方式、协同创新的作用机制，是众创团队协作创新绩效涌现的基本秩序基础[1]。但由于网络信任惯例具有相对稳定性、路径依赖性以及运行模式化等特征，无法适应创新团队间基于多主体信任差异、多阶段信任演变以及不确定信任情景下的协作互信要求，且基于资源优势、合作前景、沟通有效性等形成的群体内部及群体间的协作能力互信是众创团队内外部达成整体创新创业意向的机制基础，是构建支撑团队簇协同创新网络运行的信任惯例的必要条件。因此厘清网络信任惯例与协作互信效应的联系，辨析信任惯例氛围下协作能力互信机制的构建研究要点和方向，对建立适应众创团队间协作创新创业的信任背景至关重要。

众创团队簇主体具有低聚度、松散型合作特征。低聚物一词来源于有机化学，表示由较少的重复单元组成的聚合物，具有相对分子量少、密度低、质量小、活性强的特点。在管理实践中，构成众创团队簇的合作主体可以定义为基于临时性项目和非正式性组织关系，由具备不同领域优势、弱关联关系的异质性合作方构成的决策主体[2]，小到非结构化面试中的无领导小组、一定时间节点和任务导向下的临时团队，大到跨领域合作的虚拟组织以及多国家代表参与的国际性组织等。现有决策问题中低聚度问题集中在知识结构低聚性下的共识协同，需要以客观尺度作为标准构建决策模型，但众创团队簇合作主体由于知识背景差异、

---

[1] 常红锦，党兴华，杨有振. 创新网络惯例与关系稳定——信任的中介作用 [J]. 科研管理，2017，38（11）：10-17.
[2] 吕冲冲，杨建君，张峰. 共享时代下的企业知识创造——关系强度与合作模式的作用研究 [J]. 科学学与科学技术管理，2017，38（8）：17-28.

个体间关联松散、合作形式的非正式以及决策过程的处置复杂性等特征[①],在决策中存在缺少信任基础导致的合作意愿薄弱、缺失冲突调节力导致的冲突分歧扩大、缺乏有效沟通导致的反馈效率低下等劣势[②],其决策共识获取取决于主观的信任尺度。因此,在低聚度主体决策中快速有效地识别和定位基本信任共识,动态地反映信任变化的趋势是低聚度群体决策关注的焦点。群体研讨决策模型能够通过研讨语义立场交互的形式,灵活整合信息、反馈立场、获取共识[③],适用于松散复杂关联众创团队簇合作主体信任共识的一致性获取。因此,在群体研讨模型的基础上,总结决策信任问题领域的相关研究,可初步按如下要点解析:一方面,总结Yao等[④]与范思等[⑤]的研究,本章认为信任元(Trust element,TE)是指决策主体将每个研讨议题存在的不同类型的信任融合为一种信任倾向的过程,信任元的获取包括多主体决策中的基本合作意愿和倾向的集结,是对决策方案与决策主体可靠性的基本判断的抽象表示,因此可引入信任元概念表示主体间的基本信任基础;另一方面,基于曹兴等[⑥]与Kim等[⑦]的研究,位势演化表明众创团队簇合作主体合作地位和话语权的变化,与合作主体的动态信任关系联动密切,因而可通过主体间位势演化传递动态性的信任反馈信息。现有研究在众创团队簇合作主体信任问题方面未形成系统的成果,近似研究内容主要包括两个方面。一方面,针对合作主体决策信任内涵的界定和共识的获取,徐选华等[⑧]在不完全偏好群体决策问题中提出基于直接信任和推荐信任的决策偏好二元相似度的相聚模

---

① Halinen A., Jakkola E., Rusanen H. Accessing resources for service innovation-the critical role of network relationships [J]. Journal of Service Management, 2014, 45 (1): 223 – 225.

② Khan M. S., Breitenecker R. J., Gustafsson V., et al. Innovative entrepreneurial teams: The give and take of trust and conflict [J]. Creativity and Innovation Management, 2015, 24 (4): 558 – 573.

③ 王伟,刘付显,徐浩. 基于证据理论的群体研讨建模 [J]. 系统工程与电子技术, 2018, 40 (3): 603 – 608.

④ Yao X., Zhang X., Ning H., et al. Using trust model to ensure reliable data acquisition in VANETs [J]. Ad Hoc Networks, 2017, 55: 107 – 118.

⑤ 范思遐,周奇才,熊肖磊,赵炯. 一种动态博弈的多agent合作机制模型 [J]. 北京大学学报(自然科学版), 2015, 6 (1): 14 – 118 + 147.

⑥ 曹兴,李文. 创新网络结构演化对技术生态位影响的实证分析 [J]. 科学学研究, 2017, 35 (5): 792 – 800.

⑦ Kim H. D., Lee D. H., Choe H., et al. The evolution of cluster network structure and firm growth: A study of industrial software clusters [J]. Scientometrics, 2014, 99 (1): 77 – 95.

⑧ 徐选华,王兵,周艳菊. 基于信任机制的不完全信息大群体决策方法 [J]. 控制与决策, 2016, 31 (4): 577 – 585.

型；杜元伟等[1]将头脑风暴的原则融入主观证据的提取过程之中，构建了可以从识别框架中辨识出可能为最优方案的融合决策方法；Wu等[2]基于信任共识传递、信任推荐机制的群体决策模型，将主体间的信任关系传递作为提高共识的重要方式。另一方面，针对信任关系的动态反馈，Chiclana等[3]提出允许专家根据决策整体行为以及时间的行为演变进行加权来反映群体决策的动态性；米捷等[4]基于知识位势的视角分析了企业间的知识共享机制，描述了不同位势的主体效应对整个合作系统效率的影响；陈雪龙等[5]基于群体研讨的形式，通过逻辑语义关系构建共识模型，判断共识的演化趋势。因此，在低聚度决主体决策的特殊情景下信任元的动态解析和协同获取可以作为决策模型的改进思路。

现有关于协作能力信任的研究主要集中于多团队系统的协同需要、内部信任对网络惯例的作用机制、多种形态结构的创业团队信任的解析，对于认识和理解创业团队簇的复杂信任关系都有一定借鉴意义，但仍缺乏对复杂背景下团队信任、多阶段协作信任以及不确定性僵化信任等问题的系统应对，难以有效描述网络信任惯例下团队簇协作面临的差异型信任整合、动态性信任交互、多维度信任拓展等网络化信任模式。同时，现有关于创新团队合作模式的研究为众创团队簇合作主体信任基础共识的一致性动态性获取提供了思路，但对于众创团队簇合作主体在群体研讨中的信任共识研究仍存在不足。首先，众创团队簇合作主体的特殊性常被现有研究范式忽略，模型的均质化规范化的假设前提模糊了譬如低聚度主体等特殊研究对象的特质。实际上，由于复杂决策问题的专家群体在知识结构、从业经验、风险偏好等内容存在显著差异，对如低聚度主体等的研究对象的特殊性关注不足；其次，群体决策中的信任内涵表意不清，信任共识缺少有效的获取方法，鲜见关注信任本身的主体特殊性和信任基础共识的获取路径；最后，缺少对信任的动态变化性质以及与决策主体的关联形式的分析，多数着眼于时间

---

[1] 杜元伟, 段万春, 黄庆华, 等. 基于头脑风暴原则的主观证据融合决策方法 [J]. 中国管理科学, 2015, 23 (3): 130–140.

[2] Wu J., Dai L., Chiclana F., et al. A minimum adjustment cost feedback mechanism based consensus model for group decision making under social network with distributed linguistic trust [J]. Information Fusion, 2018, 41: 232–242.

[3] Chiclana F., Mata F., Pérez L. G., et al. Type-1 OWA unbalanced fuzzy linguistic aggregation methodology: Application to Eurobonds credit risk evaluation [J]. International Journal of Intelligent Systems, 2018, 33 (5): 1071–1088.

[4] 米捷, 林润辉, 董坤祥, 宋朋. OFDI 企业与本土集群企业知识共享的演化博弈分析——基于知识位势的视角 [J]. 管理评论, 2016, 28 (9): 106–120.

[5] 陈雪龙, 肖文辉. 基于群体研讨理论的知识元协同获取 [J]. 科研管理, 2015, 36 (12): 155–163.

节点的随机性演化趋势的表示，并未反映动态信任的具体特征对信任共识和决策主体间关联的影响。

此外，面对日益动态和复杂的竞争环境，异质型创业领导行为模式对传统创业型领导理论提出了新的挑战[1]，兼具创业行为与创新行为属性的创业型领导逐渐分化为两种异质导向风格：内部比较优势导向创业型领导与外部战略价值导向创业型领导。其中，前者重在交换范式下的多创业主体利益关系的协调，而后者重在内生范式下的多创业主体创新资源整合。目前，创业型领导已成为领导行为领域研究的重要议题[2]，考虑到其在战略型创业的核心地位已经辐射至多样水平的组织资源整合与绩效反馈研究中[3]，因此本章聚焦异质型创业领导对个体绩效的影响机制。现有成果虽然包括创业领导异质性两种类型对个体绩效的影响，但是大部分仍是异质性对绩效影响的直接效应的研究成果[4]，而对异质性影响个体绩效的内部作用机理与外部情境因素则缺乏关注。且现有成果虽关注了创业领导异质性的两种不同类型对个体绩效的影响，但主要集中在探究异质性对绩效影响的直接效应上，对异质性对个体绩效影响的内部运作机理及外部环境因素则缺乏关注。在领导行为对团队簇参与个体绩效的影响过程中，嵌入授权被认为是尤为重要的中介因素[5]。对此，国内外部分学者已从个体层面对创业型领导授权的影响作用机制进行了相关探讨，但大多侧重于领导授权对工作满意度、工作行为表现及团队绩效和组织承诺等方面的影响[6]，对多团队合作（团队簇）中的团队绩效通过异质型创业领导嵌入授权影响团队个体绩效的报道相对鲜见，现有研究尚不能有效描述复杂动态竞争环境中嵌入授权差异对团队簇个体绩效的涌现机制。此外，现有研究对于领导方式差异化导致的团队簇能力互信氛围这一内生变量也

---

[1] Dionne S. D., Gupta A., Sotak K. L., et al. A 25 - year perspective on levels of analysis in leadership research [J]. The Leadership Quarterly, 2014, 25 (1): 6 - 35.

[2] Ruvio A., Rosenblatt Z., Hertz - Lazarowitz R. Entrepreneurial leadership vision in nonprofit vs. for - profit organizations [J]. The Leadership Quarterly, 2010, 21 (1): 144 - 158.

[3] Zahra S. A., Covin J. G. Business strategy, technology policy and firm performance [J]. Strategic Management Journal, 2010, 14 (6): 451 - 478.

[4] Khan S., Asghar M., Zaheer A. Influence of leadership style on employee job satisfaction and firm financial performance: A study of banking sector in islamabad, Pakistan [J]. Actual Problems of Economics, 2014, 155 (5): 374 - 384.

[5] Sun L. Y., Zhang Z., Qi J., et al. Empowerment and creativity: A cross - level investigation [J]. Leadership Quarterly, 2012, 23 (1): 55 - 65.

[6] Rn C. A. W. Authentic leadership, performance, and job satisfaction: The mediating role of empowerment [J]. Journal of Advanced Nursing, 2013, 69 (4): 947 - 59.

未能有效呈现，已有案例研究表明[①]，当个体具有较强的自我效能感与精益绩效导向，普遍具有高个体绩效的团队簇在缺少应对能力互信氛围时，个体具有较低合作意愿与超强创业绩效表现[②]。

团队簇（多团队局部及整体）的共同创业行为具有复杂网络视域下的多主体协同创新特征[③]，然而由于创业主要关注当期机遇、强调策略性互惠，而创新主要关注远期愿景、强调战略性布局，因此团队簇的异质型创业领导行为具有更为复杂的嵌入授权影响。针对异质型创业领导嵌入授权的可能影响，本研究的假设主要基于以下议题：①关注与领导策略及环境导向相关的嵌入结构授权，王辉[④]等学者认为结构授权是领导赋予成员完成工作的控制权与自主性以此提高成员的专业技能与知识储备，认为情境紧急程度低、任务互依性高、任务/环境不确定程度高和团队专业能力强的情况下，结构授权能够更好地促进团队簇个体绩效；②关注与角色认同、有效性传递相关的嵌入心理授权，Chiang[⑤]等学者关注个体角色认同以及责任感，认为心理授权是个体对自身所扮演的角色需要承担的责任和对群体的产生相关作用的内在认知，强调了个体熟知自身的角色目标以及影响力并把心理授权分为工作意义胜任力、自我选择和影响力这四个维度；③关注与自我效能—绩效控制相关的认知授权，Walumbwa[⑥]等学者从行为视角出发，将认知授权定义为最大效度开发自身潜能来达到提升自身工作绩效的过程，针对个体形成内在动机与激发工作行为投入的过程有着相关的研究。上述三个核心议题的研究进展表明，嵌入结构授权、嵌入心理授权和嵌入认知授权三种类型反映的异质型创业领导授权方式是关系到团队簇能力互信氛围以及异质型创业领导与个体绩效涌现的关键变量。

---

① Neu W. A. Social cues of (un) trustworthy team members [J]. Journal of Marketing Education, 2015, 37 (1): 36–53.

② Fink M., Kessler A. Cooperation, trust and performance-empirical results from three countries [J]. British Journal of Management, 2010, 21 (2): 469–483.

③ 许成磊，王鼎，段万春.创业团队簇协同复杂性及关键界面识别 [J].科技进步与对策，2017，34 (5): 148–155.

④ 王辉，武朝艳，张燕，等.领导授权赋能行为的维度确认与测量 [J].心理学报，2008，40 (12): 1297–1305.

⑤ Chiang C. F., Hsieh T. S. The impacts of perceived organizational support and psychological empowerment on job performance: The mediating effects of organizational citizenship behavior [J]. International Journal of Hospitality Management, 2012, 31 (1): 180–190.

⑥ Walumbwa F. O., Hartnell C. A., Oke A. Servant leadership, procedural justice climate, service climate, employee attitudes, and organizational citizenship behavior: a cross-level investigation. [J]. Journal of Applied Psychology, 2010, 95 (3): 517–29.

在创业多团队初次合作阶段，参与成员不具备传统团队成员所拥有的通过长期共事进行相互了解和磨合来培养、建立信任的条件。而共同任务的完成又要求创业多团队成员在合作的刚开始就要快速建立起彼此之间的信任，在这一阶段个体之间的交往具有交换特征。因此，用不包含感情、承诺与人际交流成分的快速信任（Swift Trust）这种特殊信任形式来解释对多团队成员协作关系建立的影响[1]。多团队参与个体创业初期的快速信任基于个体间年龄、职位、经济地位等一系列社会相似性而建立。此外，既有制度对快速信任的建立也起到关键作用。以制度为前提，根据制度约束个体行为。多团队创业合作开始阶段，根据合同、分工协作和行为规范等，基于制度的快速信任相应建立起来，多团队参与个体在相互有着制度信任的前提下，放弃机会主义行为，依照制度规范进行协作工作，避免违约成本增加而导致协作收益降低的不良后果。这一点类似于契约信任，是创业多团队参与个体因忌惮违背法律法规、损害个人名誉所遭到的惩处而产生的信任。而在此阶段，领导对个体进行结构授权，使得个体完成必要工作的信息与资源获取途径得到扩大，必要的知识、技能与权力得到提升，从而巩固创业多团队参与个体间初始合作阶段建立的快速信任，最终促进协作的顺利进行；在创业多团队协作关系发展阶段，参与个体基于快速信任，按部就班，各司其职，分工协作。但是随着创新创业活动的进一步深入，原本基于个体社会相似性与制度所建立起来的快速信任已满足不了现实的深层次协作要求。此时，个体间已共事一段时间，对彼此的工作胜任力、诚信度及责任感等也有了一定的了解，基于此进行对被信任方责任感、能力和可靠性的认知判断，最终建立起认知信任。此类信任直接影响个体间深入合作意愿的强弱程度，信任程度越大，个体间继续深入协作的效果越好。在此阶段，领导通过认知授权[2]提升成员的内部人身份感知而增加其组织公民行为，进而增强个体间的凝聚力和认同感。个体对自身身份角色有明确清晰的界定与了解，对协助多团队创新创业活动的顺利完成拥有使命感和责任感，进一步深化基于能力和可靠性的认知信任，保证这一阶段的协作有效进行；在多团队创新创业活动的收尾阶段，即个体间协作关系发展的最后阶段，参与个体彼此在沟通方式、行为偏好等方面相互熟知，并能够理解相互的解决问题

---

[1] 程德俊，宋哲，王蓓蓓. 认知信任还是情感信任：高参与工作系统对组织创新绩效的影响 [J]. 经济管理，2010（11）：81-90.

[2] Christens B. D., Collura J. J., Tahir F. Critical hopefulness: a person-centered analysis of the intersection of cognitive and emotional empowerment. [J]. American Journal of Community Psychology, 2013, 52 (1-2): 170-184.

的思路和方法，且在特定环境下可以判断对方会做出的举措。此时也是创业多团队参与个体间对协作关系彼此认同的阶段。在协作关系发展阶段建立起的认知信任基础上发展而来的基于情感认同的信任是创业多团队个体间彼此认同阶段的主导信任类型。强调依据相互间的感情与关系的强弱总结的情感信任，产生于被信任方显示的关心和关注的水平，信任程度越大，对关系依赖的程度也越大，个体间合作进行得也就越顺利。在此阶段，领导通过心理授权[①]让多团队创业活动中的参与个体感知到个人价值、自我效能、工作自主性与工作影响力，增强个体信心，进而增强个体的内在协作动机，保持基于关系认同的情感信任，顺利、高效地完成创业活动最后一阶段的协作工作。综上，多团队中创业领导、领导授权与能力互信氛围彼此间紧密联系，共同影响多团队创新中的参与个体协作互信的效果与协作互信机制的构建。每一要素又受到众多分因素的影响，例如领导授权包括认知授权、心理授权与结构授权；能力互信氛围又包括快速信任、认知信任与情感信任等，这些要素内部以及要素间的耦合效应对组织学习效果的提升具有难以估量的作用。

鉴于上述分析，第一，本章将梳理网络信任惯例运行角度下的复杂节点信任行为、循环交互信任模式、拓展演化的信任路径三类维度，解析众创团队簇协作能力互信机制的概念以及其面临的信任地位多层性、发展动态性、转型不确定性难题，并且借助和谐管理理论对协作能力互信中的关键问题和解析重点进行主题辨析，明确机制的构建方向和内控构架，从知识整合认知互信、角色协调结构互信和能力跃升情感互信三方面要点为众创团队簇建立稳定的互信机制提供有益参考。第二，本章将提炼相关研究成果构建信任共识获取的基本模式，以低聚度主体在群体决策中特有的信任内涵、信任评价、信任演化为立足点构建共识模型，在解析低聚度主体信任元的内涵结构基础上改进现有群体研讨共识方法，构建信任元协同获取模型，通过集结各个决策主体间的信任变化程度和位势演化趋势构建主体间的信任关系的动态演化模型。第三，本章将关注异质性创业领导所具有的嵌入授权领导行为，从结构授权、心理授权和认知授权这三个维度，分别解析异质型创业领导差异化授权所具有的中介作用，并且在能力互信氛围的影响下分析团队簇个体绩效之于创业领导异质性的层次变化效应。第四，在分析现有创业多团队参与个体间协作互信相关理论成果基础上，剖析个体间的信任随协作关系以及伴随的领导授权的转变而演化

---

① Chunfang C., Tsungsheng H. The impacts of perceived organizational support and psychological empowerment on job performance: the mediating effects of organizational citizenship behavior. [J]. International Journal of Hospitality Management, 2012, 31 (1): 180-190.

的过程,并据此构建动态的创业多团队参与个体间协作互信发展过程模型,进而在此基础上运用反映复杂要素关联的网络层次分析法深入分析问题,最后选取符合情况的企业创业多团队个体间的协作互信度进行实证研究。

因此,本章借助和谐主题辨析的 EOL 模型,归纳出多团队协作创新在初创期、发展期和转型期面临的知识位势、角色互惠以及能力跃迁要求下的协作能力互信主题,构建了面向初创期的认知信任、发展期的结构信任以及转型期的情感信任在内的互信机制。与此同时,基于群体研讨模型对众创团队簇合作主体进行信任元协同获取和动态信任位势演化的分析,考虑到反映为不同嵌入授权的创业领导行为能够描述成管理策略与环境导向、角色认同及有效性传递、自我效能与绩效控制等核心议题,聚焦异质型创业领导在能力互信氛围中的调节作用与嵌入授权对个体绩效产生的影响。另外,借鉴 ANP 方法的决策思想提出能够从整体协作上整合优化多团队参与个体间的协作互信的决策方法,并给出用于评价多团队参与个体间的协作互信的网络层要素,选定案例研究对象演练相关的评价方案与方法,检验前文研究的可行性并给出相应的对策与建议。对解构交互创业导向下的多团队创新网络主体间的协作策略和治理规则具有一定的理论研究和实践探索价值,对于众创团队簇低聚度群体为例的群体决策信任与共识获取问题也具有重要的理论及实践应用价值,对于理解创新与创业交互过程中的机会识别、优势搜寻与团队簇个体绩效提升机制具有重要的理论和实践意义,对多团队创新中参与个体间协作能力互信机制进行研究尤为必要,具有重要的实践研究价值及理论研究意义。

第二节 基于网络信任惯例的众创团队簇协作信任解析要点

一、网络信任惯例下团队簇协作信任解析维度

在信任网络主体的复杂信任行为方面,Dionysiou(2013)的研究展现出网络信任惯例下组织协作的主体节点、合作内容以及合作形式的多层次性与复杂导向。在此基础上,解析信任主体间信任效应的关联和交互作用,党兴华和孙永磊(2013)将组织间信任作为中介变量,研究了基于创新网络位置的组织惯例交互协同效应。此外,着眼于信任网络的外部效应,Pentland(2011)在研究中发现网络创新氛围的自组织演化状态对低聚度信任主体具有跨边界影响。梳理上述进展发现,对网络惯例的研究主要集中于网络节点路径的关联、网络资源的整合以及网络秩序的变革适应性方面的协调控制效应,结合团队间信任协作关系,创新

团队中的网络信任惯例逐渐呈现出基于团队主体资源的竞争分化、网络生态系统的动态迭代、信任方向的跨边界发展的规则构建需求，因此为解决网络信任惯例与协作互信结合中存在的多主体信任差异、多阶段信任演变以及不确定信任情景下的协作互信问题，本研究从复杂节点的信任行为、循环交互的信任模式、开拓演进的信任路径维度提炼出团队簇协作互信机制的解析方向。

（一）复杂节点的信任行为维度

众创团队簇网络下的信任惯例受到团队合作关联的差异性、层级性、离散性的影响，呈现出复杂的治理调控导向。首先，网络信任惯例催生了不同作用路径的信任行为。区别于传统研究统一体的对立面的看法，Walle 等[1]认为组织中的信任和不信任是不同维度的概念，在特定情境的网络惯例约束中，不信任态度对权威的质疑能够促进创新的涌现；在信任惯例的正向作用中，Neeley & Leonardi[2]的实证研究表明网络社交沟通惯例有助于促进知识的共享，这种惯例氛围下的非工作交互行为催化了探索精神和互信关系；在信任机制驱动研究中，Ojha 等[3]认为在组织协作供应链模型下，以学习行为为基础的信任在发展创业和协同创新中激发了组织的创造性，为持续性合作提供了保障。其次，多样性主体信任行为扩展了信任惯例的治理结构边界，Enkel 等学者[4]基于组织合作技术距离的视角，分析了信任的整合机制通过影响创新学习最终促进协作网络距离的弥合的作用路径，而这种方式被 Fainshmidt & Frazier[5]进一步拓展为网络主体动态信任协调能力构筑了成员间基于适应和竞争的组织氛围和网络惯例，增强了企业资源的感知、获取和重新配置能力，此外 McEvily 等[6]研究了以利益风险交换为目的的二元信任对组织间协作信任惯例的影响，给出了基于网络节点自身位置、失衡程度

---

[1] Van de Walle S., Six F. Trust and distrust as distinct concepts: why studying distrust in institutions is important [J]. Journal of Comparative Policy Analysis: Research and Practice, 2014, 16 (2): 158 – 174.

[2] Neeley T. B., Leonard P. M. Enacting knowledge strategy through social media: passable trust and the paradox of nonwork interactions [J]. Strategic Management Journal, 2018, 39 (3): 922 – 946.

[3] Ojha D., Shockley J., Acharya C. Supply chain organizational infrastructure for promoting entrepreneurial emphasis and innovativeness: the role of trust and learning [J]. International Journal of Production Economics, 2016, 179: 212 – 227.

[4] Enkel E., Groemmlnger A., Heil S. Managing technological distance in internal and external collaborations: absorptive capacity routines and social integration for innovation [J]. The Journal of Technology Transfer, 2017: 1 – 34.

[5] Fainshmidt S., Frazier M. L. What facilitates dynamic capabilities? the role of organizational climate for trust [J]. Long Range Planning, 2017, 50 (5): 550 – 566.

[6] Mcevily B., Zaheer A., Kamal D. K. F. Mutual and exclusive: dyadic sources of trust in interorganizational exchange [J]. Organization science, 2017, 28 (1): 74 – 92.

和权利地位不同情境下信任风险交换对合作互信的多层作用效应。鉴于此,分析复杂主体的信任概念属性、信任协调机制、信任作用方向与网络信任惯例的交互影响机制,对探明团队簇差异性主体信任情景下协作互信结构具有重要意义。

(二) 循环交互的信任模式维度

团队簇在创新创业交互的协作导向下,通过网络整体结构、网络节点位置、网络资源配置、网络关系整合的发展动态调整自身的信任结构,使网络信任惯例成为一个不断进化的有机体。一方面,网络惯例的控制调节作用使得团队间互信更具规范性,例如孙永磊等[1]的研究表明,基于不同的期望和关注的调节定向表现出不同的信任惯例氛围和状态,更易形成固定的行为默契和规范共识;Zhang &Zhao[2]的研究进一步指出,网络信任惯例的调控力主要表现为控制组织间隐形或显性知识流动的吸收和整合机制,促进创新成果的融合和外化;从物联网协作组织角度分析,Sicari 等[3]认为网络信任惯例存在的环境适应和自我修复功能,能够灵活应对各种信任缺损情景。另一方面,信任惯例的反馈进化效应促进了主体间互信机制的动态性,Kim[4] 的研究指出,在信任惯例互动的调整下,组织间信任具有跨阶段和多层次的多级信任倾向,这种动态更新的网络惯例在 Borkar & Mahajan[5] 看来更像一种移动自组织信任网络,在动态拓扑和资源配置下能够指导组织间信任寻找更加安全高效的合作路径。在此基础上,Schaefer 等[6]的元分析研究进一步描述了组织间协作中人机交互信任惯例的重要性,表明网络信任制度的发展和完善是未来创新信任自制系统建立和演化的基础。鉴于此,解析循环交互信任模式的控制调节和协同演化效应下信任网络交互适应的路径和方向,对构建标准化动态性的团队簇互信机制具有重要意义。

---

[1] 孙永磊,宋晶,谢永平. 调节定向对创新网络惯例的影响——基于组织间信任的情景分析 [J]. 科研管理,2016,37 (8):1-7.

[2] Zhang M., Zhao X., Lyles M. Effects of absorptive capacity, trust and information systems on product innovation [J]. International Journal of Operations & Production Management, 2018, 38 (2): 493-512.

[3] Sicari S., Rizzardi A., Grieco L. A., et al. Security, privacy and trust in internet of things: the road ahead [J]. Computer networks, 2015, 76: 146-164.

[4] Kim D. J. A study of the multilevel and dynamic nature of trust in e-commerce from a cross-stage perspective [J]. International Journal of Electronic Commerce, 2014, 19 (1): 11-64.

[5] Borkar G. M., Mahajan A. R. A secure and trust based on-demand multipath routing scheme for self-organized mobile ad-hoc networks [J]. Wireless Networks, 2017, 23 (8): 2455-2472.

[6] Schaefer K. E., Chen J. Y. C., Szalma J. L., et al. A meta-analysis of factors influencing the development of trust in automation: implications for understanding autonomy in future systems [J]. Human factors, 2016, 58 (3): 377-400.

(三) 拓展演化的信任路径维度

网络信任惯例同时具备路径依赖性和创造性、创新变革性与适应性等双面特征，因而在团队簇协作创新互信惯例的引导下，合作主体或个体可能逐渐产生依赖而摒弃创造，制度逐渐僵化而丧失创新，因此需要跨边界、去中心、分布式的信任惯例和互信机制打破信任的惯性。针对信任惯例的低效性，Goeschl & Jarke[①]的研究表明，团队间信任关系的维持需要付出昂贵的监测成本，因而引发了对信任惯例的效率的思考。针对这种网络惯例下的低效行为，Villena等[②]研究了组织间信任机制的正面和负面影响，认为两种影响呈倒U形，当网络信任主体相互依赖性降低以及灵活创新性增强时信任才能发挥促进作用。关于信任创新网络的研究，Hannah（2009）等学者发现团队信任网络结构洞与信任程度为负相关关系，因而需要控制信任惯例中结构洞主体数量，有效抑制节点间的机会主义，增强基于信任惯例的主体间互动交流，从而为突破创新营造环境。对于网络惯例的惰性，成泷等[③]认为在团队合作创新过程中应保持适当的耦合程度而加强惯例的动态拓展和适应性变化，防止惯例的固化和僵化。鉴于此，在长期标准化网络信任惯例对团队互信的固化和阻碍背景下，如何打破信任惯性，拓展信任惯例和互信机制动态演化的路径需要重点关注。

二、众创团队簇协作能力互信机制的概念与关键问题

（一）众创团队簇协作能力互信机制的概念

在网络信任惯例的作用下，关注复杂网络节点信任情景、交互循环标准化信任模式、跨边界动态信任演化，有利于整合多样化创新个体与合作主体基于差异化角色、资源及行为属性共同具有的灵活的成员关系、多层次的创业意愿以及多变的行为策略，对众创团队簇协作能力互信的内涵和主题解析有重要意义。

基于前文的网络信任惯例研究维度，综述现有文献，众创团队簇协作能力互

---

① Goeschl T., Jarke J. Trust, but verify monitoring, inspection costs, and opportunism under limited observability [J]. Journal of Economic Behavior & Organization, 2017, 142: 320–330.

② Villena V. H., Choi T. Y., Rrvilla E. Revisiting interorganizational trust: is more always better or could more be worse? [J]. Journal of Management, 2016: 1–34.

③ 成泷，党兴华，蔡俊亚. 组织耦合、网络惯例对突破式创新的影响研究 [J]. 软科学, 2018, 32 (3): 47–50.

信概念的研究进展主要着眼于以下要点：①关注差异性对象间协作互信，Grandison等（2000）从互信对象差异性合作属性出发衡量协作水平，包括可靠性、可依赖性、合作能力或意愿等方面，而Josang等（2005）认为这种复杂的合作属性是由信任团队双方的知识、经验、技术背景造成的，表明多团队合作中创新个体、团队主体的复杂背景造成多样性的协作互信情景，需要明确不同情境下的信任导向；②关注动态性团队簇协作互信特征，Rousseau（1998）认为信任的基础可能基于计算、关系、制度和威慑等多种关系的结合与发展，而许成磊[1]等认为团队簇创新主体间存在多种途径的光晕信任、临时信任与关联信任等，表明不同阶段和情景下的团队协作创新具有显著的动态信任效应和协作关联；③关注面向不确定性的协作能力互信机制的发展，解学梅等[2]发现企业多部门协同创新效用发挥过程中出现了明显的外溢效率，使得既定的信任承诺机制的发挥出现了偏差。基于这种信任的不确定性，王智生（2012）等探讨了创新中合作成员间的信任关系与知识分享的协同演化关系，并构建了一个包含信任与知识分享的动态演化模型。研究表明互信机制的不确定性因素可能对创新效率的发展存在一定的制约，而建立动态适配的互信机制有利于降低不确定性。

总结上述研究，基于对网络信任惯例的研究维度，本研究发现差异性对象间互信构建、动态性团队簇互信特征辨识、不确定性互信情景应对是协作能力互信机制构建的概念要点。基于该认识，本研究将协作能力互信机制界定为在多团队合作创新创业过程中，基于多样性合作主体特征形成的复杂合作情境，关注信任发展中的动态创新协作关联，面向不确定因素下的信任协作匹配需要，形成的多阶段多情景信任的内在关联和运行方式。

（二）众创团队簇协作能力互信机制构建的关键问题

以上众创团队簇协作能力互信机制概念反映了创新团队协作过程中面临的多主体、多阶段、不确定性互信特征，结合前文网络信任惯例研究涉及的差异性信任行为、交互性信任模式以及灵活性信任路径，反映出如图5-1所示的团队簇协作能力互信机制构建的主要思路和关注重点。

---

[1] 许成磊，王鼎，段万春．创业团队簇协同复杂性及关键界面识别[J]．科技进步与对策，2017，34（5）：148-155．

[2] 解学梅．企业协同创新影响因素与协同程度多维关系实证研究[J]．科研管理，2015，36（2）：69-78．

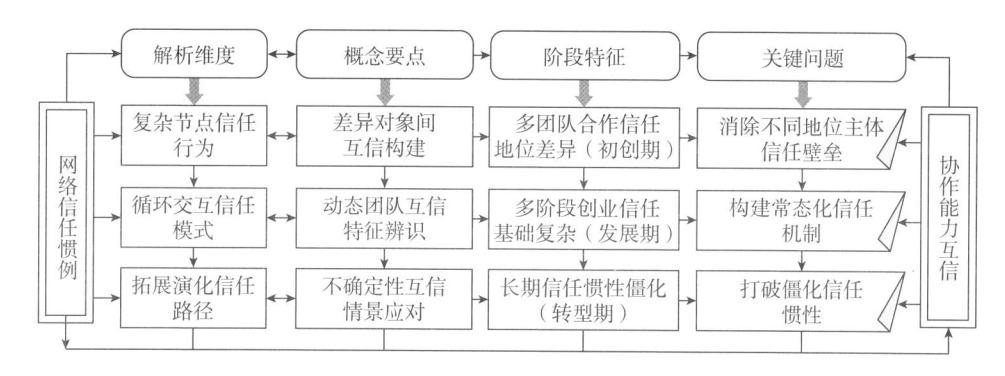

图 5-1 众创团队簇协作能力互信构建的关键问题分析

1. 复杂多团队合作互信情境的差异性

复杂节点的信任行为惯例维度要求团队簇协作互信机制关注多团队互信情景差异性的应对，在团队簇创业协作主体研究中，以 Robey（1989）、Marks（2001）为代表的学者关注了团队内部个体对团队信任的结构性差异，但缺乏对复杂背景下创新多团队信任关联的重视。实际上，在创新创业合作初期，多主体互信情景的差异性问题指拥有不同背景、技术、资源的团队存在不同的知识优势、思维方式以及发展诉求，在创业实践中容易产生矛盾和冲突的信任趋势。同时，基于第二节的分析内容，这种信任合作趋势影响了信任惯例的作用方向，使得多团队协作网络惯例失衡，造成优势创新主体和创新资源供需不均，众创网络内部易出现竞争和分化，形成多元隔阂的网络信任惯例和创新生态系统，不利于众创信息资源的动态供给和流通，阻滞了创新型创业的动态发展。因此，面对复杂多团队差异性的合作情景和信任惯例行为，关键要点在于如何整合不同网络节点的信任行为、消除不同地位主体的信任壁垒。

2. 创新创业多阶段信任基础的复杂性

循环交互的信任模式惯例要求多团队协作互信效应关注多阶段信任基础的复杂联系，在跨阶段的信任机制研究中，以 Mayer, Davis & Schoorman（1995）和 Tiejun（2013）等学者为代表的研究发现了在不同风险、态度、诉求导向与特定合作情境下的互信效应，但缺少对不同发展阶段和协作需求的信任主题的辨析和机制的研究。实际上，王丽平和刘小龙[①]认为按照创新创业项目的不同发展阶

[①] 王丽平，刘小龙. 价值共创视角下众创空间"四众"融合的特征与运行机制研究 [J]. 中国科技论坛，2017（3）：109-116.

段,可将创新创业项目细分为苗圃期、孵化期、加速期三个持续成长阶段。而多阶段信任基础的复杂性表现在每一阶段中或阶段过渡时期,创业系统网络惯例在演进过程中由于熵的不断生成而导致创新网络产生多方面的无序性,同时内外部环境的不断变化引起成员个体和团队间的地位关系和信任基础的变化,以不确定性逐渐瓦解创新团队的协作网络。基于(二)的分析,创新协作关系网络的运行和发展需要发挥网络惯例的调控保障作用维持创新协作信任网络的相对稳定性和动态适应性,因此建立多主体协同治理机制以稳定团队簇协作网络,此外协作互信常态化机制构建、网络节点不确定性控制是应对复杂的合作情境的关键。

3. "闭源"稳定合作中逐渐僵化的信任惯性

拓展演化的信任路径惯例要求协作能力互信机制的构建关注动态演化的信任合作路径。在团队簇稳定性信任运行特征研究中,以 Kilduff(2000)与 Mohamme(2001)等为代表的研究关注了当期创新团队间协作互信效应的分析,但缺少长期不确定性情境下的互信机制的适应性和发展空间的探讨。实际上,逐渐僵化的信任惯性指团队簇创新创业进入成熟期,稳定的网络信任惯例使得知识共享成为常态,团队间创新协作形成闭合的信任网络而难以与外界资源进行交互的状况。这种僵化的机制可能造成团队知识技术资源趋于同质化,尤其在效果逻辑的驱动下,每个团队主体都只选择承受自己能够承受的风险和损失,使突破式创新的随机性更强,缺乏目标导向而阻碍创新点的涌现。同时,在稳定的信任协作创新网络中,团队主体会逐渐放弃创业初期具备的有意识偏离原则、实时影响意识等路径创造理念,容易被禁锢于特定的创新路径。因此,在(三)的分析指导下,着眼于创新创业交互导向的协作能力互信机制能够把握长期协作创新的发展方向,需要整合去中心化与跨边界效应的信任惯例和合作模式来打破信任惯性和网络惯例的僵化,同时仍要保持网络惯例的相对稳定性和动态演进性,以保证团队簇协作能力互信机制的灵活适应性。

第三节 众创团队簇协作能力互信机制的构建

一、众创团队簇协作能力互信机制的主题辨析

在网络信任惯例解析维度下的协作能力互信效应中,多层次网络主体的复杂团队信任效应形成并演化于不同类型的创新团队和团队簇创业的各个阶段,并在创业环境、创业要素以及创新模式等外部因素演变的推动下,导致解析其关键问题的难度进一步增加。厘清团队簇协作信任效应发展的阶段性特征、辨析各

阶段的协作能力互信管理主题、形成适应主题的协作互信机制构建要点是解决上述困境的关键。和谐主题辨析方法由于其主题辨识和规则适用过程的分析动态性、情景适应性和机制保障作用，有利于合理解析网络信任惯例氛围下的复杂信任行为、多阶段信任主体以及动态信任网络协作互信机制的阶段性主题要求和构建要点，同时综合信任惯例网络层面的分析维度，弥补了和谐主题辨析理论解析对象单一的问题。因此，引入和谐主题辨析的相关理论和方法，能够理顺网络信任惯例要求下众创团队簇创新协作互信机制的情景特征与构建需求之间的匹配关系。

（一）分析框架

和谐管理理论以管理的问题导向和解决现实需求为出发点，综合环境（Environment）、组织（Organization）与领导（Leadership）三方面要素（EOL），决定组织在某一时期所面临的任务及要解决的问题，即和谐主题（Hexie Theme）。依据和谐主题的内容和特征，选择相应的"和则"（He Principles，HP）与"谐则"（Xie Principles，XP），即能动致变的演化机制和优化设计的控制机制，之后通过和则和谐则围绕不同阶段主题、不同构成层次间的相互作用、相互转化促进系统整体的涌现，从而形成完整的运行机制，分析过程参见已有文献[1][2]，互信机制的和谐主题辨析思路见图5-2。

（二）主题辨识

梳理网络信任惯例研究进展，结合众创团队簇创新创业实践和相关文献研究[3][4]，发现团队簇协作创新面临动态复杂的内外环境，大致经历创业萌芽、指数型增长以及兼并整合三个阶段。随着创新创业工作的深入，团队簇结构经历了

---

[1] 席酉民，韩巍，尚玉钒. 面向复杂性：和谐管理理论的概念、原则及框架 [J]. 管理科学学报，2003, 6 (4)：1-8.

[2] 王琦，席酉民，尚玉钒. 和谐管理理论核心：和谐主题的诠释 [J]. 管理评论，2003, 15 (9)：24-30.

[3] Dahl J. Conceptualizing coopetition as a process: an outline of change in cooperative and competitive interactions [J]. Industrial Marketing Management, 2014, 43 (2): 272-279.

[4] Bstieler L., Hemmert M., Barczak G. The changing bases of mutual trust formation in inter-organizational relationships: a dyadic study of university-industry research collaborations [J]. Journal of Business Research, 2017, 74: 47-54.

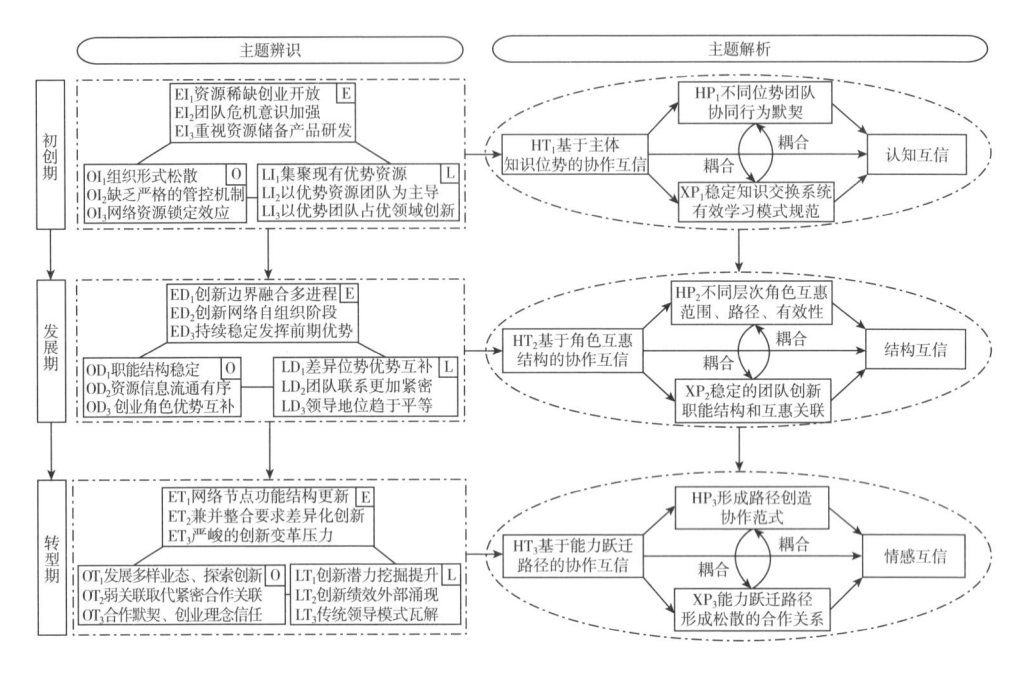

图 5-2 协作能力互信机制的和谐主题解析

松散——紧密——弱关联的发展过程[1]，领导方式也由内部资源优势导向向外部战略布局导向发展[2]。结合和谐管理理论 EOL 模型分析各个阶段的协作能力互信效应特点如下。

1. 发展之初互信机制主题辨析

在多团队创业发展之初，在环境方面（E），Mason 等[3]提出动荡竞合关系中功利导向的信任需求界定了知识共享与流通的可行空间，指出生存是其面临的最大挑战。在资源稀缺与创业开放的背景下（EI_1），团队簇的危机意识加强（EI_2），增强了对技术和产品研发以及对资金、人才等资源储备的重视（EI_3）；在组织形式方面（O），杨菊萍等（2003）提出现有规模化、集聚化发展需求强调不同性质团队间的优势互补和协同效应，与现有团队簇创业的灵活形式间存在

---

[1] Kozlowski S. W. J., Bell B. S. Work groups and teams in organizations [J]. Industrial & Organizational Psychology, 2013, 12: 333-375.

[2] Dionne S. D., Gupta A., Sotak K. L., et al. A 25-year perspective on levels of analysis in leadership research [J]. The Leadership Quarterly, 2014, 25 (1): 6-35.

[3] Mason W. A., Jones A., Goldstone R. L. Propagation of innovations in networked groups [J]. Journal of Experimental Psychology: General, 2008, 137 (3): 422-433.

一定矛盾。基于众创的运行基础，团队簇创业组织形式较为松散（OI_1），各团队基于共同的目标和愿景聚集，相较于普通意义上的组织而言缺乏行之有效和必要的控制和管理机制（OI_2），同时在获取资源的过程中，团队簇协作本质就是在不断地开拓网络中的结构洞，网络结构的逐步改变也就形成了平台组织的竞争优势，因此为保证团队间的网络资源锁定效应（OI_3），团队间必要的信任是关键；在领导形式方面（L），Rottman（2008）等指出团队前期的技术优势、管理经验、人才资源等的积累奠定了不同团队专业的领先地位，通过多团队创业优势资源的整合利用（LI_1），以具备知识、技术、人才等资源比较优势的团队为主导（LI_2），围绕其占优领域进行创业创新是首要目标（LI_3）。由此可见，在众创团队簇创新创业初期，互信和谐主题关注对知识技术优势团队的信任基础的构建，即基于知识位势的协作互信（HT_1）。

2. 发展期互信机制主题辨析

在众创团队簇创业的发展期，在创业环境方面（E），Gassmann（2006）指出在创新资源整合背景下，知识社会的开放特性、流体特质激发了创新边界融合多进程（ED_1）。新的协同导致团队创业呈现指数型增长，在政策鼓励和行业利好的大环境中，竞争者接踵而至，创新网络进入了自组织阶段，竞争和协同相互依赖并在一定条件下相互转化（ED_2），如何维持并稳定发挥创业初始阶段积累的技术产品资源优势成为这一阶段面临的主要问题（ED_3）；在组织结构上（O），Aldrich & Martinez（2005）认为既有协同结构与功能为多团队角色关系构造基础，"合约型团队"的组建可以消除不一致性，找到团队主体身份认同和利益结合点。而跨领域合作者以及开放环境的潜在合作者也能缓和紧张协作气氛、打破信任壁垒，促进团队簇协作创新形式基本成型，主要表现为稳定的职能结构（OD_1）、资源信息的有序流通（OD_2）、团队间创业角色优势互补（OD_3）等；在团队簇领导方面（L），刘凤朝等[1]提出创业技术的升级表现在不同资源占优团队间的互补整合。占主导地位的知识优势团队以认知信任为基础输出知识，而从属团队学习汲取知识资源，同时根据自身的技术和专长服务于团队簇整体创新（LD_1），这使得团队间的联系更加紧密（LD_2），处于不同知识位势的团队位势差异逐渐缩小，合作领导地位趋于平等（LD_3）。由此可见，在团队簇创业发展期，持续稳定的创新绩效的涌现意味着团队簇资源流通顺畅、合作关系稳定，要求和

---

[1] 刘凤朝，邹德林，马荣康. 专利技术许可对企业创新产出的影响研究——三种邻近性的调节作用[J]. 科研管理，2015，36（4）：91-100.

谐主题关注角色互惠结构的协作互信（HT_2）。

3. 转型期互信机制主题辨析

在环境方面（E），Aritzeta（2008）认为随着新的创业形式和理念的不断发展，多元创新要素的涌现和融合下的创业环境愈加不可预测，团队簇边界在产业内和垂直市场中融合跨越。面临多团队创业次生生态环境的变迁，要求创新网络内部节点功能和结构的更新（ET_1），行业内的兼并整合压力迫使创业团队以打造差异化的创新生产力为创业转型的导向（ET_2），团队簇面临严峻的创新变革压力（ET_3），需要更加灵活、高效的协作信任形式；在组织结构方面（O），刘喜怀等[①]提出团队间彼此约束的互利期望和责任共担也会限制相互联系的企业双方打破原有资源和信息结构的桎梏，从而阻碍突破式创新的发生。因此，处于此阶段的创新团队致力于探究多种形式的新兴业态、开展探索式创新（OT_1），相对紧密的合作关系正在被弱关联协作关系所取代（OT_2），传统基于知识能力和角色结构下的协作信任逐渐演变成对彼此的合作默契、创业理念以及发展能力的信任（OT_3）；在团队簇领导方面（L），Tang 等（2013）指出外部战略价值为主的创业型领导关注主体的创新潜力的挖掘以及能力的提升（LT_1），因而更注重创新绩效的外部涌现（LT_2），导致以内部优势资源团队为核心的传统领导模式不断瓦解（LT_3），在鼓励个体创造能力跃升的过程中更易形成平等的合作信任关系。由此可见，在团队簇创业转型期，严峻的创业压力促使团队簇创新创业导向由合作创新转为能力突破，基于合作默契的松散领导关系有利于协作主体创新绩效的不断涌现，使得这一阶段的和谐主题关注能力跃迁路径的协作互信（HT_3）。

（三）主题解析

知识位势是指创业活动中的知识主体之间具有知识广度和资源深度层面的固有差异[②]，而与此关联的知识位势差异则构成了资源观视角下解读知识—信任这一对重要因素流动特质的关键。一方面，对处于知识位势优势方而言，面对较低位势的团队在合作初期基于自身收益风险防范意识的协作基础不确定性，优势位势团队需要共享自身的优质知识资源，建立团队间协作互信的知识存量基础（王

---

① 刘喜怀，葛玉辉，王倩楠. TMT 团队信任对团队过程和决策绩效的中介作用——基于层级回归分析的实证研究［J］. 系统工程，2015（6）：41-48.

② 刘景东，党兴华，谢永平. 不同知识位势下知识获取方式与技术创新的关系研究——基于行业差异性的实证分析［J］. 科学学与科学技术管理，2015（1）：44-52.

智生，2006）。另一方面，对于处于知识位势劣势方而言，出于自身地位与利益的考虑和临时信任与偶发信任的归集和控制难度，处于信任认知劣势的一方难以对联系的刺激和约束做出及时回馈（Dhanaraj & Parkhe，2006）。

基于网络信任惯例复杂节点的信任行为分析维度的研究进展，结合团队簇协作创新关键问题和相关研究，在团队簇创业初期，基于主体差异性知识位势的协作互信，要求形成高位势团队的支持和低位势团队的合作间的有效协同行为默契（HP_1），建立较为稳定的信息知识交换系统和学习机制规范（XP_1），从而缩小不同知识位势团队间的差距，改善低位势主体的被动知识地位，提升高位势主体的创新效率。基于上述思考，在构建互信机制时，应首先关注团队品质、领导能力、创新能力、合作意愿等内容，借此形成初创期众创团队簇的认知互信机制。

1. 基于角色互惠结构的协作互信

角色是定义合作信任关系、认定协作职责的主要内涵，关注互惠意义上角色的交互状态与利益诉求，有助于理解众创个体间、团队间及个体—团队间不同层次信任关联的载体特征与获得性差异[①]，进而建立相对稳定的协作模式，实现信任资源在众创中的再配置，降低创新中互信机制的不确定性。一方面，众创团队间的互惠角色信任具有组织间依赖关系的对立统一特质；另一方面，众创团队间的互惠角色信任集中体现为创业个体对现有创新模式的认同感，Cross & Cummings（2004）的实证表明知识密集型创新者间的角色结构与个体创新绩效紧密相关。

基于网络信任惯例循环交互的信任模式维度，分析团队簇协作创新关键问题和相关研究，在团队簇创业发展期，随着众创团队簇创新的进一步深入，愈加多元的创业主体与完善的创新生态正在激发众创参与个体、团队以及个体—团队等不同层面的角色互惠范围、路径与有效性（HP_2）。此阶段要求主体接受相对稳定的团队创新职能结构、角色互惠关联和协作信任纽带（XP_2），以保证团队簇创新绩效的持续稳定涌现。基于上述思考，在构建互信机制时，应关注组织架构、角色职能分配、合作互助行为等内容，借此形成发展期众创团队簇的结构互信机制。

2. 基于能力跃迁路径的协作互信

角色互惠的结构信任缺乏自我完善能力，逐渐僵化的现状需要优化现有互信关联，激发构成主体的创造潜力。同时，尊重个体创造力涌现与集体创意效能的交融创业理念也能使信任空间得以扩张，信任内涵得以飞跃。具体说来，其一，

[①] Lloyd K. J., Boer D., Kluger A. N., et al. Building trust and feeling well: examining intraindividual and interpersonal outcomes and underlying mechanisms of listening [J]. International Journal of Listening, 2015, 29 (1): 12–29.

沟通能力是转化知识存量优势并重塑角色信任的重要方式,匹配丰富角色内涵的情景化沟通能力对塑造创业者多面手角色与信任至关重要(赵文红,2015);其二,执行能力是保障创业组织知识边际效益、减少信任不稳定因素的重要途径;[①] 其三,概念能力是增强创业组织容错能力与自我纠错能力的重要导向,有利于协作信任内涵的拓展深入,对促进成员的角色转变与信任巩固具有普遍价值(Danneels,2002)。

结合网络信任惯例拓展演化的信任路径维度的研究进展,在众创团队簇创新转型期,要求沟通能力、执行能力与概念能力三个维度跃迁路径的创业信任关系区别于传统的基于知识、结构、利益分配等内涵的信任理念,通过吸纳、组合、创造新兴思维形成路径创造的协作范式(HP_3),借由不同方式、途径与导向的能力跃迁路径形成松散的合作关系(XP_3)。而这种协作创新关系模式的有效运行需要基于长期建立的、无形默契的互信关系,达到一种理想稳固的信任状态。基于上述思考,在构建互信机制时,应关注成员关系、承诺信誉、危机处理等内容,借此形成转型期众创团队簇的情感互信机制。

二、众创团队簇协作能力互信机制的构建要点

在前文研究的基础上,笔者提出众创团队簇协作能力互信机制的运行机理,如图5-3所示,具体列述如下。

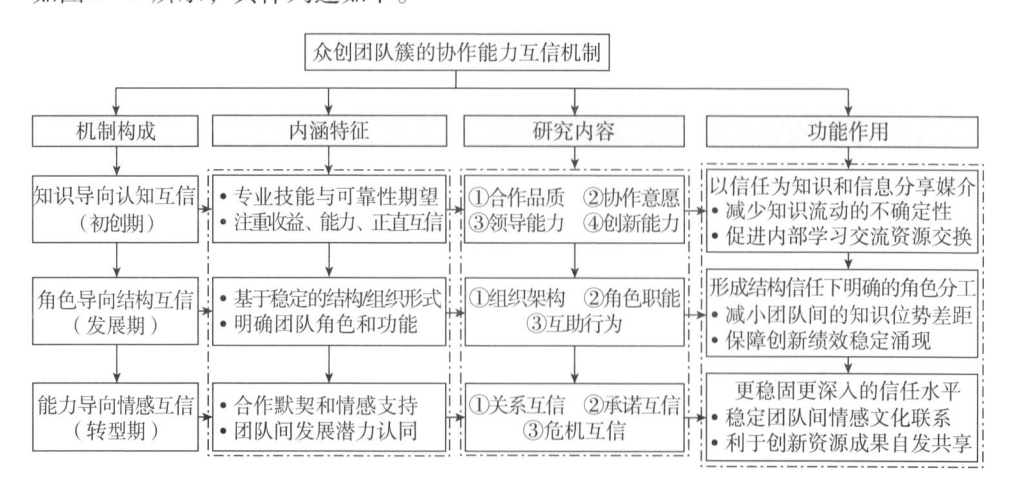

图5-3 众创团队簇协作能力互信机制运行机理

[①] Vilà J., Canales J. I. Can strategic planning make strategy more relevant and build commitment over time? the case of racc [J]. Long Range Planning, 2008, 41 (3): 273-290.

（一）知识导向认知导向

基于复杂主体间的认知信任是一种施信方根据受信方能力强弱的理性判断所形成的信心，是对其他成员的专业技能和可靠性的合理期望。创业活动初期，认知信任意味着团队成员注重创新收益、能力、利他和正直基础上的了解和互信。主要研究内容包括：①合作品质互信，关注创业初期团队间对彼此的创业性人格特质、品质素养、共同喜好、价值观等属性一致性的判断，是团队簇创新创业合作的前提，也是协作能力互信机制的基础；②协作意愿互信，建立在合作品质互信的基础上，基于团队间创业协作的目的、态度、期望等分析判断基础上形成的信任，是协作能力互信机制构建的首要条件；③领导能力互信，聚焦于初期创业团队的位势差距下形成的优势团队领导模式，包括被领导团队对领导团队知识、技术、领导能力的信任以及领导团队对被领导团队创新潜力、学习能力、合作意图的信任，是协作能力互信机制有序运行的重要保障；④创新能力互信，涵盖创新团队的知识汲取处理能力、技术吸收转化能力、创新点探索发现能力、试错能力等评价和信任，也是团队簇协作能力的重要体现，是协作能力互信机制运行的主要动力。鉴于此，认知信任机制的主要作用表现在优势团队以信任为媒介分享知识和信息，通过促进团队间内部的学习交流和资源的交换，从而避免知识流动的不可控性，使多团队创业形成更加融洽的创新环境。

（二）角色协调结构互信

随着协作过程中知识流动和位势演化，基于优势团队的知识信任在实践中具有不确定性，需要构建稳定的结构协作信任关系来改善。基于这种思考，关注团队簇创业中的结构互信，即基于一种相对稳定的结构或组织形式而形成的团队间信任，重点在于明确各团队在创新中的角色和功能。主要研究内容为：①组织架构互信，指成员对团队簇组织系统适配性的一种信任，即对现有合作框架的认可，是协作能力互信机制保持稳定性的基础；②角色职能互信，包括对角色分配、职能协同、职能潜力等方面的信任，以各个团队在协作创新中均发挥关键作用为基础，创业活动的推进使得团队间创新能力的互信逐渐转化为对彼此的职能责任和完成能力的互信，有效保障协作能力互信机制的平稳运行；③互助行为互信，包括对团队簇内部的协作意愿、互助行为、协助效果的信任，表明对现有合作信任体系和角色互惠结构的高度认同。鉴于此，结构信任机制的主要作用为随着团队簇创业的升级，形成明确的角色分工和合作情境，减小团队间的知识位势差距，在结构信任基础上保障创新绩效涌现。

（三）能力导向情感互信

转型期团队簇创业面临环境变迁，传统的协作信任结构逐渐僵化而难以适应复杂的内外创业环境，此时需要充分发挥团队的创新跃迁能力，而情感信任是团队簇保持合作关系的保障。能力导向下的情感信任是指基于创新团队间长期合作形成的默契和氛围，基于彼此的情感联系、情感支持而产生的信任，源于对其他团队创新发展潜力的认同。主要研究内容包括：①关系互信，包括轻松自由的创新氛围、无形的合作默契和纽带，是关联逐渐松散的转型期内推动团队协作转型和创新潜力挖掘的基础环节；②承诺互信，指对团队彼此信守承诺的信任，超越传统的契约联系，包括对共同的目标、愿景互信，是团队及成员参与感和效能感倾注的保障；③危机互信，指团队簇内部在不确定性因素干预、团队危机的产生以及偶发性质疑过程中仍能修复或保持互信的状态，及时发现危机并采取有效的手段解决。情感信任代表团队簇间更高的信任水平，主要作用为在制度联系和知识联系较为松散的情境下，通过团队间情感文化的培养，适应不同创新发展特征，促进创新资源和成果自发性共享。

第四节 众创团队簇协同创新的信任共识解析复杂性

研讨方式是决策主体合作决策实现的最直接、最便捷的方式，通过群体研讨形成共识的过程对于低聚度主体复杂、动态、不确定下的合作关系有着直观、可控的反馈，但常规的群体研讨模型无法对众创团队簇合作主体松散性合作关联下的信任基础共识获取黑箱进行有效描述。正如李小勇（2010）的研究所示，开放系统中的信任关系复杂多变，受到期望、行为和环境等多种因素的影响，Liu & Chang 认为这种复杂性表现在主体感知信任的多元性和高度主观性[1]，造成信任共识难以有效融合，而张艳玲等[2]认为声望信任的评价模式以及如何在群体中快速准确的传播是群体合作演化研究的重要问题。因此，为直观展现并解析这种复

---

[1] Liu H. H., Chang J. H. Relationship type, perceived trust, and ambiguity aversion [J]. Marketing Letters, 2017, 28 (2): 255–266.

[2] 张艳玲，刘爱志，孙长银. 间接互惠与合作演化的若干问题研究进展 [J]. 自动化学报, 2018, 44 (01): 1–12.

杂性，在群体研讨的评价模型下[1]，根据研讨语义内容的交互性，运用信任元的概念，根据文献[2][3]信任单元表示形式，构建信任倾向评分矩阵进行信任共识获取复杂性的说明。

假设存在一个由5位专家构成的低聚度决策群体，需要对4个方案进行群体研讨决策，这4个方案分别由 S_1、S_2、S_3、S_4 提出。令5个决策主体的权重分别为 $\lambda E_1 = 0.3, \lambda E_2 = 0.25, \lambda E_3 = 0.15, \lambda E_4 = 0.1, \lambda E_5 = 0.2$，则根据其对方案的关注和研讨语义立场形成信任倾向评分矩阵（0表明未发言，分数>0表明语义为"支持"，分数<0表明语义为"反对"），则第一轮研讨后的初始评分矩阵如图5-4所示。

$$\begin{array}{c} \quad\quad S_1 \quad S_2 \quad S_3 \quad S_4 \\ \begin{array}{c} E_1 \\ E_2 \\ E_3 \\ E_4 \\ E_5 \end{array} \begin{bmatrix} 0.3 & 0 & 0 & 0 \\ 0 & 0.25 & 0 & 0 \\ 0 & 0 & 0.15 & 0 \\ 0 & 0 & 0 & 0.1 \\ 0 & 0 & 0 & 0 \end{bmatrix} \end{array}$$

图 5-4 研讨初始评分矩阵

情况1 信任的主客观差异影响信任倾向的评价标准

在交互讨论获取信任共识的群体研讨过程中往往包含多种信任信息，难以分辨具体的信任对象。具体而言，对于上文提到的 S_1、S_2、S_3、S_4 四个方案，分别给出完善的方案信息内容，分两组进行信任倾向评价，一组通过决策主体独立完成评分，另一组用研讨方式完成评分，评分矩阵如图5-5、图5-6。信任倾向评分的差异性表明信任对象的复杂性影响主体的信任程度，独立评分矩阵显示了以方案本身有效性为标准的评价水平，包含更多的批判性评价，相比而言更为客观；而研讨评分矩阵包含了讨论过程对方案发言人的信任程度，以对方案与主体两方面信任为标准完成的综合评分，包含更多的主观信任评价。因此，有效辨析主客观信任评价的差异性值得关注。

---

[1] De Meo P., Ferrara E., Rosaci D., et al. Trust and compactness in social network groups [J]. IEEE transactions on cybernetics, 2015, 45 (2): 205-216.

[2] 曹兴，李文. 创新网络结构演化对技术生态位影响的实证分析 [J]. 科学学研究, 2017, 35 (5): 792-800.

[3] Kim H. D., Lee D. H., Choe H., et al. The evolution of cluster network structure and firm growth: A study of industrial software clusters [J]. Scientometrics, 2014, 99 (1): 77-95.

$$\begin{array}{c} \quad\quad S_1 \quad\quad S_2 \quad\quad S_3 \quad\quad S_4 \\ \begin{array}{c} E_1 \\ E_2 \\ E_3 \\ E_4 \\ E_5 \end{array} \begin{bmatrix} 0.3 & -0.3 & 0 & 0 \\ 0 & 0.25 & -0.25 & 0 \\ -0.15 & 0 & 0.15 & 0.15 \\ -0.1 & 0.1 & 0 & 0.1 \\ 0.2 & 0 & -0.2 & 0 \end{bmatrix} \end{array}$$

图 5-5 独立情况信任倾向评分矩阵

$$\begin{array}{c} \quad\quad S_1 \quad\quad S_2 \quad\quad S_3 \quad\quad S_4 \\ \begin{array}{c} E_1 \\ E_2 \\ E_3 \\ E_4 \\ E_5 \end{array} \begin{bmatrix} 0.3 & -0.3 & 0 & 0 \\ 0 & 0.25 & 0 & 0 \\ 0 & 0 & 0.15 & 0.15 \\ -0.1 & 0 & 0 & 0.1 \\ 0.2 & 0 & -0.2 & 0 \end{bmatrix} \end{array}$$

图 5-6 研讨过程信任倾向评分矩阵

情况 2 决策主体关系影响信任倾向的评价立场

在群体研讨中，某些主体会对其他主体进行支持、怀疑和反对，很大程度上影响了信任倾向评分的走向，增加了研讨共识状态的多样性，存在相对紧密关联的主体和松散关联的主体研讨，评分矩阵对比如图 5-7 和图 5-8。对比可知，发言主体相同，图 5-7 中的 E_1 与 E_5，E_3 与 E_4 有相似的信任倾向，而图 5-8 中的 5 个主体信任联系较为分散，二者信任倾向截然不同。因此，解析主体间的信任关系值得关注。

$$\begin{array}{c} \quad\quad S_1 \quad\quad S_2 \quad\quad S_3 \quad\quad S_4 \\ \begin{array}{c} E_1 \\ E_2 \\ E_3 \\ E_4 \\ E_5 \end{array} \begin{bmatrix} 0.3 & -0.3 & 0 & 0 \\ 0 & 0.25 & 0 & 0 \\ 0 & 0 & 0.15 & 0.15 \\ 0 & 0 & 0.1 & 0.1 \\ 0.2 & -0.2 & 0 & 0 \end{bmatrix} \end{array}$$

图 5-7 紧密关联主体信任倾向评分矩阵

$$\begin{array}{c} \quad\quad S_1 \quad\quad S_2 \quad\quad S_3 \quad\quad S_4 \\ \begin{array}{c} E_1 \\ E_2 \\ E_3 \\ E_4 \\ E_5 \end{array} \begin{bmatrix} 0.3 & -0.3 & 0 & 0 \\ 0 & 0.25 & 0 & 0 \\ 0 & 0 & 0.15 & 0.15 \\ -0.1 & 0 & 0 & 0.1 \\ 0.2 & 0 & -0.2 & 0 \end{bmatrix} \end{array}$$

图 5-8 松散关联主体信任倾向评分矩阵

情况 3　决策主体权重演变影响信任倾向的变化趋势

常规模型中决策主体的权重在每一研讨阶段都保持不变,但低聚度主体决策地位的非固定性和动态性要求研讨权重的适应性变化,由此带来了信任评价的差异性,不同权重主体信任倾向评分研讨对比情况如图 5-9 和图 5-10。对比可知,在发言立场情况相同的情况下,主体相对位势不变,权重的变化也会影响信任倾向的现状和发展趋势。因此,主体权重的变化对信任共识的影响需要关注。

$$\begin{array}{c} \quad\quad S_1 \quad\quad S_2 \quad\quad S_3 \quad\quad S_4 \\ \begin{array}{c} E_1 \\ E_2 \\ E_3 \\ E_4 \\ E_5 \end{array} \begin{bmatrix} 0.3 & -0.3 & 0 & 0 \\ 0 & 0.25 & 0 & 0 \\ 0 & 0 & 0.15 & 0.15 \\ -0.1 & 0 & 0 & 0.1 \\ 0.2 & 0 & -0.2 & 0 \end{bmatrix} \end{array}$$

图 5-9 权重不变情况下的信任倾向评分矩阵

$$\begin{array}{c} \quad\quad S_1 \quad\quad S_2 \quad\quad S_3 \quad\quad S_4 \\ \begin{array}{c} E_1 \\ E_2 \\ E_3 \\ E_4 \\ E_5 \end{array} \begin{bmatrix} 0.45 & -0.45 & 0 & 0 \\ 0 & 0.2 & 0 & 0 \\ 0 & 0 & 0.12 & 0.12 \\ -0.08 & 0 & 0 & 0.08 \\ 0.15 & 0 & -0.15 & 0 \end{bmatrix} \end{array}$$

图 5-10 权重变化情况下的信任倾向评分矩阵

情况4 非连续性信任影响信任倾向的评分水平

在群体研讨中,不同阶段研讨内容的差异决定了此阶段信任倾向评价情况,相邻两个阶段的信任倾向评分如图5-11、图5-12所示。表明即使处于连续相邻的时间节点,信任倾向可能出现截然相反的情况(如E_2对S_3的评价),表明信任具有时间上的非连续性。因此,如何描述测度这种非连续性需要重点关注。

$$\begin{array}{c} \quad\quad S_1 \quad\quad S_2 \quad\quad S_3 \quad\quad S_4 \\ \begin{array}{c}E_1\\E_2\\E_3\\E_4\\E_5\end{array}\begin{bmatrix} 0.3 & -0.3 & 0 & 0.3 \\ -0.25 & 0.25 & -0.25 & 0 \\ 0.15 & 0 & 0.15 & 0.15 \\ -0.1 & 0.1 & 0.1 & 0.1 \\ 0.2 & 0 & -0.2 & 0 \end{bmatrix} \end{array}$$

图 5-11 t_n 阶段的信任倾向评分矩阵

$$\begin{array}{c} \quad\quad S_1 \quad\quad S_2 \quad\quad S_3 \quad\quad S_4 \\ \begin{array}{c}E_1\\E_2\\E_3\\E_4\\E_5\end{array}\begin{bmatrix} 0.3 & -0.3 & 0 & 0.3 \\ -0.25 & 0.25 & 0.25 & 0 \\ 0.15 & -0.15 & 0.15 & 0.15 \\ -0.1 & 0.1 & 0.1 & -0.1 \\ 0.2 & 0 & -0.2 & 0 \end{bmatrix} \end{array}$$

图 5-12 t_{n+1} 阶段的信任倾向评分矩阵

针对上述复杂性,不少学者提出了一些具有借鉴意义的解决方法。针对情况1,De Meo 等[1]提出了系统直接信任和推荐信任等多种信任的变化和融合,而尹进[2]等在消费者推荐系统中将信任划分为客观信任和主观信任,并基于主观信任的对称性和传递性构建了信任推荐模型;针对情况2,Liu 等[3]通过将信任度一致

---

[1] De Meo P., Ferrara E., Rosaci D., et al. Trust and compactness in social network groups [J]. IEEE transactions on cybernetics, 2015, 45 (2): 205-216.

[2] 尹进, 胡祥培, 郑毅. 基于主观逻辑方法的消费者多源信任融合模型 [J]. 管理科学, 2017, 30 (3): 75-82.

[3] Liu H. H., Chang J. H. Relationship type, perceived trust, and ambiguity aversion [J]. Marketing Letters, 2017, 28 (2): 255-266.

范围内的专家组成拥有相似信任偏好的小组来缩小个体间意见的分歧程度，最终提高了决策共识水平和决策效率；针对情况3和情况4，李小勇等（2010）建立了基于IOWA算子的直接信任预测模型，改善了传统模型的动态适应性不足的问题，Mikulski[①]开发了基于分布式组织和离散时间的信任一致性协商模型RoboTrust，并引入系统动力学分析基于时间变化的多主体信任协商过程，对描述动态信任下的决策一致性具有借鉴意义。

基于现有模型的复杂性以及已有成果，本部分基于群体研讨模型对众创团队簇合作主体信任共识获取的模型构建如下：①研讨方案信任共识获取——基于信任元的协同获取。针对情况1、2的复杂信任情景，主体对研讨议题的信任元可以抽象为对每个议题的研讨对象的基本信任意愿，根据信任对象的差异，将信任元内涵进一步分类，用群体研讨共识获取方式进行信任元协同获取。②决策主体互信程度归集——基于决策主体位势演变。针对情况2、3、4，在群体研讨信任共识的获取中，众创团队簇合作主体间的信任关系存在非连续性动态变化，为将信任动态反馈融入信任元协同获取过程中，可以通过主体间信任评分的集结来确定主体权重的变化，即测度主体间相对位势的演化。

第五节　众创团队簇协同创新的协作能力互信的整合优化

一、考虑主客观一致性的信任元协同获取

基于第四节复杂性情况1和情况2所述问题，本研究在信任元协同获取过程中对传统群体研讨共识模型进行了基于低聚度主体决策特点的适应性改进。针对传统模型研讨评价内容笼统、评分标准单一、过程性影响要素缺少分析等问题，以众创团队簇合作主体的信任为评分依据，并将信任内涵具体化为主观信任和客观信任[②]，以各决策主体的权重立场和研讨情况形成信任元评分矩阵，并描述了两种信任的获取方式和动态协同算法。较之于传统研讨模型，改进后的模型具体化了信任内涵的评价内容，描述了主观信任和客观信任在研讨中分歧和转化细节，并给出了两种信任的动态协同过程，更直观地反映每一研讨阶段主客观的信任一致性变化趋势和各个决策主体的信任立场变化情况。具体的模型构建

[①] Mikulski D. G., Lewis F. L., Gu E. Y., et al. Trust-based coalition formation in multi-agent systems [J]. The Journal of Defense Modeling and Simulation, 2014, 11 (1): 19-32.

[②] 刘元兵，张文芳，王小敏. 云制造环境下基于多属性模糊信任评估的访问控制方案 [J]. 计算机集成制造系统，2018, 24 (2): 321-330.

过程如下。

（一）群体研讨信任模型构建

一般地，将决策主体对每个研讨议题存在的不同类型的信任抽象为一种信任元（Trust element，TE）[①][②]，表示某种情景下主体对某一对象具有整体意义的、不可分割的信任表达。在决策实践中，信任元的表现类似一种通过将被信任对象的外在行为表现和反映的内在目的特质进行信任标准的评价，最终得到的总体信任判断。与评分体系和满意度不同，信任元更多强调基于方案的提出者能力的认可、方案的可靠性和潜力以及方案对合作关系的影响下的决策主体基本信任态度，其协同获取的过程也是决策主体对研讨对象可信度的整合集结过程。根据信任内涵的动态演变，群体研讨中的信任元包括主观信任（ST）和客观信任（OT）（Terzis，2004）。客观信任即身份信任，是一种基于第三方凭证的信任，以非关系性的客观信息为评判基准，而主观信任指行为信任，更多地基于自身判断而得到的模糊感知（Cui，2012）。在群体研讨中，信任元协同获取表现为众创团队簇合作主体的信任评分矩阵反映的信任共识状态的辨析，主观信任（ST）由决策主体对研讨内容语义立场评分确定，客观信任（OT）邀请具备相关资质的第三方评鉴机构评分（或经验状态识解水平）确定。基于群体研讨模型的信任元评分矩阵主要包含四个要素：研讨对象（S）、决策主体权重（W）、决策主体信任立场（P）、信任元评分矩阵（Γ）。

定义1：研讨对象（S）。设研讨对象为集合 $S = \{s_1, s_2, \cdots, s_m\}$，对每个研讨对象 $s_i = \{p_{ij}, v_{ij}, d_{ij}, q_{ij}, r_{ij}\}$（$0 \leq i \leq m, 0 \leq j \leq n$），表示第 j 个主体对第 i 个议题的发言，内容包含方案提出 p_{ij}、观点 v_{ij}、论证 d_{ij}、疑问 q_{ij}、相关资源 r_{ij}。

研讨过程中，研讨对象内容结构具有一定的逻辑关联性，可以采用研讨树的结构，将议题视为根节点，语义关系相关的发言形成叶节点，节点之间的语义关系用有向弧表示（见图5-13）。同一条枝叶节点上的发言代表决策主体对某一研讨对象的关注程度和信任立场。

---

① Kim H. D., Lee D. H., Choe H., et al. The evolution of cluster network structure and firm growth: A study of industrial software clusters [J]. Scientometrics, 2014, 99 (1): 77-95.

② 曹兴，李文. 创新网络结构演化对技术生态位影响的实证分析 [J]. 科学学研究, 2017, 35 (5): 792-800.

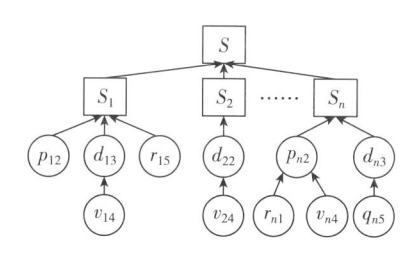

图 5-13 研讨树

定义 2：决策主体权重（W）。设决策主体权集合为 $W = \{\lambda_1, \lambda_2, \cdots, \lambda_n\}$，每个主体权重为 λ_j，其中 $0 \leq \lambda_j < 1$（$j = 1,2,\cdots,n$）。权重 λ_j 指决策主体的话语权，表明主体在团队合作中的位势情况，主体权重之和为 1。在众创团队簇合作主体的信任元协同研讨过程中，主体权重 λ_j 由其他决策主体的一致评价决定。同时，决策主体的研讨情况代表主观信任水平。

定义 3：决策主体信任立场（P）。每个研讨对象 s_i 的发言内容包含差异性语义关系，表明了决策主体对研讨对象的基本信任立场 $P = \{s, o, i\}$，s 为支持，o 为反对，i 为不关注。

定义 4：第三方主体（L）。研讨过程中第三方主体集合为 $L = \{L_1, L_2, \cdots, L_l\}$，每个第三方主体由于其权威性和客观性而权重相同，其评分作为信任元客观信任的水平。

定义 5：信任元评分矩阵（H）。令主观信任评价以决策主体权重（W）为评分值 τ_{ij}，根据语义立场（P）确定数值的正负情况确定数值（见式 5-1），客观信任评价由第三方机构给出方案的可行性评分 ε_i，且 $\varepsilon_i \leq \varepsilon_{top}$，$l\varepsilon_{top} \leq 1$，两种信任评分集合为信任元评分矩阵 H。

$$\tau_{ij} = \begin{cases} P = "s", \tau_{ij} > 0 \\ P = "o", \tau_{ij} < 0 \\ P = "i", \tau_{ij} = 0 \end{cases} \quad \text{式 5-1}$$

$$H = \begin{bmatrix} \tau_{11} & \tau_{12} & \cdots & \tau_{1m} \\ \vdots & \vdots & \ddots & \vdots \\ \tau_{n1} & \tau_{n2} & \cdots & \tau_{nm} \\ \varepsilon_{11} & \varepsilon_{12} & \cdots & \varepsilon_{1m} \\ \vdots & \vdots & \ddots & \vdots \\ \varepsilon_{l1} & \varepsilon_{l2} & \cdots & \varepsilon_{lm} \end{bmatrix} \quad \text{式 5-2}$$

(二) 主客观信任的一致性测算与动态融合

众创团队簇合作主体间由于存在松散的联系、复杂的结构、差异性的资源和偏好，群体研讨的观点和内容下潜藏着多种层次的信任伴生以及信任演变。传统群体研讨模型仅以立场和权重作为评价标准，并未对评价内容和结构进行界定和区分。因此，在众创团队簇合作主体中，根据信任元的定义内涵和共识状态，借鉴王刚 (2013) 和尹进等[①]研究中主客观信任的差异性效应和直接信任推荐信任间的聚合效应，将信任共识水平的评价分解为主客观信任元的一致性测算与动态融合，以识别和集结研讨中的分歧和共识。

定义6：主客观信任一致性评价。由于主客观信任的评分主体属于不同对象，存在非单子集焦元情况，因此借鉴任剑等[②]的群体共识度测算改进方法，在此采用余弦相似度进行一致性测量，更适用于决策立场复杂主体的一致性测算。衡量标准为余弦相似度越大，一致性越高，反之，冲突程度越大。由于主客观评分主体存在数量不相同的情况，在此使用标准化后的余弦相似性计算公式，时刻 t 每个研讨方案的一致性检验可以表示为：

$$\text{Sim}(E_i, L_j) = \frac{\left| \frac{1}{nl} \sum_{j=1}^{l} \sum_{i=1}^{n} \tau_i \cdot \varepsilon_j \right|}{\sqrt{\frac{1}{n} \sum_{i=1}^{n} (\tau_i)^2} \cdot \sqrt{\frac{1}{l} \sum_{j=1}^{l} (\varepsilon_j)^2}} \qquad \text{式5-3}$$

取阈值 Sim_0，若 $\text{Sim}(E_i, L_j) \geq \text{Sim}_0$，表明主观信任和客观信任具有一致性，进行下一步研讨信任共识状态的计算；若 $\text{Sim}(E_i, L_j) < \text{Sim}_0$，表明主观信任和客观信任缺乏一致性，因而需要进行主客观信任的融合。

定义7：主客观信任动态融合。在研讨过程中，由于低聚度主体间信任的不完全性，在初始阶段的主观信任大部分取决于自身模糊倾向的判断，而客观信任基于权威第三方评价，因此研讨初期客观信任元所占比重较大。但随着研讨交互次数的增多和方案评价信息的丰富，低聚度主体的主观信任逐渐融入客观性，兼具客观执行有效性和主体合作可行性的方案更能获得信任，此刻的主观信任比重增大，客观信任比重减小。为了描述主客观比重的动态变化，令 α 为主观权重，

[①] 尹进，胡祥培，郑毅．基于主观逻辑方法的消费者多源信任融合模型 [J]．管理科学，2017，30 (3)：75-82.

[②] 任剑，王坚强，胡春华．基于余弦贴近度与群体共识度的正态云多准则群决策方法 [J]．控制与决策，2017，32 (4)：665-672.

β 为客观权重,在时刻 t 构建如下模型:

$$\begin{cases} \alpha(q) = 1 - \left(\dfrac{1}{2}\right)\dfrac{q}{p-q}, p > q \\ \beta = 1 - \alpha \end{cases} \qquad 式\ 5-4$$

其中,q 为当前阶段研讨内容主体间交互次数,p 为最大交互次数。由权重得到时刻 t 某研讨方案主客观信任评分的融合结果为

$$H' = (\alpha\tau_1, \alpha\tau_1, \cdots \alpha\tau_n, \beta\varepsilon_1, \beta\varepsilon_2, \cdots \beta\varepsilon_l)^T \qquad 式\ 5-5$$

(三) 信任元协同获取

信任元的协同获取过程体现在模型中,即对信任共识状态的评价和达成。对于模型收敛性的测量,多阶段研讨信任元协同获取主要由群体研讨共识状态评价模型分析和测定决策主体的信任共识状态,主要包括关注权重、关注水平、共识权重、共识水平四个指标的测度[①]。在改进后的群体研讨信任评价矩阵的基础上,进行信任共识状态评价来协同获取信任元。借鉴相关文献[②]的改进思路,构建如下的协同获取过程与指标。

定义 8:关注权重。在时刻 t,决策主体信任关注权重 $W^t(S_k)$ 为某一研讨对象叶节点发言人的权重 λ_k 以及对应子节点语义信息的关注权重之和,即:

$$W^t(S_k) = \lambda_k + \sum_{l \in R(S_k)} W^t(S_l) \qquad 式\ 5-6$$

其中 λ_k 为叶节点发言人的权重,$R(S_k)$ 为时刻 t 中 S_k 子节点的结合,$W^t(S_l)$ 为 t 时刻中 S_k 子节点 l 发言的权重,且 $W^t(S_k) \in (0, \infty)$。当研讨对象只存在叶节点时,$W^t(S_k) = \lambda_k$。关注权重表示决策主体对研讨对象的关注程度,$W^t(S_k)$ 越高,表明主体对 S_k 的关注程度越高。

定义 9:关注水平。群体在时刻 t 的信任关注水平 $F(S_k)$ 是消除了群体规模和权重分布影响后的决策主体对研讨对象 S_k 的关注水平。其定义如下:

$$F_{S_0} = \frac{W^t(S_0)}{\sum_{j=1}^{n} \lambda_j} \qquad 式\ 5-7$$

其中 $\sum_{j=1}^{n} \lambda_j$ 表示参与研讨的所有决策主体的权重之和。$F(S_k)$ 取值为 $(0, \infty)$。根据相关文献,群体研讨状态为时间变量,由于方案的提出研讨和主体对方案的了解熟悉均需要过程,不同阶段研讨状态具有差异性。研讨状态是一个由不成熟

---

① 陈雪龙,肖文辉. 基于群体研讨理论的知识元协同获取 [J]. 科研管理,2015,36 (12):155 - 163.

到成熟的过程。且随研讨深入，研讨树 S_k 随枝叶节点的增多而增大。$F(S_k)$ 越大，表明决策主体对研讨对象 S_k 的信任关注水平越高，即群体对 S_k 的研讨成熟度越高，反之越低。通过关注水平 $F(S_k)$ 衡量群体研讨成熟度，设 F_0 为研讨成熟度阈值（$F_0 > 0$ 且为常数），若 $F(S_k) \geq F_0$，则对 S_k 的研讨已经成熟；$F(S_k) < F$，则表明对 S_k 的研讨尚未成熟。

定义10：共识权重。决策主体信任立场趋于一致即为达成信任共识，而共识权重表示对研讨对象 S_k 信任立场一致的主体权重水平，定义为：

$$W^c(S_k) = \lambda_k + \sum_{l \in R(S_{ks})} W^c(S_l) - \sum_{l \in R(S_{ko})} W^c(S_l) \qquad 式5-8$$

其中，S_{ks} 表示语义上支持 S_k 的子节点集合，S_{ko} 表示语义上反对 S_k 的子节点集合，λ_k 的取值表明当 λ_k 对应节点信任立场为支持 $P(s)$ 时，λ_k 取正值，信任立场为反对 $P(o)$ 时，λ_k 取负值。$W^c(S_l)$ 表示子节点的共识权重，计算方法与 $W^c(S_k)$ 一致。$W^c(S_k)$ 取值为 $(-\infty, \infty)$，对于相同规模、权重条件下的研讨对象 S，$|W^c(S_k)|$ 越大，决策主体信任一致性越高，反之越小。

定义11：共识水平。上述信任共识权重 $W^c(S_k)$ 在衡量共识程度时无法反映研讨对象各类条件的变化，因此需要计算共识水平 C_k 来消除 S_k 其他变量的影响，定义如下：

$$C_k = \frac{W^c(S_k)}{W^f(S_k)} \qquad 式5-9$$

C_k 表示在时刻 t，信任关注权重与信任共识权重比较下的信任共识水平，即消除 S_k 自身情况下的决策主体信任一致程度。

由定义8和定义9可知，$W^c(S_k) < W^f(S_k)$，则 C_k 取值范围为 $[-1,1]$。当 $|C_k| \to 1$，表明模型趋于收敛，决策主体信任共识程度呈增长趋势，表明决策主体信任共识程度趋于增长，当 $|C_k| \to 0$，表明决策主体信任共识程度趋于下降，信任共识水平发散。具体可分为以下情况：①一致信任，$C_1 \leq C_k \leq 1$；②有分歧的信任，$C_0 \leq C_k \leq C_1$；③严重分歧，$|C_k| < C_0$；④有分歧的不信任，$-C_1 \leq C_k \leq -C_0$；⑤一致不信任，$-1 \leq C_k \leq -C_1$。其中 C_0, C_1 为信任共识阈值，满足 $0 < C_0 < C_1 < 1$。

在众创团队簇合作主体研讨决策初始，根据决策主体的个人情况以及代表团队在合作中的资源位势情况给定各决策主体的权重 λ_j（$j = 1, 2 \cdots, n$），之后进行研讨。令 $t = n$ 为第 n 轮研讨的时间节点，根据图5-13研讨树结构以及第三方主体评分情况，确定信任评分矩阵 H，根据式5-3~式5-5进行主客观信任评价和融合后，依据定义8，计算出研讨对象 $S_1,\cdots S_n$ 的信任关注权重 $W^f(S_1),\cdots,W^f(S_n)$。此后，根据式5-6、式5-7计算出根节点 S_0 的总体信任关注权重 $W^f(S_0)$，关注水平 F_{S_0}：当 $F_{S_0} < F_0$，表明研讨不成熟，进入下一轮研讨 $t = n+1$；当 $F_{S_0} > F_0$ 时，成熟度水平达到标准，利用式5-8、式5-9进行信任共识权重 $W^c(S_0)$ 和信任共识水平 C_{S_0} 的计算。最后，将信任共识水平 C_{S_0} 值对应定义11信任共识状态的五种情况，则为 $t = n$ 阶段信任元协同获取的结果状态。

二、基于非连续信任归集的动态信任与位势演化

对于第四节众创团队簇合作主体信任共识获取复杂性情景2、3、4，传统群体研讨方法在众创团队簇合作主体的背景下常发生分歧而难以融合、研讨效率过低等情况，且在群体研讨信任元协同获取过程中无法完全应对动态信任状态演化的复杂情境。决策主体间信任状态的动态变化造成了决策主体话语权变动和位势相对性的演化。为测量这种动态性信任情景，本研究借鉴 Wu 等对于信任传递共识的研究[1]，引入非连续性信任函数针对决策主体进行各个研讨阶段信任度的测量、归结，以反映每个时间节点的主体受信水平，进而转化为代表主体相对位势的权重值，作为下一轮信任元协同获取的权重信息，改进了研讨模型中权重长期固定以及主体间动态位势演化信息缺失的问题。具体计算过程如下。

（一）信任函数构建

依据 Wu 等的研究[2]，信任函数可用"信任程度"和"不信任程度"的区间函数表示，信任值可通过计算信任区间函数的平均值得到，具体定义如下。

定义12：信任函数。由于主体间的信任水平很难用一个确切的数字衡量，因此引入区间数 $\varphi = (t,d)$，其中 t 表示"信任水平"，d 表示"不信任水平"，且 $t,d \in [0,1]$，则信任函数可以表示为：

$$\Phi = \{\varphi = (t,d) \mid t,d \in [0,1])\} \equiv [0,1]^2 \qquad 式5-10$$

定义13：信任值。信任函数 $\Gamma \to [0,1]$，根据信任函数 Φ 中 t,d 的值来计算信任值得分 ts，即：

---

[1] Wu J., Chiclana F., Fujita H., et al. A visual interaction consensus model for social network group decision making with trust propagation [J]. Knowledge-Based Systems, 2017, 122: 39-50.

[2] Wu J., Chiclana F., Fujita H., et al. A visual interaction consensus model for social network group decision making with trust propagation [J]. Knowledge-Based Systems, 2017, 122: 39-50.

$$ts(\varphi) = \frac{(t - d + 1)}{2} \qquad \text{式 5 - 11}$$

需要注意的是，为保持一致性，信任函数评价同样包括主观信任评价和客观信任评价，主观信任评价指主体间的相互信任，而客观信任评价即第三方机构的独立信任评价，均以信任函数形式做出评分。此外，信任函数具有非连续性和主客观融合性，即每一阶段信任值相对独立，不能以相邻阶段的信任度互相推测，且随研讨深入，主观信任会随交互次数的增加而逐渐具备客观性，因此，主体间的信任评价仍旧需要根据式 5 - 3 ~ 式 5 - 5 进行主客观信任一致性判定和动态融合，融合后的信任值得分为 $TS(\varphi)$。

（二）信任度归结

在信任评价中，基于研讨过程对个人观点的语义立场，每个决策主体对某个体的信任程度存在某种程度的偏好，且具备动态性，如果用简单的算术平均方法来归结容易出现信任水平波动幅度较大的情况，为了确保决策主体权重时间上的稳定性，考虑 $t - 1$ 阶段形成的权重水平的基础上对决策主体信任度进行归结。由于信任函数本质上为信任程度的模糊评价，因此借鉴郭甦等[1]关于犹豫模糊几何算子及应用的研究，引入犹豫模糊 Einstein 诱导有序加权集合算子（HFEIOWG）对信任度进行集结。

令 $\Lambda = \{TS_1, TS_2, \cdots, TS_n\}$ 为信任值 $TS(\varphi)$ 的集合，则在研讨 t 阶段，对于决策主体 E_j 的信任值 $TS(\varepsilon_j)$ 的集合为 $\Lambda_j = \{TS_{1j}, TS_{2j}, \cdots, TS_{nj}\}$，将信任值进行降序排序得 $\Lambda_j^O = \{TS_{oj}{}^1, TS_{oj}{}^2, \cdots, TS_{oj}{}^n\}$。将 Λ_j^O 视为一组犹豫模糊元，则通过 HFEIOWG 算子得到集成结果，计算如下：

$$TS_j{}^* = \frac{2\lambda_{t-1}(j) \prod_{q=1}^{n}(TS_{oj}{}^q)}{\prod_{q=1}^{n}(2 - TS_{oj}{}^q) + \prod_{q=1}^{n}(TS_{oj}{}^q)} \qquad \text{式 5 - 12}$$

其中，$TS_j{}^*$ 为决策主体 E_j 的集成信任值，$\lambda_{t-1}(j)$ 是主体 E_j 在第 $t - 1$ 阶段的权重，$TS_{oj}{}^q$ 为有序集 Λ_j^O 中第 q 个信任值。HFEIOWG 算子满足单调性、有界性和交换律。决策主体信任值集合为 $\Lambda^* = \{TS_1{}^*, TS_2{}^*, \cdots, TS_n{}^*\}$。

---

[1] 郭甦，金飞飞，陈华友. 犹豫模糊 Einstein 几何算子及应用 [J]. 计算机工程与应用，2015，51 (17)：53 - 58.

（三）信任度影响下的权重计算

信任评价下的权重计算需要引入有序加权平均算子（OWA）。OWA 算子由 Yager（2004）首次提出，由语言量词引导，表示多数观点在群体决策中的实施情况。在决策主体间信任评价过程中，语言量词可用基本单位区间单调（BUM）函数 Q 表示，满足 $[0,1] \rightarrow [0,1]$；$Q(0) = 0, Q(1) = 1$ 且当 $x \geq y$ 时，$Q(x) \geq Q(y)$。据此，以信任值集合为自变量的主体权重计算公式可构造为：

$$\lambda_T^{\sigma(h)} = Q\left(\frac{T(\sigma(h))}{T(\sigma(n))}\right) - Q\left(\frac{T(\sigma(h-1))}{T(\sigma(n))}\right) \qquad 式 5-13$$

其中，$\lambda_T^{\sigma(h)}$ 表示决策主体的权重水平，$T(\sigma(h)) = \sum_{l=1}^{h} TS_{\sigma(l)}^*$，$\sigma(h)$ 表示信任值集合 Λ^* 降序排列后的顺序标签，同时 $T(\sigma(k)) = \sum_{l=1}^{k} TS_{\sigma(l)}^*$，表示信任值之和。

由上述计算步骤可得到 t 阶段决策主体的权重值，之后按照信任元协同获取的群体研讨模型定义 1 到定义 7 的方法计算得到 t 阶段的信任共识水平，同理可得到 $t+1, t+2, \cdots, t+n$ 阶段的权重和共识水平，实现基于主体位势演化下的信任元协同获取。

三、算例分析

在某个承担国家数字经济重大工程项目中，为攻克城市数据网络创新方面的技术难题，由代表城市交通网络（E_1）、大数据服务（E_2）、环境监测（E_3）、食品安全（E_4）、医药卫生（E_5）领域的 5 个团队以及负责技术、风险的第三方权威评级机构 L_1, L_2 进行项目的合作研讨和第三方评价。5 个团队中，E_1 规模最大且成立时间长，行业内地位举足轻重；E_2 近几年在行业内发展迅速，拥有雄厚的知识背景和技术经验，已承担并完成多个重大项目；E_3、E_4 规模和发展状况相似，对相关领域发展方向有一定的把控；E_5 为新创团队，拥有项目所需的技术但缺乏经验。由于 5 个团队处于不同的地域范围，知识技术领域差异较大，发展方向和成熟程度各不相同，因此相互关系较为松散，少有交集，属于低聚度团队。决策主体根据项目主持方基于 5 个团队基本情况赋予的初始权重 $\lambda^{t_1} = \{0.4, 0.25, 0.15, 0.15, 0.05\}$ 进行群体研讨，作为信任元协同获取研讨的主观信任评价信息，而第三方机构 L_1, L_2 的评分作为客观信任评价信息。针对研讨议题，决策主体提出了 6 种方案 $S_1 \sim S_6$，即 6 个研讨对象。

步骤1：构建研讨树。在 t_1 研讨阶段，根据主体研讨内容构建研讨树，结构如图5-14所示。

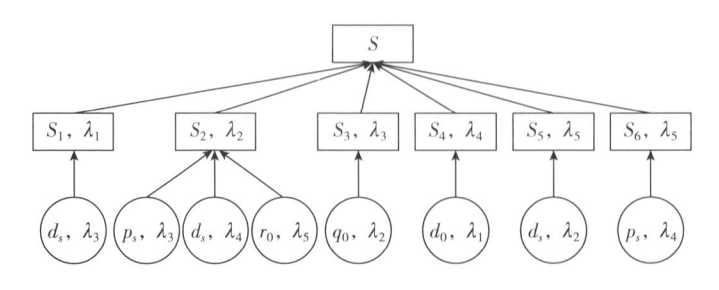

图5-14　t_1 阶段研讨树

图5-14中，矩形代表方案号以及提出者的权重 λ_i，圆形代表发表意见的主体权重 λ_i、语义内容 $s_i = \{p_{ij}, v_{ij}, d_{ij}, q_{ij}, r_{ij}\}$ 以及立场情况 $P = \{s, o, i\}$，主体权重 $\sum_{j=1}^{6} \lambda_j = 1$，第三方评分 $\varepsilon_1 \leq 0.5$，$\varepsilon_2 \leq 0.5$，$\varepsilon_1 + \varepsilon_2 \leq 1$。结合决策主体语义立场信息的主观信任和第三方机构评价的客观信任构建，如图5-15所示的信任元评分矩阵。

$$\begin{array}{c} & S_1 & S_2 & S_3 & S_4 & S_5 & S_6 \\ E_1 \\ E_2 \\ E_3 \\ E_4 \\ E_5 \\ L_1 \\ L_2 \end{array} \begin{bmatrix} 0.4 & 0 & 0 & -0.4 & 0.4 & 0 \\ 0 & 0.25 & -0.25 & 0 & 0.25 & 0 \\ 0.15 & 0.15 & 0.15 & 0 & 0 & 0 \\ 0 & 0.15 & 0 & 0.15 & 0 & 0.15 \\ 0 & -0.05 & 0 & 0 & 0 & 0.15 \\ 0.1 & 0.3 & -0.1 & 0.15 & 0.25 & 0.1 \\ -0.15 & 0.35 & 0.1 & -0.25 & 0.1 & 0.05 \end{bmatrix}$$

图5-15　t_1 阶段研讨评分矩阵

步骤2：主客观信任一致性判断和融合计算。据定义6与式（5-3）对 t_1 阶段研讨评分矩阵进行余弦相似性计算，得到结果如下：

$\text{Sim}(E_i, L_j) = (0.12, 0.67, 0, 0.06, 0.57, 0.60)$

令余弦相似度阈值为 $\text{Sim}_0 = 0.7$，由上述结果可知，在 t_1 阶段，6个研讨方案主客观信任均不一致，因此需要根据式（5-3）进行动态融合计算。根据研讨树节点交互情况可知，t_1 阶段的 6 个研讨方案的交互次数分别为 $q = \{2,4,2,2,2,2\}$，每个方案总交互次数为 $p = 10$，求得每个方案主客观权重系数（α，β）为（0.16，0.84），（0.37，0.63），（0.16，0.84），（0.16，0.84），（0.16，0.84），（0.16，0.84），根据原矩阵评分情况，新的研讨评分矩阵为：

$$\begin{array}{c|cccccc} & S_1 & S_2 & S_3 & S_4 & S_5 & S_6 \\ \hline E_1 & 0.13 & 0 & 0 & -0.13 & 0.13 & 0 \\ E_2 & 0 & 0.19 & -0.08 & 0 & 0.08 & 0 \\ E_3 & 0.05 & 0.11 & 0.05 & 0 & 0 & 0 \\ E_4 & 0 & 0.11 & 0 & 0.05 & 0 & 0.05 \\ E_5 & 0 & -0.04 & 0 & 0 & 0 & 0.05 \\ L_1 & 0.17 & 0.38 & -0.17 & 0.25 & 0.42 & 0.17 \\ L_2 & -0.25 & 0.44 & 0.17 & -0.42 & 0.17 & 0.08 \end{array}$$

图 5-16 t_1 阶段主客观信任融合研讨评分矩阵

步骤 3：计算关注水平。根据图 5-16 以及式 5-6~式 5-9，可得到每一研讨对象的信任关注权重与关注水平 $W^f(S_k)$ =（0.60,1.26,0.46,0.85,0.80,0.35），F_{S_k} =（0.30,0.63,0.23,0.42,0.40,0.17）。取研讨信任关注水平阈值为 $F_0 = 0.7$。从结果发现，在第一轮研讨 t_1 阶段中，6 个研讨对象的关注水平均小于 0.7，信任关注成熟度较低，准备进入下一轮研讨。

随着研讨的深入，5 个决策主体都对彼此有了初步的了解。由于研讨中决策主体的位势会随其他主体赋予其权重的变化而产生演变，为使信任元获取、信任共识达成的过程更加合理高效，用信任函数和信任值测算每个决策主体的权重。

步骤 4：计算信任值。根据式 5-10 收集决策主体间的信任函数评分 $\varphi = (t, d)$，以式 5-11 计算相应的信任值 $ts(\varphi)$，根据式 5-3~式 5-5 进行主客观信任值一致性测算，结果为 $\mathrm{Sim}(E_i, L_j)$ =（0.97,0.98,0.93,0.90,0.98），表明主客观信任一致程度很高，因而得到信任评分矩阵（图 5-17）和最终信任值 $TS(\varphi)$ 矩阵（图 5-18）。

$$\begin{array}{c} \quad\quad E_1 \quad\quad\quad E_2 \quad\quad\quad E_3 \quad\quad\quad E_4 \quad\quad\quad E_5 \\ \begin{array}{c} E_1 \\ E_2 \\ E_3 \\ E_4 \\ E_5 \\ L_1 \\ L_2 \end{array} \begin{bmatrix} \quad\quad\quad & (0.6,0.4) & (0.7,0.3) & (0.4,0.7) & (0.5,0.4) \\ (0.7,0.3) & & (0.6,0.3) & (0.7,0.4) & (0.8,0.3) \\ (0.4,0.7) & (0.4,0.5) & & (0.6,0.3) & (0.6,0.4) \\ (0.5,0.4) & (0.6,0.3) & (0.4,0.5) & & (0.6,0.4) \\ (0.2,0.3) & (0.5,0.4) & (0.3,0.6) & (0.7,0.3) & \\ (0.4,0.5) & (0.6,0.3) & (0.4,0.7) & (0.6,0.3) & (0.5,0.3) \\ (0.3,0.4) & (0.7,0.3) & (0.5,0.4) & (0.2,0.6) & (0.5,0.4) \end{bmatrix} \end{array}$$

图 5-17 信任评分矩阵

$$\begin{array}{c} \quad\quad E_1 \quad\quad E_2 \quad\quad E_3 \quad\quad E_4 \quad\quad E_5 \\ \begin{array}{c} E_1 \\ E_2 \\ E_3 \\ E_4 \\ E_5 \\ L_1 \\ L_2 \end{array} \begin{bmatrix} \quad\quad & 0.60 & 0.70 & 0.35 & 0.55 \\ 0.70 & & 0.35 & 0.65 & 0.75 \\ 0.35 & 0.45 & & 0.35 & 0.40 \\ 0.55 & 0.35 & 0.45 & & 0.60 \\ 0.45 & 0.55 & 0.35 & 0.70 & \\ 0.45 & 0.65 & 0.35 & 0.60 & 0.60 \\ 0.45 & 0.70 & 0.55 & 0.30 & 0.55 \end{bmatrix} \end{array}$$

图 5-18 信任值矩阵

步骤4：进行信任度归结计算。根据式 5-12，将图 5-18 矩阵中的列向量分别降序排列，得到每个决策主体的有序信任值向量集 $\Lambda_j^O = \{TS_{oj}^{\ 1}, TS_{oj}^{\ 2}, \cdots, TS_{oj}^{n-1}\}$。由式 5-13 计算归结每个决策主体 E_j 的信任值，结果如下：

$TS_1^* = 0.000847$，

$TS_2^* = 0.001294$，

$TS_3^* = 0.00017$，

$TS_4^* = 0.000264$，

$TS_5^* = 0.000395$

步骤5：进行主体权重的计算。据式 5-9，令 BUM 函数为 $Q(r) = r^{2/3}$，得到研讨 t_2 阶段5位决策主体的权重水平：$\lambda_1 t_2 = 0.23$；$\lambda_2 t_2 = 0.57$；$\lambda_3 t_2 = 0.04$，$\lambda_4 t_2 = 0.06$；$\lambda_5 t_2 = 0.1$

在此权重的基础上进行第二轮研讨，重复步骤 1~2，得到如图 5-19 所示的研讨树、图 5-20 所示的初始研讨评分矩阵和图 5-21 所示的主客观信任融合后的研讨矩阵。

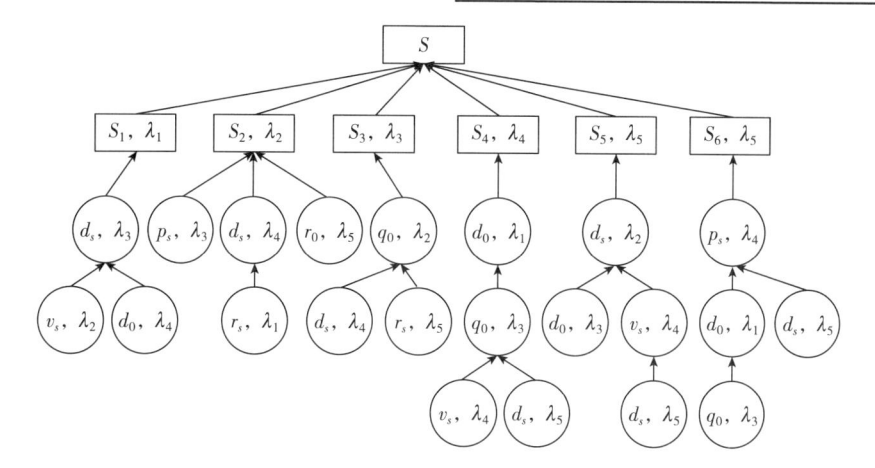

图 5-19 t_2 阶段研讨树

$$\begin{array}{c} & S_1 & S_2 & S_3 & S_4 & S_5 & S_6 \\ E_1 & 0.23 & 0.23 & 0 & -0.23 & 0.23 & -0.23 \\ E_2 & 0.57 & 0.57 & -0.57 & 0.57 & 0.57 & 0 \\ E_3 & 0.04 & 0.04 & 0.04 & -0.04 & -0.04 & -0.04 \\ E_4 & -0.06 & 0.06 & 0.06 & 0.06 & 0.06 & 0.06 \\ E_5 & 0 & -0.1 & 0.1 & 0.1 & 0.1 & 0.1 \\ L_1 & 0.4 & 0.4 & -0.1 & -0.2 & 0.3 & 0.2 \\ L_2 & 0.35 & 0.45 & 0. & -0.3 & 0.2 & 0.1 \end{array}$$

图 5-20 t_2 阶段原始研讨评分矩阵

$$\begin{array}{c} & S_1 & S_2 & S_3 & S_4 & S_5 & S_6 \\ E_1 & 0.17 & 0.23 & 0 & -0.23 & 0.23 & -0.23 \\ E_2 & 0.42 & 0.57 & -0.42 & 0.57 & 0.57 & 0 \\ E_3 & 0.03 & 0.04 & 0.03 & -0.04 & -0.04 & -0.04 \\ E_4 & -0.04 & 0.06 & 0.04 & 0.06 & 0.06 & 0.06 \\ E_5 & 0 & -0.1 & 0.07 & 0.1 & 0.1 & 0.1 \\ L_1 & 0.5 & 0.4 & -0.13 & -0.2 & 0.3 & 0.2 \\ L_2 & 0.4 & 0.45 & 0.25 & -0.3 & 0.2 & 0.1 \end{array}$$

图 5-21 t_2 阶段主客观融合评分矩阵

根据上述结果，重复步骤 3，得到信任关注权重 $W^f(S_k)$、信任共识权重 $W^c(S_k)$ 以及信任共识水平 C_k，根据已有文献[①]等相关研究确定的阈值 $C_0 = 0.5$，$C_1 = 0.75$ 进行信任状态分析，结果如表 5-1 所示。根据表 5-1 结果可知研讨对象 S_3、S_4、S_6 的结果仍不成熟或分歧较大，进入第三轮研讨，继续进行步骤 3 到步骤 5。重复以上过程，直到获取成熟度高且共识状态一致稳定的信任元。

表 5-1　t_2 阶段研讨研讨共识状态表

研讨对象 S_k	关注权重 $W^f(S_k)$	共识权重 $W^c(S_k)$	关注水平 F_{S_k}	共识水平 C_k
S_1	1.56	1.48	0.78(成熟)	0.95(一致支持)
S_2	1.85	1.65	0.93(成熟)	0.89(一致支持)
S_3	0.94	-0.16	0.47(不成熟)	-0.17(不成熟)
S_4	1.5	-0.04	0.75(成熟)	-0.03(分歧)
S_5	1.5	1.42	0.75(成熟)	0.94(一致支持)
S_6	0.73	0.19	0.37(不成熟)	0.26(不成熟)

为测定改进后的模型对于信任元协同动态获取的收敛程度，根据引言中提到的现有决策共识研究的两大研究方向，将模型结果分别与已有研究中改进前的群体研讨共识模型以及现有文献[②]的交互共识模型进行对比，以分析改进后的模型效果。

首先，将改进后的信任元协同获取模型与原群体研讨的共识模型进行比较。经过 $k=8$ 轮研讨后改进后的群体研讨关注水平与共识水平和模型改进前的共识水平对比如图 5-22 至图 5-25 所示。

---

① 陈雪龙，肖文辉. 基于群体研讨理论的知识元协同获取 [J]. 科研管理，2015，36 (12)：155-163.

② Wu J., Chiclana F., Fujita H., et al. A visual interaction consensus model for social network group decision making with trust propagation [J]. Knowledge - Based Systems, 2017, 122: 39-50.

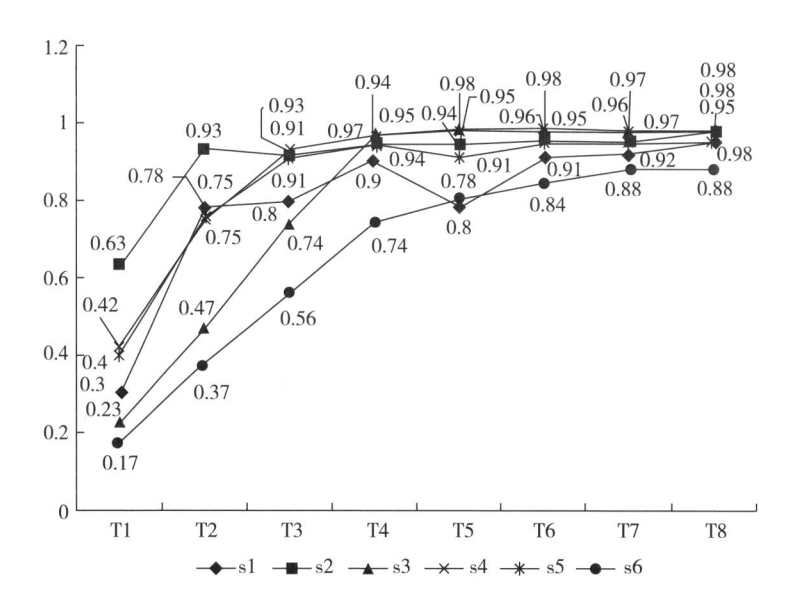

图 5-22 模型改进后的关注水平变化情况

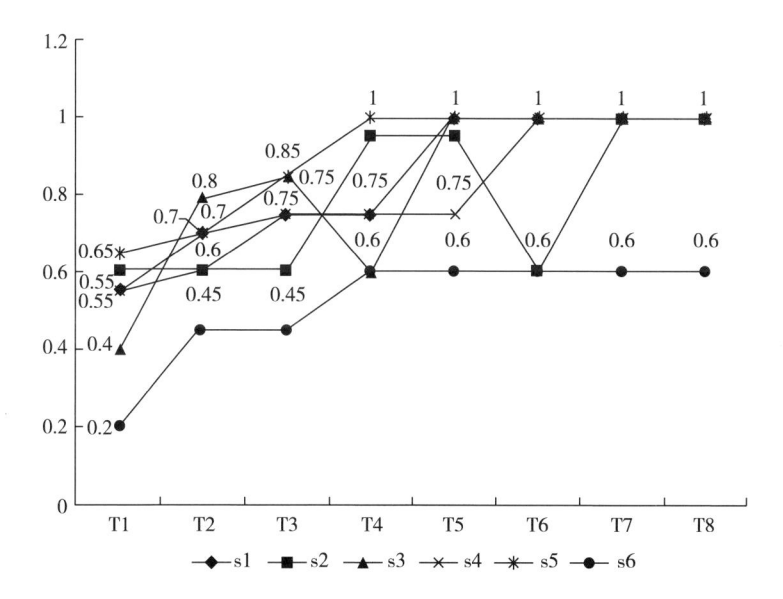

图 5-23 模型改进前的关注水平变化情况

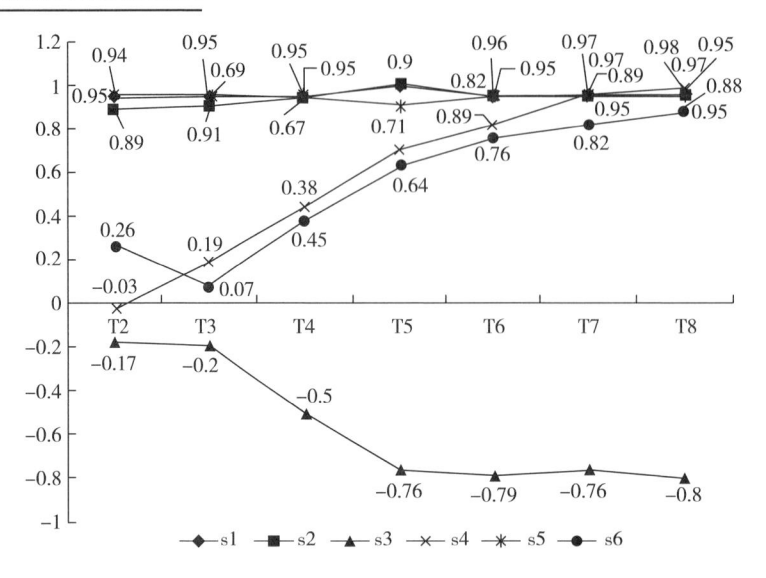

图 5-24 模型改进后的共识水平变化情况

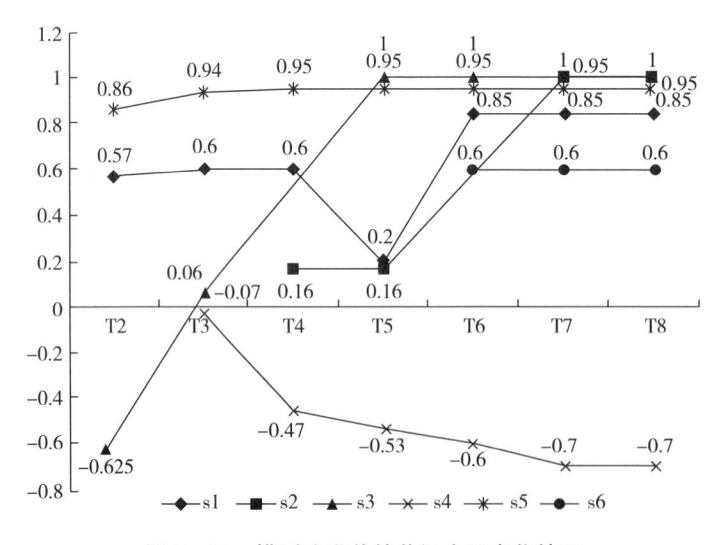

图 5-25 模型改进前的共识水平变化情况

  由图 5-22、图 5-23 可知,对于图形整体走势,改进后模型的关注水平在 t_4 阶段之后基本趋于平稳,而原模型的关注水平整体波动较大;同时对于关注水平阈值 $F_0 = 0.7$ 而言,改进后模型在 t_4 阶段后,6 个研讨对象的关注度均达到成熟水平,而原模型的研讨对象直到 t_7 阶段才大部分进入成熟水平,且对研讨对象 S_6 的关注水平始终没有达到成熟,表明改进后的模型相较于原模型而言信任关注度达到成熟状态的速度更快,关注水平更高,信任元获取更为有效。由图 5-24、图 5-25 可知,模型改进后研讨对象的信任分歧在 t_4 阶段逐渐减少,且信任水平在 t_6 阶段基本达成一致,而原模型研讨成熟度较低、研讨分歧较大导致信任共识难以达成一致。因此,通过对改进前的群体研讨模型进行比较可以发现,改进后的模型收敛性与收敛效率更高,信任元获取更加高效。

其次,将本部分模型与已有文献[1]的交互共识模型进行比较。由于两种方法对共识度的描述标准不同,因此将其统一用标准化后的共识水平绝对值进行对比。经过 $k=8$ 轮研讨后,两种模型共识水平对比结果如图 5-26 至图 5-27 所示。

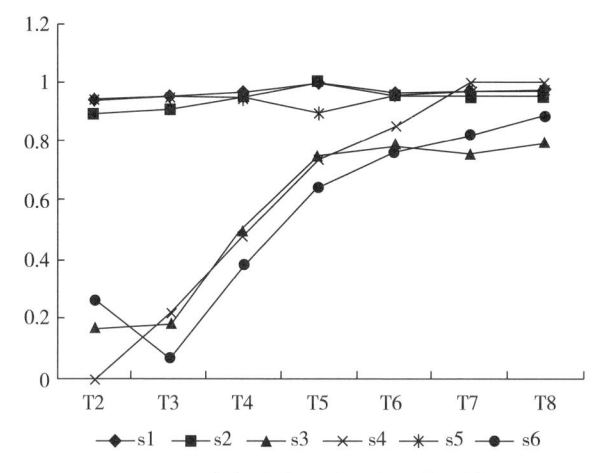

图 5-26 本部分方法共识水平变化情况

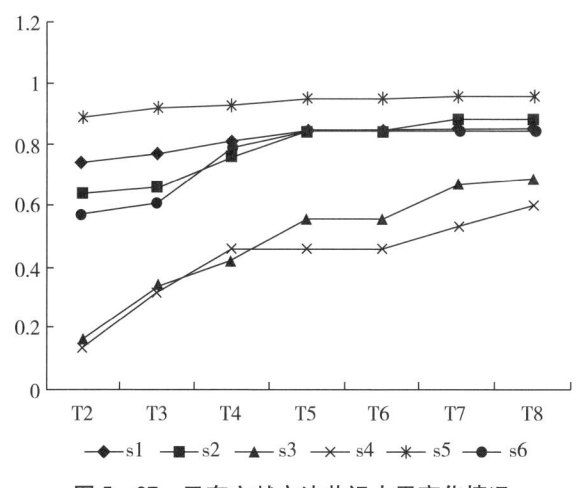

图 5-27 已有文献方法共识水平变化情况

---

[1] Wu. J., Chiclana F., Fujita H., et al. A visual interaction consensus model for social network group decision making with trust propagation [J]. Knowledge-Based Systems, 2017, 122: 39-50.

根据图 5-26 和图 5-27 反映的共识水平变化情况对比可知，本部分方法开始时共识水平较低，但经过几轮研讨之后共识水平显著提高，且共识水平收敛速度较快，最终形成了较高的共识水平；已有文献[①]交互共识模型整体较为稳定，共识水平收敛速度较慢，整个模型处于稳步提高的状态，但在最终阶段的共识水平值较低，需要更多阶段的调整。因此，本部分改进后的群体研讨共识模型共识水平获取速度更快，共识程度更高。

由上述模型对比结果可见，改进后的研讨模型的信任关注水平更易成熟，信任共识更易达成一致，动态信任沟通调节更为有效，解决了合作决策中存在的信任基础薄弱、决策分歧较大、有效沟通反馈效率低下等问题，实现了信任元的协同获取。

第六节 异质型创业领导、嵌入授权对团队簇个体绩效的跨层次影响研究

一、文献回顾与研究假设

（一）创业领导异质性与团队簇个体绩效

在当前社会化创业与价值共享交互的开放治理格局下，面对愈加复杂的开放式创业环境，创业型领导面对动荡的合作格局与残缺的内部治理架构，经常集聚压力、焦虑和不安全感[①]。故而注重内生范式下的多创业主体创新资源整合的外部战略价值导向异质性创业领导，在实施领导行为、作出领导决策时更能在外部战略提供的合作框架之下实现资源共享、合作协同、个体主观绩效与客观绩效双维度融合等多维共生增长目标，有利于团队簇个体绩效的实现与提升。例如 Renko[②] 指出，外部战略价值导向异质型领导战略性目标导向明确，侧重领导行为对创业外部效应的获取与内化，有利于集结意识创新精神，实现内外部联合，有效解决当前不确定大环境下个体绩效不稳定的难题，有利于团队簇参与个体实现、

---

① Kansikas J., Laakkonen A., Sarpo V., et al. Entrepreneurial leadership and familiness as resources for strategic entrepreneurship [J]. International Journal of Entrepreneurial Behavior & Research, 2012, 18 (2): 141-158.

② Renko M., Kroeck K. G., Bullough A. Expectancy theory and nascent entrepreneurship [J]. Small Business Economics, 2012, 39 (3): 667-684.

提升与稳定自身绩效；Yanney[①]认为外部战略价值导向异质型领导特有的培育创新能力、重视机会的价值、保护对现行商业模式产生威胁的创新、质疑主流逻辑思维、重新审视看似简单的问题以及融合创业和战略管理等创业思维框架能够对高度不确定经营环境做出积极响应，及时识别新创业机会从而对领导方式进行持续创新与变革以解决社会化创业过程中的实践难点。而注重交换范式下的多创业主体利益关系协调的内部比较优势导向异质性创业领导因更注重利益协调与资源交换，忽略领导行为实施的双向性、不确定性与主观性的影响，忽视对个体的心理与人文关怀，降低个体忠诚度与满意度，导致凝聚力不足，故而绩效水平难以维持与提升。例如，Jorda[②]的研究发现领导决策效率与内聚力这两个维度此消彼长，并对团队簇个体绩效具有重要影响；而领导的决策效率又直接与团队成员的满意度与忠诚度、团队个体间相互学习以及自身能力获得提升的程度息息相关；李绍龙[③]等学者指出，内部比较优势创业型领导在创业型组织模式、渐进式创业理念指引下，通过利用式创新提高组织内部资源的使用效率并致力于改善或扩大现有的市场产品和服务，从而提升团队簇个体绩效，但是高度资源导向容易使此类创业领导将领导目光聚焦于资源调配而忽视团队簇中关键因素——人的因素，进而导致团队簇个体产生心理落差，团队认同感降低造成领导效能不足，降低个体绩效。由此提出如下线性假设：

假设1a：内部比较优势导向的异质性与团队簇个体绩效呈负相关。

假设2a：外部战略价值导向的异质性与团队簇个体绩效呈正相关。

部分学者的研究成果表明，创业领导异质性和团队簇个体绩效之间具有非线性关系，且此非线性关系在细分异质性之后仍然存在。学者胡望斌[④]研究得出，创业型领导的功能观异质性（类似内部比较优势导向异质性）与团队簇个体绩效表现为倒U形关系，社会观异质性（类似外部战略价值导向异质性）与团队簇个体绩效也呈倒U形关系。此外，非线性关系的研究较线性关系来说更加全面深入。从系统动力学原理出发，倒U形等非线性关系的存在表明优势因素与劣势

[①] Yanney J. P. Business strategy and leadership style: impact on organizational performance in the manufacturing sector of ghana [J]. American Journal of Industrial & Business Management, 2014, 4 (12): 767 – 775.

[②] Jordan L., Thatchenkery T. Leadership decision – making strategies using appreciative inquiry: A case study [J]. International Journal of Globalisation & Small Business, 2011, 4 (2): 178 – 190.

[③] 李绍龙，龙立荣，朱思．领导差异化授权对团队绩效的影响及其作用机制研究 [J]. 管理学报，2017, 14 (7): 1006 – 1014.

[④] 胡望斌，张玉利，杨俊．同质性还是异质性：创业导向对技术创业团队与新企业绩效关系的调节作用研究 [J]. 管理世界，2014 (6): 92 – 109.

因素同时隐藏于创业领导异质性,且因素间以倍数方式作用于系统行为。例如,Renko[①]等发现,创业领导异质性在提高创业外部效应的获取与内化、集结创新精神的同时减小了个体间的紧密度,降低了个体对团队簇的向心力,且阶段、环境的不同都会导致创业效应、创新精神对紧密度、向心力作用的不同。因此正向、负向或倒 U 形三种关系均可能出现在创业领导异质性与个体绩效之间。除此以外,因为线性趋势存在于非线性关系中,学者研究方法的差异也有可能导致不同结论。由于前文已提出线性假设,故在此提出非线性假设:

假设 1b:内部比较优势导向的异质型与团队簇个体绩效呈倒 U 形关系。

假设 2b:外部战略价值导向的异质型与团队簇个体绩效呈倒 U 形关系。

(二) 嵌入授权的跨层次中介作用

授权的概念最初来源于参与式管理理论和成员卷入理论。近年来,由于团队外部环境和内部条件变化,领导嵌入授权日益受到理论界和实务界的重视[②③]。从组织外部环境来看,日益复杂的创新创业环境使得领导者在应对复杂与动态兼具的挑战时越来越力不从心(Gao,2011),因此利用授权来增强组织灵活性、提高组织效率成为有效管理措施之一(Arnold,2000);从团队内部角度来看,快速变化的新经济网络化时代下的个体关于自主性工作的标准逐渐增高,而有关研究成果也揭示了工作自主性一定程度上的提高有助于个体感知自身权力的拥有,增加个体内在动机,从而达到个体绩效提高的目的[④⑤]。对于创业型领导而言,嵌入授权是一种全方位、多层次的管理方式,有利于团队簇实现参与个体绩效最大化。本研究借鉴相关学者的研究成果,将异质型创业领导嵌入授权归为以下 3 个不同维度来研究其对团队簇个体绩效的影响:①嵌入结构授权,关注与领导策略及环境导向相关行为授权;②嵌入心理授权,关注与角色认同及有效性传

---

① Renko M., Tarabishy A. E., Carsrud A. L., et al. Understanding and measuring entrepreneurial leadership style [J]. Journal of Small Business Management, 2015, 53 (1): 54 – 74.

② Dijke M. V., Cremer D. D., Mayer D. M., et al. When does procedural fairness promote organizational citizenship behavior? Integrating empowering leadership types in relational justice models [J]. Organizational Behavior & Human Decision Processes, 2012, 117 (2): 235 – 248.

③ 李绍龙,龙立荣,朱思. 领导差异化授权对团队绩效的影响及其作用机制研究 [J]. 管理学报, 2017, 14 (7): 1006 – 1014.

④ Anders Dysvik, Bard Kuvaas. Intrinsic motivation as a moderator on the relationship between perceived job autonomy and work performance [J]. European Journal of Work & Organizational Psychology, 2011, 20 (3): 367 – 387.

⑤ 张好雨,王辉,郭理,等. 领导权力分享、组织自尊和员工工作表现:内部人身份感知的调节作用 [J]. 经济科学, 2016 (2): 118 – 128.

递相关行为授权；③嵌入认知授权，关注与自我效能及绩效控制相关行为授权。

不管是内部比较优势导向异质型创业领导还是外部战略价值导向异质型创业领导，都无法忽视多样化、多层次及多策略的嵌入授权管理模式。嵌入授权管理方式有利于个体自身的目标管理、提升自身技能、增强自信心以及强化内在动机。不同嵌入授权的具体分析如下：①结构授权，异质型创业领导通过嵌入结构授权在工作环境中增加个体信息与资源的获取途径、对部分有能力的成员实施放权，提高成员在工作开展过程中的创业自主性[1]。②心理授权，异质型创业领导通过嵌入心理授权让成员个体感知自我效能、自我工作影响力、工作意义以及工作自主性，从而增强成员的内在工作动机[2]。③认知授权，异质型创业领导通过嵌入认知授权赋予提升成员的内部人身份感知而增加其组织公民行为，从而增强凝聚力与认同感[3]。整体来讲，由于创业型领导的异质性会导致领导本身采取的嵌入授权方式出现差异，对于团队簇内外环境的关注点、成员个体角色有效性、自我效能与绩效控制往往都是不同的。这会带来差异化的嵌入授权管理效果。

嵌入授权对团队簇个体绩效的影响，主要体现在异质型创业领导通过授予团队簇个体完成工作的权力、向个体委派任务、增强成员自我效能感、增加内在任务动机以支持成员个体工作、肯定成员个体价值，进而增强个体实现并提升自身绩效的信心，从而达到提升团队簇个体绩效的目的[4]。具体如下：①结构授权，异质型创业领导授予个体完成工作必要的知识、信息与权力，个体在此过程中实现自身知识、技能与能力的提升以及组织承诺的提升，因此有利于团队簇个体绩效的完成与提高；②心理授权，异质型创业领导通过让个体感知自身的工作价值与工作意义，增强个体信心，最大程度的释放个体潜能，保障创新氛围，因此对团队簇个体绩效的提升具有促进作用；③认知授权，团队簇中获得认知授权的个体拥有较高的团队认同感，对于自身的身份角色有明确清晰的界定与了解，对完成团队既定的个体绩效具有使命感与责任感，因此是完成与提升个体绩效的重要保证。总体而言，异质型创业领导通过对团队簇个体的嵌入授权，一方面提高成

---

[1] 巩振兴，张剑. 组织的结构授权与心理授权[J]. 理论与改革，2015（2）：29-32.

[2] Chiang C. F., Hsieh T. S. The impacts of perceived organizational support and psychological empowerment on job performance: The mediating effects of organizational citizenship behavior [J]. International Journal of Hospitality Management, 2012, 31 (1): 180-190.

[3] 韦慧民，龙立荣. 认知和情感信任、权力距离感和制度控制对领导授权行为的影响研究[J]. 管理工程学报，2011，25（1）：10-17.

[4] 林晓敏，林琳，王永丽，等. 授权型领导与团队绩效：交互记忆系统的中介作用[J]. 管理评论，2014，26（1）：78-87.

员的自我控制感，提升对工作环境的适应性和接受性，增强工作动机，释放个体潜能以提高自身绩效；另一方面，异质型创业领导可以通过嵌入授权的管理模式最小化管理层级障碍，加快团队簇的反应速度，提升个体灵活性与工作效率，进而提升个体绩效，因此嵌入授权在创业型领导异质性与团队簇个体绩效之间极有可能具有中介作用。由于授权行为多存在于组织内部，故其中介作用在内部比较优势导向异质型创业领导与个体绩效之间影响较大，对外部战略价值导向异质型创业领导与个体绩效虽然也有间接影响，但这种影响并不强烈。本研究查阅大量文献后发现现有研究并未对创业领导异质性风格与个体绩效的影响关系区分三种授权进行探讨，故本研究对内部比较优势导向异质型创业领导在不同授权行为下产生的个体绩效影响进行不同程度的研究，而碍于篇幅不在此对三种不同授权影响外部战略价值导向异质型创业领导与个体绩效的作用关系展开讨论。由此，提出以下假设：

假设3：嵌入授权（结构授权、心理授权和认知授权）在外部战略价值导向的异质性与团队簇个体绩效关系中，具有跨层次中介作用。

假设4a：嵌入结构授权在内部比较优势导向的异质性与团队簇个体绩效关系中，具有中等跨层次中介作用。

假设4b：嵌入心理授权在内部比较优势导向的异质性与团队簇个体绩效关系中，具有强跨层次中介作用。

假设4c：嵌入认知授权在内部比较优势导向的异质性与团队簇个体绩效关系中，具有弱跨层次中介作用。

（三）能力互信氛围的调节作用

团队簇个体间的能力互信是合作顺利进行的前提，个体间只有相互精诚合作，才能共同提升绩效，因而能力互信是个体绩效提升的关键[1][2]。团队簇社会化创新创业主体由精英小众转变为泛社区大众，多样化团队内个体和多元化团队间合作主体具有灵活的成员关系，并通过资源优势、合作情景和能力高低等形成协作信任关系，从而实现绩效的提升（Rankhumise，2011）。目前的研究成果大部分集中于能力互信自我意愿与其相应所采取的措施等[3]，对于能力互信氛围的

---

[1] Ko D. G. The mediating role of knowledge transfer and the effects of client – consultant mutual trust on the performance of enterprise implementation projects [J]. Information & Management, 2014, 51 (5): 541 – 550.

[2] 苏涛，陈春花，崔小雨，等. 信任之下，其效何如——来自Meta分析的证据 [J]. 南开管理评论，2017, 20 (4): 179 – 192.

[3] Wildman J. L., Shuffler M. L., Lazzara E. H., et al. Trust development in swift starting action teams: A multilevel framework [J]. Group & Organization Management An International Journal, 2012, 37 (2): 137 – 170.

功能作用的研究却比较罕见。要使能力互信行为在良好的环境下进行,能力互信氛围起着至关重要的作用,其氛围的强弱也直接影响着互信双方的合作效果。能力互信与团队簇氛围两者相结合产生能力互信氛围这一概念,其往往被理解为团队簇内能力互信情况被团队簇内个体所感知的程度,表现了以能力互信为纽带的团队簇内个体间的关系[①]。

异质型创业领导通过对团队簇个体嵌入结构、心理与认知授权,赋予个体完成工作所需资源、技能以及控制权,肯定个体的工作价值与自我效能,会给团队簇参与个体带来有利于绩效提升的个体—领导间信任。然而个体—个体间的信任却是由团队簇参与个体所掌握与建立的,团队簇参与个体间的信任通常都会提升个体的绩效,而团队簇能力互信氛围往往会影响团队簇参与个体间的信任。团队簇能力互信氛围主要分为两种:①资源观导向的内生信任氛围,强调依据工作胜任力、诚信度及责任感等理性成分总结的信任条件,是对被信任方能力和可靠性的认知判断,此类信任直接影响个体间合作意愿的强弱程度,信任程度越大,个体间实现前期合作的可能性就越高;②价值创造导向的外延信任氛围,强调依据相互间的感情与关系强弱总结的情感信任,产生于被信任方显示的关心和关注的水平,信任程度越大,对关系依赖的程度也越大,个体间实现合作的可能性就越高。Brahm[②]认为,团队个体间只有在相互信任基础上的合作才是有效合作,异质型创业领导所拥有的嵌入结构、心理与认知授权管理优势才会在团队簇个体绩效提升的过程中被充分发挥与利用。进而本研究可以判定能力互信氛围在异质型创业领导嵌入授权(结构授权、心理授权和认知授权)和团队簇个体绩效中起着调节作用,而具有中介调节作用则意味着该调节作用会影响中介路径。总的来说,能力互信氛围越浓厚,内在管理机制—嵌入授权所产生的效用越大。相反,能力互信氛围较为薄弱时,创业领导异质性通过嵌入授权对团队簇个体绩效产生的影响较小,嵌入授权的中介作用也会变小。因此,提出以下假设:

假设5:能力互信氛围负向调节内部比较优势导向异质型、嵌入授权(结构授权、心理授权和认知授权)对团队簇个体绩效的影响。

假设6:能力互信氛围正向调节外部战略价值导向异质型、嵌入授权(结构授权、心理授权和认知授权)对团队簇个体绩效的影响。

---

① Brahm T., Kunze F. The role of trust climate in virtual teams [J]. Journal of Managerial Psychology, 2012, 27 (6): 595–614.

② Balliet D., Van Lange P. A. M. Trust, conflict, and cooperation: A meta-analysis. [J]. Psychological Bulletin, 2015, 139 (5): 1090–1112.

本书在研究中引入创业领导嵌入授权这一中介变量，目的是反映创业领导异质性所拥有的嵌入授权管理方法所具有的优势。创业领导异质性对团队簇的个体绩效的影响是错综复杂的[①]，绝非仅有嵌入授权这条单一路径。经验管理、沟通与向心力等异质型创业领导所具有的能力行为都会对团队簇的个体绩效产生影响，同时团队簇能力互信氛围也会调节这些中介变量。Berson 等学者（2010）也指出，创业领导异质性会使团队簇中拥有不同的领导风格与丰富的管理工作经验优势，并且能够减少异质性伴随的工作方式冲突、降低工作目标偏差。鉴于此，本研究还会针对创业领导异质性对团队簇个体绩效总效应中，团队簇能力互信氛围是否充当了调节变量来做进一步分析。

二、研究设计

（一）问卷设计

研究采取多地分层随机的方式收集数据。首先，本研究通过文献回顾和对云南省各大众创空间内的创业团队进行个人的调研访谈，结合上海、杭州、常州、苏州多地的众创空间的总结报告，确定了本研究所涉及变量的概念和维度；其次，参考已有成熟量表形成并完善本问卷的题项，选择性地加入了与本研究目标相关的关键词；然后，在 2016 年 7 月~12 月进行了 2 次小型访谈会，以检验题项内容的适用性与合理性，第一次访谈邀请来自云南各大众创空间以及杭州、常州的 11 位创业者填写问卷，对难以理解和稍具歧义的题项予以修改，第二次访谈采取专家访谈形式，讨论研究修改之后的问卷是否能够达到研究目的，对题项稍做调整。最后，在 2017 年 2 月~4 月，对云南各大众创空间以及杭州、常州和苏州的样本团队进行了问卷预测，问卷填写对象为团队中的合伙参与人员。根据 147 份有效问卷对各个变量的测项进行细致的分析，删除了在分析中信度和效度未达标的题项，最终形成本研究的调查问卷。测项统一用 Likert 5 级量表展开测量，其中 "1~5" 表示从完全不符合到完全符合。

（二）样本与数据

从 2017 年 7 月到 2017 年 9 月，数据收集时间历时 3 个月。样本抽样方式为分层随机抽样，本研究从备案的云南省各大众创空间中提取了 31 家的建设情况，

[①] Morhart F. M., Herzog W., Tomczak T. Turning employees into brand champions: Leadership style makes a difference [J]. Gfk Marketing Intelligence Review, 2011, 3 (2): 34-43.

调研获取了上海 12 家、杭州 8 家、常州 7 家以及苏州 11 家众创空间的情况，调查对象涵盖了快消业、制造业、IT 业以及房地产业等行业。本研究共调查了 5 个地区 69 个众创空间的 322 个团队，本次研究共发放问卷 630 份，回收有效问卷 460 份，有效问卷的回收率为 73.02%。其中有 2 个众创空间成立不到 3 个月，而其服务的 18 个众创团队还未正式开展工作，为保证研究的可靠性，删除这 18 个团队的 52 份问卷，因此最终收集了 67 个众创空间的 408 份问卷。其中接近一半的团队簇（众创空间）规模在 24 人以下，规模最大的为 47 人，最小的为 12 人。样本的基本情况见表 5-2。

表 5-2 调查样本的统计特征（$N=408$）

统计特征	分类	样本数	占样本的比例/%
年龄	<20 岁	4	0.98
	20~29 岁	346	84.81
	30~39 岁	44	10.78
	40~49 岁	6	1.47
	≥50 岁	8	1.96
性别	男	198	48.53
	女	210	51.47
教育水平	高中及以下	12	2.94
	大专	58	14.21
	本科	243	59.56
	硕士	86	21.08
	博士	9	2.21
职业背景	管理经营	121	29.65
	生产制造	54	13.24
	金融财会	86	21.08
	市场销售	88	21.57
	其他	59	14.46

（三）变量测量

1. 异质型创业领导

根据众创团队簇创业领导关注的创新创业合作范式的差异性，本研究将异质型创业领导分为内部比较优势导向的创业型领导和外部战略价值导向的创业型领导，且根据 Gupta[①] 等（2004）、Covin & Slevin（2001）以及 Ensley 等（2002）的研究，内部比较优势导向创业型领导包括 4 个题项：LI$_1$ 我认为领导者非常注重内部资源交换；LI$_2$ 我认为领导者重视利益协调；LI$_3$ 我认为领导者忽视个体的心理感受；LI$_4$ 我认为领导者会引导鼓励成员相互合作、信任。参考 Gupta 等（2004）和 Carter[②] 等（2013）的研究，外部战略价值导向的创业型领导包括 4 个题项：LE$_1$ 我认为领导者重视创新创业机会；LE$_2$ 我认为领导者会培育个体创新能力以提高绩效；LE$_3$ 我认为领导者具有远景概念化能力以应对不确定环境；LE$_4$ 我认为领导者会构建挑战来鼓励成员积极应对现状。

2. 嵌入授权

本研究从众创团队簇异质型创业领导对个体的不同领导方式来划分嵌入授权的不同类型。结构授权参考 Seibert 等（2004）的量表并结合众创团队簇异质型创业领导的特征，包括 4 个题项：AS$_1$ 我的领导帮助我了解怎样把个人目标与公司目标联系起来；AS$_2$ 我的领导为我提供完成工作所需的信息与途径；AS$_3$ 我的领导赋予我完成工作的自主权；AS$_4$ 我的领导使我的能力和知识都有了大幅度的提高。心理授权参考李超平等（2006）的项量表，包括 4 个题项：AP$_1$ 我的工作对我个人和团队很有意义且是有价值的；AP$_2$ 我很肯定自己的能力，可以完成我的工作；AP$_3$ 我对本部门的工作有着很大的影响力；AP$_4$ 我有很大的自主权去决定怎么样完成我的工作。认知授权参考韦慧民等学者的研究内容，拟定对成员嵌入认知授权的关键维度与因素，包括 4 个题项：AC$_1$ 我非常明确自己在团队中的身份；AC$_2$ 我对团队有着强烈的认同感；AC$_3$ 我有自信有能力完成我的工作；AC$_4$ 我对于完成自己的工作有着强烈的责任感与使命感。

3. 能力互信氛围

参考 Ko[③]、Wildman[④] 等的研究成果，本研究将能力互信氛围划分为资源观导向的内生信任氛围和价值观导向的外延信任氛围两个维度。资源观导向的内生

[①] Gupta V., MacMillan I. C., Surie G. Entrepreneurial leadership: Developing and measuring a cross-cultural construct [J]. Journal of Business Venturing, 2004, 19 (2): 241 - 260.

[②] Carter S. M., Greer C. R. Strategic leadership: values, styles, and organizational performance [J]. Journal of Leadership & Organizational Studies, 2013, 20 (4): 375 - 393.

[③] Ko D. G. The mediating role of knowledge transfer and the effects of client - consultant mutual trust on the performance of enterprise implementation projects [J]. Information & Management, 2014, 51 (5): 541 - 550.

[④] Wildman J. L., Shuffler M. L., Lazzara E. H., et al. Trust development in swift starting action teams: A multilevel framework [J]. Group & Organization Management An International Journal, 2012, 37 (2): 137 - 170.

信任氛围包括3个题项：TI_1 我根据对方工作的胜任力来决定是否和他合作；TI_2 我根据对方的诚信度来决定是否和他合作；TI_3 我根据对方的责任感来决定是否和他合作。价值观导向的外延信任氛围包括3个题项：TE_1 我根据对方和我关系的亲疏来决定是否和他合作；TE_2 我更愿意与自己在人际关系中投入更多感情的成员合作；TE_3 在由我个人原因致使工作进展困难时，我可以依靠团队成员而顺利进行工作。

4. 团队簇个体绩效

参考 Lovelace（1996）、Romjin & Albaladejo（2006）的研究，团队簇个体绩效包括4个主要题项：PI_1 在团队中，我的工作能达到预期的目标；PI_2 在团队中，我会积极解决工作中的问题；PI_3 我会积极接受富有挑战性的工作；PI_4 我的工作质量保持很高的水准。

（四）信度效度分析

问卷信度分析结果可从表5-3看出，8个研究潜变量 Cronbach's α 值都大于0.7，且均在0.824~0.923，反映了较好的数据内部一致性，该调查问卷信度较高。因子分析方法用于检验本研究的聚合效度。通过表5-3可以看出，7个变量的 KMO 值都大于0.7，且因子负荷都大于0.5，反映出该问卷聚合效度显著。

表5-3 信度和效度分析表（$N=408$）

指标	度量题项	Cronbach's α	KMO	因子负荷
内部比较优势导向创业领导	LI_1	0.923	0.831	0.920
	LI_2			0.820
	LI_3			0.826
	LI_4			0.916
外部战略价值导向创业领导	LE_1	0.898	0.827	0.821
	LE_2			0.863
	LE_3			0.766
	LE_4			0.923
结构授权	AS_1	0.871	0.822	0.753
	AS_2			0.748
	AS_3			0.684
	AS_4			0.864

续表

指标	度量题项	Cronbach's α	KMO	因子负荷
认知授权	AC_1	0.824	0.776	0.857
	AC_2			0.658
	AC_3			0.687
	AC_4			0.873
心理授权	AP_1	0.859	0.797	0.889
	AP_2			0.725
	AP_3			0.745
	AP_4			0.895
能力互信氛围	TI_1	0.899	0.815	0.745
	TI_2			0.895
	TI_3			0.857
	TE_1			0.658
	TE_2			0.687
	TE_3			0.745
个体绩效	PI_1	0.905	0.842	0.895
	PI_2			0.857
	PI_3			0.863
	PI_4			0.820

三、多层线性模型分析

各变量的均值、标准差及相关系数以及各变量间的相关分析见表5-4。

表5-4 各变量的均值、标准差和变量间的相关系数（$N=417$）

变量	均值	标准差	1	2	3	4	5	6	7	8
1. 团队簇规模	25.500	2.141								
2. 内部比较优势异质性	3.860	0.727	0.054							
3. 外部战略价值异质性	3.830	0.705	-0.053	0.198*						

续表

变量	均值	标准差	1	2	3	4	5	6	7	8
4. 能力互信氛围	3.842	1.004	0.022	-0.027	-0.092					
5. 结构授权	3.817	0.621	0.063	0.644**	0.681**	0.301*				
6. 认知授权	3.850	0.790	0.041	0.672**	0.604**	0.487*	0.388*			
7. 心理授权	3.819	0.956	-0.085	0.614**	0.599**	0.257*	0.436*	0.765**		
8. 个体绩效	3.842	1.004	-0.121*	-0.172	0.672***	0.749**	0.592**	0.614**	0.663**	—

注：***、**、*分别表示 $p<0.01$、$p<0.05$、$p<0.1$，下同。

（一）创业领导异质性与团队簇个体绩效的跨层次直接效应

构建零模型，见式 5-14，计算组内、组间的方差。

$$\text{模型 0} \begin{cases} P_{ij} = \beta_{0j}^0 + \gamma_{ij}^0 \\ \beta_{0j}^0 = \gamma_{00}^0 + \mu_{0j}^0 \end{cases} \quad \text{式 5-14}$$

式中，P 表示个体绩效，从零模型的分析结果（见表 5-5）可知，团队簇成员个体绩效的组间方差 τ_{00} 是 0.776，组内方差 δ^2 是 1.178。跨级相关系数 $ICC_1 = 0.397$，表明 39.7% 的个体绩效总变异是由团队水平的变异所解释。$ICC_2 = 0.943$，符合 James[36] 研究得出的检测标准，因此可以当作因变量展开跨层次分析。

表 5-5 零模型分析结果

变量	创新绩效	
个体层次	团队规模	
团队层次	内部比较优势导向异质性	
	外部战略价值导向异质性	
	δ^2	1.178
	τ_{00}	0.776***

构建模型 1，见式 5-15，进行创业型领导异质性对团队簇个体创新绩效的跨层次直接效应的分析检验。

$$\text{模型 1} \begin{cases} P_{ij} = \beta_{0j}^1 + \beta_{1j}^1(T) + \gamma_{ij}^1 \\ \beta_{0j}^1 = \gamma_{00}^1 + \gamma_{01}^1(I) + \gamma_{02}^1(E) + \\ \quad \gamma_{03}^1(I^2) + \gamma_{04}^1(E^2) + \mu_{0j}^1, \end{cases} \quad \text{式 5-15}$$

式中，E 表示外部战略价值导向异质性，I 表示内部比较优势导向异质性，T 表示团队规模。从分析结果中可以得出结论：内部比较优势导向异质性和个体绩效呈负相关关系但是并不显著（$\gamma_{01}^1 = -0.081, P > 0.1$）；外部战略价值导向异质性和个体绩效则呈正相关关系且显著（$\gamma_{02}^1 = 1.873, P < 0.01$）；内部比较优势导向异质性的平方和个体绩效呈显著负相关关系（$\gamma_{03}^1 = -1.061, P < 0.1$）；外部战略价值导向异质性的平方和个体绩效呈负相关关系但是并不显著（$\gamma_{04}^1 = -0.274, P > 0.1$）。故：假设 1a 不成立；假设 1b、2a 成立，假设 2b 不成立。具体分析结果见表 5-6。图 5-28 和图 5-29 反映了创业型领导异质性对团队簇个体创新绩效的关系，即内部比较优势导向异质性对团队簇个体绩效的总效应主要呈倒 U 形，并具有负相关趋势；外部战略价值导向异质性对个体绩效的总效应具有一定的倒 U 形趋势并且呈正相关关系。

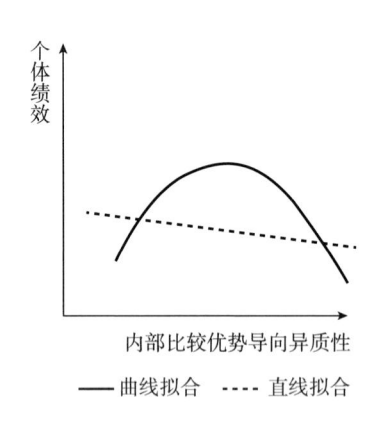

图 5-28 内部比较优势导向异质性与个体绩效的示意图

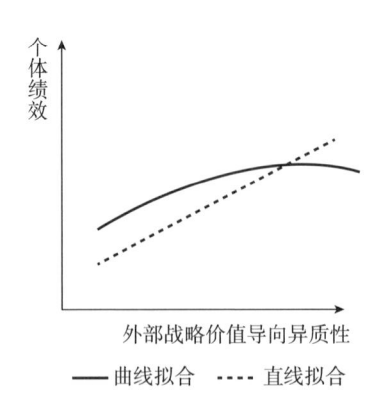

图 5-29 外部战略价值导向异质性与个体绩效的示意图

表 5－6　多层次线性模型分析法

| | 变量 | 个体绩效 | | | | | | 结构授权 模型 2a | 心理授权 模型 2b | 认知授权 模型 2c |
		模型 1	模型 3	模型 4	模型 5	模型 6				
个体层次	团队簇规模	-0.006*	-0.007*	-0.037*	-0.019**	-0.006**		0.244*	0.137**	0.102
	内部比较优势导向异质性	-0.081		-0.441*		-0.721**		0.336***	0.455***	0.551***
团队层次	外部战略价值导向异质性	1.873***		1.112**		1.511**		0.491**	0.431**	0.629**
	内部比较优势导向异质性平方	-1.061*								
	外部战略价值导向异质性平方	-0.274								
跨层次中介作用	结构授权		0.381**	0.168**	0.121**	0.133*				
	心理授权		0.342**	0.324**	0.042**	0.147**				
	认知授权		0.196*	0.121**	0.069*	0.091*				
	能力互信氛围				0.375**	0.329**				
跨层次调节效应	结构授权 × 能力互信氛围				0.026**	0.008**				
	心理授权 × 能力互信氛围				0.107*	0.064*				
	认知授权 × 能力互信氛围				0.095**	0.085*				

(二) 嵌入授权的跨层次中介效应

本研究中对中介变量的检验运用 Baron[①] 等学者提出的三步法。由于近期研究中对于自变量与因变量的显著关系是三步法的前提条件之一这个假设产生了不同意见,并且方杰等学者(2012)建议不把自变量与因变量的显著关系当作中介效应检验的前提条件,故为保证本研究具有较高的统计效力,根据 RMediation 方法[②]对中介效应进行估计。

建立模型2,见式5-16,对自变量与中间变量间的关系进行检验。

$$\text{模型 2} \begin{cases} S = \gamma_{00}^{2a} + \gamma_{01}^{2a}(I) + \gamma_{02}^{2a}(E) + \gamma_{03}^{2a}(T) + \mu_{0j}^{2a}; \\ P = \gamma_{00}^{2b} + \gamma_{01}^{2b}(I) + \gamma_{02}^{2b}(E) + \gamma_{03}^{2b}(T) + \mu_{0j}^{2b}; \\ C = \gamma_{00}^{2c} + \gamma_{01}^{2c}(I) + \gamma_{02}^{2c}(E) + \gamma_{03}^{2c}(T) + \mu_{0j}^{2c}, \end{cases} \quad \text{式 5-16}$$

式中,S 为结构授权,P 为心理授权,C 为认知授权。模型分析结果表明:考虑控制变量团队规模时,内部比较优势导向异质性与结构授权($\gamma_{01}^{2a} = 0.336$,$P < 0.01$)、心理授权($\gamma_{01}^{2b} = 0.455$,$P < 0.01$)和认知授权($\gamma_{01}^{2c} = 0.551$,$P < 0.01$)均显著正相关,外部战略价值导向异质性与结构授权($\gamma_{02}^{2a} = 0.491$,$P < 0.05$)、心理授权($\gamma_{02}^{2b} = 0.431$,$P < 0.05$)和认知授权($\gamma_{02}^{2c} = 0.629$,$P < 0.05$)均显著正相关。

建立模型3,见式5-17,对中介变量于因变量的跨层次直接效应进行检验。

$$\text{模型 3} \begin{cases} P_{ij} = \beta_{0j}^3 + \beta_{0j}^3(T) + \gamma_{ij}^3 \\ \beta_{0j}^3 = \gamma_{00}^3 + \gamma_{01}^3(S) + \gamma_{02}^3(P) + \gamma_{03}^3(C) + \mu_{0j}^3 \end{cases} \quad \text{式 5-17}$$

由模型3可知,结构授权($\gamma_{01}^3 = 0.381$,$P < 0.05$)、心理授权($\gamma_{02}^3 = 0.342$,$P < 0.05$)和认知授权($\gamma_{03}^3 = 0.196$,$P < 0.1$)均显著正相关于各自的个体绩效。

建立模型4,见式5-18,对跨层次中介效应进行检验。

$$\text{模型 4} \begin{cases} P_{ij} = \beta_{0j}^4 + \beta_{1j}^4(T) + \gamma_{ij}^4 \\ \beta_{0j}^4 = \gamma_{00}^4 + \gamma_{01}^4(I) + \gamma_{02}^4(E) + \\ \quad \gamma_{03}^4(S) + \gamma_{04}^4(P) + \gamma_{05}^4(C) + \mu_{0j}^4 \end{cases} \quad \text{式 5-18}$$

[①] Baron R. M., Kenny D. A. The moderator-mediator variable distinction in social psychological research: Conceptual, strategic, and statistical considerations [J]. Journal of Personality and Social Psychology, 1986, 51 (6): 1173-1182.

[②] Tofighi D., Mackinnon D. P. RMediation: An R package for mediation analysis confidence intervals [J]. Behavior Research Methods, 2011, 43 (3): 692-700.

模型1较之于模型4,嵌入授权担当中介变量时,外部战略价值导向异质性对个体绩效的直接影响是$\gamma_{02}^4 = 1.112, P < 0.05$;内部比较优势导向异质性对个体绩效的直接影响是$\gamma_{01}^4 = -0.441, P < 0.05$。这反映出在创业型领导异质性中,去除嵌入授权此优势外,内部比较优势导向异质性使个体绩效降低,外部战略价值导向异质性对个体绩效的正向影响也将变小。

与模型1相比,外部战略价值导向异质性和个体绩效的直接关系在加入中介变量之后($\gamma_{02}^1 = 1.873, P < 0.01$),并没有比忽略中介变量时更加显著,反而有所降低。根据Baron等所提的方法,这反映了嵌入授权具有外部战略价值导向与个体绩效间部分中介调节功能:外部战略价值导向异质性增加并丰富了嵌入授权,从而提高了团队簇的个体绩效,所以外部战略价值导向异质性有利于提高个体绩效。由此,假设3成立。

与模型1相比,内部比较优势导向异质性与个体绩效的直接关系在加入中介变量之后,从之前的不显著关系($\gamma_{01}^1 = -0.336, P > 0.1$)变为显著负相关。内部比较优势导向异质性显著正相关于嵌入授权($\gamma_{01}^{2a} = 0.336, P < 0.01; \gamma_{01}^{2b} = 0.455, P < 0.01; \gamma_{01}^{2c} = 0.551, P < 0.01$),且嵌入授权与创新绩效也显著正相关($\gamma_{03}^4 = 0.168, P < 0.05; \gamma_{04}^4 = 0.324, P < 0.05; \gamma_{05}^4 = 0.121, P < 0.05$),这表明在内部比较优势导向异质性与个体绩效中间,嵌入授权起着中介调节效应,且其调节效应强弱排名为$\gamma_{04}^4 > \gamma_{03}^4 > \gamma_{05}^4$。故假设4a、假设4b、假设4c成立。

(三)检验能力互信氛围对中介关系的调节效应

当调节变量为能力互信氛围时,对能力互信氛围的调节效应进行检验,构建模型5,见式5-19。

$$\text{模型5} \begin{cases} P_{ij} = \beta_{0j}^5 + \beta_{1j}^5(T) + \gamma_{ij}^5; \\ \begin{cases} \beta_0 = \gamma_{00}^{5a} + \gamma_{01}^{5a}(S) + \gamma_{02}^{5a}(P) + \gamma_{03}^{5a}(C) + \\ \qquad \gamma_{04}^{5a}(A) + \mu_0^{5a}; \\ \beta_0 = \gamma_{00}^{5b} + \gamma_{01}^{5b}(S) + \gamma_{02}^{5b}(P) + \gamma_{03}^{5b}(C) + \\ \qquad \gamma_{04}^{5b}(A) + \gamma_{05}^{5b}(S \times A) + \gamma_{06}^{5b}(P \times A) + \\ \qquad \gamma_{07}^{5b}(C \times A) + \mu_0^{5b}, \end{cases} \end{cases} \quad \text{式5-19}$$

式中,A表示能力互信氛围。模型5的结果反映,能力互信氛围对结构授权($\gamma_{05}^{5b} = 0.026, P < 0.05$)、心理授权($\gamma_{06}^{5b} = 0.107, P < 0.1$)和认知授权($\gamma_{07}^{5b}$

$=0.095$，$P<0.05$）与个体绩效之间关系起了调节效应。

（四）被调节的中介效应检验

以上分析表明，嵌入授权在异质性与个体绩效中起着中介作用，而在嵌入授权与团队簇个体绩效中起调节作用的则是能力互信氛围。因此，本研究认为能力互信氛围的强弱程度决定了嵌入授权中介调节作用的大小。故构建模型6，对被调节的中介效应进行检验，见式5-20。

$$模型6 \begin{cases} P_{ij} = \beta_{0j}^6 + \beta_{1j}^6(T) + \gamma_{ij}^6; \\ \beta_{0j}^6 = \gamma_{00}^6 + \gamma_{01}^6(I) + \gamma_{02}^6(E) + \gamma_{03}^6(S) + \\ \gamma_{04}^6(P) + \gamma_{05}^6(C) + \gamma_{06}^6(A) + \gamma_{07}^6(S \times A) + \\ \gamma_{08}^6(P \times A) + \gamma_{09}^6(C \times A) + \mu_{0j}^6。 \end{cases} \quad 式5-20$$

能力互信氛围进入模型6后，结构授权（$\gamma_{03}^6=0.133$，$P<0.1$）、心理授权（$\gamma_{04}^6=0.147$，$P<0.05$）和认知授权（$\gamma_{05}^6=0.091$，$P<0.1$）的调节作用依旧十分明显，能力互信氛围作为中介变量的中介效应（$\gamma_{07}^6=0.008$，$P<0.05$；$\gamma_{08}^6=0.064$，$P<0.1$；$\gamma_{09}^6=0.085$，$P<0.1$）也仍然明显，具体分析结果见表5。由此，假设5和假设6成立。

四、研究结论和启示

（一）研究结论

创业型领导异质性对个体绩效具有影响。不同于 Jordan & Thatchenkery[1] 与李绍龙等[2]的研究并未明确内部比较优势导向异质性对个体绩效的积极作用，本研究借助线性与非线性关系研究得出与以往专家不一致的结论。根据线性关系假设，团队簇个体绩效并未直接受到内部比较优势导向异质性影响，可见对个体绩效产生作用的并不仅有内部比较优势导向异质性；根据非线性关系假设，内部比较优势导向异质性于个体绩效的总的作用效应呈倒U形关系，说明在团队簇管理

---

[1] Jordan L., Thatchenkery T. Leadership decision-making strategies using appreciative inquiry: A case study [J]. International Journal of Globalisation & Small Business, 2011, 4 (2): 178-190.

[2] 李绍龙，龙立荣，朱思. 领导差异化授权对团队绩效的影响及其作用机制研究 [J]. 管理学报，2017, 14 (7): 1006-1014.

中，较弱的内部比较优势导向异质性更为合适。与 Renko & Kroeck[1]、Yanney[2]的观点一致，本研究认为外部战略价值导向异质性有利于个体绩效的提升。本研究加入线性关系原理研究得出对于外部战略价值导向异质性影响个体绩效的更具针对性的结论：外部战略价值导向对团队簇个体绩效的总的作用效应表现出较为明显的线性增强作用，不仅扩大了资源共享的范围和深度，而且通过外部合作的增量作用促进了团队的个体绩效。这是由于外部战略价值创业型领导具有及时有效响应不确定创业环境、概念化创新创业前景与认知创新创业模式等三种能力来吸收环境的不确定性，并能够在角色重构与交换的基础上做出与之匹配的"内外兼修"型策略，从而有利于团队簇个体绩效的提升。

嵌入授权在创业型领导异质性与个体绩效间具有中介作用。不同于 Anders & Bard[3]、张好雨等[4]与巩振兴和张剑[5]仅分析了领导授权对个体绩效的作用，本研究区分不同嵌入授权在内部比较优势导向与外部战略价值导向两类异质性领导风格下对个体绩效不同的影响作用。异质型创业领导有着不同的领导方式，具有多样化授权模式，包括结构授权、心理授权和认知授权。异质型创业领导通过授予团队簇个体完成工作的权力、互动、空间、情绪感知，提高个体实现并提高自身绩效的信心，从而达到提升团队簇个体绩效的目的。在加入中介变量后，内部比较优势导向异质性同时包括对个体绩效的优势和劣势。而当中一个重要优势就是增加了成员个体对工作掌控的自主性，进而促进个体绩效的提升，除此以外，内部比较优势导向异质性劣势（负面影响个体绩效）变得明显。

能力互信氛围具有调节作用。本研究与已有文献[6][7]观点一致，认为能力互信意愿与行为能够有效地提高团队簇个体绩效。然而，本研究从整体组织氛围视

---

[1] Renko M., Kroeck K. G., Bullough A. Expectancy theory and nascent entrepreneurship [J]. Small Business Economics, 2012, 39 (3): 667–684.

[2] Yanney J. P. Business strategy and leadership style: impact on organizational performance in the manufacturing sector of ghana [J]. American Journal of Industrial & Business Management, 2014, 4 (12): 767–775.

[3] Anders Dysvik, Bard Kuvaas. Intrinsic motivation as a moderator on the relationship between perceived job autonomy and work performance [J]. European Journal of Work & Organizational Psychology, 2011, 20 (3): 367–387.

[4] 张好雨，王辉，郭理，等. 领导权力分享、组织自尊和员工工作表现：内部人身份感知的调节作用 [J]. 经济科学，2016 (2)：118–128.

[5] 巩振兴，张剑. 组织的结构授权与心理授权 [J]. 理论与改革，2015 (2)：29–32.

[6] 韦慧民，龙立荣. 认知与情感信任、权力距离感和制度控制对领导授权行为的影响研究 [J]. 管理工程学报，2011，25 (1)：10–17.

[7] 林晓敏，林琳，王永丽，等. 授权型领导与团队绩效：交互记忆系统的中介作用 [J]. 管理评论，2014，26 (1)：78–87.

角出发，得出能力互信氛围是能力互信行为产生的必要环境且其强弱程度显著影响基于能力互信行为的合作效果。只有在团队簇个体之间能力互信的前提下，个体之间才会精诚合作，才能在求同存异的基础上共同提升绩效。具体来说，团队簇个体依据工作胜任力、诚信度及责任感等理性成分以及相互间的感情与关系强弱总结等感性成分来决定是否信任对方，进而展开更好的合作以提升绩效。在相互信任的情况下，嵌入授权的作用会得到更充分的发挥，嵌入授权这一管理模式也能更好地为异质型创业领导所运用，进而嵌入授权行为与团队簇个体绩效的关系就越显著。

（二）管理启示

关注创新创业交互属性与嵌入授权行为的交互管理特点，有效应对差异化情景下嵌入授权不同侧重点所关联的双创属性交互需要。其一，关注团队簇创业的短期维持生存发展需要，应重点嵌入结构授权以响应团队簇的创业属性，通过实施更多的结构授权以赋予成员导向性显著的工作自主权、信息资源可获得渠道和自我效能提升，促使初创组织能够灵活调节创业策略、资源配置导向以及内部成员流动结构，积极响应外部环境变化，最终提升个体和团队绩效。其二，关注团队簇创新的环境不确定与合作关系管理特点，应重点嵌入心理授权以响应团队簇的创新属性，通过心理授权肯定团队簇个体工作动机、增强个体间心理依赖、拓展非正式组织影响，进而积极转变团队簇个体存在的与探索、尝试、冒风险等内在情绪不足相关的负面效应，使得团队簇个体乐于创新、敢于创新、勤于创新，最终达成超出预期的个体和团队绩效。其三，关注团队簇发展转型中面临的创新与创业理念、路径与方法冲突，应重点嵌入认知授权以响应团队簇的创新创业交互属性与选择策略，通过充分暴露与反馈合作偏差或问题开创内外部成员身份感知、角色重构与组织公民行为偏好调整的新格局，在团队簇实现兼容并包的核心协作理念认知原则的基础上，形成有利于组织竞争力转换、有助于个体自我实现的组织价值认同，最终创造具有"反脆弱"优势的个体与团队绩效关系。

明确异质型领导类型与能力互信氛围的作用导向差异，理顺异质型创业领导对个体绩效的相机变化特征及其匹配于能力互信氛围的调节办法。在共享经济与众创背景下，由于个体绩效的高低不再仅与个人的专业能力高度相关，还取决于个体层面的自我管理能力、冒险精神与团队归属感，因此团队簇异质型创业领导类型与能力互信氛围的匹配关系对于增强个体绩效及其感知能力至关重要。一方面，匹配于外部战略价值导向异质型创业领导，要注重团队簇内部个体工作胜任力与责任感的内生信任氛围与外部创新资源整合、外部创新主体协同合作动机的互动，借此弥补其对内部创业资源关注不足的问题，在满足资源观导向内生信任氛围对个体信任基础、可靠性等取舍偏好的基础上，最终塑造开放式创新导向下个体绩效富集与团队绩效传递的良性互动氛围。另一方面，匹配于内部比较优势导向异质型创业领导，要关注团队簇内部个体资源交换与利益协调的外延信任管理特质，通过引导和归化由情感强弱、关系紧密程度所自发形成的外延价值信任氛围，使团队簇的参与各方均能接受"核心人才不等于专业能力强成员"的思维方式，在不断增强个人绩效目标、过程与有效性关联（基于近似于英特尔首创的目标与关键成果法）的基础上，最终打造近似于无边界组织的有益于培育价值创造导向外延信任氛围的个体—团队绩效良性互动氛围。

第七节 多团队创新中的参与个体间协作能力互信机制研究

一、动态评价需求与内涵

Gist[1]等学者在梳理分析组织行为的研究进展时明确说明："当今创业团队的主要任务与挑战是解决好与其他团队相互顺利协作的问题，而不仅仅局限在团队自身内部。然而，目前与创业团队相关的理论或实践研究都仅重视团队内部各环节，忽略了团队与团队之间的资源共享、协作互助等相互依存性。"面对动态不稳定、竞争愈发激烈的互联网时代，许多项目与重要挑战都需要多个团队共同协作完成，例如研制新药品、开发复杂庞大的工程项目以及部队军事活动等错综复杂的任务需要依靠拥有不同资源优势与共同任务目标的多个创业团队协作才能顺利完成，不能仅仅依靠个人、某一团队或某一组织[2]。因而，沟通是实现创业多团队参与个体间高效协作的重要手段之一[3]。然而，在多团队创新创业活动中，管理工作的关键难点之一就是参与个体间的沟通与关系协调。而信任则是引发沟通风险的原因之一。由于不同团队参与个体之间的性格特质、相关背景与能力等

---

[1] Gist, Marilyn E. Self-efficacy: Implications for organizational behavior and human resource management. [J]. Academy of Management Review, 1987, 12 (3): 472–485.
[2] Healey M. P., Hodgkinson G. P., Teo S. Responding Effectively to Civil Emergencies: The Role of Transactive Memory in the Performance of Multiteam Systems [J]. British Computer Society, 2009.
[3] Brock D., Aburish E., Chiu C. R., et al. Interprofessional education in team communication: working together to improve patient safety [J]. Postgraduate Medical Journal, 2013, 89 (1057): 642–651.

具有差异性，故而在协作过程中往往出现协作积极性不高、互相推诿，问题需要被多方确认并核实才开始着手处理解决等一系列障碍，信任关系难以建立，进而延缓关键决策的制定时间，增加多团队项目合作的风险。而多团队参与个体之间的信任有着随多团队协作关系发展的不同阶段相伴随的由低到高的程度变化以及快速信任—认知信任—情感信任等三种由深至浅的信任演变类型[1]。因此，探讨多团队创新创业中的协作关系发展不同阶段的信任主导类型问题对有效提高多团队参与个体间的协作效率，最终实现项目任务目标的高效完成具有重要的现实意义。

信任行为逐渐成为多团队成员创业行为与创新成果研究的重点交叉领域，张秀娥[2]等学者认为创业团队成员之间知识、信息资源的交流和传播共享得益于团队成员之间的相互信任，信任程度越高，作用越大。李鹏飞[3]则是从社会认知视角出发，研究影响创业团队参与成员间信任建立的因素，并得出成员自身特征、成员关系特征、团队文化和团队特征是影响信任建立的四个主要方面。郑鸿[4]等学者通过研究得出个体间的沟通互动与互惠原则是信任建立与维系的主要原因，而信任则是绩效提升的重要因素。现有成果虽然关注了多团队参与个体间的不同信任类型对创新创业的影响，但主要集中在探究信任类型对不同团队成员的行为表现和成果交付上[5]，对于信任对其的内部作用机理及外部情境因素则缺乏关注。在信任类型对成员行为表现和成果交付的动态影响过程中，领导嵌入授权被认为是尤为重要的作用因素[6]。对此，国内外部分学者已从个体层面对多团队创业领导授权的影响作用机制进行了相关探讨。陈国权[7]从心理投入理论出发，提出领导授权行为对员工个体学习动力的"激励"

---

[1] David Morgan, Rachid Zeffane. Employee involvement, organizational change and trust in management [J]. International Journal of Human Resource Management, 2003, 14 (1): 55 – 75.

[2] 张秀娥，周荣鑫，王于佳. 创业团队成员信任对社会网络与企业创新能力关系的影响 [J]. 经济与管理研究, 2012 (3): 105 – 111.

[3] 李鹏飞，鲁虹. 基于社会认知论的创业团队人际信任影响因素实证研究 [J]. 上海管理科学, 2011, 33 (5): 90 – 96.

[4] 郑鸿，徐勇. 创业团队信任的维持机制及其对团队绩效的影响研究 [J]. 南开管理评论, 2017, 20 (5): 29 – 40.

[5] Schaubroeck J., Lam S. S., Peng A. C. Cognition – based and affect – based trust as mediators of leader behavior influences on team performance [J]. Journal of Applied Psychology, 2011, 96 (4): 863 – 71.

[6] Mizoguchi F. An authorization – based trust model for multiagent systems [J]. Applied Artificial Intelligence, 2010, 14 (9): 909 – 925.

[7] 陈国权，陈子栋. 领导授权行为对员工学习能力影响机制研究 [J]. 科研管理, 2017, 38 (3): 114 – 127.

与减少员工个体学习阻力的"保健"双路径模型,来研究领导授权对个体学习能力的影响。杨春江[①]通过对华北三家制造企业的481位下属及其主管进行实证研究,检验了心理授权对组织个体公民行为的影响。研究结果表明,心理授权正向影响组织公民行为。陈红[②]则通过对上海、北京等地新生代员工的工作价值观、领导心理授权对工作绩效的影响进行了实证研究,并得出员工个体工作价值观与领导的心理授权能够有效促进工作绩效等结论。国维潇[③]以知识整合为中介,经过实证研究分析得出领导授权对团队绩效有显著的正向影响。DeChurch[④]等学者认为领导的基本功能在于策略制定和协作促进,但大多侧重于领导授权对工作满意度、工作绩效和组织承诺等方面的影响,对多团队合作中的参与个体间协作互信影响作用的报道相对鲜见,现有研究尚不能有效描述复杂动态多团队创新创业环境中嵌入授权差异对参与个体间协作互信作用的涌现机制。鉴于上述认知,可将众多具有合作及沟通属性的协作关系发展不同阶段的信任类型要点界定为一系列协作互信要素,而创业多团队领导在各阶段的不同授权作用可表现为要素之间的相互影响关系。从此视角出发,创业多团队参与个体间的协作互信可以成为多团队参与个体间分享流程价值、构建相互承诺并实现交互协作的一种创新行为,协作互信过程中涉及的互动沟通、信息共享、资源互惠、目标协调等多层次因素都将对其整体协作互信水平产生重要影响。然而实际情况是,虽然国内外学者广泛关注了创新多团队参与个体间的信任问题,但对其动态的协作信任演变过程以及领导授权的复杂机理与有效性仍然认知有限,且未见针对创新创业多团队参与个体间协作互信评价的相关研究报道。故提炼推演动态的协作互信有效性涌现方式,同时展开对协作互信效果的评价,不仅有利于提升创业多团队参与个体的协作互信有效性,而且有利于明确创业多团队参与个体管理研究的未来研究方向。

基于以上思考,为有效评价创业多团队参与个体间的协作互信水平,本研究基于协作关系动态发展不同阶段信任类型演变,从多团队成员间的快速信任、认

[①] 杨春江,蔡迎春,侯红旭. 心理授权与工作嵌入视角下的变革型领导对下属组织公民行为的影响研究 [J]. 管理学报,2015,12 (2): 231 – 239.

[②] 陈红,颜世富. 新生代员工工作价值观、心理授权对工作绩效的影响——基于知识型企业的实证研究 [J]. 科技与经济,2014 (2): 71 – 75.

[③] 国维潇,王端旭. 授权型领导对知识团队绩效的影响机理研究 [J]. 软科学,2014,28 (1): 68 – 71.

[④] Dechurch L. A., Burke C. S., Shuffler M. L., et al. A historiometric analysis of leadership in mission critical multiteam environments [J]. Leadership Quarterly, 2011, 22 (1): 152 – 169.

知信任和情感信任角度出发，探讨并解析在不同阶段领导授权方式的不同侧重作用下协作互信要素间的复杂关联效应，进而应用 ANP 方法对创业多团队参与个体间动态发展的协作互信水平进行评价并展开案例应用研究。

二、多团队参与个体间协作互信过程模型

创业多团队参与个体协作互信，随协作关系的不同发展阶段表现出差异化主导类型，协作关系的建立阶段（初始、形成）即创业多团队参与个体间的了解阶段，协作关系的发展阶段也就是整个项目参与个体的协作过程，彼此情感互依且彼此认同可视为创业多团队参与个体间协作关系的认同阶段。此外，领导授权对个体间协作顺利进行具有至关重要的作用。故而下面考虑领导授权对协作促进的影响，并对多团队参与个体在不同协作关系阶段下的协作互信状态进行分析。具体发展过程描述如图 5-30 所示。

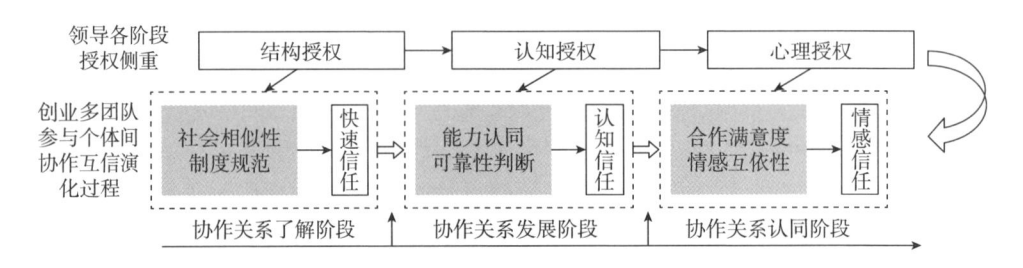

图 5-30 创业多团队参与个体间协作互信演化过程

（一）多团队个体间相互了解阶段

在创业多团队初次合作阶段，参与成员不具备传统团队成员所拥有的通过长期共事进行相互了解和磨合来培养、建立信任的条件。而共同任务的完成又要求创业多团队成员在合作的刚开始就要快速建立起彼此之间的信任，在这一阶段个体之间的交往具有交换特征。因此，用不包含感情、承诺与人际交流成分的快速信任（Swift Trust）这种特殊信任形式来解释对多团队成员协作关系建立的影响[1]。多团队参与个体创业初期的快速信任基于个体间年龄、职位、经济地位等一系列社会相似性而建立。此外，既有制度对快速信任的建立也起关键作用。以

---

[1] 程德俊，宋哲，王蓓蓓. 认知信任还是情感信任：高参与工作系统对组织创新绩效的影响 [J]. 经济管理，2010（11）：81-90.

制度为前提，根据制度约束个体行为。多团队创业合作开始阶段，根据合同、分工协作和行为规范等，基于制度的快速信任相应建立起来，多团队参与个体在相互有着制度信任的前提下，放弃机会主义行为，依照制度规范进行协作工作，避免违约成本增加而导致协作收益降低的不良后果。这一点类似于契约信任，是创业多团队参与个体因忌惮违背法律法规、损害个人名誉所遭到的惩处而产生的信任。而在此阶段，领导对个体进行结构授权[1]，使得个体完成必要工作的信息与资源获取途径得到扩大，必要的知识、技能与权力得到提升，从而巩固创业多团队参与个体间在初始合作阶段建立的快速信任，最终促进协作的顺利进行。

（二）多团队个体间协作关系发展阶段

在创业多团队协作关系发展阶段，参与个体基于快速信任，按部就班，各司其职，分工协作。但是随着创新创业活动的进一步深入，原本基于个体社会相似性与制度所建立起来的快速信任已满足不了现实的深层次协作要求。此时，个体间已共事一段时间，对彼此的工作胜任力、诚信度及责任感等也有了一定的了解，基于此进行对被信任方能力和可靠度的认知判断，最终建立起认知信任。此类信任直接影响个体间深入合作意愿的强弱程度，信任程度越大，个体间继续深入协作的效果越好。在此阶段，领导通过认知授权赋予提升成员的内部人身份感知而增强其组织公民行为，进而增强个体间的凝聚力和认同感。个体对自身身份角色有明确清晰的界定与了解，对协助多团队创新创业活动的顺利完成拥有使命感和责任感，进一步深化基于能力和可靠性的认知信任，保证这一阶段的协作有效进行。

（三）多团队个体间相互认同阶段

在多团队创新创业活动的收尾阶段，即个体间协作关系发展的最后阶段，参与个体彼此在沟通方式、行为偏好等方面相互熟知，并能够理解相互解决问题的思路和方法，且在特定环境下可以判断对方会做出的举措。此时也是创业多团队参与个体间对协作关系彼此认同的阶段。在协作关系发展阶段建立起的认知信任基础上发展而来的基于情感认同的信任是创业多团队个体间彼此认同阶段的主导信任类型。强调依据相互间的感情与关系强弱总结的情感信任，产生于被信任方显示的关心和关注的水平，信任程度越大，对关系依赖的程度也越大，个体间合

---

[1] Christens B. D., Collura J. J., Tahir F. Critical hopefulness: a person-centered analysis of the intersection of cognitive and emotional empowerment. [J]. American Journal of Community Psychology, 2013, 52 (1-2): 170-184.

作进行得越顺利。在此阶段，领导通过心理授权[①]让多团队创业活动中的参与个体感知到自身的工作价值、工作意义、工作自主性、自我效能与工作影响力，增强个体信心，进而增强个体的内在协作动机，保持基于关系认同的情感信任，顺利高效完成创业活动最后一阶段的协作工作。

三、多团队参与个体间协作互信水平评价方法构建

创业多团队参与个体间协作互信度主要是指协作互信要素及其内部影响因素间的交互关联与影响，表现的是创业多团队参与个体间协作互信的程度。故创业多团队参与个体间协作互信度反映的是个体间协作互信的三个不同阶段及其各阶段影响因素相互作用的结果。以下三个方面主要体现了这种复杂性：①创业多团队参与个体间协作互信包含的要素及其内部影响因素数量较多；②创业多团队参与个体间协作互信要素间的交互作用关联类型多样；③在不同阶段下，创业多团队参与个体间协作互信各要素间的影响关系有着不同的作用程度。因此，本研究采用网络分析法（analytic network process，ANP方法）来测量创业多团队参与个体间协作互信度应对内部结构复杂不易分析解决的难题。该方法具有以下优势：①在因素耦合影响作用复杂且数量众多的情形下，决策者在决策时能够通过具有两两比较判断模式特征功效的ANP方法获得重要参考信息；②创业多团队参与个体间在协作互信不同阶段过程的复杂作用关系程度能够通过其方法的加权超矩阵与极限超矩阵科学准确地反映出来；③ANP方法中网络层与控制层分离有助于决策制定者从不同视角综合判断与评价创业多团队参与个体间协作互信整体效果。本研究运用网络层次分析法（ANP）构建识别和评价创业多团队参与个体间协作互信效果方法，具体步骤如下。

（一）构建创业多团队参与个体间的协作互信分析结构

以创业多团队参与个体间协作互信不同阶段问题的分析为基础，用控制层、网络层与方案层来划分系统分析结构层次，通过分析各层次的固有性质特征来明确内部元素（集），进而以控制层与网络层、网络层与方案层之间的影响作用为依据构造相应的分析结构。

---

① Chunfang C., Tsungsheng H. The impacts of perceived organizational support and psychological empowerment on job performance: the mediating effects of organizational citizenship behavior. [J]. International Journal of Hospitality Management, 2012, 31 (1): 180–190.

(二) 构造超矩阵

依据创业多团队参与个体间协作互信分析结构，邀请相关领域的专家按照两两比较判定模式，将其具有相关作用的元素与元素集构造判断矩阵，通过特征根法求出相应元素权重，再综合全部元素权重向量得出超矩阵。控制层决策总目标为 G、准则 $Q_1, Q_2, \cdots, Q_N$ 共同组成准则集；在网络层中，创业多团队参与个体间协作互信阶段由元素组 $C_1, C_2, \cdots, C_N$ 组成，其中 C_i 由 $k_{i1}, k_{i2}, \cdots, k_{ini}, \cdots$ ($i = 1, 2, \cdots, N$) 所组成；在网络层下，方案层中根据协作互信要素的配置关系可组成元素组 $A_1, A_2, \cdots, A_N$。以控制层元素 Q_s ($s = 1, 2, \cdots, N$) 为准则，以 C_j 中元素 k_{jl} ($l = 1, 2, \cdots, n_j$) 作为次准则，邀请诸位学者专家采用 1~9 标度，根据元素组 C_j 中元素队对 k_{jl} 的影响力来比较间接优势度，从而构造出两两比较判断矩阵，并运用特征根法得到排序向量：$(w_{i1}(jl), w_{i2}(jl), \cdots, w_{ini}(jl))^T$。本研究整合网络层次下决策层次相互之间的影响关系排序向量矩阵，构建在 Q_N 准则下创业多团队参与个体间协作互信度超矩阵，记作 W：

$$W = \begin{bmatrix} w_{11} w_{12} \cdots w_{1N} \\ w_{21} w_{22} \cdots w_{2N} \\ \cdots \quad \cdots \quad \cdots \\ w_{N1} w_{N2} \cdots w_{NN} \end{bmatrix}$$

(三) 构造创业多团队参与个体间的协作互信度加权矩阵

非负超矩阵中，各子块 W_{ij} 均为列归一化，而 W 并不是归一化矩阵。故在比较各元素集相对于准则 C_j ($i = 1, 2, \cdots, N$) 的重要性时应把 Q_N 当作准则进行比较。如果元素集与 C_j 毫无联系，则零是元素集相应的排序向量分量，得加权矩阵 B。列归一化加权超矩阵 $\overline{W}$ 由 W 与 B 分块相乘后得出。

(四) 求解极限超矩阵评价创业多团队参与个体间的协作互信度

对矩阵 W 进行的多次幂求解得到极限超矩阵，创业多团队参与个体间协作互信的各个要素和其内部交叉作用关联要素间的影响关系以及涌现机理都涵盖在内，通过公式 $\overline{W}^{\infty} = \lim\limits_{t \to \infty} \overline{W}^t$ 计算即可得出。$\overline{W}^{\infty}$ 中与方案 A 相对应的综合权重值即表示创业多团队参与个体间协作互信度的综合评价值。

四、创业多团队个体间协作互信网络层要素选取

综上所述，创业多团队参与个体间的协作互信评价对个体间信任类型及其内部作用影响关系的探究有一定的深度，但针对协作关系发展阶段演变所出现的主导信任类型以及领导授权在不同阶段的授权方式的作用影响关联的研究还并不成熟，从协作关系动态发展这一视角出发进行定量模型方法构造以研究协作互信效方面的文献更是寥寥无几。笔者在前文对创新创业多团队不同协作阶段的信任类型以及促进信任建立的领导授权相关内容研究解析的基础上，大量查阅最新发表的国内外相关文献，设计了关于网络层的相对合理有效的创业多团队参与个体间协作互信评价要素指标体系，如表5-7所示。

表5-7 多团队参与个体协作互信网络层要素选取

元素集	内部要素	评价内容	内容来源
相互了解阶段 (C_1)	社会相似性 k_1	基于年龄、职位、经济建立信任	Golbeck(2009)、Vaske(2007)
	制度规范 k_2	基于固有制度准则建立信任	Farley(2015)、Baker(2014)
	结构授权 k_3	领导结构授权对信任的巩固作用	Periorellis(2014)、G Yin(2008)
关系发展阶段 (C_2)	能力认同 k_4	基于工作胜任力建立信任	Schwieren(2007)、Ferrara(2015)
	可靠性判断 k_5	基于诚信度和责任感建立信任	Hansen(2011)、Knight(2015)
	认知授权 k_6	领导认知授权对信任的巩固作用	Nasiripour(2014)、Barton(2011)
关系认同阶段 (C_3)	合作满意度 k_7	基于工作、沟通方式建立信任	Hasiqiqige(2010)、Chaudhari(2013)
	情感互依性 k_8	基于感情、关系强弱建立信任	Mukherjee(2012)、Barczak(2010)
	心理授权 k_9	领导心理授权对信任的巩固作用	Ergeneli(2007)、Khany(2015)

五、案例应用

（一）案例团队选取与概况

基于充分反映创业多团队协作互信各阶段特征与协作互信评价的目的，本研究很好地利用了所在团队老师们提供的资源，选取3家不同行业的创业多团队展开创业多团队参与个体协作互信的评价分析，并进行调研。对多团队创业项目参与者、组织者与管理者发放调研问卷（实际发出500份调研问卷，回收307份有效问

卷)、查阅样本企业组织相关资料、多人多次实地调研(每个企业调研 5 次)、交互式访谈等来收集数据,得到 3 家创业多团队内部真实情况,如表 5-8 所示。

表 5-8 样本企业信息

企业	C_1			C_2			C_3			特征
	k_1	k_2	k_3	k_4	k_5	k_6	k_7	k_8	k_9	
A	5	7	6	2	2	3	5	4	4	强调个体社会相似性、内部制度规范
B	6	7	6	8	7	6	9	7	8	强调能力认同、情感关系、个体社会相似性及制度规范
C	6	4	5	8	9	8	5	6	5	强调能力认同、诚信度、责任感

(二) 案例验证

笔者邀请在创业多团队协作关系发展与成员信任关系建立这两个方面具有深入研究的 7 位专家,参照如下研讨思路,梳理该公司不同团队参与个体间协作互信要素间的作用关系。研讨问题如下:①要素子系统(准则层)中的作用关系;②要素子系统(准则层)内的作用关系;③子系统(准则层)以及网络层要素间的相对作用关系。此处应注意,研讨问题③是基于①和②的结果而展开的,其中由问题①与②得到的如图 5-31 所示的要素网络关系结构,包括准则层、网络层、方案层;以前两个问题结果为基础,对第三个问题进行两两比较研究。在此基础上,按照矩阵求解方法,可得到如表 5-9 所示的协作互信要素加权超矩阵和表 5-10 所示的协作互信要素极限超矩阵。

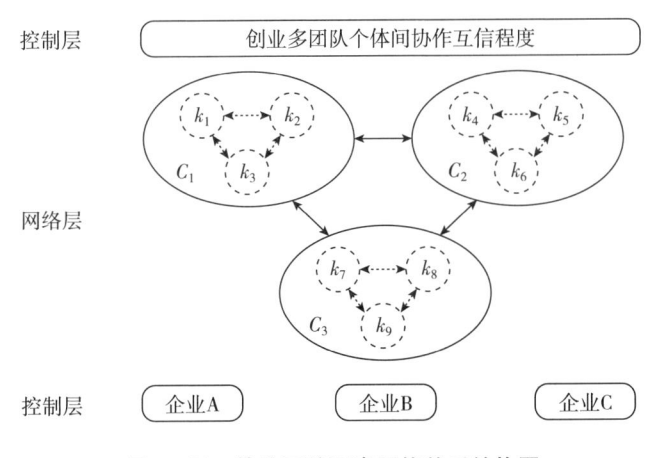

图 5-31 协作互信要素网络关系结构图

表5-9 创业多团队个体间协作互信要素系统加权超矩阵

		方案层			C_1			C_2			C_3		
$\overline{W}$		A	B	C	k_1	k_2	k_3	k_4	k_5	k_6	k_7	k_8	k_9
方案层	A	0.000	0.000	0.000	0.162	0.175	0.143	0.035	0.034	0.036	0.026	0.034	0.034
	B	0.000	0.000	0.000	0.057	0.048	0.071	0.071	0.059	0.071	0.175	0.156	0.156
	C	0.000	0.000	0.000	0.030	0.026	0.036	0.143	0.156	0.143	0.048	0.059	0.059
C_1	k_1	0.000	0.000	0.000	0.013	0.083	0.167	0.062	0.074	0.060	0.134	0.134	0.059
	k_2	0.000	0.000	0.000	0.083	0.021	0.083	0.039	0.134	0.137	0.074	0.074	0.034
	k_3	0.000	0.000	0.000	0.166	0.167	0.010	0.148	0.040	0.052	0.040	0.040	0.156
C_2	k_4	0.000	0.000	0.000	0.074	0.062	0.042	0.014	0.083	0.062	0.074	0.077	0.074
	k_5	0.000	0.000	0.000	0.134	0.125	0.097	0.083	0.010	0.187	0.135	0.027	0.134
	k_6	0.000	0.000	0.000	0.041	0.062	0.110	0.166	0.166	0.011	0.041	0.145	0.040
C_3	k_7	0.000	0.000	0.000	0.041	0.074	0.064	0.146	0.060	0.139	0.023	0.166	0.083
	k_8	0.000	0.000	0.000	0.074	0.041	0.026	0.057	0.156	0.079	0.083	0.015	0.166
	k_9	0.000	0.000	0.000	0.134	0.135	0.159	0.046	0.034	0.030	0.167	0.083	0.017

表 5-10 创业多团队个体间协作互信要素系统极限超矩阵

		$\overline{W}$	方案层			C_1				C_2				C_3		
			A	B	C	k_1	k_2	k_3	k_4	k_5	k_6	k_7	k_8	k_9
方案层		A	0.000	0.000	0.000	0.060	0.060	0.060	0.060	0.060	0.060	0.060	0.060	0.060
		B	0.000	0.000	0.000	0.077	0.077	0.077	0.077	0.077	0.077	0.077	0.077	0.077
		C	0.000	0.000	0.000	0.062	0.062	0.062	0.062	0.062	0.062	0.062	0.062	0.062
C_1		k_1	0.000	0.000	0.000	0.092	0.092	0.092	0.092	0.092	0.092	0.092	0.092	0.092
		k_2	0.000	0.000	0.000	0.087	0.087	0.087	0.087	0.087	0.087	0.087	0.087	0.087
		k_3	0.000	0.000	0.000	0.086	0.086	0.086	0.086	0.086	0.086	0.086	0.086	0.086
C_2		k_4	0.000	0.000	0.000	0.075	0.075	0.075	0.075	0.075	0.075	0.075	0.075	0.075
		k_5	0.000	0.000	0.000	0.104	0.104	0.104	0.104	0.104	0.104	0.104	0.104	0.104
		k_6	0.000	0.000	0.000	0.087	0.087	0.087	0.087	0.087	0.087	0.087	0.087	0.087
C_3		k_7	0.000	0.000	0.000	0.099	0.099	0.099	0.099	0.099	0.099	0.099	0.099	0.099
		k_8	0.000	0.000	0.000	0.083	0.083	0.083	0.083	0.083	0.083	0.083	0.083	0.083
		k_9	0.000	0.000	0.000	0.082	0.082	0.082	0.082	0.082	0.082	0.082	0.082	0.082

以上述计算结果为基础,各方案策略协同度的综合评价值表现为与之相对应的综合权重数值。由于企业 A、B、C 的综合评价值分别为 0.060、0.077、0.062,即方案间的优劣排序为 $B > C > A$,因此企业 B 的协作互信度最高,可据此详细部署相应创业多团队各阶段协作互信对策以帮助项目顺利高效完成。参与评价的专家表示,上述分析结论对指导创业多团队参与个体间的有效协作具有积极推动作用。因此,本研究提出的创业多团队个体间的协作互信解析与评价理论和方法具有应用可行性。

(三) 结论和建议

本研究首先在分析现有创业多团队参与个体间的协作互信相关理论成果的基础上,剖析个体间的信任随协作关系以及伴随的领导授权的转变而演化的过程,并据此构建了动态的创业多团队参与个体间协作互信发展的过程模型,进而在此基础上运用反映复杂要素关联的网络层次分析法深入分析问题,最后选取符合情况的企业创业多团队个体间的协作互信度进行实证研究。案例应用结果也表明,本研究提出的方法与理论切实有效,兼具理论意义和实践指导贡献。

通过案例实证研究的结果可以看出,兼顾协作关系发展各阶段,强调能力认同、情感关系、个体社会相似性及制度规范的 B 企业综合评价值最高,个体间协作互信度最好。基于此,要增强创业多团队个体间协作互信以保证合作的顺利进行,最终实现项目的顺利完成。可从以下几方面入手:①完善制度规范,领导授予个体完成工作必要的权力,使得个体在合作之初建立起牢固的契约信任;②重视认知授权,提升成员内部人身份感知,增强凝聚力,帮助员工更好地建立协作关系发展阶段的基于工作胜任力和可靠性的认知信任;③重视情感授权,肯定个体工作的价值和意义,增强项目收尾阶段由个体间的相互认同所建立起的情感信任以保障多团队参与个体协作的顺利进行。

第八节 本章小结

面对现有众创团队创新模式同质化、协同情景复杂化以及合作互信薄弱化的问题,如何将多元创新主体的差异性资源、诉求和策略进行整合,形成动态适应的网络信任效应,构建协调团队簇整体动态、一致、有序的协作能力互信机制已经成为众创团队簇协作创新研究的重点。为有效解析众创团队簇创新协作特征与多样化合作情景,厘清差异性信任类型和动态性信任特征在团队簇网络创新创业中的作用路径，本章系统构建了一套针对众创团队簇的协作能力互信机制。

第一，本研究基于现有网络信任惯例下众创团队簇创业和团队间协作信任研究中存在的多团队合作地位差异下信任关注不足、多阶段创业信任基础复杂性辨析不明，以及长期稳定合作互信机制发展前景研究缺乏等问题，以网络信任惯例的信任行为多层性、信任模式的交互和信任路径的拓展演化为研究切入点，响应团队簇创新绩效涌现要求下团队间信任关系构建的复杂性、动态性和不确定性管理需求，从初创期认知互信、发展期结构互信以及转型期情感互信三个方面给出了众创团队簇协作能力互信机制构建的主要内容和关键要点，较之于现有团队簇协作创新研究所关注的多层次流程协作（Gupta等，2007）、多主体创新协同、网络化结构创新（凌润辉等，2013）等内容，本研究的理论贡献主要表现在以下几方面：①网络信任惯例作为团队簇协作创新互信机制构建的基本导向，集中体现了互联网时代众创团队簇社群化运作的组织范式、平台化资源交互范式与互利共享生态范式这三类行为的有机结合，有利于深入描述基于社群化、生态化、潜在性特征下团队簇协作互信机制的构建方向和构建要点；②基于多位势主体和多阶段特征的信任机制的解析，梳理了基于网络时空差异的团队簇协作创新复杂情境，提炼了网络信任惯例下团队簇内部差异性主体间的动态协作与创新协同增效效应，拓宽了个体和团队单一信任主体间合作的研究视角，丰富了现有静态团队信任效应的研究思路；③面向不确定性信任发展和僵化信任结构问题的解析，基于网络信任惯例的团队簇协作能力互信机制有助于形成糅合知识、人才、信息等资源的开放有序的创新协作机制，基于认知、结构、情感的互信框架凸显了跨边界创新网络延伸、多方向资源有序交互、多维度协作信任内涵丰富的团队簇协作创新发展趋势，明确了主体信任构建与长期协作创新的适配性研究导向。

第二，由于决策共识获取的松散关联性，众创团队簇合作主体在多种情境下的群决策实践中均有所涉及。决策问题中的知识结构低聚度下的共识协同需要以客观尺度作为标准来构建决策模型，但决策主体的低聚度下共识获取取决于主观的信任尺度，如何界定信任内涵、获取信任共识、反映信任的动态性需要进一步探索。本研究借助信任元概念，解析了众创团队簇合作主体差异性的主客观信任内涵，展现了基于主体交互水平主客观信任对比空间变化的动态信任融合过程，同时，基于非连续性信任的主体间信任度集结，描述了随信任度变化的决策主体位势的动态演变，实现了群体研讨中的信任元协同获取。算例结果表明，对比原有群体研讨和信任共识获取模型方式，改进后的模型研讨成熟度水平和共识水平能在短期内达到较高期望值，群体信任更易达成一致，能有效缩小低聚度主体的决策分歧、提高沟通反馈效率。相对于现有的群体决策模型,本部分以群体研讨模型为基础进行适应低聚度决策特征的改进,具有以下创新性:①关注低聚度主体合作决策中的信任内涵、关系演化以及基础获取问题,弥补了对特殊性主体的关注不足问题,扩展了群体决策非标准化对象的研究范围和思路;②描述了低聚度主体决策信任中主客观信任的伴生和转化关系,提出了主客观信任的一致性检验和动态融合算法,有利于明确多主体决策信任元协同获取的内在机理,提高信任共识达成的效率;③提出了适用于动态信任变化特征的信任归集和权重转化方法,分析了低聚度主体位势关系的演变规律,较之原有模型研讨过程信息反馈性不足的问题,现有模型能够灵活反映低聚度群体实时信任状态,有利于提高共识达成的成熟度和可靠性。

第三,本章通过异质型创业领导、嵌入授权对团队簇个体绩效的跨层次影响研究得出以下结论:①创业型领导异质性对个体绩效具有影响。②嵌入授权在创业型领导异质性与个体绩效间具有中介作用。③能力互信氛围具有调节作用。具体来说,团队簇个体依据工作胜任力、诚信度及责任感等理性成分以及相互间的感情与关系强弱总结等感性成分来决定是否信任对方进而展开更好的合作以提升绩效。在相互信任的情况下,嵌入授权的作用会得到更充分的发挥,嵌入授权这一管理模式也能更好地为异质型创业领导所运用,进而嵌入授权行为与团队簇个体绩效的关系就越显著。根据研究结果提出了相关管理启示:①关注创新创业交互属性与嵌入授权行为的交互管理特点,有效应对差异化情景下嵌入授权不同侧重点所关联的双创属性交互需要。②明确异质型领导类型与能力互信氛围的作用导向差异,理顺异质型创业领导对个体绩效的相机变化特征及其匹配于能力互信氛围的调节办法。共享经济与众创背景下,由于个体绩效的高低不再仅与个人专业能力高度相关,而是取决于更多的个体层面自我管理能力、冒险精神与团队归属感,因此团队簇异质型创业领导类型与能力互信氛围的匹配关系对于增强个体绩效及其感知能力至关重要。

第四,本章归纳了创业多团队参与个体协作能力互信随协作关系的不同发展阶段,具体为相互了解阶段、协作关系发展阶段与相互认同阶段,并表现出差异化主导类型。创业领导嵌入结构授权、认知授权与心理授权在每个阶段对多团队个体间协作能力互信顺利进行具有不同程度的作用关系。在协作关系了解阶段,嵌入结构授权以提高个体间社会相似性、完善制度规范,进而有效帮助个体间建立起此阶段的快速信任;在协作关系发展阶段,嵌入认知授权以增强个体间能力认同与对彼此的可靠性判断,进而有效帮助个体间建立起此阶段的认知信任;在协作关系认同阶段，嵌入心理授权以提高多团队创新参与个体间的合作满意度与情感互依性，进而有效帮助个体间建立起此阶段的情感信任。本研究在分析现有创业多团队参与个体间协作互信相关理论成果基础上，剖析个体间的信任随协作关系以及伴随的领导授权的转变而演化的过程，并据此构建了动态的创业多团队参与个体间协作互信发展过程模型，进而在此基础上运用反映复杂要素关联的网络层次分析法深入分析问题，最后选取符合情况的企业创业多团队个体间的协作互信度进行实证研究。通过案例实证研究的结果可以看出，兼顾协作关系发展各阶段，强调能力认同、情感关系、个体社会相似性及制度规范的 B 企业综合评价值最高，个体间协作互信度最好。基于此，要增强创业多团队个体间协作互信以保证合作的顺利进行，最终实现项目的顺利完成。可从以下几方面入手：①完善制度规范，领导授予个体完成工作必要的权力，使得个体在合作之初建立起牢固的契约信任；②重视认知授权，提升成员内部人身份感知，增强凝聚力，帮助员工更好建立协作关系发展阶段的基于工作胜任力和可靠性的认知信任；③重视情感授权，肯定个体工作价值和意义，增强项目收尾阶段由个体间的相互认同所建立起的情感信任以保障多团队参与个体协作的顺利进行。案例应用结果也表明，前文所提出的方法与理论切实有效，兼具理论意义和实践指导意义。

相关结论与分析框架为众创团队簇协作创新信任机制的构建提供了设计思路和内涵解析参考，可为团队簇协作创新理论研究与实践研究方向提供一定的指导。但在具体的研究方向和思路方面仍存在进一步关注的内容。以下趋势可作为今后的研究重点：①基于时间维度的阶段性协作能力互信机制的整体思路和构建要点是本部分的主要研究内容，而对于不同团队主体的协作能力整合协同以及差异性协作互信机制要点的交互影响仍需要深入探讨，因此今后研究的重点可关注协作主体结构差异、合作团队隶属关联以及动态团队簇网络信任的整合路径等方面，进一步完善众创团队簇网络的协作能力互信机制的构建细节；②在信任共识状态指标的构建中，本章沿用了原有研讨模型的计算方法，具体的数值以权重为评分值进行直接计算，在实际应用中可能存在准确性问题，今后可利用模糊语义等方法改进权重评分法；③团队簇决策主体间的信任元的协同获取过程不仅存在信任内涵和主体信任度的作用，更存在多维复杂因素影响下的深层次的运行机理，如社会认知倾向与知识资源依赖等因素的影响，因此共识产生的深层次原因和路径还有待进一步研究探讨；④由于现有研究缺少对创业领导异质性风格与个体绩效的影响关系区分三种授权进行的研究，故本研究对内部比较优势导向异质性创业型领导在不同授权行为下产生的个体绩效影响进行不同强弱程度的研究，而碍于篇幅未对三种不同授权影响外部战略价值导向异质性创业型领导与个体绩效的作用关系展开讨论，且建立的研究模型还不够完善，变量对异质性与个体绩效关系影响的机制考虑还存在片面性，实际研究中异质性与个体绩效之间的关系也可能会受到合作策略价值观、冲突结构等变量的影响，后续研究中可以对外部战略价值导向异质性创业型领导在不同授权行为下产生的个体绩效影响展开面向不同强弱程度的深入研究，或引入其他中介变量与调节变量来探讨异质性对个体绩效的影响过程与作用机理，从而开展进一步研究；⑤收集众创多团队数据采用的是便利抽样，理论的稳定性与普遍性受到一定影响，同时研究过程考虑到成本和便捷因素，仅采用横断面数据，需谨慎推断其因果关系，以尽量避免出现逻辑问题，后续研究中要增加样本收集数量、完善相关量表内容。

综上所述，本章分析、构建、优化了众创团队簇协同创新的协作能力互信机制，为协同创新机制奠定了合作制度基础，下一章将在本章的基础上研究跨阶段、跨界面的众创团队簇的创新关系耦合机制。

第六章

众创团队簇协同创新的创新关系耦合机制

本章内容提要

　　交互导向创业型领导的团队绩效涌现过程具有复杂的层次效应，而这种多团队间的动态组织面临复杂的变革情景和非正式众创网络的界面耦合问题，转型情景下的团队簇具有关系网络泛家族化、领导风格个性化、战略视野集聚化特征，因此认识团队间隶属层级与个体行为特征同时具备的套嵌与对偶关联、界面耦合效率对于构建众创团队簇协同创新的创新关系耦合机制，提升团队绩效具有重要意义。因此，本章主要通过众创团队簇隶属关系的分析、非正式众创网络的界面耦合属性评价以及跨职能协同界面分析和效率评价等方面，构建了团队簇创新关系耦合机制。

　　首先，关注团队簇共同创业行为展现的治理策略、有效性传递与绩效控制等核心议题，提炼内部比较优势与外部战略价值两种创业型领导核心导向，解析控制、平等、弱/无关联三类团队间隶属层次对不同领导范式下团队簇绩效的中介作用。实证结果表明，三类隶属层次分别响应创业—生存、创新—发展与双创—转型三类团队簇绩效涌现机制，对保障团队簇整体绩效具有正向影响。聚焦领导的多导向与多层次秩序，对优化多主体创新过程中的机会识别、优势搜寻与组织间绩效传递机制具有一定参考价值。

　　其次，借助界面管理思想从资源、前景、路径、效益四个层面系统界定、梳理了多创业团队的非正式众创网络界面体系。从动机、可行域、模式、策略和风险等五个方面提炼了该界面系统有效运行的协同内涵，归纳了不同界面子系统之间实现耦合有效性的涌现机理及耦合质效评价的关键内容。借助 ANP 方法表征及确定协同创新界面网络关联在不同层次众创网络协同度序参量中对系统协同有效性的贡献，并引入物理学中的容量耦合概念及其耦合系数模型，构建了用于解析及评价复杂系统内多子系统间的运行状态耦合程度的实施方案。针对云南某一社区型众创空间挖掘氛围绩效管理实践的案例应用结果表明，所提出的解析理论及评价方法有效可行，能够为"众创"及团队簇的微观管理提供一定参考。

再次,为系统解析与评价转型企业团队簇的跨职能界面协同效率,针对战略转型,结合系统协同、非线性涌现与战略突变等视角,在团队簇跨职能界面结构化辨识与协同机理分析的基础上,提出一套能够依据职能融合协同度序参量和前景理论进行内因聚合效率、策略嵌入效率和行为延续效率三类跨职能协同效率整合评价的策略效率改进评价方案。通过对部分云南省民营企业团队簇开展的案例应用表明,本研究所提出的解析理论和分析方案有效、可行,能够为促进转型情景下的多层次职能间的跨组织动态协调,提高联合研发团队簇的管理资源配置效率,提供一定的解析理论和方法参考。

最后,关注团队流程优化机制完善健全,为解决西部地区由于地理性滞塞、基础设施落后、合作渠道少、资源开发阙如等实际情况在过程协作中存在流程优化效果差、运行效率低等问题,界定外智引联型创新团队流程优化协作类型概念,构建基于前景理论的团队流程优化机制模型方法,以云南省院省校项目中契合团队的具体案例对文中提出的针对外智引联型创新团队流程运行效率评价方法进行实践检验。通过以上研究,能够为有效给出更具针对性、系统化的外智引联型创新团队的流程优化机制分析评价方案与完善对策,提供一定的研究思路、理论与方法参考,有助于进一步改善团队流程管理和成员角色感受、提升团队联合创新质效和效率、增强团队创新的核心竞争力。

第一节 问题的提出

创业型领导即创造一个愿景,以号召、动员下属,并使其承诺对战略价值创造进行发现与探索的一种领导方式[1],具有合作远景表达、合作能力证实与战略价值催生三重特征,对响应创业的交换属性与机动属性需求具有重要的前瞻价值。然而,日益动态和复杂的竞争环境,多样化、多层次及多策略的领导行为模式也对传统团队领导理论提出了新的挑战[2],兼具创业行为与创新行为属性的创业型领导在获取组织竞争优势、创造战略价值[3]两方面呈现出了更多的跨层次交

---

[1] Gupta V., MacMillan I. C., Surie G. Entrepreneurial leadership: developing and measuring a cross-cultural construct [J]. Journal of business venturing, 2004, 19 (2): 241–260.

[2] Dionne S. D., Gupta A., Sotak K. L., et al. A 25-year perspective on levels of analysis in leadership research [J]. The Leadership Quarterly, 2014, 25 (1): 6–35.

[3] Gupta V., MacMillan I. C., Surie G. Entrepreneurial leadership: developing and measuring a cross-cultural construct [J]. Journal of business venturing, 2004, 19 (2): 241–260.

互导向，创业型领导正在成为领导行为领域研究的重要课题[1][2]。在前期有关创业团队簇的研究中[3]，本章总结出团队簇是指多个团队借助单一团队所不具备的优势而实现一系列创新目标所构成的开放系统。迄今，创业型领导行为已逐渐成为创业行为与领导行为研究的重点交叉领域，但现有研究仅关注从个体到团队创新创业交互的一元效应，并不能有效认识复杂动态竞争环境中群体水平、成对水平、个体水平的多主体创新绩效涌现机制，团队领导的过程动态性与复杂性也未能有效描述。因此，对于创业型领导方式在多层次创业团队协作创新的研究，Kamdar & van Dyne (2007) 提出了一种领导—部属关系（隶属关系），强化对个体—团队的跨层次作用的理解。不同于从属关系，本研究中的团队间隶属关系是创新创业过程中相对独立的团队在资源投入、参与分配过程地位的差异而呈现出多层次的团队合作关系。在隶属层次效应对团队领导效能的复杂机制中[4][5]，少数高效团队的结构洞优势带来的隶属关系效应主导了创意表达与竞争性应用的过程[6][7]。因此绩效涌现过程中反映不同合作隶属层次的创业领导行为能够描述为治理策略与环境导向、角色认同与有效性传递、自我效能与绩效控制等核心议题。同时，创新团队簇（多团队局部及整体）的共同创业行为具有复杂网络视域下的多主体协同创新特征。然而由于创业主要关注当期机遇、强调策略性互惠，而创新主要关注远期愿景、强调战略性布局，因此团队簇的创业型领导行为具有更为复杂的团队间隶属层次影响。针对近似多主体隶属层次的可能影响，现有研究进展主要反映为以下三个核心议题：①关注与治理策略及环境导向相关的平等与控制隶属层次，Bagheri & Pihie[8] 等归纳出创业者人格差异所导致的治理

---

[1] Ruvio A., Rosenblatt Z., Hertz-Lazarowitz R. Entrepreneurial leadership vision in nonprofit vs. for-profit organizations [J]. The Leadership Quarterly, 2010, 21 (1): 144-158.

[2] Zahra S. A., Covin J. G. Business strategy, technology policy and firm performance [J]. Strategic Management Journal, 2010, 14 (6): 451-478.

[3] 许成磊, 王鼎, 段万春. 创业团队簇协同复杂性及关键界面识别 [J]. 科技进步与对策, 2017, 34 (5): 148-155.

[4] Dionne S. D., Gupta A., Sotak K. L., et al. A 25-year perspective on levels of analysis in leadership research [J]. The Leadership Quarterly, 2014, 25 (1): 6-35.

[5] Waldman D. A., Min Z. C., Hom P. W. A multilevel investigation of leadership and turnover behavior [J]. Journal of Management Official Journal of the Southern Management Association, 2015, 41 (6): 1724-1744.

[6] Dechurch L. A., Mesmermagnus J. R. The cognitive underpinnings of effective teamwork: a meta-analysis. [J]. Journal of Applied Psychology, 2010, 95 (1): 32-53.

[7] Markham S. E., Yammarino F. J., Murry W. D., et al. Leader-member exchange, shared values, and performance: Agreement and levels of analysis do matter [J]. Leadership Quarterly, 2010, 21 (3): 469-480.

[8] Pihie Z. A. L., Bagheri A. Entrepreneurial attitude and entrepreneurial efficacy of technical secondary school students [J]. Journal of Vocational Education and Training, 2010, 62 (3): 351-366.

策略多样性与组织环境交互诉求差异，指出创新想法产品化及制度化共同反映了内部创业资源的控制和环境的对等化治理属性；②关注与角色认同及有效性传递相关的控制与弱关联隶属层次，探索创业型领导作用机制及其中介变量的影响，Prieto[1]和McGarty（2007）发现创业型领导的角色及有效性在内外部创业的过程中的差序个性特质和领导行为间起中介作用，指出由角色重叠与定位差异带来的泛化社会人际关系已经成为一种隐性社会规范；③关注与自我效能和绩效控制相关的平等与弱关联隶属层次，Zhao等（2005），Batjargal（2004）以及Frese（2009）分别指出在创业初创期、发展期和转型期的宽松氛围和松散关系易于包容多样的创业机会，促进自我效能与社会支持、资本关系的战略适应、人与环境系统匹配均衡。上述三个核心议题的研究进展表明，平等、控制、弱关联或无关联三种状态反映的多主体隶属层次是关系到创业型领导与多合作主体绩效涌现的重要中介变量，对众创团队簇协同创新绩效涌现和关系耦合具有重要研究意义。

在"大众创业，万众创新"的浪潮下，创新内涵的拓展与形式的不断丰富，对多样化资源的投入路径及其整合能力提出了新的要求，相对于传统"孵化器"通过层级、规模、秩序等正式组织安排来推进内部团队创新进程，非正式结构的组织形式（尤其在中小型初创企业中）拥有结构刚性优势之外的更多组织张力，对网聚分散化、社会化的创新资源具有更强的适用性。对非正式众创网络可以简单界定为由无固定主体、形式的创新创业群体聚集形成的协同网络。这种非正式属性，使得中小型初创群体聚集在一起的首要因素往往是情感，而业务上的合作关系也常常以个体间的人际关系为载体，以信任和道德约束作为法律规范之外的潜在创业保障，但确实能够形成较正式组织更强的组织凝聚力。其直观影响表现为，非正式众创网络为创客群体提供了一个安全的情绪释放渠道（Keith Davis & John W. Newstrom，1985），而面对非正式众创网络多样随机的表现形式，也需要匹配更为精细的管理需求。①组织支持的形式和内涵发生了深刻变化，体现为潜在合作关系的资源存量价值与前景价值处于动态估值过程中，个体或机构间的短期与长期协同效应都有可能关系到实际众创效益；②非正式与正式创新网络存在合作博弈动机，非正式协同进程本身即是合作可行域不断拓展、合作风险转化、合作模式创新的动态过程，表现为更加显著的"创业"属性；③形散而神聚的治理方式需要更具个人魅力的领军人物，虽然严格意义上的成功模式缺乏复制的

---

[1] Prieto L. C. Proactive personality and entrepreneurial leadership: exploring the moderating role of organizational identification and political skill [J]. Academy of Entrepreneurship Journal, 2010, 16 (2): 107.

可能性，但合作姿态调整的路径与策略却值得借鉴，甚至形成了具有进化稳定水平的群体复制动态。目前有关非正式创新网络的研究表明[①]，其松散的关联结构、倾向性显著的信任层级、多路径协调的合作模式，更有利于形成面向不同创新创业导向的嵌入型组织氛围，而由此导致的权力安排、信息传递、社会交往等方面的不完全性也为该网络的有效管理增添了诸多阻碍。实际上，参照可能依赖正式创新网络获取的成就感、安全感与实际贡献而言，非正式创新网络体现了双因素理论对最具成效激励因素的偏好，它更加关注创新或者创业工作本身的主体效用，更倾向于通过激发与创造与增量价值有关的心理或情感过程，来识别并拓展合作路径。众创情景中的上述非正式创新网络建设需求与目前团队管理中涌现的多团队（团队簇）管理实践不谋而合。在普遍探索扁平化、矩阵化、网络化组织架构革新的整体情景下，执行创新活动不同组织职能的多个团队共同构成了团队簇，多创新主体之间的协同质效与协同过程和协同资源关系紧密。从目前社会化协同体系建设的整体诉求来看，教育部计划提出要不断创新协同机制和模式，营造协同创新的外部环境，实现高校、研究机构、企业和政府等组织相互之间的深入合作。在这种协同诉求下，相比协同创新领域的开放式创新与全面创新两个重要范畴，多团队的协同创新内涵更加强调创新创业主体、环境、进程和效应的交互属性。

党的十八届三中全会给出了我国进入转轨经济新常态的总体部署，以有序开放经济领域、优化市场运行秩序、增强法治保障和提高企业创新能力为导向，国务院近年来出台了有关工业转型升级、国家级经济技术开发区转型升级和金融支持经济结构调整和转型升级等一系列发展规划及指导意见。在当前的转轨经济环境下，我国企业正在面临战略调整、技术升级、市场手段革新的整体转型情景，而高端人才匮乏、技术基础薄弱、创新能力不足也已成为制约地区经济社会发展的主要瓶颈。造成区域创新动力内生性匮乏局面的原因是多方面的，如科研实力单薄、交流空间相对有限、管理理念比较落后、外援合作机会较少、发展资源缺乏等，这决定了"硬引进"合作方式在短期内难以解决部分地区的创新能力不足问题，而"不为我所有，但为我所用"的"软引进"合作方式却是一种可以立竿见影的重要选择。联合研发作为"软引进"的重要途径，多以创新团队的形式实现，是指在不改变和影响外部人才与所属单位人事关系的前提下，以项目

---

① Qing – Guo M. A., Yang W. The influence of innovative culture and personality traits on informal innovation network [J]. Studies in Science of Science, 2007, 25 (4): 772 – 776.

合作为主要载体,通过西部企事业单位间及其与外部人才共同开展研发攻关,借助外部智力资源持续提升创新能力的一种合作模式。由于联合研发团队主要面向前沿攻关类、基础应用类和理论探索类技术的积累与创新,具有突出的创业团队特质(关系网络泛家族化、领导风格个性化、战略视野集聚化),因此这种情景下转型创新主体(高校、企业、科研院所等)如何应对资源约束收紧、经济基础薄弱、人才技术与管理理念落后的多重困境,提高转型期联合研发团队的管理资源配置效率,已经成为其集聚后发优势、把握转型机遇,实现创新发展、内生发展和跨越发展的重点、难点课题。转型企业的创新团队如何科学应对外部智力资源融合过程中团队管理的多层次复杂影响,已成为影响团队管理质效提升和国家人才战略有效实施的关键问题,并得到了众多学者的积极研究。虽然现有研究已然描绘出静态、临界情景下团队知识传递问题的复杂关联,但仅通过知识传递问题研究这个单一视角和人才引进这一单独维度,显然不能完全反映出跨职能团队的整体深层次内涵,且不利于复杂变革情景下创新团队多层次管理问题的系统管理与整合评价。

近十年,抱团取暖的团队化科学研发方式已逐步替代了单一科研主体的研发创新方式,多主体合作、规模化集成协作、跨学科领域交互等已逐渐成为科研创新的主要形式[1],多角色协作、团队联合攻关已成为"双创"背景下创新工作的主要方式。创新团队也因为其跨学科领域、协作合力攻关的优势,成为完善联合创新体系的重要组成部分和推动创业创新、科技进步、经济转型的战略式载体。在此基础上,结合西部地区地理性滞塞、基础设施落后、合作渠道少、资源开发阙如等实际情况,创新性地提出具有跨地域、多关系层次、主体灵活多样、整体协作特点的外智引联型创新团队[2],通过外智引联的联合创新方式有效地整合智力资源、提高联合创新效率,打破传统的单打独斗、闭门造车的落后科研方式,从而更好地满足多元化目标、区域、创新诉求。但是,作为一种新型创新团队及其自身特有属性,外智引联型创新团队在交互协作过程中暴露出许多问题:由于团队在外智引联合作过程中跨组织、跨角色职能的协作方式,所以不能沿用传统过程管理方法,而要着重关注团队成员之间的角色交互,综合考虑角色效能与任务情景等因素,使引援合作过程中重要的知识资源可以得到最优配置,从而提高

---

[1] 高月姣,吴和成. 创新主体及其交互作用对区域创新能力的影响研究 [J]. 科研管理,2015,36 (10): 51-57.
[2] 段万春,杜凤娇,李阳. 外智引联型创新团队成员优选方法探索 [J]. 科技进步与对策,2017, 34 (10): 118-123.

合作流程效率。针对上述具有外智引联特殊属性的问题，应从组织角色和流程知识要素等方面入手，在设计外智引联型创新团队的流程运行模式时，应该把流程优化机制的构建作为重点来把握，关注推动团队创新过程协同发展的相关要素，注重跨职能、跨组织流程管理，有助于提高流程效率、降低流程管理成本、改善流程结构、优化流程资源配置、检测流程异常情况，使外智引联团队更好地生根发芽并在激烈的竞争中立于不败之地。鉴于此，如何在团队成员具有不同学科专长、涉及众多知识领域、联动考虑成员角色效能的情况下，依托外智引联新型科研引援、联合攻关模式和团队流程优化机制，建设推动团队整体围绕着组织目标密切合作、各取所长、不断交互、共同创新，进而提高流程运行效率，已成为深化创新团队流程优化机制研究、提升团队创新质效、解决团队过程协同创新机制的建设难题和重要途径。

鉴于此，本章将首先结合团队簇创新创业行为的交互特质，描述和解读交互导向下创业型领导在多团队整体绩效涌现过程中的层次效应。聚焦创业型领导在多团队整体绩效涌现过程中的创新合作隶属关系，对于理解创新与创业交互过程中的机会识别、优势搜寻与组织间的绩效传递机制具有重要的理论和实践研究价值；其次，借助界面管理对多边界属性管理问题相关关系与状态分析的独特适用性，系统界定、梳理由多团队合作形成的非正式众创网络界面体系，提炼该系统的耦合有效性涌现机理并进行耦合质效评价，不仅有利于提升非正式众创网络的管理水平，更有利于引领众创团队微观管理的未来探索方向，具有重要的实践应用价值和理论研究价值；再次，考虑到界面协同即定位和管理关系到系统演化方向及临界状态的关键要素或要素集，借助协同管理思想深化对外智引联创新团队开放性、多元性、持续性和内生性变革情景特征的系统认知，通过引入序参量的界定原则及辨析策略系统整合现有研究中的碎片化分析视角，重新定义转型企业团队的跨职能前沿内涵，具有一定的理论研究价值和实践指导意义；最后，应对外智引联型创新团队流程优化机制的建立健全这个创新团队在外智引联过程协作管理过程中面临的长期问题，基于前景理论全面解析、梳理外智引联型创新团队流程优化机制的主要内容，系统构建了用于评价外智引联型创新团队流程优化机制的方法，系统、全面解析和评价外智引联型创新团队流程优化机制的管理质效与外智引联型创新团队流程运行质效。识别影响外智引联型创新团队流程机制的主要因素，提升外智引联型创新团队流程运行效率、效果具有重要的理论价值，把流程优化应用于云南省院省校外智引联合作项目的实际案例之中，将流程管理与知识资源管理有机地结合起来，丰富了新环境背景下流程管理理论研究的内涵和创新团队流程管理相关领域的理论体系，具有重要的理论意义。

第二节 团队间隶属层次在创业型领导与创新绩效间的中介作用

一、研究假设

（一）创业型领导与团队簇创新绩效

Gupta 等[1]提出融合领导、创业、创业导向与创业管理的核心特征，给出了迄今最具权威的创业型领导通用结构模型，将领导行为划分为情境构建与任务构建两个相互依赖的维度。其中，前者关注创业领导在掌控挑战、吸收不确定性、指明路径三个方面的角色，后者关注创业领导在构建承诺和阐明约束两方面的角色。在此基础上，Ensley 等（2002）和 Renko[2]发现代表不同领导侧重点的决策效率与内聚力此消彼长，这种领导风格偏好以及其决策层次依赖性在一定程度上干扰了团队认识和利用创业机会的能力。因此，构造并获取比较竞争优势、培育并转换战略价值两个导向相关的领导行为特征成为研究重点。上述研究趋势表明，内部比较优势与外部战略价值已经成为创业型领导的两个核心导向。内部比较优势导向的创业型领导是指凝聚团队簇内部的资源优势，构建适应组织创新工作现状的领导模式；外部战略价值导向的创业型领导是指注重分析外部环境的变动，为组织内部构建合理的挑战而保证创新持续发展的领导模式。二者在创新创业组织中交互发挥作用，其中前者重在交换范式下的多创业主体利益关系协调，而后者重在内生范式下的多创业主体创新资源整合。

在创业组织发展的任何阶段，凝聚内部比较优势的领导行为都成为获取团队治理认同和市场占优策略的前提和保障。基于提高内部资源使用率的需求，Hmieleski 等（2007）提出根植于团队现有运作成效的异质性高管与授权式领导相匹配、同质性高管与命令式领导相匹配，都对明确合理的团队内部效能挖掘方式并提升创新绩效具有积极影响。同时，Chen（2007）通过关注内向型创业领导与团队成员的创造性互动机制，发现创业型领导所聚焦的风险承担、主动性和创新性能够与创新活动间产生协同效应，对刺激团队的整体创造力效果显著。由此提出如下假设：

---

[1] Gupta V., MacMillan I. C., Surie G. Entrepreneurial leadership: developing and measuring a cross – cultural construct [J]. Journal of business venturing, 2004, 19 (2): 241 – 260.

[2] Renko M., Kroeck K. G., Bullough A. Expectancy theory and nascent entrepreneurship [J]. Small Business Economics, 2012, 39 (3): 667 – 684.

假设1a：内部比较优势导向的创业型领导对团队簇创新绩效有显著正向影响。

外部战略价值更加侧重领导行为对创业外部效应的获取与内化，有助于创业领导动用远景概念化能力和模式认知能力来吸收不确定性[①]。一方面远景概念化能力注重构筑面向社会化创业与共享价值交互的开放治理格局，分散协作而成的团队簇往往得益于外部战略提供的合作框架，进而与创新绩效共生增长（Romjin & Albaladejo，2002）。另一方面模式认知能力通过最大限度地开发团队内部的创新潜力，形成创造力累加效应，使得个体人格、动机、情绪等特征显著关联于外部价值导向的领导行为属性，在个体特征易于转换的前提下的异质型成员将呈现更高的团队绩效[②]。上述研究表明在角色重构与交换的基础上构建与之匹配的内外兼修型策略，有利于不确定环境的响应与适应能力的提高，从而保证团队簇创新绩效的稳定发展。由此提出如下假设：

假设1b：外部战略价值导向的创业型领导对团队簇创新绩效有显著正向影响。

（二）创业型领导与团队间隶属层次

如前文引言所述，关注治理策略及环境导向、角色认同及有效性传递、自我效能和绩效控制的议题体现了主体间的合作地位差异呈现出一种导向式的"模糊组成过程"，即加总层次的团队间隶属特征与个体行为特征的套嵌与对偶关联[③]。这种隶属关联与团队间的知识技术地位相对优势以及优势地位的演化存在显著关系。基于这种思考，在此依据创业团队簇参与主体间的地位关系将团队间隶属层次划分为平等型、控制型、弱/无关联型。其中平等型团队隶属层次反映创业内部主体间主要呈现为平等合作关系，团队间投入、参与及分配过程具有同等影响力；控制型团队隶属层次反映内部主体间主要呈现为控制约束关系，团队间投入、参与及分配过程受到主导团队的干预和影响；弱/无关联型团队隶属层次反映内部主体间主要呈现为松散的功能嵌入关系，团队间投入、参与及分配过程具有市场化的策略价值。

在平等关联下，分散化的创业团队在规模、业务、模式与战略愿景差异化的现实基础上执行快速迭代的创业与创新行为，适应内部优势资源整合模式，形成

[①] Tang J., Pee L. G., Iijima J. Investigating the effects of business process orientation on organizational innovation performance [J]. Information & Management, 2013, 50 (8): 650-660.

[②] 周明建，潘海波，任际范. 团队冲突和团队创造力的关系研究：团队效能的中介效应 [J]. 管理评论, 2014, 26 (12): 120-130.

[③] Hu J., Liden R. C. Relative Leader-Member Exchange Within Team Contexts: How and when Social Comparison Impacts Individual Effectiveness [J]. Personnel Psychology, 2013, 66 (1): 127-172.

团队效能感与交互创造力关系平衡下的平等关联。具体表现在，一方面注重内部资源整合的领导适应于多样性的团队协同机制的任务情景，个体目标设定与努力程度等的能动性能够在高互依性的临时团队中促进自我效能与团队效能间的转换[1]。另一方面内部资源优势潜力的挖掘要求团队间观点的频繁交互，既有利于理解任务本体特性，又有利于打破正式组织中的层级治理逻辑与一致性思维模式，使多团队的目标协调、合作流程嵌入更加灵活和清晰[2]。由此提出如下假设：

假设2a：内部比较优势导向的创业型领导对平等关联团队间的协同有效性有显著正向影响。

为了提高资源的可获得性和内部资源整合优势，控制型关联的主导团队致力于回避高风险和高成本创新活动的不确定性，从而协调并控制关联团队的个体创新适应性和整体协同有效性。面向控制方的创业优势，Bandura[3]指出高环境敏感性使得隶属团队的业务关系明晰，更易于捕捉创新人物的知识和资源，促进四类个人效能的提升，有利于肯定他人、优化生理状态、观察习得经验，以及亲身历练。进一步地，Gibsom（1984）也证实导向清晰的团队互动与学习过程能够积极推动高自我效能感的员工探寻新的环境响应策略和方法，对吸收利用并转化多团队整体知识、积累创业自信、增进团队间任务前景共识与合作默契都具有积极作用。由此提出如下假设：

假设2b：内部比较优势导向的创业型领导对控制关联团队间的协同有效性有显著正向影响。

在动荡的外部环境下，平等合作意味着求同存异与外部价值导向。面对创新"精益试错"的过程，专注于自我能力提升的精熟目标导向与"看组织脸色行事"的直观绩效导向逐渐成为解释合作群体行使内生决策优先权的两个对立维度[4]。而外部战略价值导向往往出于获取更多知识外溢价值并削弱内外部绩效冲突的目的，而将以往的精熟目标导向行为糅合为一种投资组合，回避或剔除了对信息外溢以及学习成本的片面认识。有关学习边际收益递减的进展也表明，在面向稳定中长期创

---

[1] Van Der Kam N. A., Janssen O., Van Der Vegt G. S., et al. The role of vertical conflict in the relationship between leader self - enhancement and leader performance [J]. The Leadership Quarterly, 2014, 25 (2): 267 - 281.

[2] Shalley C. E., Gilson L. L. Creativity and the management of technology: Balancing creativity and standardization [J]. Production and Operations Management, 2017, 26 (4): 605 - 616.

[3] Bandura A. The role of self - efficacy in goal - based motivation [J]. New developments in goal setting and task performance, 2013: 147 - 157.

[4] Murayama K., Elliot A. J., Yamagata S. Separation of performance - approach and performance - avoidance achievement goals: A broader analysis. [J]. Journal of Educational Psychology, 2011, 103 (1): 238 - 256.

新环境的精熟目标利好时，大量可短期替代的功能性合作业务处于不断标准化的均等合作过程，而以解决自身创新瓶颈问题为导向的对等合作绩效控制更具情景适应性，这种内外部创业优势整合的战略趋势得到认可。由此提出如下假设：

假设2c：外部战略价值导向的创业型领导对平等关联团队间的协同有效性有显著正向影响。

松散的功能嵌入式团队间往往呈现突出的社会网络特征，外部战略导向创业领导下的高团队自主性与高任务相依性适应了松散关联团队的多战略价值聚态自组织优势[1]。同时，数量占优的大多数创业参与团队不仅构成了创业网络本身，而且在外部战略单方向到多方向任务相依的过程中，检验了分散目标承诺对团队活力的积极作用（Aubé等，2005）。由此提出如下假设：

假设2d：外部战略价值导向的创业型领导对弱/无关联团队间的协同有效性有显著正向影响。

（三）团队间隶属层次与团队簇创新绩效

平等、控制、弱/无关联三种团队间隶属层次即反映了集体社会交换所折射的团队间总体社会交换模式特征，通过形如团队异质性、团队间信任的合作氛围带来的领导风格、竞合策略、情感承诺和沟通期望等情境变量的机制和路径作用于团队绩效（Meyerson & Adle，1991）[2]。

平等关联团队间的绩效控制程度较低，各团队自身侧重于自我控制、学习与发展，易于形成鼓励尝试、创造新颖、容忍失败的多样化绩效单元组合。在平等创业氛围中，个体展现导向与精熟目标导向均具备引发团队簇绩效改善的可行空间。前者有利于表现—趋近导向的子团队获取正面绩效反馈与地位认同（Nonaka等，2009），对采用更为复杂的方式拓宽创业合作通道、增进协作深度具有直接促进作用；后者在一定程度上回应了对多团队创造力内涵在策略均衡面的认识[3]，有利于初具认知结构与竞争性策略的子团队行使超越协作任务本身的内在激励措施（Elliot & McGregor，2001），对偏好具有挑战和难度工作的合作方而言不失为一种搜寻创造性与标新立异的有效途径。由此提出如下假设：

---

[1] Langfred C. W., Rockmann K. W. The push and pull of autonomy: the tension between individual autonomy and organizational control in knowledge work [J]. Group & Organization Management, 2016, 41 (5): 629-657.

[2] Schippers M. C., West M. A., Dawson J. F. Team reflexivity and innovation:: The moderating role of team context [J]. Journal of Management, 2014, 41 (3): 769-788.

[3] Amabile T. M., Pillemer J. Perspectives on the Social Psychology of Creativity [J]. Journal of Creative Behavior, 2012, 46 (1): 3-15.

假设3a：平等关联团队间的协同有效性对团队簇创新绩效有显著正向影响。

在集聚创业社会资源的过程中，受控团队将通过控制方治理下的社会分类过程呈现内群体与外群体特征的自主化社会认同（领导社会认同模型，Social Identity Model of Organizational Leadership，SIMOL；Hogg，2001）。这种秩序结构能够为表现趋近导向员工提供能力标准和能力定价两个维度的决策优势，使得他们更容易对组织控制偏好等外部刺激做出正面反应（Elliot & Thrash，2001）。同时，团队原型所具备的自强化属性也能够进一步归化受控团队的信仰、态度、行为、情感差异（Van Knippenberg & Hogg，2003；王泸等，2012），显著提升控制团队施加绩效干扰的积极反馈，从而使从属地位的团队在有限资源分配视角下更具精熟目标导向的绩效优势[1]。由此提出如下假设：

假设3b：控制关联团队间的协同有效性对团队簇创新绩效有显著正向影响。

社会化创业的过程伴随着松散结构关联个人、团体与组织的创新行为交互，创业氛围优化与创新能力建设共同成为创业生态建设的核心，因而弱关联或无关联合作创新下社会认同及团队合作有效性的相互作用，对团队簇内部的创业驱动力具有促进作用。具体表现在松散合作关系建立在团队间的高度认同下，社会认同理论认为个体在这种松散的结构下通过社会分类对自己的群体产生认同[2]。据此融合组织认同与关系认同的观点，Sluss & Ashforth[3]基于泛化（generalization）理论系统论证了非关联导向的创业行为中关系认同与集体认同的融合（converge）机制，为明确多种创业网络形态下多层次绩效关联的传递范式提供了可靠基础。同时，相关实证也表明，弱/无关联团队认同在促进团队合作与缓和团队非功能过程方面扮演重要角色，基于各种合作关系偶发的内化激励因素能够激活团队效能与员工心理授权[4]，有利于团队簇创新活力的保持。由此提出如下假设：

假设3c：弱/无关联团队间的协同有效性对团队簇创新绩效有显著正向影响。

综上，提出如下假设：

假设4a：平等关联团队间的协同有效性在内部比较优势导向创业型领导与团

---

[1] Bergeron D. M. The potential paradox of organizational citizenship behavior: Good citizens at what cost? [J]. Academy of Management Review, 2007, 32 (4): 1078–1095.

[2] Zhang S., Chen G., Chen X. P., et al. Relational versus collective identification within workgroups:: conceptualization, measurement development, and nomological network building [J]. Journal of Management Official Journal of the Southern Management Association, 2014, 40 (6): 1700–1731.

[3] Sluss D. M., Ashforth B. E., Gibson K. R. The search for meaning in (new) work: Task significance and newcomer plasticity [J]. Journal of Vocational Behavior, 2012, 81 (2): 199–208.

[4] 周明建，潘海波，任际范. 团队冲突和团队创造力的关系研究：团队效能的中介效应 [J]. 管理评论，2014，26 (12): 120–130.

队簇创新绩效的关系中起中介作用。

假设 4b：控制关联团队间的协同有效性在内部比较优势导向创业型领导与团队簇创新绩效的关系中起中介作用。

假设 4c：平等关联团队间的协同有效性在外部战略价值导向创业型领导与团队簇创新绩效的关系中起中介作用。

假设 4d：弱/无关联团队间的协同有效性在外部战略价值导向创业型领导与团队簇创新绩效的关系中起中介作用。

二、问卷及量表设计

（一）问卷设计

研究采取多地分层随机的方式收集数据。首先，本研究通过文献回顾和对云南省各大众创空间内的创业团队进行个人的调研访谈，结合杭州、广州和北京多地的众创空间的总结报告确定了所涉及变量的概念和维度。其次，参考已有成熟量表形成本问卷的测项，选择性地加入了与本研究目标相关的关键词。再次，在 2017 年 2 月~3 月组织了 2 次小规模访谈检验测项内容的合理性和适应性，第一次访谈邀请来自云南省各大众创空间内以及杭州、广州的 11 位创业者填写问卷，对不易理解以及可能会出现歧义的测项进行了修正，第二次访谈采取小规模专家访谈形式，探讨经过修正后的问卷是否能够达到研究的目的，对问卷测项的措辞做了微调。最后，在 2017 年 3 月~5 月，对云南省各大众创空间内以及广州杭州和北京的样本团队进行了问卷预测，问卷填写对象为团队中的合伙参与人员。根据 151 份有效问卷对各个变量的测项进行项目分析和探索性因素分析，删除了在项目分析和探索性因素分析中信度和效度没有达到要求的题项，最终形成了本研究的调查问卷。

（二）样本与数据收集

从 2017 年 5 月到 2017 年 9 月，数据收集历时 5 个月。样本抽样方式为分层随机抽样，从备案的云南省众创空间中提取了 31 家的建设情况，调研获取了杭州 11 家、广州 8 家以及北京 12 家众创空间的建设情况，涉及多种行业和经营业务的融合。本研究共调查了 4 个地区 62 个众创空间的 302 个团队，本次研究共发放问卷 1005 份，回收有效问卷 519 份，有效问卷的回收率为 51.64%。其中有 2 个众创空间成立不到 3 个月，而其服务的 18 个众创团队还未正式开展工作，为保证研究的可靠性，删除这 18 个团队的 52 份问卷，因此最终收集了 60 个众创空间的 467 份问卷。样本的基本情况见表 6-1。

表 6-1　样本基本情况描述（$N=467$）

样本特征	分类标准	频数	比例/%
来源地分布	云南	226	48.39
	广州	105	22.48
	杭州	88	18.84
	北京	48	10.28
行业分布	IT/互联网/通信行业	171	36.62
	传媒/印刷/艺术/设计业	84	17.99
	服务业	75	16.06
	采购/贸易/交通/物流行业	70	14.99
	生产/制造业	33	7.07
	咨询/法律/教育/翻译	16	3.43
创建时间/年	≤1	141	30.19
	2~3	205	43.90
	3~5	84	17.99
	>5	37	7.92
团队年收入/万元	≤40	112	23.98
	41~100	286	61.24
	101~200	37	7.92
	200~500	24	5.14
	>500	8	1.71
员工人数/人	≤20	177	37.90
	21~50	210	44.97
	51~100	76	16.27
	>100	4	0.86

（三）研究工具

本部分的各变量测项是根据国内外权威文献的成熟量表，通过文献间的整合分析，结合创业团队的调研访谈内容制定，且邀请相关专家对问卷内容进行了评价和修订，形成了问卷量表。问卷中的测项统一用 Likert 5 级量表进行测量，其中"1~5"表示从完全不符合（或非常低）到完全符合（或非常高），具体量表内容和来源见表 6-2。

表6-2 变量量表内容及来源

变量	测项	具体内容	来源
内部比较优势导向创业型领导	LI₁	我认为创业领导模式与自己的工作内容相匹配	Gupta等掌控挑战、吸收不确定性，指明路径与Covin & Slevin(2001)培育创新能力、重视机会的价值量表
	LI₂	我认为创业领导者会引导鼓励员工相互合作、信任	
	LI₃	我认为创业领导者会注重培育员工创新和质疑意识	
	LI₄	我认为创业领导者会重视员工灵活参与各项活动	
	LI₅	我认为创业领导者会为不确定结果承担责任	
外部战略价值导向创业型领导	LE₁	我认为创业领导者会积极为企业构建美好的愿景	Gupta等①构建承诺和阐明约束以及Hejazi等(2003)构造愿景、营造挑战等量表
	LE₂	我认为创业领导者会积极构建挑战来鼓励员工积极应对现状	
	LE₃	我认为创业领导者会建立承诺和约束来鼓励员工创新	
	LE₄	我认为创业领导者会厘清路径协调团队间的合作	
平等关联团队间协同有效性	AE₁	我对于团队研发的产品非常自信	De Church共享心智模型和Van Der Vegt等(2003)的团队互依性量表
	AE₂	我认为团队间的人际关系很好且出现的问题可以解决	
	AE₃	我认为对于团队合作任务目标非常清楚	
	AE₄	我认为为了有效完成任务必须尽量与其他团队成员合作	
控制关联团队间协同有效性	AC₁	我认为我们团队常接受或必须给予其他团队指导和建议	Bandura(1991)的有序控制、观察习得经验等量表
	AC₂	我认为表现优势的团队和员工常常能得到应有的回报	
	AC₃	我认为在优势团队的指导下团队创业效率更加显著	
	AC₄	我认为优秀团队领导能有效抑制团队内的无效率行为	
	AC₅	我愿意在具有权威和优势的团队带领下继续工作	

① Gupta V., MacMillan I. C., Surie G. Entrepreneurial leadership: developing and measuring a cross-cultural construct [J]. Journal of business venturing, 2004, 19(2): 241–260.

续表

变量	测项	具体内容	来源
弱/无关联团队间协同有效性	AW₁	我对于现有多团队工作模式较满意	Sluss & Ashforth(2008)、Van Der Vegt & Bunderson(2005)的团队认同、关系认同等量表
	AW₂	我认为在现有多团队创业中员工能自由发挥创意	
	AW₃	我认为在团队中不需要刻意与其他团队或成员保持关系	
	AW₄	我认为我的动力来源于工作中的成就感	
团队创新能力主观衡量	PA₁	多团队创新的产品和服务具有创新性	Tang[①]等的研究量表
	PA₂	多团队创新中产生了许多优秀的创意或新点子	
	PA₃	团队间信息传播利用高效	
	PA₄	团队成员能力获得了长足进步	
团队创新生产力客观衡量	PP₁	团队创新产品服务数量情况较好	Ensley(2002)、李孝明和蔡兵(2008)等的研究量表
	PP₂	多团队合作对行业发展的贡献较大	
	PP₃	多团队的专利创意成果数量较多	
	PP₄	多团队产品或服务的客户满意度较高	

① 周明建,潘海波,任际范.团队冲突和团队创造力的关系研究:团队效能的中介效应[J].管理评论,2014,26(12):120-130.

(三) 样本检验

信度效度检验参考先前研究的标准,本研究以 0.7 作为 Cronbach's α 信度系数的临界值,使用 SPSS 22.0 和 AMOS 21.0 软件进行信度检验[①],结果见表 6-3。

表 6-3 量表的信度和效度检验

变量	测项	Cronbach's α 系数	因素载荷值	组合信度(CR)	平均变异量抽取值(AVE)
内部比较优势导向创业型领导	LI_1	0.83	0.66	0.84	0.51
	LI_2		0.68		
	LI_3		0.73		
	LI_4		0.73		
	LI_5		0.75		
外部战略价值导向创业型领导	LE_1	0.81	0.85	0.82	0.54
	LE_2		0.71		
	LE_3		0.66		
	LE_4		0.70		
平等关联团队间协同有效性	AE_1	0.77	0.72	0.82	0.53
	AE_2		0.68		
	AE_3		0.77		
	AE_4		0.74		
控制关联团队间协同有效性	AC_1	0.79	0.74	0.84	0.51
	AC_2		0.73		
	AC_3		0.69		
	AC_4		0.77		
	AC_5		0.63		
弱/无关联团队间协同有效性	AW_1	0.78	0.74	0.81	0.51
	AW_2		0.69		
	AW_3		0.64		
	AW_4		0.79		

---

① 俞园园,梅强. 组织合法性中介作用下的产业集群关系嵌入对新创企业绩效的影响 [J]. 管理学报,2016,13 (5):697-706.

续表

变量	测项	Cronbach's α 系数	因素载荷值	组合信度（CR）	平均变异量抽取值（AVE）
团队创新能力主观衡量	PA_1	0.81	0.80	0.88	0.64
	PA_2		0.81		
	PA_3		0.80		
	PA_4		0.79		
团队创新生产力客观衡量	PP_1	0.82	0.80	0.87	0.63
	PP_2		0.79		
	PP_3		0.79		
	PP_4		0.79		

检验结果表明，变量各维度的 Cronbach's α 系数均大于 0.7，具有良好的信度。因素负荷量最小为 0.63，最大为 0.85，且均在 $p<0.01$ 的水平上显著，符合因素负荷量值介于 0.5~0.95 的要求。变量各维度的组合信度（CR）均大于 0.8，达到组合信度大于 0.8 的要求，平均变异量抽取值（AVE）均大于 0.5，达到平均变异量抽取值大于 0.5 的要求，变量具有良好的聚合效度。

此外，在验证性因子分析方面，本研究运用 Amos21.0 对内部比较优势导向、外部战略价值导向创业型领导，平等、控制、弱/无关联团队间协同的有效性以及创新绩效 6 个变量进行验证性因子分析，选取了相对卡方（χ^2/df）、RMSEA、CFI 和 IFI 指标作为反应模型拟合情况的指标，其中，$\chi^2/df=2.88$，CFI=0.94，IFI=0.94，RMSEA=0.07，说明变量之间具有较好的区分效度。所以，本研究具有较好的信度和效度。

由于本研究所收集的样本数据均来自众创空间创新团队对本组织创业情况的自我报告，因此可能存在共同方法偏差的风险。本研究对共同方法偏差问题进行了 Harman 单因素检验，采用主成分分析法对所有变量做探索性因素分析，结果表明在未转轴时第一个因子解释了 36.38% 的变异，所以不存在单一因子能解释大部分变异的情况，同源偏差并不显著。

三、假设检验与结果

根据创业绩效二阶验证性因素分析结果，所有测项对应于一阶因素的因素负荷量均高于0.7，而且均在$p<0.01$的水平上显著，符合因素负荷量值介于0.5~0.95的要求。所以，将创业绩效作为一个单维的二阶潜变量。对所有假设利用结构方程模型进行检验，理论模型与实际数据的适配度见表6-4至表6-8。

表6-4 假设检验结果

变量关系	因素载荷量
内部比较优势创业型导向→团队簇创新绩效	0.51***
外部战略价值创业型导向→团队簇创新绩效	0.34***
平等关联团队间的协同有效性→团队簇创新绩效	0.26***
控制关联团队间的协同有效性→团队簇创新绩效	0.20***
弱关联/无关联团队间的协同有效性→团队簇创新绩效	0.28***

注：***、**、*分别表示$p<0.01$、$p<0.05$、$p<0.1$，下同

由表6-4可知，因素载荷量为0.51（$p<0.01$），内部比较优势的创业型领导对团队簇创新绩效有显著正向影响，假设1a得到支持；因素载荷量为0.34（$p<0.01$），因此外部战略价值导向的创业型领导对团队簇创新绩效有显著正向影响，假设1b得到支持。因素载荷量为0.26（$p<0.01$），因此平等关联团队间的协同有效性对团队簇创新绩效有显著正向影响，假设3a得到支持；因素载荷量为0.20（$p<0.01$），因此控制关联团队间的协同有效性对团队簇创新绩效有显著正向影响，假设3b得到支持；因素载荷量为0.28（$p<0.01$），因此弱/无关联团队间的协同有效性对团队簇创新绩效有显著正向影响，假设3c得到支持。

表6-5 平等关联团队间的协同有效性在内部比较优势创业型
导向与团队簇创新绩效的中介效应检验结果

变量关系	总效应	直接效应	间接效应
内部比较优势创业型导向→团队簇创新绩效	0.61**	0.36**	0.27**
平等关联团队间的协同有效性→团队簇创新绩效	0.62**	0.62**	
内部比较优势创业型导向→平等关联团队间的协同有效性	0.71**	0.71**	

注：***、**、*分别表示$p<0.01$、$p<0.05$、$p<0.1$，下同

由表6-5可知，内部比较优势导向的创业型领导对平等关联团队间的协同

有效性有显著正向影响,因素载荷量为 0.71 ($p<0.05$),假设 2a 得到支持。采用 Bias-Corrected 偏差矫正法和温忠麟等[①]的研究,估计的总体效应、直接效应和间接效应标准化估计值和显著性(下同),易证平等关联团队间的协同有效性在内部比较优势创业型导向与团队簇创新绩效中起中介作用,假设 4a 得到支持。

表 6-6 控制关联团队间的协同有效性在内部比较优势创业型导向
与团队簇创新绩效的中介效应检验结果

变量关系	总效应	直接效应	间接效应
内部比较优势创业型导向→团队簇创新绩效	0.61**	0.36**	0.27**
控制关联团队间的协同有效性→团队簇创新绩效	0.74**	0.74**	
内部比较优势创业型导向→控制关联团队间的协同有效性	0.88**	0.88**	

注:***、**、* 分别表示 $p<0.01$、$p<0.05$、$p<0.1$,下同

由表 6-6 可知,内部比较优势导向的创业型领导对控制关联团队间的协同有效性有显著正向影响,因素载荷量为 0.88($p<0.05$),假设 2b 得到支持。同上,易证控制关联团队间的协同有效性在内部比较优势创业型导向与团队簇创新绩效中起中介作用,假设 4b 得到支持。

表 6-7 平等关联团队间的协同有效性在外部战略优势创业型导向
与团队簇创新绩效的中介效应检验结果

变量关系	总效应	直接效应	间接效应
外部战略价值创业型导向→团队簇创新绩效	0.53**	0.16**	0.36**
平等关联团队间的协同有效性→团队簇创新绩效	0.62**	0.62**	
外部战略优势创业型导向→平等关联团队间的协同有效性	0.68**	0.68**	

注:***、**、* 分别表示 $p<0.01$、$p<0.05$、$p<0.1$,下同

由表 6-7 可知,外部战略优势导向的创业型领导对平等关联团队间的协同有效性有显著正向影响,因素载荷量为 0.68($p<0.05$),假设 2c 得到支持。同上,易证平等关联团队间的协同有效性在外部战略优势创业型导向与团队簇创新

---

① 温忠麟,叶宝娟. 有调节的中介模型检验方法:竞争还是替补[J]. 心理学报,2014,46(5):714-726.

绩效中起中介作用，假设 4c 得到支持。

表 6-8 弱/无关联团队间的协同有效性在外部战略优势创业型导向
与团队簇创新绩效的中介效应检验结果

变量关系	总效应	直接效应	间接效应
外部战略价值创业型导向→团队簇创新绩效	0.53**	0.16**	0.36**
弱/无关联团队间的协同有效性→团队簇创新绩效	0.22**	0.22**	
外部战略优势创业型导向→弱/无关联团队间的协同有效性	0.78**	0.78**	

注：***、**、* 分别表示 $p<0.01$、$p<0.05$、$p<0.1$，下同

由表 6-8 可知，外部战略优势导向的创业型领导对平等关联团队间的协同有效性有显著正向影响，因素载荷量为 0.78（$p<0.05$），假设 2d 得到支持。同上，易证弱/无关联团队间的协同有效性在外部战略优势创业型导向与团队簇创新绩效中起中介作用，假设 4d 得到支持。

四、研究结论

针对团队簇创业过程中多团队间的协作情景差异性特征，本研究关注多主体间合作地位呈现出的控制、平等以及弱/无关联三类隶属关系，解析了创新创业交互特质导向下的创业型领导行为内涵、特征以及多层次效应，进一步明确了多主体隶属层次关系下创业型领导对团队簇创新绩效涌现的影响机制。取得的主要结论如下。

实证表明，呈现为内部比较优势导向的创业型领导，重在开拓创业范畴下的组织生存空间，其控制关联为主的团队隶属关系更易产生团队簇绩效涌现。假设 1a、2b、3b、4b 的检验表明，当创业环境不稳定时，以内部资源为导向的"渐进式"创新理念为更多创业跟随者所接受，创业型组织的生存关键转变为通过利用式创新提高组织内部资源的使用效率并致力于改善或扩大现有的市场、产品和服务，对于集聚团队间资源优势、改善团队生存状况具有积极意义（1a）。这种内部资源导向的利用式创新通过有序的战略控制策略缓冲不确定性、建立承诺、促进团队协同合作，同时包容更多的个体角色外创新行为，推进创业生存期团队间协作探索创业（2b、3b）。因此多层次（差异化）的领导—部属关系对理解个体—团队的跨层次作用具有强化效果，特别是在中国高权力距离、高集体主义和高关系导向的文化范畴下，权威团队的技术专长和资源优势的流动促使团队簇形成规模化优势，能够促

进整体创造能力和创新绩效在短期内涌现（4b）。由此得出结论：响应创业—生存导向的团队簇绩效涌现机制，控制关联对保障团队簇整体绩效具有正向影响。

实证表明，注重外部战略价值导向的创业型领导，重在培养创新范畴下的组织发展路径，其平等关联为主的团队隶属关系更易产生团队簇绩效涌现。假设1b、2a、2c、3a、4a、4c 的检验表明，创业型领导实现最优绩效的能力不仅承载于生存期的内部联合，而且更侧重于发展期对不确定环境的响应与适应能力（1b）；这个过程一方面经由内部资源导向领导模式，利用知识、信息和原料的共享过程引发人际依赖、人际互动以及团队互依性，另一方面通过外部战略导向领导，增进多主体合作创新的网络联结包容性、互动节点信任以及状态价值可解读性，从而形成平等合作创新的团队协作范式（2a、2c）。此外，平等氛围有助于个体隐性知识带来多团队显性知识的动态螺旋式知识创造与知识共享，进而减少团队间冲突、信任鸿沟与合作不确定性等负面干扰，稳定发展期团队创新绩效（3a）。因此，在创新发展高度动态的环境中，平等关联团队创新更容易以协调自我能力提升和营造共同愿景为主题的内外部战略价值联动开拓创新路径（4a、4c）。立足于这种新情景，重视以创新谋发展的团队绩效涌现机制，需要通过为团队和团队成员构建挑战、建立约束机制，来鼓励成员自主创新，进而形成结构授权、心理授权与认知授权相匹配的平等创新创业关系，从而提高团队成员创新能力涌现的可行空间。由此得出结论：响应创新—发展导向的团队簇绩效涌现机制，平等关联对保障团队簇整体绩效具有正向影响。

实证表明，统筹内外部优势的"双创型"创业领导，具有快速响应的灵活协作机制，其弱/无关联为主的团队隶属关系更易于产生团队簇绩效涌现。假设2d、3c、4d 的检验表明，动荡的外部环境要求团队跨越创业—创新的转型，受创新导向外部战略价值影响而激发的团队多层次的优势与机遇搜寻行为改善了团队簇协作差序氛围，催生了网络化松散分布的弱/无关联创业团队关系（2d）。面对转型期团队不同的自主管理情景、任务/目标情景与内部绩效关联情景，弱关联团队间能够形成维护这一关系的领导愿景与内化价值观，在创业—创新转型过程的不同绩效导向下都呈现类似于从业余爱好到专业素养的角色能力转换效应，能够显著提高绩效表现与工作满意度（3c）。因此，转型期创业型领导为响应不确定性因素影响，其创新效能的涌现依赖于部分创新主体的能力跃迁，要求建立松散的个人关联、独立的创造环境以及多团队创新氛围，依托团队间松散关系、弱化关联，提升新想法容错能力并形成创新默契。由此得出结论：响应双创—转型导向的团队簇绩效涌现机制，弱/无关联对保障团队簇整体绩效具有正向影响。

第三节 团队簇非正式众创网络的界面耦合属性

一、多团队非正式众创网络的界面构成

由于具有不同职能的多个团队往往具有差异化的业务属性、工作方式与合作状态[1]，因此进行多团队非正式众创网络的界面构成解析将有助于认识其跨边界问题及其耦合机理的复杂属性。目前，Nyssens、Heylighen、Xiao、阮爱君等学者[2][3][4][5]依据创业型团队面临的复杂"创业"环境特征与多元"创业需求"，分别关注了资源、前景、路径和效益等合作领域的部分交互管理特征，但尚未形成有效的整体研究框架。在此结合该四维度分析视角，给出如图6-1所示的多团队非正式众创网络界面结构。其界面详细解读如下。

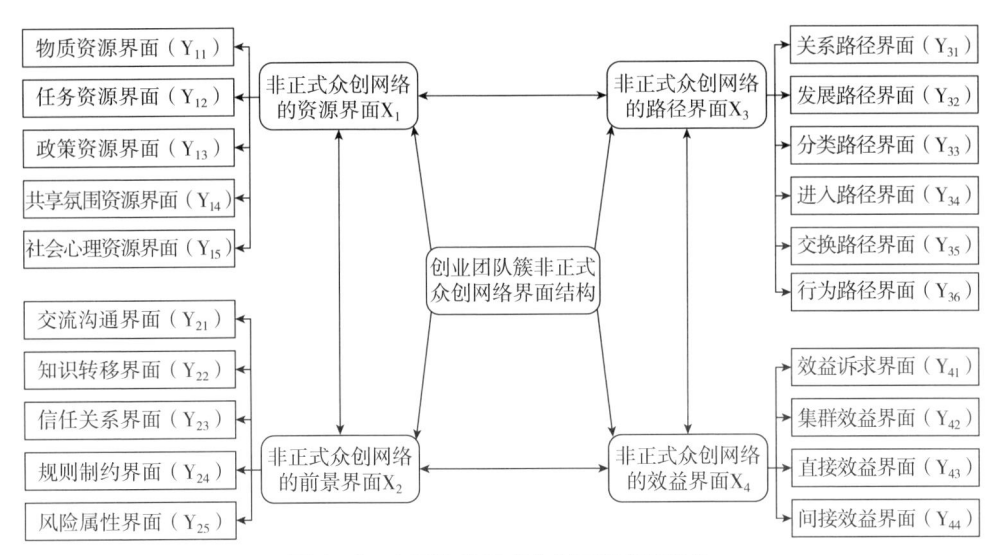

图6-1 多团队非正式众创网络界面结构

---

[1] Darian J. C., Cooper Smith L. Integrated marketing and operations team projects: Learning the importance of cross-functional cooperation [J]. Journal of Marketing Education, 2001, 23 (2): 128-135.

[2] Nyssens M., Linden B. V. D. Embeddedness, cooperation and popular-economy firms in the informal sector [J]. Journal of Development Economics, 2000, 61 (1): 175-204.

[3] Heylighen F. Bootstrapping knowledge representations: From entailment meshes via semantic nets to learning webs [J]. Kybernetes, 2001, 30 (5): 691-725.

[4] Xiao Z., Tsui A. S. When brokers may not work: The cultural contingency of social capital in Chinese high-tech firms [J]. Administrative Science Quarterly, 2007, 52 (1): 1-31.

[5] 阮爱君，陈劲，RUANAi-jun，等. 正式/非正式知识搜索宽度对创新绩效的影响 [J]. 科学学研究，2015, 33 (10): 1573-1583.

（一）非正式众创网络的资源界面 X_1

非正式众创网络的资源界面主要包含物质资源、任务资源、政策资源、共享氛围资源、社会心理资源等可能影响团队创新活动的资源要素关联。物质资源界面（Y_{11}）是指非正式众创网络中各成员所拥有的、能够依据所有权相互区分或识别的物质资源关联，它既包括常规的场地、设备、物流关联，也包括多种层次的人员结构。任务资源界面（Y_{12}）是指非正式众创网络形成的具有拓展物质资源边界效用的核心技术能力动态关联，常用于克服所有权受局限资源的变化性不足缺陷[①]，反映为合作模式、内控机制及创新效用提升的相关特征[②]。政策资源界面（Y_{13}）是指基于非正式关系建立起来的软环境资源获取、保障关联，反映区位政策、产业政策、技术政策、模式政策、人才政策等复合型政策整合能力的共建需求，以定位及获取外部组织资源为导向而形成的政策依赖与反馈关系。共享氛围资源界面（Y_{14}）是指非正式合作网络中分享、具化与转换创新成本并增进潜在合作的一种"泛情感化"运营关联，它共同存在于业务与非业务场景中，更加适用于松散信任关系的缔结与管理。社会心理资源界面（Y_{15}）是构成合作网络创新意识的关键情绪、态度、习惯、理念等合作直觉资源间的互补关联，它将各协同方的松散无规则心理资源作用以局部的重叠、融合、补充方式实现强化与协同，是非正式协同效用激发的主要内涵[③]。

（二）非正式众创网络的前景界面 X_2

非正式众创网络的前景界面主要包含交流沟通、知识转移、信任关系、规则制约和风险属性等可能影响团队在松散合作关系中创造合作期望状态的交互要素关联。交流沟通界面（Y_{21}）是基于非正式交流机制建立的知识、技能、市场等之间的灵活沟通关联，它们形成的共同参与感将成为创新开发与扩散过程中参与主体切换创新角色与地位的主要媒介。知识转移界面（Y_{22}）是由内隐知识溢出

[①] 张卫国，宣星宇. 基于社会交换理论的高校创业教育与众创空间联动发展 [J]. 中国高教研究，2016（10）：93-97.

[②] Nyssens M., Linden B. V. D. Embeddedness, cooperation and popular - economy firms in the informal sector [J]. Journal of Development Economics, 2000, 61 (1): 175-204.

[③] Krogh G. V., Nonaka I., Voelpel S. Organizational knowledge creation theory: Evolutionary paths and future advances [J]. Organization Studies, 2006, 27 (8): 1179-1208.

等方式形成的知识形式、内涵与效用螺旋上升并逐渐扩大交互范围的动态关联[1],它们通常存在于逆向工程中或偶发性关联研发人员之间,这些个体将凭借个人任务、技术或情感关系直接或间接影响创新的非正式知识交流。信任关系界面(Y_{23})是依据价值观念、归属感、理想目标等不确定情感关系建立信任基础来保证信息传递质量[2],提高知识再利用频率[3],并基于组织成员间的相互认同程度等形成的信任关系缔结关联。规则制约界面(Y_{24})是指超越正式契约安排与限制,依靠非正式制度(如惯例、习俗、经验和承诺等)保障而构建的多层次自律形式与措施关联[4]。风险属性界面(Y_{25})是应对不确定创新情景下松散合作关系产生的风险源不确定特征所形成的复杂风险关联与相对风险损耗关联,它们响应多主体交互形成的风险分担能力与网络动态信任,对规避网络化机会主义,探索风险预测、分析及控制方法具有积极意义。

(三) 非正式众创网络的路径界面 X_3

非正式众创网络的路径界面主要包含关系路径、发展路径、分类路径、进入路径、交换路径和行为路径等可能影响团队合作方式搜寻与转换的导向性决策要素关联。关系路径界面(Y_{31})是指由非正式关系中如亲缘关系、地缘关系等先天关系和共同兴趣、创业合作交往活动等后天关系形成的关系演进历程关联[5]。发展路径界面(Y_{32})是指在创意产生阶段激发创意、在创新实施阶段寻找合作伙伴和在创新扩散阶段拓宽空间等不同创业阶段形成的主要职能演进历程关联[6]。分类路径界面(Y_{33})是由非正式众创网络内、外部主体的不同合作倾向形成的层次化网络关联,其中内部主体分类路径主要反映各职能部门与创新活动之间所形成的层次化网络关联[7],外部主体主要反映具有合作关系的高校、科研

---

[1] Heylighen F. Bootstrapping knowledge representations: From entailment meshes via semantic nets to learning webs [J]. Kybernetes, 2001, 30 (5): 691 – 725.
[2] Hine D., Miettinen A. Redressing oversights: Exploring informal innovation in small IT firms [J]. International Journal of Globalisation & Small Business, 2006, 1 (3): 258 – 285.
[3] Sharon W., Kelly H. A Multi-Theoretical model of knowledge transfer in organizations: Determinants of knowledge contribution and knowledge reuse* [J]. Journal of Management Studies, 2006, 43 (2): 141 – 173.
[4] 辛杰. 企业社会责任自律与型构:非正式制度的嵌入 [J]. 当代财经, 2014 (5): 81 – 90.
[5] Xiao Z., Tsui A. S. When brokers may not work: The cultural contingency of social capital in Chinese high-tech firms [J]. Administrative Science Quarterly, 2007, 52 (1): 1 – 31.
[6] Caniëls M. C. J., Rietzschel E. F. Organizing creativity: Creativity and innovation under constraints [J]. Creativity & Innovation Management, 2015, 24 (2): 184 – 196.
[7] 陶秋燕,李锐,王永贵. 创新网络中不同主体关系强度配置与创新绩效关系——基于 QCA 的实证分析 [J]. 科技管理研究, 2016, 36 (9): 1 – 5.

院所、供应商、客户、政府以及其他外部机构和个人间形成的层次化网络关联[1]。进入路径界面（Y_{34}）是指非正式众创网络不具有所有生产环节中全部所需的能力，选择符合个人意愿的环节通过跨越机构、组织障碍和正式合作界限，伸展到其他机构和组织所形成的跨网络关联。交换路径界面（Y_{35}）是指由关系形式、发展层次、内外部统筹需求及进入倾向等形成人工设计的方便非正式主体间交互、转换的关联。行为路径界面（Y_{36}）是指由动态合作角色与功能选择形成行为者之间的"非正式"活动等潜在影响的多维度行为效用关联。

（四）非正式众创网络的效益界面 X_4

非正式众创网络的效益界面主要包含效益诉求、集群效益、直接效益和间接效益等可能影响团队合作效果和收益感知的内外部评价要素关联。效益诉求界面（Y_{41}）指众创网络参与个体及部门具有的反映个体参与偏好的综合效用属性关联[2]，较之正式网络更加侧重功能策略性互补基础之上的个人理性价值，涉及的诉求协调内容和范围更广。集群效益界面（Y_{42}）是反映某一整体理性诉求的多团队整体效益状态及趋势[3]，它并不关注不同战略维度下各子团队效益的协调功效，而是反映各网络主体对自身效益的布局与控制能力。直接效益界面（Y_{43}）是由可以加速知识传播、提高交流频率、缩短时间间隔、增强信息搜寻能力等直接合作效用所形成的合作绩效状态及关联[4]，表现为一系列与常规合作诉求相关的直接绩效获取与改善活动。间接效益界面（Y_{44}）指由潜在知识交互层次、资源配置优势、路径调整机遇等作用形成的衍生于直接合作效益目标之外的合作绩效状态及关联，表现为私人价值相互揣摩、判断与交互基础之上的外部合作绩效获取与改善活动。

---

[1] 宋之杰，程翠苹，赵桐. 创新资源协同主体行为的演化博弈分析 [J]. 工业技术经济，2016，35 (6)：43-51.

[2] 阮爱君，陈劲，RUANAi-jun，等. 正式/非正式知识搜索宽度对创新绩效的影响 [J]. 科学学研究，2015，33 (10)：1573-1583.

[3] 吉敏，胡汉辉. 学习渠道、集群供应链知识网络与企业创新绩效关系研究——来自常州产业集群的实证 [J]. 科技进步与对策，2014 (18)：73-79.

[4] 黄海艳. 非正式网络对创新绩效的影响机制——绩效评价导向的调节作用 [J]. 软科学，2015，29 (2)：56-60.

二、非正式众创网络的耦合内涵解析

Miller、任旭、阮爱君等学者[1][2]分别探究了不确定情景下组织合作的动机、可行域、模式、策略和风险等关联结点的部分交汇管理特征,但尚未形成有效、完整的研究体系。团队簇内具有不同职能的多个团队往往具有差异化的业务属性、工作方式与合作状态,考虑到界面管理对与团队关联的跨边界管理问题具有独特的解析适用性,因此进行多团队非正式众创网络的界面构成解析将有助于认识其耦合机理的复杂属性。创业团队簇的协同创新内涵更加强调创新创业主体、环境、进程和效应的交互属性。在对比上述两种协同范畴并结合五维度分析视角,创业团队簇将呈现如下所列的非正式众创网络耦合内涵与效应。

(一)非正式众创网络的动机耦合内涵

非正式众创网络的动机耦合是以寻求资源的互补性和配置的最优化为合作关系达成与调整导向的动机作用状态,它通过获得竞争优势、增加额外收益等协同行为产生的利益驱动,提高在不确定情境下决策协作行为的有效性。反映物质资源界面(Y_{11})的关系性资本特征,非正式众创网络通过调动交流沟通界面(Y_{21})的分散与随机知识扩散功能来获取更多的互补性资产,推动团队运筹外部资源边界的再次扩张;通过组织间的协调管理和多样化合作,形成稳定的资源流动方式,建立有私人价值保障的非正式信任关系(Y_{23});通过强化具有专属模式属性的任务资源基础(Y_{12}),开创不对称互惠基础之上的网络化风险(Y_{25})识别与应对局面,并进一步促进偶发关联中隐性知识(Y_{22})的传递。

(二)非正式众创网络的可行域耦合内涵

非正式众创网络的可行域耦合主要反映资源结构、路径通道等多维度限定之下的合作边界耦合关系。虽然创业或创新的合作行为直观受到目标导向与基础资源的主要影响,但市场、技术或情感等协作空间的协同路径与可行性也都将受到协同情景需求、主体特征等动机协同的多维属性的共同影响。在借助分类路径(Y_{33})辨识内源性与外源性合作属性的基础上,既定主体能够以满足创新要素自

---

[1] Miller D., Shamsie J. The Resource-based view of the firm in two environments: The Hollywood Film Studios from 1936 to 1965 [J]. Academy of Management Journal, 1996, 39 (3): 519–543.
[2] 任旭,刘延平. 基于资源依赖观点的企业战略联盟演变机理研究 [J]. 北京交通大学学报(社会科学版),2009,8 (2): 54–58.

我平衡的模式整合需求为导向,依据其变化方向、程度调整合作间的共享氛围(Y_{14}),保证政策性资源保障的梯度满足不同网络主体的非平衡动态优势获取诉求(Y_{13})。由此推及动态合作中差异化创新与创业的个性化、阶段化历程推进需求(Y_{32}),考察各主体进入合作范畴的路径(Y_{34})将成为界定可行域协同水平的关键,而交换路径(Y_{35})将影响形成的具备历史沿革或环境特征的选择倾向,并进一步以行为"效益"为参考标的干预行为路径(Y_{36})的潜在选择。

(三)非正式众创网络的模式耦合内涵

非正式众创网络的模式耦合主要反映由多主体差异化合作诉求形成的聚点化盈利模式关联。群体协同的水平和方式本质上是由模式协同的开放性决定的,这种开放性反映了由精英创业向社会化创业转变进程中利益导向的多元化倾向,并呈现出社会心理学、群体动力学与组织行为学等相交叉的复杂管理内涵。以满足某一商业化合作需求为契机,多个子团队将其具有的不同层级制组织嵌入某一执行具体职能的众创网络中,由市场、技术、人员等的非正式关联形成临时代表一种潜在效率、效益及柔韧性的竞争优势,而其持续的竞争优势则来源于相互的任务资源配置状态(Y_{12})、社会心理一致性水平(Y_{15})及共享氛围特征(Y_{14})。在临时优势形成的过程中,反映个人理性的个体或局部效益诉求(Y_{41})更具比较意义,而模式协同使得直接与间接效益(Y_{43}、Y_{44})的比较与选择能够成为集群效益获取方式与程度调整的"绩效"指标。

(四)非正式众创网络的策略耦合内涵

非正式众创网络的策略耦合聚焦个体理性策略面向创新与创业集体决策需求时的合作途径与功能的策略性关联。策略的广义效用要求其形成与执行过程满足多个策略维度的交互及其效用的可持续性。实际上,策略的交互性与可持续性是由可行域协同和策略协同系统性在形式、路径与阶段层面上螺旋推进的,要求非正式众创活动关注耦合的策略优选职能。依据分类路径(Y_{33})辨识不同创业背景下的多主体协同创新系统各种要素的整合状态,根据进入路径(Y_{34})准确判断并把控创业由非常态走向常态过程中的进入机会,通过交换、行为路径(Y_{35}、Y_{36})推动创新由无序走向有序过程中的创新能力提升,应对创业的市场利基属性和创新的不确定性。在动态调整的过程中,内部协同与外部协同实现良性契合,战略业务单元感知外部环境的刺激后,合作网络中的各个功能结点都将反映信息筛选、分析与反馈功能,使得各个合作主体能够在不同程度上实现知识与信息共享（Y_{21}、Y_{22}），形成各取所需性质的相互信任关系（Y_{23}），并对特定发展趋势中的风险判断偏好（Y_{25}）等产生实质影响。

（五）非正式众创网络的风险耦合内涵

非正式众创网络的风险耦合反映不同属性风险在偏好结构与协同功能方面的转化关联。风险及与之相对应的不对称地位基础之上的额外获益是促成合作的重要契机，而不确定情景下表征为风险的合作状态将形成多种形式的网络内部识别、转移与转换效应。一方面，风险属性的识别与测度贯串于知识、技能、信息等的交流共享（Y_{21}、Y_{22}）之中，对合作过程中的信任关系（Y_{23}）、规则制约（Y_{24}）具有直接影响，并形成判定风险属性（Y_{25}）的动态依据。另一方面，选择承担某些风险并基于责任共担意识形成的额外保障也已经成为不确定合作关系之中的效益信息沟通方式，通过协同主体之间的资源交流（Y_{21}、Y_{22}）来实现共赢绩效对合作预期的有效满足，有利于平息由基础资源差异引发的合作冲突，有利于提升决策系统的柔性和集成度，减少各个运作环节的迟延时间，从而满足目标效益诉求（Y_{41}），实现参与方的直接、间接效益最大化（Y_{43}、Y_{44}）。

第四节 团队簇非正式众创网络的界面耦合有效性评价

一、界面耦合有效性评价模型构建

耦合度是指两个或两个以上的系统要素相互影响、相互作用的程度[1]。从协同学角度看，衡量系统间相互作用程度及效果的耦合度决定系统在达到临界区域时的走向。依据协同学对系统状态更迭的认知判定，系统在相变点处的内部变量可分为快变量和慢变量两种，慢变量即系统序参量是决定系统相变进程的根本变量，它在系统由无序走向有序的过程中起关键协同作用，左右着系统相变的特征与规律，而本研究所关注的耦合有效性度正是对该种协同作用的度量。在开放创新与社会创新的共同作用下，多团队所形成的非正式众创网络将形成反映五种协同内涵的子系统，这些子系统将通过系统内部能够反映其协同效应共同诉求的序参量之间的协同作用左右整个巨系统的特征与规律，而子系统间相互作用的影响程度即为耦合有效性评价的标的物，其大小反映了非正式众创网络内不同界面功

---

[1] 刘鑫，孔梅，文权. 耦合系数对串联双微环谐振器滤波特性的影响 [J]. 中国激光，2010 (11)：2885 - 2890.

能属性的影响强度和贡献程度。

（一）评价需求

数量众多、种类多样、作用关联复杂的非正式众创网络界面共同组成了创业团队簇的界面系统，为有效识别支配界面系统整体耦合有效性的部分关键非正式众创网络界面，在此借鉴协同学中的序参量概念提出众创网络协同度序参量。众创网络协同度，即具备资源、前景、路径和效益等非正式网络界面协同内涵，在动机、可行域、模式、策略、风险、保障等相互作用的过程中，能够反映该团队簇整体协同战略导向与策略需求的群体、空间、交互和反馈等协同效应之间的相互匹配程度。考虑到复杂关系网络中某一界面所具有的众创网络协同度相对重要性等价于该界面连接其他界面而具有的众创网络协同度作用显著性，因此可以借助 ANP 方法表征及确定协同创新界面网络关联在不同层次序参量中对系统协同有效性的贡献。在此基础上，通过引入耦合度测定方法，可以实现对反映同一序参量协同状态耦合有效性的系统评价。

（二）耦合度计算的常规方法

耦合度有两种应用及理解情况，一种情况是在计算机软件开发领域，耦合是软件结构中各模块之间相互连接的一种度量，耦合强弱取决于模块间接口的复杂程度、进入或访问一个模块的点以及通过接口的数据，而与之相对应的高内聚低耦合范畴，强调低耦合度是面向对象设计过程中判断独立性好坏的标准；另一种情况是物理学中的理解，在电路中为表示元件间耦合的松紧程度，把两电感元件间实际的互感（绝对值）与其最大极限值之比定义为耦合系数。依据容量耦合概念及容量耦合系数模型，可以得到多个系统（或要素）相互作用耦合度模型[①]，即

$$C_n = n\{(s_1 \times s_2 \times \cdots s_n)/(\sum_1^n s_i)\}1/n \qquad 式6-1$$

其中 s_i 为各子系统的状态评价值。

考虑到本研究所关注的耦合内涵与后者相类似，在此引入物理学中的容量耦合概念及其度量模型，可在相关研究的基础上，使用隶属度主观赋权及模糊综合评价方法求解得到的指标赋值及权重，据此进一步应用式6-1做系统整体耦合

[①] 郝生宾，于渤，吴伟伟. 企业网络能力与技术能力的耦合度评价研究 [J]. 科学学研究，2009，27（2）：250-254.

度评价。由式 6-1 可知,耦合度值 C 的取值区间为 [0,1],当 C=1 时,耦合度极大,系统之间达到最优结构;当 C=0 时,系统之间达到无序的状态。一般情况下,当耦合度值区间是 (0,0.3] 为低水平耦合阶段,(0.3,0.5] 为颉颃阶段,(0.5,0.8] 为磨合阶段,(0.8,1) 为高水平耦合阶段。

(三) 方法整合与改进

需要指出的是,现有研究对耦合度的理解过多强调了多耦合介质的一致性,即评价数值近乎相等的子系统将具有更高的整体耦合度,而这在管理情景复杂的非正式众创网络界面系统中显然不具备解析优势。实际上,耦合系数在物理学中的解读即体现了耦合关系的辩证应用价值,为了满足不同子系统相互关联方式与程度的针对性需求,局部子系统间耦合系数的高与低并不具备直接比较意义,需要借助某一反映系统整体耦合诉求的序参量才能达成整体耦合度表征共识。在本研究中,除在各众创界面子系统内部存在界面相互作用以外,界面协同内涵与效应的分析结论也表明,由于子系统间呈现为一系列众创网络协同度的群体、空间、交互及反馈效应,因此界面系统的整体耦合水平并不能简单依据式 6-1 求解得到。针对该耦合有效性的独特内涵属性,需要在耦合有效性测度指标选取、赋值及权重设置等方面,共同考虑耦合在不同子系统的关联作用。结合该优化需求,应用现有 ANP 方法对耦合系数求解做以下整合与改进。

1. 评价指标集合赋值

评价组织方联合团队管理人员和相关领域专家形成评价专家组。在充分考虑评价专家组前期考察意见的基础上,提取资源、前景、路径、效益等界面协同相关的众创网络协同度评价信息,供专家组决策参考。专家组参照众创网络协同度的评价内涵,在结合各参评团队管理实情的基础上,从 4 个 X 级界面和 20 个 Y 级界面中提取可能存在的评价界面,得到针对待评价团队的 i 个方案的 j 个待评价界面的评价赋值矩阵 $A = [a_{ij}]$。

2. 指标权重求解

常规方法中,由于指标赋权时缺少对各子系统众创网络协同度的比较判断,且序参量的交互比较意义并未凸显,因此耦合系数并不能完全反映子系统的协同需求。鉴于此,借助 ANP 方法,可实现该复杂网络关系的解析测度。专家组梳理多团队非正式众创网络的界面间作用关系,构造用于 ANP 分析的网络结构。依据 Saaty 教授 (2005) 提出的常规 ANP 判断矩阵构造方法,专家组将遵循序惯式全局判定思路,将具有相互作用关联的准则层界面、网络层界面进行相对于上一层评价需求的两两相对重要性比较，形成界面间协同度的判断矩阵。设界面系统整体协同水平的评价目标为 G，不同准则层的界面评价维度为 $X_A(A=1,2,3,4)$，网络层中的具体评价界面集合为 $Y=\{Y_j\}(j=1,2,3,\cdots,20)$。在求解矩阵并经归一化处理后可得到相应准则层对其他各准则层的影响权重列向量 ω_{xj} 及其加权矩阵 M，同理继续构建准则层和网络层内部界面影响矩阵可得到反映所有界面相对权重的初始超矩阵 W。W 与 M 分块相乘之后可得到列归一化的加权超矩阵 $\overline{W}$，其收敛的极限列值，即第 j 列为各界面及方案相对于目标层的综合权重 ω_i。

3. 耦合度计算与评价

将 ANP 方法分析得到的指标赋值及权重组合应用前文所示的常规方法中，即可得到能够反映非正式众创网络复杂界面耦合评价内涵的耦合有效性数值。通过横向比较不同方案中影响耦合度水平的指标情况，可以更为有效地形成改进该众创网络运行效果的关键界面，促进创业团队簇的创新能力提升。

二、案例应用

（一）案例背景

以云南某社区型众创空间为例（以下简称"空间"），研究其依托社区化软硬件服务支持，培育众创空间品牌竞争力过程中的多样化团队簇非正式众创网络界面耦合有效性状态。该空间创设于 2016 年年初，属于众创浪潮中面向"草根文化"与"共享文化"的一种大胆尝试，主要面向区域特色的花卉、鲜活农产品与农副产品的网络营销创业以及新媒体创业开展孵化与投资管理。目前该空间已经成功孵化创业企业 30 余家，已初步形成衣食起居兼顾的"宅"创业文化，其凭借"0元"入驻、众创公寓、多样化的创业伙伴关系和完善的创业管理服务已经取得了突出的社会反响，受到当地乃至云南地区有关部门的大力推介。与此同时，该空间的发展态势也与成都、西安、北京等地的社区众创空间形式形成了鲜明对比，在区域化创新氛围、政策支持力度以及创新创业基础较大的情景下，出现了一些合作效果差异显著的投资个案，有必要深入思考创业亚文化和氛围绩效等合作有效性内涵。

（二）分析过程

上述创业合作情景表明，该空间为流动型与个性化众创平台，具有本研究关注的多团队非正式众创网络管理属性与耦合有效性的评价诉求。鉴于此，为全面了解部分个案团队的管理风格、任务特性与创新组织特征及相关管理难点问题，形成界面辨识与关联分析评价的系统探析基础，本章首先邀请熟悉团队内部管理实情的 3 位创业人员及 2 位团队管理专家组成专家组，并依据（三）的方法进行耦合界面状态信息梳理，各团队的评价方案信息如表 6-9 所示。

表 6-9 个案团队的评价信息

	X_1资源界面		X_2前景界面		X_3路径界面		X_4效益界面	
	Y_{12}任务资源界面	Y_{14}共享氛围资源界面	Y_{23}信任关系界面	Y_{24}规则制约界面	Y_{31}关系路径界面	Y_{32}行为路径界面	Y_{41}效益诉求界面	Y_{42}集群效益界面
U_1	5	5	6	7	5	6	4	7
U_2	5	3	7	5	9	5	4	8
U_3	4	7	6	5	4	7	6	6
U_4	6	7	9	8	7	3	5	6
U_5	3	4	5	5	5	8	8	8

依据前文的分析方法，邀请 5 位专家参照如下研讨思路，梳理该空间个案团队非正式合作网络界面间的作用关系。研讨问题如下：

（1）网络界面子系统（准则层）之间的相互影响关系如何；

（2）网络界面子系统（准则层）内的界面相互影响关系如何；

（3）子系统（准则层）以及网络层界面间的相对重要性如何。

在此基础上，按照前文中的成对界面比较判断模式与矩阵求解方法，可得到如表 6-10 所示的非正式众创网络界面系统极限超矩阵，在此基础上，可以采用前文的耦合系数计算方法求解得到如表 6-11 所示的个案团队非正式众创网络界面耦合有效性评价结果。

表 6-10　非正式众创网络界面系统的极限超矩阵

	Y_{12}	Y_{14}	Y_{23}	Y_{24}	Y_{31}	Y_{32}	Y_{41}	Y_{42}	目标层
Y_{12}	0.10617	0.10617	0.10617	0.10617	0.00000	0.00000	0.10617	0.10617	0.10617
Y_{14}	0.03316	0.03316	0.03316	0.03316	0.00000	0.00000	0.03316	0.03316	0.03316
Y_{23}	0.06944	0.06944	0.06944	0.06944	0.00000	0.00000	0.06944	0.06944	0.06944
Y_{24}	0.08719	0.08719	0.08719	0.08719	0.00000	0.00000	0.08719	0.08719	0.08719
Y_{31}	0.30329	0.30329	0.30329	0.30329	0.00000	0.00000	0.30329	0.30329	0.30329
Y_{32}	0.18748	0.18748	0.18748	0.18748	0.00000	0.00000	0.18748	0.18748	0.18748
Y_{41}	0.09115	0.09115	0.09115	0.09115	0.00000	0.00000	0.09115	0.09115	0.09115
Y_{42}	0.12211	0.12211	0.12211	0.12211	0.00000	0.00000	0.12211	0.12211	0.12211
目标层	0.00000	0.00000	0.00000	0.00000	0.00000	0.00000	0.00000	0.00000	0.00000

表 6-11　个案团队非正式众创网络界面耦合有效性评价结果

	X_1	X_2	X_3	X_4	耦合度	加权总分
U_1	0.697	1.027	2.641	1.219	0.883	5.584
U_2	0.630	0.922	3.667	1.341	0.793	6.561
U_3	0.657	0.853	2.526	1.280	0.873	5.315
U_4	0.869	1.323	2.686	1.188	0.913	6.066
U_5	0.451	0.783	3.016	1.706	0.780	5.957

（三）案例还原与结果简述

分析表 6-11 可知，若采用多指标综合评价方法计算个案团队的整体"协同情况"，五个团队从优到劣分别为 U_2、U_4、U_5、U_1、U_2、U_3，而采用本研究方法测算耦合有效性数值，评价状态从优到劣则变为 U_4、U_1、U_3、U_2、U_5。比较两种结果，可以发现本研究所关注的耦合有效性评价关注各子系统在序参量协调基础上的相互匹配程度，相较于常规综合评价的唯规模论具有更强的解读价值。该评价结果也与个案团队的实际运行情况相吻合，表明共享氛围资源相较于关系路径、行为路径与集群效益而言，对促成潜在合作与提升创业氛围感知能力具有重要积极影响，是提升该空间众创网络界面耦合有效性的重点内容。参与评价的专家表示，上述评价结论对指导创新创业实践中的多团队协作策略评价及管理具有积极推动作用。因此，本研究提出的多团队非正式众创网络界面耦合有效性评价理论及方法具有应用可行性。

第五节 面向转型企业团队簇的跨职能协同界面分析

一、跨职能界面的结构化辨识

在普遍探索扁平化、矩阵化、网络化组织架构革新的整体情景下，执行研发活动不同组织职能的多个团队共同构成了团队簇，是面向多个团队开展的职能协调、资源配置与整体决策优化活动。由于直接针对团队簇管理的成果较少，国内外众多学者主要针对企业组织内外的多团队协调问题开展了团队簇的网络构成解析、网络关系探究、协调控制策略构建三个方面的研究，此处依据联合研发团队面临的复杂创业环境特征与多元创业需求，结合转型企业团队簇的跨职能管理需求与界面管理的理论分析视角，从跨职能协同情景界面、协同过程界面、协同控制界面和协同效能界面四个方面，提出如图 6-2 所示的转型企业团队簇跨职能界面结构。

转型企业团队簇的跨职能界面

- 跨职能协同的情景界面 X_1
  - 区域环境界面（Y_{11}）→ 文化\政策\制度等对协同共识的共同作用
  - 市场氛围界面（Y_{12}）→ 市场配置导向衍生的协作理念关联
  - 转型基础界面（Y_{13}）→ 多合作主体间的职能配置与作用状态
  - 转型需求界面（Y_{14}）→ 多主体协作的职能交互诉求

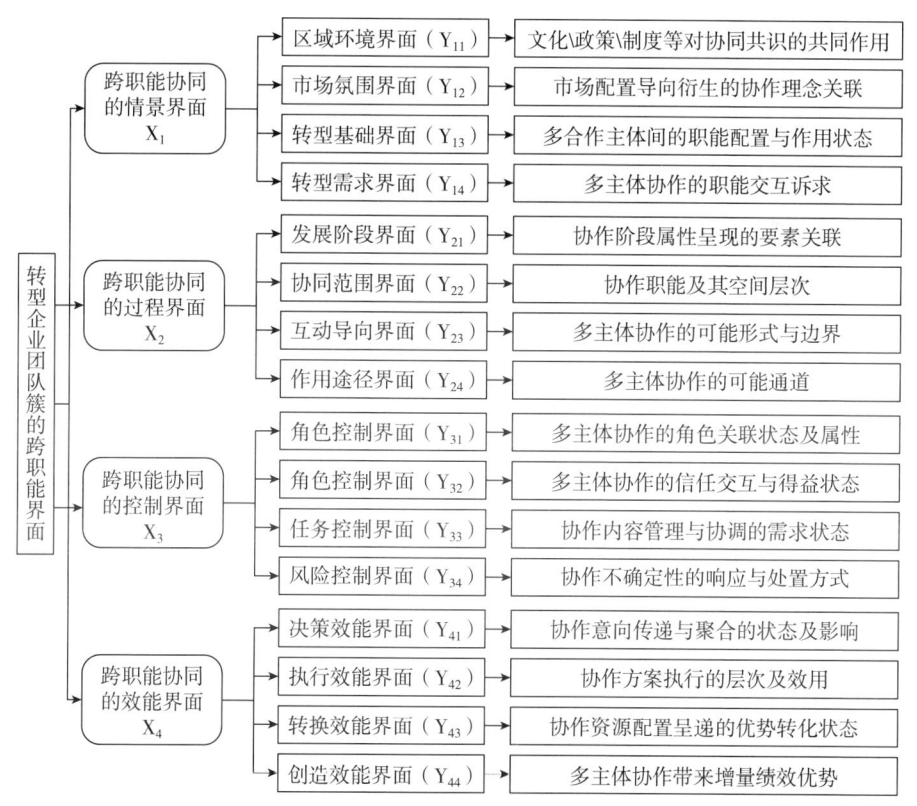

- 跨职能协同的过程界面 X_2
  - 发展阶段界面（Y_{21}）→ 协作阶段属性呈现的要素关联
  - 协同范围界面（Y_{22}）→ 协作职能及其空间层次
  - 互动导向界面（Y_{23}）→ 多主体协作的可能形式与边界
  - 作用途径界面（Y_{24}）→ 多主体协作的可能通道

- 跨职能协同的控制界面 X_3
  - 角色控制界面（Y_{31}）→ 多主体协作的角色关联状态及属性
  - 角色控制界面（Y_{32}）→ 多主体协作的信任交互与得益状态
  - 任务控制界面（Y_{33}）→ 协作内容管理与协调的需求状态
  - 风险控制界面（Y_{34}）→ 协作不确定性的响应与处置方式

- 跨职能协同的效能界面 X_4
  - 决策效能界面（Y_{41}）→ 协作意向传递与聚合的状态及影响
  - 执行效能界面（Y_{42}）→ 协作方案执行的层次及效用
  - 转换效能界面（Y_{43}）→ 协作资源配置呈递的优势转化状态
  - 创造效能界面（Y_{44}）→ 多主体协作带来增量绩效优势

图 6-2 转型企业团队簇的跨职能界面结构

（一）跨职能协同的情景界面 X_1

跨职能协同的情景界面主要包含区域环境、市场氛围、转型基础和转型需求等可能影响团队协作动机的输入型要素关联。其中区域环境界面（Y_{11}）主要反映文化、政策、制度等对协同共识的共同作用，如针对新兴市场发展与转轨经济并行时期的经济环境特征，杨京京等（2012）指出内生于区域性的产权、信用、服务等制度环境差异，我国企业一直存在合作研发需求缺口的地区化差异，罗党论等（2009）进一步指出西部地区呈现更多的机会主义、管制与寻租等制度掠夺；市场氛围界面（Y_{12}）主要反映市场配置导向衍生的协作理念关联，如黄菁菁[①]认为产学研合作研发中，企业家精神对注入研发活力、促进协同创新、实现研发成果产业化发挥着关键性作用，江诗松等（2012）则认为西部企业正在从机会市场的一次性、低投资重复生产活动转向大规模、高投资创新活动，联合创新的内生驱动更加强烈，具有创业团队的关系网络特征（关系网络泛家族化）、认知特征（领导风格个性化）和决策特征（战略视野集聚化）；转型基础界面（Y_{13}）主要反映多合作主体间的职能配置与作用状态，如 Feng 等（2015）指出转型情景的联合研发团队处于创业的关键时期，多个子团队往往具有差异化的学科层次、知识结构、决策偏好、合作策略，樊传浩[②]则进一步从团队效能视角探讨了特定任务能力、创业信念、创业纠偏行为对联合创新行为的交互影响，并对比分析了创业团队异质性与团队效能的作用规律；转型需求界面（Y_{14}）主要反映多主体协作的职能交互诉求，如赵增耀等（2007）认为西部企业面临把握市场和区位优势、资源生态优势实现产业转型与技术升级的复杂改革诉求，纪慧生等（2010）则探讨了协同增效价值和倍增效应价值两种共享收益制式对合作研发行为决策中收益大于成本原则的差异化影响。

（二）跨职能协同的过程界面 X_2

跨职能协同的过程界面主要包含发展阶段、协同范围、互动导向、作用途径等可能影响团队协作模式选择转变的外生型要素关联。其中发展阶段界面（Y_{21}）主要反映协作阶段属性呈现的要素关联，如 Tuckman[③] 定性阐述了小型团队发展

[①] 黄菁菁，原毅军. 产学研合作研发中企业家精神的价值 [J]. 科学学研究，2014，32（6）：902-908.
[②] 樊传浩，王济干. 创业团队异质性与团队效能的关系研究 [J]. 科研管理，2013，34（8）：35-41.
[③] Tuckman B. W., Jensen M. C. Stages of small-group development revisited [J]. Group and Organization Studies, 1977, 4（2）: 419-427.

阶段各个周期内的基本管理情景与矛盾迁移方向，Lovelace 等（2001）针对各周期互动一般情形提出团队互动概念，指出成员认知、沟通和行为因素对共同研究中的团队角色强度与属性协调意义重大；协同范围界面（Y_{22}）主要反映协作职能及其空间层次，如 Love（2009）、罗瑾琏（2012）分别从宏观及宏观与微观结合视角，强调了团队目标分解及深层次任务整合的重要性，突出了团队在组织发展中的载体功能，Majchrzak[1] 则依据个体、团队与组织的层次划分方式将企业内部知识整合界定为 5 个关联层次；互动导向界面（Y_{23}）主要反映多主体协作的可能形式与边界，如 Parker（2003）认为团队角色结构的适应性直接影响内外跨界情景下企业变革目标的有效达成，樊耘等（2013）三位学者则针对新生代员工的高层次需求跨级显现问题，探讨了权力需要、组织承诺与角色外行为的复杂关联；作用途径界面（Y_{24}）主要反映多主体协作的可能通道，如 Choi[2] 认为企业团队的跨界行为特指企业与外部行为主体间的作用关联，强调跨界行为并不遵循团队内部的行为规范，薛慧娟（2010）指出目前团队跨界行为的概念较为宽泛，并梳理给出协调、学习、网络三个团队跨界行为研究视角。

（三）跨职能协同的控制界面 X_3

跨职能协同的控制界面主要包含角色控制、信任控制、任务控制、风险控制等可能影响团队协作流程改进优化的内生型要素关联。其中角色控制界面（Y_{31}）主要反映多主体协作的角色关联状态及属性，如谢科范等（2010）三位学者从创新意识、风险意识、守则意识等七个维度，探讨了多类创业团队的岗位配置与角色互补行为，Aime 等学者[3]证实团队决策权力和监督权力在组织中具有不对称配置影响，Belbin[4] 认为协调者、塑造者、创新者等 9 种角色普遍存在，而某些关键角色的重叠、交叉和错误问题对团队 R&D 效果影响深远；信任控制界面（Y_{32}）主要反映多主体协作的信任交互与得益状态，如王斌（2011）基于管理会计视角分析了企业跨职能团队的决策权配置、职责不清、评价与激励、信任机制构建问题，霍亚楼（2008）归纳了跨组织合作的信任效应，从自协调、界面协

---

[1] Majchrzak A., More P. H. B., Faraj S. Transcending knowledge differences in cross - functional teams [J]. Organization Science, 2012, 23 (4): 951 - 970.

[2] Choi, J. M. External activities and team effectiveness: Review and theoretical development [J]. Small Group Research, 2002, 33 (2): 181 - 208.

[3] Aime F., Humphrey S. E., Derue D. S., et al. The Riddle of Heterarchy: Power Transitions in Cross - Functional Teams [J]. Academy of Management Journal, 2014, 57 (2): 309 - 322.

[4] Belbin R. M. M. Management teams [M]. London: Routledge, 2012.

调、制度化协调以及非正式协调四个维度分析了 IOCM 的协调内容及其信任关联；任务控制界面（Y_{33}）主要反映协作内容管理与协调的需求状态，如肖余春等三位学者（2013）提出企业 NPD 团队协作的控制策略，考察了过渡过程与行动过程两类协作进程间的影响路径，刘宁等三位学者[①]从社会维度与任务维度划分了行为整合进程，拓展了团队簇职能整合的视角；风险控制界面（Y_{34}）主要反映协作不确定性的响应与处置方式，如 Caverlee（2007）、Nelisse（2008）等分别从内部知识转移、合作沟通、领导与愿景管理等不同视角探讨了合作研发决策风险形成的微观机理，Kahn（1996）则开创性地提出了团队簇多维度职能整合的概念，并探讨了其整合互动过程和协作过程中的风险属性。

（四）跨职能协同的效能界面 X_4

跨职能协同的效能界面主要包含决策效能、执行效能、转换效能和创造效能等可能影响团队协作内外部合作效果感知的输出型要素关联。其中决策效能界面（Y_{41}）主要反映协作意向传递与聚合的状态及影响，如 Aime 等（2013）证实团队决策权力和监督权力在组织中具有不对称配置影响，樊耘[②]针对新生代员工的高层次需求跨级显现问题，探讨了权力需要、组织承诺与角色外行为的复杂关联；执行效能界面（Y_{42}）主要反映协作方案执行的层次及效用，如韩姣杰[③]发现在团队的跨职能网络中，稳定团队与临时团队的利他偏好分别依托于社会关系和直接或间接利益关系，Randel 等（2003）则分析了组织学习过程中团队角色职能与任务职能的状态依赖和搜寻边际特征；转换效能界面（Y_{43}）主要反映协作资源配置呈递的优势转化状态，如侯清麟等（2012）从革新发展理念、优化绩效评价机制、补充平衡投入机制三个方面提出了科研组织培养综合型人才的宏观思路，Ingrid 等（2012）认为各种情感、情绪、意志等所反映的团队整体稳定人格属性是团队职能转换的重要补充；创造效能界面（Y_{44}）主要反映多主体协作带来增量绩效优势，如 Pinto[④]分析了成员创造力识别、情景互动、思维联结和氛

[①] 刘宁，张正堂，张子源. 研发团队多元性、行为整合与创新绩效关系的实证研究 [J]. 科研管理，2012, 33 (012): 135 – 141.

[②] 樊耘，阎亮，马贵梅. 权力需要、组织承诺与角色外行为的关系研究——基于组织文化的调节效应 [J]. 科学学与科学技术管理，2013, 34 (1): 135 – 146.

[③] 韩姣杰，周国华，李延来. 基于利他偏好的项目团队多主体合作行为 [J]. 系统工程理论与实践，2013, 33 (11): 2776 – 2786.

[④] Pinto M. B., Pinto J. K., Prescott J. E. Antecedents and consequences of project team cross – functional cooperation [J]. Management Science, 1993, 39 (10): 1281 – 1297.

围催化等关键职能对提升团队创造力的突出作用,谢科范等(2010)从创新意识、风险意识、守则意识等七个维度,探讨了多类创业团队的岗位配置、角色互补行为及其潜在创造力属性。

二、跨职能界面的协同效应与效率属性

依据界面协同的相关研究成果,众多具有合作及沟通属性的团队簇管理要素可以界定为一系列界面子系统,创新协同效应的传递与涌现秩序可以表征为图6-3所示的承担要素联合功能的各界面间相互作用关系。

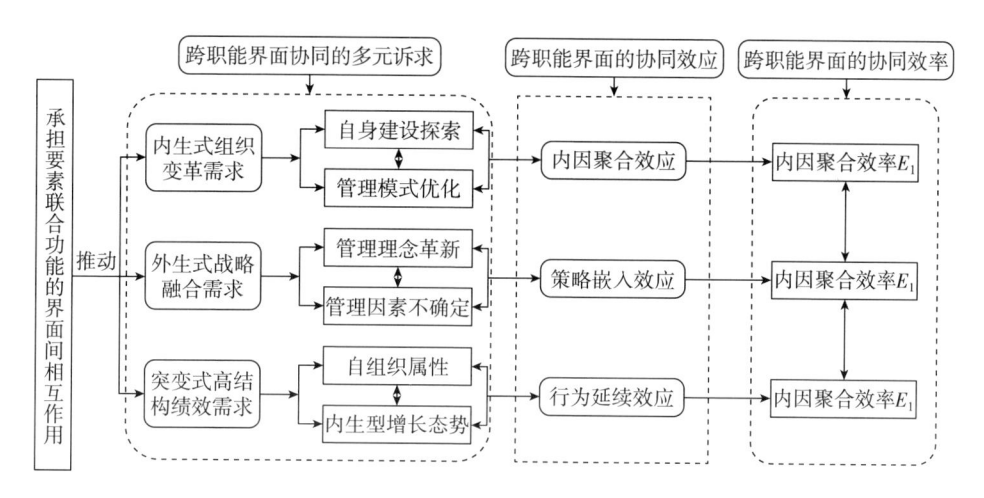

图6-3 承担要素联合功能的界面间相互作用关系

(一)推动跨职能界面协同的多元诉求

考虑到团队簇管理界面整合可以成为组织分享流程价值、构建相互承诺并实现交互合作的一种创新行为,所以联合创新过程中涉及的协同情景、协同过程、协同控制和协同效能等多层次界面都将对其创新效率和整体协同管理效率产生重要影响。归纳文献[1][2]的研究成果,推动跨职能界面协同的外部诉求主要为:①内生式组织变革需求,承载企业运营、研发、服务等基本职能的创新团队首要面临来自组织的整体变革需求,既需要进行自上而下的团队自身建设探索

---

[1] Ecevit Sati Z., Işik Ö. The Synergy of innovation and strategic management: Strategic innovation [J]. Celal Bayar University Journal of Social Sciences, 2011, (11): 538-559.

[2] Xu L., Cheng M. A. Study on Chinese regional scientific innovation efficiency with a perspective of synergy degree [J]. Technology & Investment, 2013, 4 (4): 229-235.

(X_2)，又需要由内而外地大胆谋求适合团队基础的管理模式优化（X_3）；②外生式战略融合需求，跨职能团队同时持续面临着战略性吸收融合外部资源进行广泛、深远管理理念革新的新要求（X_1），而由于不同团队在资源基础、发展理念及管理模式等方面存在的差异（X_2），因此这种开放性使得团队建设面临了更多、更复杂和更加不确定的管理因素；③突变式高结构绩效需求，得益于高度知识化基础及成员关系灵活、集成创新性强、不确定程度高的自组织属性（X_3），跨职能团队的日常管理更加规范，普遍呈现出高级团队的内生型增长态势（X_4），对组织绩效的持续提升具有突变需求。鉴于此，从组织变革、融合战略、绩效结构等层面梳理跨职能团队的多元协同诉求，明确其多主体、多角色、多任务、多阶段和多关联的跨职能协同演化机理，有利于提升各类情景下西部转型企业的创新能力及管理效率。

（二）跨职能界面的协同效应

通过前文的界面构成解析可知，由于各子团队在功能、地位、合作基础等方面存在组织属性差异，联合研发团队簇内的各个协同创新界面在团队整体运行质效中的影响程度与呈现方式也存在区别。基于这种思考，本章认为引入西部转型企业团队簇的关系网络泛家族化、战略视野集聚化、领导风格个性化特征，将使其界面系统具有显著的内因聚合效应、策略嵌入效应和行为延续效应。

具体而言，①对应内生式组织变革需求，内因聚合效应指由多层次家族治理关系与状态衍生的组织发展动因的阶段化、过程化、相机化（考虑对手策略）影响，如王智生等（2012）探讨了信任（Y_{32}）与知识共享（Y_{42}）在合作创新发展、动荡、崩溃阶段内（Y_{21}）的协同作用关联，张晓军等（2008）解析了过程在系统相变（Y_{23}）中呈现出的最大信息量特征，宋华岭等（2009）提炼组织协同性的多维（Y_{44}）概念从协同结构、方式和功能等方面（Y_{13}）建立了协同性熵信息的评价模型；②对应外生式战略融合需求，策略嵌入效应是指协作策略评价（Y_{11}）、解读（Y_{41}）与调整过程中呈现的多合作主体聚合职能匹配导向及其交互影响，如吴杨等（2012）讨论了协同机制在知识创新系统中的静态作用效果和动态作用效应（Y_{12}），Santoro[①]探讨了企业高层次知识分享与风险评估、关系

---

① Santoro M. D., Saparito P. A. Self-interest assumption and relational trust in university-industry knowledge transfers [J]. Engineering Management, 2006, 53 (3): 335-347.

信任的协同作用机理,安玉红[①]提出了由成员细胞、生态位(Y_{14})、制度机制和反馈机制(Y_{42})等环节构成的企业高管团队生态系统协同演化路径;③对应突变式高结构绩效需求,行为延续效应是指适应于多变职能整合目标及领导风格的高组织绩效输出及其复杂行为影响,如盛振江等(2011)提出催化剂型、相辅相成型、竞争型(Y_{31})协同效应团队并对其协同内容(Y_{33})进行了定性阐释,徐少同等(2013)提炼了具体业务属性对知识协同内涵、要素与机制的复杂影响(Y_{34}),陈继红[②]归纳了高校科研各子系统静态协同管理的序参量、快/慢预弛变量、控制参量,Coring[③]强调协同机制体现一种"以实现一致性、互补性(Y_{24})为目标,促进组织从无序向有序状态演化(Y_{22}),促使内部各子系统按照协同方式整合"的关系。

(三)跨职能界面的协同效率属性

依据跨职能界面协同的多元诉求及其反映的效率属性,在此提出用以描述转型企业团队簇跨职能界面协同效率的三类概念,即内因聚合效率(E_1)、策略嵌入效率(E_2)和行为延续效率(E_3)。其中内因聚合效率是指在内因聚合效应影响下单位内生职能及治理关联依存的组织绩效产出水平;策略嵌入效率是指在策略嵌入效应影响下单位聚合职能及策略激发的组织绩效产出水平;行为延续效率是指在行为延续效应影响下单位可持续目标及理念衍生的组织绩效产出水平。

需要指出的是,上述三种效率同时存在于团队簇的跨职能协调范围及过程中,且相互之间互为因果呈递关系,由协同学对系统稳态及其演进趋势的判定也可得出协同效率本身具有复杂系统的涌现特质,即团队簇协同创新界面整体的协同效率并不能够由E_1、E_2和E_3简单线性换算得到。在此依据协同学中的互动性原理和协同功能倍增原理,提取主要协同创新界面在团队簇界面系统中的相对属性,形成"职能融合协同度(I)"这一序参量概念,用以表征和评价转型企业团队簇的整体跨职能界面协同效率。职能融合协同度,是指基于转型情景下各联合创新主体间的相互作用情景、过程、控制与效能状态,多个合作组织通过治理范式融合、业务领域衔接、合作职能适应、控制过程协优化、绩效输入形式转换

---

① 安玉红,刘兵,吕荣杰.企业高管团队生态系统及其协同演化路径研究[J].科技进步与对策,2012,29(20):146-149.

② 陈继红,郑爱兵.高校科研系统协同特征及其演化机制研究[J].科技进步与对策,2013,29(24):182-185.

③ Corning P. A. The synergism hypothesis: A theory of progressive evolution [M]. New York: McGraw-Hill, 1983.

等方式，在针对性、适应性和选择性应对内因聚合效应、策略嵌入效应和行为延续效应的前提下，所形成的能够由规模效应及倍增效应产生额外协同效能的团队簇跨职能协同行为之间的相互匹配程度。

第六节 基于前景理论的跨职能界面协同效率评价

一、基于前景理论的策略效率评价方法

协同是系统整体性和相关性的共同表现，是系统中各个子系统的相互协调、合作、同步的联合作用或集体行为。考虑到由此引致的策略型效率涌现特质，各集中呈现某类协同效应的界面子系统内部（微观）及所有子界面之间（宏观），都存在能够由职能融合协同度竞争和协同相互作用形成的团队协同界面整体协同效率。数据包络分析（Data Envelopment Analysis，DEA）是根据多项投入、产出指标，利用线性规划的方法，对具有可比性的同类型单位进行相对有效性评价的一种数量分析方法。自提出以来，该方法在管理科学、数理经济学等交叉领域得到广泛应用和不断完善，DEA方法在处理复杂输入、输出问题上具有独特优势，是实际问题中效率评价的常用方法，但在当前的转轨经济环境下，面对转型创新主体的跨职能多元诉求，尚未能有效描述和应对不确定情景具有的多样化评价目标、评价要素关联属性及微观投入产出参数的多性状属性。对应于DEA方法的这种缺陷，前景理论（Prospect Theory）是应用于心理学及行为科学领域描述性范式的决策模型，是对预期出现状态进行判定的系统理论，在不确定情况下的人为判断和决策方面具有独特优势。鉴于此，为实现团队簇协同创新界面协同效率的系统评价与分析，本研究在形成职能融合协同度序参量的基础上，将引入前景理论（Prospect Theory）改进常规数据包络（Data Envelopment Analysis，DEA）模型的分析方案，克服传统DEA模型易忽略差异化管理情景下不同要素指标的主观偏好影响的缺陷，在判定职能关系与其价值预期出现状态的基础上，通过相关价值确定性转换方法，提供更有效的评价信息，实现转型企业团队簇的跨职能界面协同效率动态评价，形成更具研究价值和实践意义的策略效率评价方案。

（一）投入产出指标选取与归集

设有 $S_1, \cdots, S_k$ 共 k 个参与效率评价的决策单元（DMU），它们联合创新的基础与外部环境相似。邀请相关领域的 $P_1 \cdots P_m$ 共 m 个专家组成跨职能界面协同

效率评价小组，在依据前文理论基础详尽了解各决策单元效率评价背景信息后，经共同商议识别得到用以评价的 $A_1 \cdots A_i$ 共 i 个投入指标（界面）和 A_{n-i}，…，A_{n-i+j} 共 j 个产出指标（界面），各指标赋值为 a_{kl}（$l \in [1, i+j]$）。评价专家组参照三类跨职能界面协同效应可能形成的内因聚合效率（E_1）、策略嵌入效率（E_2）和行为延续效率（E_3）概念内涵，对评价过程涉及的 $i+j$ 个指标进行重新归集，得到具有 E_1（E_2 或 E_3）效率特征的 n_1（n_2 或 n_3）个效率评价指标（含投入产出）子集。

（二）效率融合策略提取与匹配

以职能融合协同度序参量 I 为评价参照物，考察每个决策单元中三类效率的相互融合需求和基础，借鉴前景理论描述与投影不同界面协同效应自身及相对于整体界面系统的双重协同状态，在此基础上表征及确定协同创新界面网络关联在不同层次"职能融合协同度"中对系统协同效率的贡献。首先，由评价专家组参照待评价 k 个决策单元的整体情况（均值、方差、离散系数等），给出一组由反映序参量被影响数值（指标相同）a'_l 组成的参照单元 S'（分类效率）；其次，建立各决策单元相对于 S' 的损益决策矩阵 $D = [|D(a_{ki})|]$，其中 $D(a_{ki})$ 表示指标赋值 a_{ki} 相对于参照赋值 a'_l 的损益值；再次，建立决策单元相对于序参量 I 的前景评价矩阵 $V = [V(a_{kl})]$，当 $a_{ki} \geq a'_l$ 时，$V(a_{ki}) = (D(a_{ki}))^\alpha$，当 $a_{ki} < a'_l$ 时，$V(a_{ki}) = -\theta(D(a_{ki}))^\beta$，其中参数 α（$0 < \alpha < 1$）和 β（$0 < \beta < 1$）表示 $V(a_{ki})$ 的凹凸程度，参数 θ（$\theta > 1$）表示相关决策者的风险规避程度[1]；最后，借鉴本书前期研究成果[2]，在类似德尔菲法的讨论基础上，将各类 DMU 的投入产出指标归并入"技术投入 I_1、规模投入 I_2、技术产出 O_1、规模产出 O_2"这四类具有复合内涵的评价指标中。由此，可得到经序参量横向比较与前景求解之后各决策单元的调整指标值序列 $C(S_k)$。

（三）效率评价与结果分析

参照 Charnes 等学者的 CCR—DEA 模型求解方法，将得到的各决策单元投入产出序列 $C(S_k)$ 应用于 DEA 方法的效率测度环节，使用经效率分类表征与交互

---

[1] Tversky A., Kahneman D. Advances in prospect theory: Cumulative representation of uncertainty [J]. Journal of Risk & Uncertainty, 1992, 5 (4): 297–323.

[2] 孙新乐，段万春，许成磊，程思路. 整合多维不确定投入产出关系的效率评价新方法 [J]. 计算机工程与应用, 2016, 51 (9): 1–9.

比较之后的调整数据评价各单元的跨职能界面协同效率。依据得到的效率评价结果，能够实现效率评价信息的回溯分析与定向反馈。例如，一方面，所形成的参照单元反映了专家组对各决策单元三类效率整体策略的选择倾向，相对重要的效率类型在协同策略耦合过程中承担着更多效能，表现为更高的子集合效率；另一方面，所形成的前景评价序列反映了专家组在既定风险偏好前提下对各单元三类效率协同状态的一致判断，相对序参量的低投入指标或高产出指标将整体策略有效性前提下的生产前沿面。

二、案例分析

（一）效率评价过程

以云南省处于转型期的部分优强民营企业团队（$S_1 \sim S_9$）为例，分析这些团队管理主体间协同效率的跨职能界面管理难题应对要点。其中，S_1、S_2、S_3属于生物与新医药领域，其大规模生产管理方式日渐成熟，企业团队在该领域创新环境优越，创新效益得到大幅提高，生物医药方面创新人才竞相涌现。S_4、S_5、S_6属于高新技术服务领域，其满足日趋人性化、差异化、多元化的用户需求，生产、衍生的社会产品及服务日益系统化、复杂化、知识密集综合化，创新、生产过程日益职能化、柔性化，自主创新的内涵和职能边界得到了极大拓展。S_7、S_8、S_9涉及新能源及节能领域，注重在关键领域科学研究的原创性集成创新，已布局在战略性高技术领域的技术联合研发。这些企业团队都依托于云南省委、省政府出台的一系列高投入政策扶植，且处于战略调整、市场革新、整体转型的特殊时期。但是，随着联合研发的开展、跨职能合作方式的产生以及社会产品的日益丰富，也将企业推入了更为激烈的市场竞争格局之中，这些企业团队在各自组织体系中存在较大差异。例如，S_7、S_9创新竞争能力并没有按投入产出比提高，信息沟通和信任建立工作不到位，有限吸收的外部智力资源存在巨大浪费；S_4、S_5、S_7科研机构和产业之间各自为战的封闭状态，机构向企业转移技术非常困难，新技术成果转化成功率较低；S_1、S_4、S_5、S_7创新系统各个子系统之间的开放协同度不够，企业团队研究机构都以独立的形式存在和高校科研机构的联系不强。上述存在的问题导致了在测度团队管理协同效率时存在较大差异，所以需要借助以职能融合协同度序参量，引入前景理论改进后的数据包络方案，从而实现对转型企业团队跨职能协同效率的有效评价。

为全面了解各团队的任务特性、情景特征及跨职能管理的复杂性、整体性、内生性等相关难点问题，形成团队协同效率评价要素及其关联的系统探析基础，本研究首先邀请熟悉团队内部管理实情的 5 位管理人员、3 位团队管理专家及 1 位评价负责人组成专家组，根据配置导向、协作流程、发展阶段、不同情景诉求等因素将 $Y_{11} \sim Y_{44}$ 等 16 个指标分成投入指标和产出指标两类，并依据（一）的方法进行各团队协同效率评价内涵界定、要素提取及其存在状态评分，初始效率评价信息如表 6-12 所示。

表 6-12 案例团队的初始效率评价信息

DMU	投入指标							产出指标							
	Y_{11}	Y_{12}	Y_{13}	Y_{14}	Y_{21}	Y_{23}	Y_{31}	Y_{33}	Y_{22}	Y_{24}	Y_{32}	Y_{34}	Y_{41}	Y_{42}	Y_{43}	Y_{44}
S_1	6	4	4	5	6	5	7	6	4	3	5	4	4	5	6	5
S_2	2	4	3	3	5	5	4	3	6	8	6	7	8	6	6	5
S_3	4	3	4	3	5	4	4	2	6	5	6	7	5	6	5	7
S_4	7	7	5	8	6	7	6	7	3	4	5	4	4	5	3	5
S_5	5	7	5	6	8	6	5	6	4	3	5	5	5	3	3	5
S_6	3	5	2	4	3	4	2	4	5	6	7	8	6	7	6	7
S_7	4	5	7	6	6	5	5	6	3	5	6	4	5	6	3	4
S_8	4	3	5	5	3	4	2	3	6	7	6	5	8	7	6	7
S_9	6	4	6	4	6	6	4	3	5	6	3	6	4	5	6	5

在此基础上，专家组依据三类跨职能界面协同效应可能形成的内因聚合效率（E_1）、策略嵌入效率（E_2）和行为延续效率（E_3）概念内涵，对初始评价过程涉及的指标进行重新归集，得到具有 E_1（E_2 或 E_3）效率特征的效率评价指标（含投入产出）子集。S 对应 E_1、E_2、E_3 分别表示为均值（所有指标）、均值（投入）及均值减标准差（产出）、均值（投入）及均值加标准差（产出），分类效率的指标重新归集与参照单元信息如表 6-13 所示。

表6-13 分类效率的指标归集与参照单元信息

DMU	E₁						E₂				E₃				
	Y_{13}	Y_{21}	Y_{23}	Y_{32}	Y_{42}	Y_{44}	Y_{11}	Y_{12}	Y_{14}	Y_{41}	Y_{43}	Y_{22}	Y_{24}	Y_{31}	Y_{33}	Y_{34}
S_1	4	6	5	5	5	5	6	4	5	4	6	4	3	7	6	4
S_2	3	5	5	6	6	5	2	4	3	8	6	6	8	4	3	7
S_3	4	6	6	6	6	7	4	3	3	6	7	6	4	4	2	7
S_4	5	6	7	5	5	5	7	7	8	4	3	3	4	6	5	4
S_5	5	8	6	5	3	5	5	7	6	5	3	4	3	5	6	5
S_6	2	3	4	7	7	6	3	5	4	6	8	5	6	4	2	8
S_7	7	6	4	5	7	4	5	5	8	4	3	3	5	3	5	4
S_8	5	3	4	6	7	7	4	3	5	8	6	6	7	2	3	5
S_9	6	6	6	3	5	5	6	4	4	4	6	5	6	4	3	6
S	4.6	5.3	5.1	5.4	5.6	5.4	4.6	4.7	4.9	3.9	3.4	5.8	6.8	4.3	3.9	7.0

使用已有文献的实验数据,设定 $\alpha=\beta=0.88$,$\theta=2.25$,可得到表6-14所示的创新团队跨职能界面协同效率引入前景测度调整后的评价信息。在类似德尔菲法的讨论基础上,根据研究开发、技术改造、科技创新等因素以及规模变化、要素投入量、监督机制、信息传递、社会条件等因素的综合分析,将 $S_1 \sim S_9$ 的投入、产出指标($Y_{11} \sim Y_{44}$等16个指标)归并入技术投入 I_1、规模投入 I_2、技术产出 O_1、规模产出 O_2 这四类具有复合内涵的评价指标中,得到评价信息如表6-15所示。具体为技术投入 I_1 包含 Y_{12}、Y_{13}、Y_{14}、Y_{31}、Y_{33};规模投入 I_2 包含 Y_{11}、Y_{21}、Y_{23};技术产出 O_1 包含 Y_{32}、Y_{34}、Y_{41}、Y_{42};规模产出 O_2 包含 Y_{22}、Y_{24}、Y_{43}、Y_{44}。

表6-14 引入前景测度调整后的评价信息

	E₁						E₂				E₃				
	Y_{13}	Y_{21}	Y_{23}	Y_{32}	Y_{42}	Y_{44}	Y_{11}	Y_{12}	Y_{14}	Y_{41}	Y_{43}	Y_{22}	Y_{24}	Y_{31}	Y_{33}	Y_{34}
S_1	1.3	0.7	0.3	1.1	1.3	1.1	1.4	1.6	0.1	0.1	2.3	3.8	7.4	2.4	1.9	5.9
S_2	3.3	0.9	0.3	0.6	0.5	1.1	5.1	1.6	3.9	3.4	2.3	0.2	1.1	0.9	2.0	0.0
S_3	1.3	0.9	2.5	0.6	0.5	1.5	1.3	3.5	3.9	1.0	1.5	0.2	3.8	0.9	3.9	0.0
S_4	0.5	0.7	1.8	1.1	1.3	1.5	2.2	2.1	2.7	0.1	1.1	5.6	5.6	1.6	1.1	5.9

续表

		E₁						E₂				E₃				
	Y_{13}	Y_{21}	Y_{23}	Y_{32}	Y_{42}	Y_{44}	Y_{11}	Y_{12}	Y_{14}	Y_{41}	Y_{43}	Y_{22}	Y_{24}	Y_{31}	Y_{33}	Y_{34}
S_5	0.5	2.4	0.9	1.1	5.1	1.1	0.5	2.1	1.1	1.0	1.1	3.8	7.4	0.7	1.9	4.1
S_6	5.1	4.7	2.5	1.5	1.4	0.6	3.3	0.4	2.0	1.9	3.8	1.9	1.9	0.9	3.9	1.0
S_7	2.2	0.7	0.3	0.6	0.5	3.1	1.3	0.4	1.1	1.0	1.1	5.6	3.8	2.9	1.1	5.9
S_8	0.5	4.7	2.5	0.6	1.4	1.5	1.3	3.5	0.1	3.4	2.3	0.2	0.2	4.7	2.0	4.1
S_9	1.4	0.7	0.9	4.9	1.3	1.1	1.4	1.6	2.0	0.1	2.3	1.9	1.9	0.9	2.0	2.2

表6-15 复合内涵的指标评价信息

DMU	投入指标		产出指标	
	技术投入 I_1	规模投入 I_2	技术产出 O_1	规模产出 O_2
S_1	8.4	14.5	7.4	2.4
S_2	4.5	4.7	11.7	6.3
S_3	2.2	7.0	13.6	4.7
S_4	8.4	13.5	8.0	4.6
S_5	11.4	13.4	6.3	3.8
S_6	5.8	8.2	12.3	10.5
S_7	8.0	13.7	7.7	2.4
S_8	9.5	4.2	10.9	8.6
S_9	8.6	7.2	7.9	3.0

结合上述要素指标分布情况，在对初始赋值进行加权求和后应用（三）给出的产出导向下DEA—CCR模型对9个案例团队进行关系效率评价。若沿用常规管理效率评价思路，参照专家意见仅选取初始的投入、产出指标，且直接使用初始赋值信息执行相同的效率评价方案，可得到与本部分评价方法差异显著的效率评价结果。本部分评价方案及常规方案得到的简要效率评价结果如表6-16所示。为简洁起见，与评价结果解析相关的整体冗余信息及各DMU效率信息不在此赘述。

表 6－16 采用方案与常规方案的效率评价结果

DMU	本部分评价方法				DMU	常规评价方法			
	综合效率	纯技术效率	规模效率	收益增减性		综合效率	纯技术效率	规模效率	收益增减性
S_1	1.000	1.000	1.000	不变	S_1	0.838	0.857	0.978	递减
S_2	0.233	0.395	0.589	递减	S_2	1.000	1.000	1.000	不变
S_3	0.261	0.483	0.541	递减	S_3	1.000	1.000	1.000	不变
S_4	0.800	0.943	0.848	递减	S_4	0.469	0.769	0.609	递减
S_5	1.000	1.000	1.000	不变	S_5	0.531	0.769	0.690	递减
S_6	0.313	0.587	0.534	递减	S_6	1.000	1.000	1.000	不变
S_7	0.952	0.952	1.000	不变	S_7	0.857	0.923	0.929	递减
S_8	0.482	0.833	0.578	递减	S_8	1.000	1.000	1.000	不变
S_9	0.858	0.888	0.966	递减	S_9	0.896	0.897	1.000	不变
均值	0.655	0.787	0.784		均值	0.843	0.913	0.912	

（二）分析结果简析

分析表 6－16 可知，本部分方案首先针对 9 个创新团队的效率类型，在初始信息评价基础上分别对三种类型协同效率进行效率分析，本部分方案测度的整体综合效率为 0.655，识别出的相对具有效率团队为 S_1、S_5、S_7；常规方案测度的整体综合效率为 0.843，识别出的相对具有效率团队为 S_2、S_3、S_6、S_8、S_9。由计算结果分析可知，分别应用两种效率评价方案得到的整体测度结果差异显著，本部分所构建的方案不仅提高方案优劣的识别度，使整体效率识别结果更具参考价值，而且面向综合效率、纯技术效率和规模效率得到的具体测度信息更具解读优势。例如，虽然团队 S_9 在常规评价方案中具有效率，但考虑方案协同前景及融合效率后，调整后的数据表明该团队的规模效率不具备协同优势，需要参照融合效率的规模效率递减趋势，针对政策环境、发展策略及互动通道三个方面减少存在的过度干预问题，为转型企业提供更为宽松的合作氛围。上述分析表明，应用本部分所构建的效率评价方案可以有效地结合目前协同效率评价的特殊需求，不仅实现投入产出指标的系统识别和作用关联提取，而且可以结合三类关系效率内涵形成面向不同产出风格的针对性评价结果。

第七节 针对外智引联团队的流程优化机制

一、外智引联型创新团队的相关理论基础

（一）外智引联型创新团队的特征

1. 跨地域属性

组建外智引联型创新团队是为了通过西部高校与中东部先进科研机构等外部智慧的联合，以项目合作为主要形式，从而有效解决西部现实存在的难题，这就决定了外智引联型创新团队的合作双方主体和合作的跨地域性。

2. 关系层次性

外智引联型创新团队的跨地域属性，致使西部高校和中东部先进科研机构在合作过程中，由于科学研发水平、技术成熟度、知识文化素质等多种原因，合作主体之间存在着平等或不平等的层次性关系，体现在团队成员角色关系和角色职能的复杂性。

3. 灵活多样性

外智引联型创新团队的层次性关系使其合作主体存在多样性。同时，团队成员组成的复杂性（教授、博导、硕导、博硕士、高级工程师、企业高管等共同组成）以及实现团队目标受成员的参与积极性、合作有效性、相互信任程度等影响，导致了团队中成员关系的灵活多变和管理策略的差异化。这些就决定了外智引联型创新团队在管理、协调的过程中必须要灵活，尤其是智力资源合作共享和流程中知识的传递。

4. 整体协作性

外智引联型创新团队是由跨地域的合作双方主体通过不同的内外部合作模式进行协同创新。只有调动各成员的参与积极性、充分整合成员的专长、明晰各成员角色责任和关注流程角色协作的特点，发挥外智引联型创新团队的集成化综合性优势，利用整合不同知识层次的各专业领域人才形成的合力，共同解决协同创新过程中面临的实际问题。

（二）外智引联型创新团队流程优化机制的概念

根据流程优化由两项或两项以上的活动通过建立结构关联等结合方式组成的

一个活动流，用流程活动、角色等综合表达流程构成的整体性；根据动态化目标、任务、情景需要，按照时序、结构关系进行柔性流程管理的动态性；根据不同的层级目标在组织的不同层级工作单元中体现不同的流程内涵的层次性；不同的流程结构，有不同的流程解析方式的结构性等流程优化特征，对外智引联型创新团队的流程优化机制进行定义。

外智引联型创新团队流程优化机制是在外部智力引援合作活动各个流程部分的机理存在的前提下，改良、完善、优化组织流程运行结构和运行方式，是引导和制约组织决策、协作等各项流程活动的基本准则及相应制度，是决定组织流程优化效果的内外因素及相互关系的总称；是组织运营系统、技术创新系统、人财物系统等运行过程中各环节内部以及各环节之间本质的内在的相互关联、相互制约的工作方式的总和，其受到组织非线性关系效率的影响；主要通过"外智引联"合作主体间角色、知识协作及其交互，从活动、资源和目标等角度对团队结构改善、效率提升、资源配置和问题反馈等方面进行流程优化分析。

二、流程优化的相关理论基础

（一）角色理论基础

在传统的流程中，团队成员被赋予角色职责，按照定义的流程活动顺序按部就班，不能根据实际情况的变化做决策[①]。在流程中具有角色职能的团队成员，拥有影响流程任务、活动的知识和能力，在大多数情况下某些角色对流程的影响可能会影响其他流程，这时就需要流程间和流程角色间的协作[②]。例如，协调角色和角色多对多的动态关系，考虑团队成员的知识水平、任务的紧急程度等因素为成员分配合适的流程角色。弱化团队成员和角色过于僵化的静态关联发挥其主动性，发挥角色功能使参与者动态地与多个职能、责任、权力相关联。再如，通过知识共享有效地改进流程的管理，流程运行出现的故障有时并非参与者技能达不到要求，而是流程主体之间信息交流的不足。流程强调角色的协调，而协调的基础是角色能够得到流程活动所需要的信息，这些信息可能来自其他角色。

以角色为中心能更好地描述流程的动态性、层次性等特点，引入协同理论说

---

① 曾玉成，王俊川，任佩瑜. 基于企业战略的项目组合管理流程研究 [J]. 统计与决策，2010，2010（9）：177 - 180.

② 黄冬梅，张喆昱，赵丹枫. ArtiMate：一种以 Artifact 为中心的多粒度协作流程建模方法 [J]. 小型微型计算机系统，2015，36（12）：2644 - 2650.

明角色以及角色的交互如何在复杂流程系统中参与流程运行的[①]。以往的许多流程分析方法多注意于流程的活动分析，而很少关注影响流程的角色和角色协作因素。角色是具有某种技能、知识集合流程参与者的抽象，以流程职责和匹配流程所需的能力为分类标准。从组织结构上看，角色表现为流程单元，如团队、流程部门等，角色承担活动意味着它们要负责这些活动，从面向对象的观点来看，角色是一种类型，定义在角色上的活动描述了一类个体的行为，描述了该角色所代表的一个流程。

角色的属性主要体现在依赖性和动态性两方面，依赖性是指角色是个抽象概念，依赖于富集和泛化相互关系，通过成员的属性变化使其在不同的流程中担任不同的角色。组织成员的动态变化，是其工作能力、状态、权限等经常变动；而动态性说的是流程系统可以动态地为团队流程成员分配、调整、删除角色，赋予同一成员可扮演多个角色的能力，可以自然地体现组织中人员的演化[②]。一个角色可能同时对应多个具体的成员，一个成员也可以对应多个角色。通过角色视角可以更契合、深入地研究外智引联型创新团队的流程运行中流程优化机制的状态和各组成部分、影响因素的交互作用。基于角色的流程与传统流程相比，具有以下优势：首先，在多合作主体流程协作系统中，基于角色的流程弥补了以往流程模型中把角色划到资源静态模型的不足，将组织成员、知识技能与团队设备、生产资料等同看待，重视角色之间的交互。其次，描述角色之间的合作交互而推进流程运行要比关注流程顺序更能反映过程协作的本质，同时补充了传统流程不能获取某个角色所执行的活动的整体概念的不足。再次，引入角色概念，可大大提高流程优化的柔性和实用性，不必把某一流程绑定到具体团队成员，可以通过技能、知识以及环境条件完成角色与具体人员的匹配。最后，基于角色的流程能更好地满足新环境下人本位的诉求，这也与外智引联型创新团队人才引进以及联合培养的需求相契合。创新团队强调以人为本，组织成员需要作为多面手参加到流程中，必须学会多种技能、知识，才能做到权力与责任的同步扩大；在提高素质的同时，也扩大了其担负的角色范围。在角色视角分析流程可以更好地捕捉团队成员的精神、情绪、状态等，从而依据成员实时情况配置合理的流程职责，进而灵活地进行流程优化。

---

① Ghosh S., Chowdhury R., Bhattacharya P. Mixed consortia in bioprocesses: role of microbial interactions [J]. Applied Microbiology & Biotechnology, 2016, 100 (10): 4283–4295.
② 井润田，胡思瑶. 角色采择和领导—成员关系对团队绩效的影响 [J]. 科研管理, 2014, 35 (2): 62–69.

（二）流程的要素划分

首先，根据科研流程所处的区域环境、市场需求、科研基础等可能影响外智引联型创新团队协作动机的输入型要素对任务流程进行划分。

对于串行流程任务情景，由于团队子流程间存在前置、后置的流程关联需求，子流程1的输出是子流程2的输入的先决条件，因此针对这种由前到后按照顺序进行流程运行的情况，需要保证关键流程环节效率的基础上，对接不同任务子流程的差异化效率作用，才能最终确保团队整体流程的质效。对于并行流程任务情景，由于团队子流程间存在异质并行结构且各子流程相互独立，无其他流程的前置或后置因素干扰，在每个子流程确保自身流程任务完成的前提下进行子流程的优化改善，最终实现团队整体流程的优化。螺旋流程任务情景是外智引联过程中最普遍存在的，由于团队成员往往是多面手或"十字形"人才，面对不同子流程对既定成员的角色、能力和知识等的差异化要求，团队成员将依据所在子流程内获取或被分配的协作要素进行成员角色分担，在满足多个流程角色职能的基础上保证团队整体流程的有效进行。

其次，根据流程任务完成度、成员角色转化情况、流程角色效能等流程优化的输出型要素对流程优化事后收益、科研成果转化、技术延续性等进行事后控制。根据科研经费预算、原定流程程序、科研生产经营计划等执行情况，对流程优化后的效果进行评估；针对科研项目结题后，成果转化程度和推广力度，对相关技术进行延续性研究；由科研流程自身的目的属性决定的需要在科研创造效能方面给予更多关注。

再次，根据团队流程协作外生型要素（如协作路径、活动周期、合作范围、角色匹配、风险规避等）的影响，将整个流程的各个子流程通过流程载体的运动将它们联系在一起。针对流程发展阶段，各个周期内的基本管理情景与矛盾迁移方向，要合理地组织这些流程活动，就要实现各个环节相互协调，增加成员间的相互信任，合理配置流程资源，加强流程和流程间的信息交流。

最后，根据团队流程协作内生型要素（如情绪管理、职责风险、角色激励等）对整体流程进行微观层次分析。团队成员承受着来自研发小组之间、合作项目组成员之间，还有整个专业领域内的压力，以及外部环境带来的期望压力，所以在流程优化过程中需要建立完善的科研激励机制，引导科研人员将压力转变为动力，从而提高流程效率；根据岗位需求与成员角色互补，对团队中协调者、塑造者、创新者等不同角色进行匹配，进而完善团队流程优化效果；由于流程存在协作不确定性以及其响应、处置方式会影响合作研发决策风险形成微观机理,所以要根据不同任务情景分析流程风险属性,有效减少流程损失。

(三) 基于知识的流程角色协作

基于角色的流程在一定程度上考虑了流程优化要素,但根据不同任务情景的流程分析还有待深入研究,将流程知识引入角色相关协作流程研究之中,更完备地界定流程角色,为流程角色交互过程提供知识支撑。运用知识与流程角色复合的新视角分析知识因素对流程角色协作的影响,将合作流程的焦点逐渐从传统的资产合作转移到知识合作上[1]。

流程知识包括流程协作中"外智"的知识和合作过程中"引联"的知识,如从合作过程中学习到的经验和教训,沟通过程中得到的启发等。在不同的合作流程环节,知识表现为不同的内容,根据知识跨区域、组织的合作途径,可将外智引联型创新团队流程知识划分为单一型和协作型两种类型的流程知识。根据在合作流程中知识的不同表达方式,又可划分为隐性和显性流程知识,从而形成流程角色间的知识协作流程的4种不同形式[2]。由于单一的显性流程知识可以通过文档记录等相对简单的方式实现,所以本研究仅针对外智引联型创新团队流程协作的隐性知识进行辨析。

外智引联型创新团队通过自身流程知识的使用、外智资源的获得以及合作过程中的知识再造等,来协助流程运行、实现流程目标,使得外智引联型创新团队得到可持续发展,所以针对外智引联型创新团队的流程研究要以基于角色的流程为主线,同时辅以流程角色的知识协调,在二者交互的基础上分析团队流程协作。

(四) 流程效率评价

外国学者关于流程效率评价提出了由交互不定性决定的流程效率评价内涵,从流程系统、流程结构、流程层次等方面对流程效率评价内涵进行全面解析,并指出对于动态流程组织需要灵活地对其流程效率进行合理化评价[3]。针对外智引联型创新团队在不同任务情境下流程效率呈现方式等问题,考虑到影响流程因素

---

[1] 郑晓东,胡汉辉. 以人为中心流程为主线的知识轮环模型研究 [J]. 情报杂志,2010,29 (9):99-101.

[2] 段万春,曹勤伟,杜凤娇. 外智引联型创新团队研究述评与发展动态分析 [J]. 科技进步与对策,2016,33 (10):154-160.

[3] Linares J. C., Camarero J. From pattern to process: linking intrinsic water-use efficiency to drought-induced forest decline [J]. Global Change Biology, 2012, 18 (3): 1000-1015.

的指标归纳富集，运用网络层次分析方法和数据包络分析方法对外智引联型创新团队流程运行效率进行评价。

结合上述内容，本研究综合目前对于流程优化及流程运行效率评价方法体系的相关研究，以及从团队结构改善、效率提升、资源配置和问题反馈等方面的相关研究成果，构建适用于评价本书研究团队的流程优化机制新方法。

三、外智引联型创新团队流程分类阐述

（一）外智引联型创新团队的流程

外智引联型创新团队流程以角色为合作主体，包含合作活动、任务目标、资源、信息和知识等要素，其所有要素的同步流动是流程完整、有效执行的必备条件。针对西部实际情况，外智引联是最有效的合作组织形式，其中组织的内部流程逐渐交叠，形成跨组织流程。从流程任务看，流程并非合作主体几段内部、局部流程的单独串接，还有多个角色呈现多次交互的异步并行以及针对螺旋任务情景的跨角色职能协作。所以，本研究针对不同的任务流程情景，将外智引联型创新团队流程分为团队合作过程中进行实操的客观流程，以及在组织角色视角下辅之以流程知识流动的虚拟流程。

对外智引联型创新团队的客观流程可从控制、组织结构、资源和效能等角度进行流程分析。控制角度，规划分析合作流程运行情况并及时发现流程问题，分析流程模型的结构复杂性，评价分析现阶段流程结构复杂性是否影响流程效率。组织结构角度，基于组织间的最佳协作方式、角色之间的职能层级关系，以组织文化和基础设施为流程的基础，支撑着整体合作流程的运作，从而完善流程控制、促进资源高效协作。资源角度，通过挖掘资源低效率的原因，利用有关数据挖掘算法优化资源分配规则，评价资源利用率及分配效果，发现最佳资源组合形式。效能角度，通过对流程效率评价指标的分析，发现流程效率低下的环节并根据影响因素分析其效率低下的原因，通过增强流程节点资源分配、关注该流程环节成员角色需求等方式打破流程效率低下的瓶颈。

从微观层次讲，通过在虚拟流程中的流程角色协作，反映到客观流程的实际操作当中，实现资源、活动等因素的合理配置与整合，从而完善流程优化；而在宏观层面上，通过对虚拟流程中的核心要素的分析，在流程运行过程中注重角色关系、状态、情绪等，合理调节角色因素并产生流程增值效益，从而在实操上实现流程优化。运行在上述两种流程基础上的外智引联型创新团队的流程优化，受

到角色、知识及其交互作用的影响,并推动团队组织结构朝流程角色协作式流程组织结构发展,其流程框架如图6-4所示。

(二) 外智引联型创新团队的流程优化机制

根据前文对流程任务情景划分和流程分类的综合分析,团队外智引联流程优化要将灵活多样性、关系层次性、整体协作性等团队特点与流程任务情景、角色特征相结合,依据团队合作主体间的交互支撑、共同创造与平行推进三种工作状态,将流程优化机制划分为交叉流程优化机制、汇聚流程优化机制和平行流程优化机制三种类型,流程优化机制分类如图6-5所示。

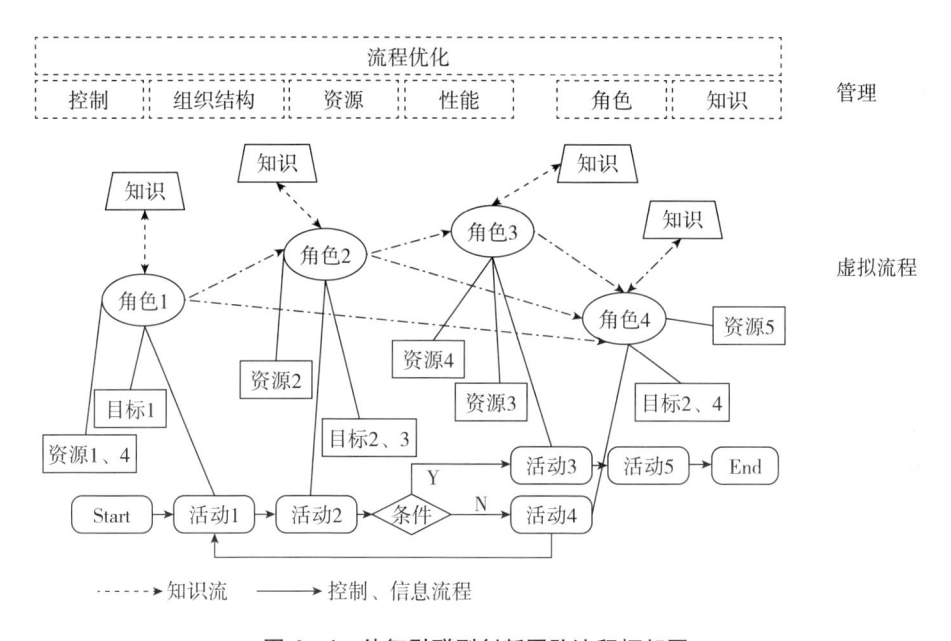

图6-4 外智引联型创新团队流程框架图

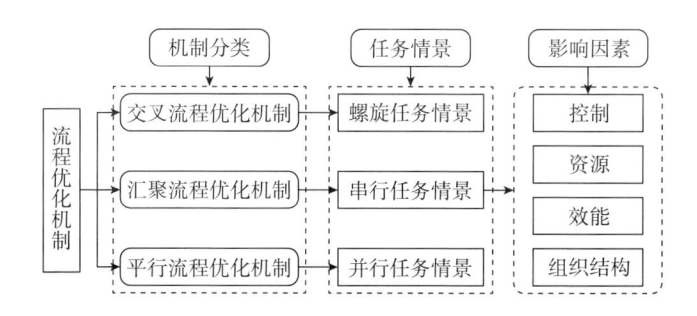

图6-5 外智引联型创新团队流程优化机制分类

外智引联型创新团队的交叉流程优化机制（M_1）关注螺旋任务情景下的多个流程内因聚合流程运行效率水平测度，团队内数个共同从事关联子流程研究的团队成员在不同子流程中根据任务目标、个人贡献、子流程效用和活动等因素，承担不同的流程角色，在执行具有交互支撑关系数个任务的流程中，从角色、资源、活动等维度通过对自身流程角色和交互流程角色以及相关角色职能的完善改进，使团队整体流程产出情况变好的流程运行方式。但是由于身兼数职的特征和不同子流程要求的差异性，可能由于控制不及时、管理不到位、资源处置不合理等因素，降低团队交叉流程优化效果。

外智引联型创新团队的汇聚流程优化机制（M_2）强调串行任务情景下的具有前置、后置属性的行为延续流程运行效率水平测度，因为某一团队成员可能参与前置条件要求较高的不同流程，所以为了把握关键流程环节和主要流程节点的流程效率，团队成员在执行有序联合协作创新的串行关系过程任务时，要着重不同流程中自身角色职责并及时进行职责转化，结合知识、角色、资源等维度的综合分析，使团队整体流程产出情况变好的流程运行方式。在汇聚流程优化机制中团队成员在完成团队目标时，由于多个团队子课题存在串联关系，所以对前置研究要求较大，但每个环节的资源配置、控制能力、知识水平等因素的差异化必然会产生相对薄弱的环节，前置性问题和外智引联与原有流程细节匹配度问题可能由于沟通不及时、配置不到位、控制不深入等因素降低团队汇聚流程优化效果。

外智引联型创新团队的平行流程优化机制（M_3）着重并行任务情景下的多流程策略嵌入流程运行效率水平测度，不受前置或后置条件的约束，相对独立的流程之间存在异步并行的合作关系，在体现各自角色职能的流程中，团队成员仅以满足自身角色所属流程环节的当期目标需求为资源配置导向，通过激发、提取、融合自身参与联合创新攻关流程的相关要素投入，提升团队的流程运行水平，使团队整体流程产出情况变好的流程运行方式。但成员在完成并行流程任务时，仅关注各自角色中流程任务完成和产出情况，团队成员之间沟通、交流、协作阙如，成员间角色协作关系不明显，可能在组织管理、沟通协作、资源配置等方面存在问题，降低团队平行流程优化效果。

四、外智引联型创新团队的流程优化机制复杂性分析

由于独特的团队特征和外智引联需求，外智引联型创新团队流程优化机制日趋复杂，所以在流程优化过程中基于不同任务情景、角色风格和组织活动等的交互作用构成了在不同流程节点下外智引联型创新团队流程优化机制的情景综合复

杂属性。外智引联型创新团队的客观流程在实际运行中可以通过指标体系来评价其流程运行效率,而基于角色的虚拟流程的运行效率无法进行量化评价,只能从知识角度对合作流程运行进行评价,根据流程角色要素相互关系,系统化分析影响外智引联流程优化的主要因素,找出不同因素影响下的角色协作相关影响,从控制、资源、效能和组织结构等维度和流程知识角度综合性地分析外智引联型创新团队的流程协作,进而从组织结构、资源、控制和效能等方面对流程优化进行分析并建立效率评价指标体系。鉴于此,本书的研究重点是基于过程协作和流程管理关系的系统演化方向及相关状态的关键要素的交互作用,借助角色协作思想深化对外智引联型创新团队角色开放性、需求多元性、合作整体性和内生性变革情景特征的系统认知,通过引入角色协作及辨析流程系统整合现有研究中的知识分析视角,解决外智引联型创新团队的流程机制影响因素的交互作用解析和基于角色协作的团队流程运行效率评价等关键问题。在外智引联型创新团队中,交叉、汇聚和平行三种流程优化机制反映了螺旋、串行、并行三种任务情景下团队外智引联合作主体间的交互支撑、共同创造与平行推进三种工作状态,而不同的流程优化机制在客观流程和虚拟流程交互过程中有着不同的流程优化角色协作效应,进而涌现不同的流程运行效率属性。鉴于此,本研究从流程优化的多元诉求、协作效应和流程运行效率属性方面对外智引联型创新团队的流程优化机制进行复杂性分析,其复杂关联如图6-6所示。

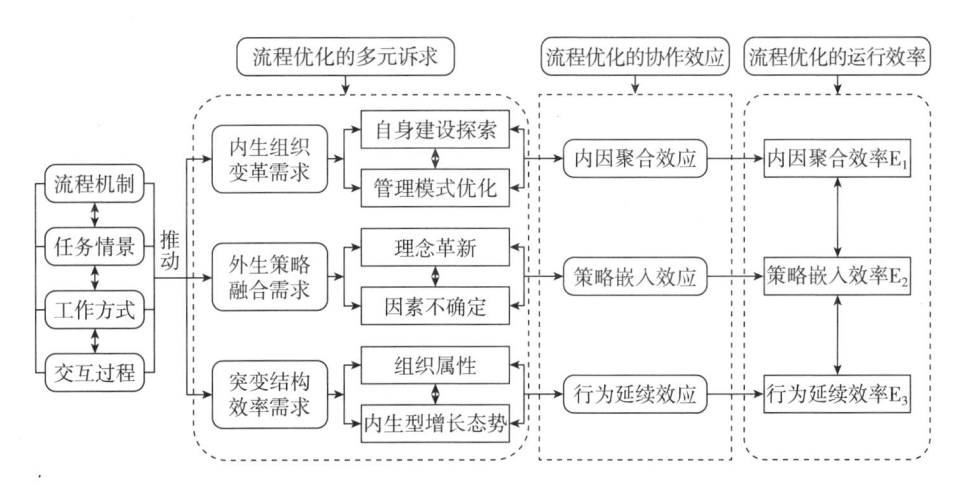

图6-6 外智引联型创新团队流程优化机制复杂关联

（一）流程优化的多元诉求

考虑到外智引联的资源整合和联合创新可以成为组织分享流程价值、构建相互信任承诺并实现交互合作的一种创新行为，所以联合创新过程中涉及的协作情景、组织结构、资源、控制和协同效能等多层次角色协作相关属性都将对团队流程运行效率和流程优化结果产生重要影响。根据对外智引联型创新团队特征和其导致的过程特征分析可知，推动流程优化中过程、角色协作的主要诉求有①内生组织变革需求，承载团队合作运营、联合研发、成果转化等基本职能的创新团队首要面临来自组织的整体变革需求，既需要对自身的组织结构和成员构成等进行自上而下的团队自身建设探索（X_1），又需要由内而外地大胆谋求适合团队特征、基础的流程管理模式优化（X_3）；②外生策略融合需求，外智引联型创新团队同时持续面临着策略性吸收融合外部智力资源等进行广泛、深远管理理念革新和人才培养方式创新的"外引"新要求（X_2），而由于不同团队成员在知识基础、发展理念及组织管理方式等方面存在差异（X_1），因此这种开放性使得团队建设面临更多、更复杂和更加不确定的管理因素；③突变结构效率需求，得益于高度知识化基础及成员关系灵活、集成创新性强、不确定程度高的组织属性（X_3），外智引联团队需要柔性的流程管理，普遍呈现出高级团队的内生型增长态势（X_4），对流程运行效率的持续提升具有突变需求。鉴于此，从组织结构、资源、控制、效能等层面梳理外智引联团队的多元诉求，有利于提升各类任务、组织或突变情景下西部外智引联型创新团队的联合创新能力及流程运行效率。

（二）流程优化的协作效应

由于团队各流程在功能、联合研发地位、合作基础等方面存在的组织属性差异，外智引联团队影响流程优化的因素在团队整体流程运行质效中的影响程度与呈现方式也存在区别。基于此，结合西部外智引联型创新团队、过程特征和团队流程优化机制分类，将流程优化的协作效应分为内因聚合效应、策略嵌入效应和行为延续效应。

具体而言：①对应内生组织变革需求，内因聚合效应指由团队多层次合作关系与状态衍生的组织流程发展动因的阶段化、过程化、相机化（考虑竞争策略）影响，如团队成员在各流程中的信任（Y_{32}）与知识共享（Y_{42}）在外智引联合作客观流程和虚拟流程的初创、发展、动荡、完结等不同阶段对组织角色（Y_{13}）和组织氛围（Y_{12}）的关联作用；物质资源（Y_{21}）、知识资源（Y_{23}）在整个流程系统中为达到既定组织目标（Y_{11}）和流程任务（Y_{22}）所需要资源配置对流程决策（Y_{41}）的影响；针对外智引联团队的多维（Y_{44}）创新需求从角色心理、风险控制和组织管理等方面（Y_{43}）建立具有协作属性熵信息的评价模型。②对应外生策略融合需求，策略嵌入效应是指协作策略评价、解读（Y_{41}）与流程优化过程中呈现的多合作主体聚合职能匹配导向及其交互影响，如研究团队流程角色协作在流程中对知识创新（Y_{44}）、转换（Y_{43}）等的静态作用效果和动态作用效应（Y_{12}），从而对高层次知识分享（Y_{23}）与风险评估（Y_{34}）、关系信任（Y_{32}）的协同作用机理进行分析；借鉴生态系统学知识类比外智引联型创新团队，关注成员细胞、角色生态位（Y_{24}）、制度机制和反馈机制（Y_{42}）等环节构成的团队生态系统过程协作演化路径。③对应突变结构效率需求，行为延续效应是指适应多变角色职能整合流程目标的高流程运行效率输出及其复杂行为影响，如将团队成员角色类型分为催化剂型、相辅相成型、竞争型（Y_{31}），根据不同角色类型对应的协作效应对其协作流程内容（Y_{33}）进行定性阐释；分析具体流程中知识协同内涵、要素与机制的复杂影响（Y_{34}），归纳在流程系统中应对各种情景的柔性处理机制，强调与实现组织目标（Y_{11}）的各流程目标的一致性、互补性，促进组织从无序向有序状态演化（Y_{42}），促使内部各流程按照创新协作方式优化流程、提高流程的运行效率。

（三）流程优化的运行效率属性

依据外智引联型创新团队流程优化的多元诉求，将用来反映流程优化效果的流程运行效率属性分成内因聚合效率（E_1）、策略嵌入效率（E_2）和行为延续效率（E_3）。其中，内因聚合效率是指在内因聚合效应影响下单位内生角色职能及优化关联依存的组织流程绩效产出水平；策略嵌入效率是指在策略嵌入效应影响下单位聚合角色职能及策略激发的组织流程绩效产出水平；行为延续效率是指在行为延续效应影响下单位可持续目标及理念衍生的组织流程绩效产出水平。

需要指出的是，上述三种效率同时存在于外智引联型创新团队流程优化的协作过程中，且相互之间互为因果呈递关系，由协同学对流程系统稳态及其演进趋势的判定也可得出效率本身具有复杂系统的涌现特质，即流程整体的运行效率并不能够由 E_1、E_2 和 E_3 简单线性换算得到。

在此依据角色协作中的互动性原理和协作功能倍增原理，用角色协作程度表征和评价外智引联团队流程运行效率。本研究的角色协作程度是指基于外智引联的各联合创新、引援合作主体间的相互作用组织结构、资源、控制与效能状态，流程的合作通过治理范式融合、跨学科领域衔接、合作角色职能适应、控制过程协优化、绩效输入形式转换等方式，在针对性、适应性和选择性应对内因聚合效应、策略嵌入效应和行为延续效应的前提下，所形成的能够由规模效应及倍增效应产生额外创新效能的团队过程协作中流程优化行为、影响因素等的相互匹配程度。

五、外智引联型创新团队流程优化机制影响因素分析

基于前文对流程优化机制复杂性的分析，由于不同任务合作情景下的流程运行效率涌现方式、途径及其复杂性差异显著，且管理学意义上的过程协同属性不尽相同，因此需要从评价的系统性、结构性和包容性三个层面进一步提炼流程优化机制的影响因素（属性）及其外智引联特征。结合外智引联型创新团队特征和组织角色视角，根据对流程优化机制内涵的分类阐述，从组织结构、资源、控制和效能方面对外智引联型创新团队流程优化机制影响因素复杂作用做具体阐释，提出如图6-7所示的外智引联型创新团队流程优化的组成结构。

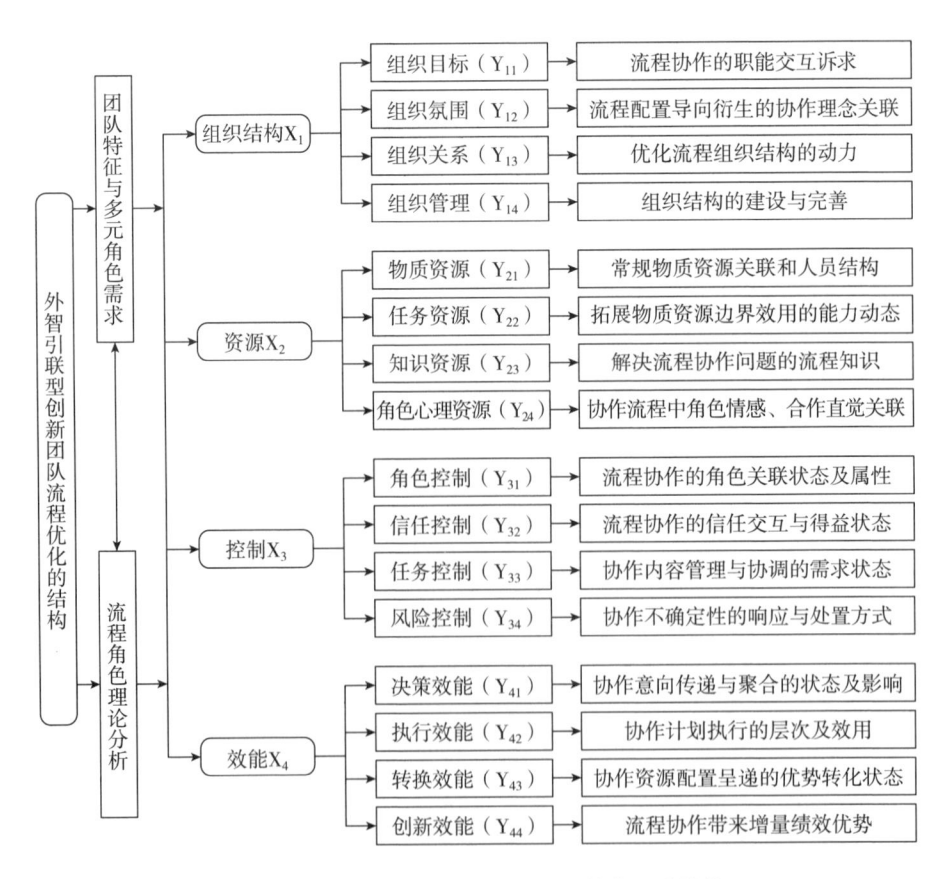

图6-7 外智引联型创新团队流程优化组成结构

（一）影响流程优化的组织结构因素

影响流程优化的组织结构因素包括组织目标、组织氛围、组织关系、组织管理等影响流程协作质量和运行效率的关联要素。组织目标（Y_{11}）是团队流程协作的角色职能交互诉求，如把握地理区位优势、资源生态优势实现外智引联的复杂合作诉求；组织氛围（Y_{12}）是反映流程配置导向衍生的协作理念关联，如在外智引联合作研发中，积极向上的氛围对注入研发活力、促进协同创新、实现研发成果产业化发挥着关键性作用；组织关系（Y_{13}）是根据组织目前的成员角色关系特点、任务属性配置需求和角色交互发展，以及西部高校政策倾向支持的有效利用程度，来优化流程组织结构的动力；组织管理（Y_{14}）是基于组织目标梳理、组织氛围调动等对组织整体流程的投入产出、合作效果的影响，进行组织结构的建设与完善。

流程的组织结构决定流程活动的执行顺序，组织结构因素直接影响了流程的质量和运行效率。对于外智引联团队流程初期的组织目标设立可能存在对实际流程任务、资源（X_2）需求考虑不周全，使流程中产生效能（X_4）瓶颈等问题，这些问题降低了流程控制（X_3）的可持续性和流程执行效率。利用影响流程优化的组织结构因素的分析可以发现流程中低效率的流程环节，根据实际需要进行简化和改造等柔性处理，可以降低流程执行、维运的复杂度从而提升流程运行效率。

（二）影响流程优化的资源因素

影响流程优化的资源因素包括物质资源、任务资源、知识资源、角色心理资源等存在于流程协作过程中的资源要素。物质资源（Y_{21}）是外智引联团队各流程角色成员所拥有的、能够依据所有权相互区分或识别的物质资源关联，包括常规的科研室、设备以及多种层次的人员结构；任务资源（Y_{22}）是具有拓展物质资源边界效用的核心技术能力动态关联，用于外智引联过程中克服所有权受局限资源的变化性不足缺陷，反映为合作模式、内控机制及创新效用提升的相关特征；知识资源（Y_{23}）是用于解决流程运作过程中协作问题的流程知识，分为协作规则和协作经验两类。协作规则是标准化的、可供参考的用于解决流程协作问题的模型、规则和实现机制等方法论；协作经验是团队在外智引联协作过程中总结出的流程领域知识、运行知识，包括如何进行关键流程优化的信息、框架，以及流程角色之间提高协作效率的方法；角色心理资源（Y_{24}）是增进协作流程中角色情感关联,也是构成合作主体间情绪、态度、习惯、理念等合作直觉资源间的互补关联,适用于信任关系的缔结与管理,用各协作方的心理资源局部重叠、融合、补充方式,实现协作过程中的流程优化。

流程资源配置过程中隐藏着团队成员角色行为,使用因素关联分析发现这些规律,可以有针对性地对流程组织结构(X_1)进行调整;根据资源使用、分配等流程角色成员满意情况,通过探索识别关键流程角色、调整流程任务负担、消除流程资源瓶颈等手段对流程进行控制(X_3);参与任务转交、角色转换的流程资源容易因工作负荷过大产生流程效能(X_4)瓶颈问题,也可能由于中心性高的角色在核心流程处理中负责较多的任务传递,也会由于流程资源数量不足造成效能问题。

(三) 影响流程优化的控制因素

影响流程优化的控制因素包括角色控制、信任控制、任务控制、风险控制等影响团队协作流程改进优化的内生型要素。其中,角色控制(Y_{31})反应流程协作的角色关联状态及属性,如从创新意识、风险意识、守则意识等维度,分析多类团队的岗位配置与角色互补行为,探讨协调者、塑造者、创新者等关键角色的重叠、交叉和错误问题对团队流程优化效果影响深远;信任控制(Y_{32})描述流程协作的信任交互与得益状态,如分析跨职能团队的决策权配置、职责不清、评价与激励、信任机制构建等问题,归纳跨组织合作的信任效应,从自我协调、制度化协调以及非正式协调等维度分析协调内容及其信任关联;任务控制(Y_{33})反应流程协作内容管理与协调的需求状态,如制定协作的控制策略,对过渡过程与行动过程两类协作进程间的流程路径进行分析;风险控制(Y_{34})是对流程协作不确定性的响应与处置方式,如从内部知识转移、合作沟通、愿景管理等不同视角探讨合作研发决策风险形成的微观机理及其整合交互协作过程中的风险属性。

以流程关键节点和流程执行路径的选择判断等流程控制方法为基础,通过分析流程属性与控制结果之间的关系,调整控制实施的位置、阶段、周期等,从而优化流程组织结构(X_1);为满足团队流程内部控制,流程中通常存在复核、审批等控制环节,申请、报备等经相关流程负责人审查后回复给团队成员,形成流程内部循环结构,针对这种情况,可以通过优化循环结构、提升循环结构的效率等控制途径改善流程运行情况从而提高流程效能(X_4);流程的控制通常需要流程成员之间紧密合作,分析成员之间的协作关系有助于发现流程中的低效率协作和资源（X_2）之间的协作模式，为流程管理者优化资源组合、促进资源协作提供参考从而提升流程运行效率。

（四）影响流程优化的效能因素

影响流程优化的效能因素包括决策效能、执行效能、转换效能和创新效能等影响外智引联合作效果的输出型要素。其中，决策效能（Y_{41}）反映外智引联团队流程协作意向传递与聚合的状态及影响，如针对团队决策、监督权力在组织流程中具有不对称配置影响，和针对外引成员的高层次需求问题，探讨权力需要、组织承诺与成员角色行为的复杂关联；执行效能（Y_{42}）是流程协作计划执行的层次及效用，如分析组织学习等知识交互过程中团队角色职能与任务情景的状态依赖和搜寻边际特征；转换效能（Y_{43}）反映协作资源配置呈递的优势转化状态，如从革新发展理念、优化绩效评价机制、补充平衡投入机制等方面培养综合型人才的宏观思路，将各种情感、情绪、意志等所反映的团队整体稳定人格属性作为团队角色职能转换的重要补充；创新效能界面（Y_{44}）是流程协作带来增量绩效优势，如对情景互动、思维联结和氛围催化等关键角色职能对提升团队协作创新的突出作用进行识别，分析其潜在协作创新属性。

通过对流程效能的分析、挖掘不仅可以获取资源（X_2）之间的协作关系、提高资源工作效率、合理分配资源和团队成员在流程中角色作用的发挥程度，还可以挖掘组织结构（X_1）、团队成员与组织的协作关系，从而优化组织结构和团队成员组合形式，以适应流程任务需求、促进资源之间的协作；通过分析流程实际运行情况与预定流程目标进行对比，以及从团队角色角度分析团队成员的异常交互来发现流程中的异常，可以及时发现流程执行中的异常和低效率情况，有助于流程管理者对流程进行实时监控（X_3），确保流程的有序执行和运行效率的提高。

综上所述，通过对外智引联型创新团队流程的分类阐述和对其流程优化机制的辨析研究，找到外智引联型创新团队流程优化机制研究的关键是评价在组织结构、资源、控制、效能等因素交互影响下基于角色协作的不同流程优化协作效应的团队流程运行效率，从而更好地反映外智引联型创新团队流程优化机制的运营状态，达到对外智引联型创新团队流程优化机制进行深入研究的目的。所以，下一章节要针对外智引联型创新团队的特殊属性和团队流程的协作特点，分析团队流程优化的主要目标和技术需求，针对现有应对复杂流程优化因素关联的不足，构建适用于外智引联型创新团队流程运行效率的评价方法，以完善对整个外智引联型创新团队流程优化机制的研究。

六、基于前景理论的团队流程优化主要目标与技术需求

根据第三章对流程的解析，流程中角色协作、知识转移、联合创新等优化效果最终反映到流程运行效率之中，外智引联型创新团队流程优化机制也通过运行效率得以凸显，而外智引联型创新团队的流程运行效率评价面临具有多性状的微观投入产出参数（因素），在复杂多变的外智引联合作攻关任务情境下，不仅流程优化和角色关系等要素具有流程投入产出的双重属性，而且基于交互支撑、共同创造与平行推进三种流程工作状态所考察的流程运行效率呈现特征也存在显著差异。加之流程优化机制的不同分类和因素之间的相互影响，外智引联型创新团队流程优化在多维度交互影响下，如何从评价的系统性、结构性和包容性三个层面有效挖掘团队流程运行效率的评价内涵、筛选体现流程优化效用的投入产出要素、明确要素间的效率呈递关联，已成为目前团队流程运行效率评价亟须应对的重点。

作为一种用于评价具有多输入、多输出指标的决策单元（DMU）相对有效性分析方法，数据包络分析（DEA）自提出以来即得到广泛应用和持续改进。遵循相对有效性原则，DEA 基于决策单元个体优势立场开展的变化权相对效率评价方法，已经从考虑偏好、非精确数、确定性差异和解析黑箱效应等方面得到不断完善[①]。然而，针对外智引联型创新团队不确定任务情景具有的多样化流程评价目标、评价要素和要素之间关联属性以及复杂流程角色的投入产出因素影响的流程效率的相关问题研究还不充分，而 DEA 方法仅依赖原始数据进行客观分析，加之流程优化是一个动态变化的过程，易忽略差异化情景下不同指标的因素关联和主观角色偏好影响，所以综合考虑 DEA 方法在甄别投入产出要素多性状属性、面向多类 DMU 实现系统、结构、包容评价方面的不足，可以发现围绕要素构成内涵范畴、要素投入产出属性归属、要素间关联的不确定性，形成整合效率要素间复杂关联的效率形成、提取与测度框架，是目前整合多维不确定投入产出关系与复杂因素影响关联实现 DEA 方法创新、提升外智引联型创新团队过程协作管理效率评价有效性的关键所在，具有重要的理论研究意义与实践应用价值。

---

① Cooper W. W., Thompson R. G., Thrall R M. Chapter 1 Introduction: Extensions and new developments in DEA [J]. Annals of Operations Research, 1997, 66（1）: 1 – 45.

七、现有方法应对复杂流程优化因素关联的不足

为响应近似不确定性、复杂任务情景对效率评价的不利干扰，部分学者已经提出了针对不同测度情景的效率方法。例如，将 ANP 方法应用于初始投入产出指标的标准化处理，围绕投入产出属性的约束特征，通过借鉴 ANP 方法确定输入输出指标的混合权重向量，提出了依据混合权重向量反向构造输入输出指标混合判断矩阵的方法，用以克服完全主观偏好对要素间复杂影响与反馈关系的系统性判断偏差。但已有研究和文献中提出的 DEA 效率评价方法，不能完全满足外智引联型创新团队流程优化机制研究的技术需求，现有方法应对复杂流程优化因素关联的不足如图 6-8 所示。

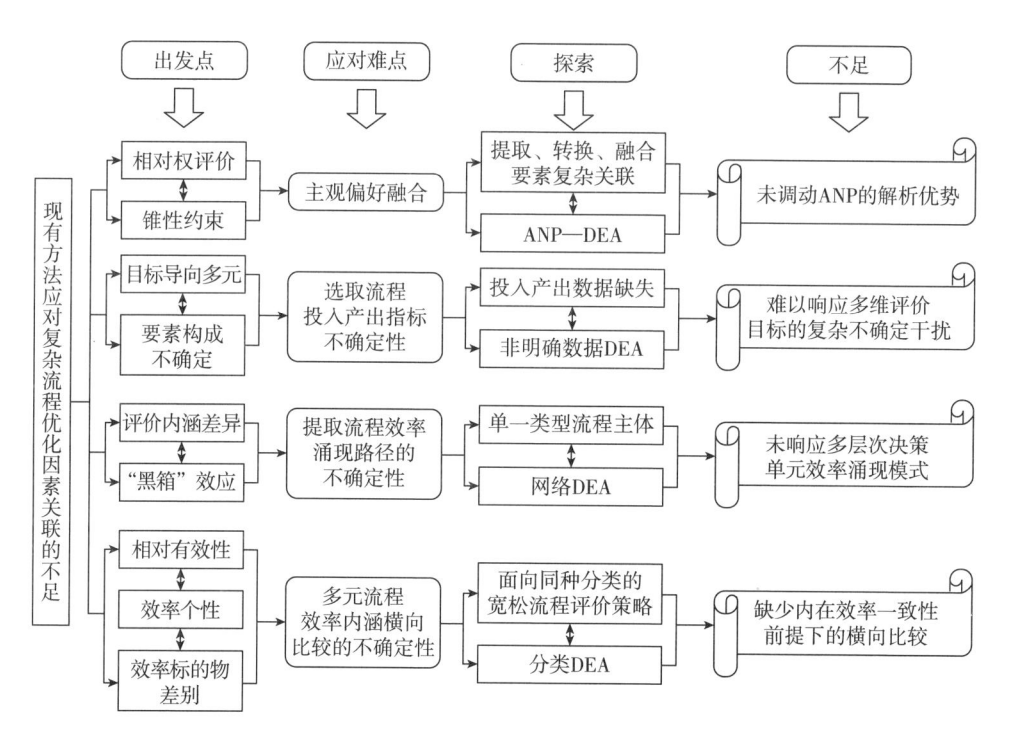

图 6-8 现有方法应对复杂流程优化要素关联的不足

为从评价的系统性、结构性和包容性三个层面有效挖掘具有可比较优势的效率评价内涵，从选取流程投入产出指标的不确定性、提取流程运行效率涌现路径的不确定性、多元流程运行效率内涵横向比较的不确定性三个方面，分析图 6-8，可得出以下结论。

首先，受制于评价目标形成的多元导向，评价要素的不确定性将影响要素的投入产出内涵，导致像团队成员在不同流程角色的不确定情况一样用于评价的参数常常同时具有投入或产出的多性状属性，导致选取流程投入产出指标的不确定性。关注与这种不确定影响相近似的决策需求，在无明确投入的 DEA 模型探索中，部分学者已针对投入、产出流程数据的一定程度上的缺失问题形成了初步研究成果，为应对不同相对独立情景下的流程效率要素多性状属性提供了前期分析范式，但仍难以响应外智引联型创新团队流程运行效率评价的复杂不确定干扰。

其次，在效率评价内涵存在客观差异的前提下，要素构成的不确定性将进一步加剧要素作用关联不确定性，造成提取流程效率涌现路径的不确定性，导致效率涌现路径的解析难度进一步提升，为窥探决策单元的"黑箱"效应增加了阻碍。考虑到常规 DEA 模型并未关注评估对象内部要素间的相互作用，从而形成单元流程式的有序关联解析思维，目前网络 DEA 模型已针对单一类型流程主体决策问题初步形成了克服该缺陷的分析方法，为提取多维流程不确定投入产出关系的效率涌现路径提供了一定借鉴，但如何响应多层次流程 DMU 在效率涌现范式上的系统性、结构性偏差，仍是当前研究的短板。

最后，多元流程效率内涵横向比较存在不确定性，效率评价的相对有效性思维限定了评价对象间需要具有近似评价内涵这一基本条件，然而实际流程任务情景可能并未满足该"苛刻"原则。基于决策单元类别差异的 DEA 模型为多元效率内涵的分类比较提供了可行途径，但尚未针对内在效率一致性前提下的多元效率内涵横向比较问题开展进一步探索。

基于对上述不足的分析，考虑过程协同创新的思想，过程协同创新是流程系统整体性和相关性的共同表现，是流程系统中各个子流程系统所有因素（如角色、知识等）的相互协调、合作、同步的联合作用或集体行为，从协同学角度看，衡量流程系统间相互作用程度及效果的交互程度决定流程系统在达到临界区域时的走向。依据协同学对流程系统状态更迭的认知判定，流程系统在关键流程环节处的内部变量是决定流程系统相变进程的根本变量，它在流程系统由无序走向有序的过程中起关键协同作用，左右着流程系统相变的特征与规律，在联合创新、外智引联等的共同作用下，流程合作主体所形成的流程协作关系将形成反映流程优化机制内涵的相关表述，通过流程系统内部和流程间的协同效应和满足协作诉求的影响因素。考虑到由此引致的流程效率涌现特质，从宏/微观角度集中呈现某类协同效应的流程子系统内部及流程之间，都存在能够由角色协作和过程协同相互作用形成的团队流程运行效率。考虑到常规 DEA 方法并未面向外智引联型创新团队的流程角色、知识等微观管理效率评价形成筛选效率要素投入产出属性、提炼效率呈递关联的可行方案，本研究借助网络层次分析法（ANP）试图解决上述不足中的流程运行效率要素作用关联耦合问题，应对复杂任务情境下的要素关联辨别，探析不同待评价对象的评价目标、评价要素及要素关联的不确属性与复杂协作结构及关系状态，借助 ANP—DEA 方法融合形成适用于外智引联型创新团队流程优化机制复杂决策情景等的系统化、结构化和包容性的分析方法。为实现团队流程优化效果和流程运行效率的系统评价与分析，本研究在 ANP—DEA 方法融合的基础上，引入前景理论改进常规数据包络（DEA）模型的分析方案，借助 ANP 方法表征及确定团队流程协同创新角色关联在不同层次流程交互中对流程系统协同创新有效性的贡献，克服传统 DEA 模型没有考虑到的缺陷，提供更有效的评价信息，实现外智引联型创新团队的流程运行效率动态评价，形成更具研究价值和实践意义的效率评价方案。

八、团队流程优化评价方法构建

（一）评价指标集合赋值

借鉴 ANP 方法应用于初始投入产出指标的标准化处理，围绕投入产出属性的约束特征，评价组织方联合团队管理人员和相关领域专家形成评价专家组。通过借鉴 ANP 方法确定输入输出指标的混合权重向量，在充分考虑评价专家组前期考察意见的基础上，提取组织结构、资源、控制、效能等方面协同创新相关的协作程度评价信息，供专家组决策参考。依据混合权重向量反向构造输入输出指标混合判断矩阵的方法，专家组参照给出的评价内涵，在结合各参评团队管理实情的基础上，从 4 个 X 级界面和 16 个 Y 级界面中提取可能存在的评价界面，得到针对待评价团队的 i 个方案的 j 个待评价界面的评价赋值矩阵 $A = [a_{ij}]$。

（二）指标权重求解

常规方法中，指标赋权时缺少对各流程子系统"流程角色协作"的比较判断，使得角色交互比较意义并未凸显，并不能完全反映流程子系统的"外智引联"需求。鉴于此，借助 ANP 方法，可实现该复杂角色网络关系的解析测度。专家组梳理多团队流程角色间作用关系，构造用于 ANP 分析的网络结构。依据 Saaty 教授（2005）提出的常规 ANP 判断矩阵构造方法，专家组将遵循序惯式全局判定思路，将具有相互作用关联的准则层界面、网络层界面进行相对于上一层评价需求的两两相对重要性比较，形成流程间协作程度的判断矩阵。设流程系统整体协同水平的评价目标为 G，不同准则层的流程评价维度为 $X_A(A=1,2,3)$，网络层中的具体评价流程集合为 $Y=\{Y_j\}(j=1,2,3,\cdots,12)$。在求解矩阵并经归一化处理后可得到相应准则层对其他各准则层的影响权重列向量 ω_{xj} 及其加权矩阵 M，同理继续构建准则层和网络层内部流程影响矩阵可得到反映所有流程相对权重的初始超矩阵 W。记为 W：

$$W = \begin{pmatrix} w_{11} & w_{12} & \cdots & w_{1N} \\ w_{21} & w_{22} & \cdots & w_{2N} \\ \vdots & \vdots & & \vdots \\ w_{N1} & w_{N1} & \cdots & w_{NN} \end{pmatrix}$$

W 与 M 分块相乘之后可得到列归一化的加权超矩阵 $\overline{W}$，其收敛的极限列值，即第 j 列为各界面及方案相对于目标层的综合权重 ω_i。同理，可计算得到所有类型 DMU 内要素的综合权重。

（三）投入产出关系划分及整合

在前两步评价指标集合赋值和指标权重求解的基础上，对外智引联型创新团队流程的相关投入产出关系进行划分和整合。设有 S_1，$\cdots$，S_k 共 k 个参与效率评价的决策单元（DMU），它们联合创新的基础与外部环境相似。在根据上文方法得出所有 DMU 内要素的综合权重的基础上，邀请相关领域的 P_1，$\cdots$，P_m 共 m 个专家组成跨职能界面协同效率评价小组，在依据相关理论基础详尽了解各决策单元效率评价背景信息后，经共同商议识别得到用以评价的 A_1，$\cdots$，A_i 共 i 个投入指标和 A_{n-i}，$\cdots$，$A_{n-i}+j$ 共 j 个产出指标，各指标赋值为 a_{ki}（$l \in [1j+j]$）。评价专家组参照三类跨职能界面协同效应可能形成的内因聚合效率（E_1）、策略嵌入效率（E_2）和行为延续效率（E_3）概念内涵，对评价过程涉及的 $i+j$ 个指标进行重新归集，得到具有 E_1（E_2 或 E_3）效率特征的 n_1（n_2 或 n_3）个效率评价指标（含投入产出）子集。

（四）效率融合策略提取与匹配

借鉴前景理论描述与投影不同流程优化协作效应自身及相对于整体流程系统的双重协同状态，在此基础上表征及确定协作创新流程角色网络关联在不同层次"流程角色协作"中对系统协同效率的贡献。首先，由评价专家组参照待评价 k

个决策单元的整体情况（均值、方差、离散系数等），给出一组由反映序参量被影响数值（指标相同）a_l 组成的参照单元 S（分类效率）；其次，建立各决策单元相对于 S 的损益决策矩阵 $D = [|D(a_{ki})|]$，其中 $D(a_{ki})$ 表示指标赋值 a_{ki} 相对于参照赋值 a_l 的损益值；再次，建立决策单元相对于流程角色协作的前景评价矩阵 $V = [V(a_{kl})]$，当 $a_{ki} \geq a_l$ 时，$V(a_ki) = (D(a_{ki}))^\alpha$，当 $\alpha_{ki} < a_i$ 时，$V(a_{ki}) = -\theta(D(a_{ki}))^\beta$，其中参数 $\alpha(0 < \alpha < 1)$ 和 $\beta(0 < \beta <)$ 表示 $V(a_ki)$ 的凹凸程度，参数 $\theta(\theta > 1)$ 表示相关决策者的风险规避程度[1]；最后，借鉴研究成果[2]，在类似德尔菲法的讨论基础上，将各类 DMU 的投入产出指标归并入 "技术投入 I_1、规模投入 I_2、技术产出 O_1、规模产出 O_2" 这四类具有复合内涵的评价指标中。由此，可得到经横向比较与前景求解之后各决策单元的调整指标值序列 $C(S_k)$。

（五）效率评价与结果分析

参照 Charnes 等学者的 CCR—DEA 模型求解方法，将得到的各决策单元投入产出序列 $C(S_k)$ 应用于 DEA 方法的效率测度环节，使用效率分类表征与交互比较之后的调整数据评价各单元的流程运行效率。依据得到的效率评价结果，能够实现效率评价信息的回溯分析与定向反馈。例如，一方面，所形成的参照单元反映了专家组对各决策单元三类效率整体的选择倾向，相对重要的效率类型在流程交互过程中承担着更多效能，表现为更高的子集合效率；另一方面，所形成的前景评价序列反映了专家组在既定风险偏好前提下对各单元三类效率协同状态的一致判断。通过对整体流程综合效率、流程收益增减性等的效率评价和结果分析，从单一团队角度和整体方面得出差异化对比结果。

九、案例应用

外智引联模式已在很多项目中予以体现。例如，为了吸引和集聚全国优秀科技人才，围绕西部地区经济、社会、科技发展的重大科学问题和关键技术问题开展基础研究，带动西部地区的科技发展和人才队伍建设，提升自主创新能力和国际竞争力，促进区域经济和社会可持续发展，国家自然科学基金委专门设立了

---

[1] Tversky A., Kahneman D. Advances in prospect theory: Cumulative representation of uncertainty [J]. Journal of Risk & Uncertainty, 1992, 5 (4): 297–323.

[2] 孙新乐，段万春，许成磊，等. 整合多维不确定投入产出关系的效率评价新方法 [J]. 计算机工程与应用，2016，51 (9): 1–9.

NSFC—云南联合基金、NSFC—新疆联合基金等项目,并在项目指南中明确规定,联合基金面向全国并鼓励申请人与省内具有一定研究实力和研究条件的高等院校或研究机构开展合作研究。再如,为了推动科教兴滇战略和人才富滇战略的实施,促进经济社会的全面发展,云南省自1998年开始同国内著名高校、中国科学院组织开展了以科技、教育、人才培养等为主要内容的"省院省校"合作项目,目前省内涉及十个地、州、市,省外涉及若干国际知名大学、数十个中科院研究所以及近百所高等院校[①]。需要特别提及的是,以2011计划(高等学校创新能力提升计划)为核心的协同创新是"211工程"和"985工程"的发展和延续,重在推动高校内部以及与外部先进教科研力量之间要素的融合发展,推进教科研协同创新,激发高水平大学建设的整体合力;许多西部高校也参与其中并与中东部先进教科研机构形成了合作伙伴关系,如由昆明理工大学牵头与国家固体废弃物资源化工程研究中心、北京矿冶研究总院、广州有色金属研究院等组建了复杂有色金属资源综合利用协同创新中心、西部典型行业污染控制协同创新中心、活塞和缸套产品协同创新中心等,从而为带动地区进步、驱动行业发展、促进产品创新发挥了积极的作用。在这种大趋势下,外智引联对西部高校改革和区域经济社会的快速发展无疑具有重要推动作用,可以有效促进西部高校特色教育型、高端领军型和多元复合型人才的引进与培养,带动西部地区前沿科学攻关类、基础研究应用类和教育理论探索类技术的积累与创新。

(一)案例背景简析

云南省院省校项目是为了推动西部大开发战略、科教兴滇战略和人才战略的实施,促进经济社会的全面发展。云南省自1998年开始同国内外著名高校、中国科学院组织开展了以科技、教育、人才培养等为主要内容的"省院省校"合作项目,目前省内涉及十个地、州、市,省外涉及若干国际知名大学、数十个中科院研究所以及近百所高等学校。截至目前,在近二十年的时间里,云南省依托与国内外著名高校以及中国科学院进行的柔性引智,巧借外力,在经济和社会方面都获得了较好的成效。然而,不容忽视的是,云南省因人才在总量、结构、分布上的缺陷,特别是高层次人才的匮乏,在发展质量、结构和速度上与先进发达地区相比仍有较大差距。

---

① 王浩芳. 实现云南跨越式发展的重大举措:试论省院省校合作在实施"科教兴滇"战略中的[J]. 云南科技管理,1999,18(5):1876-1877.

单打独斗、单枪匹马模式已不能适应时代的需求，大课题、大项目、大战略的完成呼吁新模式的产生。多学科多领域的交叉和融合是顺应现代科学技术发展以及提高竞争力和创新力的重要产物。正是意识到外智引联型创新团队和高层次人才对云南省经济、社会和科技发展的巨大推动效应，云南省推行了一系列人才引进和培养的活动与计划。2006年，"兴滇人才奖"首次设立；2007年，高技能人才培育计划开始施行；2008年，施行《云南省高端科技人才引进计划实施办法》；2009年，施行《关于做好海外高层次人才引进工作的实施意见》并举办"推动云南生物产业发展——百名留学博士云南行"活动；2010年，施行《云南省中长期人才发展规划》；2011年，国务院把云南的对外开放提升为国家战略，印发了《关于支持云南省加快建设面向西南开放重要桥头堡的意见》；2012年，签订了与国家外国专家局有效期为5年的合作框架协议，借助其支持和帮助持续引进不同种类的人才、技术、管理等外部智力资源，并开展了第一届科技入滇对接活动；2013年，正式启动昆明高新区人才特区建设"三年提升攻坚行动计划"；2014年，制定了《云南省依托招商引资加强人才引进工作的实施办法》，开展了第二届科技入滇对接活动；2015年，云南省属企业全面实施人才强企战略；2016年，施行《柔性引进人才办法（试行）》，开展了第一届"云南国际人才交流会"，引进近百名海外高层次人才，推进百余项智力项目驻扎云南。2017年，签署了《引进外国人才和智力支持云南辐射中心建设合作框架协议》、开展了第二届"云南国际人才交流会"、建立了云南柔性引进高层次人才基地、制定了《云南省引进高层次人才绿色通道服务证》、举办了"一带一路"与人才发展战略为主题的论坛。

综上，整体上来看，云南省一直在大力贯彻和实施人才富滇战略和科教兴滇战略，依托省院省校项目的人才柔性引进即外智引联已然是攻克重大科技项目难题、培养复合型高端人才、推进协同创新的重要模式和举措，对于云南省整体科技实力的提升、经济社会的可持续发展具有重要支撑作用。

（二）云南省院省校项目取得的成效

自开展云南省院省校项目以来，外智引联已成为云南省对外交流与合作的亮点模式，通过不断引进人才、技术等外部智力支持，调动全国的科技力量和科技创新资源，聚焦重大技术难题的攻克，补足省内科技的短板，为云南省的跨越式发展和协同创新提供源源不断的智力支持，在人才培养、研发成果、平台构建等方面已经取得了显著成效，具体分析如下。

1. 柔性引进推进人才队伍建设

云南省自党的十八大以来,总共开展了外智引联型软引进项目750项,获得专项资助经费3300多万元,聘任了高层次专家1600多名,与往期相比,数量增幅、经费增幅、专家人数增幅分别达到182%、195%、172%。另外,"云南省柔性引进人才基地"在云南省各州市遍地开花,共聚集了院士10余位、国内外高水平人才140名。截至目前,云南省共建成了院士专家工作站239个、专家基层科研工作站166个,软引进了院士149名、高层次专家249名、外智引联型创新团队194个、团队成员6000名,群贤毕至的景象逐步形成。通过引进人才、协同研发,推进了人才队伍建设,云南省的整体科研实力和科技人才素质得到大幅度提升,强有力地支撑了云南省经济和社会的可持续发展。

2. 科研成果助力云南产业升级

通过对先进科技成果的引进和进一步研发转化,使得外部智力和成果本土化,云南省传统产业得以创新、转型和升级,同时新兴产业也得以快速发展。具体来说,一是大批重大关键技术难题得以突破,如选育杂交水稻、转型升级钛产业、建设大型水电站、优化提升磷肥产品、繁育蛋鸡良种、综合加工和利用罗非鱼、筛选家蚕资源、发展云南柠檬产业和贵金属材料以及铝加工工业。二是重大新产品得以研发并实现了产业化,如高性能隔震橡胶支座、多用途光电探测设备、太阳能电池用锗单晶片、电接触新材料。截至目前,云南省获得立项支持的省院省校科技合作专项92项,获取科技经费补助22044万元,拉动项目总投入284423万元,攻克关键核心技术42项、研发具有自主知识产权的重大新产品40项,云南省取得了显著的经济和社会效益,产学研结合协同效果突出。

3. 科研平台提升整体科技实力

相关研究中心、工程中心、实验室以及研究院等科研平台的相继建立,既使得云南省的科技条件和研发基础得到巨大提升,也使得科技成果产出率得到大幅提高。例如:由云南平行大学与厦门大学合作的云南高等教育面向东南亚、南亚合作交流研究项目,通过构建多层面的沟通合作平台,有效推进云南各高校的国际化办学。由楚雄师范学院和西南大学合作的云南少数民族地区中小学布局调整研究项目,通过构建办学资源共享平台,使得云南省的办学因地制宜、布局更加合理。由昆明贵研铂业股份有限公司与胡壮麒院士工作站的合作研发项目,建成了电接触材料年产15吨以上的生产线,电接触材料的综合性能已达到国际领先水平,众多贵金属电接触材料如导电环、电触点、接插件等在国内很多单位得以推广应用。

综上，云南省院省校项目已是硕果累累，吸引和集聚了众多全国优秀科技人才，是推进人才强省战略和科技兴滇战略的重要举措。实际上，多年来云南省实行的外智引联合作攻关，变化的只是人员项目的更替，不变的则是科研精神和合作精神的传递。

（三）案例运用过程

基于上述案例背景和云南省院省校项目取得的成效，本书以云南省院省校项目中部分具有外智引联性质的创新团队（$S_1 \sim S_9$）为例，分析这些团队运行流程间效率的流程协作管理难题应对要点。其中，S_1、S_2、S_3属于生物与新医药领域，其大规模生产管理方式日渐成熟，企业团队在该领域创新环境优越，创新效益得到大幅提高，生物医药方面创新人才竞相涌现。S_4、S_5、S_6属于高新技术服务领域，其满足日趋人性化、差异化、多元化的用户需求，生产、衍生的社会产品及服务日益系统化、复杂化，知识密集综合化，创新、生产过程日益职能化、柔性化，自主创新的内涵和职能边界得到了极大拓展。S_7、S_8、S_9涉及新能源及节能领域，注重在关键领域科学研究的原创性集成创新，已布局在战略性高技术领域的技术联合研发。这些企业团队都依托于云南省委、省政府出台的一系列高投入政策扶植，且处于战略调整、市场革新、整体转型的特殊时期。但是，随着联合研发的开展、跨职能合作方式的产生以及社会产品的日益丰富，也将企业推入更为激烈的市场竞争格局之中，这些企业团队在各自组织体系中存在较大差异。例如：S_7、S_9创新竞争能力并没有按投入产出比提高，信息沟通和成员信任建立工作不到位，有限吸收的外部智力资源存在巨大浪费；S_4、S_5、S_7科研机构和产业之间形成各自为战的封闭状态，机构向企业转移技术非常困难，新技术成果转化成功率较低；S_1、S_4、S_5、S_7创新系统各个子流程系统之间的角色开放协同度不够，企业团队研究机构都以独立的形式存在，和高校科研机构的联系不强。上述存在的问题导致了在测度团队流程运行效率时存在较大差异，所以需要引入前景理论改进后的数据包络方案，从而实现对创业型西部联合研发团队跨职能协同效率的有效评价。

为全面了解各团队的任务特性、情景特征及角色职能的复杂性、整体性、内生性等相关难点问题，形成团队流程效率评价要素及其关联的系统探析基础，本研究首先邀请熟悉团队内部管理实情的5位管理人员、3位团队管理专家及1位评价负责人组成专家组，根据资源配置导向、流程角色协作、组织结构变迁、不同情景诉求等因素将$Y_{11} \sim Y_{44}$等16个指标分成投入指标和产出指标两类，并依据投入产出指标选取与归集的方法进行各团队协同效率评价内涵界定、要素提取及其存在状态评分,初始效率评价信息如表6-17所列。

表6-17 案例DMU的流程效率评价要素及赋值

DMU	投入指标								产出指标							
	Y_{11}	Y_{12}	Y_{13}	Y_{14}	Y_{21}	Y_{23}	Y_{31}	Y_{33}	Y_{22}	Y_{24}	Y_{32}	Y_{34}	Y_{41}	Y_{42}	Y_{43}	Y_{44}
S_1	6	4	4	5	6	5	7	6	4	3	5	4	4	5	6	5
S_2	2	4	3	3	5	5	4	3	6	8	6	7	8	6	6	5
S_3	4	3	4	3	5	4	4	2	6	5	6	7	5	6	5	7
S_4	7	7	5	8	6	7	6	5	3	4	5	4	4	5	3	5
S_5	5	7	5	6	8	6	5	6	4	3	5	5	5	3	5	5
S_6	3	5	2	4	3	4	4	2	5	6	7	8	6	7	8	6
S_7	4	5	7	6	6	5	3	3	3	5	6	4	5	6	3	4
S_8	4	3	5	5	3	4	3	3	5	7	6	5	8	7	6	7
S_9	6	4	6	4	6	6	4	3	3	6	4	5	6	4	5	6

在此基础上,专家组依据三类团队流程协作效应可能形成的内因聚合效率(E_1)、策略嵌入效率(E_2)和行为延续效率(E_3)概念内涵,对初始评价过程涉及的指标进行重新归集,得到具有E_1(E_2或E_3)效率特征的效率评价指标(含投入产出)子集。S对应E_1、E_2、E_3分别表示为均值(所有指标)、均值(投入)及均值减标准差(产出)、均值(投入)及均值加标准差(产出),分类效率的指标重新归集与参照单元信息如表6-18所列。

表6-18 分类效率的指标归集与参照单元信息

DMU	E_1						E_2					E_3				
	Y_{13}	Y_{21}	Y_{23}	Y_{32}	Y_{42}	Y_{44}	Y_{11}	Y_{12}	Y_{14}	Y_{41}	Y_{43}	Y_{22}	Y_{24}	Y_{31}	Y_{33}	Y_{34}
S_1	4	6	5	5	5	5	6	4	5	4	6	4	3	7	6	4
S_2	3	5	5	6	6	5	2	4	3	8	6	6	8	4	3	7

续表

DMU	E₁						E₂					E₃				
	Y_{13}	Y_{21}	Y_{23}	Y_{32}	Y_{42}	Y_{44}	Y_{11}	Y_{12}	Y_{14}	Y_{41}	Y_{43}	Y_{22}	Y_{24}	Y_{31}	Y_{33}	Y_{34}
S_3	4	5	4	6	6	7	4	3	3	5	5	6	5	4	2	7
S_4	5	6	7	5	5	5	7	7	8	4	3	3	4	6	5	4
S_5	5	8	6	5	3	5	5	7	6	5	3	4	3	5	6	5
S_6	2	3	4	7	7	6	3	5	4	6	8	5	6	4	2	8
S_7	7	6	5	6	4	4	4	5	6	5	3	3	5	3	5	4
S_8	5	3	4	6	7	4	4	3	5	8	6	7	2	3	5	5
S_9	6	6	6	3	5	5	6	4	4	4	6	5	6	4	3	6
S	4.6	5.3	5.1	5.4	5.6	5.4	4.6	4.7	4.9	3.9	3.4	5.8	6.8	4.3	3.9	7.0

使用文献①的前景理论相关实验数据，设定 $\alpha = \beta = 0.88$，$\theta = 2.25$，可以得到表6-19所列的外智引联型创新团队流程效率引入前景测度调整后的评价信息。

表6-19 引入前景测度调整后的评价信息

DMU	E₁						E₂					E₃				
	Y_{13}	Y_{21}	Y_{23}	Y_{32}	Y_{42}	Y_{44}	Y_{11}	Y_{12}	Y_{14}	Y_{41}	Y_{43}	Y_{22}	Y_{24}	Y_{31}	Y_{33}	Y_{34}
S_1	1.3	0.7	0.3	1.1	1.3	1.1	1.4	1.6	0.1	0.1	2.3	3.8	7.4	2.4	1.9	5.9
S_2	3.3	0.9	0.3	0.6	0.5	1.1	5.1	1.6	3.9	3.4	2.3	0.2	1.1	0.9	2.0	0.0
S_3	1.3	0.9	2.5	0.6	0.5	1.5	1.3	3.5	3.9	1.0	1.5	2.0	3.8	0.9	3.9	0.0
S_4	0.5	0.7	1.8	1.1	1.3	1.1	2.2	2.1	2.7	0.1	1.1	5.6	5.6	1.6	1.1	5.9
S_5	0.5	2.4	0.9	1.1	5.1	1.1	0.5	2.1	1.1	1.0	1.1	3.8	7.4	0.7	1.9	4.1
S_6	5.1	4.7	2.5	1.5	1.4	0.6	3.3	0.4	2.0	1.9	3.8	1.9	1.9	0.9	3.9	1.0
S_7	2.2	0.7	0.3	0.6	0.5	3.1	1.3	0.4	1.1	1.0	1.1	5.6	3.8	2.9	1.1	5.9
S_8	0.5	4.7	2.5	0.6	1.4	1.5	1.3	3.5	0.1	3.4	2.3	0.2	0.2	4.7	2.0	4.1
S_9	1.4	0.7	0.9	4.9	1.3	1.1	1.4	1.6	2.0	0.1	2.3	1.9	1.9	0.9	2.0	2.2

---

① Tversky A, Kahneman D. Advances in prospect theory: Cumulative representation of uncertainty [J]. Journal of Risk & Uncertainty, 1992, 5 (4): 297-323.

在类似德尔菲法的讨论基础上，根据研究开发、技术改造、知识创新等因素以及规模变化、要素投入量、角色职能机制、知识信息传递、外部社会条件等因素的综合分析，将 $S_1 \sim S_9$ 的投入、产出指标（$Y_{11} \sim Y_{44}$ 等 16 个指标）归并入"技术投入 I_1、规模投入 I_2、技术产出 O_1、规模产出 O_2"这四类具有复合内涵的评价指标中，得到评价信息如表 6-20 所示。具体为技术投入 I_1 包含 Y_{12}、Y_{13}、Y_{14}、Y_{31}、Y_{33}；规模投入 I_2 包含 Y_{11}、Y_{21}、Y_{23}；技术产出 O_1 包含 Y_{32}、Y_{34}、Y_{41}、Y_{42}；规模产出 O_2 包含 Y_{22}、Y_{24}、Y_{43}、Y_{44}，合并归纳过程如下。

Y_{12}	Y_{13}	Y_{14}	Y_{31}	Y_{33}	I_1
1.6	1.3	0.1	2.4	1.9	7.4
1.6	3.3	3.9	0.9	2.0	11.7
3.5	1.3	3.9	0.9	3.9	13.6
2.1	0.5	2.7	1.6	1.1	8.0
2.1	0.5	1.1	0.7	1.9	6.3
0.4	5.1	2.0	0.9	3.9	12.3
0.4	2.2	1.1	2.9	1.1	7.7
3.5	0.5	0.1	4.7	2.0	10.9
1.6	1.4	2.0	0.9	2.0	7.9

Y_{11}	Y_{21}	Y_{23}	I_2
1.4	0.7	0.3	2.4
5.1	0.9	0.3	6.3
1.3	0.9	2.5	4.7
2.2	0.7	1.8	4.6
0.5	2.4	0.9	3.8
3.3	4.7	2.5	10.5
1.3	0.7	0.3	2.4
1.3	4.7	2.5	8.6
1.4	0.7	0.9	3.0

Y_{32}	Y_{34}	Y_{41}	Y_{42}	O_1
1.1	5.9	0.1	1.3	8.4
0.6	0.0	3.4	0.5	4.5
0.6	0.0	1.0	0.5	2.2
1.1	5.9	0.1	1.3	8.4
1.1	4.1	1.0	5.1	11.4
1.5	1.0	1.9	1.4	5.8
0.6	5.9	1.0	0.5	8.0
0.6	4.1	3.4	1.4	9.5
4.9	2.2	0.1	1.3	8.6

Y_{22}	Y_{24}	Y_{43}	Y_{44}	O_2
3.8	7.4	2.3	1.1	14.5
0.2	1.1	2.3	1.1	4.7
0.2	3.8	1.5	1.5	7.0
5.6	5.6	1.1	1.1	13.5
3.8	7.4	1.1	1.1	13.4
1.9	1.9	3.8	0.6	8.2
5.6	3.8	1.1	3.1	13.7
0.2	0.2	2.3	1.5	4.2
1.9	1.9	2.3	1.1	7.2

表 6-20 复合内涵的指标评价信息

DMU	投入指标 技术投入 I_1	投入指标 规模投入 I_2	产出指标 技术产出 O_1	产出指标 规模产出 O_2
S_1	7.4	2.4	8.4	14.5
S_2	11.7	6.3	4.5	4.7
S_3	13.6	4.7	2.2	7.0
S_4	8.0	4.6	8.4	13.5
S_5	6.3	3.8	11.4	13.4
S_6	12.3	10.5	5.8	8.2
S_7	7.7	2.4	8.0	13.7
S_8	10.9	8.6	9.5	4.2
S_9	7.9	3.0	8.6	7.2

结合上述要素指标分布情况，在对初始赋值进行加权求和后应用效率评价与结果分析给出的产出导向下 DEA—CCR 模型对 9 个案例外智引联创新团队进行流程运行效率评价。若沿用常规管理效率评价思路，参照专家意见仅选取初始的投入、产出指标，且直接使用初始赋值信息执行相同的效率评价方案，可得到与本文评价方法差异显著的效率评价结果。本部分评价方案及常规方案得到的简要效率评价结果如表 6-21 所列。为简洁起见，与评价结果解析相关的整体冗余信息及各 DMU 效率信息不在此赘述。

表 6-21 本书及常规评价方案的效率评价结果

DMU	本书评价方法 综合效率	本书评价方法 纯技术效率	本书评价方法 规模效率	本书评价方法 收益增减性	DMU	常规评价方法 综合效率	常规评价方法 纯技术效率	常规评价方法 规模效率	常规评价方法 收益增减性
S_1	1.000	1.000	1.000	不变	S_1	0.838	0.857	0.978	递减
S_2	0.233	0.395	0.589	递减	S_2	1.000	1.000	1.000	不变
S_3	0.261	0.483	0.541	递减	S_3	1.000	1.000	1.000	不变
S_4	0.800	0.943	0.848	递减	S_4	0.469	0.769	0.609	递减
S_5	1.000	1.000	1.000	不变	S_5	0.531	0.769	0.690	递减
S_6	0.313	0.587	0.534	递减	S_6	1.000	1.000	1.000	不变
S_7	0.952	0.952	1.000	不变	S_7	0.857	0.923	0.929	递减
S_8	0.482	0.833	0.578	递减	S_8	1.000	1.000	1.000	不变
S_9	0.858	0.888	0.966	递减	S_9	0.896	0.897	1.000	不变
均值	0.655	0.787	0.784		均值	0.843	0.913	0.912	

（四）案例总结

分析表 6-21 可知，本部分方案首先针对 9 个外智引联类型创新团队的效率类型，在初始信息评价基础上分别对三种类型协同效率进行效率分析，本部分方案测度的整体流程综合效率为 0.655，识别出的相对具有效率团队为 S_1，S_5，S_7；常规方案测度的整体综合效率为 0.843，识别出的相对具有效率团队为 S_2，S_3，S_6，S_8，S_9。由计算结果分析可知，分别应用两种效率评价方案得到的整体测度结果差异显著，本部分所构建的方案不仅提高方案优劣的识别度，使整体效率识别结果更具参考价值，而且面向综合效率、纯技术效率和规模效率得到的具体测度信息更具解读优势。例如，从单一团队角度来看，虽然团队 S_9 在常规评价方案中具有效率，但考虑方案任务情景及流程角色协作后，调整后的数据表明该团队的规模效率不具备协同优势，需要参照融合效率的规模效率递减趋势，针对西部高校外智引联政策环境、联合创新发展策略及流程角色互动通道三个方面减少存在的过度干预问题，为外智引联型创新团队提供更为宽松的引援合作氛围。而从整体上看，本部分构建的评价方法识别出的相对具有效率团队为 S_1，S_5，S_7 在收益增减性方面提高了相对收益效能。上述分析表明，应用本书所构建的效率评价方案可以有效结合目前流程运行效率评价的特殊需求，不仅实现投入产出指标的系统识别和作用关联提取，而且可以结合三类流程效率内涵形成面向不同产出风格的针对性评价结果。

现有研究初步探究了联合研发活动面临的复杂经济环境和创新团队特质，虽然针对部分合作研发流程活动开展了初步探索，但尚未关注过程协同创新流程系统的整体角色协同问题，且并未对外智引联予以关注，更未结合外智引联型创新团队特征对流程优化机制构建进行深入研究。鉴于此，本研究引入协同、角色理论从整体性和相关性分析框架研究外智引联型创新团队，既能够有效整合团队复杂任务情景特征、解析外智引联型创新团队流程优化的宏观内涵，又能够有效梳理团队不同流程角色职能特征差异、还原外智引联型创新团队流程的微观网络结构，并且能够通过影响因素分析其流程和流程间复杂的交互机理，为科学评价团队流程优化质效、明确团队流程协作演化方式提供依据，为提升外智引联型创新团队的流程运行效率提供参考。

（五）对策建议

1. 改善过度干预，多部门合力优化自身角色协作效果

基于以上分析，针对前文中 S_9 团队西部高校外智引联政策环境、联合创新发展策略过度干预问题，除自身流程角色职能和协作的调整外，还需要政府、高校、团队等形成多层次流程协作的合力。外智引联型创新团队流程优化机制的构建是为解决创新团队流程管理问题以提升西部地区高校与中东部科研院所的合作质量，有效解决制约西部地区经济发展落后的科研性难题。其研究的最终目的是要解决西部地区人才流失严重和地区经济社会持续增长乏力的现实发展困境，形成西部地区高校实现政产学研用协同创新的良性发展局面，提升西部地区高校核心竞争力以及地区经济社会可持续发展能力，所以需要从政府、高校以及创新团队三个层面共同努力。

首先，政府层面。坚持以人为本的人才战略，在西部地区地理性滞后、人才培养引进机制匮乏的现有状态下，制定相对有效的人才联合科研、培养、交流政策，降低对人才户籍、人事所属的关注，着重于联合创新效果，并以此为导向对联合创新过程中涉及的研究经费、设施场地等进行政策性完善，针对优秀联合创新产出结果给以奖金鼓励或税收政策倾倒，为团队外智引联的各流程提供相应的促进政策方案，以相关政策的形式保障团队成员角色的权利。政府应着力打造良好的外智引联氛围，提高外智引联型创新团队及其成员的积极性和内在活力，构建方便快捷的交流沟通协作渠道，促进人才知识、技术等智力资源在整个流程运行过程中的交互与传递。同时，应了解外智引联人才的需求，从而提高其对所从事联合创新任务的责任感和对团队的忠诚度，如提高薪资待遇，为有突出贡献人才解决子女上学、住房等问题。最后，政府要对社会、机构等多方力量进行引导，使其将精力投入到外智引联项目上去，实现重大科研难题的合理攻关，从而更好地实现既定目标并促进社会生产力水平的进步。

其次，高校层面。打破传统理念和学校机构的桎梏，提升对联合科研、教学、培养的先进思维意识，有效地实现知识、科研成果到生产力的转化，注重项目流程中的人才、资源配置问题，为外智引联提供高端人才、优秀教师、骨干研究员等人才支撑，为外智引联项目配备支持资金和学校资源的倾倒，在有关流程审批、报备等环节提供高效服务，最终使得外智引联项目可以安全落地，提升学校对优质人才引进的硬实力并打造联合人才培养的软环境。

最后，团队层面。从"选、用、育、留"等方面入手，形成"以情感凝聚人、以待遇吸引人、以事业留住人"的团队发展理念,在团队内部营造"求同存异、和而不同"的组织团队文化,鼓励学术自由交流,充分发挥每个流程单元"集成"才智。构建本地各大学以及本地大学与外部优秀科研单位的战略联盟,使资源的效用价值得到最大限度的发挥,有效促进知识、联合创新成果到社会生产力、现实应用的有效衔接、转化,形成联合科研与创新产出互相促进的共赢局面。

2. 建立风险导向的团队流程控制体系,保证流程优化效果

针对团队为S_1,S_5,S_7流程收益相对增加的情况,除了要保持并完善相关流程运营维护外,还要建立风险导向的团队流程控制体系,保证流程优化效果。由于外智引联型创新团队的自身地域、关系等特征,团队流程运营合作方式较为新颖,存在如异地投资合作项目不断增加等问题,所以外智引联型创新团队在流程风险管理方面存在着巨大的挑战。面对挑战就要求团队在以下几方面做好流程防范措施。

首先,以流程为基础,对外智引联型创新团队进行过程分析梳理,以"为我所用"为基础,通过团队成员咨询、过程实时监控、问题反馈分析等对外智引联型创新团队流程进行分析诊断,在诊断结果的解析基础上建立相应的团队流程控制体系。其次,通过对外智引联型创新团队成员的角色、情绪、状态等的分析判断,对可能存在的流程风险提出预警防范,动态监督流程角色并构建相应的风险评估指标体系,划分警戒等级和标准,对过线的角色、活动等进行及时处理,并将详细情况和处理后的效果记录在案;由团队流程风险监控工作小组定期将项目合作过程中出现的流程风险或潜在风险信息归纳汇总上报至团队风险控制委员会,针对处理方式和后续延展行为进行评估并给出相应的对策建议;要求相关流程部门及时整改,并在有关流程部门开会研讨学习,为以后类似事件的发生提供应急备案。

再次,利用软件工程领域的信息技术手段(如 Enterprise Resource Planning 和 Business Information Warehouse 等)对外智引联型创新团队流程系统运行过程中产生的流程信息进行深度挖掘,找出信息不对称的流程环节,实现流程信息的智能管理,为流程决策提供指导,减少决策风险。将物资资源和角色档案卡录入系统程序,对其进行系统分析,提高资源的利用率和优化配置,减少由于资源不合理占用导致的成员冲突、流程支撑不足等可能影响流程运行的风险。同时,根据对团队成员角色的状态、情绪等因素的记录分析,结合团队成员所处的实际环境,有效规避角色冲突、成员心理不平衡和需求得不到满足等风险问题。利用现

今社会"大数据""云计算"等技术的高速、海量数据复杂运算的特点，同时结合外智引联型创新团队的特征，对流程数据进行分类处理，对于外智引联型创新团队跨区域性特征，从范围来讲，流程数据治理涵盖了从流程数据库到流程终端节点的流程信息数据分析，形成一个闭合反馈的流程信息循环系统。对于外智引联型创新团队复杂层次、多样性、整体协作特征，从目的来讲，数据治理主要是要对流程信息数据进行整合处理、监督反馈。团队只有建立了流程信息数据处理的完备体系，才是真正利用先进智能信息技术，在新时代背景下更好地进行外智引联。外智引联型创新团队的流程信息数据处理能够消除流程数据由于交互、转换等过程导致的非原始性，流程管理者可以围绕将流程数据作为资产投入而展开的一系列的流程运行等具体化工作。通过流程信息技术建立规范的流程信息数据应用指标体系，提高流程组织数据质量，实现团队流程和流程间数据共享，进而为团队成员在不同流程之中不同职能、角色关系的信息、知识交互提供帮助，并能够将经分析后的流程信息数据作为组织团队的重要资产投入、应用于项目合作、流程管理、制定战略决策等活动中去，发挥流程信息数据资产的科研创新价值。所以，外智引联型创新团队只有进行良好的流程信息数据处理，才能在信息化智能大数据时代的激烈竞争中占得优势并实现团队可持续发展。

最后，形成重视流程风险管理的团队文化，促使外智引联型创新团队通过整体流程控制、改善、优化等方式最终实现流程任务目标、提升流程运行效率。创新团队流程管理决策者除了自身要清楚流程存在的已知风险和潜在风险（如角色冲突、知识矛盾等），还要不断向团队成员强调外智引联过程中的风险知识，提高其对风险的敏感度，完善流程风险预警机制。在流程任务开始之前进行流程前置检查，尽可能规避流程风险。针对潜在流程风险要通过流程角色互助、资源配合、技术支撑等方式进行内部问题解决；如果未收到成效则寻求相邻、相关流程及其角色成员的协助，以期最有效、便捷、快速地完成风险处理。定期让团队成员针对流程问题进行反思与自我反思，建立相关流程问责机制，追事逐因、明责到人，保证流程运行过程中不会因为人为因素产生风险导致流程运行不流畅甚至停滞。在团队成员角色中增加内控专员角色，对可能存在流程风险的关键点进行把关，更有效地利用流程角色协作效应来完善流程优化。

3. 理性应对角色转变，建立组织学习机制，加强知识传递质效

针对案例团队在流程优化过程中角色的转变，要理性应对并建立组织学习机制，加强知识传递质效。团队成员要由简单的知识输出者变成流程知识情境的创设者。在流程协作过程中，不再像传统流程中机械式的知识输出，而是要对流程

进行精心设计,将需要掌握的新知识设计成与流程目标密切联系且具备一定传递性的开放式智力资源,从而激发团队成员的学习兴趣进而深刻地进行相关流程问题的思考。在流程知识、思路讲解后,在充分了解流程内容、目标的基础上,积极引导团队成员思考和解决流程问题的多种方向,鼓励自主寻找流程最优解,创设一个良性知识传递和学习的情境;由教书匠式的填鸭者变成引导式的知识传递促进者。传统流程模式中是对团队成员进行流程解说,是单向知识的展示和传递,在流程角色协作中要更加注重激励学生多思考,将流程需要讲授或传递的知识、思维方式、解题流程问题的方法逐步在自我建构知识的过程中展现出来,而不是直接将结果告知成员;对于外智引联的人才,在相关流程中需要由知识权威变成知识学习合作者。由于"外引"人才的先进性和优越感,在传统联合创新过程中,他们在团队其他成员面前一般扮演着先知先觉的知识权威形象,不容置疑和违背,即便意识到一些问题可能也不敢提出,不利于在流程交互过程中的教学相长。在流程角色协作过程中,需要鼓励各流程成员从不同角度思考问题,尝试用不同方法解决问题,不设上限地去追求最完美的答案,在求助于外引智力资源的过程中"外引"人才成了相互学习的知识合作者,促进团队成员的集体进步;由被动学习者转变为自主学习者,在流程角色协作过程中强调团队成员的自主学习,在流程优化实施过程中,要求自行根据流程问题设计解题思路并汇报,然后根据该思路去设计方案并解决问题,通过团队成员不断自我引导、自我修正、自我提高,强化自我学习和发现学习能力,逐渐从被动学习者转变为一个自主学习者,在自主学习过程中实现流程的知识传递。

在理性应对角色转变的基础上,外智引联型创新团队的组织学习机制是团队流程知识有效传递的重要保证。首先,在团队成员个人层面,通过团队成员流程角色经验的积累获取他人经验从而增长自身的知识储备;建立个体化和合作化的奖励结构,引导团队成员利用自身独特的优势技能完成科技项目,以提高团队成员自我角色效能;制定公平合理的分配、激励制度和角色职能变更制度,控制组织流程带来的恶性竞争,保持组织内部良好的角色人际关系氛围,提高组织认同度。其次,在整体流程层面,将知识贡献与个人的薪酬和地位相关联,即通过物质利益的报酬制度来驱动团队成员贡献自己的知识,使得"外引"人才毫无保留;建立良好的上下级沟通渠道以及团队内部人才和外部人才信息沟通的渠道,以保障流程信息的有效传递,举行聚餐、酒会等成员交流感情的活动,以增加彼此间的信任和相互协作,不断保持团队的持续相互学习能力和良好的流程氛围。最后,要从组织文化的合理构建、组织结构的合理设置、组织制度的合理配套等方面加强流程组织学习，也要从创新网络的有效搭建、组织环境的有效应对、知识模糊性的有效控制等方面加强流程间的组织学习。

综上所述，为了保证外智引联型创新团队的流程运行效率，政府、高校、团队要形成合力为外智引联项目的进行、团队的可持续发展保驾护航，同时除了考虑流程自身任务情景、角色关系、知识传递、组织学习等方面，还要对流程中存在的风险进行合理规避和及时反应，只有这样才能使外智引联更有效地进行。

第八节 本章小结

基于众创团队簇协同创新发展中的多团队合作关系复杂情境、非正式合作网络耦合效应以及转型期跨职能创新效率评价等问题，通过众创团队簇隶属关系的分析、非正式众创网络的界面耦合属性评价以及跨职能协同界面分析和效率评价等方面，本章构建了团队簇创新关系耦合机制。

第一，团队簇隶属层次实证研究表明，控制、平等和弱/无关联的团队隶属层次的作用下，外向型和内向型交互导向下的创业型领导模式对创新绩效涌现作用显著，同时对相关研究领域的拓宽有着重要意义。首先，拓展了创业型领导方式的研究角度，多数研究仅关注差异性领导行为的内容和对组织的影响，忽视了动态市场环境以及开放性的创新创业流程对领导行为导向的作用。本研究立足于创业团队簇发展过程面临的合作形式的多样性和创业环境的动荡性，梳理了内部优势和外部战略交互导向下的创业型领导行为要点对创业绩效的作用，加强了创业型领导交互导向的效能的考量，丰富了创业领导理论。其次，总结了团队簇创新多层次团队隶属关系特征，以往关于多团队创新的研究大多基于个体—团队层次的二元结构表征，忽视了基于多样性背景、知识等的团队关联复杂性。本研究聚焦于控制、平等和弱/无关联团队隶属层次，拓展了多团队协作创新的研究视角，为今后的研究提供了新的方向。最后，揭示了团队间隶属层次在创业型领导创新绩效涌现中的中介机制。在一定程度上打开了交互导向的创业型领导影响创新绩效的"黑箱"，以往的研究仅关注差异性的领导导致个体层面的认同、自我效能感的分歧，鲜少关注复杂导向领导行为对团队间合作创新关联的影响。本部分解析了内外交互导向创业领导偏好对多种隶属关联的团队簇创业创新的作用要点和机理，从而进一步深化了创业型领导作用于创新绩效的机制研究。

第二，为应对众创团队中的非正式众创网络界面耦合问题，本部分研究主要借助界面管理对多边界属性管理问题相关关系与状态分析的独特适用性，从资源、前景、路径、效益四个层面系统界定、梳理了多团队创业的非正式众创网络界面体系,从动机、可行域、模式、策略和风险等五个方面提炼了该界面系统有效运行的协同内涵,并归纳了不同界面子系统之间实现耦合有效性的涌现机理及耦合质效评价的关键内容,引入物理学中的容量耦合概念及其耦合系数模型,构建了用于解析及评价复杂系统内多子系统间运行状态耦合程度的实施方案。相较于现有相关成果,本研究不仅有利于认知和管理中小型初创企业中非正式众创网络的相关要素,提高创业团队的众创管理水平,而且有利于引领"众创"及团队簇管理的微观管理的未来探索方向,具有重要的实践应用价值和理论研究价值,能够为指导中小型初创组织快速整合创业资源提供一定的理论及实践指导。

第三,现有研究初步探究了联合研发活动面临的复杂经济环境和创业团队特质,虽然针对部分合作研发管理活动开展了初步探索,但尚未关注协同创新界面系统的整体协同问题,且并未对"转型联合研发团队簇"予以关注,更未结合关系网络泛家族化、领导风格个性化、战略视野集聚化特征研究该类创新团队的协同创新机制构建问题。鉴于此,本部分研究引入协同管理的整体性和相关性分析框架研究转型联合研发团队,既能够有效整合团队复杂变革情景特征、重塑转型企业团队簇跨职能界面管理的宏观内涵,又能够有效梳理团队跨职能情景特征差异、还原跨职能创新团队的微观网络结构,并且能够通过关键序参量定位与其内外交互机理建构,为科学评价团队协同管理质效、明确团队协同演化方式提供依据,为提升联合研发团队簇的协同创新效率提供参考。

第四,提出适用于外智引联型创新团队流程优化机制的评价方法,构建基于前景理论的 DEA 效率评价方法,选定云南省院省校项目中外智引联类型创新团队分析的案例研究对象并演练相关评价方案与方法,验证前文流程运行效率评价方法的可行性,给出针对外智引联的完善对策。通过对案例外智引联型创新团队进行的流程优化机制及流程运行效率分析与评价,不仅基于实际团队流程管理和任务需求情景检验了本研究所构建外智引联型创新团队流程优化机制评价方法的可行性,而且进一步系统分析应对了案例团队所面临的多元化联合创新管理情景,为团队构建流程优化机制、提升团队成员流程角色感受从多个不同维度提供了具有针对性的完善对策,以期提升外智引联型创新团队合作质效,解决西部地区高校高端人才持续外流的现象,为相关政府部门和企业事业单位制定合理的流程管理决策提供一定的借鉴。

对比相关成果,本章研究也存在以下局限与研究方向:①研究过程考虑到成本和便捷因素,仅采用截面数据关注了静态的隶属关联,没有考虑在多团队创新创业合作过程中，基于位势差异的团队间隶属关联将发生动态的演变，因此后续研究中可采用纵向追踪的方法关注团队簇创新过程中动态的协作关系，进一步探究团队隶属关系随时间变化对创业型领导与创新绩效涌现的作用；②仅探讨了团队间隶属关系的中介作用，缺乏对包括团队发展阶段、团队间的信任、弹性绩效控制等调节作用的探讨，后续研究可着眼于团队间周期性、深层次心理作用机制对团队簇创新绩效的调节效应，有针对性地开展长期合作绩效涌现中的差错反感文化及其跨组织包容性研究；③创新生态与创业氛围的地区差异也影响着创业型领导风格的共性特征，从区域经济与创新系统的演进规律来看，社会资源配置范式的差异必将导致市场组织秩序的差异，这种特征具有因社会经济发展水平与分布秩序而异的极化现象，因此有必要扩展形成一类调节变量改善现有结论的聚类有效性。

综上所述，本章构建了众创团队簇协同创新的创新关系耦合机制，为多团队协同创新发展的合作模式提供了解析思路和框架，下一章将在本章基础上进行团队簇协同创新的合作范式转换机制的研究。

第七章

众创团队簇协同创新的合作范式转换机制

本章内容提要

众创团队簇在协同创新过程中面临团队利益格局、决策方式、组织氛围、协同秩序等合作范式的适应性变革，需要基于团队簇网络的动态演化和策略适应构建协同创新机制。基于此，本章通过分析创业政策、动态演化创业网络对组织间创业绩效的影响路径，总结了异质性协同创新的策略结构和效率涌现的关系，形成了一套面向团队簇合作范式转换的非径向超预期管理效率评价方法，并基于DEMATEL方法构造了多主体合作偏好融合及关键影响因素识别的决策方法，以此构建了众创团队簇协同创新的合作范式转换机制。

首先，基于创业政策与多团队合作绩效关系的不确定性，创业团队簇的政策适应与创新微观扩散的伴随特征，社会网络的动态演化属性反映了创业绩效与创新绩效的相机选择特征。但现有成果主要从创业者个体及单一团队层面探讨了二者间矛盾结论的影响因素，尚未关注它们在组织间层面相互影响的边界条件。在现有成果的基础上，关注创业团队簇这一特定的研究对象，借鉴社会适应行为理论梳理了政策适应的内涵及分析维度，通过引入微观创新扩散与创业网络情景导向，运用一个整合的理论分析框架既验证了已有结论，又对其实现了补充和拓展。本研究采用问卷调查方法，以326个具有簇状合作特质创业团队为样本对该机理进行实证分析。研究表明，针对以往研究关注的内部主导创业网络情景，无论处于创业者个体及单一组织创业层面，还是处于团队簇的组织间合作层面，仅在呈现创新结构扩散特征时，对当前创业政策的适应才能促进团队簇创业绩效提升；且进一步发现，在外部主导的创业网络情景导向下，仅呈现创新关系/认知扩散特征时，对未来政策的适应才能够促进团队簇创业绩效提升，从而统一和拓展了政策支持对创业者个体、团队及团队间创业绩效影响差异化作用的边界条件。

其次，针对异质性主体协同创新具有的投入产出周期性、部门间协作关系差异性、效率评价导向不可比性三个问题，基于动态非线性、交互适应性、多主体导向性三个特征系统梳理异质性主体协同创新的协同维度、策略框架、效率涌现、层次与结构等解析要点。从发展阶段、约束关系、隶属层次三个维度界定异质性主体协同创新的协同维度，结合复杂适应系统（Complex Adaptive Systems，CAS）理论明确策略需求，进而归纳提出投入产出周期匹配、竞合关系协同优化、效率评价导向融合策略及效应，据此提炼出维持、前景、变革三个层次的效率涌现结构内涵、特征和方法研究趋势。基于现有研究，本章将引入并延伸 CAS 的理论研究范围，丰富协同创新的研究视角，提出管理效率涌现的策略分析框架，提炼多层次效率结构、特征等解析要点，为解决合作目标、导向、周期不匹配等管理效率不可比难题提供新的解析思路，具有一定的理论参考和实践指导意义。

再次，面对现有非预期产出问题集中于环境 DEA 效率评价，普遍以弱可处置性与负导向为前提，无法适应管理效率评价中超预期产出的策略可处置、多维效率扩展与评价导向交融特征。基于现有进展，针对环境 DEA 弱可处置性的局限，本章意在归纳超预期管理效率的多维合作策略与对应策略作用下的效率溢出效应；针对超预期管理效率策略化评价的非径向测度基础，界定多维合作策略贡献，以形成投入合作与产出分配意义上的效率评价方案；针对传统 DEA 方法模糊评价结果不可比难点，引入合作博弈思想构建 CSG—DEA 模型，以统筹隐藏效率的评价信息为基础再提取与策略联盟收益分配权重折算需求，并选取云南省 16 个创新团队进行案例应用与方法验证。结果表明，本研究所构建的方法与策略有效可行，能够为评价导向特殊、考虑多维合作策略的超预期管理效率评价问题提供决策参考。

最后，为有效应对多主体合作创业实际决策情景中涌现的个体选择偏好、流程导向偏好与交互学习偏好三者交互与融合问题，针对现有单方案方法在构造直接判断矩阵过程中忽视专家整体偏好一致性的不足，解析决策过程中三类偏好交互影响的系统复杂性，创新性地从偏好表征有效性、决策过程可控性及专家交互有序效性三个维度形成偏好交互与融合策略的整体思考。本研究的贡献在于，关注多方案情景的多评价对象、多决策目标和多要素集合特征，依据整体决策信息判定策略和成对要素比较信息序列转换策略，创造性地提出初始判断信息的整体判断偏好一致性检验方法和多轮次非一致性决策信息调整方案，针对某一众创空间内三个创业团队开展关键影响要素识别。实例验证结果表明，本章所构建的方法和策略有效可行，能够形成更具参考价值的多方案对比分析结论，对响应复杂决策情景中的多主体、多层次、多偏好决策困境具有一定的参考价值。

第一节 问题的提出

近年来,创业政策对创业企业创新行为、战略决策和创业绩效的影响得到了众多学者[1][2]的关注。其中,面向政府支持对创业绩效影响不确定性这一重要研究趋势,现有研究[3][4]主要针对单一企业层面创业政策与创业绩效的不确定作用路径与边界问题,将政策支持产生的"融资和成本效应、知识产权保护"等正向效应,与"替代和挤出效应、资源配置扭曲"等负向效应在创业者个体和组织层面实现了统一。需要指出的是,现有研究集中于创业者个体及单一企业层面的研究视角仍存在不足,尚未关注创新扩散方式与创业绩效集聚方式在组织间合作层面对创业政策的复杂不确定影响。值得反思的是,因为处于团队簇(合作聚态)的各团队间常基于创新资源、合作关系和发展模式等创新扩散特质来迎合政策支持,所以创业团队间的政策适应性差异普遍存在,不仅针对个别绩优企业的创业资源冗余投放现象使得创业管理机构广受诟病,而且这一马太效应也进一步导致支持政策在创业团队间各取所需层面的宏观支持效果相对较差。一方面,众多有发展前景的新企业沦为传统资源观"捧杀"下的"巨婴"组织;另一方面,大量新创企业无法得到更为有效的扶持导致集群性的创业绩效低下问题。迄今,政策支持与创业绩效的研究主要集中于个体和团队层面,从组织间层面探讨政策适应性差异及其对团队内外部创业绩效影响的成果相对较少。主要原因在于,一方面,个体和团队层面创业绩效相关的数据易于获取,而团队簇(多团队间)的创业绩效信息较难直接测度,需要在具备创业合作关系的前提下,考察合作共赢带来的绩效增长水平,增加了实证研究的难度;另一方面,从个体及团队层面开展的研究主要基于相对微观和独立的影响因素,涉及的理论集中于心理学和竞争战略、竞争环境等,而组织间层面的研究不仅包含了这些影响内容,还需要考

---

[1] Gnyawali D. R., Fogel D. S. Environments for entrepreneurship development: Key dimensions and research implications [J]. Entrepreneurship Theory and Practice, 1994, 18 (4): 43 – 62.

[2] Autio E., Rannikko H. Retaining winners: Can policy boost high – growth entrepreneurship? [J]. Research Policy, 2016, 45 (1): 42 – 55.

[3] 李颖,赵文红,周密. 政府支持、创业导向对创业企业创新绩效的影响研究 [J]. 管理学报,2018, 15 (6): 62 – 70.

[4] 曲婉,冯海红. 创新创业政策对早期创业行为的作用机制研究 [J]. 科研管理,2018, 39 (10): 12 – 21.

虑组织内创业团队管理结构、治理导向与组织间创新合作愿景、资源整合等方面的交互作用，从而进一步关注跨组织管理与创新系统、创业网络管理等相对宏观且交互属性显著的影响因素。这两个原因共同导致组织间层面的成果相对于个体及团队层面而言更为鲜见且缺乏系统性。

创业与创新是伴生于创业企业发展的经典话题，二者存在出发点、侧重点与统筹路径等层面的显著差异，同时也能反映出创业研究在组织内、组织间的视角区别与联系。现有研究主要基于创业者个体、团队或单一组织视角关注创业机遇、个体意愿/能力及其他认知对内生互惠创业行为的影响，难以适应组织间视角下外部环境变化、创新资源统筹、竞争优势调整等对创业决策共生增长状态及结果影响的研究需求，需要据此整合创新扩散理论、创业网络理论的分析框架。创新扩散是特定时间内技术创新在接受者与潜在接受者之间进行传播，并被部分潜在接受者接受的创新采纳过程[①]，该理论主要形成了解析创新要素、周期与效率等跨组织交互宏观影响的基本范式与差异路径，但仅有少数学者分别关注了创新结构扩散[②]、关系扩散[③]与认知扩散[④]等层面对创新主体的微观影响，尚未形成面向创业者个人或团队微观创新属性的系统研究。创业网络理论主要关注网络视域下创业资源、组织、关系、模式、观念等的稳态及演化[⑤]，强调创业环境包含创新扩散中技术、范式、知识等外生适应型影响因素，但对"内部主导"[⑥]与"外部主导"[⑦]等多层次情景导向[⑧]下组织间合作行为的内生主动型影响的研究较少。上述进展表明，拓展并整合创新扩散理论与创业网络理论的研究视角，有助

---

① Rogers E. M. Diffusion of preventive innovations [J]. Addictive Behaviors, 2002, 27 (6): 989 – 993.
② Schulze A., Macduffie J. P., Täube F. A. Introduction: Knowledge generation and innovation diffusion in the global automotive industry—Change and stability during turbulent times [J]. Industrial & Corporate Change, 2015, 24 (3): 603 – 611.
③ González – Pernía J. L., Peña – Legazkue I. Export – oriented entrepreneurship and regional economic growth [J]. Small Business Economics, 2015, 45 (3): 505 – 522.
④ Santacreu A. M. Innovation, diffusion, and trade: Theory and measurement [J]. Journal of Monetary Economics, 2015, 75: 1 – 20.
⑤ Hoang H., Antoncic B. Network – based research in entrepreneurship: A critical review [J]. Journal of Business Venturing, 2003, 18 (2): 165 – 187.
⑥ Kearney C., Morris M. H. Strategic renewal as a mediator of environmental effects on public sector performance [J]. Small Business Economics, 2015, 45 (2): 425 – 445.
⑦ Kapur P. K., Chaudhary K., Aggarwal A. G., et al. On the development of innovation diffusion model using stochastic differential equation incorporating change in the adoption rate [J]. International Journal of Operational Research, 2017, 14 (4): 472 – 484.
⑧ 张海红, 吴文清. 孵化器内创业者知识超网络涌现研究 [J]. 管理学报, 2017, 14 (5): 695 – 703.

于认识组织间创业合作的影响机理。值得庆幸的是，许成磊等[①]对交互导向创业型领导作用机制的研究可以为这一理论整合诉求提供借鉴。他们认为，众创组织的内部比较优势与外部战略价值两类团队创新绩效构成了团队内与团队间创业微观影响的主要内涵。鉴于此，本研究聚焦于解析政策适应对团队簇（组织间层面）合作绩效的影响机理与边界条件，将微观创新扩散要点视为同团队簇创业绩效伴生变化的主要因素，将创业网络情景导向视为调控这一影响过程的边界条件，不仅能够整合相关宏/微观研究理论及视角提出应对前述研究难点的关键过程变量，而且可以厘清创业支持政策在宏观层面对团队内与团队间创业绩效的作用差异，形成测度团队簇创业绩效的合理内涵，对补充创业者个体与团队层面研究视角、完善政策支持与团队创业绩效的不确定影响机制具有重要的理论意义和实践指导价值，并且进一步补充和拓展创新扩散的微观理论。

异质性主体协同创新可以定义为：面向复杂合作创新情景，拥有社会差异（种族、性别、民族）、信息差异（知识、背景、经验与观点）、价值观差异（团队认同感、对目标与任务的看法与态度）且允许产生替代方案的参与主体，在解决未定义问题的过程中完成"异质吸引—突破壁垒—选择同化"的多方位交流与多样化均衡协作模式。效率涌现，即协同创新合作关系网络中的异质性主体为了有利于自身的存在和价值延续，也为了满足效率评价的流程需要，在某种或多种简单规则的支配下与合作方或竞争者等其他适应性主体非线性相互作用，从而促进异质性主体协同创新在共同演化的过程中形成具有层次性、动态性的效率结构。现有研究中，协同创新管理和效率结构涌现问题[②]仍难以形成共识性强、比较意义突出的评价方案，来应对异质性主体协同创新过程中管理效率呈现的投入产出周期性、部门间协作关系差异性、效率评价导向不可比性这三个方面的难点。例如：多团队创新合作的效率涌现周期可能受限于各团队周期的非线性规律[③]；多部门合作创新效率经常呈现主体间效率溢出及再分配问题[④]；服务于共同发展战略、具有创新基础与导向差异的多主体对共同目标的效率涌现常具有不

---

① 许成磊，赵陈芳，李美. 网络协同效应视角下的众创组织研究综述与展望［J］. 研究与发展管理，2018，30（5）：126－137.
② 解学梅，方良秀. 国外协同创新研究述评与展望［J］. 研究与发展管理，2015，27（4）：16－24.
③ Wu G. D. Project – based supply chain cooperative incentive based on reciprocity preference［J］. International Journal of Simulation Modelling，2014，13（1）：102－115.
④ 赵庆. 国有企业真的低效吗？——基于区域创新效率溢出效应的视角［J］. 科学学与科学技术管理，2017，38（3）：107－116.

可比性[①]。由于协同创新的组织阶段性、目标多元、合作诉求与交互状态不匹配等异质特性集中反映了复杂适应系统（CAS）的"适应性造就复杂性"观点，因此，可进一步归纳异质性主体协同创新具有"动态非线性、交互适应性、多主体导向性"等复杂管理特征。

迄今，对于众创团队簇协同创新机制的研究，除组织合法性研究涉及政策的动态作用以外，尚无针对"政策适应"的主流界定。值得庆幸的是，在社会心理学研究中关于社会适应行为[②]的理论能够为理解政策适应问题提供一定借鉴。社会适应行为的相关进展表明，若将创业合作中的各个子团队视为社会行为中的个体，协同创业的多个子团队在适应当前政策效能与把握未来政策趋势两个维度存在显著属性差异，它们对团队簇创业绩效的二元影响贯串于创业团队簇的创新扩散过程。在前期研究中[③]，本研究已经发现内部比较优势与外部战略价值这种交互导向创业型领导的团队绩效涌现过程具有复杂的层次效应。这表明，团队簇创业绩效涌现过程中政策适应与创新扩散是伴生的，而二者在创新结构扩散、关系扩散与认知扩散层面的交互作用也已经分别得到了 Schulze 等[④]、González-Pernía 等[⑤]、Santacreu[⑥] 等学者的关注。此外，团队簇的创新扩散过程不仅反映了资源、技术、范式等的演变，也同时反映了创业网络结构与功能的演化，Kearney 等[⑦]、Kapur 等[⑧]、张海红等[⑨]发现其内部主导与外部主导的网络互动导向可以作为理解前述主效应与中介效应的调节变量。在此基础上，国内外学者从不

[①] 刘克寅，汤临佳. 基于异质性资源互补匹配的企业合作创新伙伴选择方法 [J]. 科技管理研究，2016, 36 (21): 145 - 150 + 156.

[②] 杨彦平，金瑜. 社会适应性研究述评 [J]. 心理科学，2006 (5): 1171 - 1173.

[③] 许线磊，赵陈芳，李美. 网络协同效应视角下的众创组织研究综述与展望 [J]. 研究与发展管理，2018, 30 (5): 126 - 137.

[④] Schulze A., Macduffie J. P., Täube F. A. Introduction: Knowledge generation and innovation diffusion in the global automotive industry-Change and stability during turbulent times [J]. Industrial & Corporate Change, 2015, 24 (3): 603 - 611.

[⑤] González - Pernía J. L., Peña - Legazkue I. Export - oriented entrepreneurship and regional economic growth [J]. Small Business Economics, 2015, 45 (3): 505 - 522.

[⑥] Santacreu A. M. Innovation, diffusion, and trade: Theory and measurement [J]. Journal of Monetary Economics, 2015, 75: 1 - 20.

[⑦] Kearney C., Morris M. H. Strategic renewal as a mediator of environmental effects on public sector performance [J]. Small Business Economics, 2015, 45 (2): 425 - 445.

[⑧] Kapur P. K., Chaudhary K., Aggarwal A. G., et al. On the development of innovation diffusion model using stochastic differential equation incorporating change in the adoption rate [J]. International Journal of Operational Research, 2017, 14 (4): 472 - 484.

[⑨] 张海红，吴文清. 孵化器内创业者知识超网络涌现研究 [J]. 管理学报，2017, 14 (5): 695 - 703.

同层面对异质性主体协作与协同创新效率涌现开展了大量有益探索：①围绕动态非线性特征，Benn 等（2001）针对动态能力提出了"创新能力"结构并开发了创新引擎的概念模型，吴晨生等（2016）创新波动性与周期性的内涵与测度工具，表明现有成果关注了合作周期不匹配情境，但尚未针对异质型主体协同创新形成部门间投入产出要素策略关系的整合评价方案；②契合交互适应性特征，何郁冰（2012）构建了战略—知识—组织三重互动的产学研协同创新模式，而 Richter 等[1]则探讨了创新各环节的主体间多层次、分布式互动与跨主体跨层级的交互式影响，表明现有研究重视部门间协作关系的差异性[2]，但尚未针对异质性引发的效率影响形成协同创新效率交互关系的识别与转换方案；③面向多主体导向性特征，Thom[3] 整合宏/微观视角协调多团队系统中的差异性，而陈睿等（2012）则指出解决非常规性复杂问题时，拥有不同技能、知识、能力和观点的高差异性群体会更加高效，表明现有研究已逐步关注主体差异性对合作效率涌现的影响，但尚未针对异质性主体服务于共同战略体系时呈现的地位与功能上的效率不可比性形成可行融合评价方案。以上进展表明，关注协同创新与效率涌现的合作周期不匹配、部门协作关系差异与效率导向可比性缺失等问题，是实现异质性主体协同创新效率测度的难点与趋势。

超预期管理效率，即面向复杂合作情景，基于管理活动的可处置性[4]，针对决策单元实现自身存在、收益分配与价值延续的要求，采用多维合作策略后涌现的超出共识的、包含有益非预期产出的管理效率，需要实现评价信息的再提取与再分配。迄今，已有诸多学者将策略问题纳入非预期效率评价的 DEA 理论建模中，吴美琴等[5]基于灰色关联分析在考虑环境处置性的 DEA 模型中指出，接近度指标需要与策略结构相匹配；李春好等[6]构建了基于理想决策单元参照求解策略

---

[1] Richter A. W., Hirst G., Van Knippenberg D., et al. Creative self-efficacy and individual creativity in team contexts: Cross-level interactions with team informational resources [J]. Journal of Applied Psychology, 2012, 97 (6): 1282-1290.

[2] 岳鹄，张宗益，朱怀念. 创新主体差异性、双元组织学习与开放式创新绩效 [J]. 管理学报，2018, 15 (1): 48-56.

[3] Thom Vries D., Hollenbeck J. R., Davison R. B., et al. Managing coordination in multiteam systems [J]. Academy of Management Journal, 2016, 59 (5): 1823-1844.

[4] 邹滨，章贵军，梁琦. 中国上市银行的经营能力与风险能力提升研究——基于管理策略的非径向 DEA 方法 [J]. 重庆大学学报（社会科学版），2017, 23 (6): 60-70.

[5] 吴美琴，李常洪，范建平. 考虑环境处置性的 DEA 综合效率模型 [J]. 计算机工程与应用，2017, 53 (16): 263-270.

[6] 李春好，苏航，佟轶杰，等. 基于理想决策单元参照求解策略的 DEA 交叉效率评价模型 [J]. 中国管理科学，2015, 23 (2): 116-122.

的 DEA 交叉效率评价模型；陈磊和王应明[1]将非期望产出引入传统交叉效率模型，并归纳了整体、平均与偏好环境三种最优评价策略。上述研究为效率评价的策略化解析奠定了基础，但仍未形成针对超预期管理效率的策略可处置、多维效率扩展与评价导向交融三个特征的系统研究成果。导致超预期管理效率难以评价的问题是传统评价模型模糊了管理效率的策略可处置，且较少关注效率评价的多维非径向基础，未能通过超预期管理效率的核心导向解构评价结果之间的不可比问题。实际上，超预期管理效率的策略型解析评价，主要反映了决策单元合作策略的全局效用协调、耦合区间协作、集中导向偏好等可处置特征，形成了该问题的多维效率前沿面投影需要。围绕超预期管理效率特征的初步研究成果，可按如下要点进行解析：①响应"策略可处置"的探索需要，Sueyoshi 和 Goto[2]将管理策略的思想融入模型构建中，形成了自然可处置和管理可处置的 DEA 测度方法，上述研究为效率评价的现代管理策略角度提供了新思路，但对多维合作策略作用下的隐藏效率溢出效应[3]识别研究仍存在不足；②针对"多维效率扩展"的研究方向，Jahangoshai 和 Shokry[4]结合博弈论、合作模型与多目标模型形成了数据包络分析评估的多层次结构，Carayannis 等[5]基于多目标 DEA 方法创新了多导向效率评估和基础方法，可见现有研究关注了效率多维权重的关联及定义，但尚未重视超预期测度模型的效率评价信息再提取与策略贡献折算；③面向"评价导向交融"的方法改进，李牧南等[6]基于"研发—转化"解耦视角提出创新效率评价模型以呈现创新模式和升级路径，Dotoli 等[7]立足于整体技术互补视角建立了优化效率评价的交叉模型，可见现有研究考虑了决策单元全局效用协调优化导向，但

---

[1] 陈磊，王应明. 基于环境绩效视角的交叉效率评价方法 [J]. 系统工程学报，2016，31（5）：700－709.

[2] Sueyoshi T., Goto M. A comparative study among fossil fuel power plants in PJM and California ISO by DEA environmental assessment [J]. Energy Economics，2013，40：130－145.

[3] 赵庆. 国有企业真的低效吗？——基于区域创新效率溢出效应的视角 [J]. 科学学与科学技术管理，2017，38（3）：107－116.

[4] Jahangoshai Rezaee M., Shokry M. Game theory versus multi-objective model for evaluating multi-level structure by using data envelopment analysis [J]. International Journal of Management Science and Engineering Management，2017，12（4）：245－255.

[5] Carayannis E. G., Grigoroudis E., Goletsis Y. A multilevel and multistage efficiency evaluation of innovation systems: A multi objective DEA approach [J]. Expert Systems with Applications，2016，62：63－80.

[6] 李牧南，黄芬，王雯姝，等. "研发—转化"解耦视角的创新效率评价模型研究 [J]. 科学学与科学技术管理，2017，38（9）：50－67.

[7] Dotoli M., Epicoco N., Falagario M., et al. A cross-efficiency fuzzy data envelopment analysis technique for performance evaluation of decision making units under uncertainty [J]. Computers & Industrial Engineering，2015，79：103－114.

反映合作策略作用情境的求解方法及对应的非径向测度模型改进内容仍有待探索。针对上述问题，冯晨鹏等[①]总结相关研究成果尝试扩展非径向 ZGS—DEA 模型，实现了从单维整体环境绩效评价到考虑总额限制的多维度非期望产出效率的扩展评价，但仍忽略合作过程来考察管理效率，未能针对管理效率评价的相对性、策略可处置、评价导向交融等特性，完全解决策略化效率评价的非径向测度、投入合作与产出分配过程、模糊评价结果不可比等问题。鉴于此，基于决策单元的合作基础、偏好与需求异质性，引入合作博弈突破决策者事先设置权重系数的主观局限，把衍生的超预期引申至多维合作策略层面，基于可处置性在非径向测度下评估各策略维度中的投入产出非同比例或非线性变化，针对上述三个特征解析评价其非径向超预期管理效率，是实现超预期管理效率评价特征的难点与趋势。

DEMATEL（Decision Making Trial and Evaluation Laboratory），全称为"决策试验和评价实验法"，是 1971 年 Bottelle 研究所为解决复杂决策问题而提出的一种"简化系统结构，筛选复杂系统主要影响因素"的分析方法。该方法能够协助专家充分挖掘经验和知识，分析系统中各要素之间的逻辑关联与直接影响关系，计算出每个因素对其他因素的影响程度以及被影响度，可以判断要素之间关系的有无及其强弱。迄今，在常规决策需求下，单方案 DEMATEL（单一评价对象、单一评价目标、单一评价要素集合）已经成功应用于企业创新能力评价、组织协作关系协调、决策系统要素识别等多个领域中。目前，面向多主体集成创新和多团队协同的崭新管理需求，考虑多评价对象、多评价目标、多评价要素集合的多方案 DEMATEL 方法理论及应用研究已开始得到部分学者的重视与研究。例如：Tsai 和 Nilashi 针对风险控制[②]、工程方案[③]等特定对象的不同决策层次形成了初步成果，但仍忽略了多方案风险评价面临的多目标需求，也缺少多方案横向比较基础上的差异化要素提炼，而这些正是多评价对象情景下本研究主要解决的问题和贡献。从理论层面来看，多方案 DEMATEL 方法常用来处理具有交互特质

---

① 冯晨鹏，王慧玲，毕功兵．存在多种非期望产出的非径向零和收益 DEA 模型我国区域环境效率实证研究［J］．中国管理科学，2017，25（10）：42-51．

② Tsai W. H. Building an integrated multi-criteria decision-making model based on DEMATEL and ANP for selecting the risk management system of banking [J]. International Journal of Management & Enterprise Development, 2010, 8 (4): 358-382.

③ Nilashi M., Zakaria R., Ibrahim O., et al. MCPCM: A DEMATEL-ANP-based multi-criteria decision-making approach to evaluate the critical success factors in construction projects [J]. Arabian Journal Forence & Engineering, 2015, 40 (2): 343-361.

或多层次特质的复杂决策问题（如对多个并行独立/关联方案共同影响因素的比较与评价），在决策信息充分提取及融合的情况下，尤其对要素集合内外关系不确定的系统更为有效。实际决策中，由于参与决策的专家通常具有不同的知识结构、经验积累、思考逻辑、价值认同和利益取向[1]，因此，无论是单方案或是多方案决策情景，他们都将表现出差异性显著的决策偏好[2]，导致专家整体对要素间影响关联（方向和强弱）的判定存在更多不确定性。特别是在面对多个方案开展的关键要素识别过程中，由于方案要素构成、方案决策目标、方案间关联影响差异显著，因此，在各评价阶段均无交互的情景下，难以确保专家给定决策信息的整体一致性，可见多方案DEMATEL决策情景中的个体选择偏好、流程导向偏好与交互学习偏好三者共同对决策结论具有复杂影响。关于"多属性群决策"偏好一致性检验方法的研究也表明，决策导向多元、方案属性异构和决策信息多样已经成为当前复杂系统决策面临的三个崭新情景特征[3]。在多方案DEMATEL方法的决策情景中也同样存在这些干扰，而目前尚未见针对该方法开展偏好交互、融合及相应改进对策的研究，仅有杜元伟[4]、李亚群[5]、谢晖[6]等学者基于DSmT、证据理论和知觉模糊等思想，提出了单方案情景下的前期专家个体决策信息提取及融合方法，但仍未在判定整体信息可融合性的前提下应对上述决策困境。鉴于此，一个决定多方案DEMATEL方法分析结果有效性的关键细节，即为交互基础上的专家偏好一致性检验与信息调整。基于现有成果，针对决策情景中的个体选择偏好、流程导向偏好与学习偏好交互问题，本研究采用的偏好提取、表征、测度与融合方法具有一定创新性，运用的多方案DEMATEL偏好交互与融合方法具有重要的理论及实践应用价值。

针对众创团队簇协同创新的合作范式转换机制研究，面向异质性主体协同创新效率涌现的策略属性以及复杂管理特征，本研究将在系统梳理异质性带来的管

---

[1] Lin Y. H., Lee P. C., Chang T. P., et al. Multi-attribute group decision making model under the condition of uncertain information [J]. Automation in Construction, 2008, 17 (6): 792–797.

[2] 周延年，朱怡安. 基于灰色系统理论的多属性群决策专家权重的调整算法 [J]. 控制与决策，2012, 27 (7): 1113–1116.

[3] 许成磊，段万春. 混合非结构 MAGDM 的决策导向一致性检验方法 [J]. 计算机工程与应用，2015, 51 (23): 17–22+37.

[4] 杜元伟，杨娜. 基于DSmT的DEMATEL改进新方法 [J]. 计算机工程与应用，2014 (21): 68–73.

[5] 李亚群，段万春，孙永河，等. 基于证据理论的群组DEMATEL改进方法 [J]. 计算机工程与应用，2013 (20): 9–14.

[6] 谢晖，段万春，孙永河，等. 基于直觉模糊偏好信息的群组 DEMATEL 决策方法 [J]. 计算机工程与应用，2014 (11): 33–38.

理效率测度问题的基础上,借鉴组织(团队)间视角、社会适应行为的相关理论、复杂适应系统[①]、可处置策略、合作偏好交互与融合的研究思路开展研究。基于现有成果,本研究的创新性主要体现为以下几点:①将组织(团队)间视角引入政策支持对创业绩效的影响研究中,从创业合作的开放性、成长性与不确定性等基本属性出发,关注创业团队簇这一特定的研究对象,拓展了以往研究对创业者个体及单一企业或团队层面政策支持差异化作用的解释内涵,有助于认识创业政策对企业群体的整体影响。②借鉴社会适应行为的相关理论梳理界定了政策适应的概念内涵,区分政策支持效果中适应当前政策、适应未来政策的内涵,能够更为有效地测度创业者或团队对创业支持政策在不同合作创业情景下的支持感受,实现对不同合作选择与竞争情景下政策适应差异的系统分析。③将创新扩散研究拓展到创业微观合作行为层面,将创业网络情景导向问题拓展到组织内影响层面,提出了一个整合微观创新扩散理论与创业网络情景导向的分析框架,借助创业与创新在不同情景下的作用关联,进一步调和了政策支持与团队创业绩效之间研究结论的矛盾,拓展了政策支持在创业者个体、团队与团队间对创业绩效影响的边界条件。④借鉴 CAS 理论中的共同演化思想剖析异质性主体协同创新的协同维度,并运用 CAS 理论中的刺激—反应模型梳理三个协同维度下效率涌现的策略需求。根据多部门、多阶段、多情景的效率预期变化状态,基于 CAS 理论中的回声模型扩展构建三个自适应机制,在产生涌现现象思想的分析框架下解析该策略结构及效率逐层涌现效应,提炼出表征对应策略效应的异质性主体协同创新效率涌现结构、特征等解析要点。⑤基于决策单元的合作基础、偏好与需求异质性,本研究将引入合作博弈突破决策者事先设置权重系数的主观局限,把衍生的超预期引申至多维合作策略层面,能够针对上述三个特征解析评价其非径向超预期管理效率。⑥基于可处置性在非径向测度下评估各策略维度中的投入产出非同比例或非线性变化,指出超预期管理效率评价特征的难点与趋势。⑦针对多方案特殊决策情景,提出了偏好交互与融合的改进策略,能够将专家给出的要素间两两比较数据转换成表征专家偏好的判断序列。⑧构建了整体判断策略下有效集结绝对比较偏差的可行方案,可以依据群体共同达成的一致性检验阈值及交互调整策略,更深层次实现群体内部的集思广益,并形成更具参考价值的多方案对比分析结论。

[①] Akgun A. E., Keskin H., Byrne J. C., et al. Complex adaptive system mechanisms, adaptive management practices, and firm product innovativeness [J]. R&D Management, 2014, 44 (1): 18 – 41.

第二节　动态演化创业网络在团队簇创业绩效传递中的调节作用

一、理论基础

（一）团队簇及其创业绩效

团队簇由多团队发展而来，能够在较大程度上反映组织间合作过程中的持续性联系、交易和互动等跨组织联结内容。在组织间视角相关的创业研究中，任务团队独立属性[1]、团队的共担权责问题[2]、任务依存与环境依存的多团队系统[3]、团队间的多维度职能整合[4]、分散合作与开放式商业模式创新[5]等进展都呈现为团队簇管理特质。基于此，本研究将团队簇视为探讨组织间创业问题的重要对象，且在前期综述[6]的基础上，将团队簇界定为多个团队借助单一团队所不具备的优势而实现一系列创新目标所构成的开放系统。考虑到创业绩效是有关创业活动最终结果的一个整体性概念，是对创业组织、创业目标达成程度的一种衡量[7]，因此，创业团队簇的创业绩效还需要具有面向多主体协同创业的基本特征。然而，由于创业主要关注当期机遇，强调策略性互惠，而创新主要关注远期愿景，强调战略性布局，所以测度团队簇创业绩效需要共同考虑团队间的内部比较优势与组织间合作的整体外部战略价值两个重要维度。其中前者是团队簇的内生创业绩效，指通过凝聚团队簇内部资源优势并构建适应组织创新工作模式形成的团队创业目标完成度，重在交换范式下的多创业主体利益关系协调；后者是团

---

[1] Woodman R. W., Sherwood J. J. The role of team development in organizational effectiveness: A critical review [J]. Psychological Bulletin, 1980, 88 (1): 166–186.

[2] Staniforth D., West M. Leading and managing teams [J]. Team Performance Management, 1995, 1 (2): 28–33.

[3] Mathieu J. E., Heffner T. S., Goodwin G. F., et al. The influence of shared mental models on team process and performance [J]. Journal of Applied Psychology, 2000, 85 (2): 273–279.

[4] Kahn K. B. Interdepartmental integration: A definition with implications for product development performance [J]. Journal of Product Innovation Management, 2010, 13 (2): 137–151.

[5] 韩姣杰，周国华，李延来. 基于利他偏好的项目团队多主体合作行为 [J]. 系统工程理论与实践, 2013, 33 (11): 2776–2786.

[6] 许成磊，赵陈芳，李美. 网络协同效应视角下的众创组织研究综述与展望 [J]. 研究与发展管理, 2018, 30 (5): 126–137.

[7] Coombes S. M. T., Michael H. Morris, Jeffrey A. Allen, et al. Behavioural orientations of non-profit boards as a factor in entrepreneurial performance: Does governance matter? [J]. Journal of Management Studies, 2011, 48 (4): 829–856.

队簇的共生创业绩效,指通过获取外部团队间整体环境的有利变动而形成的多团队整体创业目标完成度,重在内生范式下的多创业主体创新资源整合。

(二) 政策适应与团队簇创业绩效

目前,学界关于政策适应性差异对创业组织间产生的二元绩效影响(促进与抑制作用并存)仍鲜有关注,仅有 Tahirsylaj[1]、李颖等[2]、Meyer & Rowan[3] 探讨了创业政策在维系创新扩散基础与多团队协同创业绩效之间的作用变化,尚无针对上述"政策适应"问题的主流界定。考虑到社会心理学研究中关于社会适应行为[4]的理论能够为理解政策适应问题提供参考,借鉴 Greenspan & Granfield[5]、Mahoney & Bergman[6] 对社会情境中所需技能、适应和应对方式等个体社会适应行为的探讨,将政策适应界定为创业者及其团队对外在创业政策的理解、适应与应对方式。同时,上述进展也表明,个体的社会适应行为是由其生存和发展过程中所面临的任务和挑战等内容构成的,包括两个方面——对当前较为稳定社会环境与规范的适应能力、在未来动态人际关系与复杂情景中的自主管理能力。鉴于此,明晰创业者社会适应行为的结构是研究其政策适应问题的基础,若将团队簇中的各个团队视为社会行为中的个体,可将团队簇的政策适应划分为适应当前政策与适应未来政策两个维度,其中前者指创业者及其团队对当前创业政策的理解、适应与应对方式,后者指创业者及其团队对未来创业政策的理解、适应与应对方式,据此可以形成理解创业与创新交互情境下团队簇创业中政策适应影响的基本结构。

(三) 创新扩散

自 1962 年 Everett M. Rogers 教授最早在《创新的扩散》一书中提出创新扩散

---

[1] Tahirsylaj A. S. Stimulating creativity and innovation through intelligent fast failure [J]. Thinking Skills & Creativity, 2012, 7 (3): 265-270.

[2] 李颖,赵文红,周密. 政府支持、创业导向对创业企业创新绩效的影响研究 [J]. 管理学报, 2018, 15 (6): 62-70.

[3] Meyer J. W., Rowan B. Institutionalized organizations: Formal structure as myth and ceremony [J]. American Journal of Sociology, 1977, 83 (2): 340-363.

[4] 杨彦平,金瑜. 社会适应性研究述评 [J]. 心理科学, 2006 (5): 1171-1173.

[5] Greenspan S., Granfield J. M. Reconsidering the construct of mental retardation: Implications of a model of social competence [J]. American Journal of Mental Retardation: AJMR, 1992, 96 (4): 442-453.

[6] Mahoney J. L., Bergman L. R. Conceptual and methodological considerations in a developmental approach to the study of positive adaptation [J]. Journal of Applied Developmental Psychology, 2002, 23 (2): 195-217.

理论以来（具体概念详见问题提出部分），这一概念已经成为学界探究创新扩散作用机理的重要理论。然而，Rogers 教授在 2002 年撰文指出[1]，创新扩散对象对于采用创新的个人或单位而言具有新奇性和不确定性，对该微观属性在协调性/复杂性、相对优势、可试用性/可观察性三个维度的关注将成为创新扩散研究的重要方向。团队簇的创业过程包含产品技术、思想方法、行为策略、文化时尚以及一些社会现象等在社会经济系统中的传播，其实质是大量社会个体接触外部环境并与其他个体接触、分析、学习和决策的动态互动过程，这一微观创新扩散过程对于理解和调控社会创新系统具有重要意义。鉴于此，本研究为了进一步探究团队簇创业者个体及团队在合作创业行为中受到的创新扩散影响，分别借鉴 Abrahamson & Rosenkopf[2]、Valente[3]、Hanaki 等[4]的相关进展，从创新结构扩散（指与治理策略及环境导向等相关的创新采纳过程）、创新关系扩散（指与商业规范、群体风尚与创业文化等相关的创新采纳过程）和创新认知扩散（指与创新成果及其功能、价值、效用等相关的创新采纳过程）三个维度，讨论其对政策适应与团队簇创业绩效的影响。

（四）创业网络情景导向

创业网络是指创业者在创业过程中所建立的与创业活动有关的社会关系[5]，创业企业的联合投资、战略联盟、行业信任机制、网络组织、关系营销等活动都可反映创业网络特征。近年来，反映创业网络主体、功能、模式等演变趋势的动态情景视角成为创业网络研究的一个热点，叶宝娟和方小婷[6]从前期内部主导阶段和后期外部主导阶段分析了创业者能力对响应竞争趋势与合作关系变化的问

---

[1] Rogers E. M. Diffusion of preventive innovations [J]. Addictive Behaviors, 2002, 27 (6): 989–993.
[2] Abrahamson E., Rosenkopf L. Institutional and competitive bandwagons: Using mathematical modeling as a tool to explore innovation diffusion [J]. Academy of Management Review, 1993, 18 (3): 487–517.
[3] Valente T. W. Social network thresholds in the diffusion of innovations [J]. Social Networks, 1996, 18 (1): 69–89.
[4] Hanaki N., Peterhansl A., Dodds P. S., et al. Cooperation in evolving social networks [J]. Management Science, 2007, 53 (7): 1036–1050.
[5] Hoang H., Antoncic B. Network–based research in entrepreneurship: A critical review [J]. Journal of Business Venturing, 2003, 18 (2): 165–187.
[6] 叶宝娟, 方小婷. 创业环境与大学生创业意向的关系：有调节的中介模型 [J]. 心理科学, 2017 (6): 1442–1448.

题，Gupta 等[①]和 Renko 等[②]提出了创业网络的内部主导与外部主导两类主要的网络情景导向，这些成果对于认识创业网络的动态影响属性具有重要借鉴意义。相关研究表明，这种差异化的团队间合作主导情景不仅影响团队簇合作关系的缔结与转换，它带来的媒介作用也关系到更大范围网络内分散资源及信息的集聚与赋能[③]，使得不同网络主导层次带来的信息、资源和社会支持成为创业企业搜索和识别创业能力的主要方式[④]。鉴于此，将创业网络情景导向划分为内部主导与外部主导两种类型。其中，前者指关注健全法律框架（体系化、一致化、执行有效）与强关系信任对降低创业交易成本与风险作用的创业网络情景；后者指关注创新商业文化、合作范式与集体创业性格（具有从众效应和虚荣效应）对促进动态创业能力转换与复杂隐性创业知识传播作用的创业网络情景。

二、研究假设

由于政策资源也是相对有限的，因此，它作为一种客观、非排他和弱竞争性的"准公共资源"[⑤]，并非能被所有的创业者准确、有效识别、获取和利用，创业行为能否适应不同阶段的政策功能已经成为区分政策实际创业绩效带动作用的重要途径。政策支持对团队簇创业绩效的不确定影响主要表现为：一方面，对于创业企业而言，面向扶持政策采取从众策略比标新策略更有利于获得与外部利益相关者的合作机会，从而提高企业在创新体系中的社会接受程度与存活率，Kostova & Zaheer[⑥]也指出，在政策不确定性较高的背景下，迎合与适应创业政策环境带来的效益远远高于资源、技术等投入的产出；另一方面，创业政策的更新往往滞后于市场动向，这已经成为创业失败与创业学习研究关注的主要内容，即"内部归因与利用式学习相关，主导创业企业的成长绩效，而外部归因与探索式

---

① Gupta V., MacMillan I. C., Surie G. Entrepreneurial leadership: Developing and measuring a cross-cultural construct [J]. Journal of Business Venturing, 2004, 19 (2): 241–260.
② Renko M., Kroeck K. G., Bullough A. Expectancy theory and nascent entrepreneurship [J]. Small Business Economics, 2012, 39 (3): 667–684.
③ 韩炜，彭正银. 关系视角下创业网络的形成过程研究 [J]. 中国软科学, 2016, (2): 89–104.
④ Guo C., Miller J. K. Guanxi dynamics and entrepreneurial firm creation and development in China [J]. Management & Organization Review, 2010, 6 (2): 267–291.
⑤ Autio E., Rannikko H. Retaining winners: Can policy boost high-growth entrepreneurship? [J]. Research Policy, 2016, 45 (1): 42–55.
⑥ Kostova T., Zaheer S. Organizational legitimacy under conditions of complexity: The case of the multinational enterprise [J]. Academy of Management Review, 1999, 24 (1): 64–81.

学习相关将主导创业企业的创新绩效"[1],创业学习方式与绩效内涵相机选择方式的差别将决定团队簇的政策趋势适应效果。

同时,针对结构、关系与认知三个微观层面创新扩散机理的分析也表明,平衡当下创业与未来创新这一关联路径需要共同考虑创业合作结构、个体—团队间的相互作用关系以及认知扩散效应的交互属性。该情景下,团队簇创业的微观创新扩散过程即是创业企业降低内部运营成本、维护主要客户关系、明确创业初心的内生绩效—共生绩效调整过程。Rerup、Holcomb 等[2]、Robertson 等[3]关于创业学习方式与环境匹配模糊性、创业风险偏好与合作控制倾向、创业损益感知差别等维度的观点,表明理解创业政策的阶段性、专有性与嵌入性,对动态创业能力视角下的创新速度、合作有效性、人力资本效能、市场表现等优势特质具有改善作用。

上述思考表明,面向团队簇创业的组织间合作情景,虽然创业支持政策有助于提升团队簇总体的创业绩效,但这种积极影响并非在任何条件下都具备,还需要共同考虑创新扩散微观属性以及创业网络情景导向的交互影响。同时,出于简化研究设计的考虑,下述假设并未将团队簇创业绩效的内生创业绩效和共生创业绩效两个维度分开呈现,但在假设分析归纳过程中分别反映了影响两个维度绩效的方式、途径等内容。

(一)创新结构扩散与内部主导创业网络的影响

Robertson 等[4]指出,影响创业机会激发的主要因素是文化与社会规范,影响创业能力提升的主要因素是研究与开发转移。其中,前者强调了适应现行创新范式(面向创新结构扩散)对集聚内生创业绩效的基础作用,而后者则强调了融入并改善动态创新范式(面向创新关系与认知扩散)对提升外部共生创业绩效的转化作用。据此易见,内部主导型创业网络能够推动创新的结构扩散,进而提升创业团队簇获取当前政策的能力与内部创业绩效集聚。在这一过程中,遵循创业政策明示的规范治理导向,提升同政府、研发机构、合作企业、金融机构等的

---

[1] Lucas W. A., Cooper S., Y., Ward T., et al. Industry placement, authentic experience and the development of venturing and technology self-efficacy [J]. Technovation, 2009, 29 (11): 738 – 752.

[2] Rerup C. Learning from past experience: Footnotes on mindfulness and habitual entrepreneurship [J]. Scandinavian Journal of Management, 2005, 21 (4): 451 – 472.

[3] Holcomb T. R., Ireland R. D., Jr R. M. H., et al. Architecture of entrepreneurial learning: Exploring the link among heuristics, knowledge, and action [J]. Entrepreneurship Theory & Practice, 2010, 33 (1): 167 – 192.

[4] Robertson M., Collins A., Medeira N., et al. Barriers to start – up and their effect on aspirant entrepreneurs [J]. Education & Training, 2003, 45 (6): 308 – 316.

业务标准对接效率，是实现创业政策社会政治合法性的主要途径[①]，有助于创业企业再次扩大政策惠及的领域、等级并把握合作机会。同时，迎合政策环境获得的社会资源能够激发个体创业热情，这使得由亲朋好友及师长、同学等形成的强关系网络成为影响创业动机重要外部环境因素，有助于通过更为直接具体的行业咨询、启动经费支持、社会交换等途径提高创业者自身的自我效能[②]，进而保障团队内部的创业绩效。此外，借助创业环境披露的尚未覆盖的利基市场及其经济、行业、人文取向等创新结构扩散因素，创业团队能以更低的社会情感支持与资源贡献成本获得具有先动优势的非冗余信息[③]并形成与之相适应的业务属性、营销手段和经营策略，进而帮助其他潜在合作创业者或团队在内外部信息一致性的条件下理解他们创业动机与愿景的可行性[④]，保障自身在人力资源、财务、研发、购销等方面获得差异化的绩效产出。

基于上述思考，提出以下假设。

假设1：在处于创新结构扩散且内部主导的创业网络情景时，政策适应正向影响团队簇创业绩效。

（二）创新结构扩散与外部主导创业网络的影响

Rerup[⑤]发现创业者使用先前失败经验的行为对发现并利用创业机会的作用是不确定的，它取决于该行为的专注程度以及同创业环境的（包含基本政策与合作氛围的创业生态）匹配性。初次创业者往往更加关注政策中的收益稳定与放大条款，而低风险的政策解读或可控风险的合作关系能够对这一特定群体产生积极的环境效应[⑥]，促使创业者主动融入创业管理、中介机构所形成的相对完整功能与架构。随着创业者社会网络规模的不断增大，符合外部创业导向的子网络异质

---

① Fogel G. An analysis of entrepreneurial environment and enterprise development in Hungary [J]. Journal of Small Business Management, 2010, 39 (1): 103 – 109.
② 李爱国，曾宪军. 成长经历和社会支撑如何影响大学生的创业动机？——基于创业自我效能感的整合作用 [J]. 外国经济与管理, 2018, 40 (4): 30 – 42.
③ Burt R. S., Jannotta J. E., Mahoney J. T. Personality correlates of structural holes [J]. Social Networks, 1998, 20 (1): 63 – 87.
④ Hessels J., Gelderen M. V., Thurik R. Entrepreneurial aspirations, motivations, and their drivers [J]. Small Business Economics, 2008, 31 (3): 323 – 339.
⑤ Rerup C. Learning from past experience: Footnotes on mindfulness and habitual entrepreneurship [J]. Scandinavian Journal of Management, 2005, 21 (4): 451 – 472.
⑥ Barbosa S. D., Kickul J., Smith B. R. The road less intended: Integrating entrepreneurial cognition and risk in entrepreneurship education [J]. Journal of Enterprising Culture, 2009, 16 (4): 411 – 439.

性将相应提升①，潜在的收益与机会诱导信息为处于结构空洞位置的企业带来了更多的内在管理问题，它们既要打造适合自身的创业管理模式，又要面向关联领域的小群体采取创新培育与协同创业行为，以期同时获得创业环境可能带来的先行竞争优势。然而，这种超前出现的有利局势往往并未促进创业初期的知识融合创新与商业模式养成②，不利于创业生态中主流商业模式的内涵式增长与团队的文化包容性提升。此外，高度竞争的动态创业情景中，失败归因和解释风格（乐观学习与无助学习）之间的相互作用将会削弱经验不丰富创业者的乐观程度③。这表明，创新结构扩散难以匹配未来政策趋势的动态属性，创业政策的变更以及外部合作关联的开放性、不确定性，将使创业者及团队被动接触更多超出它们应对能力的合作不确定性，不利于其内生创业绩效的提升。

基于上述思考，提出以下假设。

假设2：在处于创新结构扩散且外部主导的创业网络情景时，政策适应负向影响团队簇创业绩效。

（三）创新关系/认知扩散与外部主导创业网络的影响

以主动获取社会交换、社会行为、社会互动等社会支持为目标的自我效能释放行为，成为创业个体感知与政策环境联系的主要媒介④，该过程中获取的群体支持也对广泛获取合作绩效具有积极影响。这表明，创新关系扩散、认知扩散主要匹配于未来政策趋势，对此 Huovin & Tihula⑤ 发现理解政策的连续性、启发性以及限制因素对形成创业学习动力有直接影响，Holcomb 等⑥也指出，关注技术先进性和成熟性、潜在的行业竞争者、市场的规模变化趋势，是有经历创业者评估创业环境与调控自身创业能力的重要内容，有助于他们抓住市场机会并更新资

---

① Wu J., Si S. Poverty reduction through entrepreneurship: Incentives, social networks, and sustainability [J]. Asian Business & Management, 2018, 17 (4): 243 – 259.

② 张树满，原长弘，李妍，等. 协同科技创业与科技成果的有效转化——基于西安光机所的案例研究 [J]. 科学学研究, 2018, 36 (4): 644 – 653.

③ Ucbasaran D., Lockett A., Wright M., et al. Entrepreneurial founder teams: Factors associated with member entry and exit [J]. Entrepreneurship Theory & Practice, 2010, 28 (2): 107 – 128.

④ Krueger Jr. N., Dickson P. R. How believing in ourselves increases risk taking: Perceived self-efficacy and opportunity recognition [J]. Decision Sciences, 2010, 25 (3): 385 – 400.

⑤ Huovinen J., Tihula S. Entrepreneurial learning in the context of portfolio entrepreneurship [J]. International Journal of Entrepreneurial Behavior & Research, 2008, 14 (3): 152 – 171.

⑥ Holcomb T. R., Ireland R. D., Jr R. M. H., et al. Architecture of entrepreneurial learning: Exploring the link among heuristics, knowledge, and action [J]. Entrepreneurship Theory & Practice, 2010, 33 (1): 167 – 192.

源以保持与环境更迭预期的一致性,提升其对客观风险与主观风险偏好的平衡能力,继而提升创业团队簇的政策趋势响应能力与共生创业绩效产出。其一,由合作关系迭代、创新理念凝聚产生的理性创业思考已成为创业者克服过度自信、获取多主体合作创业绩效溢出的"优秀业绩创造思维模式"[1],而将"广为接受(take for granted)"的创业文化和商业惯例界定为创业合法性的核心来源,通过促成创业初期关系冗余而避免转型经济中的制度空洞影响[2]也成为创业组织探索更为自主、积极创业策略的重要途径。其二,通过支持政策传递的信息及知识等可以帮助创业者及团队明确共享开发、共赢机会与非合作风险等现实条件,有助于各合作团队从开放式创新的探索与开发两类组织学习中选择更具优势的学习策略[3],形成社群合作创业品牌,避免资源的冗余投入和过度竞争,而且能够提升对手的竞争成本,有效遏制创业模仿行为。其三,为了积极营造创业氛围及生态,更加重视对现有商业模式的嵌入性、懂得使用口碑营销、善于吸附政策与创业平台的商业价值,已经成为政策支持所倡导的区域众创导向,也成为创业学习研究中实现团队创业初期能力转换的主要观点,是创业者个人及其团队实现自身能力成熟和情绪成熟的共性新内涵。

基于上述思考,提出以下假设。

假设3:在处于创新关系扩散、创新认知扩散且外部主导的创业网络情景时,政策适应正向影响团队簇创业绩效。

(四)创新关系/认知扩散与内部主导创业网络的影响

在创新扩散微观机理研究中,对从众效应、虚荣效应、口碑效应、时尚效应等[4]的挖掘表明,随着创业网络异质性的不断提高,只有更加广泛的合作群体和更加外向型的创新合作规则才能顺应政策支持效果的扩大需求,进而有效保障团队簇释放创业效能。一方面,由于合作内容的丰富、边界的模糊、范围的扩大、参与的广泛性等现实创业需求的陡增,成长型创业企业主要借助冗余资源打造自

---

[1] 刘敏,张庆林,余薇,等. 市场信息整合的创造性思维机制初探 [J]. 心理学报, 2018 (1): 82-90.

[2] Doh S., Kim B. Government support for SME innovations in the regional industries: The case of government financial support program in South Korea [J]. Research Policy, 2014, 43 (9): 1557-1569.

[3] Benner M. J., Tushman M. L. Exploitation, exploration, and process management: The productivity dilemma revisited [J]. Academy of Management Review, 2003, 28 (2): 238-256.

[4] 蔡霞,宋哲,耿修林,史敏. 社会网络环境下的创新扩散研究述评与展望 [J]. 科学学与科学技术管理, 2017 (4): 75-86.

身的环境冲击"缓冲器"①，以应对缺乏有效范式、声誉体系、社会资本、经济资本等获取政策条件的缺口，使得单一团队越来越难以满足日趋复杂的个体创业绩效诉求。另一方面，在获取创业合作、创新协同行为直接业务信息的基础上，同外部团队的松散合作甚至非正式往来形成的弱关系已经彰显为重要的新奇信息吸附能力②，有助于获取创业政策在跨领域合作创新方面的青睐，而这使得专注于经营并控制局部业态的企业难以平衡直接与间接创业合作的关系，增加了团队簇范围内资源共享、知识溢出与创新范式转换的制度成本，从而不利于团队簇整体创业绩效提高。

基于上述思考，提出以下假设。

假设4：在处于创新关系扩散、创新认知扩散且内部主导的创业网络情景时，政策适应负向影响团队簇创业绩效。

综上，本部分的研究框架如图7-1所示。（依据上述4个假设中内生创业绩效和共生创业绩效的匹配情景，将团队簇创业绩效的两个维度分开呈现）

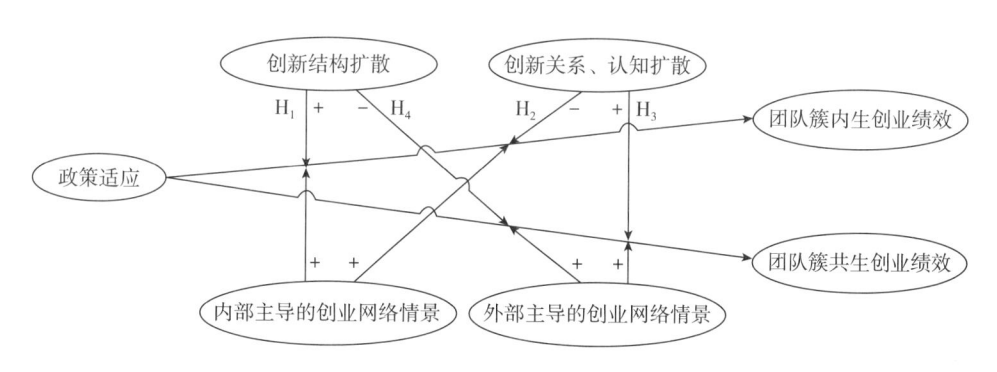

图7-1 研究假设框架

三、研究设计

（一）问卷设计

为了尽量提高数据的可靠性，本研究采用多源数据收集的方式来克服同源误差的

---

① Achchuthan S., Kandaiya S. Entrepreneurial intention among undergraduates: Review of literature [J]. Social Science Electronic Publishing, 2013, 5 (2): 65-71.
② 李宏贵，曹迎迎，陈忠卫. 新创企业的生命周期、创新方式与关系网络 [J]. 外国经济与管理，2017, 39 (8): 16-27.

影响。为了避免单一测评的主观偏见，在大样本测试中由具有合作交集的创业团队的不同调研对象来填写，然后再计算平均值作为该团队簇可供分析的最终数据。此外，本研究在调研过程中还保证问卷的匿名性，尽可能使用通俗明确的语言，并告知填写者答案并无对错之分只需写出自己的真实想法，还通过随机调整问卷题项的顺序等方式来进一步削弱同源误差的影响，以便尽量保证数据的可靠性和客观性。

研究采取问卷调查的方式收集数据。借助云南省科学技术院、云南省EMBA与MBA联盟和云南省创新创业大赛组委会等调研合作方，将企业简况、项目申报书、团队简介等展现企业合作途径、业务往来、互惠互利等特征的客观内部资料作为识别具有团队簇持续性联系、交易或互动属性样本的依据。首先，通过文献阅读和对云南省主要众创空间内的典型创业团队进行个人调研访谈，确定研究所涉及变量的概念和维度。其次，参考已有成熟量表形成本问卷的测项，选择性地加入了与研究目标相关的关键词。再次，在2018年4月~5月组织了2次小规模访谈，检验测项内容的合理性和适应性。第一次访谈邀请来自云南省EMBA和MBA联盟的18位创业者填写问卷，对不易理解以及可能会出现歧义的测项进行了修正；第二次访谈采取小规模专家访谈形式，探讨经过修正后的问卷是否能够达到研究目的，对问卷测项的措辞做了微调。最后，在2018年6月~8月，对云南省众创空间、云南省EMBA与MBA联盟、云南省创新创业大赛参赛企业的样本团队进行了问卷预测，问卷填写对象为具有合作交集的团队簇中子团队创始人。根据179份有效问卷对各个变量的测项进行项目分析和探索性因素分析，删除了信度和效度没有达到要求的题项，最终形成了本研究的调查问卷。问卷中的测项统一用Likert 5级量表测量，其中"1~5"表示从完全不符合到完全符合。

（二）样本及数据收集

2018年9月至12月，数据收集时间历时4个月。样本抽样方式为分层随机抽样，从备案的云南省众创空间、云南省EMBA与MBA联盟和云南省创新创业大赛参赛企业中分别提取了103、166、189个具有簇状合作特质的创业团队，涉及多种行业和经营业务的融合。本研究共调查了458个具有簇状合作特质的创业团队，每个团队发放2份以上问卷，由具有合作关系团队的不同调研对象来填写，分别经过邮件与电话两轮提醒最终收回357个创业团队的有效问卷。其中有9个创业团队成立不到3个月，还未正式开展工作；有22个创业团队回收的问卷少于2份，为保证研究可靠性，删除这31个团队的问卷，因此最后收集了326个创业团队的问卷，计算平均值作为该团队簇可供分析的最终数据。创业团队样本的基本情况见表 7-1。

表 7-1　样本基本情况描述（$N=326$）

项目	分类	样本/个	占比/%
创始人教育水平	专科及以下	78	23.9
	大学本科	123	37.7
	硕士研究生	75	23.1
	博士研究生及以上	50	15.3
创始人年龄	30 岁及以下	23	7.1
	31～35 岁	77	23.6
	36～40 岁	100	30.7
	41～45 岁	95	29.1
	46 岁及以上	31	9.5
企业规模	20 人及以下	17	5.2
	21～50 人	121	37.1
	51～100 人	91	27.9
	>100 人	97	29.8
企业年龄	≤1 年	23	7.1
	2～3 年	79	24.2
	3～5 年	97	29.7
	5～8 年	88	27.0
	>8 年	39	12.0
所属行业	IT/互联网/通信行业	53	16.3
	传媒/印刷/艺术/设计业	33	10.1
	服务业	80	24.5
	采购/贸易/交通/物流行业	47	14.4
	生产/制造业	85	26.1
	生物/医药业	28	8.6

(三) 变量测量

1. 政策适应

参考 Greenspan & Granfield[①]、Mahoney & Bergman[②] 对社会情境中所需技能、适应和应对方式等个体社会适应行为的探讨,将政策适应的测度内容聚焦在对当前较为稳定社会环境与规范的适应能力、在未来动态复杂情景中的自主管理能力两个维度,其中政策作用及影响的具体测项主要参考李颖等[③]采用的政府支持的量表以及 Staniforth 等[④]提出的团队中权责共担问题测度量表。据此,从适应当前政策、把握未来政策两方面来衡量政策适应变量,共包括3个题项:PA_1 能够较好地利用当前创业政策提高企业的绩效,PA_2 能够根据政府创业政策的变动及时调整企业发展方向,PA_3 能够有效解读创业过程中政府因素、税收因素、资本因素等的变化趋势。

2. 创新扩散

本研究从团队簇创新创业的不同扩散路径来划分创新扩散的不同类型。创新结构扩散参考已有文献[⑤][⑥][⑦]的量表,并结合团队簇政策适应的特征,包括4个题项:SD_1 我完成工作所需的创业信息与资源的获取途径越来越多;SD_2 日常业务中我的个人目标与多团队协同目标的联系紧密;SD_3 我认为主动适应现有创业网络对提升团队能力很重要;SD_4 团队成员与外部人员建立的长期合作越来越多。创新关系、认知扩散[⑧]的研究结合了团队簇创业的特征,包括4个题项:RC_1 团

---

① Greenspan S., Granfield J. M. Reconsidering the construct of mental retardation: Implications of a model of social competence [J]. American Journal of Mental Retardation: AJMR, 1992, 96 (4): 442 – 453.

② Mahoney J. L., Bergman L. R. Conceptual and methodological considerations in a developmental approach to the study of positive adaptation [J]. Journal of Applied Developmental Psychology, 2002, 23 (2): 195 – 217.

③ 李颖, 赵文红, 周密. 政府支持、创业导向对创业企业创新绩效的影响研究 [J]. 管理学报, 2018, 15 (6): 62 – 70.

④ Staniforth D., West M. Leading and managing teams [J]. Team Performance Management, 1995, 1 (2): 28 – 33.

⑤ Abrahamson E., Rosenkopf L. Institutional and competitive bandwagons: Using mathematical modeling as a tool to explore innovation diffusion [J]. Academy of Management Review, 1993, 18 (3): 487 – 517.

⑥ Valente T. W. Social network thresholds in the diffusion of innovations [J]. Social Networks, 1996, 18 (1): 69 – 89.

⑦ Hanaki N., Peterhansl A., Dodds P. S., et al. Cooperation in evolving social networks [J]. Management Science, 2007, 53 (7): 1036 – 1050.

⑧ Barbosa S. D., Kickul J., Smith B. R. The road less intended: Integrating entrepreneurial cognition and risk in entrepreneurship education [J]. Journal of Enterprising Culture, 2009, 16 (4): 411 – 439.

队间稳定信任关系带来了明显的商业优势；RC_2 多元化合作是创业文化的重要载体；RC_3 跨团队合作功能上的差异让我对自己的角色理解更清晰；RC_4 跨团队合作价值上的提升增强了我的工作责任感和使命感。

3. 创业网络情景

主要参考 Gupta 等[1]和 Renko 等[2]提出的创业网络"内部主导"与"外部主导"两类主要的网络情景导向以及已有参考文献[3][4][5]的研究，并结合团队簇创业实际情景，本研究将创业网络情景划分为内部主导的创业网络情景和外部主导的创业网络情景两个维度。其中，内部主导的创业网络情景：IN_1 在团队合作中协调自身工作内容很重要，IN_2 鼓励团队成员合作互信是重要的管理内容，IN_3 团队成员的创新和质疑意识值得着重培养。外部主导的创业网络情景：EN_1 塑造并强调宏大创业愿景的作用很突出，EN_2 外部的挑战有助于激励团队成员主动改善工作能力，EN_3 建立承诺和约束团队成员创新是应对创业环境变化的重要内容。

4. 团队簇创业绩效

考虑到团队簇的创业绩效信息较难直接测度，借用此类问题惯用的创业绩效感知测量方法[6][7]来考察合作共赢带来的团队内外绩效增长水平。参考李颖等[8]对

---

[1] Gupta V., MacMillan I. C., Surie G. Entrepreneurial leadership: Developing and measuring a cross-cultural construct [J]. Journal of Business Venturing, 2004, 19 (2): 241-260.

[2] Renko M., Kroeck K. G., Bullough A. Expectancy theory and nascent entrepreneurship [J]. Small Business Economics, 2012, 39 (3): 667-684.

[3] Meyer J. W., Rowan B. Institutionalized organizations: Formal structure as myth and ceremony [J]. American Journal of Sociology, 1977, 83 (2): 340-363.

[4] Holcomb T. R., Ireland R. D., Jr R. M. H., et al. Architecture of entrepreneurial learning: Exploring the link among heuristics, knowledge, and action [J]. Entrepreneurship Theory & Practice, 2010, 33 (1): 167-192.

[5] Wu J., Si S. Poverty reduction through entrepreneurship: Incentives, social networks, and sustainability [J]. Asian Business & Management, 2018, 17 (4): 243-259.

[6] Keh H. T., Nguyen T. T. M., Ng H. P. The effects of entrepreneurial orientation and marketing information on the performance of SMEs [J]. Journal of Business Venturing, 2007, 22 (4): 0-611.

[7] Poon J. M. L., Ainuddin R. A., Junit S. O. H. Effects of self-concept traits and entrepreneurial orientation on firm performance [J]. International small business journal, 2006, 24 (1): 61-82.

[8] 李颖, 赵文红, 周密. 政府支持、创业导向对创业企业创新绩效的影响研究 [J]. 管理学报, 2018, 15 (6): 62-70.

创业绩效、Kearney & Morris[①] 对战略更新与环境绩效影响、Tahirsylaj[②] 对机会化创造力及创新等的测度内容，本研究依据团队簇及其创业绩效的解析特征，从内生创业绩效和共生创业绩效两个维度来测量团队簇创业绩效，每个维度分别包括 3 个题项。团队簇内生创业绩效：IP_1 团队成员能够实现自身知识、技能与能力的提升，IP_2 团队成员能够增强信心并最大限度地释放自己的潜能，IP_3 团队成员对完成团队既定的个体绩效具有使命感和责任感。团队簇共生创业绩效：SP_1 团队间合作过程中产生了许多优秀的创意或新点子，SP_2 不确定信息对团队间合作带来的风险越来越少，SP_3 团队间相互学习促成的有效创业决策越来越多。

5. 控制变量

选择企业规模、企业年龄、所属行业、创始人年龄、创始人教育水平作为控制变量。企业规模和行业会影响到团队成员认知多样性及环境影响途径及方式[③]；随着组织成立时间的增加，其制度化的惯例和规范可能会产生一定的组织惰性，因此企业年龄会产生不同的组织行为及影响[④]。同时，Hambrick[⑤] 的高层梯队理论指出，创始人的年龄和教育水平等高层团队成员的人口统计变量也会对组织绩效产生重要的影响，因此，本研究综合二者对这些变量进行了控制。其中，企业规模用员工人数表示，企业年龄用企业创业年限表示。

四、实证分析与检验

本研究采用 SPSS 22.0 和 Amos 21.0 软件进行数据分析，结果如下。

（一）信度和效度检验

参考先前的标准，本研究以 0.8 作为 Cronbach's α 信度系数的临界值，对关

---

① Kearney C., Morris M. H. Strategic renewal as a mediator of environmental effects on public sector performance [J]. Small Business Economics, 2015, 45 (2): 425–445.

② Tahirsylaj A. S. Stimulating creativity and innovation through intelligent fast failure [J]. Thinking Skills & Creativity, 2012, 7 (3): 265–270.

③ Shepherd D. A., Patzelt H., Wolfe M. Moving forward from project failure: Negative emotions, affective commitment, and learning from the experience [J]. Academy of Management Journal, 2011, 54 (6): 1229–1259.

④ 于晓宇，李小玲，陶向明，陈依. 失败归因、恢复导向与失败学习 [J]. 管理学报，2018，15 (7): 988–997.

⑤ Hambrick D. C., Mason P. A. Upper echelons: The organization as a reflection of its top managers [J]. Academy of management review, 1984, 9 (2): 193–206.

键变量进行信度和效度检验,结果见表7-2。

表7-2 关键变量的信度和效度检验

变量	测项	α系数	因素载荷值	CR	AVE
政策适应	PA_1	0.895	0.863	0.913	0.778
	PA_2		0.924		
	PA_3		0.858		
创新结构扩散	SD_1	0.915	0.812	0.869	0.625
	SD_2		0.843		
	SD_3		0.797		
	SD_4		0.703		
创新关系、认知扩散	RC_1	0.903	0.766	0.892	0.674
	RC_2		0.873		
	RC_3		0.866		
	RC_4		0.773		
内部主导的创业网络情景	IN_1	0.912	0.903	0.899	0.749
	IN_2		0.904		
	IN_3		0.785		
外部主导型创业网络情景	EN_1	0.876	0.806	0.883	0.715
	EN_2		0.866		
	EN_3		0.864		
团队簇内生创业绩效	IP_1	0.924	0.929	0.939	0.837
	IP_2		0.924		
	IP_3		0.892		
团队簇共生创业绩效	SP_1	0.900	0.762	0.806	0.580
	SP_2		0.717		
	SP_3		0.804		

检验结果表明，变量各维度的 Cronbach's α 系数均大于 0.8，具有良好的信度。因素负荷量最小为 0.703，最大为 0.929，且均在 $p<0.01$ 的水平上显著，符合因素负荷量值介于 0.5~0.95 的要求。变量各维度的组合信度（CR）均大于 0.8，达到组合信度要求大于 0.8 的要求，平均变异量抽取值（AVE）均大于 0.5，达到平均变异量抽取值大于 0.5 的要求，变量具有良好的聚合效度。

此外，在验证性因子分析方面，本研究运用 Amos21.0 对政策适应、创新结构扩散、创新关系/认知扩散、内部主导型创业网络、外部主导型创业网络、团队簇内生创业绩效、团队簇共生创业绩效 8 个变量进行验证性因子分析，选取了相对卡方（χ^2/df）、RMSEA、CFI 和 IFI 指标作为反应模型拟合情况的指标，其中，$\chi^2/df=2.76$，$CFI=0.92$，$IFI=0.93$，$RMSEA=0.07$，说明变量之间具有较好的区分效度。因此本研究具有较好的信度和效度。

（二）相关性检验

表 7-3 列示了主要变量的描述性统计分析结果和 Pearson 相关系数矩阵。结果显示，模型各变量之间的 Pearson 相关系数均小于 0.4，说明本研究回归模型中存在严重多重共线性问题的可能性较小。

（三）假设检验与结果

对于带有两个情景变量共同存在影响的概念模型的验证，现有研究的主流做法是采用多元线性回归方程进行三维交互效应的考量，如果自变量与两个情景变量组成的三维交互效应显著，则可以借助图形进一步判断在四种不同情景下自变量的影响效果。按照三维交互效应检验的步骤（如表 7-4 所列），第一步，先将控制变量放入回归方程，从控制变量的影响作用来看，企业年龄（$\beta=0.054$，$p<0.1$）、企业规模（$\beta=0.056$，$p<0.1$）、创始人年龄（$\beta=0.146$，$p<0.01$）分别与内部创业绩效存在显著的正相关关系，所属行业（$\beta=-0.049$，$p<0.05$）与团队簇内生创业绩效存在显著的负相关关系，企业年龄（$\beta=0.071$，$p<0.05$）、企业规模（$\beta=0.083$，$p<0.05$）、创始人年龄（$\beta=0.084$，$p<0.01$）分别与团队簇共生创业绩效存在显著的正相关关系；第二步，将自变量放入回归方程，发现政策适应与团队簇内生创业绩效呈正相关（$\beta=0.247$，$p<0.001$），与团队簇共生创业绩效呈正相关（$\beta=0.305$，$p<0.001$），从对两种绩效指标的对比来看，政策适应对共生创业绩效的影响程度高于对内生创业绩效的影响程

度。第三步,将调节变量放入回归方程,发现创新扩散($\beta=0.361$,$p<0.001$)、创业网络情景导向($\beta=0.113$,$p<0.05$)分别与团队簇内生创业绩效呈显著正相关,创新扩散($\beta=0.366$,$p<0.001$)、创业网络情景导向($\beta=0.104$,$p<0.05$)与团队簇共生创业绩效都呈显著正相关。第四步,将二维交互项放入回归方程,发现政策适应与创新扩散的二维交互项($\beta=-0.188$,$p<0.1$)、政策适应与创业网络情景导向的二维交互项($\beta=0.296$,$p<0.001$)、创新扩散与创业网络情景导向的二维交互项($\beta=-0.226$,$p<0.01$)均与团队簇内生创业绩效显著相关,政策适应与创新扩散的二维交互项($\beta=-0.217$,$p<0.05$)、政策适应与创业网络情景导向的二维交互项($\beta=0.307$,$p<0.001$)、创新扩散与创业网络情景导向的二维交互项($\beta=-0.210$,$p<0.01$)均与团队簇共生创业绩效显著相关。最后,将政策适应、创新扩散、创业网络情景导向的三维交互项放入回归方程,发现其三维交互项与团队簇内生创业绩效($\beta=0.180$,$p<0.01$)呈正相关,与团队簇共生创业绩效($\beta=0.138$,$p<0.01$)呈正相关,模型也发生了显著的变化。

为了更清晰地展现三维交互的影响关系,本研究遵循Toothaker所建议的方法,分别考虑创新扩散的两个维度(即创新结构扩散、创新关系/认知扩散)与创业网络情景导向两个维度(内部主导创业网络情景、外部主导创业网络情景)的分类作用,画出了具体的交互效果图。从图7-2和图7-3可以清楚地看出,在处于创新结构扩散且内部主导的创业网络情景时,政策适应对团队簇内生创业绩效和共生创业绩效具有增强作用,即在这种环境下,政策适应能够提升团队簇创业绩效,从而假设1得到了支持;在处于创新结构扩散且外部主导的创业网络情景时,政策适应对团队簇内生创业绩效和共生创业绩效具有削弱作用,在图中表现为斜率为负,即在这种环境下,政策适应反而不能提升团队簇创业绩效,从而假设2得到了支持;在处于创新关系扩散、创新认知扩散且外部主导的创业网络情景时,政策适应对团队簇内生创业绩效和共生创业绩效的正向影响程度都是最大的,从而假设3得到了支持;在处于创新关系扩散、创新认知扩散且内部主导的创业网络情景时,政策适应对团队簇内生创业绩效和共生创业绩效具有削弱作用,在图中表现为斜率为负,即在这种环境下,政策适应反而不能提升团队簇创业绩效,从而假设4得到了支持。

表 7-3 描述性统计与 Pearson 相关系数矩阵

变量	1	2	3	4	5	6	7	8	9	10	11	12
1. 企业年龄	1											
2. 企业规模	-0.032	1										
3. 所属行业	0.109*	0.116*	1									
4. 创始人教育水平	-0.001	0.006	0.117*	1								
5. 创始人年龄	0.188*	0.291**	-0.036	0.019	1							
6. 政策适应	0.077	0.036	0.037	0.023	-0.073	1						
7. 创新结构扩散	0.112*	0.042	-0.022	0.034	0.073	0.358**	1					
8. 创新关系、认知扩散	0.106	-0.013	-0.009	0.006	0.034	0.300**	0.385**	1				
9. 内部主导的创业网络情景	0.030	0.159*	0.037	-0.052	0.200**	-0.054	0.162**	0.161**	1			
10. 外部主导的创业网络情景	-0.021	0.241**	-0.026	-0.014	0.211**	-0.102	0.166*	0.117*	0.378**	1		
11. 团队簇内生创业绩效	0.097	0.101	-0.086	0.049	0.223**	0.215**	0.336**	0.258**	0.182**	0.147*	1	
12. 团队簇共生创业绩效	0.120*	0.121*	-0.037	-0.004	0.168**	0.301**	0.353**	0.333**	0.191**	0.131*	0.389**	1
平均数	2.42	2.97	3.95	2.40	2.97	3.545	3.873	3.698	3.215	3.039	3.556	3.608
标准差	1.205	0.938	1.789	1.087	1.124	0.808	0.624	0.633	1.002	0.891	0.875	0.805

注：* 表示 $p<0.05$，** 表示 $p<0.01$，*** 表示 $p<0.001$。

表7-4 假设关系检验表

变量	团队簇内生创业绩效					团队簇共生创业绩效				
	F_1	F_2	F_3	F_4	F_5	M_1	M_2	M_3	M_4	M_5
常数项(控制变量)	-0.646**	-0.606**	-0.476*	-0.347	-0.361+	-0.571**	-0.521*	-0.384*	-0.253	-0.264
企业年龄	0.054+	0.038	0.027	0.032	0.038	0.071*	0.051+	0.041	0.047	0.051
企业规模	0.056+	0.041	0.035	-0.004	0.002	0.083*	0.065+	0.058	0.019	0.024
所属行业	-0.049*	-0.051*	-0.047*	-0.043	-0.040+	-0.025	-0.027	-0.023	-0.019	-0.017
创始人教育水平	0.046	0.041	0.041	0.051	0.036	-0.001	-0.005	-0.005	0.005	-0.006
创始人年龄(自变量)	0.146**	0.166**	0.129**	0.130**	0.137**	0.084**	0.109**	0.069+	0.071+	0.076*
政策适应(调节变量)		0.247***	0.159**	-0.047	-0.073		0.305***	0.217***	0.007	-0.013
创新扩散			0.361***	0.427***	0.347**			0.366***	0.420***	0.359***
创业网络情景导向(二维交互项)			0.113*	0.096+	-0.020			0.104*	0.069	0.033
政策适应×创新扩散				-0.188+	-0.168+				-0.217*	-0.202*
政策适应×创业网络情景导向				0.296***	0.272**				0.307***	0.289***
创新扩散×创业网络情景导向(三维交互项)				-0.226**	0.055				-0.210*	0.006
政策适应×创新扩散×创业网络情景导向(模型统计)					0.180**					0.138**
R^2	0.066	0.117	0.179	0.222	0.247	0.052	0.138	0.215	0.267	0.284
$Adj-R^2$	0.052	0.101	0.158	0.194	0.218	0.039	0.122	0.195	0.241	0.257
$\triangle F$	4.555**	18.392***	11.920***	5.733***	10.310***	4.015**	33.969***	15.543***	7.405***	7.565**

注: + 表示 $p<0.1$, * 表示 $p<0.05$, ** 表示 $p<0.01$, *** 表示 $p<0.001$。

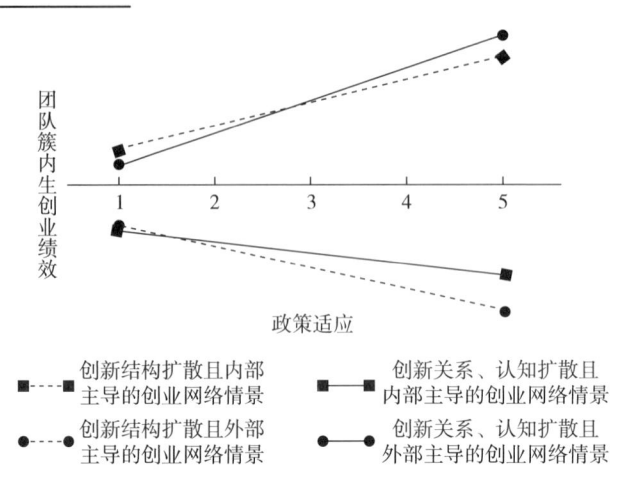

图7-2 不同创新扩散和创业网络情景导向下政策适应与团队簇内生创业绩效的关系图

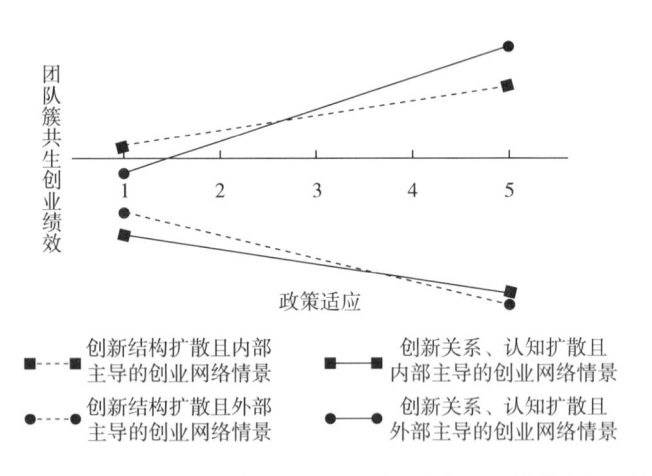

图7-3 不同创新扩散和创业网络情景导向下政策适应与团队簇共生创业绩效的关系图

第三节 异质性协同创新的策略结构与效率涌现层次

一、异质性主体协同创新的协同维度与策略需求

在异质性协同创新的多主体合作过程中,由于不同发展阶段下各参与主体的隶属层次对外部环境与异质主体间约束关系[①]的响应程度存在差异,因此在合作方式、交互状态、路径导向等协同诉求的相互影响下,效率涌现具有动态不确定性。该情景

---

① Oke A., Walumbwa F. O., Myers A. Innovation strategy, human resource policy, and firms' revenue growth: The roles of environmental uncertainty and innovation performance [J]. Decision Sciences, 2012, 43 (2): 273-302.

下，协同创新关系网络中的异质性主体为了满足效率评价的流程需要，也为了有利于自身的存在和价值延续，将通过加强与合作方或竞争者等其他参与主体的相互适应与配合，促进复杂创新在 CAS 共同演化①的过程中向着效率涌现的边缘平衡发展。基于以上思考，解析给出如图 7-4 所示的异质性主体协同创新的划分维度。

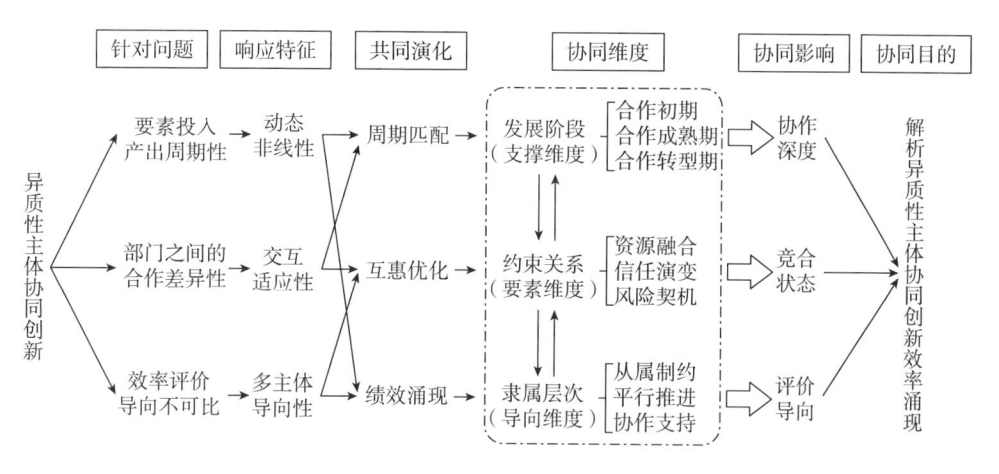

图 7-4 异质性主体协同创新的划分维度

（一）发展阶段维度

针对要素投入产出周期性问题，依据动态非线性与交互适应性对合作周期匹配导向的影响，划分发展阶段维度。众多学者形成了与团队发展周期相关的研究成果，如常运琼等（2010）从资源和绩效维度指出组建期、成长期、成熟期、衰退期等四个阶段的生命周期；而 Tuckman 等（1997）研究得出团队发展过程可划分为组建期、磨合期、规范期、执行期 4 个阶段。延续上述阶段划分，本研究进一步提出基于多主体合作初期、合作成熟期、合作转型期三个阶段的异质性主体协同创新发展阶段维度。

发展阶段是异质性主体协同创新的支撑维度②，由协同创新的发展轨迹可知，不同阶段的协作深度、信任水平、资源融合过程都对效率涌现的影响具有显著差异。在合作初期，影响管理效率的因素主要是政策前提、资金渠道、技能基

---

① 侯楠，杨皎平，戴万亮. 团队异质性、外部社会资本对团队成员创新绩效影响的跨层次研究 [J]. 管理学报，2016，13（2）：212-220.
② 杨陈，徐刚. 效用理论视角下产学研协同创新机制有效性的影响因素 [J]. 科技管理研究，2016，36（11）：23-28.

础、信息平台、服务支撑五方面，构成了效率涌现的环境基础；在合作成熟期，影响管理效率的因素主要是投入产出管理、竞合关系结构、评价导向差异等方面，构成了适应异质性主体协同创新效率涌现的策略结构；在合作转型期，影响管理效率的因素主要是经营战略调整与团队文化转型等方面，构成了面向未来、突破发展局限的崭新效率涌现准则。

（二）约束关系维度

针对部门之间的合作差异性问题，依据多主体导向性与交互适应性对参与主体协同互惠优化的影响，划分约束关系协同维度。现有研究形成了面向效率涌现的解耦分析视角[1]，如在异质性资源协同方面，解学梅等[2]整合了资源融合过程中不对称信息问题、多时期信任类型和多主体资源差异；在信任关系动态演变[3]过程中，殷茗等（2009）描述了动态供应链协作信任的阶段理论模型来研究不同阶段制度信任与合作意图之间动态差异性的作用关系；综合机遇把握与风险应对，段云龙等（2014）和万幼清等[4]分别借机遇管理权变意识构建了创新型企业机遇动态识别机制，以多主体协同创新路径构建产业集群协同创新风险的诱发因素模型。上述研究均表明，要素融合、信任程度、风险应对、机遇把握等都是决定协同创新效果的重要因素，外部环境要素与主体间异质等约束也是协同创新过程中的媒介和导向[5]，据此归纳出约束关系维度并进一步划分为资源配置、信任演变、风险契机三个方面。

约束关系是异质性主体协同创新的要素维度[6]，其中资源融合指参与主体为了降低异质性协同创新过程中遇到的风险进而提高创新效率的可能性，实施资源识别、获取、配置与利用等行为，是基于组织资源观视角对潜在资源协调整合，

---

[1] 李牧南，黄芬，王雯姝，等. "研发—转化"解耦视角的创新效率评价模型研究 [J]. 科学学与科学技术管理，2017, 38（9）：50-67.

[2] 解学梅，刘丝雨. 协同创新模式对协同效应与创新绩效的影响机理 [J]. 管理科学，2015, 28（2）：27-39.

[3] Cheng X., Yin G., Azadegan A., et al. Trust evolvement in hybrid team collaboration: A longitudinal case study [J]. Group Decision & Negotiation, 2016, 25（2）：267-288.

[4] 万幼清，张妮，鲁平俊. 产业集群协同创新风险及其形成机理研究 [J]. 管理世界，2015（2）：182-183.

[5] Schilke O. On the contingent value of dynamic capabilities for competitive advantage: The nonlinear moderating effect of environmental dynamism [J]. Strategic Management Journal, 2014, 35（2）：179-203.

[6] Li H., Zubielqui G. C. D., O'Connor A. Entrepreneurial networking capacity of cluster firms: A social network perspective on how shared resources enhance firm performance [J]. Small Business Economics, 2015, 45（3）：523-541.

为效率涌现的要素投入奠定了物质基础；信任演变的实现要求异质性主体追求动态适应性，关系到团队的内外部协调及创新过程的规范与稳定，不同阶段的信任演变也对合作意图的差异性、协同创新的效率涌现产生影响；风险契机的规避与应对则体现在调整主体适应性和胜任力，提高风险削减能力、合作机遇的识别与响应水平，影响合作倾向继而影响协同创新绩效及效率涌现。

（三）隶属层次维度

针对效率评价导向不可比问题，依据多主体导向性与动态非线性对协同创新绩效涌现的影响，划分隶属层次协同维度。现有研究形成了合作方式、团队制约与关系演变相关的投入产出效率评价导向分析视角，如 Kamdar & van Dyne（2007）提出了领导—部属关系（隶属关系）强化对个体—团队的跨层次作用的理解；席酉民等（2006）关注科研合作制约机制分析了多位利益主体的科研交叉与合作创新问题；而邬爱其（2006）则描述了全球化背景下多主体合作的关系演变过程及其对效能涌现的影响。综合现有研究，异质性主体协同创新的顺利进行在很大程度上与其独特的合作方式[①]及交互模式[②]作用紧密，相对于整体发展战略与目标而言，不同隶属关系下的效率结构也具有近似差异，需要依据不同导向类型采取适合的效率折算系数以增强其可比性，因而提出隶属层次维度并将其划分为从属制约、平行推进、协作支持三种类型。

隶属层次是异质性主体协同创新的导向维度[③]，异质性产生的信息不对称问题使团队间存在着不完全平等关系，随着团队发展而演变，其效率涌现导向也逐渐明晰。不同于从属关系，本研究中的团队间隶属层次是异质性协同创新相对独立的主体在资源投入、参与分配的过程中，由于关系取向与地位差异而呈现出多层次的合作关系。在从属制约层次下，强调资源要素投入水平与危机处理，建立互信机制对刺激、约束及时回馈；在平行推进层次下，强调利益诉求、角色互惠与团队间依赖，建立平等稳定协作模式；在协作支持层次下，强调沟通认同与信任的多极演变，尊重各异质性主体创造力的涌现与创意交融的理念。

---

① Dietrich P., Kujala J., Artto K. Inter-team coordination patterns and outcomes in multi-team projects [J]. Project Management Journal, 2013, 44（6）: 6–19.
② 何郁冰, 张迎春. 网络类型与产学研协同创新模式的耦合研究 [J]. 科学学与科学技术管理, 2015, 36（2）: 62–69.
③ 解学梅. 企业协同创新影响因素与协同程度多维关系实证研究 [J]. 科研管理, 2015, 36（2）: 69–78.

(四) 异质性主体协同创新的策略需求

异质性主体协同创新策略是在多层次环境、多目标导向、多任务合作、多维度风险与不确定效率状态下，具有明显差异的合作主体，通过权衡各方面的潜在机遇，在推进异质性协同创新进程中提高竞争优势，反映各创新要素的异质需求、提高协同创新效率的动态方案。在复杂适应系统中，协同创新合作的开展是以各异质主体之间、主体与环境之间不断进行刺激—反应的选择性影响过程，基于上述协同创新的维度划分内容，借鉴 CAS 理论给出如图 7-5 所示的异质性主体协同创新策略需求的刺激—反应模型。

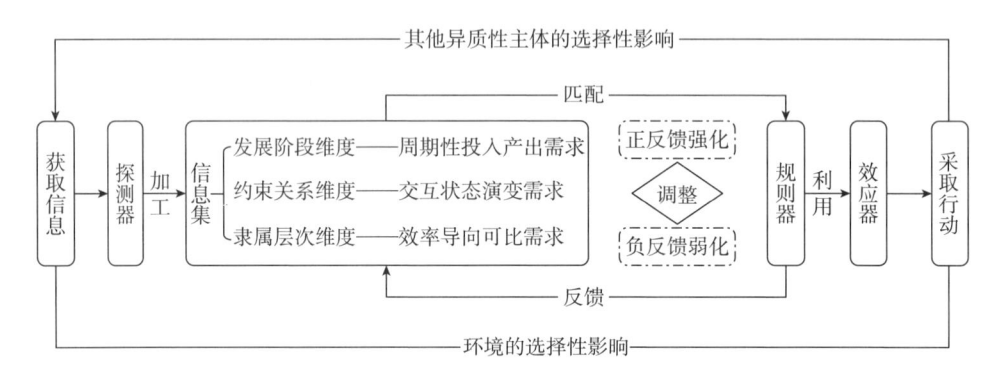

图 7-5 异质性主体协同创新策略需求的刺激—反应模型

如以高校联合创新项目为例，以异质性协同创新各参与主体（异质性学院或科研团队）为探测器，从协同创新的外部环境（政策、制度与项目限制等）与其他主体（其他学院或科研团队）的选择性影响（异质性刺激）中获取信息并探测需求信息集（合作过程中亟待解决的问题或准备达成的目标）；响应协同创新（学院或团队间的合作创新）过程中折算各主体相对于整体目标、角色、任务、资源导向的差异性对投入产出周期性的影响需求；合作方式与交互状态的演变对效率涌现的影响需求；实现可比性、界定效率涌现结构内涵的核心属性需求[1]。再经由规则器（异质性的三维度协同）使得该系统对探测到的消息进行匹配调整处理，刺激具有自主判断和学习能力的各参与主体分别基于发展阶段、约束关系、隶属层次维度导向进行协同交互，以此响应各异质主体探测到的外部刺激与内

---

[1] Pisano G. P. You need an innovation strategy [J]. Harvard Business Review, 2015, 93 (6): 44-54.

部效率涌现需求，并进一步反馈传递效率提升信息。最终反应结果即效应器（策略需求）的对外输出：基于异质性协同创新系统探测到的外部环境应对需求刺激、其他参与主体平衡差异需求刺激与协同创新效率涌现需求刺激，利用已有规则器中三个协同维度采取行动，即输出异质性主体协同创新效率涌现策略需求反应。

二、异质性主体协同创新的策略结构与效率涌现层次

响应上述效率问题、管理特征与策略需求，在 CAS 理论中产生涌现现象思想的分析框架下，异质性协同创新团队交互适应构成了一个复杂的动态系统，系统内参与主体相互作用涌现出对应策略并进一步涌现生成具有层次性和动态性的策略结构，其策略效应也将取决于该策略结构简单涌现的再生效率涌现过程。在前文刺激—反应模型的分析基础上，部分研究结合 CAS 理论中的回声模型提出效能涌现的自适应机制，如曹薇[①]构建了以企业为主体的产学研合作系统刺激—反应模型与多主体自适应机制；赵黎明（2012）基于回声模型探讨了包含学习、协调和进化机制的自适应机制。以上述研究为基础，本研究进一步关注 CAS 理论视域下策略建模，探索提出如图 7-6 所示的异质性主体协同创新策略结构及策略效应自适应机制，并基于回声模型剖析效率逐层涌现的过程。

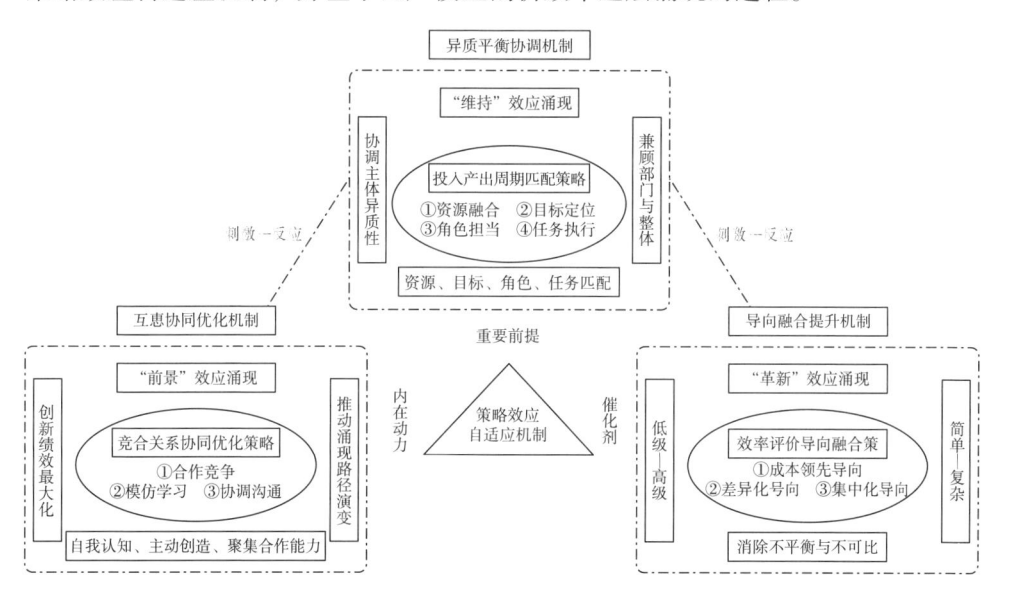

图 7-6　基于回声模型的异质性主体协同创新策略结构及效应自适应机制

---

① 曹薇. 复杂适应系统理论在企业为主体的产学研合作中的应用 [J]. 系统科学学报，2015，23 (4)：68-71.

（一）投入产出周期匹配策略及维持效应涌现

基于发展阶段协同维度，面向部门与整体间周期不匹配问题，提出投入产出周期匹配策略，采取多层面管理措施使得整体效率涌现不再受限于部门，激励部门间及整体与外部环境间产生协调、默契的非线性作用，是实现异质性主体协同创新效率涌现的重要前提[①]。响应上述策略需求，许多学者提出对应解决对策：许成磊等[②]从群体、环境、机会、能力和整合5个层次给出协同创新策略框架；马丽华（2006）从项目团队生命周期角度入手提出相应沟通策略。本研究整合相关研究视角，提出主要包括资源融合、目标定位、角色担当、任务执行等内容的投入产出周期匹配策略。具体为：①资源融合，基于组织资源观视角对一切有利于异质性协同创新的内外部潜在资源的协调整合，使得整体与部门资源投入相匹配，以获得产出最大化；②目标定位，在动态不确定创新情境下，部门与整体基于各自机会、能力与风险的差异化诉求而形成反映共同合作目标的协同过程，进而将完成部门阶段目标或整体终极目标的程度作为异质性协同创新效率涌现的指标之一；③角色担当，要求参与主体及时适应角色交互空间，有效应对部门与整体之间角色缺失、重叠、模糊、错位等冲突现象，迎合各周期匹配的角色投入要素需要，提升协同创新效率；④任务执行，是协调合作基础、过程及控制差异性的有效保障，包括各主体对异质性协同创新共同任务的沟通、设置、实施、调整等，据此面向不同任务数量、层次、属性等需求，提高部门与整体任务协作能力的预期匹配水平。

投入产出周期匹配策略促使异质性主体协同创新效率涌现维持效应。对应图7-4中的协同创新效率协调机制，异质性协同创新复合系统的运行绩效和协同优化的实现取决于部门到整体中所有参与者的有效合作与相互协调，在追求创新效率最大化的同时兼顾部门和整体效益。在刺激—反应模型的分析基础上，依据CAS理论中的回声模型，通过对标识区基本目标、效率涌现、匹配标准的控制强化，建立选择性交互作用、允许路径、状态、方式变换等机制，提高进攻和防御过程的有效性，使异质性资源、目标、角色、任务在创新过程中协调匹配。基于此，本研究提出侧重协同效率维持的周期性导向呈递分析层次，表现在构建或组

---

① 叶伟巍，梅亮，李文，等．协同创新的动态机制与激励政策——基于复杂系统理论视角 [J]．管理世界，2014，(6)：79-91.
② 许成磊，王玉华，孙永河．创业团队簇协同创新策略构建研究 [J]．科技进步与对策，2016，33 (24)：9-16.

合异质性协同创新团队时，首先关注由团队发展周期中的资源融合、角色担当、技能发挥与任务执行等共同关联的协同创新效率涌现，将其作为管理效率评判的基础依据，通过部门与整体间基础投入要素的相互影响与周期匹配促使异质性主体协同创新效率涌现趋于稳定状态。

（二）竞合关系协同优化策略及前景效应涌现

基于约束关系协同维度，面向部门之间的协作差异性问题，提出竞合关系协同优化策略，指异质性主体通过复杂松散—合作竞争—模仿学习—协调沟通的演变过程，使得合作差异协调方式迎合效率涌现规律，是实现异质性主体协同创新效率涌现的内在动力[1]。响应上述策略需求，学者们纷纷推动研究的进一步深化：余晓钟等（2015）探讨了完全合作、完全竞争、合作竞争等细分类型及合作策略；段万春等（2013）提出高校科技创新团队的七种主要合作模式并探讨其结构和优缺点。借鉴并延续已有研究视角，本研究提出竞合关系协同优化策略，包含合作竞争、模仿学习、协调沟通等内容。具体为：①合作竞争，当参与主体的隶属层次处于从属制约状态时，切合主体之间的合作差异性，建立和保持与所有异质性主体的一种动态合作竞争关系，通过关注竞争对手的发展动态、跟踪外部技术、管理创新等，利用异质性资源，提高战略灵活性，增强创新效率和外部环境约束的匹配能力，使团队整体竞争力与协同创新效率得到提升；②模仿学习，当参与主体的隶属层次处于平行推进状态时，为迎合团队共同的合作任务与目标诉求，主体相互感知、认同并转换角色的胜任力要求，形成密切关联的渗透创新理念，通过取长补短—耦合突破—消化吸收再创新，以形成协同异质性的创新效率涌现过程；③协调沟通，当参与主体的隶属层次处于协作支持状态时，以3C协作模式（Communication、Cooperation、Coordination）[2]为基础，为实现共同目标与利益而把各自行为加以约束，通过主体间的项目分配、进度管理、绩效考核、信息传递、知识共享等协调内容，调动各方积极性与责任力来满足效率涌现的导向融合可行性，促进异质性协同创新行为的高效率反馈[3]。

---

[1] 李星. 企业集群创新网络中异质主体间的合作涌现机制研究[J]. 工业技术经济，2014，33（5）：124-130.

[2] Denise L. Collaboration vs. c-three (cooperation, coordination, and communication) [J]. Innovating, 1999, 7 (3): 1-6.

[3] Boughzala I., De Vreede G. J. Evaluating team collaboration quality: The development and field application of a collaboration maturity model [J]. Journal of Management Information Systems, 2015, 32 (3): 129-157.

竞合关系协同优化策略促使异质性主体协同创新效率涌现"前景"效应。对应图7-4中的互惠协同效率优化机制,合作氛围、模仿互动、信息共享、职能互补、决策管控等能力水平是协同创新效率的投入要素,各主体都在异质性协同创新中不断增强自我认知能力、主动创造能力、聚集合作能力,追求创新效率最大化的同时,以可能达成的合作前景为参照物来协调部门之间的差异性,进而有效推动协同创新效率的涌现路径演变。在刺激—反应模型的分析基础上,结合CAS理论中的回声模型,主体间通过进攻和防御标识探明合作方的资源需求与工作节奏,双方知识、信息和技术在匹配的过程中实现转移—转换—提炼—创新的动态循环,异质性主体通过互动、合作与学习等行为达成协同创新共识。鉴于此,提出侧重协同效率前景的效能演变呈递分析层次,表现为异质性主体在合作竞争—模仿学习—协调沟通的协同优化过程中,创新效率也在交互适应的过程中得以提升,通过共赢效应、竞合转换来融合差异,基于交互、适应、协调对异质性的应对来创造"1+1>2"的异质性主体协同创新效率涌现前景。

(三) 效率评价导向融合策略及革新效应涌现

基于隶属层次协同维度,面向效率评价导向不可比问题,提出效率评价导向融合策略,针对协同维度上的异质性问题与效率不可比关联的策略需求,通过设计合理的效率前沿面投影折算方案,增加效率导向的可比性与解释内涵,是实现异质性主体协同创新效率涌现的催化剂[①]。响应上述策略需求,众多学者进行相应探索:如孙新乐等[②]构建了能够赢得复杂情景下多维效率内涵提取、转换与融合需求的新方法以还原评价导向在效率涌现理论和方法上的创新需求;段万春等(2016)增加约束权重构建了能够整合要素复杂作用关联、反映偏好约束的结构效率综合模型。以上述成果为基础,本研究提出包含成本领先导向、差异化导向、集中化导向的效率评价导向融合策略,以期为现有研究做出有益补充。具体内容如下:①成本领先导向,以获取并保持"最舒适的距离"(最低的合作成本)为导向,异质性协同创新的参与主体围绕核心目标形成灵活拼接的协作模式,并响应该非竞争性与非排他性的资源配置方式,优化人力、金融与产业资源配置方式,增强各协同维度的参与方效率导向可比性;②差异化导向,以获取并

---

① 康健,胡祖光. 基于区域产业互动的三螺旋协同创新能力评价研究 [J]. 科研管理,2014,35 (5):19-26.

② 孙新乐,段万春,许成磊,等. 整合多维不确定投入产出关系的效率评价新方法 [J]. 计算机工程与应用,2016,52 (23):68-74+93.

保持更具比较优势的合作格局为导向，异质性协同创新的各主体围绕核心目标形成化零为整的协作模式，并响应该知识互补过程、组织学习过程与风险共担机制对创新动态能力的客观要求，整合个体与团队共享激励、调节组织内信息不对称、改变信任与控制方式，提升各协同维度的参与方效率导向可比性；③集中化导向（更密集的合作关系），以获取并保持密集型的合作关系与地位为导向，异质性协同创新的参与者围绕核心目标形成"众人拾柴火焰高"的协作模式，并响应该合作关系、能力与偏好的取舍转换过程，在隶属控制—平行推进—协作支撑的合作进程中激发主动行为能力、市场感知能力、协同控制能力和整合吸收能力，并从竞争偏好—主观偏好—利他偏好—公平偏好过渡，确保各协同维度的参与方效率可比性。

效率评价导向融合策略促使异质性主体协同创新效率涌现革新效应[①]。策略产生动机起源于效率可比的目标诉求，而系统进化的驱动力[②]就在于试图消除系统内部的各种不平衡与不可比，对应图7-4中的导向融合效率提升机制，迎合创新过程中不同导向性效率可比的内在要求，多方面的交互作用促使协同创新效率产生明显飞跃。在刺激—反应模型的分析基础上，依据CAS理论中的回声模型，主体间通过匹配机制、交换互补资源，使参与主体综合能力得到提升，进而涌现出新的效率结构状态并不断演化，表现为从低级到高级、从简单到复杂、从不可比到可比的管理效率提升过程。综合上述内容，提出侧重协同效率革新的效率优化呈递分析层次，表现为折算效率导向差异以促进合作信任水平不断提升，进而通过共享资源的有效利用、管理制度的不断成熟，促进协同绩效与创新效率明显提升，最终形成面向成本领先、差异化、集中化三个不同导向的异质性主体协同创新效率涌现路径。

第四节 异质性协同创新的效率涌现内涵与特征

一、异质性主体协同创新的效率涌现内涵与特征解析

异质性主体协同创新团队作为一个开放的异质关系耦合体与效率评价载体，具有交互适应性与动态非线性等显著特征，其创新行为是不同结构、层次、内容

[①] 高霞，陈凯华. 合作创新网络结构演化特征的复杂网络分析 [J]. 科研管理，2015，36 (6)：28-36.
[②] Alegre J., Chiva R. Linking entrepreneurial orientation and firm performance: The role of organizational learning capability and innovation performance [J]. Journal of Small Business Management, 2013, 51 (4): 491-507.

和来源的资源要素相互影响、作用和匹配的动态过程。在该过程中，异质性主体协同创新的预期效率涌现[1]并非反映单个协同维度或策略涌现效率的简单线性相加，而是强调在三维度的交相影响下形成对异质性主体协同创新的效率变化预期及资源投入产出水平判定。基于前文策略效应与效率涌现分析，将其管理特征与效率内涵相结合，提炼出包含维持型、前景型、革新型三个涌现层次的异质性主体协同创新效率结构，同时探讨其效率评价特征与研究趋势。

（一）基于维持的主体异质协同

在投入产出周期匹配策略及对应维持效应效率涌现层次的基础上，提出维持型异质性主体协同创新效率，强调在三个协同维度交互影响情景下投入产出配置水平的稳定性测度。该效率涌现结构层次是指满足团队角色担当、技能发挥与任务执行等共同关联的效率评价基础，在解析协同创新效率平衡处置需求的前提下，在团队内或团队间稳定创新、维持协同关系的过程中，有机整合零散的效率资源要素，以满足远期投入产出均衡配比需求为资源配置导向，通过协调、平衡、改善异质性主体协同创新所需效率要素，得到单位投入产出情况。

基于维持型效率关注主体异质协同特征，主要解析灵活性强、机动性高与整体意识清晰三个内容。面对各效率涌现评测主体的异质协同导向属性[2]，评价需求产生的效率表征因素异质问题，考察策略结构对其协同创新相对效率的影响，在策略结构导向下评估各异质性主体在协同与策略维度中的投入产出非同比例或非线性变化。如针对外部环境对异质DMU自身效率产生影响的问题，王军（2015）剔除环境变量对效率的影响，更加合理的比较和评价决策单元真实的效率涌现水平；针对灵活性强、机动性高与整体意识清晰三个特征的效率评价解析维度，陈国权（2007）描述多性状微观投入产出参数，构建能够探析关系效率涌现形成、作用特征与影响因素测度提取的系统模型方法。

（二）基于前景的联合区间协作

在竞合关系协同优化策略及对应前景效应效率涌现层次的基础上，提出前景型异质性主体协同创新效率，强调在三个协同维度交互影响情景下投入产出配置

---

[1] 姜辉，张庆普．基于整体涌现性的团队创意能力模型及实证研究［J］．系统工程，2015，33（9）：16－24．

[2] 杨皎平，侯楠，邓雪．基于团队认同对学习空间调节作用的成员异质性对团队创新绩效的影响研究［J］．管理学报，2014，11（7）：1021－1028．

水平的演变趋势测度。该效率涌现结构层次是指满足投入产出周期性、契合部门之间合作差异性与创新效率协调匹配前提，在各异质主体搭配、模仿和传递的过程中，降低协同创新矛盾冲突，保障创新团队依赖促进，发挥最大限度的协同创新潜能，以满足远期投入产出乐观配比需求为资源配置导向，通过转换隶属层次、合作方式、路径导向等交互适应与关系演变的效率要素，涌现的单位投入产出情况。

基于前景型效率关注联合区间协作特征，主要解析跨层次组织、多周期交互、分阶段耦合等内容。针对评价需求产生的多阶段效率分配与区间整合协作问题，面向异质性主体协同创新过程效率的维持—前景—革新呈递关联，在流程分配导向下全面考察存在效率交互特征的异质性决策属性。如马建锋等[1]建立了考虑跨层次组织投入产出分配比例问题的混合型多阶段 DEA 模型，来解析协作系统的整体效率涌现；苗壮等（2012）基于多周期交互与"零和收益"思想，采用非径向分配方式提出了整体效率最大化的区间协调匹配方法；刘德彬等[2]针对分阶段耦合构建了两阶段 DEA 模型来解析区间协作效率。

（三）基于革新的全局效用协调

在效率评价导向融合策略及对应革新效应效率涌现层次的基础上，提出革新型异质性主体协同创新效率，强调在三个协同维度交互影响情景下投入产出配置水平的提升前景测度。该效率涌现结构层次是指在满足各参与主体对协同创新价值增值环节的潜在资源要素融合、创新风险管控需求的前提下，团队内及团队间各主体激活资源要素、演变信任关系、应对风险契机、实现协调沟通，以满足异质性主体协同创新的最优投入产出需求配比为资源配置导向，通过激发、提取、融合协同创新所需的异质性效率要素，得到单位投入产出情况。

基于革新效率关注全局效用协调特征，主要解析技术互补、信息共享、资源融合等内容。在整体理想导向下针对从局部到整体、由静态到动态的交叉效率界定与评价属性，借助累积前景理论给出整体效率的理想前沿面，解决导向需求产生的相对效率全局协调测度问题[3]，也可引入进化博弈探讨有限理性情景下的协

---

[1] 马建锋，何枫. 存在中间产品退出的混合型多阶段系统 DEA 效率评价 [J]. 系统工程理论与实践，2015，35（11）：2874-2884.

[2] 刘德彬，马超群，周忠宝，等. 存在非期望输入输出的多阶段系统效率评价模型 [J]. 中国管理科学，2015，23（4）：129-138.

[3] Guan J., Chen K. Modeling the relative efficiency of national innovation systems [J]. Research Policy，2012，41（1）：102-115.

同策略与效率涌现水平。如立足于整体技术互补视角，熊文涛等（2015）提出了 DEA 全局协调相对效率的概念并建立了优化效率涌现的交叉模型；为克服现有决策单元排序方法所存在的信息共享问题，李春好等（2013）利用优化理论给出 DEA 全局协调相对效率测度模型；基于资源融合视角的投入产出局限，李光金（2001）提出从投入及产出角度涌现决策单元相对效率有效性的投入—产出型 DEA 模型。

第五节 团队簇的非径向超预期管理效率评价属性

一、理论基础与模型设计

（一）多维合作策略及超预期管理效率

管理效率评价问题不同于经济学领域客观、纯粹的生产效率测度，并非所有的决策单元都采用相同的投入产出来测算有效性，存在相对效率无法用唯一定量指标界定的问题。虽然"只有相对公平、没有绝对公平"是管理学中普遍接受的常识，但在管理效率评价中，该"相对性"的界定往往是一个难点。近似研究内容主要包括杨宏林等[1]运用 DEA 融合有效价值与动量指标，构造了多期限价值与动量混合策略资产组合下的相对有效性；倪渊[2]提出滞后非径向超效率 DEA 组合评价模型，充分反映了投入产出滞后性、评价结果排序性以及评价价值偏好等效率评价相对性；刘德彬等[3]立足于强自由处置性，构建了存在非期望输入输出的多阶段效率模型以评价银行系统的相对效率。这些进展表明管理效率难以评价是由其相对性决定的，决策单元构成复杂动态系统进行选择性相互作用，因合作周期性不同、协作基础与关系差异、效率评价导向多元等层面的相对性导致管理效率必然缺乏直接可比性。如各决策单元在合作过程中的投入产出非同比例变化导致径向测度方法已不适用，整体效率涌现周期可能受限于部门效率贡献的非线性规律；在各决策单元效率评测指标的潜在关联部分或整体存在差异的情境下，多主体合作效率经常呈现决策单元间效率溢出及再分配问题；服务于整体发

---

[1] 杨宏林，崔龚晨，等. 价值与动量混合策略 DEA 多期限资产组合选择及效率评价 [J]. 中国管理科学，2015，23（6）：57－64.

[2] 倪渊. 基于滞后非径向超效率 DEA 的高校科研效率评价研究 [J]. 管理评论，2016，28（11）：85－94.

[3] 刘德彬，马超群，周忠宝，等. 存在非期望输入输出的多阶段系统效率评价模型 [J]. 中国管理科学，2015，23（4）：129－138.

展战略与共同目标,具有创新基础与导向差异的多个决策单元之间具备资源要素投入水平与多元利益诉求,其效率涌现常具有不可比性。

考虑上述合作周期性、协作关系差异性、评价导向多元性三方面管理效率评价的相对性,本研究归纳引入三类合作策略以响应[①]超预期管理效率评价的特征需求与难点问题。

合作周期匹配策略即投入产出周期匹配策略,指面向合作创新问题普遍存在的磨合期、发展期、稳定期与转型期的多阶段特征,考虑各决策单元在所处发展阶段与其他决策单元的管理效率差异性,并以此来平衡合作基础差异、协调整合内外部潜在合作资源的整体合作方式。这一概念反映了各决策单元在协作战略调整转型与突破发展局限的情境下,因各自资源基础、创新路径、管理方式等合作特征差异所形成的部门与整体间效率涌现周期在合作发展不同阶段的不匹配状态。在合作磨合期、发展期、稳定期与转型期交替出现的团队发展周期中,不同发展阶段的政策、资金、技能、目标、资源、关系与环境等决策因素决定了合作绩效涌现周期,进而决定了其对管理效率评价的周期性影响。据此,结合团队生命周期理论,以动态视角呈现决策单元合作的持续过程,并把合作周期整合到管理效率评价体系中。在合作磨合期,政策前提、资金渠道、技能基础等影响合作绩效的主导因素,共同决定管理效率评价的环境基础;在合作发展与稳定期,投入产出基础、竞合关系结构、评价导向差异等影响合作绩效的主导因素,形成适应管理效率评价的策略结构;在合作转型期,战略调整与文化转型等影响合作绩效的主导因素,共同构成面向未来、突破发展局限的崭新管理效率评价准则。

竞合关系优化策略指面向取长补短—耦合突破—消化吸收再创新的关系演变一般过程[②],各决策单元以3C模式[③]为基础促进合作进展与成果的高效反馈,进而依据参与合作途径或资源统筹地位的相对优势,所形成的合作竞争、模仿学习、协调沟通等整体合作方式。这一概念面向复杂合作创新情景,使得各决策单元在多层次协作过程中,由合作意图、地位与关系取向、匹配外部环境约束等动态选择,形成管理效率的差异化配置状态。相关进展表明,决策单元通过合作竞争—模仿学习—协调沟通的协作关系演变,不断增强自我认知、主动创造并聚集

[①] 曹薇. 复杂适应系统理论在企业为主体的产学研合作中的应用 [J]. 系统科学学报, 2015, 23 (4): 68-71.

[②] 高霞,陈凯华. 合作创新网络结构演化特征的复杂网络分析 [J]. 科研管理, 2015, 36 (6): 28-36.

[③] Denise L. Collaboration vs. C-three (cooperation, coordination and communication) [J]. Innovating, 1999, 7 (3): 1-6.

合作能力，同时以可能达成的合作前景为参照物来协调部门之间的非均衡状态，进而有效推动效率涌现路径演变。一方面，响应平衡异质需要与创新渗透的理念，已有研究形成了面向协作关系演变与多维合作策略的合作收益分析视角，决策单元间可以通过项目分配、进度管理、绩效考核、信息传递等途径，促进协作关系演变与多维合作策略的高效率反馈；另一方面，合作竞争视角下，为了建立和保持动态协作差异性关系，提高战略灵活性与整体竞争力，决策单元也具备相互感知、认同并转换角色的协作胜任力要求，它们通过协整异质性的效率关系来迎合整体效率目标。

效率评价导向融合策略指面向成本领先型、收益均衡型与资源集中型等差异化的管理效果评价导向，各决策单元以增强可比性与整体合作有效性为目标，通过整体构建绩效成果的综合价值内涵并设计合理的效率前沿投影折算方案[①]所形成的整体合作方式。这一概念使得各决策单元考虑多维隶属层次的动态非线性作用，以整合要素作用关联、反映效率偏好约束等途径形成多元导向管理效率差异化评价状态。现有研究的多元导向协作分析视角为该效率策略的解析提供了参考，其一，成本领先导向方面，以获取并保持最低合作成本为导向，围绕核心目标形成灵活拼接的协作模式，已经成为响应并优化非竞争性与非排他性的资源配置方式，能够增强效率导向的可比性；其二，差异化导向方面，以获取并保持更具比较优势的合作格局为导向，"化零为整"的分散、多中心协作模式，已经成为调节组织内信息不对称、改变信任与控制方式、提升效率导向可比性的重要途径；其三，集中化导向方面，以获取并保持密集型的合作关系与地位为导向，在隶属控制—平行推进—协作支撑的合作进程中，响应合作关系、能力与偏好的取舍转换，能够激发主动行为、市场感知、协同控制与整合吸收能力，为效率导向可比提供基础。

合作策略的取舍对应上述管理效率的三个相对性，即管理效率评价的合作周期性与合作周期匹配策略相对应；管理效率评价的协作关系差异性与竞合关系优化策略相对应；管理效率评价的评价导向多元性与效率评价导向融合策略相对应。同时，不容忽视的是，上述合作策略对复杂条件下管理效率评价的影响是情景化的，合作策略本身并无优劣之分，但策略与情景的匹配状态将影响本研究所关注的三类超预期管理效率内涵。具体来说，周期型效率，指面向合作效率涌现

---

① Notteboom T., Coeck C., Van Den Broeck J. Measuring and explaining the relative efficiency of container terminals by means of Bayesian stochastic frontier models [J]. International Journal of Maritime Economics, 2000, 2 (2): 83–106.

的周期属性，决策单元之间通过平衡合作基础差异、协调整合内外部潜在合作资源，各自所涌现的单位投入产出情况；控制型效率，指面向合作效率涌现的竞合关系优化属性，决策单元之间通过明确合作途径或资源统筹地位的相对优势，各自所涌现的单位投入产出情况；衍生型效率，指面向合作效率涌现的效率评价导向融合属性，决策单元之间通过统筹并拓展绩效成果的综合价值内涵，各自所涌现的单位投入产出情况。

（二）模型设计思考

为了反映合作周期性、协作关系差异性、评价导向多元性等管理效率评价的相对性，需要在模型中考虑管理效率评价的相对性与不确定性、策略可处置、多维效率扩展与评价导向交融等对方法的特殊需求。

对应上述需求，现有研究有以下理论基础与技术方法可以为其服务：CCR模型关注管理效率相对性与评价不确定性，将效率评价过程看作一个投入—产出的"黑箱"[1]，以判别整体有效与否，但缺少非径向部分的各维测度，忽略了内部过程与层次性，无法得知分效率对整体效率的影响，从而降低了管理效率分析的现实指导意义；融入管理策略的DEA模型重视了策略可处置，但无法体现改进空间大小与策略作用程度；ZSG—DEA模型考虑了多维效率扩展，基于规模收益不变使投入满足零和约束，并将效率从单维扩展至多维，但满足弱自由处置假设构建的负产出导向模型限制了非预期效率在管理问题中的应用；用于测度环境效率的传统径向DEA模型[2]着眼于评价导向交融，却未克服由决策者事先设置权重系数的主观局限，同考虑合作策略问题的管理效率分析情境并不相称。

应对上述研究不足，本研究以已有基础概念与理论贡献为契机进行组合应用再创新：①尝试增加三维度策略并测算对应策略联盟作用下的非径向效率贡献，进行评价内涵再提取，以响应非径向效率的多维策略表征因素及评价精确性诉求；②借鉴主观证据融合决策方法[3]解决无法获取有效信息的模型构建难题，结合合作博弈

---

[1] 余元春，顾新，陈一君. 产学研技术转移"黑箱"解构及效率评价[J]. 科研管理，2017，38（4）：28－37..

[2] Sueyoshi T., Goto M., Snell M. A. DEA environmental assessment: Measurement of damages to scale with unified efficiency under managerial disposability or environmental efficiency [J]. Applied Mathematical Modelling, 2013, 37 (12－13): 7300－7314.

[3] 杜元伟，段万春，等. 基于头脑风暴原则的主观证据融合决策方法[J]. 中国管理科学，2015，23（3）：130－140.

思想用 Shapley 值求解方法[1]计算策略期望得益并折算多维权重,以体现决策单元的策略偏好及评价者的策略取向,确保评价的稳定性与客观性;③突破环境 DEA 技术的弱可处置假设局限,基于策略匹配作用程度、合作博弈维持联盟稳定存在的均衡状态等解析超预期管理效率水平,改进合作策略设定、执行契约的约束力、策略联盟内部的信息互通、收益分配原则等,以保留更具增量优势[2]的 DMU。

第六节 基于可处置性的团队簇非径向超预期管理效率评价方法

一、基于可处置性的策略联盟收益权重分配

为使管理效率最大化,通常在不增加新投入的前提下需要促进多个决策单元间的合作共赢。学界已有学者为了解析协作系统的整体效率涌现与效率最大化的协调匹配方法,采用非径向方式基于多周期交互与 ZSG 思想,建立了考虑跨层次投入产出分配比例问题的 DEA 模型。实际上,上述研究主要针对评价需求产生的多维效率分配与非径向区间协调整合问题,强调联盟层面利益分配的效率优化,而新的管理策略强调匹配管理效率的可处置性,即面向协作过程,在联盟收益分配[3]导向下考察超预期管理效率的权重再分配。

合作博弈关注收益分配问题,即博弈中的联盟各方对经由合作而形成的额外利益的分配方式及其合理性。在合作博弈的动态联盟[4]中,原本相互独立的参与者或部门、团队作为参与博弈的局中人,为了各自目标寻找和实施能够获得更多利益的合作方式。因此,在信息互通与存在有约束力的可执行契约条件下,具有共同利益的决策单元将为了相同的目标而结成策略联盟,进而在兼顾效率公平的条件下,采用具有帕累托改进性质的分配规则[5],使整体策略收益大于每个成员独自收益之和。鉴于此,本研究关注多维合作策略联盟的动态博弈,基于可处置性应对策略联盟作用下的合作效率溢出问题,使原本未识别的隐藏效率,即策略

---

[1] 苏先娜,谢富纪. 产学合作技术创新策略与收益分配博弈分析 [J]. 研究与发展管理,2016,28 (6):10 – 18.

[2] 刘文丽,王应明,等. 基于交叉效率和合作博弈的决策单元排序方法 [J]. 中国管理科学,2018,26 (4):163 – 170.

[3] Lozano S., Moreno P., Adenso – Díaz B., et al. Cooperative game theory approach to allocating benefits of horizontal cooperation [J]. European Journal of Operational Research, 2013, 229 (2): 444 – 452.

[4] 王先甲,刘佳. 具有外部性的合作博弈问题中的稳定的联盟结构 [J]. 系统工程理论与实践,2018,38 (5): 1173 – 1182.

[5] 王选飞,吴应良. 基于合作博弈的移动支付商业模式利益分配研究 [J]. 研究与发展管理,2018,30 (1): 126 – 137.

作用下的分效率值反映在结果中，进而以保证结果客观性为前提将上述合作策略视为三种博弈对策，提出各决策单元的收益分配权重求解方案。

基于上述思考，本研究以特征函数的形式（简称联盟型），分析各决策单元可能形成策略联盟的情况及每一种联盟情况下的得益值，具体如下：

令 $N = \{1,2\cdots,n\}$ 表示符合本研究对象特征的 n 个合作策略集合，N 的任意策略子集 S 可看成合作策略的联盟体，都对应一个策略收益实值函数 $V(S)$，满足：

定理1：$V(S_1 \cup S_2) \geqslant V(S_1) + V(S_2)$ $(S_1 \cap S_2) = \varnothing$ $V(\varnothing) = 0$

定理1中，V 为合作策略的特征函数，$V(S)$ 称为策略联盟作用于 S 的收益值。

无论从学术性和现实性的角度来看，n 人合作博弈研究中最重要的部分是各局中人经过协商并确定联盟的形式后，合作博弈联盟所获得收益（并非博弈模型本身得出的结果）的分配方案。据此，上述策略联盟形成后，本研究提出各成员之间的利益分配问题，包括不贡献者不参与利益分配、忽略决策单元身份地位关注策略贡献再分配、收益分配权重唯一而且维持联盟稳定存在等内容。

引入合作博弈理论中的得益向量和博弈配置（结合起来共同描述合作博弈中各局中人的收益分配问题），用 X_i 表示 N 中的决策单元采取策略 i 从合作策略联盟得到的最大收益值 $V(N)$ 中应得到的超预期收益，得益向量 $X = (X_1, X_2, \cdots, X_n)$ 为合作策略的分配函数（考虑"评价导向多元性"，基于策略偏好取值以体现差异性，最优解对应前文策略匹配分析），且合作博弈的配置必须满足：

定理2：整体合理性 $\sum_{i=1}^{n} X_i = V(N)$

个体合理性 $X_i \geqslant V(i)$ $i = 1,2,\cdots n$

定理2中，前者是指整体合理性，考虑合作周期性，决策单元从策略联盟应得到的超预期收益之和为策略联盟作用的总收益值；后者是指个体合理性，考虑协作关系差异性，决策单元进行策略联盟时的收益大于不进行策略联盟时的收益。其中，$V(i)$ 是决策单元的策略 i 不进行策略联盟时的收益。

本研究基于主观数据的测度能够反映合作策略问题的管理情境，但不同于环境效率指标的客观数据评价，无法自动形成对应合作策略的权重系数，因而需要存在具有帕累托改进性质的分配规则。合作博弈从分配的角度和方法的不同来看，有核心、核仁、*Shapley* 值等各类合作博弈解。其中核心追求所有人都满意的结果，核仁追求所有人损失最小的平均主义，显然都不利于解决现实的博弈问题。值得庆幸的是，Shapley① 提出了 Shapley 值（可认为出于一种概率的解释）这一合作博弈解，并从有效性、对称性和可加性出发，给出了合作对策的解的概念，且证明了它存在的唯一性，为探讨合作博弈中联盟是如何稳定存在的、如何解决每个决策单元经由合作而形成的额外利益所得的比例分配问题提供了便利。故在此创新性结合 Shapley 值求解多维策略收益权重的分配比例，用以体现策略联盟作用的复杂性。折算后的效率贡献不仅可以协调策略差异并保留更具策略优势的 DMU，而且可以匹配多维合作策略下的超预期管理效率分布结构与整体调整导向。

故基于已有定义与公理，可得出 Shapley 值式 7-1：

$$X_i(V) = \sum_{\{S \mid i \in S\}} W(\mid S \mid)[V(S) - V(S-i)] \quad i = 1,2,\cdots n$$

$$W(\mid S \mid) = \frac{(n-\mid S \mid)!(\mid S \mid -1)}{n!} \quad \text{式 7-1}$$

在合作博弈视域下，从策略联盟作用于超预期管理效率的角度确定利益分配体系，重新梳理并解读上述公式，内容如下：

式 7-1 中的 S 是 N 中包含策略 i 的所有联盟子集，$\mid S \mid$ 是子集 S 中的策略元素数，$W(\mid S \mid)$ 是每个策略联盟子集 S 的加权因子。$V(S)$ 为策略联盟子集 S 产生的效益，$V(S-i)$ 是在策略联盟子集 S 中除去策略 i 将会产生的收益，那么 $V(S)$ 与 $V(S-i)$ 的差值就是策略 i 对策略联盟 S 所做贡献的大小。假定上述策略按照随机次序形成联盟，局中策略与前面（$\mid S \mid -1$）个策略形成联盟 S，局中策略相继排列的次序共有 $(n-\mid S \mid)!(\mid S \mid -1)!$ 种，各种次序发生的概率假定相等均为 $1/n!$，因此，各种策略联盟出现的概率应为 $(n-\mid S \mid)!(\mid S \mid -1)!/n!$。

结合上述分析，局中策略 i 参与到联盟 S 中的边际贡献所应匹配的期望得益恰好为 Shapley 值。求解上文策略联盟产生的超预期产出收益分配，进而在求得每一维度策略的贡献期望值后即可进一步求得各维策略权重 α_t，再带入下文构建的目标模型中求解超预期产出分效率值。

二、评价模型构建

非径向（Non-Radial，DEA）方法是基于 Pareto-Koopmans 有效性生产函数

---

① Shapley L. S. A value for n-person games [J]. Contributions to the Theory of Games, 1953, 2 (28): 307-317.

理论提出的效率测度方法,在测度决策单元效率时不考虑线性变换,强调某项投入或产出的最大程度改变,在评价效率时具有高区分度[①]。一方面,根据Zhang等[②]的研究,采用SBM模型可以避免径向和角度选择带来的偏差和影响,进而更好地融入区间异质性、总量松弛和非期望产出;另一方面,Wang等[③]的研究表明,构建非径向超效率DEA模型有益于综合考虑精确性和价值偏好性的诉求。鉴于上述分析,借助非径向DEA方法可以满足超预期管理效率评价对于高区分度、精确性、稳定性与客观性的诉求。

(一) 公理化描述

响应模型设计中的传统DEA假设局限与方法改进思路,借鉴Lins等[④]提出的模拟变量之间相互影响过程的比例分配策略及构建的投入导向型ZSG-DEA模型,进一步归纳改进并提出如下定义与假设:

假设1:决策单元DMU_s。假设在参考集中存在n个DMU_s(DMU_j,$j=1,2\cdots n$),DMU_0表示被评单元,其投入和产出分别为X_o($x_{1o}\cdots x_{mo}$)、Y_o($y_{1o}\cdots y_{so}$)。

假设2:投入产出要素指标。DMU_j通过消耗m种投入X_j($x_{ij},i=1,2\cdots m$)生产出s种产出Y_j($y_{rj},r=1,2\cdots s$),其中投入满足ZSG约束。由于生产过程中往往伴随非预期产出生成,假设DMU_j中还存在P种由于合作策略产生的超预期产出Z_j($z_{tj},t=1,2\cdots p$)。

假设3:参考单元($\sum_{j=1,j\neq 0}^{n}\lambda_j x_{ij}$,$\sum_{j=1,j\neq 0}^{n}\lambda_j y_{rj}$)。表示对参考集中所有$DMU_s$的线性加权所组合出的参考单元。

定义1:h_{to}是模型中的决策变量,是合作策略的多维分效率测度指标。

依据定义1,在产出导向与当前策略作用下,保持DMU_0的投入不变,h_{to}测算第t策略维度的超预期产出收益分配可以增加的程度,即被评单元DMU_0策略收益的分效率值。

定义2:α_t是h_{to}所对应的权重指标,是该模型中影响三维合作策略产出作用

[①] 常晓然, 周全, 等. 我国54个城市的创新效率比较研究:基于包含非期望产出的SBM-NDEA模型[J]. 管理工程学报, 2016, 30 (1):9-18.

[②] Zhang N., Kong F., Yu Y. Measuring ecological total-factor energy efficiency incorporating regional heterogeneities in China [J]. Ecological Indicators, 2015, 51:165-172.

[③] Wang Q., Hang Y., Sun L., et al. Two-stage innovation efficiency of new energy enterprises in China:A non-radial DEA approach [J]. Technological Forecasting and Social Change, 2016, 112:254-261.

[④] Lins M. P. E., Gomes E. G., de Mello B. S., et al. Olympic ranking based on a zero sum gains DEA model [J]. European Journal of Operational Research, 2003, 148 (2):312-322.

的重要参数且满足约束 $\sum_{t=1}^{p} \alpha_t = 1$。

依据定义2,对应前文的三维合作策略,其中 α_1 指合作周期匹配策略,α_2 指竞合关系优化策略,α_3 指效率评价导向融合策略。

(二)模型与求解

基于上述考量,构建出考虑多维合作策略的非径向超预期管理效率评价模型:合作策略收益 DEA 模型(Cooperation Strategies Gains DEA,CSG – DEA),具体如式7 – 2,重点解析多维合作策略对非径向超预期管理效率的影响作用,即策略效率溢出效应。

$$\max \sum_{t=1}^{p} \alpha_t h_{to} \qquad 式7-2$$

$$s.t. \sum_{j=1, j\neq 0}^{n} \lambda_j x_{ij} \leq x_{io}, i = 1, 2 \cdots m \qquad 式7-2.1$$

$$\sum_{j=1, j\neq 0}^{n} \lambda_j y_{rj} \geq y_{ro}, r = 1, 2 \cdots s \qquad 式7-2.2$$

$$\sum_{j=1, j\neq 0}^{n} \lambda_j z_{tj} \left(\frac{1 - z_{to}(h_{to} - 1)}{\sum_{j=1, j\neq 0}^{n} z_{tj}} \right) = h_{to} z_{to}, \ t = 1, 2 \cdots p \qquad 式7-2.3$$

$$\lambda_j \geq 0, j = 1, 2 \cdots n. \ j \neq 0 \qquad 式7-2.4$$

约束式7 – 2.1 和式7 – 2.2 分别表示参考单元的每一项投入均不得高于 x_{io},每一项产出均不得低于 y_{ro},即参考单元 ($\sum_{j=1,j\neq 0}^{n} \lambda_j x_{ij}, \sum_{j=1,j\neq 0}^{n} \lambda_j y_{rj}$)的帕累托占优单元为($x_{io}, y_{ro}$),约束式7 – 2.4 给定了权重变量 λ_j 的取值范围。

等式约束7 – 2.3 表明,为达到合作博弈中策略联盟收益分配的整体均衡水平,第 t 合作策略维度下的超预期收益分配增加需要被其他策略维度产生的超预期收益分配的减少量所分摊。换言之,保持当前投入不变的情况下,DMU_0 欲达有效,将某维度的超预期产出增加 $z_{to}(h_{to} - 1)$,由于要维持策略联盟收益分配的均衡状态,则 DMU_0 的这一增加量需要被其他 DMU 所分摊,根据比例分配策略,所分摊的减少量对应于他们原有产出在总产出中的占比,即 $z_{to}/\sum_{j=1,j\neq 0}^{n} z_{tj}$。因此,$DMU_j (j \neq 0)$ 新的超预期产出为 $z_{tj}(1 - z_{to}(h_{to} - 1)/\sum_{j=1,j\neq 0}^{n} z_{tj})$。

由于传统产出导向模型假定在规模报酬不变的生产系统中评价,排除了规模效率的干扰,其经济学含义为,在限定产出的情况下,被评价决策单元的投入水平可以更小,因此,通过该 DEA 模型评价的非有效决策单元的目标值会大于1。改进后模型表示,在给定的所有决策单元构成的投入产出体系当中,是否可以线性组合出一个虚拟决策单元①,使得该决策单元用给定的投入生产出较多的产品,如果存在,则 $h_{to} > 1$;如果不存在,则表明被评价决策单元为 DEA 有效,$h_{to} = 1$,且式 7-2 中求解线性规划过程的松弛变量均为零。

三、实例验证

支持与调动好各主要省级创新团队的引领作用,是供给侧改革背景下统筹全省产业、技术、人才的经济与社会协同发展,进而推动新时期经济发展方式转型的重要议题。面对"十三五"时期创新驱动和产业转型升级的战略机遇,云南省科技厅管理的各主要省级创新团队面临着产业基础与资源分配悬殊、多领域创新效率差距大、合作政策与管理制度缺乏等挑战。整体上,云南省创新团队目前主要集中在健康医疗和新材料产业,节能环保、绿色食品与能源等产业略有涉及,且在市场培育、资源配置、人才评价与激励等方面存在制度性缺陷,仍未建立起推动产业发展的多团队策略激励机制,在团队资源投入与效率评价过程中缺乏对未来产业发展以及实际资源利用情况等现实需求的统筹考虑。上述问题得到云南省科技厅等相关部门的关注,鉴于此,为应对省级创新团队存在的资源冗余投入、合作策略结构化影响等问题,借助前文形成的分析框架挖掘深层隐藏效率评价信息,以为云南省主要省级创新团队的管理效率提升、创新资源配置优化与创新团队协同激励机制的改进提供依据。

面对上述研究背景,为充分发挥云南省发展的气候、生态、资源和区位优势,基于可处置性选取 16 个云南省省级创新团队为决策单元(本例以灵长类动物基因工程与疾病模型创新团队为 DMU_0),以考察它们在"十三五"时期推动云南省创新、协调、绿色、开放、共享发展的非径向超预期管理效率,并从省级层面解析相应团队管理对策与政策措施。这些决策单元关联的行业领域包含健康医疗、环境保护、绿色食品开发、设计与包装、数据统计与分类、新材料等,具体见表 7-5。参考许成磊和段万春②、Klingebiel 等③对创新团队管理质效评价的研究,设定每个决策单元有 3 项投入、2 项期望产出与 3 项超预期产出。以可获取指标数据的最新年份的实证数据为基础,本研究依据《云南省创新团队计划任

---

① 韩伟一. 一种基于虚拟决策单元的排序方法的完善和扩展 [J]. 运筹与管理, 2017, 26 (11): 65-69.

② 许成磊, 段万春. 基于和谐主题漂移的团队社会资本整合优化 [J]. 科研管理, 2015, 36 (10): 153-160.

③ Klingebiel R., Rammer C. Resource allocation strategy for innovation portfolio management [J]. Strategic Management Journal, 2014, 35 (2): 246-268.

务书》《2018年省级创新团队考核认定信息汇总表》《经费决算报告及经费支出归集统计表》《云南省创新团队管理办法》及需提供的其他证明材料,并展开座谈会征集各创新团队对于自身社会经济价值以及对整个产学研技术人才培养的贡献描述,进行效率评价要素提取及其存在状态数据的整理和赋值。本研究提取培育期内创新团队带头人及核心成员数量、计划任务书或合同中获得项目经费、科研服务调研任务等考核指标及数据,对应形成 X_1 科研人员、X_2 科研经费、X_3 服务类成本,并将数据标准化处理为 1~10 分客观定量(数值越高越好);选取培育期内创新团队带头人及核心成员取得的发明专利授权、主要新产品/新装置/新工艺/新材料开发及应用等代表课题结题或项目完工的成果数量,及重要专著、代表性论文或学术技术报告等考核指标及数据,对应转化成 Y_1 课题结题数、Y_2 高水平刊物发表,并将数据标准化处理为 1~10 分客观定量(数值越高越好);选取培育期内创新团队取得的经济效益及业绩贡献、人才培养/新增入选人才计划或获得荣誉称号等材料、体现团队成员科研合作重要成果等考核指标,对应划分 Z_1 对科技创新与经济发展的贡献程度、Z_2 综合型人才培养水平、Z_3 多领域中长期重要合作预期实现程度,并采取团队自评、参与者互评与熟悉云南省科技与经济研究发展领域的 5 位权威专家审评,经历 3 轮研讨的方式加权平均后,标准化处理为 1~10 分主观无标度定量(数值越高越好)。关于各指标结构及其标准化描述性统计数据参见表 7-6 至表 7-8。

表 7-5 案例 DMU 基础信息

DMU	团队名称	相关产业及技术领域
DMU_1	灵长类动物基因工程与疾病模型创新团队	健康医疗
DMU_2	疫苗研发与新技术应用研究创新团队	健康医疗
DMU_3	水污染光催化治理技术创新团队	环境保护
DMU_4	静脉产业材料循环创新团队	环境保护
DMU_5	肝胆外科创新团队	健康医疗
DMU_6	骨与软组织肿瘤防治研究创新团队	健康医疗
DMU_7	环境友好型肥料研发与推广创新团队	绿色食品开发
DMU_8	铁基粉末冶金创新团队	新材料
DMU_9	包装创意设计与印刷技术创新团队	设计与包装
DMU_{10}	农产品质量与食品安全创新团队	绿色食品开发
DMU_{11}	云南省锂离子电池材料创新团队	新材料
DMU_{12}	氯化钛白技术创新团队	新材料
DMU_{13}	复杂数据统计推断方法研究创新团队	数据统计与分类
DMU_{14}	复杂难处理金属矿产资源高效分选创新团队	数据统计与分类

续表

DMU	团队名称	相关产业及技术领域
DMU_{15}	大气低浓度排放物治理及利用创新团队	环境保护
DMU_{16}	稀贵金属功能材料制备加工新技术创新团队	新材料

注：团队选于云南省科学技术厅2018年12月14日公示结果：《2018年通过认定的省创新团队名单》。根据《云南省创新团队管理办法》及年度预算工作相关要求，在3年培育期满后，省科技厅将对各省创新团队（培育对象）进行认定考核，通过考核的正式授予"云南省创新团队"称号。相关产业及技术领域划分源于《2018云南省创新团队介绍》。

表7-6 案例DMU的指标结构

变量名	投入产出量	单位
X_1	科研人员	人
X_2	科研经费	万元
X_3	服务类成本	万元
Y_1	课题结题数	项
Y_2	高水平刊物发表	篇
Z_1	对科技创新与经济发展的贡献程度	—
Z_2	综合型人才培养水平	—
Z_3	多领域中长期重要合作预期实现程度	—

表7-7 基于 *Shapley* 的策略联盟收益标准化赋值

	策略联盟方式	专家评定标准化数据
策略独立	A合作策略收益	3
	B合作策略收益	3
	C合作策略收益	2
两策略联盟	AB策略联盟收益	6
	C合作策略收益	2
	AC策略联盟收益	5
	B合作策略收益	3
	BC策略联盟收益	6
	A合作策略收益	3
三策略联盟	ABC策略联盟收益	9

注：数据标准化处理方式同前文所述。

表7-8 案例DMU的标准化效率评价要素及赋值

DMU	X_1	X_2	X_3	Y_1	Y_2	Z_1	Z_2	Z_3
DMU_1	5	3	2	4	3	7	6	8
DMU_2	4	5	4	6	6	5	4	6
DMU_3	4	5	5	6	5	4	4	5
DMU_4	5	4	3	4	4	5	6	4
DMU_5	4	5	3	4	5	4	5	3
DMU_6	4	4	3	5	6	3	4	4
DMU_7	4	3	3	4	4	3	3	4
DMU_8	3	3	4	6	5	5	5	4
DMU_9	5	3	4	3	4	5	2	3
DMU_{10}	3	3	4	3	4	2	2	3
DMU_{11}	3	2	4	4	4	3	2	3
DMU_{12}	5	6	4	8	8	4	5	7
DMU_{13}	2	2	2	3	2	2	3	2
DMU_{14}	2	1	2	2	3	3	2	2
DMU_{15}	2	4	4	3	4	3	2	2
DMU_{16}	1	2	1	1	2	2	1	1

冯晨鹏等根据弱自由处置性构建非期望产出导向的ZSG-DEA模型，对比其目标函数中的权重参数由决策者事先决定，改进后构建的CSG-DEA模型着眼于合作博弈，考虑了具有帕累托改进性质的、促进策略联盟稳定的收益分配规则，进而利用公式7-1，结合表7-3数据，使用Shapley值求解各维合作策略所做的贡献期望值，继而求得期望得益权重（即α_t），相关结果参见表7-9。

表7-9 基于Shapley的超预期产出策略联盟收益分配权重

	Shapley	α_t
A	3	0.33
B	3.5	0.39
C	2.5	0.28

结合表 7-8、7-9 数据，本着满足高区分度的效率评价诉求，以精确性、稳定性与客观性保证过程合理性与结果可信度，利用基础 CCR 模型与改进后的 CSG-DEA 模型，使用 LINGO 软件可求得云南省 16 个省级创新团队不考虑上述非径向管理效率测度的原综合效率 H'（将三维度的策略收益 Z_1、Z_2、Z_3 看作三项预期产出 Y'_1、Y'_2、Y'_3 代入 CCR 模型求解）、多维合作策略作用下考虑策略联盟收益分配均衡的非径向超预期管理综合效率 H 以及各维度分效率值 h_t。其中，h_1，h_2，h_3 分别对应前文中的周期型效率、控制型效率、衍生型效率，相关结果参见表 7-10。

表 7-10 综合效率值及各维度超预期产出分效率值

DMU	H'	H	h_1	h_2	h_3	$\sum_{j=1,j\neq 0}^{n}\lambda_j$
DMU_1	1.000000	1.000000	1.000000	1.000000	1.000000	1.000000
DMU_2	1.142857	2.009217	1.960000	2.225000	1.766667	1.600000
DMU_3	1.377778	2.706250	3.125000	2.500000	2.500000	2.500000
DMU_4	1.171053	1.882667	1.866667	1.333333	2.666667	1.333333
DMU_5	1.150000	2.272333	2.166667	1.600000	3.333333	1.333333
DMU_6	1.000000	1.000000	1.000000	1.000000	1.000000	1.000000
DMU_7	1.250000	2.130000	2.500000	2.000000	1.875000	1.500000
DMU_8	1.000000	1.000000	1.000000	1.000000	1.000000	1.000000
DMU_9	1.136364	2.369556	1.466667	3.000000	2.555556	1.333333
DMU_{10}	1.250000	3.129000	3.900000	3.000000	2.400000	1.800000
DMU_{11}	1.000000	1.539444	1.555556	1.833333	1.111111	1.333333
DMU_{12}	1.000000	1.000000	1.000000	1.000000	1.000000	1.000000
DMU_{13}	1.157895	2.045000	2.500000	1.333333	2.500000	1.000000
DMU_{14}	1.357143	2.820000	1.555556	4.000000	2.666667	0.666667
DMU_{15}	1.666667	4.080000	3.111111	4.000000	5.333333	1.333333
DMU_{16}	1.833333	3.445000	3.500000	3.000000	4.000000	0.500000
均值	1.159636	2.033536	1.961285	2.016667	2.142188	1.206250

表 7-10 中前后效率值数据对比显示，基础模型求解结果（见第二列），只能判别整体有效与否，缺少非径向部分的各维测度，更无法体现各个方面的改进空间大小与策略作用程度。而改进后模型将原来未发现的隐藏效率，即策略作用下的分效率值反映在结果中，其中超预期产出的测算为合作策略作用下的效率再提取过程，而表 7-9 中 Shapley 的计算与比例转换为超预期效率评价信息的权重折算过程。如表 7-10 中，第二列数据 H' 表明 DMU 在上述投入产出条件下 DEA 是否有效；第三列的综合效率 H 是反映 DMU 非径向管理效率的综合性指标，结合前文理论分析，其效率高低由策略匹配作用度、联盟内部信息互通、收益分配原则等几个方面决定；第四、五、六列的三个分效率值则可分析出各 DMU 的三维合作策略作用于超预期管理效率的具体表现，以及策略偏好与重点改进方向。

具体分析可知，H' 只能表明 DMU_1、DMU_6、DMU_8、DMU_{12} 在上述投入产出条件下 DEA 有效，其余 DMU 无效；而 H 则表明 DMU_1、DMU_6、DMU_8、DMU_{12} 在合作策略作用下产生的超预期产出均达到所有效率指标的最优值。其中 DMU_1、DMU_6 分别为灵长类动物基因工程与疾病模型创新团队、骨与软组织肿瘤防治研究创新团队，属于健康医疗领域团队，硬件与软件高标准，国家支持与投入较高，项目课题执行准则严格，因而在超预期管理效率上表现突出。相对而言，DMU_8、DMU_{12} 属于科技含量高且发展前景广阔的新材料领域，在合作策略的作用下，多维非径向管理效率均达有效值，合作溢出效果明显，有必要给予更多软硬件结合的科研支持。DMU_{15} 的综合效率最低，DMU_{16}、DMU_{10} 次之，对于三种超预期产出的分效率值 h_1，h_2，h_3 而言，改进空间最大的分别为 DMU_{10}、DMU_{14}/DMU_{15}、DMU_{15}。结合前文合作策略与效率内涵分析，绿色食品开发团队有待根据市场环境与产业化进程，考虑技术与市场层面的平台式整合，针对社会投资缺乏与发展模式单一的问题与环境保护领域团队进一步合作，推动取长补短—耦合突破—消化吸收再创新的竞合关系演变，创造更多"用制药的技术造茶"的典型经验，以充分发挥云南独特气候与生态优势，实现行业的后发式发展。同时，数据统计与分类、新材料领域的团队亟待改善自身的合作创新关系，需要结合 3C 模式促进同相关团队的合作进展与绩效反馈，同时需要提升人才培养与技术合作的开放性，有效推动实验设备、检测仪器等的共享水平与跨领域协作能力，建议充分挖掘现有科技创新技术网络信息平台的价值，以应对创新创业导向不深入与顶层设计待优化问题，并将这两个领域作为重点推进的省级协同创新中心基础团队，深入探索孵化—投资—产业相融合的发展新模式，构建研究—开发—加速—专业的完整孵化链条，为其与设计包装、健康医疗等领域的共同开发提供联合项目支持与政策支持。此外，环境保护领域团队仍需针对三废处理问题挖掘衍生型效率增长点，努力克服领域专业化对其成果市场化的限制，面向合作创新问题普遍存在的磨合、发展、稳定与转型期的多阶段特征，从对接不同领域团队循环发展的技术难点、具体产品需求与生产流程出发，探索其他各团队研究领域的智慧生产式技术改造前景，并努力提升其在生产弹性、生态友好、资源可持续方面的贡献水平，改进空间的大小由上述虚拟决策单元的效率值大小 h_t 决定。

以 DMU_{11} 改进前后模型对比为例，其 H' 为 1.000000，H 为 1.539444，h_1，h_2，h_3 分别为 1.555556，1.833333，1.111111。改进前模型表明该 DMU 在当前投入产出水平 DEA 有效，而在非径向方法测度下该 DMU 仍有改进空间，具体到各维度策略作用下的分效率值，该 DMU 的 h_3 相对较好，h_2 最偏离有效，拖累了整体效率。这表明该 DMU 在多领域中长期重要合作预期实现方面策略作用明显，而在综合型人才培养方面有较大改进空间，若 DMU_{11} 欲提高非径向综合效率，则应着重关注竞合关系优化策略的要点内容，立足制造业基础和新材料产业迅猛发展态势，依托云南省"一核两区多园"的创新布局，形成合作竞争、模仿学习、协调沟通等多层次合作方式，进而释放云南省锂电资源的存量优势，借助新能源以及生态环境保护等领域的重要成果，激发、转换和保持云南省锂离子电池材料的行业成本优势、技术优势，逐步引领团队向智能装备、新材料等相关制造业优势领域渗透技术与人才优势。

表 7-10 最后一列数据为权重之和，在 CRS 假设下通常可以借以反映被评 DMU 的规模收益情况。数据显示，除去 DMU_1、DMU_6、DMU_8、DMU_{12}，其余的 DMU 的权重之和均大于 1，这意味着这 12 个 DMU 的投入产出均超过最佳生产规模，呈现规模收益递减的现象。该状况堪忧，说明上述 DMU 缺乏更多的新兴效率增长点，亟须调整陈旧的运作结构与匹配度，进行合作策略结构升级。

根据表 7-10 数据，可将 16 个省级创新团队的综合效率值 H'、H 与三个超预期产出的分效率值 h_1，h_2，h_3 绘制在如下图 7-7 所示的团队—效率柱状图中。

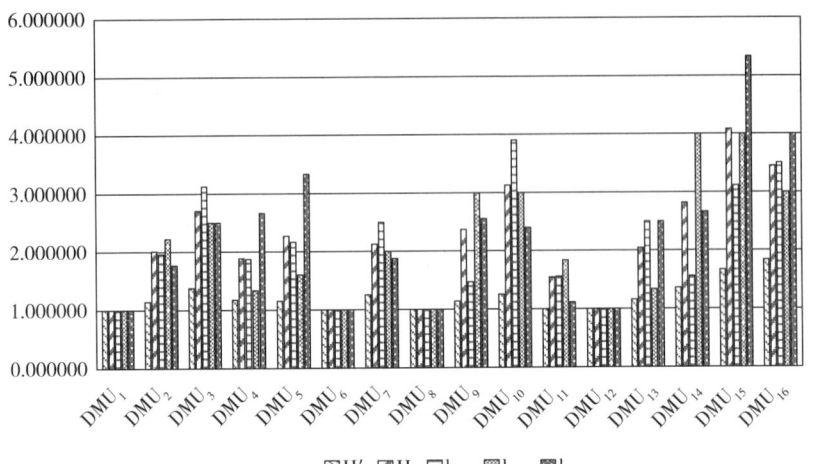

图 7-7 各 DMU 超预期管理效率柱状图

直观上看，非径向综合效率与分效率之间整体上存在如下关系：除去有效单元，无效 DMU 在 h_1 或 h_3 超预期产出方面普遍偏离有效。因此，着眼于宏观层面上的改进方向，健康医疗、环境保护、绿色食品开发、设计与包装等领域的 DMU_2、DMU_3、DMU_7、DMU_9、DMU_{10} 应将协作重点着眼于市场环境与发展周期协同方面，通过更多的信息对接实现研发进度、技术目标与研发路径的系统整合，进而明确它们共同的核心竞争力定位；而环境保护、健康医疗、数据统计与分类、新材料等领域的 DMU_4、DMU_5、DMU_{13}、DMU_{14}、DMU_{15}、DMU_{16} 则应着重协调实现多领域中长期重要合作预期的衍生收益内容，通过理顺它们在全省经济社会发展中的作用与地位差异，将创新发展作为核心导向，进一步突出相关领域在支撑云南经济社会转型发展进程中对内涵型、后发型发展的引领作用。

综上数据对比与结果分析可知，常规的基础模型仅可判别 DMU 是否有效，而改进后模型在此基础上还可测算每个维度的策略作用与偏好、收益分配、改进方向与空间。同时，与会专家团队也认可并接受上述分析结果，认为验证过程中选取的具有较高效率表现的 DMU 纠正了他们以前经验判断的观点，应该在后期加强这些决策单元的政策与经费支持力度并推动团队间的协同创新。这表明，本研究改进后的评价体系更具优势，考虑多维合作策略的非径向超预期管理效率评价方法更具理论和现实意义。

第七节 基于 DEMATEL 的合作偏好交互与融合研究

一、多方案 DEMATEL 方法的决策步骤

目前多方案 DEMATEL 尚未形成一类单独的分析框架,除直接影响信息提取及其矩阵构造环节以外,其主要决策流程与单方案情景下的影响矩阵构造、求解流程基本一致。鉴于此,参照 Lee[①]、Tzeng[②]、Wu[③] 等人对常规(单方案)DEMATEL 的研究成果,针对本研究分析情景,整理出多方案 DEMATEL 方法的决策步骤。相对于现有成果,下列方法的差异与贡献主要为,针对多评价对象的特征差异、评价诉求与随之带来的评价组织调整需求,改进已有文献对初选决策要素、识别有效要素和探讨要素间相互关联的基本方法,形成面向多方案分析需求且能够反映专家群体决策偏好的整体判断策略,具有从整体到局部实现逐层有序判断的群决策优势。而正是基于这种优势,本研究的主要贡献在于据此提出了一套用以识别、提取和表征多方案情景下专家群体判断偏好影响分析及其融合与检验的方法(详见本节后文)。

(一)构建决策要素集合、明确要素作用关系

假设待决策方案为 e,e_n 为第 n 个方案;各方案形成的要素集合为 I,设 i_n 和 $i_{n'}$ 分别为某个方案影响因素集合中的第 n 个和第 n' 个因素。邀请相关领域的 k 个专家依据其所掌握的知识并结合所了解的决策方案属性及特征,首先,对各方案的各层级要素存在状况进行辨析;其次,对各方案内部因素间的作用影响关联进行判别,明确相应因素对管理目标的影响方向及大小;最后,在加权平均或简单算术平均的基础上(考虑方案独立或方案间有关联两种情况),依据专家整体判定的关联方向及强度,形成所有要素影响关联测度信息。为便于要素间影响关系的判定、形成差异显著的相对重要性比较结果,本研究用"强""中""弱"三

[①] Lee H. S., Tzeng G. H., Yeih W., et al. Revised DEMATEL: resolving the infeasibility of DEMATEL [J]. Applied Mathematical Modelling, 2013, 37 (10): 6746–6757.

[②] Tzeng G. H., Chiang C. H., Li C. W. Evaluating intertwined effects in e-learning programs: A novel hybrid MCDM model based on factor analysis and DEMATEL [J]. Expert Systems with Applications, 2007, 32 (4): 1028–1044.

[③] Wu W. W., Lee Y. T. Developing global managers' competencies using the fuzzy DEMATEL method [J]. Expert Systems with Applications, 2007, 32 (2): 499–507.

级标度（对应标度数值分别为 3、2、1）对可能存在的要素间作用程度进行标识（无作用关系时强度为 0；要素与自身的作用强度默认为 0）。

（二）构建要素直接影响矩阵、综合影响矩阵

依据（一）构造反映各方案内及方案间要素初始作用关系判定的直接影响矩阵 $X = [a_{nn'}]$，其中若要素 i_n 对 $i_{n'}$ 存在直接影响时，可令前者对后者的影响度为 $a_{nn'} = \pi_{n \to n'}$，$n, n' \in \{1,2,3,\cdots,N\}$，$n \neq n'$；若两要素不存在直接影响，则 $a_{nn'} = 0$ 在此基础上，基于公式 $T = Q(E-Q)^{-1} = [t_{nn'}]$ 构建反映各要素在受到其他要素直接及间接影响下的要素综合影响矩阵 T。其中 E 为单位矩阵，$Q = [q_{nn'}]$ 为直接影响矩阵 X 转换得到的规范化影响矩阵。规范化影响矩阵中的每个元素表示为直接影响矩阵的对应元素除以其行要素和中的最大值，即 $q_{nn'} = a_{nn'}/max\{\sum_{n}^{\pi'} \mid 1 \leq n \leq N\}$。

（三）计算要素的影响中心度与原因度

由综合影响矩阵 T 可推导既定方案中要素 i_n 对决策目标实现的影响度 f_n 和被影响度 e_n，其中 $f_n = \sum_{n}^{t'}$，即 T 中既定元素所在的行值之和称为它对所有其他元素的综合影响；$e_n = \sum t_n$，即 T 中既定元素所在的列值之和称为所有其他元素对它的综合影响。在此基础上，可以得到分别表示要素 i_n 在所有要素中的作用大小测度数值和内部作用程度的中心度 $m_n = f_n + e_n (\forall_n)$ 和原因度 $r_n = f_n - e_n (\forall_n)$。

（四）确定决策的关键影响要素

依据中心度测度数值 $m_n(\forall n)$ 的大小排序可以确定在既定方案中，影响决策目标的关键要素（中心度数值越大，该要素相对于其他要素对关联评价目标的影响程度越强），在此基础上还可依据原因度 $r_n(\forall_n)$ 的数值分布探讨确定应对决策目标的相应措施。

二、多方案 DEMATEL 方法的偏好影响分析

分析以上决策步骤可知，作为多方案 DEMATEL 方法推演的首要流程，在步骤（一）中能否识别并融合专家个体偏好，将直接关系最终影响中心度与原因度的有效性。现有方法中，由于仅使用简单算术平均或加权平均的方式，将多个

专家对某一对要素的评价结果做归一化处理,因此在一定程度上忽略了专家群体内决策偏好带来的复杂影响,并未反映决策本身应有的系统复杂性。具体而言,应用 DEMATEL 方法组织决策过程中涌现的系统复杂性体现为个体选择偏好、流程导向偏好与交互学习偏好三个方面。

(一) 个体选择偏好的系统复杂性

在多方案决策情景中,为充分体现系统决策对专家知识结构、所述领域、权威性等的多维度要求,多方案 DEMATEL 的专家群体往往构成多元(多专业、多领域、多区域)、群体内无交互(各自做出合理评估)。熟悉方案实际情况的经验型专家、熟悉关联领域理论进展的研究型专家与直接参与方案决策管理的权威型专家各抒己见,常在决策流程中仅依据个人的能力、意愿、角色等给出相应决策信息,最终形成千差万别的决策结论(极端情况下)。

(二) 流程导向偏好的系统复杂性

在多方案决策情景中,由于决策对象复杂(单个或多个)、评估方案复杂(多方案,独立或关联),因此基于方法本身面向因素层与目标层分别做比较的流程,常假设专家群体掌握所有决策背景信息,能够在未规定比较策略(成对要素对比分析的整体秩序)的情景下,达到分析初衷。然而,实际决策情景往往略为复杂,在未限定整体评价导向的前提下,应用这种"两两比较"策略将容易导致专家的评判秩序紊乱。例如,不同方案的评价目标、要素集合与内部关联情况都可能存在差别,同一专家在充分理解方案信息且遵循合理决策安排的基础上才能做出合理判定,否则要素间的作用关系将不具可传递性(即 Young 等[1]所指出的 Condorcet 悖论)。

(三) 交互学习偏好的系统复杂性

在多方案决策情景中,调动专家群体的集体智慧是最终实现科学有效决策的基本初衷。在评价初期的主题式、开放式研讨有利于专家间相互增进共识,但如何系统化实现要素层面的点对点交互,仍是一个难点。特别是在多个待评价方案内评价要素众多、种类多样、关联复杂的情形下,专家群体的这种多元构成及无

---

[1] Young H. P. Condorcet's Theory of Voting [J]. American Political Science Review, 1988, 82 (82): 1231 – 1244

组织交互方式将导致方法的直接评价矩阵具有系统误差（偏好）与随机误差（偶然），不利于抓住主要沟通矛盾实现高效交互。

鉴于以上由个体选择偏好、流程导向偏好与交互学习偏好带来的不确定影响，如何检验专家偏好一致性，调整非一致性决策信息，在确保偏好信息具有可加性的基础上实现群体信息集结，并构造直接影响矩阵，是本研究所要攻克的一道难题。

三、多方案情景下偏好交互与融合的思考

针对以上偏好影响复杂性的分析，为详尽构建并阐释偏好交互与融合的方法，从偏好表征有效性、决策过程可控性及专家交互有序效性三个维度，形成以下偏好交互与融合策略的简要思考。

（一）偏好表征有效性方面

在给定决策初始信息的过程中，假设经过充分讨论交流之后，专家能够权衡不同类型决策主体的偏好，给出满足自身能力、意愿及角色的初步判断信息。考虑到评价信息序列内部及序列间的差异（专家本身、专家之间）仅由决策流程、专家偏好差异及可以忽略的随机差异产生，因此可将每位专家给定的要素间两两比较信息序列视为偏好交互与融合分析的依据。

（二）决策过程可控性方面

考虑到思辨方式将会对成对比较结果产生复杂影响，可以基于整体判断策略给出决策信息，在所有要素相对重要程度排序的基础上，判定成对要素间的影响关系，给出专家各自的方案整体判断序列。基于这种判断策略，既能够代表专家认知基础（知识、经验与意愿）和决策导向（外部要求），又符合人脑的整体认知与思维习惯，有利于专家判断决策导向信息的系统表征，形成具有参考价值和偏好内部一致性的判断信息。

（三）专家交互有序性方面

在整体判断策略下形成的专家判断信息序列完整反映了专家偏好信息。由于仅具有同种偏好（偏差在一定幅度内）的信息序列才具有可加性，因此可将偏好交互与融合的前提条件确定为偏好序列一致性，即专家给定判断信息序列间的一致性。在具体决策过程中，可以通过持续反馈非一致性信息在不同专家之间、

方案之间、要素之间的分布情况,推动专家有序、高效达成共识,调整判定预期、实现求同存异。

四、决策者偏好交互与融合方案

基于上述思考,为从偏好表征有效性、决策过程可控性及专家交互有序效性三个维度实现多方案 DEMATEL 方法不同决策阶段的专家偏好交互与融合,本研究在此借鉴前期群决策一致性检验的相关成果,给出如下实施步骤。

(一)讨论给定要素间的初始判断信息

为最大程度上实现决策初期的专家群体偏好交互,依据决策组织方的具体需求,邀请 k 个相关领域专家在充分思考本领域知识与经验的基础上,结合定期组织的针对各方案或难点问题的专题研讨会,采用方案内部与方案间的整体比较信息判断策略,各自给出既定方案的要素间两两比较信息 a_{nn}。

(二)专家在某对要素的判定值差异度

$$d_{ij}(k_s,k_t) = \sum d(a_i^s,a_j^t)/L_{ij} \quad i,j \in [1,n] \quad i \neq j \qquad 式7-3$$

其中,$d(a_i^s,a_j^t)$ 表示专家 k_s,k_t 在要素 x_i 与 x_j 上的关系强度判定值差异绝对值,L_{ij} 为要素 x_i 与 x_j 相互影响程度的最大值与最小值之差,当 $d(a_i^s,a_j^t)$ 或 L_{ij} 为 0 时 $d_{ij}(k_s,k_t) = 0$。显然,$d_{ij}(k_s,k_t)$ 具有以下特征:① $0 \leqslant d_{ij}(k_s,k_t) \leqslant 1$;② $d_{ij}(k_s,k_t) = d_{ij}(k_t,k_s)$;③ $d_{ij}(k_s,k_s) = 0$;④ $d_{ii}(k_s,k_t) = 0$。

(三)任意两个专家在全部要素上的差异度

$$d(k_s,k_t) = \sum_{i,j=1}^{n} d_{ij}(k_s,k_t) \qquad 式7-4$$

其中,$d(k_s,k_t)$ 表示全部专家在所有要素上的综合差异度,n 为要素的个数,显然 $d(k_s,k_t)$ 具有类似于 $d_{ij}(k_s,k_t)$ 的特征:① $0 \leqslant d(k_s,k_t) \leqslant n^2$;② $d(k_s,k_t) = d(k_t,k_s)$;③ $d(k_s,k_s) = 0$。

(四)群体偏好实际一致度和预期一致度

定义专家群体的实际一致度 σ 为所有专家之间要素差异度的算术平均值:

$$\sigma = 1 - \sum d(k_s,k_t)/k\sum_e n^2 \quad 当方案相互独立时 \qquad 式7-5$$

$$\sigma = 1 - \sum d(k_s, k_t)/kn^2 \quad \text{当方案间相互影响时} \qquad \text{式} 7-6$$

注：式 7-5 中，n 为产生差异的实际要素数目，当方案相互独立时，n 为各个方案内要素数量；式 7-6 中，n 为可能产生差异的总体要素数目，当方案间相互影响时，n 为所有方案的要素总数。

定义群体预期一致度 σ_0，为专家群体合意得到的一个三角模糊数，且 $0.5 \leq \sigma_0^x < \sigma_0^y < \sigma_0^z \leq 1$，$\sigma_0^x, \sigma_0^y, \sigma_0^z$ 分别为该三角模糊数的三个端点值。

若 $\sigma \geq \sigma_0^z$，表明专家给定的判断序列之间具有非常高的一致性水平，该专家群体的判断信息通过一致性检验，达到决策初期的偏好交互目的，可以继续依据第一部分（一）~（四）实现偏好融合、构造直接影响矩阵并求解关键要素；若 $\sigma_0^x \leq \sigma < \sigma_0^z$，表明专家给定的判断序列之间具有较高的一致性水平，但考虑到造成偏好非一致性的偏差来源可能非均匀分布于专家之间，需要结合专家讨论结果选择构造影响矩阵或是执行第四部分（五）给出的信息反馈修订方案；若 $\sigma < \sigma_0^x$，则表明专家群体的判断信息未能通过一致性检验，决策初期的偏好交互目的未能实现，需要依据第四部分（五）在新一轮偏好交互的前提下进行更为深入具体的一致性检验。

（五）判断信息修改策略

在此借鉴已有文献给定的判断信息修改策略，根据以上计算结果，将具有最大差异度数值的专家及其差异要素数值界定为修改目标（视具体情况而定，在偏好差异显著时可选取差异值较大的多个要素作为调整对象）。反馈该修改信息至专家后，在专家组共同商讨的基础上完成对相应要素影响程度判断值的修订。由于决策的时间限制、成本控制等影响，上述一致性检验及调整次数需加以限定。设由专家议定的最大讨论修改次数为 g_0，实际修改次数为 $g \in [0, g_0]$。当该决策通过检验且 $g \leq g_0$ 时，偏好一致性判定结束，可以融合偏好信息最终得到决策结果；当该决策未通过检验且 $g \leq g_0$ 时，则按照第四部分（二）~（四）的规则进行下一轮一致性检验；当该决策未通过检验且 $g > g_0$ 时，一致性判定终止，专家偏好差异较大且不能调和，需重新组织评价。

五、实例验证

在集成创新与协同创新的创新导向下，开展创业团队管理对支撑地方创新创业活动具有重要贡献。整合尹志超、秦志华等[①][②]学者的相关成果，目前研究主要从内部知识转移（创新资源 x_{11}、技术成熟度 x_{12}、信息技术 x_{13}、创新路径 x_{14}）、合作与沟通（合作动机 x_{21}、创业基础 x_{22}、认知结构与风格 x_{23}、年龄与社会阅历 x_{24}）、领导与愿景（组织架构 x_{31}、团队文化 x_{32}、道德约束 x_{33}、市场前景 x_{34}）三个维度提出了影响该情景下团队运行效果的 12 个主要因素。为探索三个依托于高校众创空间创业团队的共同关键运行影响因素（团队情况相近，但团队间无关联），该众创空间的责任管理方（即主要创业创新服务提供方）邀请该众创组织内熟悉管理实情的专家 k_1、从事创新团队管理研究的专家 k_2 和从事高校产学研管理的机构负责人 k_3 以问题研讨的形式共同给出相关决策信息。研讨问题为：①相对于众创空间建设的总体目标，集成创新与协同创新环境下创业团队管理三个维度之间的相对重要程度如何；②对照各个评价方案的实际管理情景（创业基础、创业导向、管理风格等），12 个要素中，该方案内可能影响团队创业水平、效率的要素有哪些（为简化分析流程，此处由专家共同筛选出同一套评价要素）；③在各个方案、各个维度中的要素相对于实现创业团队管理水平提高这一整体目标的影响关系如何（包含维度内外），存在的影响强度属于"强""中""弱"的哪一级别？

针对这三个问题的研讨进展，每个专家分别给出三个方案相应管理要素间作用关联的判断信息（遵循从方案层到要素层的整体判断策略），为简洁起见相应初始判断信息不在此赘述。依据这些信息形成的成对要素比较序列，采用前文所列的偏好一致性检验方法，可得到表 7-11 所示的专家群体判断偏好一致性检验结果与调整信息。

表 7-11 专家群体判断偏好一致性检验结果与调整信息

	总体差异度	实际一致度	最大偏差专家	调整专家及要素
初始信息	210	0.2857	—	—

[①] 尹志超，宋全云，吴雨，等. 金融知识、创业决策和创业动机 [J]. 管理世界，2015 (1)：87-98.
[②] 秦志华，赵婧，胡浪. 创业决策机理研究：影响因素与作用方式 [J]. 经济理论与经济管理，2015 (3)：94-102.

续表

	总体差异度	实际一致度	最大偏差专家	调整专家及要素
第1次调整	168	0.4286	k_1 与 k_3	专家 k_3；与方案 e_1 中 x_{11} 相对应，x_{14} 改为 3，$x_{21} \sim x_{23}$ 改为 2，x_{32}、x_{34} 改为 1；与方案 e_1 中 x_{32} 相对应，x_{11}、x_{14} 改为 0，$x_{21} \sim x_{23}$ 改为 1；与方案 e_1 中 x_{34} 相对应，x_{11}、x_{14} 改为 0，$x_{21} \sim x_{23}$ 改为 1；与方案 e_2 中 x_{11} 相对应，$x_{21} \sim x_{23}$ 改为 2，x_{32}、x_{34} 改为 2；与方案 e_2 中 x_{14} 相对应，$x_{21} \sim x_{23}$ 改为 2，x_{32}、x_{34} 改为 2；与方案 e_2 中 x_{21} 相对应，x_{11}、x_{14} 改为 0，x_{23} 改为 1，x_{32}、x_{34} 改为 3；与方案 e_2 中 x_{32}、x_{34} 相对应，x_{11}、x_{14} 改为 0，$x_{21} \sim x_{23}$ 改为 1；与方案 e_3 中 x_{11} 相对应，x_{14} 改为 2，$x_{21} \sim x_{23}$ 改为 1，x_{32} 改为 2；与方案 e_3 中 x_{14} 相对应，$x_{21} \sim x_{23}$ 改为 1，x_{32}、x_{34} 改为 2；与方案 e_3 中 x_{23} 相对应，x_{11}、x_{14} 改为 0，x_{21} 改为 2，x_{22} 改为 1，x_{32}、x_{34} 改为 1；与方案 e_3 中 x_{32} 相对应，x_{11}、x_{14} 改为 0，x_{34} 改为 2；与方案 e_3 中 x_{34} 相对应，x_{11}、x_{14} 改为 1，$x_{21} \sim x_{23}$ 改为 0
第2次调整	120	0.5918	k_2 与 k_3	专家 k_2；与方案 e_1 中 x_{11} 相对应，x_{14} 改为 3，$x_{21} \sim x_{23}$ 改为 2，x_{32}、x_{34} 改为 1；与方案 e_2 中 x_{11} 相对应，$x_{21} \sim x_{23}$ 改为 2，x_{32}、x_{34} 改为 2；与方案 e_2 中 x_{14} 相对应，$x_{21} \sim x_{23}$ 改为 2，x_{32}、x_{34} 改为 2；与方案 e_2 中 x_{21} 相对应，x_{11}、x_{14} 改为 0，x_{23} 改为 1，x_{32}、x_{34} 改为 3；与方案 e_3 中 x_{11} 相对应，$x_{21} \sim x_{23}$ 改为 1
第3次调整	82	0.7211	k_1 与 k_3	专家 k_3；与方案 e_1 中 x_{14} 相对应，$x_{21} \sim x_{23}$ 改为 2，x_{32}、x_{34} 改为 1；与方案 e_1 中 x_{21}、x_{22}、x_{23} 相对应，x_{11}、x_{14} 改为 0，x_{32}、x_{34} 改为 2；与方案 e_1 中 x_{32}、x_{34} 相对应，$x_{21} \sim x_{23}$ 改为 0；与方案 e_2 中 x_{22} 相对应，x_{11}、x_{14} 改为 0，x_{23} 改为 2，x_{32}、x_{34} 改为 3；与方案 e_2 中 x_{23} 相对应，x_{11}、x_{14} 改为 0，x_{32}、x_{34} 改为 3；与方案 e_2 中 x_{32}、x_{34} 相对应，$x_{21} \sim x_{23}$ 改为 0；与方案 e_3 中 x_{21}、x_{22} 相对应，x_{11}、x_{14} 改为 0，x_{32}、x_{34} 改为 1；与方案 e_3 中 x_{23} 相对应，$x_{21} \sim x_{23}$ 改为 0

由专家群体商议（采用德尔菲方法，具体过程不在此赘述）给定的预期一致度为 $\sigma_0 = (0.65, 0.75, 0.85)$，最大修改次数 $g_0 = 5$。分析表7-11可知，专家群体首次给出的判断信息总体差异度较大，实际一致度仅为 $0.2857 < \sigma_0^x = 0.65$，因此不能直接融合信息得到评价结果，需要在内部交流与偏好交互的基础上进一步调整判断结论。经过3轮调整之后，三位专家之间的总体差异度下降至82，实际一致度也上升到 $0.7211 > \sigma_0^x = 0.65$。此时，专家群体在整体偏好层面具有较高的一致性，该决策通过一致性检验，可以进行下一步的信息融合与决策矩阵求解。在此基础上，依据前文给出的DEMATEL方法求解步骤，可以计算得到如表7-12所示的调整后与初始信息的评价结果。

分析表7-12可知，专家初始判断信息与调整后信息得到的评价结果之间存在显著差异。依据未经偏好后期充分交互与调整的初始判断信息，仅使用算术平均策略汇总专家信息形成直接影响矩阵后，DEMATEL方法筛选出三个方案内中心度数值位于前三位（30%）的要素依次为：e_1 的 x_{34}、x_{21}、x_{32}；e_2 的 x_{32}、x_{22}、x_{34}；e_3 的 x_{21}、x_{23}、x_{14}。使用经过专家偏好交互调整且通过偏好一致性检验的信息，DEMATEL方法筛选出三个方案内中心度数值位于前三位的要素依次为：e_1 的 x_{11}、x_{21}、x_{34}；e_2 的 x_{32}、x_{11}、x_{34}；e_3 的 x_{11}、x_{14}、x_{34}。由于初始信息所识别出三个方案的关键影响要素差异较大，并不能从中进一步提炼出三个方案的共同关键影响要素；而经过偏好交互和一致性检验后，可以进一步提炼出三个方案的共同关键影响要素，即 x_{11} 和 x_{34}。依托多方案比较策略筛选共同关键影响要素的意义在于，通过抓住创新资源整合与创业政策扶持两个关键要素（同时有侧重的关注 e_1 的 x_{21}、e_2 的 x_{32}、e_3 的 x_{14}），可以更加有效地指导、辅助与这三个方案相近的创业团队。这种结果表明，应用本改进方法前后，不仅调整前后偏好信息的一致度大幅提升至专家群体接受阈值，而且计算得到的要素重要性整体排序变化显著，同时应用多方案整体分析策略得到的结论更具指导价值，能够充分挖掘一致性偏好信息所反映的收敛决策信息。

以上实例验证过程及结果表明，本研究通过关注多方案DEMATEL方法融合专家群体判断信息形成直接影响矩阵过程中所暴露的偏好差异，基于所构建的偏好交互、一致性检验与多轮次连续调整方法，能够有效识别专家群体内部的偏好差异，并通过一套反馈调整机制在较高收敛状态下（仅做3次调整）最终实现集体满意的共同偏好结论。

表 7-12 调整后与初始信息的评价结果

	调整后	影响度	被影响度	中心度	原因度	中心度排序	原信息	影响度	被影响度	中心度	原因度	中心度排序
e_1	x_{11}	1.61	0.26	1.87	1.34	1	x_{34}	1.25	2.36	3.60	-1.11	1
	x_{21}	1.21	0.39	1.59	0.82	2	x_{21}	2.52	1.01	3.53	1.52	2
	x_{34}	0.00	1.57	1.57	-1.57	3	x_{32}	1.71	1.78	3.49	-0.07	3
	x_{23}	0.67	0.79	1.46	-0.12	4	x_{23}	1.51	1.74	3.26	-0.23	4
	x_{14}	0.88	0.58	1.46	0.30	5	x_{22}	1.86	1.35	3.21	0.51	5
	x_{22}	0.86	0.58	1.43	0.28	6	x_{14}	1.13	1.98	3.11	-0.86	6
	x_{32}	0.17	1.21	1.37	-1.04	7	x_{11}	1.64	1.40	3.04	0.24	7
e_2	x_{32}	0.00	1.91	1.91	-1.91	1	x_{32}	0.61	1.85	2.46	-1.23	1
	x_{11}	1.64	0.09	1.73	1.55	2	x_{22}	1.74	0.60	2.34	1.15	2
	x_{34}	0.17	1.49	1.66	-1.32	3	x_{34}	0.95	1.36	2.30	-0.41	3
	x_{14}	1.26	0.27	1.53	1.00	4	x_{23}	0.89	1.26	2.16	-0.37	4
	x_{22}	1.12	0.39	1.51	0.73	5	x_{21}	1.22	0.93	2.15	0.29	5
	x_{23}	0.62	0.72	1.34	-0.10	6	x_{11}	1.22	0.58	1.80	0.64	6
	x_{21}	0.68	0.62	1.30	0.05	7	x_{14}	0.84	0.91	1.75	-0.06	7
e_3	x_{11}	1.03	0.41	1.44	0.62	1	x_{21}	1.10	1.24	2.34	-0.14	1
	x_{14}	0.67	0.64	1.31	0.03	2	x_{23}	1.32	0.88	2.20	0.45	2
	x_{34}	0.10	1.09	1.19	-0.99	3	x_{14}	0.60	1.51	2.11	-0.91	3
	x_{23}	0.96	0.21	1.17	0.75	4	x_{34}	0.53	0.88	1.40	-0.35	4
	x_{21}	0.75	0.41	1.16	0.34	5	x_{22}	0.69	0.56	1.25	0.13	5
	x_{22}	0.50	0.58	1.08	-0.08	6	x_{32}	0.53	0.58	1.11	-0.05	6
	x_{32}	0.18	0.86	1.04	-0.67	7	x_{11}	0.88	0.00	0.88	0.88	7

第八节 本章小结

为了构建众创团队簇协同创新的合作范式转换机制，面向动态演化创业网络对政策支持影响边界条件及创业绩效内涵的深入挖掘需求、团队簇创业绩效对组织间合作情景的重要作用的认识需求，以 326 个具有簇状合作特质创业团队样本的实证分析表明：创新结构扩散且内部主导的创业网络情景、创新关系/认知扩散且外部主导的创业网络情景，这两种情况下政策适应对团队簇创业绩效均具有积极影响；创新结构扩散且外部主导的创业网络情景、创新关系/认知扩散且内部主导的创业网络情景，这两种情况下政策适应对团队簇创业绩效均具有消极影响。表明在同样都是企业或团队内部主导的创业网络情景下，与创新关系/认知扩散为主的关注外部合作关系的合作创业选择相比，创新结构扩散为主的关注内部合作关系的合作创业选择具有更显著的政策支持积极影响作用，进一步发现了外部主导创业网络情景下政策支持对创业绩效产生差异化影响的边界条件，即在更为激烈的创业竞争环境下，与创新结构扩散为主的关注内部合作关系的合作创业选择相比，创新关系/认知扩散为主的关注外部合作关系的合作创业选择具有更显著的政策支持积极影响作用。

面向众创团队簇主体协同创新在策略框架、效率涌现及评价要点方面存在的创新需求，以复杂适应系统理论为切入点和研究主线，本研究不仅扩展了策略型管理效率的研究思路、延伸了 CAS 的研究范围，而且系统构建了异质性主体协同创新的策略框架、描述和辨识了更具结构化解读意义的效率涌现过程，为后续开展相应效率评价的理论、方法和实证研究构建了基本的逻辑体系，对丰富管理效率评价理论与指导相应管理实践具有一定的参考价值。面向已有研究在管理可处置性挖掘、非预期产出延展测度、合作策略多维权重求解、非径向效率评价等方面的研究缺陷与创新需求，以超预期管理效率评价为研究对象，以管理可处置性和非径向 DEA 模型为切入视角，本研究考虑三维合作策略构建了 CSG-DEA 模型。通过融合 Shapley 值分配策略联盟收益，本研究扩展了非径向管理效率的研究思路，突破并改进了现有效率评价模型的导向局限，对实现多维非径向管理效率测度与考虑超预期产出的策略化评价模型构建具有一定的理论参考与实践指导价值。

面向偏好表征有效性、决策过程可控性及专家交互有序效性三个维度的整体思考需求，弥补现有单方案方法在构造直接判断矩阵过程中忽视专家整体偏好一致性的不足，本研究思考多主体动态合作及决策过程中涌现的个体选择偏好、流程导向偏好与交互学习偏好三者交互与融合问题，为应对多方案 DEMATEL 方法在构造直接判断矩阵时由专家知识结构、经验积累、思考逻辑、价值认同和利益取向等偏好差异所导致的判断序列非一致性问题，创新性地构建了一套能够交互、识别、测度、调整和检验专家群体偏好非一致性的方法。

与已有研究成果相比，本部分通过动态演化和策略结构对于合作范式转换机制的分析，具有以下几点创新：①聚焦团队簇这一典型的研究对象，面向同时具有团队内外部合作创业行为与政策差异影响的多团队创业问题，引入创新扩散与创业网络情景导向两种兼具宏观、微观创业影响整合效果的因素来进一步调和相互冲突的研究结论，运用一个整合框架来探讨当团队簇处于创新扩散不同状态和不同创业网络情景导向的外部环境时，政策支持对团队簇创业绩效的影响存在哪些变化。②构建提出异质性主体协同创新的协同维度、策略需求、策略结构与效率涌现效应。针对协同创新未能结构性应对评价对象目标、导向和周期性不对等的异质性问题，基于 CAS 中的共同演化思想界定了发展阶段、约束关系、隶属层次三个维度的协同创新剖析导向，运用 CAS 中的刺激—反应模型梳理了效率涌现的策略需求，提炼了各异质创新要素的效率提升诉求，建立了三个自适应机制并运用扩展回声模型解析该策略结构及策略效应，解读再现了异质性主体协同创新这个复杂适应系统效率涌现的过程，丰富了创新、协同、效率管理的理论研究成果，有助于提升整体效率的部门化再分配有效性、迎合效率演变进而促进合作差异协调、增强效率导向差异融合可比。③提炼给出异质性主体协同创新的多层次效率涌现结构内涵、特征等解析要点。针对管理效率评价中存在的难以形成共识性、比较意义突出的效率融合评价方案等问题，在 CAS 中产生涌现思想的分析框架下，界定给出了表征对应策略效应呈递导向与效率涌现层次的维持型、前景型、革新型三种异质性主体协同创新效率概念，并对比相关成果概括出其效率涌现的主体异质协同、联合区间协作、全局效用协调等技术特征，深化了对管理效率涌现层次的结构性认识，有助于响应投入产出的周期性、部门间协作关系差异性、效率评价导向不可比性三个研究趋势，进一步丰富效率涌现的理论内涵及方法体系。④应对了传统效率评价模型的弱可处置局限，形成了超预期管理效率策略化评价的多维非径向基础，解构了合作策略作用下管理效率模糊评价的结果不可比问题。响应"策略可处置"的探索需要，探讨了多维合作策略及对应的效率溢出效应，在各 DMU 效率评测指标领域的潜在关联部分或整体存在差异的情景下，提取形成可比效率内涵的策略因素，利用匹配合作策略的管理效率可处置性，促进了各决策单元合作行为与策略的高效率反馈，形成了投入合作与产出分配意义上的效率协作方案;针对多维效率扩展的研究方向,引入非径向测度评估各 DMU 在其策略维度中的投入产出非同比例或非线性变化,以保留更具增量优势的 DMU,在常规产出导向 CCR 模型基础上,相对于整体将策略化的部门效率贡献折算在各自的投入产出理想 DMU 中,形成共同的非径向测度比较基础,解析了非径向测度模型在整个系统水平上的效率权重关联定义及内涵;面向评价导向交融的方法改进,构建了体现合作策略溢出效率再提取、满足策略联盟收益分配最大化均衡状态的管理效率评价模型,结合博弈论思想用 Shapley 计算收益分配后求得转换比例,据此形成了策略导向功能延展后的多层级权重与相对整体评测目标的效率前沿面折算模型。⑤针对多方案多、主体合作的特殊决策情景,提出了偏好交互与融合的改进策略,能够将专家给出的要素间两两比较数据转换成表征专家偏好的判断序列;构建了整体判断策略下有效集结绝对比较偏差的可行方案,可以依据群体共同达成的一致性检验阈值及交互调整策略,在更深层次上实现群体内部的集思广益,并形成更具参考价值的多方案对比分析结论。

囿于客观条件,本研究存在以下局限与后期研究方向:①考虑到研究内容涉及大量对环境感受、合作预期以及创业前景等方面的个人感受,为了统一主观评价的参照体系,选定的调研区域集中在云南省内,虽然受访的众创空间、EMBA 与 MBA 联盟、省级创新创业大赛参赛企业等在样本构成上具有较为分散的籍贯、行业与职务特征,但仍有可能降低研究设计的外部效度,后续研究中可拓展调查区域以增强样本的代表性;②考虑到研究过程的成本和便捷因素,仅采用截面数据关注了静态比较意义上的政策适应、创新扩散与创业网络情景导向,尚未从这三者的周期性匹配关系着手开展相应动态问题研究,因此在后续研究中可以考虑纵向追踪的方法关注团队簇创业绩效涌现的多层次变化,进一步探究创新扩散与创业网络属性随创业支持政策变化对团队簇创业绩效提升的复杂作用机理;③界定和区分构造并获取比较竞争优势、培育并转换战略价值两类创业网络动态演化情景,对企业与政府及社会组织的关系研究、网络与创业企业成长之间的关系研究、新创企业外部经济溢出与长期绩效转换关系研究等领域均具有借鉴意义,但碍于篇幅目前并未探讨这些有价值的内容,在后续研究中可据此进一步挖掘相应影响机理;④组织内和跨组织的合作创业与创新关联影响较为复杂,近年来也涌现了一些针对跨组织联结、资源整合与创业绩效的研究成果,但总体上仍处于探索及体系初建阶段,本研究也仅针对组织间合作的创新扩散、创业网络情景导向两个因素开展了针对性分析,在后续研究中还有待针对其他组织间合作的内容、过程、状态结果等开展进一步深入探索,以丰富完善测量维度及内容;⑤规模以上企业对获取政策资源具有潜在优势,政策的冗余投放也是产生本研究初衷的要点问题，据此本书选取了企业规模作为控制变量，但从检验结果来看它的显著性及在研究设计中的意义不如本研究关注的其他变量，在后续研究中可针对企业规模对政策支持与创业绩效的导入影响开展进一步探讨。⑥明确各异质效率导向的状态特征，提取形成匹配于可比效率内涵的通用因素结构，并将策略化后相对整体而言的部门效率贡献折算在各自的投入产出理想DMU中，进一步拓展非径向效率测度的研究方法；⑦在界定效率核心评测要素特征、协调联合区间的合作差异性与周期性基础上，解构梳理其多阶段效率层次、传递路径与涌现规则，形成投入合作与产出择机分配意义上的效率协作方案，进而拓展多阶段效率测度的研究方法；⑧在划分效率结构、阶段与预期状态的基础上，匹配多部门整体效率分布结构与调整导向，借助累积前景理论与进化博弈理论进一步拓展全局效率测度的研究方法。

第八章

结论与展望

第一节 研究结论

本书的主要研究工作包括众创团队簇协同管理研究要点及协同创新机制运行机理、众创团队簇协同创新的协作能力互信机制、众创团队簇协同创新的创新关系耦合机制、众创团队簇协同创新的合作范式转换机制等研究内容，所取得的研究结论如下。

第一，团队簇作为一种源于并区别于创业团队、多团队系统的新概念，由于其更加关注多团队合作所形成的簇状开放式、松散不确定协同关系，因此团队簇多边界协作、群体导向介入、网络影响特性及合作效应等内容正在成为新的研究趋势与热点。鉴于此，本书通过研究得出了以下结论：①关注团队簇层面松散协作关系下的创业生态与创新网络嵌入管理难题，通过综述国外高被引及最新成果，凝练出了团队簇管理的概念与特征，即具有相关目标及愿景的社会化创业主体（个人或团队、机构），在达成社群化创业要素富集关系的基础上，依托网络化松散合作关系开创的创新创业交互路径、载体共享优势与灵活协作模式，借助单一团队所不具备的优势实现一系列创新目标，形成的一个局部或整体创造力动态协同关联的多团队开放系统；②归纳了团队簇管理在多元创新情景响应、考虑分散协作的社群决策技术创新、考虑动态有效性的协同演化机制、考虑知识生产的创新效能扩散机理等方面的解析评价要点；③从网络节点不确定、节点间关联具有内隐性、网络聚合的非正式规则影响突出三个层面，提出了针对协作能力胜于目标关联、协作角色胜于关系强度、协作位势胜于规则限制三类社会网络特性的多团队创业协同网络解析维度；④从网络化学习沟通能力、信任能力、协作能力三个方面归纳了创业协同过程中团队间社会网络的能力结构，从个体间、团队间、个体—团队间的网络化角色三个方面归纳了创业协同过程中团队间社会网络的角色结构，从网络位势获取与产生、流动与传播、积累与质变三个方面归纳了创业协同过程中团队间社会网络的位势结构；⑤面向这三类团队间创业协同形成的关系结构，从合作网络边界扩张、多团队协同策略结构性变革、部分创新要素外部效用突破性涌现三个维度解析了团队间创业协同交互效应的内涵与特征。不仅能够为我国创业导向下的初创企业及创业化组织变革、创业协同管理实践提供理论参考，也能够通过探索与众创载体、环境和机制相关的热点问题，形成适用于当前社会化创业导向的国内团队簇解析评价方法与整体研究框架，进一步丰富扩展团队管理、创新管理与组织变革等的理论基础。

第二，响应多团队创业与创新交互过程中呈现的多层次协作关联影响辨识与管理需求，本书系统梳理给出了创业团队簇的协同创新策略框架。①从主体协同与行为协同、过程协同与要素协同、空间协同与机制协同三个方面，概括提出了创业团队簇的网络化协同要点，反映创新创业交互管理与多团队协同策略的系统研究需求，提炼出创业团队簇协同创新策略的概念，并从导向性、规范性和效能性三个层面讨论了该概念的实践属性；②结合创业、创新行为特征与协同策略的理论分析需求，提出聚合视角的导向型分析维度、聚合要素的规范与交互型分析维度、聚合效应的效能型分析维度，归纳提出了创业团队簇协同创业策略的三维度解析框架；③从群体协同、环境协同、机会协同、能力协同和协同整合五个方面，给出创业团队簇协同创新策略的基本框架，并阐释了各策略的管理目的与内容；④在借鉴创业创新管理、创新团队管理、协同学等相关理论的基础上，通过梳理团队簇创业的协同内涵，明确其要素协同有效性的概念及其评价框架，提出了一套科学评价创业团队簇协同策略的理论和方法，案例分析结果表明上述理论与方法能够有效解析、评价该公司的后期合作策略。本部分基于创业创新管理、创新团队管理、协同学等理论，为把握创新创业交互管理需求和推动多团队创业行为的科学管理提供了一个机制设计的整体思路、概念模型和理论架构，为后续实证探讨和理论研究构建了逻辑体系。

第三，众创组织的网络化协同创新创业过程呈现为一种面向问题、乐于分享、交互信任、融汇角色、富于流动性的社会创造（Public Creation）范畴，具有网络化信任效应、异构流体团队效应和去中心结构效应三个突出属性，更强调非技术创新（制度创新）与创新中非技术要素管理对消除创新要素及过程隔阂的突出作用。具体而言，众创组织网络协同效应包括以下结论：①网络化信任协同效应集中体现在众创组织初创期基于知识位势、互惠关联、跃迁路径所呈现的网络化协同，能够为众创组织协作创新系统的形成奠定制度基础；②异构流体团队协同效应集中体现在众创组织拓展合作期基于共同绩效、职能角色、概念决策等策略导向，面向开放动态合作关联所形成的多层次动态策略协同，能够为众创组织协作创新系统的功能延伸提供演化导向；③去中心结构协同效应集中体现在众创组织转型期创新学习改造、多核心协同以及创新绩效开放管理，能够为众创组织协作创新系统开创去中心创新的由外及内的网络能力转换范式，是创新型组织协同绩效的持续性涌现动力与方向。

第四，面对现有众创团队创新模式同质化、协同情景复杂化以及合作互信薄弱化的问题，为有效解析众创团队簇创新协作特征与多样化合作情景，厘清差异性信任类型和动态性信任特征在团队簇网络创新创业中的作用路径，本书系统构建了一套针对众创团队簇网络协同关系的协作能力互信机制，相应的研究内容和分析结论如下：①对众创团队簇网络协作能力互信机制的运行机理进行了分析与归纳，以和谐主体辨析方法为基础，给出了更具结构化解读意义的协同效应概念，对应众创团队簇网络初创期、发展期、转型期的互信情景，系统提炼了协作主体知识位势协同、多维角色互惠关联协同以及差序能力的跃迁路径协同效应的理论框架，并据此提炼了基于认知互信、结构互信、情感互信的众创团队簇协作能力互信机制构建要点；②对众创团队簇协作能力互信动态机制进行了构建与应用，关注众创团队簇网络创新主体合作决策中的信任内涵、关系演化以及基础获取问题，描述了团队簇网络协作主体决策信任中主客观信任的伴生和转化关系，提出了主客观信任的一致性检验和动态融合算法，明确了团队簇网络多主体决策信任元协同获取的内在机理，提出了适用于动态信任变化特征的信任归集和权重转化方法，分析了团队簇网络协作主体位势关系的演变规律，有利于提高多团队创新决策共识获取的成熟度和可靠性；③通过异质型创业领导、嵌入授权对团队簇个体绩效的跨层次影响研究，发现创业型领导异质性对个体绩效具有影响、嵌入授权在创业型领导异质性与个体绩效间具有中介作用、能力互信氛围具有调节作用，并根据研究结果提出了相关管理启示；④梳理了创业多团队参与个体协作能力互信随协作关系的三个发展阶段，即相互了解阶段、协作关系发展阶段与相互认同阶段，剖析了个体间的信任随协作关系以及伴随的领导授权的转变而演化的过程，并据此构建了动态的创业多团队参与个体间协作互信发展过程模型，进而在此基础上运用了反映复杂要素关联的网络层次分析法深入分析问题，最后选取符合情况的企业创业多团队个体间的协作互信度进行了实证研究，表明为了要增强创业多团队个体间协作互信以保证合作的顺利进行，最终实现项目的顺利完成，要做到完善制度规范、重视认知授权、重视情感授权。

第五，创业团队簇发展过程面临合作形式的多样性和创业环境的动荡性，通过分析动态组织变革情景中由多团队合作产生的创新关系耦合问题，本书的主要结论如下：①梳理了内部优势和外部战略交互导向下的创业型领导行为要点对创业绩效的作用，分析了控制、平等、弱/无关联的团队簇网络团队间隶属层次以及团队簇创新绩效涌现之间的关系；②总结出在创业—生存导向下，控制关联下的认知信任对保障团队簇网络协作初期的创新绩效涌现有正向影响，在创新—发展导向下，平等关联下的结构信任对保障团队簇网络协作发展期的创新绩效涌现具有正向影响，在双创—转型导向下，弱/无关联下的结构信任和情感信任对保障团队簇网络协作转型期的创新绩效涌现具有正向影响；③借助界面管理对多边界属性管理问题相关关系与状态分析的独特适用性，从资源、前景、路径、效益四个层面系统界定、梳理了多团队创业的非正式众创网络界面体系，从动机、可行域、模式、策略和风险等五个方面提炼了该界面系统有效运行的协同内涵，并归纳了不同界面子系统之间实现耦合有效性的涌现机理及耦合质效评价的关键内容，引入物理学中的容量耦合概念及其耦合系数模型，构建了用于解析及评价复杂系统内多子系统间运行状态耦合程度的实施方案；④提出了适用于外智引联型创新团队流程优化机制的评价方法，构建了基于前景理论的 DEA 效率评价方法，选定云南省院省校项目中外智引联类型创新团队分析的案例研究对象并演练了相关评价方案与方法，验证了前文流程运行效率评价方法的可行性，进而给出了针对外智引联的完善对策。

第六，面向团队簇合作范式转换下的异质性主体协同创新在策略框架、效率涌现及评价关键因素识别方面存在的创新需求，本书系统构建了合作范式转换异质性主体协同创新的策略框架、描述和辨识了更具结构化解读意义的效率涌现过程与多主体决策偏好融合过程。①同样都是企业或团队内部主导的创业网络情景下，与创新关系/认知扩散为主的关注外部合作关系的合作创业选择相比，创新结构扩散为主的关注内部合作关系的合作创业选择具有更显著的政策支持积极影响作用，进一步发现了外部主导创业网络情景下政策支持对创业绩效产生差异化影响的边界条件；②基于 CAS 中的共同演化思想界定了合作范式转换的发展阶段、约束关系、隶属层次三个维度的协同创新剖析导向，提炼了各异质创新要素的效率提升诉求，构建提出了异质性主体协同创新的协同维度、策略需求、策略结构与效率涌现效应；③界定给出了表征合作范式转换策略效应呈递导向与效率涌现层次的维持型、前景型、革新型三种异质性主体协同创新效率概念，并对比相关成果概括出其效率涌现的主体异质协同、联合区间协作、全局效用协调等技术特征，提炼给出了异质性主体协同创新的多层次效率涌现结构内涵、特征等解析要点；④响应策略可处置的探索需要，探讨了多维合作策略及对应的效率溢出效应，形成了超预期管理效率策略化评价的多维非径向基础，面向评价导向交融的方法改进，构建了体现合作转换策略溢出效率再提取、满足策略联盟收益分配最大化均衡状态的管理效率评价模型，形成了合作转换策略导向功能延展后的多层级权重与相对整体评测目标的效率前沿面折算模型；⑤弥补了现有单方案方法在构造直接判断矩阵过程中忽视专家整体偏好一致性的不足，创新性地构建了一套能够交互、识别、测度、调整和检验专家群体偏好非一致性的方法，以应对多方案 DEMATEL 方法在构造直接判断矩阵时由专家知识结构、经验积累、思考逻辑、价值认同和利益取向等偏好差异所导致的判断序列非一致性问题。

第二节　研究展望

本书从众创团队簇概念要点研究及协同创新机制运行机理、网络协同效应、众创团队簇协同创新的协作能力互信机制、众创团队簇协同创新的创新关系耦合机制、众创团队簇协同创新的合作范式转换机制等方面进行协同创新机制的分析和构建，拓展了众创组织的网络化关联影响研究范围，给出了更具结构化解读意义的协同效应概念，系统提炼了各协同效应的理论框架，对于认识复杂结构网络下的众创组织协同创新运行机制具有重要的理论和实践意义。但由于研究精力和研究水平的限制，本书存在一些不足之处，这也为后续研究提供了方向。

第一，对于众创团队簇和协同创新机制的研究思路需要进一步拓展。首先，本书主要研究了团队簇网络协同创新的主体和整体的机制。区别于传统的创业形式，在多团队创新创业的情景中，由于多样性的成员知识背景、多层次的行为目标导向、复杂化的创新协作情景，团队整体或团队个体间存在与传统组织不同的管理要点，今后可从管理角度分析差异性团队领导、偏好与冲突管理、心理授权与自我效能以及目标分析等对于多团队创新创业的作用；从技术层面分析信息网络、大数据等对于多团队创新创业的影响和作用。其次，对于众创团队簇主体合作策略的研究，受限于策略动态关联的一系列不确定干扰因素，后续研究仍有必要面向严格策略情景开展深入探讨，如策略重叠效应下的合作内涵的判定路径以及转型合作阶段的策略导向调整下的策略重构。再次，在界定和区分构造并获取比较竞争优势、培育并转换战略价值两类创业合作范式转换网络动态演化情景，对企业与政府及社会组织的关系研究、网络与创业企业成长之间的关系研究、新创企业外部经济溢出与长期绩效转换关系研究等领域均具有借鉴意义，但碍于篇幅所限目前并未探讨这些内容，在后续研究中可据此进一步挖掘相应影响机理。

最后，由于目前缺少对创业领导异质性风格与个体绩效的影响关系区分三种授权进行的研究，故本研究对内部比较优势导向异质性创业型领导在不同授权行为下产生的个体绩效影响进行不同强弱程度的研究，而碍于篇幅未对三种不同授权影响外部战略价值导向异质性创业型领导与个体绩效的作用关系展开讨论，且建立的研究模型还不够完善，变量对异质性与个体绩效关系影响的机制考虑还存在片面性，实际研究中异质性与个体绩效之间的关系也可能会受到合作策略价值观、冲突结构等变量的影响，后续研究中可以对外部战略价值导向异质性创业型领导在不同授权行为下产生的个体绩效影响展开面向不同强弱程度的深入研究，或引入其他中介变量与调节变量来探讨异质性对个体绩效的影响过程与作用机理，从而开展进一步研究。

第二，实证研究的范围和数据处理方法需要进一步完善。首先，研究过程考虑到成本和便捷因素，仅采用截面数据关注了团队簇的相应研究，没有考虑在多团队创新创业合作过程中的动态的演变，因此后续研究中可采用纵向追踪的方法关注团队簇创新过程中动态的协作关系。其次，本书仅探讨了团队间隶属关系的中介作用，缺乏对包括团队发展阶段、团队间的信任、弹性绩效控制等调节作用的探讨，后续研究可着眼于团队间周期性、深层次心理作用机制对团队簇创新绩效的调节效应，针对性地开展长期合作绩效涌现中的差错反感文化及其跨组织包容性研究。再次，创新生态与创业氛围的地区差异也影响着创业型领导风格的共性特征，从区域经济与创新系统的演进规律来看，社会资源配置范式的差异必将导致市场组织秩序的差异，这种特征具有因社会经济发展水平与分布秩序而异的极化现象，因此也有必要扩展形成一类调节变量改善现有结论的聚类有效性。此外，收集众创多团队数据采用的是便利抽样，理论的稳定性与普遍性受到一定影响，同时研究过程考虑到成本和便捷因素，仅采用横断面数据，需谨慎推断其因果关系，以尽量避免出现逻辑问题，后续研究中要增加样本收集数量、完善相关量表内容。最后，由于外智引联型创新团队是针对西部高校而提出的，所以研究仅选取了国内西部地区研究样本展开分析，虽然样本数量达到分析的要求，但是还存在着对实证研究文献的选择偏差，为了得出更科学、更全面和更具说服力的结论，未来研究可以考虑纳入更多语言、更多数量的相关文献，以便进一步对流程优化机制方面进行分析研究。

第三，决策模型的综合性和严谨程度需要进一步加强。首先，在团队簇协作信任共识状态指标构建中，本研究沿用了原有研讨模型的计算方法，具体的数值以权重为评分值进行直接计算，在实际应用中可能存在准确性问题，今后可利用模糊语义等方法改进权重评分法。决策主体间的信任元的协同获取过程不仅存在信任内涵和主体信任度的作用,更存在多维复杂因素影响下的深层次的运行机理,如社会认知倾向与知识资源依赖等因素的影响,因此共识产生的深层次原因和路径还有待进一步研究探讨。其次,针对异质型创业领导、嵌入授权对团队簇个体绩效的跨层次影响研究所建立的模型还不够完善,变量对异质性与个体绩效关系影响的机制考虑还存在片面性,实际研究中异质性与个体绩效之间关系也可能会受到合作策略价值观、冲突结构等变量的影响,后续研究中应引入其他中介与调节变量来探讨影响异质性对个体绩效的过程与作用的机理,从而开展进一步研究。再次,针对众创团队簇合作范式转换中的管理效率的相对性与评价的不确定性,本研究及实例验证并不是以展现一个复杂全面的分析过程为目标,只是限定了一个考虑多维合作策略情景的超预期管理效率分析方案,据此后续研究可继续关注以下趋势:利益相关者关系视角下考虑超预期管理效率评价模型;非径向、无角度的超预期管理效率评价模型;探讨规模报酬可变条件或多阶段管理效率测度模型。再次,基于本研究成果,可进一步融合已有文献借鉴的 DSmT、证据理论和知觉模糊等思想,完善优化 DEMATEL 方法的前期多主体决策信息提取及融合思维。同时,拓展本研究成果也对解决目前复杂决策相关研究中的多主体、多层次、多偏好决策困境具有一定的参考价值,有助于面向复杂系统决策活动有效挖掘一致性信息,真正实现多领域、多视角、多阶段的科学决策。

附 录

调查问卷1

创新创业团队调查——协作能力互信与团队簇创新绩效涌现的关系

此问卷适合于在众创空间、众创团队以及各种创新创业团队人员,感谢您百忙之中的配合!

1. 您的性别:(　　)
(1) 男　　　　　　　(2) 女

2. 您的年龄段:(　　)
(1) 18 岁以下　　　　(2) 18～25 岁　　　(3) 26～30 岁
(4) 31～40 岁　　　　(5) 41～50 岁　　　(6) 51～60 岁
(7) 60 岁以上

3. 您的受教育程度:(　　)
(1) 高中　　　　　　(2) 中、大专　　　　(3) 大学本科
(4) 硕士研究生　　　(5) 博士研究生

4. 您的工作年限:(　　)
(1) 1 年以下　　　　(2) 1～3 年　　　　(3) 3～5 年
(4) 5 年以上

5. 您的职业背景:(　　)
(1) 企业主要负责人　(2) 研发/技术人员　　(3) 产品推广人员
(4) 财务/审计人员　　(5) 行政/后勤人员　　(6) 顾问/咨询人员
(7) 客服人员

6. 您所在组织的职位级别:(　　)
(1) 一般员工　　　　(2) 基层管理　　　　(3) 中层管理
(4) 高层管理

7. 您的月收入:(　　)
(1) 3000 元以下　　　(2) 3000～5000 元　　(3) 5000～8000 元
(4) 8000～10000 元　　(5) 10000 元以上

第一部分 创业团队信任分类

一、认知互信	很不满意→很满意				
	1	2	3	4	5
我认为我们团队内部以及其他团队的人认真对待工作					
我认为团队内部和其他团队的人愿意为团队工作做出重要贡献					
我认为团队内部和其他团队的成员具有领导能力、执行能力等各种能力					
我认为其他团队的成员不是很愿意接受新的东西和学习新的技能					
我相信团队内部以及其他团队人员的能力和为此项工作所作的努力					

二、结构互信	很不满意→很满意				
	1	2	3	4	5
我和团队中及其他团队的成员都对现有的合作形式和组织形式比较满意					
我们团队和其他团队的每位成员感觉自己能够在所在的角色职能中发挥作用					
我觉得现有的合作模式和制度不太科学,存在许多问题					
我觉得我们团队和其他团队的同事能够经常互帮互助、顺利解决问题					

第二部分 创业团队隶属层次

一、平等关联团队的协同有效性影响	很不满意→很满意				
	1	2	3	4	5
我对我研发的产品非常有自信					
我认为团队中的人际关系良好,且出现的问题可以解决					
我们团队的成员会把我视为合作伙伴,相互信任、相互尊重					
我认为对于团队任务目标我非常清楚					
我认为为了有效完成任务必须尽量与他人合作					

二、控制关联团队的协同有效性影响	很不满意→很满意				
	1	2	3	4	5
我认为我们团队常受到权威团队的指导和建议(或者我们团队经常指导别的团队)					
我认为表现优秀的员工常常能得到应有的回报					
我认为在权威团队的指导下带领团队创新创业效果更加显著					
我认为权威团队领导能有效抑制团队内的无效率行为					
我愿意在具有权威和优势的团队带领下继续工作					

三、弱/无关联团队的协同有效性影响	很不满意→很满意				
	1	2	3	4	5
我认为在这个团队中工作令我感到满意					
我认为在这个团队中我们员工能自由发挥创意					
我认为在这个团队中我不需要刻意与他人保持联系					
我认为我的工作动力来源于工作中的成就感					

第三部分 团队创新绩效

一、团队创新能力	很不满意→很满意				
	1	2	3	4	5
本团队的产品和服务具有创新性					
团队产生了许多优秀的创意或新点子					
团队信息传播利用高效					
团队成员能力获得了长足进步					

二、团队创新生产力	很不满意→很满意				
	1	2	3	4	5
团队创新产品服务数量较多					
团队对行业有一定的贡献					
团队的专利创意成果丰富					
团队产品或服务的客户满意度较高					

调查问卷 2
多团队创业领导异质性、嵌入授权对多团队参与个体绩效的跨层次影响研究调查问卷

尊敬的先生/女士：

您好！

非常感谢您在百忙之中填写此份问卷。这是一份调研小组进行的关于多团队创业领导异质性、嵌入授权对多团队参与个体绩效的跨层次影响研究的学术性研究问卷，旨在研究贵企业的创业领导异质性、领导嵌入授权对多团队参与个体绩效的跨层次影响。文中的所有题项的回答无对错之分。请您根据贵企业的实际情况进行填写，若对测项有疑义时，请选出与您实际情况最接近的答案，我的研究非常需要您的帮助与配合。您所回答的内容对我来说非常重要，您此次填写的内容仅供学术研究所用，不存在任何商业或其他目的，请您放心填写。同时，在填写结束后麻烦您检查是否有漏答之处，以免形成不必要的废卷。再次感谢您的配合，祝您工作顺利、身体健康！

第一部分 基本信息

下面题项是有关您个人、公司或其他组织基本信息的描述。请您根据所在公司的真实情形，从中选择与您公司情况最相符的，请填写对应的数字。

1. 您的性别：（   ）
   （1）男　　　　　（2）女

2. 您的年龄：（   ）
   （1）20 岁以下　　（2）20～29 岁　　（3）30～39 岁
   （4）40～49 岁　　（5）50～59 岁　　（6）60 及 60 岁以上

3. 您的学历：（   ）
   （1）高中及以下　　（2）大专　　　　（3）本科
   （4）硕士研究生　　（5）博士研究生

4. 您的职业背景：（   ）
   （1）管理经营　　　（2）生产制造　　（3）金融财务
   （4）市场销售　　　（5）其他

第二部分 研究有关变量问卷

请就您所在团队的实际情况，选择您同意的程度分值（1 完全不同意，2 比

较不同意，3 不确定，4 比较同意，5 完全同意）。

一、多团队创业领导	完全不赞同→完全赞同				
	1	2	3	4	5
我认为领导者非常注重内部资源交换					
我认为领导者重视利益协调					
我认为领导者忽视个体的心理感受					
我认为领导者会引导鼓励成员相互合作、信任					
我认为领导者重视创新创业机会					
我认为领导者会培育个体创新能力以提高绩效					
我认为领导者具有远景概念化能力以应对不确定环境					
我认为领导者会构建挑战来鼓励成员积极应对现状					

二、领导授权	完全不赞同→完全赞同				
	1	2	3	4	5
我的领导帮助我把个人目标与公司目标联系起来					
我的领导为我提供完成工作所需信息与途径					
我的领导赋予我工作自主权					
我的领导帮助我大幅提高能力与知识					
我的工作对我个人和团队有重要意义与价值					
我肯定自己的能力可以完成我的工作					
我对本部门工作有极大影响力					
我有怎样完成工作的自主权					
我非常明确自己在团队中的身份					
我对团队有强烈的认同感					
我有自信有能力完成我的工作					
我对于完成自己的工作有着强烈的责任感与使命感					

续表

三、能力互信氛围	完全不赞同→完全赞同					
	1	2	3	4	5
我根据工作胜任力来决定是否与他人合作					
我根据诚信度高低来决定是否与他人合作					
我根据责任感大小来决定是否与他人合作					
我根据关系亲疏来决定是否与他人合作					
我更愿意与自己在人际关系中投入更多感情的成员合作					
我能够依赖团队成员解决由于自身失误导致的工作问题					
四、多团队创业参与个体绩效	完全不赞同→完全赞同				
	1	2	3	4	5
在团队中,我能够达到工作预期目标					
在团队中,我会主动解决团队工作问题					
在团队中,我会主动承担有挑战性的工作					
我能够保持高水准工作质量					

问卷填写完成,非常感谢您的支持!

调查问卷 3
政策适应与团队簇创业绩效间关系、创新扩散与创业网络情景导向的影响调查问卷

尊敬的女士、先生：

您好！

非常感谢您在百忙之中参与本问卷的调查！本问卷旨在研究目前创新创业大赛中参赛项目存在的问题，调查结果仅供改善评审环节、优化创业政策。您提供的信息我们都将严格保密，不会对您和贵公司造成任何影响，所有个人信息都不会公开或呈现在研究报告中，敬请放心！您的参与就是对我们研究的重要贡献，请您根据实际情况或想法如实回答，不需署名。

祝您宏图大展，公司日新月异！谢谢合作！

第一部分　背景资料

注：请按照实际情况填写。如没有特殊标明"可多选"，本部分的问题均为单选题。

（一）被访者信息

1. 您的性别：

A. 男　　　　　　　　B. 女

2. 您的毕业时间：

A. 2015 年及以前　　　B. 2016 年　　　　　C. 2017 年

D. 2018 年　　　　　　F. 2018 年以后

3. 您的最高学历：

A. 大专（高职）　　　B. 大学本科　　　　C. 硕士研究生

D. 博士研究生及以上

4. 父母家人是否有创业经历：

A. 是　　　　　　　　B. 否

5. 您是否曾经参与了企业的创立（可以是发起人或创业团队的成员）：

A. 是　　　　　　　　B. 否

6. 您是否拥有该创业企业的股份：

A. 是　　　　　　　　B. 否

如果拥有股份，比例是多少：

A. 30% 及以下　　　　B. 31% ~ 50%　　　C. 51% ~ 99%

D. 100%

（二）企业信息

7. 您的职务是：

A. 董事长　　　　　　B. 总经理　　　　　　C. 高层管理者

D. 其他

8. 公司所属行业是：

A. 制造业　　　　　　B. 批发和零售　　　　C. 金融业

D. 软件开发　　　　　E. 住宿和餐饮　　　　F. 租赁和服务（包括咨询）

G. 文化和娱乐　　　　H. 建筑业和房地产　　I. 交通运输业

J. 生物及医药　　　　K. 信息传输和 IT　　　L. 其他

9. 企业员工人数：

A. 1~10 人　　　　　 B. 11~50 人　　　　　C. 51~100 人

D. 101 人及以上

10. 公司资产规模：

A. 0~100 万　　　　　B. 100 万~500 万　　 C. 500 万~2000 万

D. 2000 万以上

11. 公司成立年限：

A. 1 年及以下　　　　B. 2~5 年　　　　　　C. 6~10 年

D. 11 年及以上

第二部分　创业政策支持调查

注：请按照标准尺度，在每题的数字中选出最能表达您想法的数字，均为单选题。

政策支持	1 完全不符合	2 不太符合	3 不确定	4 比较符合	5 完全符合
	1	2	3	4	5
对大学生创业政策的有正确的解读方式和较深的程度					
能够对客观风险与主观风险偏好进行较好的平衡					
能够有效解读创业过程中政府因素、税收因素、资本因素等的变化趋势					
大多数时候能够根据政府创业政策的变动及时调整企业发展方向					

第三部分　创业失败态度、失败学习、积极自我效能感调查

注：请按照标准尺度，在每题的数字中选出最能表达您想法的数字，均为单选题。

创新认知扩散	1 完全不符合　2 不太符合　3 不确定　4 比较符合　5 完全符合				
	1	2	3	4	5
随着创业进程的开展，我的团队认同感越来越强					
随着创业进程的开展，我对自己的身份角色有越来越清晰的界定和了解					

第四部分　大学生再创业意愿、能力、绩效调查

注：请按照标准尺度，在每题的数字中选出最能表达您想法的数字，均为单选题。

个体创业绩效	1 完全不符合　2 不太符合　3 不确定　4 比较符合　5 完全符合				
	1	2	3	4	5
在创业过程中，我能够实现自身知识、技能与能力的提升					
在创业过程中，我能够增强信心，最大限度地释放自己的潜能					
在创业过程中，我对完成团队既定的个体绩效具有使命感和责任感					

续表

团队创业绩效	1 完全不符合	2 不太符合	3 不确定	4 比较符合	5 完全符合
	1	2	3	4	5
团队间合作过程中产生了许多优秀的创意或新点子					
不确定信息对团队间合作带来的风险越来越少					
团队间相互学习促成的有效创业决策越来越多					

第五部分　社会网络调查

注：请按照标准尺度，在每题的数字中选出最能表达您想法的数字，均为单选题。

动态演化创业网络	1 完全不符合	2 不太符合	3 不确定	4 比较符合	5 完全符合
	1	2	3	4	5
在创业初期，与家人及创业内部团队的联系较多					
随着创业进程的开展，与外部市场关系(合作关系、企业关系等)联系较多					

创新结构扩散	1 完全不符合	2 不太符合	3 不确定	4 比较符合	5 完全符合
	1	2	3	4	5
随着创业进程的开展，团队成员与外部社会网络的联系越来越多					
随着创业进程的开展，创业信息与资源的获取途径越来越多					

续表

创新关系扩散	1 完全不符合 2 不太符合 3 不确定 4 比较符合 5 完全符合					
	1	2	3	4	5
随着创业进程的开展,团队成员与外部人员建立的长期合作越来越多					
随着创业进程的开展,团队成员与外部人员之间关系越来越信任、稳固					

问卷到此结束,再次感谢您的支持!

英文参考文献

[1] Abrahamson E., Rosenkopf L. Institutional and competitive bandwagons: Using mathematical modeling as a tool to explore innovation diffusion [J]. Academy of Management Review, 1993, 18 (3): 487 – 517.

[2] Acemoglu D., Dahleh M. A., Lobel I, et al. Bayesian learning in social networks [J]. Review of Economic Studies, 2011, 78 (4): 1201 – 1236.

[3] Acha V., Gann D. M., Salter A J. Episodic innovation: R&D strategies for project-based environments [J]. Industry & Innovation, 2005, 12 (2): 255 – 281.

[4] Achchuthan S., Kandaiya S. Entrepreneurial intention among undergraduates: Review of literature [J]. Social Science Electronic Publishing, 2013, 5 (2): 65 – 71.

[5] Aime F., Humphrey S. E., Derue D. S., et al. The Riddle of Heterarchy: Power Transitions in Cross-Functional Teams [J]. Academy of Management Journal, 2014, 57 (2): 309 – 322.

[6] Aken J. E. V., Weggeman M. P. Managing learning in informal innovation networks: Overcoming the Daphne-dilemma [J]. R & D Management, 2000, 30 (2): 139 – 150.

[7] Aldrich H. E, Martinez M. A. Many are called, but few are chosen: An evolutionary perspective for the study of entrepreneurship [J]. Entrepreneurship Theory and Practice, 2001, 25 (4): 41 – 56.

[8] Alegre J., Chiva R. Linking entrepreneurial orientation and firm performance: The role of organizational learning capability and innovation performance [J]. Journal of Small Business Management, 2013, 51 (4): 491 – 507.

[9] Alguezaui S., Filieri R., Alguezaui S. A knowledge-based view of the extending enterprise for enhancing a collaborative innovation advantage [J]. International Journal of Agile Systems & Management, 2014, 7 (2): 116 – 131.

[10] Allen D., Karanasios S. Critical factors and patterns in the innovation

process [J]. Policing, 2011, 5 (1): 87-97.

[11] Alvarez S. A., Busenitz L. W. The entrepreneurship of resource-based theory [J]. Journal of Management, 2007, 27 (6): 755-775.

[12] Anders Dysvik, Bard Kuvaas. Intrinsic motivation as a moderator on the relationship between perceived job autonomy and work performance [J]. European Journal of Work & Organizational Psychology, 2011, 20 (3): 367-387.

[13] Argyris C., Schön D. A. Participatory action research and action science compared: A commentary [J]. American Behavioral Scientist, 1989, 32 (5): 612-623.

[14] Aritzeta A., Swailes S., Senior B. Belbin's team role model: Development, validity and applications for team building [J]. Journal of Management Studies, 2007, 44 (1): 96-118.

[15] Autio E., Rannikko H. Retaining winners: Can policy boost high-growth entrepreneurship? [J]. Research Policy, 2016, 45 (1): 42-55.

[16] Balliet D., Van Lange P. A. M. Trust, conflict, and cooperation: A meta-analysis. [J]. Psychological Bulletin, 2015, 139 (5): 1090-1112.

[17] Bandura A. The role of self-efficacy in goal-based motivation [J]. New developments in goal setting and task performance, 2013: 147-157.

[18] Barbosa S. D., Kickul J., Smith B. R. The road less intended: Integrating entrepreneurial cognition and risk in entrepreneurship education [J]. Journal of Enterprising Culture, 2009, 16 (4): 411-439.

[19] Baron R. A. The role of affect in the entrepreneurial process [J]. Academy of Management Review, 2008, 33 (2): 328-340.

[20] Baron R. M., Kenny D. A. The moderator-mediator variable distinction in social psychological research: Conceptual, strategic, and statistical considerations [J]. Journal of Personality and Social Psychology, 1986, 51 (6), 1173-1182.

[21] Bashouri J., Duncan G. W. Communities of practice: Linking knowledge management and strategy in creative firms [J]. Journal of Business Strategy, 2014, 35 (6): 49-57.

[22] Baum J. R., Wally S. Strategic decision speed and firm performance [J]. Strategic Management Journal, 2010, 24 (11): 1107-1129.

[23] Bauwens M., Mendoza N., Iacomella F. A synthetic overview of the collaborative economy [M]. Orange Labs and P2P Foundation, 2012.

[24] Belbin R. M. M. Management teams [M]. New York: Routledge, 2012.

[25] Benner M. J., Tushman M. L. Exploitation, exploration, and process management: The productivity dilemma revisited [J]. Academy of Management Review, 2003, 28 (2): 238-256.

[26] Berry H., Sakakibara M. Resource accumulation and overseas expansion by japanese multinationals [J]. Journal of Economic Behavior & Organization, 2008, 65 (2): 277-302.

[27] Borkar G. M., Mahajan A. R. A secure and trust based on-demand multipath routing scheme for self-organized mobile ad-hoc networks [J]. Wireless Networks, 2017, 23 (8): 2455-2472.

[28] Bosch-Rekveldt M., Jongkind Y., Mooi H., et al. Grasping project complexity in large engineering projects: The TOE (Technical, Organizational and Environmental) framework [J]. International Journal of Project Management, 2011, 29 (6): 728-739.

[29] Boughzala I., De Vreede G. J. Evaluating team collaboration quality: The development and field application of a collaboration maturity model [J]. Journal of Management Information Systems, 2015, 32 (3): 129-157.

[30] Brahm T., Kunze F. The role of trust climate in virtual teams [J]. Journal of Managerial Psychology, 2012, 27 (6): 595-614.

[31] Braunerhjelm P., Acs Z. J., Audretsch D. B., et al. The missing link: Knowledge diffusion and entrepreneurship in endogenous growth [J]. Small Business Economics, 2010, 34 (2): 105-125.

[32] Brock D., Aburish E., Chiu C. R., et al. Interprofessional education in team communication: working together to improve patient safety [J]. Postgraduate Medical Journal, 2013, 89 (1057): 642-651.

[33] Brunetto Y., Xerri M. J., Nelson S., et al. The role of informal and formal networks: how professionals can be innovative in a constrained fiscal environment [J]. International Journal of Innovation Management, 2016, 20 (03): 1-27.

[34] Bstieler L., Hemmert M., Barczak G. The changing bases of mutual trust formation in inter-organizational relationships: a dyadic study of university-industry research collaborations [J]. Journal of Business Research, 2017, 74: 47-54.

[35] Burke A. E., Fitzroy F. R., Nolan M. A. Self-employment wealth and job

creation: The roles of gender, non-pecuniary motivation and entrepreneurial ability [J]. Small Business Economics, 2002, 19 (3): 255 – 270.

[36] Burt R. S., Jannotta J. E., Mahoney J T. Personality correlates of structural holes [J]. Social Networks, 1998, 20 (1): 63 – 87.

[37] Byosiere P. Diffusion of organisational innovation: Knowledge transfer through social networks [J]. International Journal of Technology Management, 2010, 49 (4): 401 – 420.

[38] Cabrerizo F. J., Pérez I. J., Herrera-Viedma E. Managing the consensus in group decision making in an unbalanced fuzzy linguistic context with incomplete information [J]. Knowledge-Based Systems, 2010, 23 (2): 169 – 181.

[39] Caniëls M. C. J., Rietzschel E. F. Organizing creativity: Creativity and innovation under constraints [J]. Creativity & Innovation Management, 2015, 24 (2): 184 – 196.

[40] Canuto O. Competition and endogenous technological change: An evolutionary model [J]. Revista Brasileira De Economia, 2015, 49 (49): 21 – 34.

[41] Carayannis E. G., Grigoroudis E., Goletsis Y. A multilevel and multistage efficiency evaluation of innovation systems: A multi objective DEA approach [J]. Expert Systems with Applications, 2016, 62: 63 – 80.

[42] Carter S. M., Greer C. R. Strategic leadership: values, styles, and organizational performance [J]. Journal of Leadership & Organizational Studies, 2013, 20 (4): 375 – 393.

[43] Cebon P. Swarm creativity: Competitive advantage through collaborative innovation networks [J]. Innovation Management Policy & Practice, 2006, 24 (4): 407 – 408.

[44] Chatterji A., Glaeser E., Kerr W. Clusters of entrepreneurship and innovation [J]. Innovation Policy & the Economy, 2014, 14 (1): 129 – 166.

[45] Cheng X., Yin G., Azadegan A., et al. Trust evolvement in hybrid team collaboration: A longitudinal case study [J]. Group Decision & Negotiation, 2016, 25 (2): 267 – 288.

[46] Chesbrough H., Crowther A. K. Beyond high tech: Early adopters of open innovation in other industries [J]. R & D Management, 2006, 36 (3): 229 – 236.

[47] Chiang C. F., Hsieh T. S. The impacts of perceived organizational support

and psychological empowerment on job performance: The mediating effects of organizational citizenship behavior [J]. International Journal of Hospitality Management, 2012, 31 (1): 180 – 190.

[48] Chiclana F., Mata F., Pérez L. G., et al. Type-1 OWA unbalanced fuzzy linguistic aggregation methodology: Application to Eurobonds credit risk evaluation [J]. International Journal of Intelligent Systems, 2018, 33 (5): 1071 – 1088.

[49] Choi H., Kim S. H., Lee J. Role of network structure and network effects in diffusion of innovations [J]. Industrial Marketing Management, 2010, 39 (1): 170 – 177.

[50] Choi, J. M. External activities and team effectiveness: Review and theoretical development [J]. Small Group Research, 2002, 33 (2): 181 – 208.

[51] Christens B. D., Collura J. J., Tahir F. Critical hopefulness: a person-centered analysis of the intersection of cognitive and emotional empowerment. [J]. American Journal of Community Psychology, 2013, 52 (1 –2): 170 – 184.

[52] Chunfang C., Tsungsheng H. The impacts of perceived organizational support and psychological empowerment on job performance: the mediating effects of organizational citizenship behavior. [J]. International Journal of Hospitality Management, 2012, 31 (1): 180 – 190.

[53] Cook S. D. N., Yanow D. Culture and organizational learning [J]. Journal of Management Inquiry, 2011, 2 (4): 373 – 390.

[54] Coombes S. M. T., Michael H. Morris, Jeffrey A. Allen, et al. Behavioural orientations of non-profit boards as a factor in entrepreneurial performance: Does governance matter? [J]. Journal of Management Studies, 2011, 48 (4): 829 – 856.

[55] Cooper W. W., Thompson R. G., Thrall R. M. Chapter 1 Introduction: Extensions and new developments in DEA [J]. Annals of Operations Research, 1997, 66 (1): 1 –45.

[56] Corbett A. C. Learning asymmetries and the discovery of entrepreneurial opportunities [J]. Journal of Business Venturing, 2007, 22 (1): 97 – 118.

[57] Corning P. A. The synergism hypothesis: A theory of progressive evolution [M]. New York: McGraw-Hill, 1983.

[58] Cramton C. D. The mutual knowledge problem and its consequences for dispersed collaboration [J]. Organization Science, 2001, 12 (3): 346 – 371

[59] Cross R., Cummings J. N. Tie and network correlates of individual performance in knowledge-intensive work [J]. Academy of Management Journal, 2004, 47 (6): 928-937.

[60] Dahl J. Conceptualizing coopetition as a process: an outline of change in cooperative and competitive interactions [J]. Industrial Marketing Management, 2014, 43 (2): 272-279.

[61] Dahlander L., Gann D. M. How open is innovation? [J]. Research Policy, 2010, 39 (6): 699-709.

[62] Danneels E. The dynamics of product innovation and firm competences [J]. Strategic Management Journal, 2002, 23 (12): 1095-1121.

[63] Darian J. C., Cooper Smith L. Integrated marketing and operations team projects: Learning the importance of cross-functional cooperation [J]. Journal of Marketing Education, 2001, 23 (2): 128-135.

[64] Das T. K., Teng B. S. A resource-based theory of strategic alliances [J]. Journal of Management, 2000, 26 (1): 31-61

[65] David Morgan, Rachid Zeffane. Employee involvement, organizational change and trust in management [J]. International Journal of Human Resource Management, 2003, 14 (1): 55-75.

[66] Davide M., Ilaria C., Federico M., et al. Decision making as a complex psychological process [J]. Bildung Und Erziehung, 2017, 70 (1): 17-31.

[67] De Meo P., Ferrara E., Rosaci D., et al. Trust and compactness in social network groups [J]. IEEE transactions on cybernetics, 2015, 45 (2): 205-216.

[68] Dechurch L. A., Burke C. S., Shuffler M. L., et al. A historiometric analysis of leadership in mission critical multiteam environments [J]. Leadership Quarterly, 2011, 22 (1): 152-169.

[69] Deffuant G., Huet S., Amblard F. An individual-based model of innovation diffusion mixing social value and individual benefit [J]. American Journal of Sociology, 2005, 110 (4): 1041-1069.

[70] Deligonul Z. S., Hult G. T. M., Cavusgil S T. Entrepreneuring as a puzzle: An attempt to its explanation with truncation of subjective probability distribution of prospects [J]. Strategic Entrepreneurship Journal, 2008, 2 (2): 155-167.

[71] Denise L. Collaboration vs. c-three (cooperation, coordination and commu-

nication) [J]. Innovating, 1999, 7 (3): 1-6.

[72] Dhanaraj C., Parkhe A. Orchestrating innovation networks [J]. Academy of Management Review, 2006, 31 (3): 659-669.

[73] Dietrich P., Kujala J., Artto K. Inter-team coordination patterns and outcomes in multi-team projects [J]. Project Management Journal, 2013, 44 (6): 6-19.

[74] Dijke M. V., Cremer D. D., Mayer D. M., et al. When does procedural fairness promote organizational citizenship behavior? Integrating empowering leadership types in relational justice models [J]. Organizational Behavior & Human Decision Processes, 2012, 117 (2): 235-248.

[75] Dionne S. D., Gupta A., Sotak K. L., et al. A 25-year perspective on levels of analysis in leadership research [J]. The Leadership Quarterly, 2014, 25 (1): 6-35.

[76] Dionne S. D., Gupta A., Sotak K. L., et al. A 25-year perspective on levels of analysis in leadership research [J]. The Leadership Quarterly, 2014, 25 (1): 6-35.

[77] Dionne S. D., Gupta A, Sotak K. L., et al. A 25-year perspective on levels of analysis in leadership research [J]. The Leadership Quarterly, 2014, 25 (1): 6-35.

[78] Doh S., Kim B. Government support for SME innovations in the regional industries: The case of government financial support program in South Korea [J]. Research Policy, 2014, 43 (9): 1557-1569.

[79] Dotoli M., Epicoco N., Falagario M., et al. A cross-efficiency fuzzy data envelopment analysis technique for performance evaluation of decision making units under uncertainty [J]. Computers & Industrial Engineering, 2015, 79: 103-114.

[80] Duin H., Jaskov J., Hesmer A., et al. Towards a framework for collaborative innovation [M]. Computer-Aided Innovation (CAI). Springer US, 2008.

[81] Dyer J. H., Nobeoka K. Creating and managing a high-performance knowledge-sharing network: the Toyota case [J]. Strategic Management Journal, 2000, 21 (3): 345-367.

[82] Ecevit Sati Z., Işik Ö. The Synergy of innovation and strategic management: Strategic innovation [J]. Celal Bayar University Journal of Social Sciences, 2011, (11): 538-559.

[83] Engel R., Krathu W., Zapletal M., et al. Analyzing inter-organizational business processes [J]. Information Systems and e-Business Management, 2016, 14 (3): 577-612.

[84] Enkel E., Groemminger A., Heil S. Managing technological distance in internal and external collaborations: absorptive capacity routines and social integration for innovation [J]. The Journal of Technology Transfer, 2017: 1 - 34.

[85] Ensley M. D., Pearson A. W., Amason A. C. Understanding the dynamics of new venture top management teams: Cohesion, conflict, and new venture performance [J]. Journal of Business Venturing, 2002, 17 (4): 365 - 386.

[86] Etzkowitz H., Leydesdorff L. The dynamics of innovation: From national systems and "Mode 2" to a triple helix of university-industry-government relations [J]. Research Policy, 2000, 29 (2): 109 - 123.

[87] Fainshmidt S., Frazier M. L. What facilitates dynamic capabilities? the role of organizational climate for trust [J]. Long Range Planning, 2017, 50 (5): 550 - 566.

[88] Fan Z. P., Liu Y. A method for group decision-making based on multi-granularity uncertain linguistic information [J]. Expert Systems with Applications, 2010, 37 (5): 4000 - 4008.

[89] Farh J. L., Hackett R. D., Liang J. Individual-level cultural values as moderators of perceived organizational support-employee outcome relationships in China: Comparing the effects of power distance and traditionality [J]. Academy of Management Journal, 2007, 50 (3): 715 - 729.

[90] Fink M., Kessler A. Cooperation, trust and performance-empirical results from three countries [J]. British Journal of Management, 2010, 21 (2): 469 - 483.

[91] Fogel G. An analysis of entrepreneurial environment and enterprise development in Hungary [J]. Journal of Small Business Management, 2010, 39 (1): 103 - 109.

[92] Frambach R., T. F. R., Frambach R. T., et al. Organizational innovation adoption: A multi-level framework of determinants and opportunities for future research [J]. Journal of Business Research, 2002, (55): 163 - 176.

[93] Freeman C. Innovation systems: city-state, national, continental and subnational [J]. Nota Técnica, 1997, 2: 98.

[94] Freeman M. A., Capper J. M. Obstacles and opportunities for technological innovation in business teaching and learning [J]. International Journal of Management Education, 2000, 1 (1): 37 - 47.

[95] Garcia R. Uses of agent-based modeling in innovation/new product development research [J]. Journal of Product Innovation Management, 2005, 22 (5):

380 – 398.

[96] Garnett J. , Kouzmin A. Strategic change in organizational communication: Emerging trends for wealth formation in the new millennium [J]. Strategic Change, 2015, 9 (1): 55 – 65.

[97] Gassmann O. Opening up the innovation process: towards an agenda [J]. R&D Management, 2006, 36 (3): 223 – 228.

[98] Ghosh S. , Chowdhury R. , Bhattacharya P. Mixed consortia in bioprocesses: role of microbial interactions [J]. Applied Microbiology & Biotechnology, 2016, 100 (10): 4283 – 4295.

[99] Gimmon E. , Yitshaki R. , Benjamin E. , et al. Divergent views of venture capitalists and entrepreneurs on strategic change in new ventures [J]. Strategic Change, 2011, 20 (3 – 4): 85 – 99.

[100] Gist. , Marilyn E. Self-efficacy: Implications for organizational behavior and human resource management [J]. Academy of Management Review, 1987, 12 (3): 472 – 485.

[101] Given J. The wealth of networks: How social production transforms markets and freedom [J]. Information Economics & Policy, 2007, 19 (8): 278 – 282.

[102] Gnyawali D. R. , Fogel D. S. Environments for entrepreneurship development: Key dimensions and research implications [J]. Entrepreneurship Theory and Practice, 1994, 18 (4): 43 – 62.

[103] Goeschl T. , Jarke J. Trust, but verify? monitoring, inspection costs, and opportunism under limited observability [J]. Journal of Economic Behavior & Organization, 2017, 142: 320 – 330.

[104] Goldbard A. New Creative community: The art of cultural development [J]. Community Art, 2006, (4): 4 – 5.

[105] Gong Y. , Chang S. , Cheung S Y. High performance work system and collective OCB: A collective social exchange perspective [J]. Human Resource Management Journal, 2010, 20 (2): 119 – 137.

[106] González-Pernía J. L. , Peña-Legazkue I. Export-oriented entrepreneurship and regional economic growth [J]. Small Business Economics, 2015, 45 (3): 505 – 522.

[107] Goodale J. C. , Kuratko D. F. , Hornsby J. S. , et al. Operations management and corporate entrepreneurship: The moderating effect of operations control on the

antecedents of corporate entrepreneurial activity in relation to innovation performance [J]. Journal of Operations Management, 2011, 29 (1 - 2): 116 - 127.

[108] Granovetter M. The impact of social structure on economic outcomes [J]. The Journal of economic perspectives, 2005, 19 (1): 33 - 50.

[109] Greenspan S., Granfield J. M. Reconsidering the construct of mental retardation: Implications of a model of social competence [J]. American Journal of Mental Retardation: AJMR, 1992, 96 (4): 442 - 453.

[110] Gual M. A., Norgaard R. B. Bridging ecological and social systems coevolution: A review and proposal [J]. Ecological Economics, 2010, 69 (4): 707 - 717.

[111] Guan J., Chen K. Modeling the relative efficiency of national innovation systems [J]. Research Policy, 2012, 41 (1): 102 - 115.

[112] Guo C., Miller J K. Guanxi dynamics and entrepreneurial firm creation and development in China [J]. Management & Organization Review, 2010, 6 (2): 267 - 291.

[113] Gupta V., MacMillan I C., Surie G. Entrepreneurial leadership: Developing and measuring a cross-cultural construct [J]. Journal of Business Venturing, 2004, 19 (2): 241 - 260.

[114] Hagedoorn J., Duysters G. External sources of innovative capabilities: The preferences for strategic alliances or mergers and acquisitions [J]. Journal of Management Studies, 2002, 39 (2): 167 - 188.

[115] Halinen A., Jaakkola E., Rusanen H. Accessing resources for service innovation-the critical role of network relationships [J]. Journal of Service Management, 2014, 45 (1): 223 - 225.

[116] Hambrick D. C., Mason P. A. Upper echelons: The organization as a reflection of its top managers [J]. Academy of management review, 1984, 9 (2): 193 - 206.

[117] Han J. J., Zhou G. H., Yan-Lai L. I., et al. Multi-participates project team cooperation behavior based on altruism preference [J]. Systems Engineering-Theory & Practice, 2013, 33 (11): 2776 - 2786.

[118] Hanaki N., Peterhansl A., Dodds P. S., et al. Cooperation in evolving social networks [J]. Management Science, 2007, 53 (7): 1036 - 1050.

[119] Hao J., Jiang W., Yu C. An empirical study on paths to develop dynamic

capabilities: From the perspectives of entrepreneurial orientation and organizational learning [J]. Frontiers of Business Research in China, 2010, 4 (1): 47 – 72.

[120] Harper M. E., Jentsch F. G., Berry D., et al. TPL-KATS-card sort: A tool for assessing structural knowledge. [J]. Behavior Research Methods Instruments & Computers, 2003, 35 (4): 577 – 584.

[121] Hartmann-Sonntag I., Scharnhorst A., Ebeling W. Sensitive networks-modelling self-organization and innovation processes in networks [A]. Innovation Networks [M]. Berlin Heidelberg: Springer, 2010.

[122] Healey M. P., Hodgkinson G. P., Teo S. Responding Effectively to Civil Emergencies: The Role of Transactive Memory in the Performance of Multiteam Systems [J]. British Computer Society, 2009.

[123] Hessels J., Gelderen M. V., Thurik R. Entrepreneurial aspirations, motivations, and their drivers [J]. Small Business Economics, 2008, 31 (3): 323 – 339.

[124] Heylighen F. Bootstrapping knowledge representations: From entailment meshes via semantic nets to learning webs [J]. Kybernetes, 2001, 30 (5): 691 – 725.

[125] Hill N. S., Bartol K M. Empowering leadership and effective collaboration in geographically dispersed teams [J]. Personnel Psychology, 2016, 69 (1): 159 – 198

[126] Hine D., Miettinen A. Redressing oversights: Exploring informal innovation in small IT firms [J]. International Journal of Globalisation & Small Business, 2006, 1 (3): 258 – 285.

[127] Hippel E. V. Democratizing innovation [J]. Mit Press Books, 2005, 40 (1): 161 – 181.

[128] Hitt M. A., Ireland R. D., Camp S. M., et al. Strategic entrepreneurship: entrepreneurial strategies for wealth creation [J]. Strategic Management Journal, 2001, 22 (6 – 7): 47 – 491.

[129] Hoang H., Antoncic B. Network-based research in entrepreneurship: A critical review [J]. Journal of Business Venturing, 2003, 18 (2): 165 – 187.

[130] Holcomb T. R., Ireland R. D., Jr. R. M. H., et al. Architecture of entrepreneurial learning: Exploring the link among heuristics, knowledge, and action [J]. Entrepreneurship Theory & Practice, 2010, 33 (1): 167 – 192.

[131] Hsee C., Weber E. U. Cross-national differences in risk preference and lay predictions [J]. Journal of Behavioral Decision Making, 1999, 12 (2): 165 – 179.

[132] Hu J., Liden R. C. Relative Leader-Member Exchange Within Team Contexts: How and when Social Comparison Impacts Individual Effectiveness [J]. Personnel Psychology, 2013, 66 (1): 127–172.

[133] Huang K. P., Wang K. Y. The moderating effect of social capital and environmental dynamism on the link between entrepreneurial orientation and resource acquisition [J]. Quality & Quantity, 2013, 47 (3): 1617–1628.

[134] Hughes M., Morgan R. E. Deconstructing the relationship between entrepreneurial orientation and business performance at the embryonic stage of firm growth [J]. Industrial Marketing Management, 2007, 36 (5): 651–661.

[135] Huovinen J., Tihula S. Entrepreneurial learning in the context of portfolio entrepreneurship [J]. International Journal of Entrepreneurial Behavior & Research, 2008, 14 (3): 152–171.

[136] Ikediashi D. I., Ogunlana S. O., Oladokun M. G., et al. Assessing the level of commitment and barriers to sustainable facilities management practice: A case of Nigeria [J]. International Journal of Sustainable Built Environment, 2012, 1 (2): 167–176.

[137] Inkpen A. C. Creating knowledge through collaboration [J]. California Management Review, 1996, 39 (1): 123–140.

[138] Interdepartmental integration: A definition with implications for product development performance [J]. Journal of Product Innovation Management, 1996, 13 (2): 137–151.

[139] Jahangoshai Rezaee M., Shokry M. Game theory versus multi-objective model for evaluating multi-level structure by using data envelopment analysis [J]. International Journal of Management Science and Engineering Management, 2017, 12 (4): 245–255.

[140] Jordan L., Thatchenkery T. Leadership decision-making strategies using appreciative inquiry: A case study [J]. International Journal of Globalisation & Small Business, 2011, 4 (2): 178–190.

[141] Joslyn S., Leclerc J. Decisions with uncertainty: The glass half full [J]. Current Directions in Psychological Science, 2013, 22 (4): 308–315.

[142] Krueger Jr. N., Dickson P. R. How believing in ourselves increases risk taking: Perceived self-efficacy and opportunity recognition [J]. Decision Sciences,

2010, 25 (3): 385 - 400.

[143] Kahn K. B. Interdepartmental integration: A definition with implications for product development performance [J]. Journal of Product Innovation Management, 2010, 13 (2): 137 - 151.

[144] Kansikas J., Laakkonen A., Sarpo V., et al. Entrepreneurial leadership and familiness as resources for strategic entrepreneurship [J]. International Journal of Entrepreneurial Behavior & Research, 2012, 18 (2): 141 - 158.

[145] Kappel G., Rausch-Schott S., Retschitzegger W. Coordination in workflow management systems-A rule-based approach [A]. Coordination Technology for Collaborative Applications [M]. Berlin Heidelberg: Springer, 2006.

[146] Kapur P. K., Chaudhary K., Aggarwal A. G., et al. On the development of innovation diffusion model using stochastic differential equation incorporating change in the adoption rate [J]. International Journal of Operational Research, 2017, 14 (4): 472 - 484.

[147] Kauppila O. P. Knowledge sharing through virtual teams across borders and boundaries [J]. Management Learning the Journal for Critical Reflexive Scholarship on Organization & Learning, 2011, 42 (2): 395 - 418.

[148] Kearney C., Morris M. H. Strategic renewal as a mediator of environmental effects on public sector performance [J]. Small Business Economics, 2015, 45 (2): 425 - 445.

[149] Keh H. T., Nguyen T. T. M., Ng H. P. The effects of entrepreneurial orientation and marketing information on the performance of SMEs [J]. Journal of Business Venturing, 2007, 22 (4): 0 - 611.

[150] Khan M. S., Breitenecker R. J., Gustafsson V., et al. Innovative entrepreneurial teams: The give and take of trust and conflict [J]. Creativity and Innovation Management, 2015, 24 (4): 558 - 573.

[151] Khan S., Asghar M., Zaheer A. Influence of leadership style on employee job satisfaction and firm financial performance: A study of banking sector in islamabad, Pakistan [J]. Actual Problems of Economics, 2014, 155 (5): 374 - 384.

[152] Kim D. J. A study of the multilevel and dynamic nature of trust in e-commerce from a cross-stage perspective [J]. International Journal of Electronic Commerce, 2014, 19 (1): 11 - 64.

[153] Kim H. D., Lee D. H., Choe H., et al. The evolution of cluster network structure and firm growth: A study of industrial software clusters [J]. Scientometrics, 2014, 99 (1): 77 – 95.

[154] Kleemann F., Voß G. G., Rieder K. Un (Der) Paid innovators: The commercial utilization of consumer work through crowdsourcing [J]. Science, Technology & Innovation Studies, 2008, 4 (2): 5 – 26.

[155] Klingebiel R., Rammer C. Resource allocation strategy for innovation portfolio management [J]. Strategic Management Journal, 2014, 35 (2): 246 – 268.

[156] Ko D. G. The mediating role of knowledge transfer and the effects of client-consultant mutual trust on the performance of enterprise implementation projects [J]. Information & Management, 2014, 51 (5): 541 – 550.

[157] Kontoghiorghes C., Awbre S. M., Feurig P. L. Examining the relationship between learning organization characteristics and change adaptation, innovation, and organizational performance [J]. Human Resource Development Quarterly, 2010, 16 (2): 185 – 212.

[158] Kostova T., Zaheer S. Organizational legitimacy under conditions of complexity: The case of the multinational enterprise [J]. Academy of Management Review, 1999, 24 (1): 64 – 81.

[159] Kozlowski S. W. J., Bell B. S. Work groups and teams in organizations [J]. Industrial & Organizational Psychology, 2013, 12: 333 – 375.

[160] Krogh G. V., Nonaka I., Voelpel S. Organizational knowledge creation theory: Evolutionary paths and future advances [J]. Organization Studies, 2006, 27 (8): 1179 – 1208.

[161] Lacasa I. D., Shubbak M. H. Drifting towards innovation: The co-evolution of patent networks, policy, and institutions in China's solar photovoltaics industry [J]. Energy Research & Social Science, 2018, 38: 87 – 101.

[162] Lakhani K. R., Von Hippel E. How open source software works "free" user-to-user assistance [J]. Research Policy, 2003, 32 (6): 923 – 943.

[163] Larson A., Starr J. A. A network model of organization formation [J]. Entrepreneurship theory and practice, 1993, 17 (2): 5 – 15.

[164] Laursen K., Salter A. Open for innovation: The role of openness in explaining innovation performance among U. K. manufacturing firms [J]. Strategic Man-

agement Journal, 2006, 27 (2): 131 – 150.

[165] Lawson B., Petersen K. J., Cousins P. D., et al. Knowledge sharing in interorganizational product development teams: The effect of formal and informal socialization mechanisms [J]. Journal of Product Innovation Management, 2009, 26 (2): 156 – 172.

[166] Lee H. S., Tzeng G. H., Yeih W., et al. Revised DEMATEL: resolving the infeasibility of DEMATEL [J]. Applied Mathematical Modelling, 2013, 37 (10): 6746 – 6757.

[167] Lee K. C., Lee N., Lee H. Multi-agent knowledge integration mechanism using particle swarm optimization [J]. Technological Forecasting & Social Change, 2012, 79 (3): 469 – 484.

[168] Leitch C. M., Hill F. M., Harrison R. T. The philosophy and practice of interpretivist research in entrepreneurship: Quality, validation, and trust [J]. Organizational Research Methods, 2010, 13 (1): 67 – 84.

[169] Li H., Zubielqui G. C. D., O'Connor A. Entrepreneurial networking capacity of cluster firms: A social network perspective on how shared resources enhance firm performance [J]. Small Business Economics, 2015, 45 (3): 523 – 541.

[170] Lichtenthaler U., Lichtenthaler E. A capability-based framework for open innovation: Complementing absorptive capacity [J]. Journal of Management Studies, 2009, 46 (8): 1315 – 1338.

[171] Lin I. Y., Worthley R. Servicescape moderation on personality traits, emotions, satisfaction, and behaviors [J]. International Journal of Hospitality Management, 2012, 31 (1): 31 – 42.

[172] Lin Y. H., Lee P. C., Chang T. P., et al. Multi-attribute group decision making model under the condition of uncertain information [J]. Automation in Construction, 2008, 17 (6): 792 – 797.

[173] Linares J. C., Camarero J. From pattern to process: linking intrinsic water-use efficiency to drought-induced forest decline [J]. Global Change Biology, 2012, 18 (3): 1000 – 1015.

[174] Lindtner S., Li D. Created in China: The makings of China's hackerspace community [J]. In Interactions, 2012, (6): 18 – 20.

[175] Lins M. P. E., Gomes E. G., de Mello J. C. C. B. S., et al. Olympic

ranking based on a zero sum gains DEA model [J]. European Journal of Operational Research, 2003, 148 (2): 312 – 322.

[176] Liu H. H., Chang J. H. Relationship type, perceived trust, and ambiguity aversion [J]. Marketing Letters, 2017, 28 (2): 255 – 266.

[177] Lloyd K. J., Boer D., Kluger A. N., et al. Building trust and feeling well: examining intraindividual and interpersonal outcomes and underlying mechanisms of listening [J]. International Journal of Listening, 2015, 29 (1): 12 – 29.

[178] Lozano S., Moreno P., Adenso-Díaz B., et al. Cooperative game theory approach to allocating benefits of horizontal cooperation [J]. European Journal of Operational Research, 2013, 229 (2): 444 – 452.

[179] Lucas W. A., Cooper S. Y., Ward T., et al. Industry placement, authentic experience and the development of venturing and technology self-efficacy [J]. Technovation, 2009, 29 (11): 738 – 752.

[180] Macpherson A., Herbane B., Jones O. Developing dynamic capabilities through resource accretion: Expanding the entrepreneurial solution space [J]. Entrepreneurship & Regional Development, 2015, 27 (5 – 6): 259 – 291.

[181] Mahoney J. L., Bergman L. R. Conceptual and methodological considerations in a developmental approach to the study of positive adaptation [J]. Journal of Applied Developmental Psychology, 2002, 23 (2): 195 – 217.

[182] Majchrzak A., More P. H. B., Faraj S. Transcending knowledge differences in cross-functional teams [J]. Organization Science, 2012, 23 (4): 951 – 970.

[183] Maritz A., Donovan J. Entrepreneurship and innovation [J]. Education & Training, 2015, 57 (1): 74 – 87.

[184] Markham S. E., Yammarino F. J., Murry W. D., et al. Leader-member exchange, shared values, and performance: Agreement and levels of analysis do matter [J]. Leadership Quarterly, 2010, 21 (3): 469 – 480.

[185] Marks M. A., Dechurch L. A., Mathieu J. E., et al. Teamwork in multiteam systems [J]. Journal of Applied Psychology, 2005, 90 (5): 964 – 971.

[186] Mason W. A., Jones A., Goldstone R. L. Propagation of innovations in networked groups [J]. Journal of Experimental Psychology: General, 2008, 137 (3): 422 – 433.

[187] Mason W. A., Jones A., Goldstone R. L. Propagation of innovations in networked groups [J]. Journal of Experimental Psychology: General, 2008, 137 (3): 422-433.

[188] Mathieu J. E., Heffner T. S., Goodwin G. F., et al. The influence of shared mental models on team process and performance [J]. Journal of Applied Psychology, 2000, 85 (2): 273-279.

[189] Mathieu J., Maynard M. T., Rapp T., et al. Team effectiveness 1997—2007: A review of recent advancements and a glimpse into the future [J]. Journal of Management, 2008, 34 (3): 410-476.

[190] Maznevski M. L., Chudoba K. M. Bridging space over time: Global virtual team dynamics and effectiveness [J]. Organization Science, 2000, 11 (5): 473-492.

[191] Mazzocchi S. Open innovation: The new imperative for creating and profiting from technology by Henry Chesbrough [J]. Open Innovation the New Imperative for Creating & Profiting from Technology, 2003, 21 (3): 86-88.

[192] Mcevily B., Marcus A. Embedded ties and the acquisition of competitive capabilities [J]. Strategic Management Journal, 2005, 26 (11): 1033-1055.

[193] Mcevily B., Zaheer A., Kamal D. K. F. Mutual and exclusive: dyadic sources of trust in interorganizational exchange [J]. Organization science, 2017, 28 (1): 74-92.

[194] Meijers E. From central place to network model: theory and evidence of a paradigm change [J]. Tijdschrift Voor Economische en Sociale Geografie, 2007, 98 (2): 245-259.

[195] Meyer J. W., Rowan B. Institutionalized organizations: Formal structure as myth and ceremony [J]. American Journal of Sociology, 1977, 83 (2): 340-363.

[196] Mikulski D. G., Lewis F. L., Gu E. Y., et al. Trust-based coalition formation in multi-agent systems [J]. The Journal of Defense Modeling and Simulation, 2014, 11 (1): 19-32.

[197] Miller D, Shamsie J. The Resource-based view of the firm in two environments: The Hollywood Film Studios from 1936 to 1965 [J]. Academy of Management Journal, 1996, 39 (3): 519-543.

[198] Mizoguchi F. An authorization-based trust model for multiagent systems [J]. Applied Artificial Intelligence, 2010, 14 (9): 909-925.

[199] Morhart F. M., Herzog W., Tomczak T. Turning employees into brand champions: Leadership style makes a difference [J]. Gfk Marketing Intelligence Review, 2011, 3 (2): 34-43.

[200] Morone P., Taylor R. Knowledge diffusion dynamics and network properties of face-to-face interactions [J]. Journal of Evolutionary Economics, 2004, 14 (3): 327-351.

[201] Mote J. Conceptualizing entrepreneurship as entrepreneuring entrepreneurial imagination: Time, timing, Space and place in business action [J]. Science & Public Policy, 2012, 39 (3): 238-404.

[202] Müller R., Jugdev K. Critical success factors in projects: Pinto, Slevin, and Prescott-the elucidation of project success [J]. International Journal of Managing Projects in Business, 2008, 5 (4): 757-775.

[203] Murayama K., Elliot A. J., Yamagata S. Separation of performance-approach and performance-avoidance achievement goals: A broader analysis. [J]. Journal of Educational Psychology, 2011, 103 (1): 238-256.

[204] Murmann J. P. The Coevolution of Industries and Important Features of Their Environments [J]. Organization Science, 2013, 24 (1): 58-78.

[205] Neeley T. B., Leonardl P. M. Enacting knowledge strategy through social media: passable trust and the paradox of nonwork interactions [J]. Strategic Management Journal, 2018, 39 (3): 922-946.

[206] Nerkar A., Paruchuri S. Evolution of R&D capabilities: The role of knowledge networks within a firm [J]. Management Science, 2005, 51 (5): 771-785.

[207] Neu W. A. Social cues of (un) trustworthy team members [J]. Journal of Marketing Education, 2015, 37 (1): 36-53.

[208] Niedbalsk A., Gra yna. Eric Von Hippel's "democratizing innovation": A new approach to intellectual property and sources of innovation [J]. Economic Studies, 2011 (2): 207-220.

[209] Nilashi M., Zakaria R., Ibrahim O, et al. MCPCM: A DEMATEL-ANP-based multi-criteria decision-making approach to evaluate the critical success factors in construction projects [J]. Arabian Journal Forence & Engineering, 2015, 40 (2): 343-361.

[210] Notteboom T., Coeck C., Van Den Broeck J. Measuring and explaining the relative efficiency of container terminals by means of Bayesian stochastic frontier models [J]. International Journal of Maritime Economics, 2000, 2 (2): 83 – 106.

[211] Nyssens M., Linden B. V. D. Embeddedness, cooperation and popular-economy firms in the informal sector [J]. Journal of Development Economics, 2000, 61 (1): 175 – 204.

[212] Ojha D., Shockley J., Acharya C. Supply chain organizational infrastructure for promoting entrepreneurial emphasis and innovativeness: the role of trust and learning [J]. International Journal of Production Economics, 2016, 179: 212 – 227.

[213] Oke A., Walumbwa F. O., Myers A. Innovation strategy, human resource policy, and firms' revenue growth: The roles of environmental uncertainty and innovation performance [J]. Decision Sciences, 2012, 43 (2): 273 – 302.

[214] Owen L., Goldwasser C., Choate K., et al. Collaborative innovation throughout the extended enterprise [J]. Strategy & Leadership, 2008, 36 (1): 39 – 45.

[215] Pahlwostl C., Sendzimir J., Jeffrey P., et al. Managing change toward adaptive water management through social learning [J]. Ecology & Society, 2007, 12 (2): 375 – 386.

[216] Panahi S., Watson J., Partridge H. Towards tacit knowledge sharing over social web tools [J]. Journal of Knowledge Management, 2013, 17 (3): 379 – 397.

[217] Park K. S., Lee K. S., Yun S. E., et al. Extended methods for identifying dominance and potential optimality in multi-criteria analysis with imprecise information [J]. European Journal of Operational Research, 2001, 134 (3): 557 – 563.

[218] Pearsall M. J., Ellis A. P., Bell B. S. Building the infrastructure: The effects of role identification behaviors on team cognition development and performance [J]. Journal of Applied Psychology, 2010, 95 (1): 192 – 200.

[219] Perks H., Halliday S. V. Sources, signs and signalling for fast trust creation in organisational relationships [J]. European Management Journal, 2003, 21 (3): 338 – 350.

[220] Phillips N., Lawrence T. B. From the guest editors: Educating social entrepreneurs and social innovators [J]. Academy of Management Learning&Education, 2012, 11 (3): 319 – 323.

[221] Pihie Z. A. L., Bagheri A. Entrepreneurial attitude and entrepreneurial ef-

ficacy of technical secondary school students [J]. Journal of Vocational Education and Training, 2010, 62 (3): 351-366.

[222] Pinto M. B., Pinto J. K., Prescott J. E. Antecedents and consequences of project team cross-functional cooperation [J]. Management Science, 1993, 39 (10): 1281-1297.

[223] Pisano G. P. You need an innovation strategy [J]. Harvard Business Review, 2015, 93 (6): 44-54.

[224] Poon J. M. L., Ainuddin R. A., Junit S. O. H. Effects of self-concept traits and entrepreneurial orientation on firm performance [J]. International small business journal, 2006, 24 (1): 61-82.

[225] Popaitoon. S, Siengthai S. The moderating effect of human resource management practices on the relationship between knowledge absorptive capacity and project performance in project-oriented companies [J]. International Journal of Project Management, 2014, 32 (6): 908-920.

[226] Porter, M. E. Competitive advantage: Creating and sustaining superior performance [M]. Canada: Free Press, 1998.

[227] Powell W. W., Giannella E. Collective invention and inventor networks [J]. Handbook of the Economics of Innovation, 2010, 1: 575-605.

[228] Priem R. L., Li S., Carr J. C. Insights and new directions from demand-Side approaches to technology innovation, entrepreneurship, and strategic management research [J]. Journal of Management, 2012, 38 (1): 346-374.

[229] Prieto L. C. Proactive personality and entrepreneurial leadership: exploring the moderating role of organizational identification and political skill [J]. Academy of Entrepreneurship Journal, 2010, 16 (2): 107.

[230] Qing-Guo M. A., Yang W. The influence of innovative culture and personality traits on informal innovation network [J]. Studies in Science of Science, 2007, 25 (4): 772-776.

[231] Rajdeep Grewal, Patriya Tansuhaj. Building organizational capabilities for managing economic crisis: The role of market orientation and strategic flexibility [J]. Journal of Marketing, 2013, 65 (2): 67-80.

[232] Randel A. E., Jaussi K. S. Functional background identity, diversity, and individual performance in cross-functional teams [J]. Academy of Management

Journal, 2003, 46 (6): 763 -774.

[233] Renko M., Kroeck K. G., Bullough A. Expectancy theory and nascent entrepreneurship [J]. Small Business Economics, 2012, 39 (3): 667 -684.

[234] Renko M., Tarabishy A. E., Carsrud A. L., et al. Understanding and measuring entrepreneurial leadership style [J]. Journal of Small Business Management, 2015, 53 (1): 54 -74.

[235] Rerup C. Learning from past experience: Footnotes on mindfulness and habitual entrepreneurship [J]. Scandinavian Journal of Management, 2005, 21 (4): 451 -472.

[236] Richter A. W., Hirst G., Van Knippenberg D., et al. Creative self-efficacy and individual creativity in team contexts: Cross-level interactions with team informational resources [J]. Journal of Applied Psychology, 2012, 97 (6): 1282 -1290.

[237] Rn C. A. W. Authentic leadership, performance, and job satisfaction: The mediating role of empowerment [J]. Journal of Advanced Nursing, 2013, 69 (4): 947 -59.

[238] Robertson M., Collins A., Medeira N., et al. Barriers to start-up and their effect on aspirant entrepreneurs [J]. Education & Training, 2003, 45 (6): 308 -316.

[239] Roest A. A., Kroft L. J., De Roos A. The mediating role of market orientation on entrepreneurial orientation, absorptive capacity and technological innovation capabilities [J]. Asian Social Science, 2015, 11 (5): 172 -182.

[240] Rogers E. M. Diffusion of preventive innovations [J]. Addictive Behaviors, 2002, 27 (6): 989 -993.

[241] Rottman J. W. Successful knowledge transfer within offshore supplier networks: A case study exploring social capital in strategic alliances [J]. Journal of Information Technology, 2008, 23 (1): 31 -43.

[242] Ruvio A., Rosenblatt Z., Hertz-Lazarowitz R. Entrepreneurial leadership vision in nonprofit vs. for-profit organizations [J]. The Leadership Quarterly, 2010, 21 (1): 144 -158.

[243] Ryan R. M., Deci E. L. Self-determination theory and the facilitation of intrinsic motivation, social development, and well-being [J]. American Psychologist, 2000, 55 (1): 68 -78.

[244] S. L., Leidner D. E. Communication and trust in global virtual teams [J]. Journal of Computer-mediated Communication, 1998, 3 (4): 791 – 815.

[245] Saab N., Joolingen W. V., Hout-Wolters B. V. Support of the collaborative inquiry learning process: Influence of support on task and team regulation [J]. Metacognition & Learning, 2012, 7 (1): 7 – 23.

[246] Santacreu A. M. Innovation, diffusion, and trade: Theory and measurement [J]. Journal of Monetary Economics, 2015, 75: 1 – 20.

[247] Santoro M. D., Saparito P. A. Self-interest assumption and relational trust in university-industry knowledge transfers [J]. Engineering Management, 2006, 53 (3): 335 – 347.

[248] Schaefer K. E., Chen J. Y. C., Szalma J. L., et al. A meta-analysis of factors influencing the development of trust in automation: implications for understanding autonomy in future systems [J]. Human factors, 2016, 58 (3): 377 – 400.

[249] Schaubroeck J., Lam S. S., Peng A. C. Cognition-based and affect-based trust as mediators of leader behavior influences on team performance [J]. Journal of Applied Psychology, 2011, 96 (4): 863 – 71.

[250] Schilke O. On the contingent value of dynamic capabilities for competitive advantage: The nonlinear moderating effect of environmental dynamism [J]. Strategic Management Journal, 2014, 35 (2): 179 – 203.

[251] Schuler R. S. Fostering and facilitating entrepreneurship in organizations: Implications for organization structure and human resource management practices [J]. Human Resource Management, 2010, 25 (4): 607 – 629.

[252] Schulze A., Macduffie J. P., Täube F. A. Introduction: Knowledge generation and innovation diffusion in the global automotive industry-Change and stability during turbulent times [J]. Industrial & Corporate Change, 2015, 24 (3): 603 – 611.

[253] Serrano V., Fischer T. Collaborative innovation in ubiquitous systems [J]. Journal of Intelligent Manufacturing, 2007, 18 (5): 599 – 615.

[254] Shalley C. E., Gilson L. L. Creativity and the management of technology: Balancing creativity and standardization [J]. Production and Operations Management, 2017, 26 (4): 605 – 616.

[255] Shapley L. S. A value forn-person games [J]. Contributions to the Theory of Games, 1953, 2 (28): 307 – 317.

[256] Sharon W., Kelly H. A Multi-Theoretical model of knowledge transfer in organizations: Determinants of knowledge contribution and knowledge reuse* [J]. Journal of Management Studies, 2006, 43 (2): 141 – 173.

[257] Shepherd D. A., Patzelt H., Wolfe M. Moving forward from project failure: Negative emotions, affective commitment, and learning from the experience [J]. Academy of Management Journal, 2011, 54 (6): 1229 – 1259.

[258] Sicarl S., Rizzardi A., Grieco L. A., et al. Security, privacy and trust in internet of things: the road ahead [J]. Computer networks, 2015, 76: 146 – 164.

[259] Sosa M. E., Eppinger S. D., Rowles C. M. A Network Approach to Define Modularity of Components in Complex Products [J]. Journal of Mechanical Design, 2007, 129 (11): 1118 – 1129.

[260] Staniforth D., West M. Leading and managing teams [J]. Team Performance Management, 1995, 1 (2): 28 – 33.

[261] Steger C., Hirsch S., Evers C., et al. Ecosystem services as boundary objects for transdisciplinary collaboration [J]. Ecological Economics, 2018, 143: 153 – 160.

[262] Stephan A. Introduction: Entrepreneurship, innovation and growth [J]. Industry & Innovation, 2004, 11 (3): 161 – 165.

[263] Stokols D., Hall K. L., Taylor B. K., et al. The science of team science: Overview of the field and introduction to the supplement [J]. American Journal of Preventive Medicine, 2008, 35 (2): 77 – 89.

[264] Strungă A., Florea C. A. The integration of creativity management models into universities' virtual learning communities [J]. Network Intelligence Studies, 2014, 2 (4): 287 – 293.

[265] Sueyoshi T., Goto M., Snell M. A. DEA environmental assessment: Measurement of damages to scale with unified efficiency under managerial disposability or environmental efficiency [J]. Applied Mathematical Modelling, 2013, 37 (12 – 13): 7300 – 7314.

[266] Sun L. Y., Zhang Z., Qi J., et al. Empowerment and creativity: A cross – level investigation [J]. Leadership Quarterly, 2012, 23 (1): 55 – 65.

[267] Sunday S., Babalola, Omobowale A. O. The role of trust, innovation and knowledge management in entrepreneurial survival strategies: A study of selected

cybercafé micro-entrepreneurs in Ibadan, Nigeria [J]. Inkanyiso Journal of Humanities & Social Sciences, 2013, 4 (2): 128 – 136.

[268] Sundström P., Zika-Viktorsson A. Organizing for innovation in a product development project: Combining innovative and result oriented ways of working-a case study [J]. International Journal of Project Management, 2009, 27 (8): 745 – 753.

[269] Swink M. Building collaborative innovation capability [J]. Research Technology Management, 2015, 49 (2): 37 – 47.

[270] Tahirsylaj A. S. Stimulating creativity and innovation through intelligent fast failure [J]. Thinking Skills & Creativity, 2012, 7 (3): 265 – 270.

[271] Tang J., Pee L. G., Iijima J. Investigating the effects of business process orientation on organizational innovation performance [J]. Information & Management, 2013, 50 (8): 650 – 660.

[272] Thom Vries D., Hollenbeck J. R., Davison R. B., et al. Managing coordination in multiteam systems [J]. Academy of Management Journal, 2016, 59 (5): 1823 – 1844.

[273] Thompson B. Makers [J]. New Humanist, 2009, 9 (4): 1434 – 1436.

[274] Thompson P., Fox-Kean M. Patent citations and the geography of knowledge spillovers: A reassessment [J]. American Economic Review, 2005, 95 (1): 450 – 460.

[275] Todeva E., Ketikidis P., Bratianu C., et al. Regional entrepreneurship and innovation management: Actors, helices and consensus space [J]. Management Dynamics in the Knowledge Economy Journal, 2017, 5 (1): 57 – 76.

[276] Tofighi D., Mackinnon D. P. RMediation: An R package for mediation analysis confidence intervals [J]. Behavior Research Methods, 2011, 43 (3): 692 – 700.

[277] Tortoriello M., Reagans R., Mcevily B. Bridging the knowledge gap: The influence of strong ties, network cohesion, and network range on the transfer of knowledge between organizational units [J]. Organization Science, 2012, 23 (23): 1024 – 1039.

[278] Trischler J., Pervan S. J., Kelly S. J., et al. The value of codesign: The effect of customer involvement in service design teams [J]. Journal of Service Research, 2017, 1 (4): 1 – 26.

[279] Tsai W. H. Building an integrated multi-criteria decision-making model

based on DEMATEL and ANP for selecting the risk management system of banking [J]. International Journal of Management & Enterprise Development, 2010, 8 (4): 358 – 382.

[280] Tuckman B. W., Jensen M. C. Stages of small-group development revisited [J]. Group and Organization Studies, 1977, 4 (2): 419 – 427.

[281] Turner T., Iii W. W. P. Organizational networks and the process of corporate entrepreneurship: How the motivation, opportunity, and ability to act affect firm knowledge, learning, and innovation [J]. Small Business Economics, 2015, 45 (2): 1 – 17.

[282] Tversky A., Kahneman D. Advances in prospect theory: Cumulative representation of uncertainty [J]. Journal of Risk & Uncertainty, 1992, 5 (4): 297 – 323.

[283] Tzeng G. H., Chiang C. H., Li C. W. Evaluating intertwined effects in e-learning programs: A novel hybrid MCDM model based on factor analysis and DEMATEL [J]. Expert Systems with Applications, 2007, 32 (4): 1028 – 1044.

[284] Ucbasaran D., Lockett A., Wright M., et al. Entrepreneurial founder teams: Factors associated with member entry and exit [J]. Entrepreneurship Theory & Practice, 2010, 28 (2): 107 – 128.

[285] Ulrika Levander. Social enterprise: implications of emerging institutionalized constructions [J]. Journal of Social Entrepreneurship, 2010, 1 (2): 213 – 230.

[286] Uzzi B., Spiro J. Collaboration and creativity: The small world problem [J]. American Journal of Sociology, 2005, 111 (2): 447 – 504.

[287] Valdez M. E., James R. Institutional determinants of macro-level entrepreneurship [J]. Entrepreneurship Theory & Practice, 2013, 37 (5): 1149 – 1175.

[288] Valente T. W. Social network thresholds in the diffusion of innovations [J]. Social Networks, 1996, 18 (1): 69 – 89.

[289] Van de Walle S., SIX F. Trust and distrust as distinct concepts: why studying distrust in institutions is important [J]. Journal of Comparative Policy Analysis: Research and Practice, 2014, 16 (2): 158 – 174.

[290] Van der Kam N. A., Janssen O., van der Vegt G. S., et al. The role of vertical conflict in the relationship between leader self-enhancement and leader performance [J]. The Leadership Quarterly, 2014, 25 (2): 267 – 281.

[291] Vilà J., Canales J. I. Can strategic planning make strategy more relevant

and build commitment over time? the case of racc [J]. Long Range Planning, 2008, 41 (3): 273 – 290.

[292] Villena V. H., Choi T. Y., Revilla E. Revisiting interorganizational trust: is more always better or could more be worse? [J]. Journal of Management, 2016: 1 – 34.

[293] Von Hippel E. The dominant role of the user in semiconductor and electronic subassembly process innovation [J]. Engineering Management, 2009, 24 (2): 60 – 71.

[294] Waldman D. A., Min Z. C., Hom P W. A multilevel investigation of leadership and turnover behavior [J]. Journal of Management Official Journal of the Southern Management Association, 2015, 41 (6): 1724 – 1744.

[295] Walumbwa F. O., Hartnell C. A, Oke A. Servant leadership, procedural justice climate, service climate, employee attitudes, and organizational citizenship behavior: a cross-level investigation. [J]. Journal of Applied Psychology, 2010, 95 (3): 517 – 29.

[296] Wang J. Knowledge creation in collaboration networks: Effects of tie configuration [J]. Research Policy, 2016, 45 (1): 68 – 80.

[297] Wang Q., Hang Y., Sun L., et al. Two-stage innovation efficiency of new energy enterprises in China: A non-radial DEA approach [J]. Technological Forecasting and Social Change, 2016, 112: 254 – 261.

[298] Watson J. G., Rao Korukonda A. The TQM jungle: a dialectical analysis [J]. International journal of quality & reliability management, 1995, 12 (9): 100 – 109.

[299] Wekner B. Integrating models of diffusion of innovations: A conceptual framework [J]. Annual Review of Sociology, 2002, 28 (1): 297 – 326.

[300] Wheeler B. C. NEBIC: A dynamic capabilities theory for assessing net-enablement [J]. Information Systems Research, 2002, 13 (2): 125 – 146.

[301] Wildman J. L., Shuffler M. L., Lazzara E. H., et al. Trust development in swift starting action teams: A multilevel framework [J]. Group & Organization Management An International Journal, 2012, 37 (2): 137 – 170.

[302] Wong C. S., Peng K. Z., Shi J., ET AL. Differences between odd number and even number response formats: Evidence from mainland Chinese respondents [J]. Asia Pacific Journal of Management, 2011, 28 (2): 379 – 399.

[303] Woodman R. W., Sherwood J. J. The role of team development in organi-

zational effectiveness: A critical review [J]. Psychological Bulletin, 1980, 88 (1): 166 – 186.

[304] Wu G. D. Project-based supply chain cooperative incentive based on reciprocity preference [J]. International Journal of Simulation Modelling, 2014, 13 (1): 102 – 115.

[305] Wu J., Chiclana F., Fujita H., et al. A visual interaction consensus model for social network group decision making with trust propagation [J]. Knowledge-Based Systems, 2017, 122: 39 – 50.

[306] Wu J., Dai L., Chiclana F., et al. A minimum adjustment cost feedback mechanism based consensus model for group decision making under social network with distributed linguistic trust [J]. Information Fusion, 2018, 41: 232 – 242.

[307] Wu J., Si S. Poverty reduction through entrepreneurship: Incentives, social networks, and sustainability [J]. Asian Business & Management, 2018, 17 (4): 243 – 259.

[308] Wu W. W., Lee Y. T. Developing global managers' competencies using the fuzzy DEMATEL method [J]. Expert Systems with Applications, 2007, 32 (2): 499 – 507.

[309] Wuchty S., Jones B. F., Uzzi B. The increasing dominance of teams in production of knowledge [J]. Science, 2007, 316 (5827): 1036 – 1039.

[310] Xiao Z., Tsui A. S. When brokers may not work: The cultural contingency of social capital in Chinese high-tech firms [J]. Administrative Science Quarterly, 2007, 52 (1): 1 – 31.

[311] Xiao Z., Tsui A. S. When brokers may not work: The cultural contingency of social capital in Chinese high-tech firms [J]. Administrative Science Quarterly, 2007, 52 (1): 1 – 31.

[312] Xiong H., Payne D., Kinsella S. Peer effects in the diffusion of innovations: Theory and simulation [J]. Journal of Behavioral & Experimental Economics, 2016, 63: 1 – 13.

[313] Xu L., Cheng M. A Study on Chinese regional scientific innovation efficiency with a perspective of synergy degree [J]. Technology & Investment, 2013, 4 (4): 229 – 235.

[314] Yang J., Tang L., Yu X. Entrepreneurial network, entrepreneurial

learning and new venture's growth [J]. Management Review, 2013, 25 (01): 24 - 33.

[315] Yanney J. P. Business strategy and leadership style: impact on organizational performance in the manufacturing sector of ghana [J]. American Journal of Industrial & Business Management, 2014, 4 (12): 767 - 775.

[316] Yao X., Zhang X., Ning H., et al. Using trust model to ensure reliable data acquisition in VANETs [J]. Ad Hoc Networks, 2017, 55: 107 - 118.

[317] Young H. P. Condorcet's Theory of Voting [J]. American Political Science Review, 1988, 82 (82): 1231 - 1244

[318] Yu K. Y. T., Cable D. M. Unpacking cooperation in diverse teams: Incorporating long-term orientation and civic virtue in the study of informational diversity [J]. Team Performance Management, 2011, 17 (1/2): 63 - 82.

[319] Zahra S. A., Covin J. G. Business strategy, technology policy and firm performance [J]. Strategic Management Journal, 2010, 14 (6): 451 - 478.

[320] Zahra S. A., George G. Absorptive capacity: A review, reconceptualization, and extension [J]. Academy of Management Review, 2002, 27 (2): 185 - 203.

[321] Zeng S. X., Xie X. M., Tam C. M. Relationship between cooperation networks and innovation performance of SMEs [J]. Technovation, 2010, 30 (3): 181 - 194.

[322] Zhang H., Venturino L., Prasad N., et al. Weighted sum-rate maximization in multi-cell networks via coordinated scheduling and discrete power control [J]. IEEE Journal on Selected Areas in Communications, 2011, 29 (6): 1214 - 1224.

[323] Zhang J., Soh P. H., Wong P. Entrepreneurial resource acquisition through indirect ties: Compensatory effects of prior knowledge [J]. Journal of Management, 2012, 36 (2): 511 - 536.

[324] Zhang L., Zhang X. SVM-Based techniques for predicting cross-functional team performance: Using team trust as a predictor [J]. Engineering Management, 2015, 62 (1): 1 - 8.

[325] Zhang M., Zhao X., Lyles M. Effects of absorptive capacity, trust and information systems on product innovation [J]. International Journal of Operations & Production Management, 2018, 38 (2): 493 - 512.

[326] Zhang N. , Kong F. , Yu Y. Measuring ecological total-factor energy efficiency incorporating regional heterogeneities in China [J]. Ecological Indicators, 2015, 51: 165 –172.

[327] Zukin S. , Dimaggio P. Structures of capital: The social organization of the economy [M]. Cambridge: Cambridge University Press, 1990.

中文参考文献

[1] 安玉红,刘兵,吕荣杰.企业高管团队生态系统及其协同演化路径研究[J].科技进步与对策,2012,29(20):146-149.

[2] 黄海艳.非正式网络对创新绩效的影响机制——绩效评价导向的调节作用[J].软科学,2015,29(2):56-60.

[3] 黄菁菁,原毅军.产学研合作研发中企业家精神的价值[J].科学学研究,2014,32(6):902-908.

[4] 黄同飞,彭灿.非正式网络对研发团队创造力的影响研究——以共享心智模型为中介变量[J].科学学与科学技术管理,2015,36(7):57-69.

[5] 霍亚楼.联合研发中的跨组织成本管理及协调[J].企业经济,2008,01(10):65-67.

[6] 吉敏,胡汉辉.学习渠道、集群供应链知识网络与企业创新绩效关系研究——来自常州产业集群的实证[J].科技进步与对策,2014(18):73-79.

[7] 江诗松,龚丽敏,魏江.后发企业能力追赶研究探析与展望[J].外国经济与管理,2012,34(3):57-64.

[8] 姜辉,张庆普.基于整体涌现性的团队创意能力模型及实证研究[J].系统工程,2015,33(09):16-24.

[9] 蒋多,何贵兵.心理距离视角下的行为决策[J].心理科学进展,2017,25(11).

[10] 蒋军锋,李孝兵,殷婷婷,等.突破性技术创新的形成:述评与未来研究[J].研究与发展管理,2017,29(6):109-120.

[11] 解学梅,方良秀.国外协同创新研究述评与展望[J].研究与发展管理,2015,27(4):16-24.

[12] 解学梅,刘丝雨.协同创新模式对协同效应与创新绩效的影响机理[J].管理科学,2015,28(2):27-39.

[13] 解学梅,左蕾蕾,刘丝雨.中小企业协同创新模式对协同创新效应的

影响——协同机制和协同环境的双调节效应模型［J］. 科学学与科学技术管理, 2014, (5): 72-81.

［14］解学梅. 企业协同创新影响因素与协同程度多维关系实证研究［J］. 科研管理, 2015, 36 (2): 69-78.

［15］解学梅. 协同创新效应运行机理研究: 一个都市圈视角［J］. 科学学研究, 2013, 31 (12): 1907-1920.

［16］井润田, 胡思瑶. 角色采择和领导——成员关系对团队绩效的影响［J］. 科研管理, 2014, 35 (2): 62-69.

［17］康健, 胡祖光. 基于区域产业互动的三螺旋协同创新能力评价研究［J］. 科研管理, 2014, 35 (5): 19-26.

［18］李爱国, 曾宪军. 成长经历和社会支撑如何影响大学生的创业动机？——基于创业自我效能感的整合作用［J］. 外国经济与管理, 2018, 40 (4): 30-42.

［19］李春好, 苏航, 佟轶杰, 等. 基于理想决策单元参照求解策略的 DEA 交叉效率评价模型［J］. 中国管理科学, 2015, 23 (2): 116-122.

［20］李斐, 杨育, 于鲲鹏, 等. 基于 UWG 的客户协同产品创新系统稳定性研究［J］. 科学学研究, 2014, 32 (3): 464-472.

［21］李刚, 程国平. 基于界面管理的虚拟企业协调机制研究［J］. 科技进步与对策, 2006, 23 (7): 141-143.

［22］李宏贵, 曹迎迎, 陈忠卫. 新创企业的生命周期、创新方式与关系网络［J］. 外国经济与管理, 2017, 39 (8): 16-27.

［23］李华晶. 间接型学术创业与大学创业教育的契合研究——以美国百森商学院为例［J］. 科学学与科学技术管理, 2016, 37 (1): 108-114.

［24］李牧南, 黄芬, 王雯殊, 等. "研发—转化"解耦视角的创新效率评价模型研究［J］. 科学学与科学技术管理, 2017, 38 (9): 50-67.

［25］李鹏飞, 鲁虹. 基于社会认知论的创业团队人际信任影响因素实证研究［J］. 上海管理科学, 2011, 33 (5): 90-96.

［26］李绍龙, 龙立荣, 朱思. 领导差异化授权对团队绩效的影响及其作用机制研究［J］. 管理学报, 2017, 14 (7): 1006-1014.

［27］李星. 企业集群创新网络中异质性主体间的合作涌现机制研究［J］. 工业技术经济, 2014, 33 (05): 124-130.

［28］李亚群, 段万春, 孙永河, 等. 基于证据理论的群组 DEMATEL 改进

方法 [J]. 计算机工程与应用, 2013 (20): 9-14.

[29] 李颖, 赵文红, 周密. 政府支持、创业导向对创业企业创新绩效的影响研究 [J]. 管理学报, 2018, 15 (6): 62-70.

[30] 林晓敏, 林琳, 王永丽, 等. 授权型领导与团队绩效: 交互记忆系统的中介作用 [J]. 管理评论, 2014, 26 (1): 78-87.

[31] 刘德彬, 马超群, 周忠宝, 等. 存在非期望输入输出的多阶段系统效率评价模型 [J]. 中国管理科学, 2015, 23 (4): 129-138.

[32] 刘凤朝, 邬德林, 马荣康. 专利技术许可对企业创新产出的影响研究——三种邻近性的调节作用 [J]. 科研管理, 2015, 36 (4): 91-100.

[33] 刘景东, 党兴华, 谢永平. 不同知识位势下知识获取方式与技术创新的关系研究——基于行业差异性的实证分析 [J]. 科学学与科学技术管理, 2015 (1): 44-52.

[34] 刘克寅, 汤临佳. 基于异质性资源互补匹配的企业合作创新伙伴选择方法 [J]. 科技管理研究, 2016, 36 (21): 145-150+156.

[35] 刘敏, 张庆林, 余薇, 等. 市场信息整合的创造性思维机制初探 [J]. 心理学报, 2018 (1): 82-90.

[36] 刘宁, 张正堂, 张子源. 研发团队多元性, 行为整合与创新绩效关系的实证研究 [J]. 科研管理, 2012, 33 (12): 135-141.

[37] 刘文丽, 王应明, 等. 基于交叉效率和合作博弈的决策单元排序方法 [J]. 中国管理科学, 2018, 26 (4): 163-170.

[38] 刘喜怀, 葛玉辉, 王倩楠. TMT团队信任对团队过程和决策绩效的中介作用——基于层级回归分析的实证研究 [J]. 系统工程, 2015 (6): 41-48.

[39] 刘鑫, 孔梅, 文权. 耦合系数对串联双微环谐振器滤波特性的影响 [J]. 中国激光, 2010 (11): 2885-2890.

[40] 刘元兵, 张文芳, 王小敏. 云制造环境下基于多属性模糊信任评估的访问控制方案 [J]. 计算机集成制造系统, 2018, 24 (2): 321-330.

[41] 刘志迎, 陈青祥, 徐毅. 众创的概念模型及其理论解析 [J]. 科学学与科学技术管理, 2015, 36 (2): 52-61.

[42] 罗仲伟, 任国良, 焦豪, 等. 动态能力、技术范式转变与创新战略——基于腾讯微信"整合"与"迭代"微创新的纵向案例分析 [J]. 管理世界, 2014, (8): 152-168.

[43] 吕冲冲, 杨建君, 张峰. 共享时代下的企业知识创造——关系强度与

合作模式的作用研究［J］．科学学与科学技术管理，2017，38（8）：17-28．

［44］马建峰，何枫．存在中间产品退出的混合型多阶段系统 DEA 效率评价［J］．系统工程理论与实践，2015，35（11）：2874-2884．

［45］米捷，林润辉，董坤祥，宋朋．OFDI 企业与本土集群企业知识共享的演化博弈分析——基于知识位势的视角［J］．管理评论，2016，28（9）：106-120．

［46］倪渊．基于滞后非径向超效率 DEA 的高校科研效率评价研究［J］．管理评论，2016，28（11）：85-94．

［47］潘郁，陆书星，潘芳．大数据环境下产学研协同创新网络生态系统架构［J］．科技进步与对策，2014，31（8）：1-4．

［48］钱雨，吴冠霖，孙新波，等．产学研协同创新成员协同行为构成要素及关系研究［J］．科技进步与对策，2015（16）：15-21．

［49］秦志华，刘传友．基于异质性资源整合的创业资源获取［J］．中国人民大学学报，2011，25（6）：143-150．

［50］秦志华，赵婧，胡浪．创业决策机理研究：影响因素与作用方式［J］．经济理论与经济管理，2015（3）：94-102．

［51］曲婉，冯海红．创新创业政策对早期创业行为的作用机制研究［J］．科研管理，2018，39（10）：12-21．

［52］任剑，王坚强，胡春华．基于余弦贴近度与群体共识度的正态云多准则群决策方法［J］．控制与决策，2017，32（4）：665-672．

［53］任胜钢，舒睿．创业者网络能力与创业机会：网络位置和网络跨度的作用机制［J］．南开管理评论，2014，17（1）：123-133．

［54］任旭，刘延平．基于资源依赖观点的企业战略联盟演变机理研究［J］．北京交通大学学报：社会科学版，2009，8（2）：54-58．

［55］阮爱君，陈劲，RUANAi-jun，等．正式/非正式知识搜索宽度对创新绩效的影响［J］．科学学研究，2015，33（10）：1573-1583．

［56］时运涛，徐挺，张聪群．资源可获得性认知、创业自我效能感与创业意图的关系研究［J］．科技与经济，2014，27（6）：71-75．

［57］史容，傅利平，殷红春．创业效能感对创业意向的多重效应——不同创业动机中介作用的比较［J］．天津大学学报（社会科学版），2016，18（3）：231-235．

［58］宋刚，万鹏飞，朱慧．从政务维基到维基政府：创新 2.0 视野下的合作民主［J］．中国行政管理，2014，（10）：60-63．

[59] 宋之杰, 程翠苹, 赵桐. 创新资源协同主体行为的演化博弈分析 [J]. 工业技术经济, 2016, 35 (6): 43-51.

[60] 苏涛, 陈春花, 崔小雨, 等. 信任之下, 其效何如——来自 Meta 分析的证据 [J]. 南开管理评论, 2017, 20 (4): 179-192.

[61] 苏先娜, 谢富纪. 产学合作技术创新策略与收益分配博弈分析 [J]. 研究与发展管理, 2016, 28 (6): 10-18.

[62] 孙新乐, 段万春, 许成磊, 等. 整合多维不确定投入产出关系的效率评价新方法 [J]. 计算机工程与应用, 2016, 51 (9): 1-9.

[63] 孙新乐, 段万春, 许成磊, 等. 整合多维不确定投入产出关系的效率评价新方法 [J]. 计算机工程与应用, 2016, 52 (23): 68-74+93.

[64] 孙永磊, 宋晶, 谢永平. 调节定向对创新网络惯例的影响——基于组织间信任的情景分析 [J]. 科研管理, 2016, 37 (8): 1-7.

[65] 陶秋燕, 李锐, 王永贵. 创新网络中不同主体关系强度配置与创新绩效关系——基于 QCA 的实证分析 [J]. 科技管理研究, 2016, 36 (9): 1-5.

[66] 田晓明, 蒋丽, 蒋勤峰. 创业策略对组织绩效的影响: 中介作用的分析 [J]. 科研管理, 2013, 34 (8): 98-105.

[67] 万幼清, 张妮, 鲁平俊. 产业集群协同创新风险及其形成机理研究 [J]. 管理世界, 2015 (2): 182-183.

[68] 王浩芳. 实现云南跨越式发展的重大举措: 试论省院省校合作在实施"科教兴滇"战略中的 [J]. 云南科技管理, 1999, 18 (5): 1876-1877.

[69] 王辉, 武朝艳, 张燕, 等. 领导授权赋能行为的维度确认与测量 [J]. 心理学报, 2008, 40 (12): 1297-1305.

[70] 王济干, 樊传浩. 工作价值观异质性作用与高科技创业团队效能内部关系研究——基于社会认同视角 [J]. 科学学与科学技术管理, 2012, 33 (9): 151-159.

[71] 王丽平, 刘小龙. 价值共创视角下众创空间"四众"融合的特征与运行机制研究 [J]. 中国科技论坛, 2017 (3): 109-116.

[72] 王琦, 席酉民, 尚玉钒. 和谐管理理论核心: 和谐主题的诠释 [J]. 管理评论, 2003, 15 (9): 24-30.

[73] 王姝, 陈劲, 梁靓. 网络众包模式的协同自组织创新效应分析 [J]. 科研管理, 2014, 35 (4): 26-33.

[74] 王涛, 邱国栋. 创新驱动战略的"双向驱动"效用研究 [J]. 技术经

济与管理研究，2014（6）：33-38.

[75] 王伟，刘付显，徐浩. 基于证据理论的群体研讨建模 [J]. 系统工程与电子技术，2018，40（03）：603-608.

[76] 王先甲，刘佳. 具有外部性的合作博弈问题中的稳定的联盟结构 [J]. 系统工程理论与实践，2018，38（5）：1173-1182.

[77] 王选飞，吴应良. 基于合作博弈的移动支付商业模式利益分配研究 [J]. 研究与发展管理，2018，30（1）：126-137.

[78] 王智生，胡珑瑛，李慧颖. 合作创新网络中信任与知识分享的协同演化模型 [J]. 哈尔滨工程大学学报，2012，33（9）：1175-1179.

[79] 韦慧民，龙立荣. 认知与情感信任、权力距离感和制度控制对领导授权行为的影响研究 [J]. 管理工程学报，2011，25（1）：10-17.

[80] 魏钧，李淼淼. 团队知识转移：多样性与网络传递性的作用 [J]. 科研管理，2014，35（05）：70-76.

[81] 温忠麟，叶宝娟. 有调节的中介模型检验方法：竞争还是替补 [J]. 心理学报，2014，46（5）：714-726.

[82] 吴航，陈劲. 国际搜索与本地搜索的抉择——企业外部知识搜索双元的创新效应研究 [J]. 科学学与科学技术管理，2016，37（9）：102-113.

[83] 吴航，陈劲. 新兴经济国家企业国际化模式影响创新绩效机制—动态能力理论视角 [J]. 科学学研究，2014，32（8）：1262-1270.

[84] 吴建祖，曾宪聚，赵迎. 高层管理团队注意力与企业创新战略——两职合一和组织冗余的调节作用 [J]. 科学学与科学技术管理，2016，37（5）：170-178.

[85] 吴美琴，李常洪，范建平. 考虑环境处置性的 DEA 综合效率模型 [J]. 计算机工程与应用，2017，53（16）：263-270.

[86] 吴晓波，陈小玲，李璟琰. 战略导向、创新模式对企业绩效的影响机制研究 [J]. 科学学研究，2015，33（1）：118-127.

[87] 吴杨，苏竣. 科研团队知识创新系统的复杂特性及其协同机制作用机理研究 [J]. 科学学与科学技术管理，2012，33（1）：156-165.

[88] 席酉民，韩巍，尚玉钒. 面向复杂性：和谐管理理论的概念、原则及框架 [J]. 管理科学学报，2003，6（4）：1-8.

[89] 谢晖，段万春，孙永河. 基于和谐管理理论的创新团队管理——界面系统关键要素辨识 [J]. 华东经济管理，2014，28（7）：142-146.

[90] 谢晖, 段万春, 孙永河. 基于直觉模糊偏好信息的群组 DEMATEL 决策方法 [J]. 计算机工程与应用, 2014 (11): 33-38.

[91] 辛杰. 企业社会责任自律与型构: 非正式制度的嵌入 [J]. 当代财经, 2014 (5): 81-90.

[92] 徐思彦, 李正风. 公众参与创新的社会网络: 创客运动与创客空间 [J]. 科学学研究, 2015, 32 (12): 1789-1796.

[93] 徐选华, 王兵, 周艳菊. 基于信任机制的不完全信息大群体决策方法 [J]. 控制与决策, 2016, 31 (4): 577-585.

[94] 许成磊, 程思路, 李美. 多团队非正式众创网络界面耦合有效性研究 [J]. 科技进步与对策, 2018, 35 (2): 10-16.

[95] 许成磊, 段万春, 孙永河, 等. 创新团队和谐管理机制的主题辨析优化 [J]. 管理学报, 2014, 11 (3): 390-395.

[96] 许成磊, 段万春, 谢晖, 等. 基于界面管理的创新团队和谐管理实现机制研究 [J]. 科技进步与对策, 2013, 30 (17): 25-28.

[97] 许成磊, 段万春. 混合非结构 MAGDM 的决策导向一致性检验方法 [J]. 计算机工程与应用, 2015, 51 (23): 17-22+37.

[98] 许成磊, 段万春. 基于和谐主题漂移的团队社会资本整合优化 [J]. 科研管理, 2015, 36 (10): 153-160.

[99] 许成磊, 段万春. 有层次类型创新团队的关键客体界面识别 [J]. 研究与发展管理, 2015, 27 (2): 121-128.

[100] 许成磊, 王鼎, 段万春. 创业团队簇协同复杂性及关键界面识别 [J]. 科技进步与对策, 2017, 34 (5): 148-155.

[101] 许成磊, 王玉华, 孙永河. 创业团队簇协同创新策略构建研究 [J]. 科技进步与对策, 2016, (24): 9-16.

[102] 谢成磊, 赵陈芳, 李美. 网络协同效应视角下的众创组织研究综述与展望 [J]. 研究与发展管理, 2018, 30 (5): 126-137.

[103] 许成磊, 朱跃云, 段万春, 等. 多方案 DEMATEL 的偏好交互与融合方法研究 [J], 计算机工程与应用, 2016, 52 (22): 75-80.

[104] 许庆瑞, 郑刚, 陈劲. 全面创新管理: 创新管理新范式初探——理论溯源与框架 [J]. 管理学报, 2006, 3 (2): 135-142.

[105] 颜士梅, 王重鸣. 并购式内创业中人力资源整合风险的控制策略: 案例研究 [J]. 管理世界, 2006 (6): 119-129.

[106] 阳银娟,陈劲. 开放式创新中市场导向对创新绩效的影响研究 [J]. 科研管理, 2015, 36 (3): 103-110.

[107] 杨陈,徐刚. 效用理论视角下产学研协同创新机制有效性的影响因素 [J]. 科技管理研究, 2016, 36 (11): 23-28.

[108] 杨春江,蔡迎春,侯红旭. 心理授权与工作嵌入视角下的变革型领导对下属组织公民行为的影响研究 [J]. 管理学报, 2015, 12 (2): 231-239.

[109] 杨宏林,崔龚晨,等. 价值与动量混合策略 DEA 多期限资产组合选择及效率评价 [J]. 中国管理科学, 2015, 23 (6): 57-64.

[110] 杨皎平,侯楠,邓雪. 基于团队认同对学习空间调节作用的成员异质性对团队创新绩效的影响研究 [J]. 管理学报, 2014, 11 (07): 1021-1028.

[111] 杨俊,韩炜,张玉利. 工作经验隶属性、市场化程度与创业行为速度 [J]. 管理科学学报, 2014, 17 (8): 10-22.

[112] 杨彦平,金瑜. 社会适应性研究述评 [J]. 心理科学, 2006 (5): 1171-1173.

[113] 姚艳虹,夏敦. 协同创新动因——协同剩余：形成机理与促进策略 [J]. 科技进步与对策, 2013, 30 (20): 1-5.

[114] 叶宝娟,方小婷. 创业环境与大学生创业意向的关系：有调节的中介模型 [J]. 心理科学, 2017 (6): 1442-1448.

[115] 叶伟巍,梅亮,李文,等. 协同创新的动态机制与激励政策——基于复杂系统理论视角 [J]. 管理世界, 2014, (6): 79-91

[116] 叶竹馨,买忆媛. 创业团队的认知结构与创新注意力：基于 TMS 视角的多案例研究 [J]. 管理评论, 2016, 28 (4): 225-240.

[117] 尹进,胡祥培,郑毅. 基于主观逻辑方法的消费者多源信任融合模型 [J]. 管理科学, 2017, 30 (3): 75-82.

[118] 尹苗苗,刘玉国. 新企业战略倾向对创业学习的影响研究 [J]. 科学学研究, 2016, 34 (8): 1223-1231.

[119] 尹志超,宋全云,吴雨,等. 金融知识、创业决策和创业动机 [J]. 管理世界, 2015 (1): 87-98.

[120] 游达明,杨晓辉,朱桂菊. 多主体参与下企业技术创新模式动态选择研究 [J]. 中国管理科学, 2015, 23 (3): 151-158.

[121] 于晓宇,李小玲,陶向明,等. 失败归因、恢复导向与失败学习 [J]. 管理学报, 2018, 15 (7): 988-997.

[122] 余绍忠. 创业资源对创业绩效的影响机制研究——基于环境动态性的调节作用 [J]. 科学学与科学技术管理, 2013, 34 (6): 131-139.

[123] 余元春, 顾新, 陈一君. 产学研技术转移"黑箱"解构及效率评价 [J]. 科研管理, 2017, 38 (4): 28-37..

[124] 俞园园, 梅强. 组织合法性中介作用下的产业集群关系嵌入对新创企业绩效的影响 [J]. 管理学报, 2016, 13 (5): 697-706.

[125] 岳鹄, 张宗益, 朱怀念. 创新主体差异性、双元组织学习与开放式创新绩效 [J]. 管理学报, 2018, 15 (1): 48-56.

[126] 张波, 谢阳群, 何刚. 跨边界信息资源共享及其在企业创业过程中的作用分析 [J]. 情报杂志, 2014, 33 (11): 181-187.

[127] 张凤林. 理解制度变迁: 当代转轨经济学若干争论评析 [J]. 经济学动态, 2015 (5): 108-119.

[128] 张海红, 吴文清. 孵化器内创业者知识超网络涌现研究 [J]. 管理学报, 2017, 14 (5): 695-703.

[129] 张好雨, 王辉, 郭理, 等. 领导权力分享、组织自尊和员工工作表现: 内部人身份感知的调节作用 [J]. 经济科学, 2016 (2): 118-128.

[130] 张京, 杜娜, 杜鹤丽. 科技企业创业主体及其创业意愿影响因素分析 [J]. 科技进步与对策, 2016, 33 (02): 137-141.

[131] 张玲斌, 董正英. 创业生态系统内的种间协同效应研究 [J]. 生态经济, 2014, 30 (5): 103-105.

[132] 张钦朋. 产学研协同创新政府引导机制研究——基于"2011 计划"实施背景 [J]. 科技进步与对策, 2014, 31 (5): 96-99.

[133] 张树满, 原长弘, 李妍, 等. 协同科技创业与科技成果的有效转化——基于西安光机所的案例研究 [J]. 科学学研究, 2018, 36 (4): 644-653.

[134] 张卫国, 宣星宇. 基于社会交换理论的高校创业教育与众创空间联动发展 [J]. 中国高教研究, 2016 (10): 93-97.

[135] 张晓军, 张新国, 席酉民, 等. 管理变革中的流程主导性及其协同管理研究 [J]. 外国经济与管理, 2008, 30 (11): 43-50.

[136] 张秀娥, 周荣鑫, 王于佳. 创业团队成员信任对社会网络与企业创新能力关系的影响 [J]. 经济与管理研究, 2012 (3): 105-111.

[137] 张艳玲, 刘爱志, 孙长银. 间接互惠与合作演化的若干问题研究进展 [J]. 自动化学报, 2018, 44 (1): 1-12.

[138] 赵剑波. 管理意象引领战略变革：海尔"人单合一"双赢模式案例研究 [J]. 南京大学学报（哲学·人文科学·社会科学），2014，51（4）：78-86.

[139] 赵庆. 国有企业真的低效吗？——基于区域创新效率溢出效应的视角 [J]. 科学学与科学技术管理，2017，38（3）：107-116.

[140] 赵文红，孙万清，王文琼，等. 创业失败学习研究综述 [J]. 研究与发展管理，2014，26（5）：95-105.

[141] 郑刚，朱凌，金珺. 全面协同创新：一个五阶段全面协同过程模型——基于海尔集团的案例研究 [J]. 管理工程学报，2008，22（2）：24-30.

[142] 郑鸿，徐勇. 创业团队信任的维持机制及其对团队绩效的影响研究 [J]. 南开管理评论，2017，20（5）：29-40.

[143] 郑晓东，胡汉辉. 以人为中心流程为主线的知识轮环模型研究 [J]. 情报杂志，2010，29（9）：99-101.

[144] 周锋，孙卫，张颖超，等. 创业团队自省性对创业绩效的影响——创业环境动态性的中介作用 [J]. 科技进步与对策，2014，31（8）：152-155.

[145] 周劲波，古翠凤. 创业团队决策模式研究 [J]. 研究与发展管理，2008，20（1）：64-71.

[146] 周立新. 家族权力、组织认同与家族企业网络模式选择 [J]. 管理工程学报，2013，27（1）：1-7.

[147] 周明建，潘海波，任际范. 团队冲突和团队创造力的关系研究：团队效能的中介效应 [J]. 管理评论，2014，26（12）：120-130.

[148] 周延年，朱怡安. 基于灰色系统理论的多属性群决策专家权重的调整算法 [J]. 控制与决策，2012，27（7）：1113-1116.

[149] 周正，尹玲娜，蔡兵. 我国产学研协同创新动力机制研究 [J]. 软科学，2013，27（7）：52-56.

[150] 朱传宝. 中小企业产业集群的协同管理研究 [J]. 科技进步与对策，2010，27（8）：63-66.

[151] 朱仁宏，曾楚宏，代吉林. 创业团队研究述评与展望 [J]. 外国经济与管理，2012，（11）：11-18.

[152] 邹滨，章贵军，梁琦. 中国上市银行的经营能力与风险能力提升研究——基于管理策略的非径向DEA方法 [J]. 重庆大学学报：社会科学版，2017，23（6）：60-70.

致　谢

衷心感谢本书的各位引文作者，因为你们的大量前期研究工作，本书才得以顺利完成。

本书是在我所主持的国家自然科学青年项目研究成果的基础上汇总修改完成的。本书的出版得到了国家自然科学基金青年项目"基于团队簇的众创团队协同创新机制研究（71603106）"、云南省应用基础研究计划青年项目"多维不确定效率关系的整合评价理论与方法研究（2017FD099）"和云南省"万人计划"青年拔尖人才专项培养经费的资助，在此深表感谢！

此外，还要感谢恩师段万春教授在课题研究与书稿修订过程中无微不至的关怀和支持，其细致严谨的求学作风和感恩常在的做人理念，一直指导我克己求真；感谢诸位同行、编审对相关成果修改、完善提出的宝贵意见，他们细致、严谨和认真的研究态度以及富有洞见的理论判断为本书重点章节的内容撰写提供了坚实保障；感谢课题合作方云南省科学技术院为研究工作提供的渠道和平台，感谢前期课题研究中提供研究案例、调查样本与访谈资源的创业园、科技园、众创空间同人和企业界朋友们，他们为研究的顺利开展提供了珍贵的数据和经验启示，同诸位师长、同仁的合作让我有幸更为直观地了解到多层次的创新创业管理实践问题。最后，要感谢直接参与本书编写修订工作的赵陈芳、朱秭洁、赵雅曼、赵娅等研究生，他们一直以来不辞辛劳、细致认真的工作态度，让我们不仅收获了很多学习求索上的"小成果"，也建立了充满欣慰与感激的亦师亦友情谊。

后　记

很荣幸，也很感恩，博士毕业后首次申报国家自然科学基金青年项目即获资助。本书既是对"基于团队簇的众创团队协同创新机制研究（71603106）"这一课题研究成果的梳理和总结，也是我作为一名"青椒"对四年多以来学习、工作生活感受的回忆和反思。

2015年暑假以后，学院推行鼓励政策，让新进博士更多参与科研，从辅导员岗位逐渐退出。对于我而言，它的意义太深刻了。感谢学院一直以来对青年教师的理解和支持！

在准备校人才引进课题、院前沿热点和省基青年项目的过程中，我有幸接触到"创新创业"这一热点问题，刚好与自己的博士论文研究选题紧密相关，而我们团队又在此领域有多项自然科学项目支持，因此这一灵感的触发实乃种种机缘的碰撞。能够沿用熟悉的套路、方法与理念探索新的问题，真的节省了大量的时间和精力，能够更加聚焦研究内容并获得团队基础帮扶，这对我们同期引进的博士而言太重要了。相比之下，在从博士毕业到入职之前的这段时间里，最让我头疼的就是研究方向调整与合作空间选择的问题，因为目前的共性情况就是研究方向分散，人员和资源不能集中配置，而选择的各种成本又相对高昂，所以确定这一选题并获得资助，于我而言可谓从"0"到"1"，让我从那时起有了归属感，有了存在感，更有了责任感，一颗"懵懂"的心从此在那里生根发芽准备茁壮成长。在此，感谢我们团队各位老师和学院诸位师长、同仁的关怀与支持，我将继续努力！

研究范式上的差别对所研究领域见解的影响是十分显著的，所谓"隔行如隔山"。坦诚地讲，自己在管理科学方面的研究基础确实不够扎实，后续研究过程中通过参加相关学术会议所结识的业内"大牛"们更让我自叹不如，而促成这次申报以及完成后续研究的确有太多不期而遇的后知后觉。

其一，"勿以善小而不为，勿以恶小而为之"。获批青年项目的主要灵感有很大一部分来自一次机缘，而这让我调整了原有的研究方案。那是在一次前往呈贡上课的午间时刻，由于课后忙于在办公楼交材料，我误了校车，所以在这个空当就到校图书馆打发时间。翻看材料的过程中，我偶然发现了几本创新创业方面的读物，其中介绍了一些耳目一新的观点，但并未给出理论界定与系统研究，这让我有种灵光乍现的感觉，并当即决定拿下这几本书回去好好参透（后来都超期归还了）。回想起来，如果当初没有走进图书馆，没有想起关注一下这个书柜，也许真的失之交臂了。

其二，"知己知彼，百战不殆"。创新管理实属相对成熟的研究领域，国内"大牛"很多，实在难以企及，但从彼时我对创业管理的粗浅认识来看，该领域仍有很多跨组织合作的小问题可挖，而创业组织形式多以团队展开，这为我的选题提供了一种可能性。此前借助导师课题积累了一些申报经验，从形式和内容来看，如何精准反映研究主题对研究形式和路径的要求，是决定成败的首要因素，但自己目前的情况很难体现这块的研究基础，因此抱着从形式到内涵都渗透创业属性的观点，有幸联系到校科技产业公司和省科学技术院的前辈、师兄们。由于我们此前均有过课题和实质性事务的合作，因此借机交流了选题的想法，比较顺利地得到了他们的支持，作为协作方参与到我的项目中。我觉得，项目获批以及后续研究得以落地、推进，有很大一部分原因即合作方能够在创业实践层面提供切实有效的支持，感谢诸位师长和师兄师姐们，期待更多的合作机会！

其三，"知错能改，善莫大焉"。无论是写申报书，还是完成研究设计，都是一个不断推倒重来、折腾反复的过程，虽然身心疲惫，但我还是选择笨鸟先飞的做法，未雨绸缪，留足提前量。一方面，得益于学院提供的基金申请书指导计划，我在寒假前争取完成了申报书初稿并得到了几位可敬可爱的师长的评阅指导。回顾他们的意见与基金委的评审意见，庆幸自己当时并未固执己见，师长们从研究框架、表述方式到图表设计等提出的宝贵意见，让我有效回避了很多现在来看显而易见的问题。另一方面，借助青年基金项目我有幸从组织行为的宏观政策研究领域走进了相对微观的 OB & HRM 研究领域，结识了创业管理与组织行为学、管理心理学研究领域内的许多优秀学者，并开始转换以往组织行为与复杂行为决策相结合的研究范式，向实证研究范式发起了新的探索。虽然一开始遭遇的反复拒稿、返修和质疑等糟心历程让人心力交瘁，但通过参加相关工作坊与学术会议，我还是得到了更多从事规范实证研究的训练与启发，并磕磕绊绊地陆续发表了几篇实证研究论文。感谢给予我指导、提出许多宝贵修改意见的师长和前辈们，我将不负你们的期望，再接再厉！

从 2016 年 8 月到 2019 年 12 月，回想起开展课题研究的三年多时间如白驹过隙，虽然很多事情的焦灼等待时间比较久，但还好没有错过那些美好的结局。这段时间中，逝去的是研读文献、调研、访谈、打磨稿件的那些匆匆的午后和傍晚，迎来的是一次次例会研讨、分享录用与获奖喜悦、见证学生毕业升学成长的朝阳和晨露。回忆这几年，与其说中基金是中大奖，不如说是给了自己和走进你研究生涯的人一次重塑自我的共同心路历程。它对我的意义不仅仅是带来崭新的起点，更是经年累月，句句嘱托之后的点石成金。感谢给予我信任的学生和同人们，我还在，会继续！

将等待，做成最值得的事，成为你所希望的人，感恩那些希望你成为自己的人。